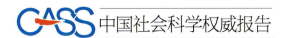

中国社会科学院创新工程学术出版资助项目

CASS 中国社会科学权威报告

CHINA PENSION REPORT 2018

中国养老金发展报告2018
——主权养老基金的功能与发展

郑秉文 主编

经济管理出版社
ECONOMY & MANAGEMENT PUBLISHING HOUSE

图书在版编目（CIP）数据

中国养老金发展报告 2018/ 郑秉文主编 . —北京：经济管理出版社，2018.11
ISBN 978-7-5096-6200-7

Ⅰ . ①中… Ⅱ . ①郑… Ⅲ . ①退休金—劳动制度—研究报告—中国—2018
Ⅳ . ① F249.213.4

中国版本图书馆 CIP 数据核字（2018）第 273560 号

组稿编辑：张永美
责任编辑：王格格
责任印制：黄章平
责任校对：张晓燕

出版发行：经济管理出版社
　　　　　（北京市海淀区北蜂窝 8 号中雅大厦 A 座 11 层　　100038）
网　　　址：www.E-mp.com.cn
电　　　话：（010）51915602
印　　　刷：北京印刷集团有限责任公司印刷二厂
经　　　销：新华书店
开　　　本：880mm×1230mm/16
印　　　张：26.75
字　　　数：992 千字
版　　　次：2018 年 12 月第 1 版　　2018 年 12 月第 1 次印刷
书　　　号：ISBN 978-7-5096-6200-7
定　　　价：268.00 元

《中国养老金发展报告 2018》编委会

学 术 顾 问：楼继伟

学 术 指 导：陈文辉　吴　焰　王文灵
　　　　　　　高西庆　李克平　王忠民

特 邀 专 家：洪　磊　钟蓉萨　武建力　刘寒星　肖世君
　　　　　　　吴双成　刘江丽　朱德武　周　沛　窦玉明
　　　　　　　刘建平　李一梅　彭　毅　江向阳　邓召明

主　　　编：郑秉文

编委会成员：（按姓氏笔画排序）
　　　　　　　丁　纯　于　环　丁金玲　王雪莹　邓佩云　刘　丹　刘桂莲　齐传钧
　　　　　　　孙永勇　孙守纪　杨　洋　吴阳明　吴孝芹　何　伟　何宇鹏　李国庆
　　　　　　　沈　潋　宋湘茵　张占力　张　玲　张盈华　陈　泽　陈　星　陈湘琪
　　　　　　　金　刚　周　宵　周晨辰　房连泉　耿　红　徐　璨　殷　红　高庆波
　　　　　　　郭佳荷　郭　鹏　黄　念　章　倩

本书对主权养老基金做了大致的分类。全国社会保障基金（简称"全国社保基金"）资金来源与社会保险缴费无关，主要来自中央财政出资，是战略储备基金，用于人口老龄化高峰时期的养老保险等社会保障支出的补充、调剂，从设立目的角度，按本书的归类，也可属于主权养老基金。由于工作的原因，全国社保基金成立的概况，我略知一二。我国的职工社会养老保险体系是 1997 年开始建立的。为了实现代际平衡，到 2000 年上半年，国务院领导考虑到未来人口老龄化高峰将要到来，拟建立一只基金，不是用于反周期财政政策在年度间调剂使用，而是作为战略储备，平时不得动用，以备将来不时之需。这个设想经中共中央批准，在当年 8 月国务院决定设立全国社保基金以及作为基金保值增值运营机构的全国社保基金理事会。2000年中央财政调整预算，拨入全国社保基金 200 亿元作为起步。为应对 1998 年的亚洲金融危机，在当年年中调整预算，实行扩张性财政政策，新增赤字全部用于增加公共投资。2001 年原准备扩张性财政政策逐步退出，从 2002 年起预算趋于平衡，更多地增加全国社保基金战略储备，但 2001 年美国互联网泡沫破裂，美国股市和经济下跌，波及全球，对我国经济也有不利影响，不得已继续维持赤字规模，拨入战略储备的资金也就维持常量，以后基本为每年 200 亿元的规模。

在此之后，全国彩票公益金中央留用部分，除用于必要的公益事业，其余拨入战略储备。数年之后，确定为中央留用部分的 65% 固定拨入，成为全国社保基金重要的资金来源。在职工社会养老保险体系建立的早中期，个人缴费部分是建立实存账户。由于实存账户制难以解决代际平衡问题，则由中央财政对平衡困难的省份给予补助，这部分资金也委托全国社保基金理事会投资运营。后来，我国同世界各国一样，认识到做实个人账户代际平衡的困难，将个人账户改为记账式账户，目前该资金已有部分划出。

国家还出台了另一项政策，国有或含国有股的企业，上市首发或已上市公司增发股份的 10%，以股票或现金方式，由国有股东划转或拨入全国社保基金。但这项政策有重大缺陷，就是扭曲了国有股东的行为。一些国有股在上市之前，协议转让退出，甚至含有国有股的企业投资或收购非国有企业，在上市时国有股全部出售才可满足上缴收益的需求。这种非市场中性的做法缺陷较大，比如不利于科技进步。2017 年 11 月，落实中共十八届三中全会改革任务，国务院做出规定，先按国有资本存量的 10% 拨入全国社保基金，用于弥补社保体系建立初期未缴费或缴费不足部分形成的资金缺口，同时终止了原来增量划转的办法。现在五家中央企业已完成了划拨。需要特别指出的是，存量拨入股权是列入单独账户，需另外签署委托协议，交由理事会管理，既然主要是解决代际平衡，委托管理的收益，财政部可以随时调用。

此外，目前我国基本养老保险以省级统筹为主，各自平衡，一些基金结余较多的省份，比如广东、山东，前几年将一部分结余资金委托给理事会管理。根据与广东、山东签订的委托合同，这部分资金并入全国社保基金统一投资、统一管理。目前，广东省的委托合同到期，资金已退出。2015 年国务院印发《基本养老保险基金投资管理办法》，各省、自治区、直辖市养老基金结余额可按照办法规定委托理事会进行投资管理。截至 2018 年 11 月末，已有 17 个省（区、市）与理事会签订委托投资合同，合同总金额 8450 亿元，其中也包括广东省新委托的资金。根据地方的选择，这些合同均为 5 年期承诺保底，风险收益特征与全国社保基金不同，因此单独开展资产配置，不再实行与全国社保基金统一管理的策略。

以上讲述了全国社保基金的初始设立，分类讲述了其资金来源及变化。全国社保基金成立以来，取得了骄人的投资业绩，自 2000 年 8 月成立至 2017 年底，年均投资收益率 8.44%，累计投资收益额大于累计财政净拨入额。这是历届理事大会、理事会管理班子和理事会全体员工努力的结果，也是监管部门不断更新理念、改进监管办法的结果。我是 2016 年 11 月任现职，任职时间不长，可以比较客观地做出分析评价。

第一，是长期投资、价值投资和责任投资的理念。全国社保基金没有长期负债，也没有短期资金流出的需求，理事会承担长期保值增值的投资责任，关注投资标的长期价值，较少关注短期价值波动，追求提高长期年化收益率。

第二是分散投资。将资金分散到不同风险收益特征的产品上去。例如，公开市场股票对收益和风险都有大部分贡献，则必须配置一部分公开市场股票，且必须配置更大部分收益风险与之不同，甚至对冲的产品。对同一个产品，投资管理人也必须分散，即便是自营存款产品，也要分散到较多的银行中去，防止运营集中过高带来的风险。

第三，高度重视资产配置的作用。这包括战略资产配置、年度战术资产配置、季度资产配置和资产再平衡在内的资产配置体系。作为长期投资者，战略资产配置按照风险政策和长期投资目标的要求，使用定性和定量方法确定各类资产中长期目标配置比例和范围，是获取收益的决定性因素。年度和季度战术资产配置都是根据对当期经济和资本市场形势，对战略资产配置目标比例进行主动偏离，以获取额外收益。资产再平衡是对于偏离平衡上下限的资产进行回调，避免全国社保基金因承受过多主动风险而无法完成预期目标。大型的主权财富基金或主权养老基金都建立了以战略资产配置为中心的一整套资产配置体系。这一体系是获取收益的决定性因素，在成熟市场，可以解释 80%~90% 的收益来源。在不发达市场，主动管理获得超额收益的机会较多，但上述资产配置体系也解释了绝大部分的收益来源。

第四，采取适宜的主动和被动管理、委托和自营管理策略。考虑到理事会激励机制不足，自营管理一般适宜于存款、利率产品，配置占位性质的指数化产品，财务性直接投资企业等，大约占总资产的一半。比较复杂的产品一般适宜委托。对成熟市场投资，对外委托一般采取被动策略，因为主动策略很难获得超额收益。对不成熟市场，特别是国内市场，多采取主动策略。A 股市场投资人的 99% 是自然人，机构投资人数量少，所占的资金也少，但盈利是散户投资人的 3 倍以上。将绝大部分配置 A 股资金，委托给优秀外部管理人，并采取主动管理策略，有把握获得较多的超额收益。

第五，高度重视风险管理和纪律约束。投资永远伴随着风险，每一种产品都有相应的风险收益特征。资产配置了各产品投资比例，同时就配置了风险比例。从这个意义上说，投资的管理就是风险的管理。具体到每一项投资，涉及的风险多元，诸如声誉风险、法律合规风险、交易对手风险、交易失败处置风险，甚至市场监管变动风险等。对所有这些风险都要做出评估，并做出尽可能的缓释安排。可以说，风险管理是贯穿到全过程的，投资部门要收益和风险一肩挑。所有的行为都要有制度，都要有纪律约束，这就是内控制度，其中要做到利益不冲突。比如，财会部门负责财务和估值，就不适于牵头风险管理。内控制度要实时有效，信息化则需要嵌入其中，并争取同外部管理人的相关信息衔接。

第六，责任、独立、包容的机构文化。理事会实行集体决策，包括分级集体决策。重大投资事项必须由投资决策委员会集体决策。在决策前相关部门充分沟通，在投决会上要求每一个成员负责任地公开发表意见，鼓励争论、议透，尽可能达成一致，体现包容。在对外部管理人的沟通方面，也建立了独立的、与国际接轨的评价体系。例如，对二级市场管理人，不去理会社会上按周按月的排名，更多地关注其策略、风险管控和长期业绩。对一级市场管理人，关注其投资理念，引导其注重长期投资，并注重保护有限合伙人利益。正是由于这样的专业独立性，外部管理人以得到理事会的投资为荣，其他投资者以理事会同为有限合伙人而更为安心。在整体市场判断上，坚持独立性。比如，在资产占比达到上界时，不为市场狂热所鼓动，坚持纪律性再平衡。

这六个方面，实际上已成为理事会的机构文化。我到理事会工作刚满两年，观察到并积极推动完善已形成的机构文化。文化是常青树，根子在，会逐渐生长。当然，我也观察到一些内外部相互交织的不利机制需要改革。从内部看，激励不到位，团队收入没能紧密地同绩效挂钩，制约了机构吸引力和机构能力。虽然绝大部分投资成本已按成本化列支，预算列支的只剩机构运行部分，占比不大。但因此列为预算管理事业单位，连选择外部管理人，甚至某些直接投资标的，都比照政府采购法，弊端很大。从外部看，作为长期投资者，投资考评指标应有长期性，但实际的考评是年度性的，不利于发挥无长期负债、无短期支出需求的大型机构投资者的优势，即发挥容忍短期波动、换取长期超额收益的优势。作为体量巨大的机构投资者，投资产品必须进一步分散化，但目前对投资产品的品种和比例的限制仍然较多。2018 年全国人大审议通过了中央和国家机构改革方案,理事会也位列其中。理事会的定位更加明确,监管机制改革已提到议程。目前,理事会正在落实机构改革方案,并向监管部门汇报沟通,有关部门总体支持。相信不利于理事会成长的枝杈将被革除,健康成长的枝叶将被培育起来,全国社保基金理事会将会茁壮成长,更好的承担起历史使命。

财政部前部长

全国社保基金理事会理事长

楼继伟

2018 年 12 月 13 日

前言

人口老龄化是当今世界很多国家面临的人口问题，其影响极其广泛和深远，不仅对未来各国经济可持续增长带来巨大挑战，而且在经济全球化日益深化的国际背景下，也决定了一个国家的未来综合国力和国际竞争力。因此，各国都非常重视人口老龄化对经济和社会带来的各种影响，主动采取各种措施来应对人口老龄化带来的不利影响。其中一个重要措施，就是建立主权养老基金，并不断拓展投资领域。尤其是进入20世纪，一些发达国家的主权养老基金开始进入资本市场，进行市场化投资，并取得了较好的投资回报，减缓了人口老龄化的不利影响，并在一定程度上保证了未来老年人退休权益支付能力的可持续性。建立主权养老基金并进行市场化投资已经成为国际社会的基本共识。

中国考虑到自己的人口老龄化趋势，并顺应时代潮流，于2000年建立了全国社会保障基金（"非缴费型"主权养老基金）①，并进行市场化运作，获得了较好收益。进一步，2015年8月国务院发布《基本养老保险基金投资管理办法》，基本养老保险基金（"缴费型"主权养老基金）也开始市场化运作，相当于中国已经有了两只主权养老基金。但是，这两只基金的性质并不完全相同，其治理结构、资本配置和风险管理面临着进一步厘清的需要。同时，中国经济也开始进入新常态，全国社会保障基金过去的成功实践也面临新的不确定性，改革势在必行。但对未来我们并没有现成经验，这就需要我们对国外主要主权养老基金进行有针对性的比较研究，因此亟待启动这一研究课题。

毫无疑问，主权养老基金投资资本市场利国利民，但随着基金规模的迅速扩大，对一国资本市场可能带来的影响越来越大，也需要我们开展相关的研究。实际上，主权养老基金的投资方式及其变化越来越成为基金、保险、信托和银行的金融机构所重点关注的对象。同时不可否认，主权养老基金也为这些金融机构的业务成长提供了巨大的

---

① 请参见本书主报告对"主权养老基金"所做的概念辨析与分类说明。

市场，直接参与主权养老基金的投资运作已经成为市场机构普遍争取的机会。但是，哪些机构可以承担这些业务不仅需要相关部门的谨慎考量，也需要相对客观的遴选标准，这也是中国主权养老基金面临的现实困境，因此开展这一课题研究刻不容缓。

因此，《中国养老金发展报告 2018》的主题定为"主权养老基金的功能与发展"，包括 1 个主报告和 35 个分报告以及 1 个附录，共计近百万字。全国社保基金理事会理事长楼继伟先生在百忙之中为本书撰写序言。中国社会科学院世界社保研究中心主任郑秉文先生为本书特别撰写了主报告。主报告首先清晰界定了主权养老基金的概念和本质，并创建性地提出了这一概念的分类体系，即分为"缴费型"主权养老基金和"非缴费型"主权养老基金，而后者又进一步分为"资源型"主权养老基金和"外汇型"主权养老基金。然后，该报告将主权养老基金和主权财富基金进行了对比分析，认为二者之间的界限越来越模糊，而"缴费型"主权养老基金因为深层次原因短时间难以建立，因此建议建立"外汇型"主权养老基金，为此提出四点理由：一是建立"外汇型"主权养老基金应抓住当前的历史机遇；二是建立"外汇型"主权养老基金可弥补养老保障体系的短板；三是建立"外汇型"主权养老基金是对这代人"还汇于民"的渠道；四是建立"外汇型"主权养老基金可有效地缓解"中国投资威胁论"。

本书共由五个部分组成。第一部分"年度发展篇"有 2 个分报告，分别对 2017 年基本养老保险基金和企业年金基金的运行状况做了深入分析。首先，中共十九大的顺利召开为进一步推进社会保障深化改革指明了方向，即按照兜底线、织密网、建机制的要求，全面建成覆盖全民、城乡统筹、权责清晰、保障适度、可持续的多层次社会保障体系。中国政府根据这一要求推出了一系列政策和措施，并取得了一些成效。所以，尽管形势越来越严峻，但有关基本养老保险的基础统计数据表明，整个制度仍处于正常发展之中。其次，在债券市场表现不佳和股票市场有所回暖的背景下，2017 年企业年金基金投资收益率较 2016 年略有回升。从市场集中度来看，投资管理人市场竞争依旧最为充分，而其他三个市场的竞争程度仍保持在合理范围内。但是，企业年金规模扩张速度仍然较低，越来越难以担负起构建"多层次"养老保障体系的重任，因此需要等待时机重启改革。

第二部分是"专题理论篇"，从这一部分开始进入本书的专题研究，即"主权养老基金的功能与发展"。该部分包括 3 个分报告，分别从全球主权财富基金发展历程、主权养老基金的治理结构、主权养老基金的投资理念和资产配置三个方面来探讨主权养老基金的缘起、性质和特点。我们知道，主权养老基金和主权财富基金在某些方面具有一定的相似性，甚至可以说二者之间的界限都非常模糊，所以在聚焦主权养老基金研究之前，有必要了解一下主权财富基金的产生、成因、发展历程和现状。在这个基础上，本书研究开始界定主权养老基金的治理结构。就目前来看，在主权养老基金治理中，一个核心问题是如何确保基金的独立性，尽可能规避不适当的政治干预。为了解决这一核心问题，在整个治理结构中，治理主体的选择和构成无疑是最为关键的，因为治理主体将对主权养老基金承担最终责任。在投资理念和资产配置上，主权养老基金不同于一般的公募基金，都将投资管理和绩效评价放在更长时期内，而任何短期行为只会使主权养老基金的投资偏离收益—风险的最优组合，这不仅会影响基金本身的整体收益，更会因主权养老基金规模巨大造成对资本市场的冲击，因此各国都将长期投资作为重要原则，但在如何落实"长期性"原则上，各个主权养老基金的做法不尽相同，这也体现了其背后形态各异的投资理念和投资战略。

第三部分是"国内实践篇"，共有9个分报告，在针对中国国内的两只主权养老基金的运行情况、存在问题和未来改革方向做系统分析的同时，也客观地呈现了全国社会保障基金所取得的成绩和一些经验。具体来说，就全国社会保障基金而言，主要问题是基金规模较低且资金来源缺乏稳定性、封闭期和支付期不明确、投资限定过严，因此建议在上述问题加以明确的同时，利用国有资产进一步壮大全国社会保障基金、利用外汇储备建立外汇型养老储备基金、投资区域由境内向海外转变、整合基金资源来建立完善的主权养老保险基金体系。对于基本养老保险基金而言，当前面临的主要问题是待遇支付快速上升、基金征收乏力和市场化投资资金归集困难等，因此建议加快制度设计并及时做出调整、增强制度的长期增收能力以及改进投资和监管体系。2018年3月国务院通过的《国务院机构改革方案》正式出台，提出"两项改革"（具体内容见分报告八），社保基金理事会的灵活度将有所提高，在人事管理、财务管理、行政管理等几个方面的"自主权"将可能有所改善或提高，社保基金理事会应该借此机会加快市场化转型。另外，为了了解中国养老金未来所面临的支付压力，通过测算发现，现实养老金缺口问题在当前条件下并不算严重，但这种平衡是脆弱的，理论缺口数额远大于现实缺口。

第四部分主要介绍国外的"非缴费型"主权养老基金，由5个分报告构成。基于铜业在世界矿业资源中的独特优势和在国民经济中的重要地位，2006年智利创建了"养老储备基金"，旨在应对改革转型成本，为支付未来社会增加的养老金债务提供储备，与"经济和社会稳定基金"之间具有相辅相成的关系，治理结构上的一个突出特点是透明度非常高，超过了所有新兴经济体，仅次于少数几个发达国家。随着挪威人口老龄化趋势不断加深和石油预期收入的降低，挪威政府将挪威石油基金纳入政府退休基金体系，并于2006年正式更名为挪威政府全球养老基金，在投资策略上旨在取得高于全球经济增长率的收益，以保护主权财富基金的国际购买力，因此基金被投资于各大市场、国家和币种，跟进国际经济增长。澳大利亚"未来基金"建立于2006年，资金来源主要包括澳大利亚政府每年的财政拨款和国有企业的非私有化股份，投资范围大，资产种类多元化，尤其是大量的非直接上市交易资产，很好地适应了过去10年的全球资本市场所面临的"资产荒"。法国"养老储备基金"的前身是"法国老年互济基金"内部的一个分支部门，于2001年开始作为独立实体运行，用于弥补未来20年基本养老金的支付缺口，因此计划于2040年消亡，在投资策略上偏爱开放式高风险投资组合。俄罗斯"国家福利基金"成立于2008年，是由原"稳定基金"拆分而成，其构成来源于石油天然气部门的所谓"超额"收入，主要功能是确保养老体系的长期稳定，但在实践中，"国家福利基金"的一个显著特色是除了补充养老金这一基本职能外，同时也承担了危机形势下补充财政短缺的其他职能，因此2018年俄罗斯将延续原"稳定基金"职能的"储备基金"并入"国家福利基金"中，后者成为俄罗斯唯一的主权财富基金。

第五部分是"缴费型"主权养老基金，介绍了16个国家的主权养老基金的运作情况。加拿大养老金投资公司成立于1997年，其治理结构采取标准的大型养老基金投资者的治理结构，基本宗旨为"与政府保持距离"，旨在实行投资的自我管理，不受政治的干预，20年的优秀业绩引起全球业界的广泛关注，被誉为世界上最优秀的养老金大型机构投资者之一，甚至被称为"枫叶模式"。美国"联邦老、遗、残保险信托基金"自 1940 年运转以来，其资产全部持有国库券，从未进行过市场化和多元化的投资，这是美国主权养老基金的最大特点，也是其长期坚守的根本理念。英国"国家保险基金"不仅要用于当期待遇的支付，还要做好高失业率、流行病暴发等突发情况的应对，因此基金资产既需要高度的流动性，也需要高度的安全性，这就决定了"国家保险基金"的投资工具相对简单。德国作为现代社会保险鼻祖，第二次世界大战后被很多发展中国家所赞赏和效仿，但在人口老龄化和经济全球化的压力下，20 世纪 90 年代以来却不得不多次被迫进行改革，从而也在一定程度上说明建立主权养老基金的必要性。瑞典国民养老基金从 1960 年建立以来，一个显著的特点是由几个相对独立的子基金来分别进行投资，通过引入竞争来规避治理上的难题和提高投资管理绩效。丹麦 ATP 养老基金由 ATP 集团运营，而该集团下设 13 家分公司，几乎每家公司都有专属且单一的投资领域，成为该基金专业化投资的最大特点。爱尔兰社会保险基金除按要求将部分资金存在中央银行之外，剩余资金由财政部授权国债管理局对投资账户资金进行投资，资金主要投资于财政部短期票据、银行存款和欧元区政府债券，但相对比较保守。芬兰国家养老金采取分散化管理，不同的养老金提供者之间存在竞争的关系，在每个季度开始的第一天，参保人可以将其收入关联型养老金转移到另外一个养老金的提供者，充分的竞争也促使养老金提供者做出了漂亮的投资业绩。和欧洲其他国家相比，波兰人口储备基金的投资限制最为严格，一直没有投资国外证券的自由，只允许投资国内资产。日本"年金积立金"在 2001 之前主要投资产业和基础设施，因此产生了大量呆坏账，这是值得我们警惕和深思的。韩国"国民年金基金"面临的一个重要的问题就是，如何确定国民年金基金未来的发展战略，通过基金的长期运作保持年金财政的平衡性。泰国虽然被称为福利国家的"迟到者"，但近年来泰国无论是在社会保障计划的综合管理还是基金的投资运作方面都呈现出明显的后来居上之势，需要引起我们关注。菲律宾社会保障基金虽然取得了较高的投资收益率，但仍然没有解决政府干预和治理结构不合理等问题。约旦社保资金坚持大类资产配置，从资产占比情况看，债券组合、股权投资和货币市场工具组合是社保基金配置最多的三个部分，三者合计规模占比超过八成。沙特养老基金投资的成功之处在于投资组合的多样性，但由于资金管理透明度不高又缺少集中性投资，所以资金回报也很有限。南非政府雇员养老基金基本上没有海外投资，因此避免了国际资本市场震荡而遭受损失。

总目录

分目录

第四部分　域外借鉴篇（上）："储备型"主权养老基金

第五部分　域外借鉴篇（下）："缴费型"主权养老基金

主报告
主权养老基金的比较分析：建立"外汇型"主权养老基金的急迫性

一、"主权养老基金"概念与分类

（一）主权养老基金的定义与分类

1. "主权养老基金"的出现与发展

"主权养老基金"这个概念首次出现于 2007 年 OECD 的出版物之中[①]，其英文原文是 Sovereign and Public Pension Reserve Funds（SPPRFs），直译全称应为"主权与公共养老储备基金"。这是一个大概念，从字面上看，既包括主权养老基金即 Sovereign Pension Funds（SPFs），也包括公共养老储备基金即 Public Pension Reserve Funds。前者的含义比较简单，后者较为复杂，字面上的含义既包括来自缴费形成的传统的 DB 型现收现付制养老基金，也包括 DC 型完全积累制的养老基金，还包括近些年来崛起的 DB 型积累制养老基金。也就是说，Public 的含义是，只要是国家举办的强制性社会养老金制度形成的积累，那就是 Public Pension，就应该都包括进来，因为它们均属于 Public Pension Reserve Funds。

由于中文的理解习惯，笔者于 2008 年开始就主张中文表达方式应将 Sovereign and Public Pension Reserve Funds（SPPRFs）简译为"主权养老基金"[②]，其实，OECD 出版物中，也是把 Sovereign and Public Pension Reserve Funds 的缩写简化为"SPFs"，这种简化缩写更好，我们这里就可以直接将全称 Sovereign and Public Pension Reserve Funds 简化为全称 Sovereign Pension Funds，据此，

其缩写就直接简化为 SPFs，这样，就可与主权财富基金 Sovereign Wealth Funds（SWFs）对应起来，人们很容易联想其 2007 年组建的中投公司（CIC），也便于中国读者记忆，否则，Sovereign and Public Pension Reserve Funds（SPPRs）如果直译过来，不仅太拗口，而且中国读者使用起来也不太方便，难以记忆。这样，当把"主权养老基金"再"译回"英文时笔者主张就应取 Sovereign Pension Funds（SPFs），也是直译的结果。

当然，虽然我们使用的中英文概念分别是"主权养老基金"和 Sovereign Pension Funds（SPFs），但是，其主要内容与 Sovereign and Public Pension Reserve Funds（SPPRFs）的含义没有太大区别，只是为了方便而已。

但是，从字面上看，无论是英文 Sovereign and Public Pension Reserve Funds（SPPRFs），还是中文译文"主权与公共养老储备基金"，都包括了由缴费形成的三种制度模式下的养老基金，而无论是中文的"主权养老基金"，还是英文 Sovereign Pension Funds（SPFs），起码在字面上都看不出包括缴费型的三种养老基金。所以，在中文的分析框架下应对"主权养老基金"这个概念做个简单的辨析。

2. 主权养老基金分为"非缴费型"和"缴费型"

从上述主权养老基金的"定位"可大致推演出其基本"定义"，根据 OECD 的报告，所谓主权养老基金，无非是指这两类公共养老基金。

[①] OECD: Pension Market in Focus, November 2007, Issue 4.
[②] 《中国建立"主权养老基金"的急迫性及国际比较——应对"中国威胁论"与外汇储备二次分流的战略思考》，《国际经济评论》2008 年第 3~4 期（双月刊，总第 74 期，3 月 27 日出版），第 43~53 页。

第一类是狭义上的主权养老基金，专门指"非缴费型"主权养老基金[①]。这类主权养老基金由政府直接建立，在管理上与社保制度自身相分离，融资渠道主要来自一般税收，或来自外汇储备，或来自某种专属的自然资源外汇收入的养老基金。澳大利亚的"未来基金"和挪威的"全球政府养老基金"就属于这一类，且一般来说其特点是十几年甚至几十年内无须支付，专门用于老龄化高峰时应对社保制度未来的支付压力。

第二类是广义上的主权养老基金，它是指"缴费型"主权养老基金，即由政府或社保部门建立的支撑现收现付制的公共养老基金，其资金来源主要是参保者的缴费余额。由于老龄化的压力和其他改革政策的限制，缴费型主权养老基金越来越受到各国的重视，日益成为一个重要和普遍的投资方式，成为整体社保制度的一个组成部分和重要金融因素，成为政府当局保护社会养老制度可供选择的一个途径和未来公共养老金制度改革的一个有效工具。丹麦的"社保基金"、日本的"政府养老金投资基金"等均属于这一类。美国 1990 年提高缴费率形成"联邦社保信托基金"和加拿大 1997 年改革"快速"提高缴费率形成的"加拿大养老基金（管理局）"（CPPIB）更加引人注意，尤其是加拿大养老基金（CPP）实行全球资产配置，20 年来取得令人瞩目的成就，被业界称之为"枫叶革命"。

（二）"缴费型"主权养老基金的负债分析

1. "缴费型"主权养老基金的"隐性养老金债务"与"显性养老金债务"

毫无疑问，对公共养老金制度而言，"非缴费型"主权养老基金是不存在负债问题的；相反，它是公共养老金制度的"开源"。但是，由于"缴费型"主权养老基金的资金来源是参保人的缴费收入，所以，这只主权养老基金对参保人和公共养老金制度来讲就是一个负债。

养老金债务可分为"隐性养老金债务"和"显性养老金债务"。

所谓"隐性养老金债务"是指传统的 DB 型现收现付制下未偿还的、政府承诺的养老金权利的价值减去缴费余额累计储备之后的净值，一般情况下，由于纯粹的现收现付制追求的制度目标是收支平衡，略有结余，所以，基金累计余额很少，只够支付几年的，于是，就形成了巨大的"隐性养老金债务"，需要后代参保人的缴费予以支付，这就受到人口老龄化的巨大影响。

"显性养老金债务"的概念辨析稍微有点复杂，研究现收现付隐性债务的文献较多。一般来讲，所谓"显性债务"是指政府的"借贷"，但在养老金的文献中，主要是指现收现付制下将本来的隐性债务予以"显性化"，意指通过引入个人账户将"未筹资"转换成"已筹资"。DC 型积累制诞生于 20 世纪 80 年代，研究文献已经很多。在 DC 型积累制下，资产等于债务，且资产具有个人属性，也就不存在"显性债务"，更不存在隐性债务了。但是，加拿大 1997 年创设的"DB 型积累制"却是一个崭新的制度，加拿大"故意"和"快速"提高缴费率，由此形成一个资产池并对其进行市场化、国际化和专业化的投资，以期获得超额市场回报，提高制度的财务可持续性。于是，"加拿大养老金计划"（CPP）改革提高缴费形成的养老基金余额就建立了一个主权养老基金，并建立了一个专门的"养老金投资管理公司"（CPPIB）[②]。在"DB 型积累制"下，一方面，个人不具产权，因为是 DB 型的，资产池是"公共"的；另一方面，"未筹资金"已转换成"已筹资金"，隐性债务已被"显性化"，完全可被视为政府的某种"公共借贷"，其特征是这个"显性债务"或称"公共借贷"在未来是需要"偿还"的，这时，使用"显性养老金债务"这个概念就顺理成章了。

加拿大创设的"DB 型积累制"发生在两次改革之中。第一次是 1997 年，那次改革中，基金积累还很有限，只够支付若干年，所以，加拿大的这只主权养老基金既有隐性债务，也有显性债务，且隐性债务规模大于显性债务规模。第二次发生在 20 年后，2017 年加拿大又额外增加了一个小制度（Additional CPP），制定了新的缴费规则和投资规则并于 2018 年 1 月 1 日开始独立运行，这就是崭新的"附加型""加拿大养老金计划"（简称"附加 CPP"，

[①] 笔者在以往的主权养老基金研究中，将"非缴费型"主权养老基金称之为"储备型"主权养老基金，即将主权养老基金分为"缴费型"和"储备型"。出于资金来源渠道的考虑和考察，本文将"储备型"统一称之为"非缴费型"。见郑秉文的如下论文：《中国建立"主权养老基金"的急迫性及国际比较——应对"中国威胁论"与外汇储备二次分流的战略思考》，《国际经济评论》2008 年第 3~4 期（双月刊），第 43-53 页；《全国社会保障基金理事会管理体制的转型与突破》，《辽宁大学学报》2017 年第 3 期（双月刊），第 1~25 页；《金融危机对全球养老资产的冲击及对中国养老资产投资体制的挑战》，《国际经济评论》2009 年第 9~10 月刊（双月刊），第 5~29 页。

[②] 关于加拿大 1997 年改革过程和改革方案、关于运用提高缴费比例的方式建立主权养老基金的论述，请见郑秉文和何树方：《加拿大社保制度改革与建立"主权养老基金"10 年回顾与评价》，《当代亚太》2008 年第 1 期（双月刊），第 88~107 页。

以前的制度就相应被称之为"基本 CPP"）①。根据其精算报告的长期测算，"附加 CPP"一个最大特点是基金积累规模十分惊人，积累规模最高的年份是 2025 年，"资产/支出比"竟高达 116 即可支付 116 年，即使最低的年份 2085 年，其"资产/支出比"也高达 28，足以支付一代退休者的养老金。

从加拿大的"附加 CPP"来看，"DB 型完全积累制"的"显性债务"是指，在养老资产规模大于或基本等于养老债务规模的 DB 型制度里，"已筹资"的养老基金或养老制度的未来需要"偿还"的债务就是"显性债务"。换言之，在"附加 CPP"未来 100 年的预测期里，由于资产始终等于或大于需要"偿还"的债务，所以"附加 CPP"这只"缴费型"主权养老基金的负债就是"显性"的，这时，它存在的问题是，面对如此庞大的资产池，如何提高投资体制效率和实现保值和增值。

2. 建立"缴费型"主权养老基金的国家在过去 20 年里开始出现并逐年增加

"缴费型"主权养老基金的债务无论是隐性的，还是显性的，其基本特征是债务与生俱来，其资金完全来自社保缴费（税）。显而易见，在全球主权养老基金的存量中，具有"缴费型"主权养老基金的国家数量要少于拥有"非缴费型"主权养老基金的国家数量，2000 年和 2001 年日本和韩国都先后加入到这个行列中来，这个队伍越来越庞大。但是，总体看，在全球一百多个 DB 型现收现付制中，大部分国家实行的是"纯粹的"传统 DB 型现收现付制，它们的基金余额基本是"零"，所以，大部分 DB 型现收现付制没有形成有效的"缴费型"主权养老基金。

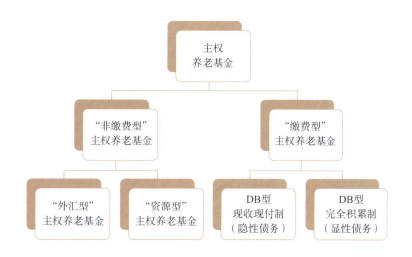

图 0-1 主权养老基金的分类

资料来源：笔者绘制。

（二）"非缴费型"主权养老基金的资金来源

狭义上讲，主权养老基金主要是指"非缴费型"主权养老基金。除没有养老金隐性或显性债务以外，"非缴费型"主权养老基金还有一个明显特征，那就是它们的资金来源多元化。当我们把这些资金来源进行分类归纳之后就会发现，"非缴费型"主权养老基金可以分为两类，即"资源型"和"外汇型"。

1. "资源型"主权养老基金

第一类是资金来自专属的自然资源，我们可称之为"资源型"主权养老基金。例如，挪威的全球政府养老基金（GPFG）的资金来源是专属的，完全来自石油收入。挪威政府建立该主权养老基金的目的是为了将石油的物理形态转换成金融形态，提高收益水平，用于人口老龄化高峰时补偿养老金之不足。再如，智利的养老储备金（PRF）

---

① 关于加拿大创设的"DB 型完全积累制"这个制度创新的内容及其"附件 CPP"的评介，见郑秉文：《加拿大养老金"DB 型部分积累制"新范式 20 年回望与评估——降低养老保险费率的一个创举》，《经济社会体制比较》2017 年第 6 期（双月刊），第 87~117 页。

的资金来自铜出口的外汇收入，因为铜矿是智利的重要战略矿产资源，是智利的重要创汇资源，于是，利用一部分"铜美元"建立一只主权养老基金自然就成为顺理成章的了。还有一个典型的专属资源型的主权养老基金，那就是俄罗斯建立的国家福利金（NWF），它完全来自其石油天然气的外汇收入。全球大约有主权财富、主权养老基金总计100多只，其中主权财富基金占绝大多数。从表0-7可看出，即使在主权财富基金里，其资金来源还有其他一些专属的自然资源，例如，矿业、钻石、磷酸盐、核电设备甚至公共土地等。因此，从表0-7可看到，"资源型"的主权养老、主权财富基金虽然有一些，但占比不多，大部分还是"外汇型"的。

2."外汇型"主权养老基金

第二类是资金来自外汇储备资源，我们将之称为"外汇型"主权养老基金。所谓"外汇型"主权养老基金就是指"非商品型"的主权养老基金，在表0-1和表0-7里，英文文献是指"Non-Commodity"。考虑到中文的表达习惯，我们将"Non-Commodity"译为"外汇型"主权养老基金。中国2007年建立的"中投公司"就是一只典型的"外汇型"主权财富基金。表0-7还显示，在主权财富基金里，"外汇型"占大多数。表0-1显示，在主权养老基金里，最典型的有澳大利亚的未来基金（AGFF）、新西兰的超级年金（NZS）、爱尔兰的爱尔兰战略投资基金（ISIF）（原为国家养老储备基金，NPRF）等。

表 0-1　主要国家的主权养老基金：类型与规模　　　　　　　　　　单位：亿美元

	国家	基金名称	规模	成立时间	具体来源
非缴费型	挪威	全球政府养老基金（GPFG）	10581	1990	石油
	中国	全国社保基金（SSF）	2600	2000	一般税收
	澳大利亚	未来基金（AGFF）	1077	2006	非商品
	俄罗斯	国家福利基金（NWF）	772	2008	石油天然气
	新西兰	超级年金（NZS）	285	2003	非商品
	智利	养老储备基金（PRF）	94	2006	铜
	爱尔兰	爱尔兰战略投资基金（ISIF）原国家养老储备基金（NPRF）	100	2001	非商品
缴费型	美国	联邦信托基金（OASDI Trust Fund）	28400	1940	缴费
	法国	国家退休储备基金（FRR）	400	2001	缴费
	日本	年金积立金（GPIF）	15000	2000	缴费
	韩国	国民养老基金（NPF）	2800	2000	缴费
	加拿大	加拿大养老金计划（CPP）	2800	1997	缴费

资料来源：根据各主权养老基金的官网，由笔者绘制。

（四）"养老金"大家族中"主权"性质辨析

主权养老基金的"地位"与"养老金"的概念紧密相连。"养老金"是一个"大家族"，由三个部分构成：一是公共养老基金，它包括部分国家的第一支柱的养老基金即社会养老保险基金；二是企业补充养老保险基金即企业年金，这是第二支柱；三是个人养老金，包括不同的养老保险产品，这是第三支柱。于是，就出现了三个不同的范畴。

2017年底，OECD 37个成员国的养老资产总计43.4万亿美元，除2015年以外，每年均呈正增长态势。其中，

有7个国家的养老资产规模超过了1万亿美元，它们是澳大利亚、加拿大、日本、荷兰、瑞士、英国和美国。这7个超过1万亿美元的国家占OECD养老资产的90%以上，其中，美国拥有最大的养老资产，高达28.2万亿美元，占OECD全部养老资产的64.9%；其次是2.9万亿美元的英国，占6.7%；接着，依次是加拿大2.6万亿美元，占6.1%；澳大利亚1.8万亿美元，占4.1%；荷兰1.6万亿美元，占3.7%；日本1.4万亿美元，占3.2%；瑞士1.0万亿美元，占2.3%。其余29个国家合计为3.9万亿美元，

占 9.0%。

2017 年全球养老基金的投资收益率是 4%，其中包括非 OECD 国家。其中在 22 个国家，投资收益率超过了 5%，美国养老基金的投资收益率是 7.5%。

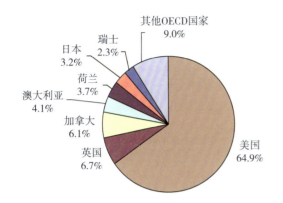

图 0-2　2017 年 OECD 国家养老资产分布及其占比

资料来源：OECD: Pension Market in Focus, October 2018, Figure 2.

不言而喻，如同其名，所有主权财富基金的第一特征就是其"主权"的特征，即国家直接建立和管理（尽管有时采取商业运作模式）、由财政拨款构成的投资基金，具有天然的主权性质，概莫能外。"非缴费型"主权养老基金与主权财富基金非常相似，也毫无疑问具有同样的特征。

但"缴费型"主权养老基金的情况则比较复杂，不是所有社保制度的缴费余额都具有主权性质，从是否具有"主权"性质来看，"养老金"概念下的缴费余额可以分成六种类型：

一是 DB 型现收现付制下的支付余额，因为这种制度割裂了缴费与受益之间的精算关系并由国家承担"无限"责任，所以它具有"主权"的性质，是典型的"缴费型"主权养老基金。

二是分散决策的 DC 型完全积累制度下个人账户资金（如十几个拉美国家的制度和我国香港地区的强积金）带有强烈的私人储蓄性质和个人继承性质，所以不具有"主权"的性质。

三是介于 DC 型完全积累制和 DB 型现收现付制这两个端点之间"中间地带"的某些社保制度类型，对它们应具体情况具体分析，就笔者所及，欧亚七国的名义账户制、德国的积分制、新加坡等十几个国家实行的中央公积金制、中国的统账结合这 4 种"混合型"制度下的账户资金余额，在中央政府统一实行投资营运、国家给予最后担

保、国家统一公布利率这三个条件之下，笔者认为就具有主权的性质了，就可成为主权养老基金。相比之下，我国统账结合的个人账户资金由地方政府负责管理，基本就不具有主权性质了。

四是地方政府举办的自愿型职业年金，属于第二支柱，虽然也是 DB 型现收现付制并且规模十分庞大，例如美国"加州公务员退休金制度"（CalPERS）已超过 3000 亿美元，覆盖 150 万人[①]，但也不具备"主权"性质，因为地方政府不具有"国家主权"。

五是私人部门的企业年金就是企业补充养老保险，第二支柱。无论是 DB 还是 DC 型，它们均没有"主权"性质，不属于主权养老基金。

六是第三支柱，在美国叫作 IRA 即"个人退休账户"，这部分更不具备"主权"的性质。

二、中国两只"主权基金"业绩表现与制度缺憾

目前，中国有两只"主权基金"。一只是主权养老基金，即建立于 2000 年的全国社保基金。这是国家社会保障储备基金，其资金构成是中央财政预算拨款、国有资本划转、基金投资收益和国务院批准的其他方式筹集的资金；该基金专门用于人口老龄化高峰时期的养老保险等社会保障支出的补充、调剂，由全国社会保障基金理事会（简称社保基金会）负责管理运营。

另一只是中国投资有限责任公司（以下简称中投公司），组建于 2007 年，是依照《中华人民共和国公司法》设立的国有独资公司，旨在实现国家外汇资金多元化投资，在可接受的风险范围内实现股东权益最大化。中投公司的境外投资和管理业务分别由"中投国际"和"中投海外"两个子公司承担，它们均坚持市场化、商业化、专业化和国际化的运作模式；前者承接所有的境外投资和管理业务，包括公开市场股票和债券投资，对冲基金、多资产和房地产投资，泛行业私募（含私募信用）基金委托投资、跟投和少数股权财务投资；后者是中投公司对外直接投资业务平台，开展直接投资和多双边基金管理。此外，中投公司还有第三个公司即"中央汇金"，它负责对国有重点金融企业进行股权投资，以出资额为限代表国家依法对国有重点金融企业行使出资人权利和履行出资人义务，实现国有金融资产保值增值，但不开展其他任何商业性经营活动，不干预其控参股的国有重点金融企业的日常经营活动。

[①] 转引自：http://www.calpers.ca.gov/ .

（一）中国主权养老基金的业绩现状：全国社会保障基金（理事会）

全国社会保障基金（以下简称全国社保基金）成立于2000年。18年来，社保理事会为全国社保基金的投资管理和保值增值立下了汗马功劳，该基金从200亿元资本金开始起步，目前资产总额已超过2.2万亿元，增加了100多倍；累计投资收益近1.0万亿元，自成立以来年均名义投资收益率为8.44%[①]。

表 0-2　2001~2017 年全国社保基金资产规模、投资收益率变化

年份	基金资产总额（亿元）	境内投资资产（亿元）	基金权益总额（亿元）	年度投资收益率（%）	累计年化投资收益率（%）
2001	805.09	—	805.09	1.73	—
2002	1241.86	—	1241.86	2.59	—
2003	1325.01	—	1325.01	3.56	—
2004	1711.44	—	1659.86	2.61	—
2005	2117.87	—	1954.27	4.16	—
2006	2827.69	—	2769.83	29.01	—
2007	4396.94	—	4337.83	43.19	—
2008	5623.70	—	5130.89	-6.79	8.98
2009	7766.22	—	7367.32	16.12	9.75
2010	8566.90	—	8375.58	4.23	9.17
2011	8688.20	—	8385.58	0.84	8.40
2012	11060.37	—	10753.57	7.01	8.29
2013	12415.64	—	11927.45	6.20	8.13
2014	15356.39	14050.61	14573.29	11.69	8.38
2015	19138.21	18003.31	17966.51	15.19	8.82
2016	20423.28	19062.59	19488.07	1.73	8.37
2017	22231.24	20557.50	20716.90	9.68	8.44

资料来源：历年的《全国社会保障基金理事会社保基金年度报告》，见全国社保基金理事会官网。

此外，18年来，全国社保基金还出色地完成了如下各项任务：

第一，社保理事会受托投资管理基本养老保险个人账户中央补贴业绩很好。自2006年12月以来，社保理事会就开始受托管理天津、山西、河南、新疆、吉林、山东、湖南、湖北和黑龙江9个试点省（市、区）做实企业职工基本养老保险个人账户中的中央补助资金。截至2017年底，个人账户基金权益1274.06亿元，其中，委托本金余额828.62亿元，累计投资收益余额445.44亿元[②]。

第二，社保理事会受托投资管理两省部分企业职工基本养老保险资金业绩优异。众所周知，社保理事会已受托投资管理广东省和山东省社会统筹基金合计2000亿元并取得优异业绩。2012年3月社保理事会与广东省签约，受托投资管理其社会统筹基金1000亿元，约定期限2年（后延为5年）。2014年6月2日社保理事会与山东省签约，受托投资管理其社会统筹基金1000亿元，约定委托期限为5年。截至2017年底，地方委托资金权益1140.81亿元，其中委托本金1000亿元，累计投资收益140.81亿元。

第三，社保理事会受托投资管理基本养老保险基金。2015年8月，国务院发布《关于印发基本养老保险基金投

① 《2001年全国社会保障基金年度报告》和《2017年全国社会保障基金理事会基金年度报告》，见全国社会保障基金理事会官网。
② 以下资料转引自：《2017年全国社会保障基金理事会基金年度报告》，见全国社会保障基金官网。

资管理办法的通知》（国发〔2015〕48号），决定将散落在地方上千个县市的城镇基本养老保险基金集中起来，委托给社保理事会，由其作为受托机构，统一负责投资事宜。从2016年初开始，城镇企业职工基本养老保险基金开始逐批上解集中，并同时进入市场开始投资。截至2018年9月底，北京、山西等15个省（区、市）政府与社保基金理事会签署委托投资合同，合同总金额7150亿元，其中4166.5亿元资金已经到账并开始投资①。根据日前公布的《基本养老保险基金受托运营2017年度报告》②，截至2017年末，社保基金会已先后与广西、北京、河南、云南、湖北、上海、陕西、安徽、山西9个省（区、市）签署基本养老保险基金委托投资合同，合同总金额4300亿元，委托期限均为5年，均采取承诺保底收益合同版本，实际到账资金2731.5亿元。2017年末，基本养老保险基金资产总额3155亿元，其中，直接投资占30%，委托投资占70%；2017年末，基本养老保险基金权益总额2819.01亿元；2017年投资收益额87.83亿元，投资收益率5.23%。

第四，社保理事会受托管理划转的部分国有资本。2017年11月9日国务院印发了《划转部分国有资本充实社保基金实施方案》（国发〔2017〕49号），规定划转部分国有资本的目的是力求在公共财政适度支持的情况下实现精算平衡，弥补因实施视同缴费年限政策形成的企业职工基本养老保险基金缺口，并规定由国务院委托社保基金会负责集中持有的划转中央企业国有股权，单独核算。文件还规定："划转比例统一为企业国有股权的10%。今后，结合基本养老保险制度改革及可持续发展要求，若需进一步划转，再作研究。"截至2018年第三季度末，三户国资划转社保基金试点企业已经划转了国有资本200多亿元③，正着手研究第二批划转企业名单，加大划转力度。

18年来，社保理事会对全国社保基金、个人账户基金和社会统筹基金的投资管理不仅积累了一些经验，也逐渐形成独有的投资风格，这将有利于发扬长期投资、价值投资、责任投资的理念，提高养老基金的风险收益。同时，在过去的18年里，社保理事会还积累了一些客户关系与渠道，可以争取到一些国家重大工程、重大项目投资上的资源，还可在一定范围内享有必要的政策扶持措施和税收优惠。

总之，18年来，社保理事会逐渐成为全国专业化程度最高的养老基金大型机构投资者，建立起比较成熟的运作架

构，积累了较多的管理大型基金的经验。作为受托人，社保理事会可利用现成的市场研究、资产配置、股票投资、风险管理等专业团队和人才，在成本增加较少的情况下，可稳健和高效地让基本养老保险基金投资体制尽快运行起来。

（二）中国主权财富基金的业绩现状：中国投资有限责任公司

中投公司建立于2007年；正是这一年，次贷危机让主权财富基金出尽了风头；也正是这一年，中国投资威胁论甚嚣尘上。2007年以来的一段时期，次贷危机几乎使主权财富基金成为华尔街的"救火队"（SWFs也是救火队的缩写），它们纷纷注入花旗银行、摩根士丹利、美林、贝尔斯登等全球金融市场巨头，于是，"打劫华尔街""买下华尔街""狼来了"的声音不绝于耳。2008年1月19日出版的北美版《经济学家》杂志封面是一个蝗虫般载着金条蜂拥而至的直升机图片，为首的一驾机身涂有鲜红的中国国旗标志，以此来形容趁美国次贷危机中主权基金大量涌入西方金融市场，并冠以"主权财富基金大举入侵"横栏标题，十分抢眼。封面文章说，"主权财富基金规模庞大，发展很快。正是由于其诡秘性和操控性，它天生就必然引起怀疑。这就是威胁论必然导致金融保护主义的原因所在，就是为什么今天对华尔街的大营救很可能导致明天大华盛顿产生极大反弹的原因所在"④。中投公司一诞生就在不绝于耳的中国投资"威胁论"声音中发展壮大。例如，美国曾加强了外国投资审查委员会的力度，德国拟效仿美国并建议欧盟也设立类似的委员会，G7国家约见拥有主权财富基金的8国代表共同制定"最佳行为准则"，美国不断呼吁IMF和世界银行等国际机构进行立法，强制增加主权财富基金的透明度，约束其在全球范围的投资活动，等等。日前中国有关主管部门高层人士为此撰文⑤，呼吁国际社会要旗帜鲜明地反对投资保护主义和金融保护主义，呼吁发达国家对来自发展中国家的主权财富基金不应有歧视性待遇，呼吁我国有关方面要积极参与国际社会关于制定主权财富基金管理规则的讨论，争取话语权，力争有利的结果。

中投公司在其成立的仅半年时间里，就向投资接受国或地区、国际金融市场证明主权财富基金的投资仅仅是出于商业和财务目的，并积极参与主要主权财富基金建立的国际工作组（后来更名为主权财富基金国际论坛），全程参与起草制定《圣地亚哥原则》即《普遍接受的原则和实

---

① 2018年第三季度人社部新闻发布会，见人社部官网。
② 《全国社会保障基金理事会基本养老保险基金受托运营年度报告（2017年度）》，见全国社保基金理事会官网。
③ 引自《第一财经》官网：https://www.yicai.com/news/100040004.html。
④ The Economist, Jan 19th 2008.
⑤ 魏本华：《对主权财富基金不应有歧视性待遇》，《第一财经日报》2008年1月7日。

践》，随即全面履行了对《圣地亚哥原则》的承诺，体现了透明、负责任长期投资者的市场形象，有力回击了中国投资"威胁论"。2018年是《圣地亚哥原则》问世10周年。10年来，《圣地亚哥原则》增加了国际社会对主权财富基金的了解，减轻了主权财富基金面临的国际压力，也大大减少了国际社会的疑虑或非议。

10年前中投公司创建之初时，其初始资本金仅为2000亿美元①，由中国财政部发行1.55万亿元特别国债募集。截至2017年底，中投公司资产总规模已超过9400亿美元。10年来，中投公司取得辉煌成就。

10年来，中投公司在全球范围内开展投资，资产类别包括公开市场股票、固定收益、另类资产和现金产品。10年里，资产配置发生了较大变化。例如，2008年，现金管理产品占87.4%，固定收益证券占9.0%，股权占3.2%，其他占0.4%；而2018年，公开市场股票达43.6%，另类资产占39.3%，固定收益占15.9%，现金产品仅为1.2%。从境外投资组合公开市场股票类型分布来看，美国股票为52.0%，非美发达股票为33.8%，新兴股票及其他为14.2%。从境外投资组合固定收益类型资产分布来看，发达主权债为53.7%，新兴主权债为9.0%，公司债17.3%，结构化产品及其他为20.0%。

10年来，中投公司投资收益率令人满意，截至2017年底，累计年化净收益率为5.94%，完成了10年投资绩效考核目标，并且，2017年境外投资净收益率按美元计算为17.59%。

表0-3 中投公司境外投资组合投资业绩

年份	累计年化净收益率（%）	年度净收益率（%）
2008	-2.1	-2.1
2009	4.1	11.7
2010	6.4	11.7
2011	3.8	-4.3
2012	5.02	10.6
2013	5.7	9.33
2014	5.66	5.47
2015	4.58	-2.96
2016	4.76	6.22
2017	5.94	17.59

资料来源：《中国投资有限责任公司2017年年度报告》。

（三）主权养老基金与主权财富基金的界限日益模糊

表0-7显示，"主权养老基金"（SPFs）与"主权财富基金"（SWFs）本是一对孪生兄弟，许多特征非常相像，甚至界限模糊。最典型的相似性或趋同性主要有两个，即它们的资本来源和资产持有相互交叉；主权养老基金的投资策略越来越像主权财富基金。

1. 主权财富基金和主权养老基金的资金来源和资产界限日益模糊

许多主权财富基金的资金主要来自资源出口或商品出口积累的外汇储备，例如全球最大的主权财富基金是阿联酋的"阿布扎比"，但同时也能看到一些主权养老基金也是来自外汇储备或财政收入，最典型的是2005年更名的挪威"政府全球养老基金"，其前身是1990年建立的"石油基金"。挪威政府当年清醒地认识到，长期面临的将是涉及国计民生和经济全局的两条交叉曲线：第一条是由于储存量减少，未来50年石油收入占GDP比例不可避免地下降的曲线，预计2010年下降到6%，2020年为5%，2030年为4%，2040年为3%，2050年为2%。这个影响对挪威来说是巨大的。第二条是未来50年里由于日益老龄化而导致的社会养老保险支出占GDP比例不断上升的曲线，从1973年的5%上升到2000年的7%，2010年为9%，2020年为12%，2030年为14%，2040年为17%，2050年高达18%②。挪威当年建立"石油基金"就是为了将这两条曲线尽量"拉平"，将其作为一个"缓冲器"来"烫平"短期内石油收入的变化，作为解决人口老龄化和石油收入日益减少这两个问题的一个工具，为子孙后代转移一部分财富，以实现石油物理储备与金融资产储备的置换。

如同主权养老基金常常来自外汇储备，同样，也有一些主权财富基金来自社保缴费收入，例如，新加坡有两只独立管理的主权财富基金，除了外汇储备以外，它们的资本构成中都有来自新加坡"中央公积金"（CPF）的缴费收入，所以，这就使其"政府投资基金"和"淡马锡"既像主权财富基金，又像主权养老基金，甚至还像中央公积金，甚至有人将其称之为"混合体"；正是由于资金构成的双重性，它们二者之间的界限经常模糊不清，挪威的全球养老基金之所以常被看成主权财富基金就是这个原因。其实，法国和爱尔兰的主权养老基金也一样，其区别仅在于规模较小而已。韩国的主权财富基金"韩国投资公司"（KIC）与其主权养老基金"国家养老基金"（NPF）也是一个案例，二者相互交叉，你中有我，我中有你，后者的部分资产由前者负责管理运营，这也是一个不争的事

① 以下数据引自：《中国投资有限责任公司2017年年度报告》。
② 数据引自如下网络主页：http://www.norges-bank.no/。

实[1]。有估计认为，全球主权养老基金中大约有 2.6 万亿美元资产由主权财富基金管理，这个比例占全球主权养老基金资产总量的一半[2]。

2. 主权养老基金的投资策略越来越像主权财富基金

各国建立主权财富基金的目的就是为了投资海外，但主权养老基金却不然：无论是缴费型还是非缴费型主权养老基金，几十年前几乎完全以持有国内政府债券为主，后来先是逐渐发展到涉足国内投资市场，再最终走向海外，就是说，主权养老基金的投资策略存在一个逐渐从内向型向外向型转变的历史过程，最近十几年来表现得尤为明显，步伐加快，很多国家的主权养老基金外向型投资倾向越来越明显；反之，内向型倾向则表现得越来越收敛，这既是国际资本市场的一个重要动向，也是主权养老基金越来越像主权财富基金的一个值得注意的发展潮流。

第一，"缴费型"主权养老基金外向型投资策略的发展历程。传统的 DB 型现收现付制养老基金完全投资于国债，而较少有市场化投资的。但进入 21 世纪以来，在加拿大的"带动"下，日本和韩国先后开始市场化的投资道路。加拿大的"加拿大养老金计划"（CPP）建立于 1966 年，1997 年向"DB 型积累制"（DB FF）转型，并建立起"加拿大养老基金投资管理公司"（CPPIB），对其进行市场化和国际化投资，1999 年基金总计只有 300 亿美元，截至 2017 年底已达 2750 亿美元。其中，按地理分布，持有美国资产 37.9%，亚洲资产 20.4%，加拿大资产 15.1%，欧洲资产（不含英国）13.2%，英国资产 5.6%，拉美资产 3.5%，澳大利亚资产 3.1%，其他国家和地区资产 1.2%。如按大类资产配置，持有股票 38.8%，PE 资产 20.3%，不动产 12.9%，政府债券和现金 11.1%，基础设施 8.0%，信用投资 6.3%，其他资产 2.6%[3]。建立于 1959 年的日本主权养老基金"年金资金运用基金"（GPIF），截至 2018 年 9 月底已达 1.5 万亿美元（170 万亿日元）的规模，是世界第二大主权养老基金，日本国内投资市场的最大机构投资者，现持有海外债券和股票 25.7%，海外债券 15%，国内股票 25%，国内债券 35%[4]。韩国"国家养老金"（NPS）建立于 1988 年，截至 2017 年底，大约有 5800 亿美元的规

模，其中 50.6% 投资于固定收益类产品，38.6% 投资于股票，10.8% 投资于另类投资产品[5]。

第二，建立"非缴费型"主权养老基金的目的就是为了境外投资。许多国家利用外汇储备或转移支付组建主权养老基金的主要目的本来就是为了投资于海外，所以，"非缴费型"主权养老基金的海外投资策略自其诞生之日起就与生俱来。澳大利亚"未来基金"资金来自政府预算，为满足支付 2020 年养老债务的需要，在短短几年之内，投资海外市场资产的比例就非常之高，到目前已发展到与主权财富基金没什么太大区别的程度，甚至它的年度发展报告封皮上就自称是"澳大利亚主权财富基金"，在 1000 亿美元总规模中，大部分资产投资于海外[6]。建立于 2003 年的新西兰"超级年金"也是为了支付未来养老债务，到 2050 年其退休人口将翻一番。截止到 2018 年 9 月底其规模已达 294 亿美元，其中，66% 的资产投资于全球股票市场，9% 为固定收益类，PE 资产为 5%，新西兰股票为 4%，基础设施为 2%，不动产为 2%，等等。自成立该基金以来，年化收益率是 10.44%，在过去的 1 年里收益率是 11.74%[7]。

第三，主权养老基金多元化投资是个大趋势。由于各国政府的重视、监管当局的青睐和业内金融机构的推动，三方合力共同促进了主权养老基金的发展，发达国家和发展中国家的主权养老基金膨胀迅速。主权养老基金之所以发展迅速，一个重要原因在于迫于提高收益率的压力和要求，主权养老基金的投资战略比较灵活，可以实现多元化投资的目的。有些国家比较保守，比如美国和西班牙的缴费型主权养老基金，其投资组合受到法律的严格限制，它们几乎完全持有政府债券。但许多国家相反，比如，爱尔兰的"全国养老储备基金"股票比例占 77.1%，加拿大占 58.5%，法国占 62.1%，瑞典占 59.5%，新西兰占 60.0%。此外，近几年来还出现一个特点，即许多国家主权养老基金另类资产的投资倾向性日益明显。虽然在全部资产中，另类投资资产比例仍然较小，但越来越流行；不同国家的主权养老基金之间另类资产持有比例差异性较大，从占比最小的韩国"国家养老金"1.2%，到高达 12.7% 的新

---

① Ramkishen S Rajan in New Delhi, Should India create a Sovereign Wealth Fund? November 10, 2007, http://www.rediff.com/money/t.

② Stephen Jen & Charles St. Arnaud, Sovereign Pension Funds, at the Global Economic Forum, August 24, 2007. http://www.morganstanley.com/ .

③ CPPIB 2018 Annual Report: Investing for Contributors & Beneficiaries, CPP Investment Board.

④ Investment results for 2Qof fiscal 2018(update report), Government Pension Investment Fund (GPIF) .

⑤ Nationa Pension Fund 2017 Annual Report,NPS National Pension Service, 6. July, 2018.

⑥ Annual Report 2017-2018: Investing For The Benefit of Future Generations of Australians,Australia Government Future Fund, Future fund board of Guardians, Oct. 2018.

⑦ Monthly Performance and Portfolio Report-September 2018, Guardians of New Zealand Superannuation, released 24 October 2018.

西兰"超级年金";并且另类资产投资发展迅速,例如,新西兰 2005 年只占 0.5%。

总体来说,主权养老基金的海外资产持有比例目前仍然较低,全球平均可能不到 20%,而主权财富基金则较高,这个差距正在缩小,主权养老基金投资海外市场的比重正不断提高。主权养老基金的这种转变正在引起各经济体和国际市场的极大关注,主权养老基金越来越像主权财富基金。

(四)中国"缴费型"主权养老基金目前难以建立的深层原因

非常遗憾的是,截至 2017 年底,虽然中国基本养老保险基金规模已达 5.7 万亿元(城镇职工基本养老保险基金 4.4 万亿元,城乡居民基本养老保险基金 0.6 万亿元,机关事业单位基本养老保险基金 0.7 万亿元)[1],是全国社保基金(理事会)的 2.9 倍,但它却没能成为一只"缴费型"主权养老基金。就是说,虽然它占 GDP 达 7%,但却没有实行到专业化、市场化的投资体制之中,几十年处于负利率的侵蚀之中。其实,仅就基金规模和缴费收入稳定性来讲,5.7 万亿元的基本养老保险基金是最有"资格"建成一只"缴费型"主权养老基金的。那么,相较于美国的基本养老保险基金 2.84 万亿美元(OADSI)、加拿大的 2800 亿美元(CPP)、日本的 1.5 万亿美元(GPIF)、韩国的 2800 亿美元(NPF),这些"缴费型"主权养老基金,为什么中国的养老金缴费收入不能有效形成一只主权养老基金?

原因在于,基本养老保险制度统筹层次太低,处于严重的"碎片化"分割之中:横向看,城镇企业职工基本养老保险基金(简称"城镇职工")、城乡居民基本养老保险基金(简称"城乡居民")、机关事业单位基本养老保险基金(简称"机关事业单位")三个制度分割运行,行政管理相互割裂;纵向看,"城镇职工"4.4 万亿元分散在全国上千个县市行政区域,"城乡居民"0.6 万亿元"散落"在全国几千个县级统筹单位,"机关事业单位"0.7 万亿元由几十个省级行政管辖,这种"碎片化"的行政管理方式使之进入投资系统十分困难。

经过多年的努力,2018 年 8 月,中央决定对基本养老保险基金进行投资管理改革,国务院发布了《关于印发基本养老保险基金投资管理办法的通知》(国发〔2015〕48 号),决定由全国社保基金理事会作为受托机构进行统

一投资管理,现行进来的"城镇职工"4.4 万亿元,规定各省须分别与全国社保基金理事会签约并实施委托投资。但时至今日,三年半过去了,只有北京、山西等 15 个省(区、市)政府与社保基金理事会签署了委托投资合同,合同总金额 7150 亿元,仅有 4166.5 亿元资金已经到账并开始投资[2],还不到"城镇职工"基金的十分之一。

很显然,在统筹层次低下、行政管理割裂的体制下,基本养老保险基金很难像美国、加拿大、日本、韩国那样进入投资体制。这是中国基本养老保险基金不能形成"缴费型"主权养老基金的根本原因。

为了解决由于统筹层次低下导致的巨大的财政风险,2018 年 6 月,国务院发布《关于建立企业职工基本养老保险基金中央调剂制度的通知》(国发〔2018〕18 号),决定建立中央调剂制度,从 3% 起步,以后逐步提高比例,并于 2017 年 7 月 1 日起开始实施。毫无疑问,建立中央调剂制度对社保基金地区失衡起到比较明显的缓解作用。但为彻底解决统筹层次低下的制度痼疾,在 2018 年 6 月 11 日召开的企业职工基本养老保险基金中央调剂制度贯彻实施工作会议上,国务院领导明确指出[3]:"要加快推进省级基本养老保险基金统收统支,2020 年全面实现省级统筹,为养老保险全国统筹打好基础。"

上述改革路线显示,如果说建立中央调剂制度是第一步,那么 2020 年实现省级统筹就是第二步,最终实现全国统筹就是第三步。这是解决我们统筹层次低下的"三步走"策略。可以说,只有实现了全国统筹、至少实现了真正的省级统筹,基本养老保险基金进入投资体制的条件才能最终实现,实现主权养老基金投资策略的目标才能达到。否则,目前"城镇职工"的"挤牙膏"式的步入投资体制的步伐和节奏距实现增值保值的良好愿望还存在很大差距。

其实,在上述"三步走"的"大制度安排"时间表中,还存在或"插入"了一个"小三步走"的策略安排:第一小步,因为"机关事业"的养老基金增长迅速,管理比较规范,统筹层次是省级,全国几十个统筹单位上解资金的效率肯定要高于"城镇职工",更高于"城乡居民",因此,应尽快制定时间表,让"机关事业"与全国基金理事会先行签约的"小目标",早日进入投资体制,就可早日减少负利率的损失。第二小步,尽快建立中央层面的协调机制,争取在 2020 实现省级统筹目标的同时,实现"城镇职工"

---

① 《2017 年度人力资源和社会保障事业发展统计公报》,见人社部官网。

② 人社部 2018 年第三季度新闻发布会,2018 年 10 月 31 日,见人社部官网。

③ 《李克强对企业职工基本养老保险基金中央调剂制度贯彻实施工作会议作出重要批示》,见中国政府网:http://www.gov.cn/xinwen/2018-06/11/content_5297921.htm#allContent。

的投资目标。第三小步，应将"城乡居民"的投资问题提到案头，加快研究制定"城乡居民"的资金上解机制和方案，早日实现"城乡居民"进入投资系统的制度目标。

可以说，全国社保基金理事会对"城镇职工""城乡居民""机关事业"的基金投资"统筹起来"、统一对这三个部分资金实施受托投资管理之日，就是中国的"缴费型"主权养老基金建立之时，因为这些来自参保人缴费收入的资金在全国社保基金理事会中是单独建账、单独管理、封闭运行的，届时，全国社保基金理事会的"一托二"（"非缴费型"和"缴费型"主权养老基金）模式就成为中国特色社保制度的又一"亮点"。

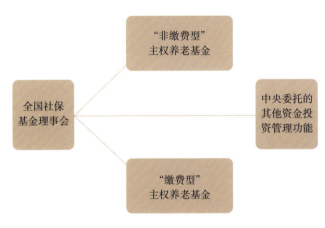

图 0-3　全国社保基金理事会"一托二"的功能定位
资料来源：笔者绘制。

三、建立"外汇型"主权养老基金的四个理由

目前，中国的主权基金虽然有两只，一只是主权养老基金，另一只是主权财富基金，但是，在外汇储备十分充足的条件下，决策者应为未来人口老龄化做准备，未雨绸缪。据联合国人口司的预测①，中国的老年赡养率（65岁占15~64岁人口比例）到2020年达到17.3%，2025年上升到20.5%，2030年为25.3%，2035年为32.2%，2040年为38.3%，2045年为40.9%，2050年为44.0%，2055年为51.9%，2060年高达54.8%。就是说，65岁及以上老年人目前是大约4个就业人口赡养1个，到2060年就

不到2人养活1人；中国人口老龄化发展十分迅速，届时将超过大部分发达国家。

尽管这两年外汇储备规模略有回落，但总体来看，中国仍处于外汇储备的积累期，且积累规模相当可观，中国应抓住这个历史机遇期，适时建立起一只"外汇型"的主权养老基金，用于未来老龄化高峰的补充。

（一）建立"外汇型"主权养老基金应抓住当前的历史机遇

改革开放40年来，中国外汇储备呈爆发式增长；1999年中国外汇储备只有1547亿美元，占全球外汇储备1.78万亿美元仅为0.9%；此后，中国外汇储备规模直线上升，占全球外汇储备的比重不断攀升。2004年上升到16.2%；2008年全球外汇储备为7.35万亿美元，中国的外汇储备为1.94万亿美元，占全球外汇储备的26.5%；此后，中国外汇储备就基本维持在全球外汇储备的26%以上，其中有6年超过30%，直至今天，全球外汇储备为11.48万亿美元（2018年第二季度），中国的外汇储备虽然经历了2015年、2016年和2017年三年的滑坡，但依然是世界外汇储备第一大国，3.09万亿美元的外汇储备（2018年第三季度）依然占全球外汇储备的26.9%，甚至与10年前相比略有提高。

随着国际经济环境的变化和中国经济发展阶段的转换，加之国际贸易摩擦的升级，中国刚刚到了外汇储备的高峰期，不仅具备了建立"外汇型"主权养老基金的条件，而且略显紧迫性，当前我们正处这样一个关键期或转折点，建立外汇型主权养老基金的窗口有可能越来越小，历史的重要节点往往有可能稍纵即逝。回想2000年建立全国社保基金的"中国故事"，我们显然抓住了那个重要机遇期，目前，全国社保这只主权养老基金的权益是18302亿元，其中，累计财政性净拨入8557亿元，累计投资增值9745亿元，就是说，目前这只基金有一半多的资产来自投资收益，这对目前养老保险来说是一个雄厚的物质基础。

从国际实践来看，社保政策的制定、社保新政的推出、社保制度的推进等，往往不是在经济上升期，就是在经济危机时期。国际上有些主权养老基金也是在这些特殊历史时期诞生的。所以说，目前是建立"外汇型"主权养老基金的最佳时机，中国不应错失良机。

---

① 因此联合国人口司官网：https://esa.un.org/unpd/wpp/ 。

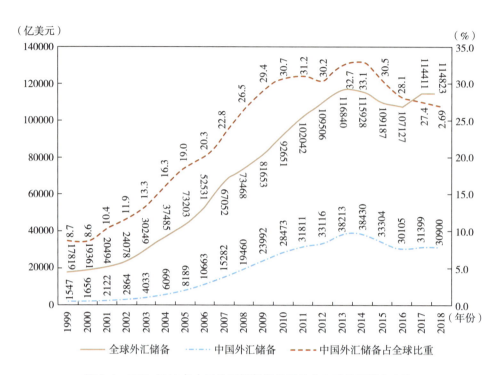

图 0-4　1999~2018 年中国外汇储备增长及其在全球外汇储备占比

资料来源：全球外汇储备引自 IMF 官网；中国外汇储备引自中国外汇管理局官网。

（二）建立"外汇型"主权养老基金可弥补养老保障体系的短板

如果能抓住机会，建立一只"外汇型"主权养老基金（或委托给全国社保基金理事会）将会获得一举多赢的功效。众所周知，中国多层次养老保障体系处于初级阶段，在三个支柱的结构上处于失衡状态：国家举办的第一支柱养老金较为发达，企业举办的第二支柱企业年金覆盖面很小，个人投资购买的第三支柱税优型养老金产品刚刚起步；因此，总体看，中国养老基金规模很小，储备十分有限。截至 2017 年底，中国第一支柱养老基金规模是 5.0 万亿元（城镇职工基本养老金 + 城乡居民基本养老金）[1]，第二支柱企业年金基金仅为 1.2 万亿元[2]，第三支柱刚刚起步，几乎为零，可以忽略不计；储备基金"全国社保"为 2 万亿元。这四个资产池合计仅为 8.2 万亿元，占 2017 年

GDP 的 10.0%。

相比之下，截至 2015 年底，加拿大全国养老金资产总计 3.50 万亿加元，相当于当年 GDP 1.99 万亿加元的 176%；其中，第一支柱强制性社会养老保险基金 3422 亿加元（CPP2855 亿加元，QPP566 亿加元）；第二支柱自愿性养老金制度资产 2.01 万亿加元（信托型养老金计划 1.66 万亿加元，政府团结基金 2387 亿加元，其他类型雇主计划 1160 亿加元）；第三支柱自愿性个人养老储蓄账户 1.14 万亿加元[3]。

美国 2017 年三支柱养老基金总计高达 31.04 万亿美元，占美国当年 GDP19.39 万亿美元的 160%；其中，第一支柱基本养老金 2.84 万亿美元（完全持有国债）[4]，第二支柱各种补充养老金 19 万亿美元，第三支柱个人退休账户（IRA）养老金 9.2 万亿美元[5]。

①《2017 年人力资源和社会保障事业发展统计公报》，见人社部官网。

②《2017 年度全国企业年金基金业务数据摘要》，见人社部官网。

③郑秉文：《加拿大养老金"DB 型部分积累制"新范式 20 年回望与评估——降低养老保险费率的一个创举》，《经济社会体制比较》2017 年第 6 期，第 87~117 页。

④ Board of Trustees of the Federal Old-Age and Survivors Insurance and Disability Insurance Trust Funds (July, 2018), *The 2018 Annual Report of the Board of Trustees of the Federal Old-Age and Survivors Insurance and Disability Insurance Trust Funds Communication.* Washington, D.C.

⑤ CIC, 2018 Investment Company Fact Book: A Review of Trends and Activities in the Investment Company Industry, 58th Edition, Investment Company Institute.

上述关于美国、加拿大与中国进行比较的是三支柱养老基金规模的合计。由于中国第一支柱养老金是国家举办的基本养老保险制度，起步较早，并受到各级政府的广泛重视，在三支柱中呈"一柱独大"的失衡状态，即使这样，占 GDP 的比重仅为 10%，与美国和加拿大等发达国家相差甚远。如果运用 OECD 国家通行的"私人养老金"统计口径来进行比较[①]，即仅对第二支柱和第三支柱养老金规模进行比较，差距就更大了。

剔除第一支柱养老金，中国的私人养老金仅为 1.2 万亿元，占 GDP 比重仅为 1.5%。这个养老基金储备水平与 OECD 所有国家相比都是非常低的，仅略高于希腊（占 GDP 的 0.8%）。这是因为，希腊建立第二支柱的时间是 2001 年，比中国还要晚。

发达国家之所以通常将私人养老金作为养老资产储备的统计口径，是因为绝大部分发达国家的第一支柱实行的融资模式基本是现收现付制，追求的制度目标是收支平衡，余额很少，所以，基本不存在基金投资的问题。所以，第一支柱的基金储备及其比较在统计上没有什么意义。我们会发现，德国作为一个世界经济大国，其第二支柱、第三支柱养老金排名非常靠后，这是因为德国的情况十分特殊。德国两次挑起世界大战，两次战败，每次战争都摧毁了德国大量财富，尤其是，第一次世界大战后德国的通货膨胀高达百分之几万，货币成为废纸。这些痛苦和永久的记忆对这个民族在战后重建的方方面面都产生了深远影响，包括养老金制度模式的选择：无论是公共养老金，还是私人养老金，他们尽量都将其建成"非积累型"的制度形态（即避开 FDC 或 DC；德国的第一支柱是积分制，充其量就是一个"类似"的 NDC）。可以说，在养老金制度模式选择这个问题上，德国人基本形成了一个民族共识。对此，有一件事笔者记忆十分深刻：2007 年 1 月 9~10 日，中国人民大学中国社会保障研究中心与德国弗里德里希·艾伯特基金会联合召开"公平与效率中的社会保障体制改革研讨会"。与会的德国嘉宾来自议会、法院、州劳动社会卫生部等多个领域，他们不是研究养老金的专业人士，但当我问到为何德国选择了一个"非积累型"养老金制度时，他们不约而同都提到两次世界大战的启示，在中午用自助餐时我同样提到这个话题，德国嘉宾做了同样的详细说明。

中国建立多层次养老保障体系还需几十年的努力，因为"积累型"的第二支柱、第三支柱需要全面深化税制改革，没有税改的配合，第二支柱、第三支柱的参与率不可

能有根本性变化，基金积累和储备就不可能有实质性变化，养老保障就只能靠第一支柱。如果用一部分外汇建立一只"外汇型"养老基金，可在短期内弥补这个短板，迅速提高养老基金储备总额。以中投公司的资产负债表为参照，中投公司建立只有 10 年，其资产规模就增长了 3.7 倍。

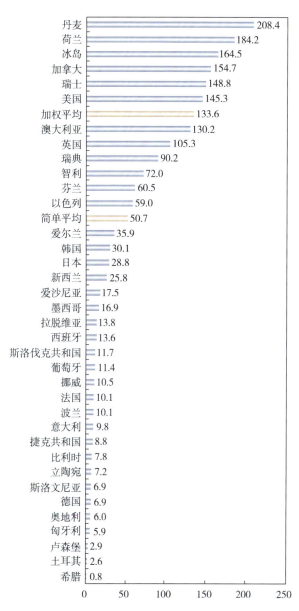

图 0-5　2017 年 OECD 国家私人养老金全部资产占 GDP 比重（%）

资料来源：OECD: Pension Market in Focus, October 2018, Figure 3.

---

① 在英语学术著作和文献里，通常情况下，公共养老金（Public Pension）指国家举办的强制性基本养老金制度；私人养老金（Private Pension）这个概念包括第二支柱和第三支柱养老金；个人养老金（Individual Pension）专指第三支柱养老金。

（三）建立"外汇型"主权养老基金是对这代人"还汇于民"的渠道

改革开放 40 年是外向型经济为导向发展的 40 年，前期的劳动密集型出口商品和后期的资本密集型出口商品"转换"成几万亿美元外汇储备，就是这一两代人作为创汇者为改革开放做出的伟大贡献。但是，这一两代人正值

社会保障制度初创时期，由于种种原因，他们享受的福利待遇水平不高，甚至还存在血汗工厂的现象。可以肯定地认为，这一两代人享受的社会保障与公共服务水平要低于他们的后代。从这个角度看，用这一两代人创造的外汇储备设立一只对他们进行补偿的主权养老基金在道义上和法理上都是说得通的。

图 0-6　2008~2017 年中国农民工数量变化与增长率

资料来源：历年《全国农民工监测调查报告》，国家统计局官网。

几十年来，农民工数量增速虽然逐年回落，但其绝对数量仍逐年增加，从 2008 年的 2.25 亿人增加到 2017 年的 2.87 亿人；与此同时，参加社会保险、接受公共服务、居住条件改善等也相应有所变化，但总体看还处于很低水平。例如，在 2008~2012 年参加社会保险方面，虽然参加人数比例逐年提高，但总体看还是很低，只有工伤保险超过了 20%。

浙江省作为沿海发达省份，农民工参加社会保险等方面相对较好，但调查结果显示，2015 年浙江省外出农民工参加各种社会保险的比例均未超过四成，雇主为农民工缴纳养老保险、工伤保险、医疗保险、失业保险、生育保险和住房公积金的比例分别为 35.7%、34.2%、35.1%、23.7%、19.1% 和 12.6%。

表 0-4　2008~2012 年外出农民工参加社会保险的比例

单位：%

年份	2008	2009	2010	2011	2012
养老保险	9.8	7.6	9.5	13.9	14.3
工伤保险	24.1	21.8	24.1	23.6	24
医疗保险	13.1	12.2	14.3	16.7	16.9
失业保险	3.7	3.9	4.9	8	8.4
生育保险	2	2.4	2.9	5.6	6.1

资料来源：《2012 年全国农民工监测调查报告》，国家统计局官网。

表 0-5　浙江省外出农民工缴纳五险一金情况　单位：%

年份	2014	2015	两年对比
养老保险	32.1	35.7	3.6
工伤保险	35.2	34.2	-1
医疗保险	33.9	35.1	1.2
失业保险	24.1	23.7	-0.4
生育保险	19.5	19.1	-0.4
住房公积金	10.8	12.6	1.8

资料来源：《2015 年浙江省农民工监测调查报告》，国家统计局官网。

在居住条件和居住环境方面，2015 年浙江省有一半的外出农民工在乡镇以外从业，但每天回家居住；在单位宿舍中居住的仅占 12.8%，独立租赁住房的占 13.6%，与人合租住房的占 8.1%。外出农民工在务工地购买住房的比例只有 1.6%，这一方面是因为房价过高，另一方面是务工收入相对较低，这说明，即使在发达地区打工的农民工在城里打工地也没有"扎根"，他们到老年之后必须要回农村老家。

表 0-6　浙江省外出农民工居住情况构成　单位：%

外出从业住所类型	2014 年	2015 年	两年对比
单位宿舍	17.2	12.8	-4.4
工地工棚	6.2	5.5	-0.7
生产经营场所	6.2	4.8	-1.4
与人合租住房	12.1	8.1	-4
独立租赁住房	13.8	13.6	-0.2
务工地自购房	1.0	1.6	0.6
乡外从业但回家居住（老家）	38.3	47.8	9.5
其他	5.2	5.8	0.6

资料来源：《2015 年浙江省农民工监测调查报告》，国家统计局官网。

第一代农民工已接近或已经退休，作为劳动密集型出口商品的主力军，他们为出口创汇做了巨大贡献。建立一只"外汇型"主权养老基金是取之于民，用之于民，可将其视为分享国民经济高速发展的一个举措。

（四）建立"外汇型"主权养老基金可有效缓解"中国投资威胁论"

1. 建立"外汇型"主权养老基金有利于外汇储备的投资体制多元化

多年来，国家外汇管理局始终承担着外汇储备、黄金储备和其他外汇资产经营管理的责任。但是，要实现主权财富的积极主动的管理方式，以适应外汇储备不断增加的趋势，并应同时防止中国投资威胁论，这个任务十分艰巨。在发达国家眼里，主权养老基金是一个"天使"，将其纳入与其他养老基金和金融机构同等的监管框架之中顺理成章。

2. 建立主权养老基金将有利于淡化政治色彩

大国建立主权财富基金容易被蒙上一层神秘面纱，容易被认为带有难以挥去的政治色彩和特殊的战略动机，对心存芥蒂的西方政治家来说，投资威胁论就自然难以完全消除，遭至其百般猜疑和种种阻挠，尤其在国际贸易摩擦加剧的今天，就更容易授人以柄。但相比之下，主权养老基金的透明性与生俱来，完整的年报和季报制度使任何一个主权财富基金都不可与其同日而语，向大众国民和国会议员进行定期陈述是其基金的性质所决定的，从治理结构和财务表现，到资产组合和资金来源等，信息披露十分完善。主权养老基金说到底是一只普通的政府公共基金，是一个国际投资市场的财务投资者，它遵循的首先是商业化运作的原则，追求的是单纯的收益最大化原则，服务对象是受益人，政治色彩不浓厚，不容易成为散布中国威胁论的一个借口。

3. 主权养老基金在发达国家司空见惯，更容易被接受

从主权财富基金的区域分布来看，一是来自新兴经济体（东亚一带出口外向型国家居多），二是海湾产油地区（主要是 OPEC 成员国），而第三类来自发达国家的则屈指可数，甚至可忽略不计。相反，对主权养老基金来说，最悠久的养老制度起源于 19 世纪末的西欧，最发达的养老基金诞生于 1940 年的北美，最庞大的主权养老基金存在于当今美国，全球最大的缴费型主权养老基金就在美国（美国联邦信托社保基金，OASDI），2.84 万亿美元的资产规模雄踞世界各国之首。所以，在以美国为首的发达国家里，他们对主权养老基金的容忍度和认知度远远高于主权财富基金。

四、主权养老基金与主权财富基金概览与比较

为便于读者理解主权养老基金在养老金大家族中的地位，理解主权养老基金与主权财富基金之间的微妙区别和界限，这里根据"主权财富基金研究所"官网和维基百科网站资料，对两类主权基金列出如下表格。个别资料数据有可能有上文笔者使用的不完全一致，但笔者尊重原文的资料，基本没有修改。

表 0-7　主权财富基金与主权养老基金资产规模与资金来源

	国家或地区	英文缩写	英文全称	中文全称	资产规模（亿美元）	成立年份	资金来源
1	挪威	GPF	Government Pension Fund - Global	政府全球养老基金	10020	1990	石油
2	中国	CIC	China Investment Corporation	中国投资有限公司	9414	2007	非商品
3	阿联酋（阿布扎比）	ADIA	Abu Dhabi Investment Authority	阿布扎比投资局	8280	1976	石油
4	科威特	KIA	Kuwait Investment Authority	科威特投资局	6420	1953	石油，非商品
5	沙特阿拉伯	SAMA	SAMA Foreign Holdings	沙特阿拉伯货币管理局外汇控股	5140	1952	石油
6	中国香港	HKMA	Hong Kong Monetary Authority Investment Portfolio	香港金融管理局投资组合	4566	1993	非商品
7	中国	SAFE	SAFE Investment Company	中国华安投资有限公司	4410	1997	非商品
8	新加坡	GIC	GIC Private Limited	新加坡政府投资公司	3590	1981	非商品
9	卡塔尔	QIA	Qatar Investment Authority	卡塔尔投资局	3200	2003	石油
10	中国	NSSF	National Social Security Fund	全国社会保障基金	2950	2000	非商品
11	阿联酋（迪拜）	ICD	Investment Corporation of Dubai	迪拜投资公司	2095	2006	石油
12	新加坡	TH	Temasek Holdings	淡马锡控股公司	1970	1974	非商品
13	沙特阿拉伯	PIF/Sanabil	Public Investment Fund/Sanabil Investments	公共投资基金/沙特阿拉伯投资公司	1830	2008	石油
14	南非	PIC	Public Investment Corporation	公共投资公司	1600	1911	非商品
15	阿联酋（阿布扎比）	MDC	Mubadala Development Company	穆巴达拉发展公司	1250	2002	石油
16	韩国	KIC	Korea Investment Corporation	韩国投资公司	1223	2005	非商品
17	阿联酋（阿布扎比）	ADIC	Abu Dhabi Investment Council	阿布扎比投资委员会	1100	2007	石油
18	澳大利亚	AFF	Future Fund	未来基金	1023	2006	非商品
19	伊朗	NDF	National Development Fund	国家发展基金	910	1999	石油
20	俄罗斯	RNWF	Russian National Wealth Fund	俄罗斯国家财富基金	763	2008	石油
21	法国	BPIfrance	Bpifrance	法国国家投资银行	684	2012	非商品
22	利比亚	LIA	Libyan Investment Authority	利比亚投资局	660	2006	石油

续表

	国家或地区	英文缩写	英文全称	中文全称	资产规模（亿美元）	成立年份	资金来源
23	哈萨克斯坦	KNF	Kazakhstan National Fund	哈萨克斯坦国家基金	647	2000	石油
24	哈萨克斯坦	S-K JSC	Samruk-Kazyna JSC	萨姆鲁克—卡泽纳股份公司	609	2008	非商品
25	美国（阿拉斯加州）	APF	Alaska Permanent Fund	阿拉斯加常设基金	649	1976	石油
26	文莱	BIA	Brunei Investment Agency	文莱投资局	400	1983	石油
27	美国（得克萨斯州）	PSF	Permanent School Fund	常设学校基金	377	1854	公共土地
28	马来西亚	KN	Khazanah Nasional	国库控股公司	349	1993	非商品
29	阿联酋（联邦）	EIA	Emirates Investment Authority	酋长国投资局	340	2007	石油
30	阿塞拜疆	SOFAZ	State Oil Fund of the Republic of Azerbaijan	阿塞拜疆共和国国家石油基金	331	1999	石油
31	挪威	GPF	Government Pension Fund - Norway	挪威政府养老基金	306	1967	非商品
32	德国	NWDF	Nuclear Waste Disposal Fund	核废料处理基金	278	2017	核电设备
33	法国	FSI	Fonds Stratégique D'investissement	战略投资基金	252	2008	非商品
34	新西兰	NZSF	New Zealand Superannuation Fund	新西兰养老金基金	266	2003	非商品
35	美国（得克萨斯州）	PUF	Permanent University Fund	常设大学基金	210	1876	公共土地
36	美国（新墨西哥州）	NMSIC	New Mexico State Investment Council	新墨西哥州投资委员会	202	1958	非商品
37	阿曼	SGRF	State General Reserve Fund	国家公共储备基金	180	1980	石油，天然气
38	东帝汶	TLPF	Timor-Leste Petroleum Fund	东帝汶石油基金	166	2005	石油，天然气
39	俄罗斯	RRF	Russian Reserve Fund	俄罗斯储备基金	162	2008	石油
40	智利	SESF	Social and Economic Stabilization Fund	社会和经济稳定基金	147	2007	铜
41	加拿大（阿尔伯塔省）	AHSTF	Alberta Heritage Savings Trust Fund	阿尔伯塔传统储蓄信托基金	134	1976	石油
42	俄罗斯	RDIF	Russian Direct Investment Fund	俄罗斯直接投资基金	130	2011	非商品
43	巴林	MHC	Mumtalakat Holding Company	玛姆塔拉卡特控股公司	106	2006	石油

	国家或地区	英文缩写	英文全称	中文全称	资产规模（亿美元）	成立年份	资金来源
44	智利	PRF	Pension Reserve Fund	养老储备基金	94	2006	铜
45	爱尔兰	ISIF 原 NPRF	Ireland Strategic Investment Fund 原 National Pensions Reserve Fund	爱尔兰战略投资基金 原国家养老储备基金	100	2001	非商品
46	秘鲁	FSF	Fiscal Stabilization Fund	财政稳定基金	79	1999	非商品
47	阿尔及利亚	RRF	Revenue Regulation Fund	收入调节基金	76	2000	石油
48	美国（怀俄明州）	PWMTF	Permanent Wyoming Mineral Trust Fund	怀俄明州矿产常驻信托基金	73	1974	矿产
49	巴西	SFB	Sovereign Fund of Brazil	巴西主权基金	73	2008	非商品
50	墨西哥	ORSFM	Oil Revenues Stabilization Fund of Mexico	墨西哥石油收入稳定基金	60	2000	石油
51	阿曼	OIF	Oman Investment Fund	阿曼投资基金	60	2006	石油
52	博茨瓦纳	PF	Pula Fund	普拉基金	57	1996	钻石，矿产
53	特立尼达和多巴哥	HSF	Heritage and Stabilization Fund	传统及稳定基金	55	2007	石油
54	中国	CADF	China-Africa Development Fund	中非发展基金	50	2007	非商品
55	安哥拉	FSDEA	Fundo Soberano de Angola	安哥拉主权基金	46	2012	石油
56	美国（北达科他州）	NDLF	North Dakota Legacy Fund	北达科他州遗产基金	43	2011	石油，天然气
57	哥伦比亚	CSSF	Colombia Savings and Stabilization Fund	哥伦比亚储蓄和稳定基金	35	2011	石油，矿业
58	美国（阿拉巴马州）	ATF	Alabama Trust Fund	阿拉巴马州信托基金	27	1985	石油，天然气
59	哈萨克斯坦	NIC	National Investment Corporation	国家投资公司	20	2012	石油
60	美国（犹他州）	SIFTO	Utah-SITFO	犹他州学校和机构信托基金办公室	20	1896	土地，矿权
61	美国（爱达荷州）	IEFIB	Idaho Endowment Fund Investment Board	爱达荷州捐赠基金投资委员会	20	1969	土地，矿权
62	尼日利亚（巴耶尔萨州）	BDIC	Bayelsa Development and Investment Corporation	巴耶尔萨发展和投资公司	15	2012	非商品
63	尼日利亚	NSIA	Nigeria Sovereign Investment Authority	尼日利亚主权投资局	14	2011	石油

续表

	国家或地区	英文缩写	英文全称	中文全称	资产规模（亿美元）	成立年份	资金来源
64	美国（路易斯安那州）	LEQTF	Louisiana Education Quality Trust Fund	路易斯安那州教育质量信托基金	13	1986	石油，天然气
65	巴拿马	FAP	Fondo de Ahorro de Panama	巴拿马储备基金	12	2012	非商品
66	阿联酋（拉斯阿尔卡麦）	RIA	RAKIA	拉斯阿尔卡麦投资管理局	12	2005	通过哈伊马角政府获得的信贷
67	玻利维亚	FINPRO	Fund for Productive Industrial Revolution	高效生产工业革命基金	12	2012	非商品
68	美国（俄勒冈州）	CSF	Oregon Common School Fund	俄勒冈州学校共同基金	12	1859	公共土地
69	塞内加尔	SSIF	Senegal Strategic Investment Fund - FONSIS	塞内加尔战略投资基金	10	2012	非商品
70	伊拉克	DFI	Development Fund for Iraq	伊拉克发展基金	9	2003	石油
71	巴勒斯坦	PIF	Palestine Investment Fund	巴勒斯坦投资基金	8	2003	非商品
72	委内瑞拉	FEM	FEM - Macroeconomic Stabilization Fund	宏观经济稳定基金	8	1998	石油
73	基里巴斯	RERF	Revenue Equalization Reserve Fund	收益平衡储备基金	6	1956	磷酸盐
74	越南	SCIC	State Capital Investment Corporation	国家资本投资公司	5	2006	非商品
75	加纳	GPF	Ghana Petroleum Funds	加纳石油基金	5	2011	石油
76	加蓬	GSWF	Sovereign Fund of the Gabonese Republic	加蓬主权基金	4	1998	石油
77	阿尔及利亚	FNI	Fonds National D'Investissements	国家投资基金	4	2015	非商品
78	毛里塔尼亚	NFHR	National Fund for Hydrocarbon Reserves	国家碳氢化合物储备基金	3	2006	石油，天然气
79	澳大利亚（西澳大利亚州）	WAFF	Western Australian Future Fund	西澳大利亚未来基金	3	2012	矿产
80	蒙古	FSF	Fiscal Stability Fund	财政稳定基金	3	2011	矿业
81	赤道几内亚	FFG	Fund for Future Generations	下一代基金	1	2002	石油
82	巴布亚新几内亚	PNGSWF	Papua New Guinea Sovereign Wealth Fund	巴布亚新几内亚主权财富基金	X	2011	天然气

续表

	国家或地区	英文缩写	英文全称	中文全称	资产规模（亿美元）	成立年份	资金来源
83	土库曼斯坦	TSF	Turkmenistan Stabilization Fund	土库曼斯坦稳定基金	X	2008	石油，天然气
84	美国（西弗吉尼亚州）	WVFF	West Virginia Future Fund	西弗吉尼亚州未来基金	X	2014	石油，天然气
85	墨西哥	FMP	Fondo Mexicano del Petroleo para la Estabilizacion yel Desarrollo	墨西哥石油稳定与发展基金	X	2014	石油，天然气
86	阿联酋（沙迦）	SAM	Sharjah Asset Management	沙迦资产管理	X	2008	非商品
87	土耳其	TWF	Turkey Wealth Fund	土耳其财富基金	241	2016	自然资源，非商品
	总计	—	—	—	80251	—	—

资料来源：转引自如下主权财富基金研究所官网，部分转引自维基百科网站资料：https://www.swfinstitute.org/sovereign-wealth-fund-rankings/.

第一部分
年度发展篇

分报告一
2017 年基本养老保险基金运行状况评估
——调整，巩固，充实，基金运行状况有所改善！

2017 年中共十九大的顺利召开，为进一步推进社会保障深化改革指明了方向——按照兜底线、织密网、建机制的要求，全面建成覆盖全民、城乡统筹、权责清晰、保障适度、可持续的多层次社会保障体系。在基本养老保险制度建设方面，党的十九大报告除了强调全面实施全民参保计划和建立全国统一的社会保险公共服务平台之外，重点强调了尽快实现养老保险全国统筹。除此之外，中国政府还制定了一系列政策和措施，以推进基本养老保险制度改革，也取得了一些成效。正因为如此，尽管形势越来越严峻，但有关基本养老保险的基础统计数表明，尽管速度进一步下滑，但基本养老保险仍处于低速发展之中。回顾2017 年基本养老保险制度的发展历程，大致可以被概括为以下几个方面。

一、基本养老保险政策稳中有变

曾经长期存在的有关基本养老保险制度改革的激烈争论在 2017 年似乎沉寂下来。社会上似乎形成了一种比较普遍的认识，即有关基本养老保险制度改革的探讨已经够多了，问题已经分析得比较透彻了，答案放在那里，所以，能解决的问题要么已经解决要么正在解决之中，不能解决的问题只有等待将来再说。可能是受此影响，政府虽然继续在落实已有的相关政策，也没有停止制定新政策的步伐，但力求"稳妥"，2017 年的主要工作重点集中在以下几个方面：

（一）继续推进基本养老保险制度整合

中央政府早已认识到了基本养老保险制度"碎片化"的危害性，这些年来制定了一系列政策措施，努力推进制度整合，提高统筹层次。2017 年这方面的工作主要有：

第一，进一步推进机关事业单位基本养老保险的并轨工作。2015 年，国务院发布了《关于机关事业单位工作人员养老保险制度改革的决定》，正式开启了机关事业单位基本养老保险并轨的大幕。几年来，各地的并轨工作基本上是按部就班地平稳推进，但也有一些亟须解决的问题凸显出来，其中比较突出的一个就是机关事业单位基本养老保险与其他养老保险的衔接问题。基于此，2017 年初，人力资源和社会保障部就颁布了《关于机关事业单位基本养老保险关系和职业年金转移接续有关问题的通知》（人社部规〔2017〕1 号）和《机关事业单位基本养老保险关系和职业年金转移接续经办规程（暂行）》，确定了机关事业单位基本养老保险关系和职业年金转移接续的基本原则和主要政策，统一规范相关业务的经办流程，确保转移接续衔接顺畅，从而便于基本养老保险参保人员在机关事业单位之间、机关事业单位与企业之间流动就业。

第二，巩固职工基本养老保险省级统筹。职工基本养老保险一开始基于客观情况而采用了县市统筹，由此带来了统筹层次过低的一系列问题，影响了制度的可持续健康发展。鉴于此，提高统筹层次成为完善职工基本养老保险制度的要务之一。中央制定了一系列政策以促进各地先实现省级统筹，特别是原劳动保障部、财政部于 2007 年下发了《关于推进企业职工基本养老保险省级统筹有关问题的通知》（劳社部发〔2007〕3 号），有力地推动了各地将城镇职工基本养老保险统筹层次从原来的县市级提高至省级。但是，到 2017 年为止，许多省份还没有实现真正意义的省级统筹，或者说，省级统筹还没有做到位，还存在政策不统一、管理不规范等问题。为了巩固省级统筹,人力资源和社会保障部、财政部于 2017 年 9 月颁布了《关于进一步完善企业职工基本养老保险省级统筹制度的通知》,主要强调了以下几个方面:一是要求各地在基本养老保险制度、缴费政策、待遇政策、基金使用、基金预算和经办管理实现"六统一"的基础上,积极创造条件实现全省基本养老保险基金统收统支,全省(自治区、直辖市)所有地区都要尽快被纳入省级统筹范围,执行全省(自治区、直辖市)统一政策。二是要求各地要严格按照国家统一规定执行基本养老保险费率政策,不得自行调整费率;全省应执行统一的费率政策,目前企业职工基本养老保险费率尚未统一的省份,要制定过渡措施,最迟 2020 年实现全省费率统一。三是要求各地按照国家规定,统一基本养老保险单位缴费基数和个人缴费基数核定办法,并健全工作机制,夯实缴费基数。四是要求待遇水平各地要严格执行国家统一的待遇政策,严格调控养老待遇水平,不得自行出台待遇政策或将统筹外项目纳入基本养老保险基金支付范围。五是要求各地在不断完善省级预算制度的基础上,加强对基本养老保险基金的统一调度使用。这些政策切中了职工基本养老保险省级统筹中存在的主要问题,对于夯实省级统筹,为实现基础养老金全国统筹做准备,将发挥重要作用。

第三,提出将实行中央调剂金制度。从 2010 年 2 月底的十一届全国人大常委会第十三次会议提出养老金全国统筹以来,有关职工基础养老金全国统筹的讨论逐步达成了共识,并在一些重要文件中得以体现。然而,真正指明中国将通过建立中央调剂金制度,从而为实现职工基础养老金全国统筹做准备是在 2017 年。2017 年 3 月,国务院在《关于 2016 年中央和地方预算执行情况与 2017 年中央和地方预算草案的报告》中明确指出:"在推进各项相关改革工作的基础上,研究制订基本养老保险基金中央调剂制度方案。" 2017 年 10 月党的十九大报告再次强调,要尽快实现基本养老保险的全国统筹,先实行基本养老金中央调剂制度,从而在不同地区之间均衡养老保险负担。由此,中央调剂金制度建设被摆上了重要的议事日程,也为下一步中央调剂金制度建设指明了方向。

(二)在基本养老保险基金收入管理上动作频频

为了增加基本养老保险基金收入,中央政府在强化征缴力度以提高征缴收入、大幅度提高财政补贴额度之外,还采取了一些其他措施,主要包括:

第一,继续加大力度划拨国有资产充实社保基金。在

我国职工基本养老保险 20 世纪末的制度转型过程中,国家没有解决历史负债的偿还问题,加上人口老龄化等各种因素的影响,职工基本养老保险基金预计将出现重大资金缺口。随着经济社会发展和人口老龄化加剧,基本养老保险基金支付压力不断加大,一些省份已经出现了基金收不抵支的情况,为充分体现代际公平和国有企业发展成果全民共享,提升职工基本养老保险财务可持续性,国家决定划转部分国有资本充实社保基金,并从 2001 年开始先后出台了三个重要文件——《减持国有股筹集社会保障资金管理暂行办法》(2001)、《境内证券市场转持部分国有股充实全国社会保障基金实施办法》(2009)和《划转部分国有资本充实社保基金实施方案》(2017)。2017 年的方案凸显了政府已经充分认识到问题的紧迫性,它不仅将中央和地方国有及国有控股大中型企业、金融机构都纳入划转范围,而且将划转比例统一规定为企业国有股权的 10%,而且对进一步划转持开放态度。该方案在划拨承接方面规定,划转的中央企业国有股权由国务院委托社保基金会负责集中持有,待条件成熟时,经批准,社保基金会可组建养老金管理公司,独立运营划转的中央企业国有股权;而划转的地方企业国有股权,将由地方国有公司持有并运营。方案还提出了划转范围内企业实施重大重组、探索建立对划转国有股权的合理分红机制等三项配套措施。通过划转部分国有资本充实社保基金,兼顾了基本养老保险制度改革和国有企业改革,有利于保障和改善民生。

第二,继续推进基本养老保险基金投资运营。基本养老保险基金的投资运营是促进基金保值增值的核心环节,对于基本养老保险制度长期可持续发展至关重要。自 2015 年 8 月国务院颁布《基本养老保险基金投资管理办法》以来,推进各地基本养老保险基金委托全国社保基金理事会管理的工作一直在进行着。到 2016 年底,在全国社保基金会所管理的 19492.34 亿元基金权益中,个人账户基金权益为 1181.22 亿元,地方委托资金权益为 2263.45 亿元。2017 年,地方基本养老保险基金委托全国社会保障基金理事会管理工作取得了重要进展,到 2017 年 6 月底,北京、上海、河南、湖北、广西、云南、陕西、安徽 8 省区市已经与全国社保基金理事会签署了委托投资合同,合同总金额 4100 亿元,其中的 1721.5 亿元资金已经到账并开始投资,剩余其他资金将按照合同约定分年分批到位。对各地具体情况加以分析,确定促进地方基金委托投资的重点地区,并提高监管力度与监管水平,建立良好的投资绩效考核体系,将有利于进一步推进这项工作的稳健开展。

第三，统一和规范职工养老保险个人账户记账利率。长期以来，基本养老保险个人账户基金记账利率一直是银行存款利率，这种把长期资金当作短期资金记账的方法是造成基金收益受损的一个重要原因，一直颇受诟病。2017年，政府在政策制定上迈出了重要一步，人力资源和社会保障部、财政部于当年 4 月联合印发了《统一和规范职工养老保险个人账户记账利率办法》，明确了职工基本养老保险个人账户记账利率和职业年金个人账户记账利率的确定办法。按照该办法，2016 年和 2017 年个人账户的记账利率分别为 8.31% 和 7.12%，远高于同期的银行定期存款利率。这一新规定彻底扭转了基本养老保险个人账户记账利率过低的不合理局面，也有助于提升参保人员对个人账户的信心。但是，这也为基金管理者带来了压力。如果出现基金管理所获得的收益率低于制度规定的记账利率的情况，也许政府将不得不出面弥补缺口。

（三）在养老金水平调整上更趋理性、规范

为了遏制养老金替代率不断下滑的趋势，防止一些老年人的生活水平大幅度下降，自 2005 年起政府每年都按照 10% 的幅度调整基本养老保险的养老金水平，产生了很好的社会影响。但是，2016 年的养老金增幅被调低至6.5%，2017 年则进一步调低至 5.5%。这主要是考虑了以下几个因素：一是经过连续 11 年的 10% 左右的增幅调整，基本养老金替代率大幅度下滑的势头得到了一定的遏制；二是经济增长速度下降，带来的是在职职工的平均工资水平增长速度下降，而基本养老保险以在职职工的工资为费

基，其结果必然是基本养老保险基金征缴收入的增长速度也会随之下降；三是在新的经济增长环境下越来越多的企业难以承受沉重的社会保险缴费负担，降低保险费的呼声日高，费率如果被降低，也会影响基本养老保险基金征缴收入增长速度；四是随着人口老龄化的加速，未来基本养老保险基金的支付压力将越来越大，需要提前控制基金支出增长的势头等。因此，近几年养老金增幅的调整可以说是一种理性的政策选择，它考虑了可能影响基本养老保险基金财务状况的几个主要因素的现实状况，也意味着调整政策正机制化、规范化。

二、基本养老保险参保状况波澜不惊

截至 2017 年末，全国参加基本养老保险人数为91548 万人，比上年末增加 2771 万人，增长率为 3.12%。回顾从 2011 年到 2017 年基本养老保险参保人数的变化，可以发现，除了开头两年因城乡居民养老保险快速扩面带来的高增长外，后面 5 年的增速都不高（见图 1-1）。这说明，基本养老保险制度已经进入低速、稳定发展时期。从基本养老保险参保人数占全国总人口的比例看，从 2011年到 2017 年，提升了超过 20 个百分点，达到了 65.86%（见图 1-2）。考虑到未满 16 周岁的人口数量有 2 亿多，年满 16 周岁的在校生也有几千万，两者之和应该在 3 亿以上，他们都不属于基本养老保险的覆盖范围，所以，基本养老保险应该覆盖却尚未覆盖的人口数量并不是十分大。

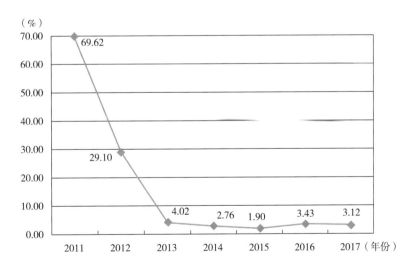

图 1-1　2011~2017 年基本养老保险参保人数增长率

资料来源：人力资源和社会保障部。

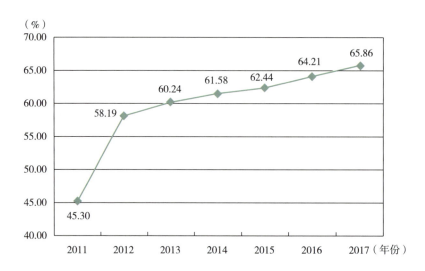

图 1-2 2011~2017 年基本养老保险参保人数占总人口的比例
资料来源：人力资源和社会保障部、国家统计局。

在城镇职工基本养老保险方面，2017 年末的参保人数为 40293 万人，比上年末增加 2364 万人，增长率为 6.23%。其中，参保职工和离退休人员的人数分别为 29268 万人和 11026 万人，分别比上年末增加 1441 万人和 922 万人，各自增长了 5.18% 和 9.13%。后者的增长率比前者高接近 4 个百分点，使制度赡养率上升至 37.67%。在 2011 年到 2017 年期间，城镇职工基本养老保险参保状况有所波动，

参保人数增速先是从 10.44% 下降至 2015 年的 3.62%，然后又有所反弹；参保职工人数和离退休人数的增速也都呈现出类似的趋势。但是，自 2012 年以后，每年的离退休人数增速都快于参保职工人数增速，这导致制度赡养率年年上升，从 2011 年的 31.65% 上升至 2017 年的 37.67%，上升了大约 6 个百分点（见图 1-3、图 1-4）。尤其需要注意的是，在参加城镇职工基本养老保险的人员中，农民工

图 1-3 2011~2017 年职工基本养老保险参保人数增长状况
资料来源：人力资源和社会保障部。

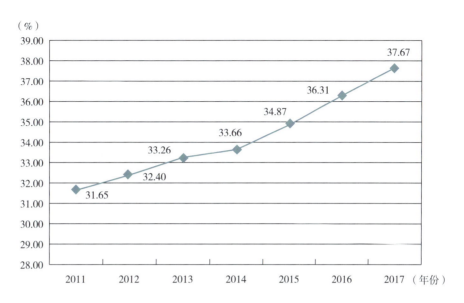

（%）

图 1-4　2011~2017 年职工基本养老保险制度赡养率

资料来源：人力资源和社会保障部、国家统计局。

人数为 6202 万人，虽然比上年末增加了 262 万人，但增长率仅为 4.41%，低于职工基本养老保险参保人数的增长率。考虑前些年一些地方正是因为大量年轻农民工加入职工基本养老保险而遏制了其制度赡养率上升的势头，预计未来这方面的作用将会减弱。此外，2017 年执行企业制度参保人数为 35317 万人，比上年末增加 1053 万人，占城镇职工基本养老保险参保人数的 87.65%，比上一年下降了 2.68 个百分点。这主要是因为以个体身份参保人员等其他参保人员的数量仍然在以较快的速度增长，但是，由于这些群体的年龄结构也趋于老化，因而未必有助于遏制职工基本养老保险制度赡养率上升的势头。

在城乡居民基本养老保险方面，2017 年末的参保人数 51255 万人，比上年末增加了 408 万人，增长率仅为 0.8%。实际上，城乡居民基本养老保险参保人数的增长率在 2011 年达到 48.18%，2012 年就急剧下降至 2.85%，此后的 5 年再也没有超过 1%。在城乡居民基本养老保险参保人数中，2017 年的实际领取待遇人数为 15598 万人，比上一年增长了 2.15%。在 2011 年至 2017 年期间，实际领取待遇人数增长率变化的趋势与参保人数增长率的变化趋势大致相同，但每年的绝对值都比后者要大一些，领取待遇人数占参保人数的比例逐年上升，从 2011 年的 27.3% 上升至 30.4%（见图 1-5 和图 1-6）。随着农村人口继续向城镇转移并加入城镇就业大军，部分人口从城乡居民基本养老保险制度转入城镇职工基本养老保险制度的趋

势将继续下去，而人口老龄化的趋势也不可能扭转，因此，城乡居民参保人数低速增长且领取待遇人数所占比重逐年上升的趋势还会持续下去。而城乡居民养老保险与城镇职工基本养老保险直接的制度衔接、制度间公平等问题将会引起更多的关注。

三、基本养老保险基金运行状况略有改善

2017 年，基本养老保险基金总收入达到了 46614 亿元，比上一年增长 22.70%；其中，征缴收入为 34213 亿元，比上年增长 24.4%。全年基本养老保险基金总支出为 40424 亿元，比上年增长 18.88%。基金总收入的增长速度快于基金总支出的增长速度，使当期结余达到了 6190 亿元，而年末基本养老保险基金累计结存也高达 50202 亿元，比上年增长了 14.18%。

（一）职工基本养老保险基金

2017 年，城镇职工基本养老保险基金收入增速提高，基金支出速度减慢，当期结余增加，累计结余继续增长。具体情况如下：

第一，征缴收入增速提高，财政补助增速下降，基金收入加速增长。

2017 年，城镇职工基本养老保险基金收入为 43310 亿元，比 2016 年增加了 8252 亿元，同比增长了 23.54%，增速提高了超过 4 个百分点。在 2011 年至 2017 年间，城镇职工基本养老保险基金收入仍然处于不断增长之中，特

图 1-5   2011~2017 年城乡居民基本养老保险制度参保与待遇领取情况

资料来源：2011~2017 年度《人力资源和社会保障事业发展统计公报》。

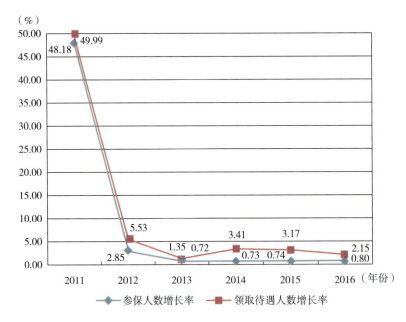

图 1-6   2011~2017 年城乡居民基本养老保险参保人数、领取待遇人数的增长率

资料来源：2011~2017 年度《人力资源和社会保障事业发展统计公报》。

别是在 2014 年增长率达到 11.6% 的低点之后，已经连续 3 年加速增长（见图 1-7）。其主要原因是征缴收入加速增长，财政补贴力度加大。

2017 年，城镇职工基本养老保险基金征缴收入为

33403 亿元，比 2016 年增加了 6635 亿元，同比增长了 24.79%，增速提高了超过 8 个百分点，这使征缴收入占基金收入的比重从 2016 年的 76.35% 上升为 77.13%，扭转了之前连续多年下降的局面。作为城镇职工基本养老保险基

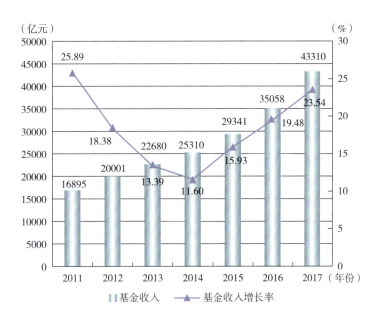

图 1-7 2011~2017 年城镇职工基本养老保险基金收入及其增长率

资料来源: 2011~2017 年度《人力资源和社会保障事业发展统计公报》。

金的主渠道,征缴收入增长率在 2014 年之后开始逐年提高,由 9.66% 提高到 2017 年的 24.79%,增速提高了 15.13 个百分点。需要注意的是,这种增速是在城镇单位就业人员平均工资水平增速逐年下滑的情况下取得的,因而显得尤其难能可贵。这可能得感谢基本养老保险费征缴机构(包括人保系统和税务系统)近些年来在这方面投入了更多的人力和财力,加强了征缴力度(见表 1-1 和图 1-8)。

2017 年,城镇职工基本养老保险基金所获得的财政高达 8004 亿元,比 2016 年增加了 1493 亿元,同比增长了 24.79%,增速回落了超过 5 个百分点。但是,这个增速仍然凸显了政府对基本养老保险的高度重视,因为 2017 年国家一般公共预算收入的增长率是 7.4%。在 2011 年至 2017 年之间,财政补贴一直以较快的速度增长,在 2016 年增速达到了 38.06%,而 2017 年的财政补贴额是 2011 年财政补贴额的 3.52 倍。财政补贴占基金收入的比重也从 2011 年的 13.45% 上升至 2016 年的 18.57%,2017 年只是稍微下降至 18.48%。考虑到人口老龄化加速、对降低基本养老保险费率的呼声日益高涨等因素,预计国家财政对职工基本养老保险基金的补贴还会在相当长一个时期内以较快的速度增长。

表 1-1 2011~2017 年城镇职工基本养老保险征缴收入、财政补贴情况

年份	征缴收入(亿元)	征缴收入所占比重(%)	变动	财政补贴(亿元)	财政补贴所占比重(%)	变动
2011	13956	82.60	-0.19	2272	13.45	-1.11
2012	16467	82.33	-0.27	2648	13.24	-0.21
2013	18634	82.16	-0.17	3019	13.31	0.07
2014	20434	80.73	-1.43	3548	14.02	0.71
2015	23016	78.44	-2.29	4716	16.07	2.05
2016	26768	76.35	-2.09	6511	18.57	2.5
2017	33403	77.13	0.78	8004	18.48	-0.09

资料来源: 2011~2017 年度《人力资源和社会保障事业发展统计公报》。

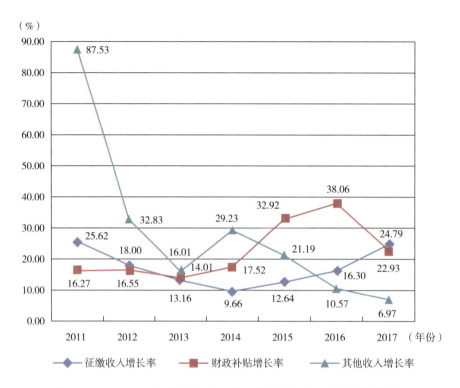

图 1-8 2011~2017 年城镇职工基本养老保险基金各组成部分的增长率

资料来源：2011~2017 年度《人力资源和社会保障事业发展统计公报》。

此外，在 2001 年高度增长 87.53% 之后，城镇职工基本养老保险基金其他收入（含利息等）的增速急剧下滑，虽然 2014 年有所反弹，但此后连续下滑至 6.97%（参见图 1-8）。反映了这样一个客观事实：在近些年经济不断下行的大背景下，基本养老保险基金获得较高收益率的难度与日俱增。同时也提示我们，基本养老保险基金投资运营的步调需要加快，各种配套政策措施需要进一步完善。

第二，基金支出继续增多，但增速下降，征缴收入与基金支出之间的缺口有所缩小。

2017 年，城镇职工基本养老保险基金支出达到了 38052 亿元，比 2016 年同期支出增加了 6198 亿元，同比增长了 19.46%，增速下降了接近 4 个百分点。这主要是因为国家调低了养老金水平的增幅。在 2011 年至 2017 年

期间，城镇职工基本养老保险基金支出的增速虽然有所波动，但一直保持了较高的水平，年均增长率为 19.98%，使 2017 年的基金支出达到了 2011 年基金支出的接近 3 倍（见图 1-9）。在 2011 年至 2016 年期间，城镇职工基本养老保险基金征缴收入占基金支出的比重不断下滑，先是在 2014 年跌破 100%（即征缴收入不足以支付当年的开支，出现了缺口），随后在 2016 年达到 84.03% 的低点；不过，2017 年又反弹至 87.78%（见图 1-10）。2017 年，征缴收入与基金支出的"缺口"由 2016 年的 5086 亿元减少为 2017 年的 4649 亿元。这说明，适度控制养老金水平增幅，会对控制基金支出增长速度产生立竿见影的效果。但是，为了保障离退休人员的生活水平与他们退休前的状况相比不至于出现明显的下降，养老金水平增幅必须与经济增长状况相一致，而不能随意调低。

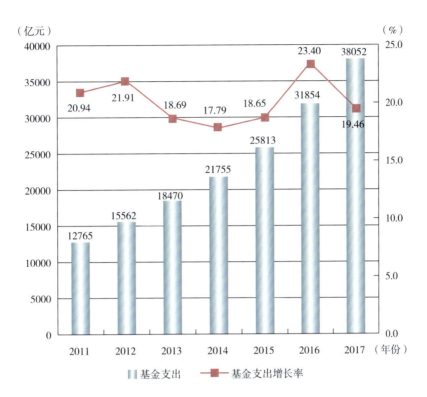

图 1-9　2011~2017 年城镇职工基本养老保险基金支出及其增长率

资料来源：2011~2017 年度《人力资源和社会保障事业发展统计公报》。

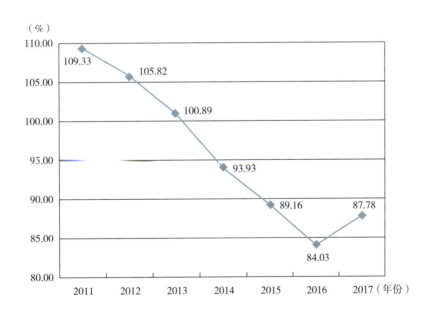

图 1-10　2011~2017 年城镇职工基本养老保险基金征缴收入占基金支出的比重

资料来源：2011~2017 年度《人力资源和社会保障事业发展统计公报》。

第三，当期结余大幅提高，累计结余继续增多，可支付月数继续下降。

2017 年城镇职工基本养老保险基金收入增速比基金支出增速快 4 个百分点，使当期结余达到 5258 亿元，比 2016 年增加了 2054 亿元，同比增长了 64.11%，扭转了此前连续 4 年负增长的局面。累计结余也因此达到了 43885 亿元，比

2016 年增长了 13.75%，增速提高了 4.6 个百分点（见表 1-2）。然而，从可支付月数看，情况并没有改善。城镇职工基本养老保险基金的可支付月数在 2012 年达到 18.46 的峰值后就逐年下滑，到 2017 年已经下降至 13.84（见图 1-11）。因此，可以说，2017 年虽然基金运行状况有所改善，但依然没有扭转职工基本养老保险财务支出压力不断加大的趋势。

表 1-2 2011~2017 年城镇职工基本养老保险基金结余情况

年份	当期结余（亿元）	当期结余增长率（%）	累计结余（亿元）	累计结余增长率（%）
2011	4130	44.15	19497	26.89
2012	4439	7.48	23941	22.80
2013	4210	-5.16	28269	18.08
2014	3555	-15.56	31800	12.49
2015	3528	-0.76	35345	11.15
2016	3204	-9.18	38580	9.15
2017	5258	64.11	43885	13.75

资料来源：2011~2017 年度《人力资源和社会保障事业发展统计公报》。

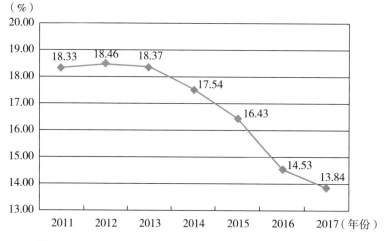

图 1-11 2011~2017 年城镇职工基本养老保险基金可支付月数

资料来源：根据 2011~2017 年度《人力资源和社会保障事业发展统计公报》计算得出。

（二）城乡居民基本养老保险基金运行状况有所改善

2017 年，全国城乡居民基本养老保险基金收入为 3304 亿元，比 2016 年增加了 371 亿元，增长率为 12.65%，增速比上一年提高了将近 10 个百分点。在 2011 年至 2017 年之间，城乡居民基本养老保险基金收入的增速在波动中下降，2016 年仅剩下 2.73%，因此，2017 年

的反弹是否有可持续性还有待观察。2017 年，全国城乡居民基本养老保险基金的支出为 2372 亿元，比上年增加 222 亿元，同比增长 10.33%，增速也提高了将近 9 个百分点。在 2011 年至 2017 年之间，城乡居民基本养老保险基金支出的增速变化情况与收入类似（见表 1-3）。

表 1-3　2011~2017 年城乡居民基本养老保险收支状况

年份	基金收入（亿元）	基金收入增长率（%）	基金支出（亿元）	基金支出增长率（%）
2011	1070	136.20	588	194.0
2012	1829	64.80	1150	95.58
2013	2052	12.19	1348	17.22
2014	2310	12.57	1571	16.54
2015	2855	23.59	2117	34.75
2016	2933	2.73	2150	1.56
2017	3304	12.65	2372	10.33

资料来源：根据 2011~2017 年度《人力资源和社会保障事业发展统计公报》整理计算。

此外，需要强调的是，在城乡居民基本养老保险基金收入构成中，尽管个人缴费在不断增长，但其占基金收入的比重整体上呈下降的趋势。在 2011 年至 2017 年间，个人缴费总额从 415 亿元上升至 810 亿元，但占基金收入的比重从 38.79% 下降至 24.52%，不过，最近 3 年所占比重基本保持稳定（见图 1-12）。这说明，城乡居民基本养老保险制度越来越依靠财政支持，从而具有越来越强的福利色彩。

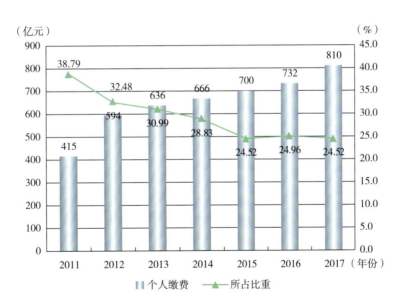

图 1-12　2011~2017 年城乡居民基本养老保险基金个人缴费情况

资料来源：根据 2011~2017 年度《人力资源和社会保障事业发展统计公报》整理计算。

但由于基金支出的增速与基金收入的增速慢超过 2 个百分点，2017 年全国城乡居民基本养老保险基金当期结余达到 932 亿元，比上一年增长了 19.03%，增速提高了接近 13 个百分点；基金累计结余也达到了 6318 亿元，增长率为 17.27%。2011 年以来，尽管全国城乡居民养老保险基金当期结余和累计结余都一直在增长之中，但增长速度变化的趋势都是波动中有所下降，除了 2017 年有所反弹（见图 1-13）。此外，鉴于基金累计结余已经超过 6000 亿元，基金的投资运营问题应该被尽快提上议事日程。

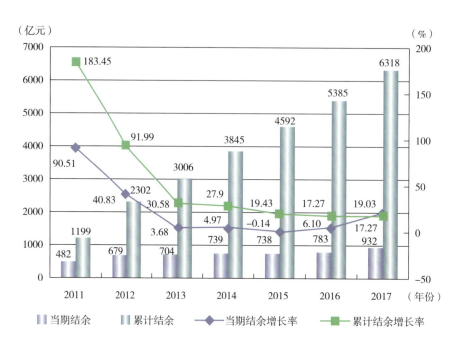

图 1-13 2011~2017 年城乡居民基本养老保险基金结余情况

资料来源：根据 2011~2017 年度《人力资源和社会保障事业发展统计公报》整理计算。

四、基本结论与政策建议

（一）基本结论

从近些年来基本养老保险制度的覆盖面变化看，参保人数已经进入低速增长阶段。这主要是因为，经过多年的快速扩面，目前基本养老保险应该覆盖却尚未覆盖的人口数量已经不大。在基本养老保险体系中，城乡居民基本养老保险制度的参保人数增长十分缓慢，相当于停滞不前；而城镇职工基本养老保险参保人数也处于低速增长状态。可以推断，城乡居民基本养老保险参保人数增长速度在可以预见的未来将难有起色，而且，随着城镇化的推进及农业从业人员的减少，未来极有可能会陷入负增长；城镇职工基本养老保险参保人数也会继续保持低速增长状态。更重要的是，无论是城镇职工基本养老保险，还是城乡居民基本养老保险，领取待遇人数占参保人数的比重都会不断上升，意味着制度在人口老龄化的冲击下将面临越来越沉重的压力。

近些年来，城镇职工基本养老保险基金收入仍然以较快的速度增长，主要得益于征缴收入和财政补贴的较快增长。而征缴收入的增长除了得益于参保职工增长和工资增长外，还得益于不断加大的征缴力度（特别是在缴费基数原本大幅度缩水的情况下）。考虑到参保职工人数和在职

人员平均工资的增长率都处于下降通道之中，而通过加大征缴力度带来的收入也不能无限放大，预计城镇职工基本养老保险基金征缴收入未来的增长速度会下降。城乡居民养老保险的收入虽然一直处于增长之中，但增长速度在波动中不断下降。更重要的是，个人缴费虽然也在增长之中，但占城乡居民基本养老保险基金收入的比重不断下滑，到2017年已经不足四分之一。可以预见，在这种制度模式下，城乡居民基本养老保险制度将越来越依靠财政支持，而个人账户将因为平均资金数额过小、管理成本过高而显得缺乏效率，未来的存在也将受到质疑。

近些年来，城镇职工基本养老保险基金每年仍然有比较客观的当期结余，使基金累计结余继续保持增长势头，但累计结余增长率呈现下滑的趋势，使基金可支付月数不断下降。而随着人口老龄化高峰的到来，基本养老保险基金支出增长将很有可能出现加速的势头，基金当期结余将不复存在，而累计结余将下降。随着待遇领取人数占参保人数的比重不断上升，养老金水平不断提高，城乡居民基本养老保险基金的支出也会加速增长。而到那时的城乡居民基本养老保险基金累计结余很可能规模有限，财政将因此受到挑战。

（二）政策建议

首先，在基本养老保险制度层面，个人账户问题对城镇职工基本养老保险和城乡居民基本养老保险都很重要。对于城镇职工基本养老保险而言，个人账户正有向名义账户转变的趋势，但显然还需要"临门一脚"！这一"脚"显然十分重要。因为，只有从法制层面正式确立名义账户制度，许多相关政策行为才会名正言顺。例如，近两年已经实行的给个人账户"特定"收益率，实际上是在名义账户制下才有的政策，而做实的个人账户应该获得市场实际投资收益率。再如个人账户资金的投资运营问题，将资金集中起来进行规模化投资以获取更好的收益，在名义账户制下将顺理成章；但在做实的个人账户制下，资金投资将因个人投资决策权等问题而变得复杂。对于城乡居民基本养老保险而言，平均资金规模过低一直是困扰个人账户的一大难题，它决定了个人账户的管理成本将十分高昂，而个人账户所带来的好处也许比较有限，因此，个人账户的存废需要尽早抉择。另外，应完善中央调剂金制度，尽快实现基础养老金全国统筹。

其次，在基本养老保险基金收入层面，收入的充足性将不得不依赖更多的国有资产投入和更多的财政支持。对城镇职工基本养老保险而言，加大征缴力度（特别是做实缴费基数）在一定的时期内可以促进征缴收入的增长，但降低费率的呼声已经很高，征缴收入的未来增长将受到限制；对城乡居民基本养老保险而言，通过采取激励措施以鼓励参保者更多地缴费可能难以取得理想效果，个人账户的存废可能会成为一个问题，这使它将越来越多地依赖财政支持，可以说，不断加大财政投入将是城乡居民基本养老保险未来健康发展的主要依托。当然，无论是城镇职工基本养老保险基金，还是城乡居民基本养老保险基金，改进投资运营及其监管，获取更合理的投资收益，都将有助于增加基金收入。因此，基本养老保险基金管理与投资的政策研究与创新应该会更多地受到重视。

最后，在基本养老保险基金支出层面，可以用来有效控制支出规模的手段屈指可数。基于人口老龄化而采取提高法定标准退休年龄的政策宜尽早实施，并缓步推进，这将有利于遏制领取退休金人数快速增长的势头。但退休年龄是一个十分敏感的话题，任何风吹草动都会引起强烈的社会反响，将政府在慢步微调政策实施过程中缩手缩脚，难以实现理想的政策效果。因此，恰当的政策宣传策略就显得尤为重要。控制养老金水平调整的步调与幅度是遏制基本养老保险基金支出快速增长的另一个有效手段。但目前来看，城镇职工基本养老保险的养老金水平并不高，只有继续按一定的幅度上调，才能保证其替代率水平不至于过低，防止部分老年人退休后生活状况严重恶化。至于城乡居民基本养老保险，目前的基础养老金水平很低，提高水平的呼声很高，预计也将不得不按照一定的幅度逐步提高。此外，强化城镇职工基本养老保险中基础养老金的缴费关联性，比如，提高最低缴费年限，或将缴费时间长短与基础养老金水平高低挂钩，又或者将缴费金额与基础养老金水平高低挂钩，都有可能对控制支出产生积极效果，但也会因此削弱制度的促进社会公平的功能。不过，有关这方面的政策研究与调整仍然值得期待。

分报告二
2017 年企业年金基金市场状况评估
——覆盖人数再现停滞，投资收益率略有回升

2017 年中国企业年金基金市场主要有以下几方面表现：一是在债券市场表现不佳和股票市场有所回暖的背景下，企业年金基金投资的加权平均收益率为 5.00%，略高于 2016 年的 3.03%；二是企业年金规模扩张速度仍然较低，相对 2016 年，虽然建立企业年金的企业数出现了一定增长，但参加的职工人数增长继续停滞，说明企业年金覆盖范围扩大依然乏力，越来越难以担负起构建"多层次"养老保障体系的重任，因此需要等待时机重启改革；三是从市场集中度上来看，投资管理人市场竞争依旧最为充分，而其他三个市场的竞争程度仍保持在合理范围内。

一、中国企业年金基金市场总体状况
（一）2017 年基金投资收益率略有回升

2017 年中国企业年金基金投资的加权平均收益率为

5.00%，略高于 2016 年的 3.03%（见表 2-1）。根据相关规定，企业年金基金只能投资国内市场，因此其投资收益率基本取决于国内资本市场状况。先来看国内债券市场，2017 年资金面仍然偏紧，推动货币市场利率波动上行和债券收益率曲线整体上移，因此，债券价格指数出现下跌。例如，中债综合全价指数由 2016 年底的 117.35 下降到 2017 年底的 113.37，跌幅为 -3.39%。再来看股票市场，2017 年股票市场整体震荡走升，上证综指创 2016 年以来新高。上证综指一度突破 3400 点，创 2016 年以来新高，最后收于 3307 点，较上年末上涨 6.56%；深圳成指收于 11040 点，较上年末上涨 8.48%[1]。可以看出，虽然 2017 年债券市场表现较差，但股票市场却出现了一定幅度的上涨，因此企业年金基金投资收益率略有回升。

表 2-1　2008~2017 年企业年金基金投资收益率

年份	2008	2009	2010	2011	2012	2013	2014	2015	2016	2017
加权平均收益率（%）	-1.83	7.78	3.41	-0.78	5.68	3.67	9.30	9.88	3.03	5.00

资料来源：人力资源和社会保障部网站。

（二）企业年金扩面速度进一步降低

截至 2017 年底，企业年金基金累计结存 12880 亿元，相对于 2016 年的 11075 亿元增长了 16.30%，增速依然处于历史低位，表明企业年金规模扩张速度依然乏力

（见图 2-1）。理论上讲，企业年金基金规模的增长来自三个方面：一是参加企业年金职工人数的增长；二是企业年金基金投资收益的增加；三是参加企业年金职工工资（费基）的提高。在前两项给定的前提下可以粗略估算出第三

[1] 参见中国人民银行网站，《2017 年金融市场运行情况》。

项，即参加企业年金职工工资（费基）的提高幅度。

首先，从参保职工人数增长上看，建立企业年金的企业数和参加企业年金的职工人数从2016年的7.63万个和2325万人分别提高到2017年的8.04万个和2331万人，增长幅度分别为5.41%和0.29%。其次，2017年企业年金基金加权平均收益率为5.00%，假定这一收益率完全是由2016年底基金投资贡献所得[①]。不难近似地估算出，

参加企业年金的职工工资（费基）增长高达10.45%[②]。因此，2017年企业年金基金累计结余出现增长首先归因于参加企业年金的职工工资的增长，其次是投资收益率的增长。相反，参加企业年金的职工人数增长情况几乎与2016年一样，基本停滞，说明企业年金的发展依然任重道远。

图2-1　2008～2017年企业年金基金规模增长情况

资料来源：人力资源和社会保障部网站。

（三）市场竞争程度较高的总体格局维持不变

在企业年金基金投资运营过程中涉及四种业务类型，并由取得相应资格的机构来分别经营，因此整个企业年金市场可以细分为受托人市场、账户管理人市场、托管人市场和投资管理人市场四个相对独立的子市场。

为分析企业年金的市场竞争/垄断程度，中国社会科学院世界社保研究中心开发编制了中国企业年金"市场集中度指数"。"市场集中度指数"具体反映的是企业年金基金各个子市场的竞争程度，取值区间均为0~1000，数值越大说明市场集中度越高，反之则越小。中心认为：如果集中度指数低于100则意味着市场竞争非常充分；如果集中度指数介于100~300则意味市场竞争不够充分，但可以接受；如果集中度指数高于300，则认为市场已经出现了垄断倾向或实质上的垄断。

根据企业年金基金的"市场集中度指数"，2017年受托人市场、账户管理人市场、托管人市场和投资管理人市场的竞争格局依旧较强，短时间内很难发生改变（见表2-2）。具体解读如下：

——受托人市场集中度指数从2016年的189点提高到2017年的199点，受托人市场继续保持一定集中倾向，但当前这种较为充分的竞争格局短时间内不会因此发生实质性转变；

——账户管理人市场集中度指数从2016年的222点下降到2017年的215点，继续保持下降趋势，但在这几个子市场中仍然最高，但市场竞争程度仍然较为充分；

——托管人市场集中度指数在这几个子市场中也较高，2016年为204点，2017年下降到199点，竞争程度与受托人持平；

——投资管理人市场集中度指数在这几个子市场中依然最低，2016年为81点，2017年提高到83点，但市场竞争程度仍然非常充分。

比较而言，投资管理人市场竞争最为充分，而其他三个市场集中度指数虽然相对较高，但鉴于目前中国企业年金市场规模非常有限，我们认为较高的集中度指数也是完全可以接受的。

[①] 上述数据来自人力资源和社会保障部网站。
[②] 因为无法获得详细数据，只能按如下公式粗略估算：费基增长率＝（1+16.30%）/（1+0.29%）/（1+5.00%）-1。

表 2-2　2008~2017 年中国企业年金市场集中度指数　　　　单位：点

年份	2008	2009	2010	2011	2012	2013	2014	2015	2016	2017
受托人	201	176	162	165	174	175	172	185	189	199
账户管理人	280	270	270	259	243	231	226	229	222	215
托管人	234	209	216	220	218	222	218	211	204	199
投资管理人	92	86	82	80	78	76	78	79	81	83

资料来源：中国社会科学院世界社保研究中心研究并编制（CISS Index Series）。

二、2017 年企业年金基金受托管理市场分析

（一）市场份额

2017 年参与企业年金受托管理的法人受托机构依然维持在 11 家，全部受托管理的企业数、职工数和基金额分别为 59997 个、1409.25 万人和 8223.51 亿元。其中，计划直投养老金产品资产净值仅为 146.26 亿元，仅占全部受托管理资金的 1.78%。

1. 受托管理的企业数量

从受托人受托管理的企业数量上来看，原有的市场格局依然不变，即少数几家公司占据了绝大多数市场份额。其中，平安养老保险股份有限公司受托管理的企业数高达 24518 个，占全部法人受托企业数的 41%，市场份额依旧维持在 4 成以上，在所有受托管理人中继续保持领先的绝对优势；而中国人寿养老保险股份有限公司、太平养老保险股份有限公司和长江养老保险股份有限公司排在第 2 位至第 4 位，受托管理的企业数依次分别为 11383 个、7432 个和 7258 个，均超过了 7000 个，所占市场份额分别为 19%、12% 和 12%；排在第 5 位的泰康养老保险股份有限公司管理的企业数和市场份额占比为 4767 个和 8%。因此，这前 5 家受托人管理的企业数高达 55358 个，占全部市场份额的 92%，也就是说，其余 6 家法人受托机构全部只占这一市场份额的 8%（见图 2-2）。

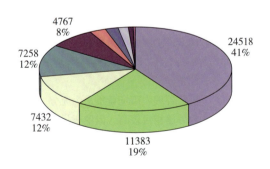

图 2-2　2017 年底受托人管理的企业数（个）和份额

资料来源：人力资源和社会保障部网站。

2. 受托管理的职工数量

从各法人受托机构受托管理的职工数上来分析，排在第 1 位和第 2 位的中国人寿养老保险股份有限公司和平安养老保险股份有限公司对应的职工数分别为 454.16 万人和 334.35 万人，分别占所有受托管理职工数的 32% 和 24%，领先优势非常突出；排在第 3 位和第 5 位的中国工商银行股份有限公司、长江养老保险股份有限公司和太平养老保险股份有限公司也占据了较大的市场份额，即分别对应的职工数为 145.56 万人、123.18 万人和 119.44 万人，对应的市场占有率为 10%、9% 和 8%。不难发现，前 5 家受托人受托管理的职工数合计高达 1176.69 万人，占全部市场份额的 83%，而其他的 6 家受托人分享了余下 17% 的市场份额（见图 2-3）。

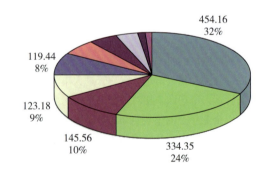

图 2-3　2017 年底受托人管理的职工数（万人）和份额

资料来源：人力资源和社会保障部网站。

3. 受托管理的资产规模

从各法人受托机构管理的基金额上来看，前 5 家受托人占有的市场份额较大。其中，中国人寿养老保险股份有限公司、平安养老保险股份有限公司和中国工商银行股份有限公司优势较为突出，所管理的基金额分别为 2674.77 亿元、1987.97 亿元和 1059.41 亿元，均超过 1000 亿元，分别占到全部受托基金额的 33%、24% 和 13%，

因此排在前3位；排在第4和第5位的分别是长江养老保险股份有限公司和太平养老保险股份有限公司，市场份额为656.28亿元和616.60亿元，分别占有市场份额的8%和7%；因此，排在前5位的受托人管理的基金额达到6995.03亿元，占全部市场份额的85%，而剩下的6家受托人共同分享了15%的市场份额（见图2-4）。

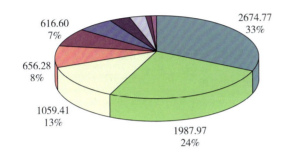

图2-4 2017年底受托人管理的基金额（亿元）和份额
资料来源：人力资源和社会保障部网站。

（二）市场分析

总体来看，2017年企业年金基金受托管理的企业数、

职工数和基金数额继续保持增长，但增长速度却不尽相同。具体来说，全部受托人管理的基金数额继续提升，由2016年的6927.72亿元进一步提高到2017年的8223.51亿元，增长幅度为18.70%；受托管理的企业数和职工数比2016年仅分别增加了3981个和76.24万人，增长幅度相应为7.11%和5.72%。

1. 受托管理的企业数量

从各受托人管理的企业数来看，虽然中国人寿养老保险股份有限公司的市场份额出现了较快增长，而华宝信托有限责任公司出现了明显下降，但大部分受托人管理的企业数量继续保持温和增长，因此2017年所有管理人的市场排名与2016年大体相同[①]。具体来看，中国人寿养老保险有限公司增长速度最高，其受托管理的企业数在该年增加了1976个，相应增幅为21.01%，增速最为显著。另外，泰康养老保险股份有限公司和中国工商银行股份有限公司也取得了较快增长，增长幅度分别为8.86%和8.62%，均超过了总体情况。与之相比，华宝信托有限责任公司出现了较为明显的负增长，为-31.82%（见表2-3）。

表2-3 2017年底企业年金基金法人受托市场的动态变化（受托管理的企业数）

管理人	2017年底受托管理企业数（个）	2016年底受托管理企业数（个）	受托管理企业数变化	
			个	%
中国人寿养老保险股份有限公司	11383	9407	1976	21.01
泰康养老保险股份有限公司	4767	4379	388	8.86
中国工商银行股份有限公司	995	916	79	8.62
总体情况	59997	56016	3981	7.11
平安养老保险股份有限公司	24518	23426	1092	4.66
长江养老保险股份有限公司	7258	7040	218	3.10
招商银行股份有限公司	476	466	10	2.15
太平养老保险股份有限公司	7432	7325	107	1.46
华宝信托有限责任公司	240	352	-112	-31.82
中信信托有限责任公司	20	20	0	0
建信养老金管理有限责任公司	1339	930	—	—
中国建设银行股份有限公司	1569	1755	—	—

资料来源：人力资源和社会保障部网站。

① 2015年底，经国务院批准，中国建设银行股份有限公司设立建信养老金管理有限责任公司，后者于2016年初取得了企业年金基金受托管理、账户管理和投资管理资格，而原来中国建设银行企业年金基金受托管理和账户管理资格将从2017年1月1日起失效。显然，这两家公司2017年企业年金基金受托管理和账户管理将继续受到影响。因此，本文在企业年金基金受托管理和账户管理的市场分析中，暂不考虑这两家公司。

2. 受托管理的职工数量

从各受托人管理的职工数变化上来看，2017 年涨跌互现，即其中 5 家受托管理的职工数继续增长，而 4 家出现了不同程度的下降，但对市场排名只带来轻微影响（长江养老保险股份有限公司超过太平养老保险股份有限公司，由第 5 位上升为第 4 位）。具体来看，增长幅度较大的管理人是泰康养老保险股份有限公司、中国人寿养老保

险股份有限公司和长江养老保险股份有限公司，分别增加了 15.16 万人、35.87 万人和 8.09 万人，增长幅度依次为 22.58%、8.58% 和 7.03%，都超过全国平均增长幅度。比较而言，华宝信托有限责任公司受托管理的职工人数出现了较大幅度的下降，降幅为 -19.57%，而中信信托有限责任公司、招商银行股份有限公司、太平洋养老保险股份有限公司也出现了一定幅度的下降（见表 2-4）。

表 2-4　2017 年底企业年金基金法人受托市场的动态变化（受托管理的职工数）

管理人	2017 年底受托管理职工数（万人）	2016 年底受托管理职工数（万人）	受托管理职工数变化	
			万人	%
泰康养老保险股份有限公司	82.26	67.11	15.16	22.58
中国人寿养老保险股份有限公司	454.16	418.29	35.87	8.58
长江养老保险股份有限公司	123.18	115.09	8.09	7.03
总体情况	1409.25	1333.01	76.24	5.72
平安养老保险股份有限公司	334.35	318.99	15.36	4.82
中国工商银行股份有限公司	145.56	142.95	2.61	1.82
太平养老保险股份有限公司	119.44	121.00	-1.56	-1.29
招商银行股份有限公司	17.76	18.39	-0.63	-3.44
中信信托有限责任公司	0.44	0.46	-0.02	-4.31
华宝信托有限责任公司	12.19	15.15	-2.97	-19.57
建信养老金管理有限责任公司	68.03	47.09	—	—
中国建设银行股份有限公司	51.88	68.49	—	—

资料来源：人力资源和社会保障部网站。

3. 受托管理的资产规模

从各受托人管理的基金额上来分析，2017 年市场增幅排名进入前 3 位的管理人依次是泰康养老保险股份有限公司、中国人寿养老保险股份有限公司和平安养老保险股份有限公司，增长幅度均超过全国平均水平，领先优势

得以继续扩大。比较而言，招商银行股份有限公司受托管理的企业年金基金规模出现了较大幅度的下降，降幅高达 -30.40%，而华宝信托有限责任公司也出现了一定幅度下降，因此市场排名依然靠后（见表 2-5）。

表 2-5　2017 年底企业年金基金法人受托市场的动态变化（受托管理的基金额）

管理人	2017 年底受托管理金额（亿元）	2016 年底受托管理金额（亿元）	受托管理金额变化	
			亿元	%
泰康养老保险股份有限公司	322.02	253.34	68.67	27.11
中国人寿养老保险股份有限公司	2674.77	2138.20	536.57	25.09
平安养老保险股份有限公司	1987.97	1656.07	331.90	20.04
总体情况	8223.51	6927.72	1295.79	18.70
太平养老保险股份有限公司	616.60	537.28	79.32	14.76
中国工商银行股份有限公司	1059.41	923.35	136.05	14.73
中信信托有限责任公司	3.67	3.22	0.44	13.79
长江养老保险股份有限公司	656.28	579.15	77.14	13.32
华宝信托有限责任公司	85.76	87.43	-1.67	-1.91
招商银行股份有限公司	77.40	111.20	-33.80	-30.40
建信养老金管理有限责任公司	513.57	384.23	—	—
中国建设银行股份有限公司	226.07	254.24	—	—

资料来源：人力资源和社会保障部网站。

三、2017 年企业年金基金账户管理市场分析

（一）市场份额

2017 年底共有 18 家账户管理人开展了企业年金基金账户管理业务，全部账户管理业务涉及 80429 个企业账户和 2331.39 万个人账户。

1. 账户管理的企业数量

从各账户管理人管理的企业账户数上来看，排在第 1 位的中国工商银行股份有限公司优势依然明显，管理的企业账户数高达 31625 个，占全部企业账户数的 39%；排在第 2 位的中国人寿养老保险股份有限公司也取得了较大的市场份额，即得到的企业账户数为 8986 个，继续保持 11% 的市场份额；排在第 3 位到第 5 位的中国银行股份有限公司、长江养老保险股份有限公司和招商银行股份有限公司管理的企业账户数分别为 7224 个、6590 个和 5734 个，分别占到市场份额的 9%、8% 和 7%。将排在前 5 位的账户管理人管理的企业账户数和市场份额加总后发现，前 5 家账户管理人管理的企业账户数高达 60159 个，占全部市场份额的 75%，而剩下 25% 的市场份额被余下的 13 家账户管理人不同程度地分享（见图 2-5）。

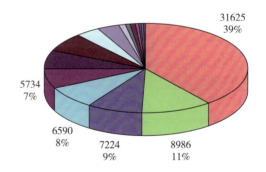

图 2-5　2017 年底企业账户数（个）和份额在各账户管理人之间的分布

资料来源：人力资源和社会保障部网站。

2. 账户管理的职工数量

与往年类似，各账户管理人管理的个人账户数延续了"一超多强"的格局。其中，中国工商银行股份有限公司排在第 1 位，管理的个人账户数高达 974.74 万个，占全部个人账户数的 42%，市场份额超过 4 成；排在第 2 位的中国银行股份有限公司也取得了较多的市场份额，即管理的个人账户数为 276.71 万个，占有 12% 的市场份额；排在第 3 位的中国建设银行股份有限公司管理的个人账户数

和市场份额为 177.08 万个和 8%；排在第 4 位和第 5 位的招商银行股份有限公司和中国人寿养老保险股份有限公司管理的个人账户数分别为 175.97 万个和 172.13 万个，分别占到市场份额的 8% 和 7%。将排在前 5 位的账户管理人得到的个人账户数和市场份额加总后发现，前 5 位账户管理人管理的个人账户数高达 1776.63 万个，占全部市场份额的 76%，而剩下 14% 左右的市场份额被余下的 13 家账户管理人分别获得（见图 2-6）。

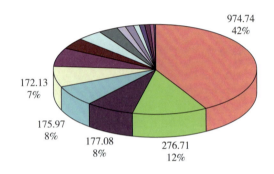

974.74
42%
172.13
7%
175.97
8%
177.08
8%
276.71
12%

图 2-6　2017 年底个人账户数和份额（万个）在各账户管理人之间的分布

资料来源：人力资源和社会保障部网站。

（二）市场分析

总体来看，2017 年企业年金基金账户管理市场增长仍然较慢，全部管理人管理的企业账户数和个人账户数比 2016 年分别增加了 4131 个和 6.64 万个，增长幅度相应的仅为 5.41% 和 0.29%。

1. 账户管理的企业数量

从各账户管理人管理的企业账户数增长速度上来看，共有 8 家公司超过全国的平均水平。其中，中国民生银行

股份有限公司和中国农业银行股份有限公司增长速度最快，管理的企业账户数分别由 2016 年的 219 个和 122 个增加到 2017 年的 320 个和 173 个，相应增加了 101 个和 51 个，增长幅度对应地为 46.12% 和 41.80%；泰康养老保险股份有限公司和太平养老保险股份有限公司也增长较快，管理的企业账户数分别增加了 150 个和 2 个，增幅相应为 36.86% 和 33.33%。比较而言，华宝信托投资有限责任公司和上海浦东发展银行股份有限公司的增长幅度不仅低于全国平均水平，而且还出现了负增长，分别为 -28.17% 和 -1.04%（见表 2-6）。

2. 账户管理的职工数量

从各账户管理人管理的职工账户数增长情况来分析，2017 年共有 12 家公司超过全国的平均水平。其中，太平养老保险股份有限公司、中国农业银行股份有限公司和中国民生银行股份有限公司管理的职工账户数增长最为明显，即分别从 2016 年的 0.03 万个、3.26 万个和 12.74 万个提高到 2017 年的 0.29 万个、5.12 万个和 17.34 万个，相应增加了 0.25 万个、1.86 万个和 4.60 万个，增长幅度分别高达 747.06%、57.21% 和 36.09%；泰康养老保险股份有限公司和中国人寿养老保险股份有限公司也实现了较快增长，管理的职工账户数增长幅度分别为 28.33% 和 14.74%；同样，平安养老保险股份有限公司、中国银行股份有限公司和中信银行股份有限公司也实现了平稳增长，管理的职工账户数增长幅度都超过了 5%。相比之下，华宝信托投资有限责任公司、上海浦东发展银行股份有限公司和新华人寿保险股份有限公司的增长速度没能达到全国平均水平，而且都为负增长。其中，华宝信托投资有限责任公司降幅较大，其下降幅度为 -11.88%（见表 2-7）。

表 2-6　2017 年底企业年金基金账户管理市场的动态变化（企业账户数）

管理人	2017 年底企业账户数（个）	2016 年底企业账户数（个）	企业账户数变化	
			个	%
中国民生银行股份有限公司	320	219	101	46.12
中国农业银行股份有限公司	173	122	51	41.80
泰康养老保险股份有限公司	557	407	150	36.86
太平养老保险股份有限公司	8	6	2	33.33
平安养老保险股份有限公司	763	671	92	13.71

续表

管理人	2017 年底企业账户数（个）	2016 年底企业账户数（个）	企业账户数变化	
			个	%
中信银行股份有限公司	603	532	71	13.35
中国人寿养老保险股份有限公司	8986	8116	870	10.72
中国银行股份有限公司	7224	6567	657	10.00
总体情况	80429	76298	4131	5.41
中国工商银行股份有限公司	31625	30467	1158	3.80
招商银行股份有限公司	5734	5546	188	3.39
中国光大银行	3191	3089	102	3.30
交通银行股份有限公司	5370	5228	142	2.72
长江养老保险股份有限公司	6590	6468	122	1.89
新华人寿保险股份有限公司	20	20	0	0
上海浦东发展银行股份有限公司	668	675	-7	-1.04
华宝信托投资有限责任公司	283	394	-111	-28.17
建信养老金管理有限责任公司	2928	1061	—	—
中国建设银行股份有限公司	5386	6710	—	—

资料来源：人力资源和社会保障部网站。

表 2-7　2017 年底企业年金基金账户管理市场的动态变化（个人账户数）

管理人	2017 年底个人账户数（万个）	2016 年底个人账户数（万个）	个人账户数变化	
			万个	%
太平养老保险股份有限公司	0.29	0.03	0.25	747.06
中国农业银行股份有限公司	5.12	3.26	1.86	57.21
中国民生银行股份有限公司	17.34	12.74	4.60	36.09
泰康养老保险股份有限公司	17.73	13.82	3.92	28.33
中国人寿养老保险股份有限公司	172.13	150.02	22.12	14.74
平安养老保险股份有限公司	30.45	28.00	2.46	8.78
中国银行股份有限公司	276.71	260.01	16.70	6.42
中信银行股份有限公司	21.59	20.45	1.14	5.56
长江养老保险股份有限公司	92.82	88.77	4.05	4.56

续表

管理人	2017 年底个人账户数（万个）	2016 年底个人账户数（万个）	个人账户数变化	
			万个	%
招商银行股份有限公司	175.97	168.83	7.14	4.23
中国光大银行	72.13	70.77	1.36	1.92
交通银行股份有限公司	93.48	92.70	0.78	0.84
总体情况	**2331.39**	**2324.75**	**6.64**	**0.29**
中国工商银行股份有限公司	974.74	974.08	0.66	0.07
新华人寿保险股份有限公司	0.15	0.15	0.00	-0.07
上海浦东发展银行股份有限公司	32.75	33.83	-1.09	-3.21
华宝信托投资有限责任公司	18.49	20.99	-2.49	-11.88
建信养老金管理有限责任公司	152.42	59.59	—	—
中国建设银行股份有限公司	177.08	326.71	—	—

资料来源：人力资源和社会保障部网站。

四、2017 年企业年金基金托管市场分析

（一）市场份额

2017 年共有 10 家金融机构对企业年金基金提供托管服务，全部托管金额为 12879.67 亿元。总体来看，与 2016 年一样，除 1 家金融机构取得较多企业年金基金托管业务外，其余 9 家金融机构获得的托管业务较为均衡。具体来看，排在第 1 位的中国工商银行股份有限公司获得的基金额高达 4777.30 亿元，占全部托管基金额的 37%，继续保持领先优势；排在第 2 位的中国建设银行股份有限公司也取得了较大的市场份额，即得到的企业年金基金额为 2039.49 亿元，占有 16% 的市场份额；排在第 3 位的中国银行股份有限公司获得的基金额为 1739.78 亿元，占到市场份额的 13%；排在第 4 位和第 5 位的招商银行股份有限公司和中国农业银行股份有限公司管理的基金额分别为 953.74 亿元和 816.50 亿元，占到市场份额的 7% 和 6%。将排在前 5 位的金融机构托管的企业年金基金额加总后发现，前 5 家托管人获得的企业年金基金托管业务高达 10319.81 亿元，为全部市场份额的 80%，而剩下 20% 的市场份额被余下 5 家托管人不同程度地分享（见图 2-7）。

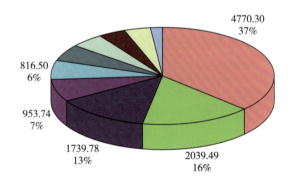

4770.30
37%

816.50
6%

953.74
7%

1739.78
13%

2039.49
16%

图 2-7　2017 年底各托管人管理的基金额（亿元）与份额
资料来源：人力资源和社会保障部网站。

（二）市场分析

2017 年企业年金基金托管总额比 2016 年增加了 1805.05 亿元，增幅为 16.30%。就市场占有份额增长速度来看，各家托管人都出现了较快增长，共有 6 家金融机构的增长速度超过了全国平均水平。其中，中国农业银行股份有限公司增长幅度最大，从 2016 年托管的 636.04 亿元大幅增加到 2017 年的 816.50 亿元，提高了 180.46 亿元，增长幅度高达 28.37%，超过交通银行股份有限公司而挤入市场占有率的前 5 位；而中国建设银行股份有限公司和中信银行股份有限公司也实现了较快发展，其托管金

额分别增加了 391.60 亿元和 106.17 亿元，增幅相应地为 23.76% 和 20.69%。另外，招商银行股份有限公司、交通银行股份有限公司、中国工商银行股份有限公司和上海浦东发展银行股份有限公司 4 家金融机构托管的基金额虽然都低于全国平均水平，但都继续保持一定幅度的增长（见表 2-8）。

表 2-8　2017 年底企业年金基金托管市场的动态变化

管理人	2017 年底托管金额（亿元）	2016 年底托管金额（亿元）	托管金额变化	
			亿元	%
中国农业银行股份有限公司	816.50	636.04	180.46	28.37
中国建设银行股份有限公司	2039.49	1647.89	391.60	23.76
中信银行股份有限公司	619.38	513.21	106.17	20.69
中国银行股份有限公司	1739.78	1475.85	263.93	17.88
中国光大银行股份有限公司	489.07	417.35	71.72	17.18
中国民生银行股份有限公司	228.36	195.62	32.73	16.73
总体情况	12879.67	11074.62	1805.05	16.30
上海浦东发展银行股份有限公司	504.90	443.16	61.73	13.93
中国工商银行股份有限公司	4770.30	4226.99	543.31	12.85
交通银行股份有限公司	718.16	642.03	76.13	11.86
招商银行股份有限公司	953.74	876.48	77.26	8.81

资料来源：人力资源和社会保障部网站。

五、2017 年企业年金基金投资管理市场分析

（一）市场份额

2017 年共有 21 家金融机构参与企业年金基金投资管理，全部投资组合数量和资产规模分别为 3451 个和 12391.31 亿元。无论从投资组合数量来看，还是从资产规模上来分析，整个市场在各家投资管理人之间分布较为均匀的态势仍然得以维持。

1. 投资管理的组合数量

就各投资管理人管理的基金组合数量看，排在第 1 位的平安养老保险股份有限公司管理的基金组合数量为 630 个，占全部组合数量的 18%；排在第 2 位和第 3 位的中国人寿养老保险股份有限公司和泰康资产管理有限责任公司也持有较多的组合数量，即分别管理组合数量为 558 个和 530 个，分别占有市场全部组合数量的 16% 和 15%；排在第 4 位和第 5 位的太平养老保险股份有限公司和华夏基金管理有限公司管理的组合数量分别为 325 个和 192 个，分别占到全部组

合数量的 9% 和 6%。如果把前 5 家公司投资管理的组合数加总后将会发现，它们的组合数量共计为 2235 个，占全部市场份额的 65%，超过全部组合数量 6 成，而剩下 35% 的组合数量由其他 16 家投资管理人共同分享（见图 2-8）。

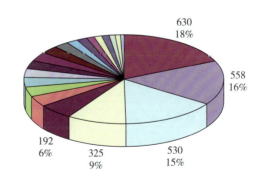

图 2-8　2017 年底各投资管理人管理的投资组合数（个）与份额

资料来源：人力资源和社会保障部网站。

2. 投资管理的资产规模

再从投资管理人管理的企业年金资产规模上来看，排在第 1 位的平安养老保险股份有限公司管理的资产规模为 1839.45 亿元，占全部资产规模的 15%；排在第 2 位的泰康资产管理有限责任公司也取得了较大的市场份额，即管理的资产规模为 1796.14 亿元，占市场份额的 14%；排在第 3 位和第 4 位的中国人寿养老保险股份有限公司和华夏基金管理有限公司管理的资产规模分别为 1415.75 亿元和 901.76 亿元，分别占到市场份额的 11% 和 7%；排在第 5 位的太平养老保险股份有限公司管理的资产规模为 770.52 亿元，占全部资产规模的 6%。进一步，将排在前 5 位的投资管理人管理的资产规模加总后发现，前 5 家投资管理人管理的资产规模为 6723.63 亿元，占到全部市场份额的 54%，超过整个市场份额的一半，而剩下 46% 的市场份额由其他 16 家投资管理人共同分享（见图 2-9）。

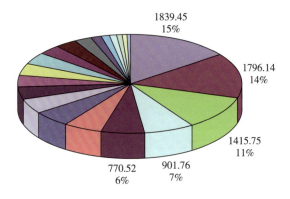

1839.45
15%

1796.14
14%

1415.75
11%

770.52
6%

901.76
7%

**图 2-9　2017 年底各投资管理人管理的
资产规模（亿元）与份额**

资料来源：人力资源和社会保障部网站。

（二）市场分析

总体来看，2017 年企业年金基金投资组合数量增长平稳，而资产规模继续保持较快上涨，但增长幅度依然维持在近 7 年的低位。其中，企业年金基金投资组合数量由上一年的 3207 个增加到 3451 个，增加了 244 个，增长幅度为 7.61%；企业年金基金资产规模由 10673.04 亿元增加到 12391.31 亿元，增加了 1718.28 亿元，增长幅度高达 16.10%。

1. 投资管理的组合数量

就各家投资管理人持有组合数量的增长幅度来看，共有 7 家公司持有的组合数量的增幅超过了全国平均水平。其中，建信养老金管理有限责任公司增长最为明显，增长幅度为 216.67%，排列第 1 位；招商基金管理有限公司、南方基金管理有限公司、易方达基金管理有限公司、泰康资产管理有限责任公司、平安养老保险股份有限公司和太平养老保险股份有限公司也出现了明显增长，其增幅都超过 10%。比较而言，银华基金管理有限公司、中信证券股份有限公司、嘉实基金管理有限公司和中国人寿养老保险股份有限公司不仅没有达到全国平均水平，而且管理的组合数量出现了不同程度的下降（见表 2-9）。

2. 投资管理的资产规模

从企业年金投资资产规模增长情况来看，共有 8 家公司管理的资产规模增幅均超过了全国平均水平。其中，建信养老金管理有限责任公司提高幅度最大，即由 2016 年的 2.87 亿元提高到 2017 年的 63.26 亿元，增加了 60.39 亿元，增长幅度高达 2102.41%。中国人保资产管理股份有限公司投资管理的资产规模也增长迅速，比 2016 年提高了 39.93%。同时，工银瑞信基金管理有限公司、南方基金管理有限公司、平安养老保险股份有限公司、泰康资产管理有限责任公司、太平养老保险股份有限公司和招商基金管理有限公司的增长速度都不低于 20%，且都超过全国平均水平。比较而言，海富通基金管理有限公司和嘉实基金管理有限公司管理的资产规模增幅均没超过 5%，排名靠后（见表 2-10）。

表 2-9　2017 年底企业年金基金投资管理市场的动态变化（组合数）

管理人	2017 年底组合数（个）	2016 年底组合数（个）	组合数变化	
			个	%
建信养老金管理有限责任公司	19	6	13	216.67
招商基金管理有限公司	32	23	9	39.13
南方基金管理有限公司	109	87	22	25.29
易方达基金管理有限公司	108	92	16	17.39

续表

管理人	2017 年底组合数（个）	2016 年底组合数（个）	组合数变化	
			个	%
泰康资产管理有限责任公司	530	457	73	15.97
平安养老保险股份有限公司	630	550	80	14.55
太平养老保险股份有限公司	325	289	36	12.46
总体情况	3451	3207	244	7.61
长江养老保险股份有限公司	121	114	7	6.14
工银瑞信基金管理有限公司	123	117	6	5.13
富国基金管理有限公司	65	62	3	4.84
华泰资产管理有限公司	29	28	1	3.57
国泰基金管理有限公司	41	40	1	2.50
中国人保资产管理股份有限公司	46	45	1	2.22
华夏基金管理有限公司	192	188	4	2.13
海富通基金管理有限公司	78	77	1	1.30
博时基金管理有限公司	103	103	0	0
中国国际金融有限公司	56	56	0	0
中国人寿养老保险股份有限公司	558	567	-9	-1.59
嘉实基金管理有限公司	109	111	-2	-1.80
中信证券股份有限公司	133	145	-12	-8.28
银华基金管理有限公司	44	50	-6	-12.00

资料来源：人力资源和社会保障部网站。

表 2-10　2017 年底企业年金基金投资管理市场的动态变化（资产规模）

管理人	2017 年底资产规模（亿元）	2016 年底资产规模（亿元）	资产规模变化	
			亿元	%
建信养老金管理有限责任公司	63.26	2.87	60.39	2102.41
中国人保资产管理股份有限公司	185.17	132.34	52.84	39.93
工银瑞信基金管理有限公司	681.23	531.48	149.76	28.18
南方基金管理有限公司	476.86	390.73	86.13	22.04
平安养老保险股份有限公司	1839.45	1522.32	317.14	20.83
泰康资产管理有限责任公司	1796.14	1489.71	306.43	20.57
太平养老保险股份有限公司	770.52	639.49	131.03	20.49

续表

管理人	2017 年底资产规模（亿元）	2016 年底资产规模（亿元）	资产规模变化	
			亿元	%
招商基金管理有限公司	150.82	125.69	25.14	20.00
总体情况	12391.31	10673.04	1718.28	16.10
长江养老保险股份有限公司	668.20	576.19	92.02	15.97
易方达基金管理有限公司	560.98	492.41	68.57	13.92
华泰资产管理有限公司	124.06	108.99	15.07	13.83
中国人寿资产管理有限公司	1415.75	1263.03	152.72	12.09
博时基金管理有限公司	389.60	349.64	39.96	11.43
华夏基金管理有限公司	901.76	814.12	87.64	10.76
国泰基金管理有限公司	98.21	88.98	9.23	10.37
中国国际金融有限公司	479.38	436.75	42.63	9.76
富国基金管理有限公司	307.71	280.44	27.26	9.72
中信证券股份有限公司	478.46	446.23	32.22	7.22
银华基金管理有限公司	85.49	80.71	4.78	5.93
嘉实基金管理有限公司	542.21	530.88	11.33	2.13
海富通基金管理有限公司	376.04	370.04	6.00	1.62

资料来源：人力资源和社会保障部网站。

第二部分

专题理论篇

分报告三
全球主权财富基金发展历程

一、主权财富基金的产生与成因

（一）主权财富基金的起源

主权财富基金可以追溯到 20 世纪 50 年代，起源于石油输出国，标志为 1953 年科威特成立科威特投资委员会。1956 年，科威特又正式设立科威特投资局，负责投资石油出口收入盈余，以减少对石油资源和石油收入的依赖。我们知道，两次石油危机和石油价格的攀升，使石油输出国积累大量外汇储备，因此成为主权财富基金最初的资金来源。

（二）主权财富基金的产生原因

主权财富基金的兴起可以从国内和国际两个因素进行分析。国内因素主要包括国内经济因素，如外汇储备的保值增值和汇率风险；国际因素包括国际货币体系带来的"特里芬难题"和新兴经济体巨大的贸易顺差。

1. 国内因素

（1）经济原因。建立主权财富基金的国家通常是国际收支经常账户长期处于盈余状态的国家，如石油出口国阿联酋、阿曼等，石油价格的攀升，使石油出口国积累了大量的外汇储备。又如，新兴经济体通过出口贸易而积累外汇储备，从而建立主权财富基金。这类国家的外汇储备超过了其国际收支的应急需求。同时，巨额的外汇储备面临汇率风险和传统外汇储备低投资收益率的情况。一国政府建立主权财富基金，对外汇储备进行投资利用，可提高国家财富在风险调整后的收益。

（2）政治动因。政治动因也是一国主权财富基金产生的原因之一。一些石油出口国和新兴经济体通过出口贸易积累一定经济实力后，试图改变其在世界经济市场中的从属地位，争取更多的经济话语权。主权财富基金活跃于国际市场，积极参与国际市场的投资活动，是一国经济博弈的重要砝码。因此，主权财富基金的建立往往隐藏着一国的政治动因。

2. 国际因素

（1）亚洲地区国家经常性顺差。亚洲主权财富基金的资金来源可分为西亚、中东地区的油气出口收入和东亚、东南亚地区的外汇储备。除了国际货币体系导致外汇储备大量增加之外，能源价格在 20 世纪 70 年代和 21 世纪以来的不断上涨也是导致主权财富基金不断产生和基金规模壮大的原因。同时，东亚和东南亚地区，如中国内地、中国香港、韩国、新加坡和马来西亚等国家、地区经常项目大量顺差，外汇储备充沛。经常项目顺差的主要原因是东亚、东南亚地区大多发展出口外向型经济，普遍采取鼓励出口的经济政策，导致出口大于进口，进而产生贸易顺差。同时，国际产业结构转移又进一步增大了经常项目顺差。欧美国家的中低端制造业不断向成本较低的东亚、东南亚地区转移，而加工出口产业的外商投资不断增加。因此，东亚和东南亚地区的外汇储备规模不断增加。而大量的外汇储备需要保值增值和降低汇率风险，此时，主权财富基金应运而生。

（2）国际金融市场动荡。经济全球化促进了国际资本市场的发展，使国际贸易、国际资本流动、国际技术转移不断增加。国际资本市场在发展的同时，国家间金融壁垒逐渐被破除，投资使跨区域配置可行，也为主权财富基金全球配置资产提供基础。全球化程度的提高，使主权财富基金能够投资于具有增长潜力的发展中国家，进而受益这些高增长国家的发展成果。同时，金融经济的全球化还使国际市场的投资种类和产品逐渐增多，主权财富基金的投资套利机会也相应增加[①]。

二、主权财富基金的发展历程

1953 年，科威特设立投资委员会被看作 20 世纪 50 年代主权财富基金的起源。在此之后，国家主权基金的发展经历了三个高潮阶段。

（一）第一个高潮：20 世纪 70 年代

第一个高潮始于 20 世纪 70 年代，新加坡的淡马锡公司和阿联酋的阿布扎比投资局是主权财富基金的第一个高潮的产物。此时，美国和加拿大也分别成立了阿拉斯加永久基金（1976 年）和奥伯特继承基金（1976 年）。

（二）第二个高潮：20 世纪 90 年代

第二个高潮是在 20 世纪 90 年代，以 1990 年挪威政府石油基金的建立为代表，同时乌干达于 1998 年成立了扶贫基金，伊朗和阿塞拜疆分别于 1999 年利用石油美元成立了各自的石油稳定基金。这一时期成立的主权财富基金主要是资源型的财富基金，其资金来源是石油出口而获得的石油美元。这一阶段，主权财富基金的目的主要是规避石油收入的波动而带来的风险。

（三）第三个高潮：2000 年以后

第三个高潮是 2000 年以后。2004 年 1 月，俄罗斯以 240 亿美元成立了俄罗斯联邦稳定基金。2005 年 7 月，韩国注资 200 亿美元成立了韩国投资公司。2006 年，澳大利亚成立未来基金，其注册资本为 500 亿美元。2006 年，智利以出口铜所获得的美元收入成立了伽利略经济和社会稳定基金。2007 年 9 月，中国投资公司成立，其注册资本为 2000 亿美元。在此阶段成立的主权财富基金的类型难以按传统分类加以界定，资金构成更为多元，不仅包括石油收入，其他类型的外汇储备的积累以及贸易顺差所形成的外汇储备也成为主权财富基金资本金的来源。第三个高潮成立的主权财富基金的目的不限于规避资源价格波动带来的收入不稳定性风险，更多的在于实现巨额外汇储备

的保值增值[②]。

三、主权财富基金的发展现状

（一）主权财富基金的现有类别

1. 根据资金来源分类

主权财富基金的资金可以有多种来源，主要分类为货币、养老基金、资源基金和产业基金。其中，以货币为主权财富基金的资金来源为中央银行或货币当局所持有的外汇储备、黄金、特别提款权（SDR）及国际货币基金组织（IMF）储备头寸等。养老基金、资源基金和产业基金为其他国家资产如养老基金、石油基金或政府所持有的其他产业资产或金融资产等。

根据资金来源的不同，主权财富基金一般可分为商品型主权财富基金和非商品型主权财富基金两大类（见图3-1）。商品型主权财富基金通过商品出口来建立[③]，这种基金服务于稳定的财政收入、平衡预算或保持储蓄率平稳等多重目标。目前国际上最主要的商品型主权财富基金是石油基金，即石油输出国基于石油出口收入建立的基金，典型例子为阿联酋的阿布扎比投资局（ADLA）。非商品型主权财富基金是通过受让一部分官方外汇储备资产而建立的。当经常项目存在大量顺差时，国家可以将一部分超额外汇储备输送到一个单独的基金中，进行投资管理。比较著名的非商品型主权财富基金如新加坡的政府投资公司（GIC）、中国投资有限责任公司。

2. 根据设立政策目标分类

根据设立政策目标的不同，国际货币基金组织将主权财富基金分为五类：

（1）平准基金。平准基金大多由自然资源丰富的国家设立，目标是使政府财政收支和国家经济免受重要初级产品（主要是石油）价格波动的影响。国家在初级产品收入盈余年份为基金注资，困难年份从基金中抽取部分资产弥补财政预算。国家通过设立独立的基金来减缓市场上大宗商品价格和汇率波动，使本国经济和财政收支与外部波动相隔绝，避免短期自然资源产出和国际市场上价格波动导致本国经济起落。平准基金一般又可分为外汇平准基金和石油稳定基金，如中东国家的各类石油商品基金就是典型的稳定基金。

---

① 王立：《主权财富基金兴起原因分析》，载《现代商贸工业》2013 年第 6 期。 Paulson A L. "Raising Capital: The Role of Sovereign Wealth Funds"，Chicago Fed Letter, 2009 (3).

② 张王立：《 主权财富基金兴起原因分析》，载《现代商贸工业》2013 年第 6 期。Shabbir T "Role of the Middle Eastern Sovereign Wealth Funds in the Current Global Financial Crisis"，Topics in Middle Eastern and North African Economies, 2009（11）.

③ 由国家政府拥有或从中获得税收的商品。

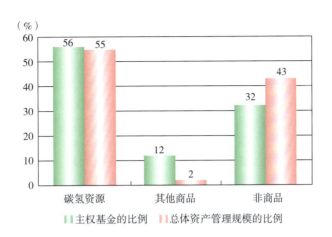

图 3-1　主权基金按资产类型分布

资料来源：2015 Preqin Sovereign Wealth Fund Review。

（2）储蓄基金。储蓄基金建立的目的是国家财富的保值增值，以期能进行跨代享受国家财富，即让子孙后代分享有限的国家财富。对于自然资源丰富的国家，储蓄基金来自不可再生资源的收入，并以分散化的国际投资组合形式存在，追求高回报率。储备基金通常以储蓄投资公司的形式存在，作为独立实体，通常这种安排涉及的资产仍算作储备。

（3）预防基金。预防基金建立的目的为预防突发危机，促进一国社会和经济的平稳发展。这些危机包括战争、人口老龄化和全球性金融危机等。

（4）发展基金。发展基金是为支持基础或战略性的社会经济项目（如基础设施的建设等）而设立的。为支持国家发展战略，在全球范围内优化配置资源，或者培育世界一流的企业，更好地维护国家在国际经济活动中的利益。

（5）退休养老储备基金。退休养老储备基金是为支付在政府资产负债表里的养老金支出或负债而设立的。

（二）主权财富基金的国际分布及规模现状

1. 典型主权财富基金

（1）挪威政府全球养老基金。挪威财政部将挪威政府全球养老基金以存款账户的形式在挪威中央银行进行储存。挪威央行按照挪威财政部制定的委托管理指导条例管理和投资该存款。该存款在央行单独开设账户，挪威央行以其名义对存款进行投资，可就其投资管理行为收取管理费用。其投资范围可为金融工具、房地产、现金存款和其他资产，基金的投资目标为扣除管理费用后，实现最大化的投资组合期望收益。央行应在投资组合的投资策略上对财政部提供建议，可建议财政部修改委托管理的指导条例。

央行执行委员会对其执行基金管理任务制订战略计划，定期或在改变管理策略时更新战略计划，并定期评估战略计划的实施程度。

具体而言，挪威央行第二副主席对挪威政府全球养老基金负有特殊职责。同时，挪威央行下设挪威中央银行投资管理公司（Norge Bank Investment Management, NBIM），授权其基金具体运营，央行执行委员会为 NBIM 制定指导准则和战略计划。NBIM 有其特殊的监管模式，即 NBIM 的执行董事直接向执行委员会负责，并由央行行长代表执行委员会进行监管。监管内容包括：一是风险管理监管，遵循风险管理原则，将风险分解为市场风险、信用风险、对手风险和操作风险。二是每月、每季度、每年的报告，由 NBIM 的执行董事向央行执行委员会报告基金运作管理的情况。三是尽责投资管理监管，央行执行委员会为基金设定尽责投资管理原则，规定尽责投资管理以最大化投资长期收益为目标，并减少环境和社会相关的金融风险。四是薪酬监管，由央行执行委员会为 NBIM 的雇员制定薪酬原则。

挪威中央银行投资管理公司的架构为职能制，下设权益投资部、固定收益部、房地产投资部、风险管理部、财务部、IT 业务部、行政法务部和人力资源部。为了精简机构，IT 业务部采用外包形式，进行系统维护工作，人力资源部与挪威央行共用。NBIM 的职能为执行投资策略，进行基金主动管理；规范风险评价标准，及时报告和控制风险；行使基金股东权利，提出投资策略建议；接受财政部、议会和央行的监督等。

（2）新西兰养老基金。新西兰养老基金（New Zealand Super Fund，NZSF）和新西兰养老基金的管理机构

（Guardians）是根据 2001 新西兰养老金和退休收益法案而设立的。基金管理机构及其董事会由新西兰财政部提名，并接受总督任命的管理委员会（Independent Board）监管。具体的，根据独立的提名委员会的提名[①]，新西兰财政部须征询议会和其他政党代表的意见，而后由总督推荐基金管理机构董事会的人选。董事会成员的任职要求是需要具备足够的金融资产管理资历，以保证其能胜任对管理机构的监督工作。基金管理机构的董事会必须由五至七个成员组成，董事任期为五年并可以连任。董事会章程由 NZSF 管理机构制定并编撰。章程遵循公司治理和日常管理先分离的原则，对 NZSF 公司治理框架进行规定，具体包括决策流程和日常运营管理机制。董事会下设审计和风险委员会、责任投资委员会、员工政策和薪酬委员会。基金的日常运营由执行层负责，包括管理团队、投资委员会、风险和投资组合监控委员会以及沟通委员会。

（3）科威特投资局。从组织管理角度来看，科威特投资局（Kuwait Investment Authority，KIA）是财政部下属的独立投资法人机构，须每年就投资结果向财政部理事会进行内部分析和回报分析，具体细节包括披露投资种类、收益率等。从公司治理角度看，目前科威特投资局主要聘请外部基金管理经理，基金的很少一部分由科威特投资办公室（Kuwait Investment Office，KIO）管理。科威特投资办公室具有全球化的投资视角，在伦敦设有办事处，投资地域遍布全世界，投资种类也遍及股票、固定收益债券和私人股本等。科威特投资局没有具体公布其投资分布，但据估计，超过 50% 的资产被投资于普通股，约 30% 为固定收益债券，剩余的为可转换股。

（4）俄罗斯石油基金。俄罗斯石油基金（National Reserve Fund）由俄联邦政府所有，基金委托并交由财政部管理，财政部每月就基金的收入、支出和结余等情况进行公布。同时，财政部以季度、年度为基础向联邦政府报告有关基金投资准则和投资方针等运作细则。基金以外币的形式存在于俄罗斯银行财政部的账户上。俄罗斯银行一般可以进行任何投资操作，但是该基金的运营则可以聘请外部经理人管理。就基金投资范围而言，基金资产投资于外国主权债务和证券等，证券的投资许可必须得到政府同意。目前，基金主要投资于奥地利、比利时、芬兰、法国、德国、希腊、爱尔兰、意大利和卢森堡，资产的货币形式主要有美元、欧元和英镑。分别占 45%、45% 和 10%。从基金的投资偏好来看，石油基金投资偏向保守风格。例

如，石油基金要求债券发行人的机构长期信用等级必须达到 AAA 或 Aaa 标准，而且必须经过穆迪、标普、惠誉三家投资机构中至少两家的认可[②]。

（5）爱尔兰国家养老储备基金。爱尔兰政府于 2001 年 4 月 2 日成立国家养老储备基金（National Pensions Reserve Fund，NPRF）。爱尔兰国家养老储备基金委员会（National Pensions Reserve Fund Commission，NPRFC）是 NPRF 的最高管理决策机构，直接对财政部和国会负责，通过国家公债管理局（National Treasury Management Agency，NTMA）履行其职能。国家公债管理局成立于 1990 年，最初主要负责国债发行和国家债务管理等事务。国家公债管理局的职能主要包括：向 NPRFC 提出投资参考建议、执行 NPRFC 的决策并负责行政事务、向 NPRFC 汇报决策执行情况等。国家公债管理局内设投资委员会，其首席执行官也是 NPRFC 的成员。国家公债管理局对 NPRF 采用完全市场化的管理模式，除一部分自营投资管理外，其余资金通过招标的方式选择外部管理人进行委托管理。

（6）加拿大养老金计划。从组织框架上来说，加拿大养老金计划（Canada Pension Plan Investment Board，CPPIB）的最高权力机构是理事会，由 12 名理事组成。理事由财政部长提名，由加拿大总督任命，每届任期不超过 3 年，可以连任。理事会成员在 CPPIB 任职后，不再兼任政府部门其他职务。理事长在理事中产生，由财政部长会同各省财政厅长协商推荐提名，由加拿大总督任命，任期由总督决定。理事会的主要职责是对加拿大养老保险基金的各项投资业务和事务进行管理和监督，负责 CPPIB 的日常运作；各个职能委员会各自履行职责，均对董事会负责。

2. 主权财富基金的规模现状

因为主权财富基金在全球范围内寻找投资机会，配置资源更加合理，市场影响力不断增大，同时，专业化、市场化是主权财富基金管理的主流趋势，适合于特定主权基金目标的投资策略和运作模式也不断创新。一方面，主权财富基金的目标为资产风险配置的最优化，期望通过专业化和市场化的投资策略和风险管理手段，在一定风险水平下获得投资收益的最大化；另一方面，主权财富基金普遍成立投资公司，采用公司制和健全公司治理结构。目前全球范围内的主权财富基金已经具有相当的规模，根据美国主权财富基金研究所（Sovereign Wealth Fund Institute）2017 年 7 月发布的数据显示，资产规模处于前 15 位的国家如表 3-1 所示。

[①] 提名委员会须由至少四个已获得广泛认可的具备识别候选人能力和相关经验的成员组成。
[②] 王玉柱：《主权基金的国际发展及对我国的启示》，华东师范大学硕士学位论文，2009 年。

表 3-1　全球资产规模前 15 位的主权基金

排名	基金名称	资金来源	国家	建立时间	总资产（百万美元）
1	挪威政府全球养老基金	碳氢资源	挪威	2006	817957
2	阿布扎比投资局	碳氢资源	阿联酋	1976	773000
3	中国投资有限责任公司	非商品	中国	2007	650000
4	国家外汇管理局	非商品	中国	1997	567900
5	科威特投资局	碳氢资源	科威特	1982	548000
6	香港金管局投资组合	非商品	中国香港	1993	414661
7	新加坡政府投资公司	非商品	新加坡	1981	320000
8	卡塔尔投资局	碳氢资源	卡塔尔	2005	304000
9	国家社会保障基金	非商品	中国	2000	247866
10	淡马锡控股	非商品	新加坡	1974	160674
11	阿布扎比投资委员会	碳氢资源	阿联酋	2007	90000
12	韩国投资公司	非商品	韩国	2005	85000
13	未来基金	非商品	澳大利亚	2006	83071
14	Samruk-Kazyna 国家福利基金	碳氢资源	哈萨克斯坦	2008	78000
15	阿尔及利亚收入调节基金	碳氢资源	阿尔及利亚	2000	77200

资料来源：SWF Institute.

（三）主权财富基金的资产配置

1. 主权财富基金投资资产的类别

在投资的资产方面，主权财富基金投资的资产类别（Asset Class）主要分为四大类：股票、固定收益产品、货币市场产品和不动产。固定收益产品和股票是大多数主权基金选择的主要投资工具。货币市场产品是短期投资工具，主权基金一般不大使用。近年来，不动产和其他类型的资产和投资方式，如私募股权和对冲基金，逐渐成为主权基金分散投资和追求更高收益的重要工具。

从主权财富基金投资资产的国别上看，各国的主权财富基金主要是投资于境外的资产。但是 2008 年金融危机以来，国际上主权财富基金在海外的投资规模出现了逐渐减少的趋势，更多集中于国内市场的投资（见图 3-2）。

主权财富基金投资策略需要综合考虑短期、中期和长期的资产配置方式。长期上，设立的投资策略必须能避免经济的周期性波动对资产产生的影响。中期上，根据资产的预期风险溢价的变化，经常对资产分布进行动态调整。短期上，在有效的公司治理的基础上，第一时间抓住市场上的投资机会。总体上，主权财富基金的投资策略中投资比较分散，同时比较具有保守性。各国投资策略中投资各资产类别比例如图 3-3 至图 3-6 所示。

2. 主权财富基金的资产配置案例

在全球众多的主权财富基金中，挪威政府养老基金、新加坡淡马锡控股公司由于长期的国际市场运作，有着成熟的投资理念、投资战略制定和资产配置结构等方面的经验。因此，以挪威政府养老基金和新加坡淡马锡控股公司两个典型的主权财富基金为案例，介绍分析主权财富基金的资产配置。

（1）挪威主权财富基金。为了国家石油收入累积资金保值增值，同时考虑到石油红利的不可持续性，挪威议会通过第 39 号法案，决定组建挪威石油基金（The Petroleum Fund of Norway），对油气产业的丰厚利润进行投资，以维持经济长期可持续发展。另外，考虑到人口老龄化趋势，挪威政府在 2006 年 1 月将挪威石油基金改组为政府养老基金——全球 (GPFG) 作为挪威的主权财富基金。GPFG 的资金来源为政府油气行业收益、政府从事油气相关金融交易的收入。挪威的外汇储备由挪威财政部授权挪威中央银行管理和运作。

图 3-2 2006~2015 年主权财富基金在国内市场与国外市场投资

资料来源：Sovereign Investment Lab, Bocconi University.

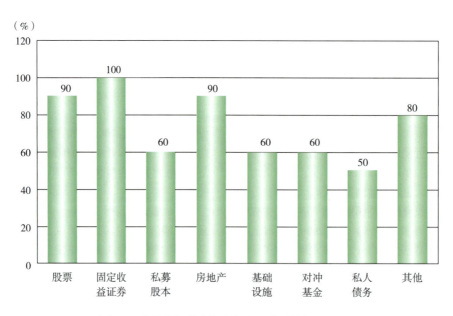

图 3-3 北美主权基金投资各资产类别的数目比例

资料来源：2015 Preqlin Sovereign Wealth Fund Review.

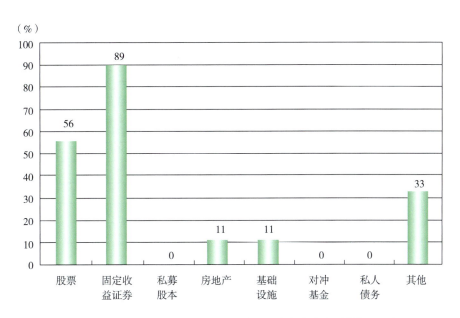

图 3-4　拉丁美洲和加勒比地区主权基金投资各资产类别的数目比例

资料来源：2015 Preqlin Sovereign Wealth Fund Review.

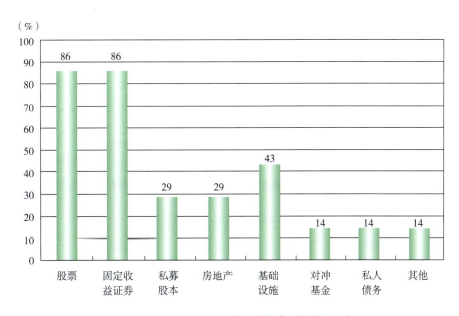

图 3-5　欧洲主权基金投资各资产类别的数目比例

资料来源：2015 Preqlin Sovereign Wealth Fund Review.

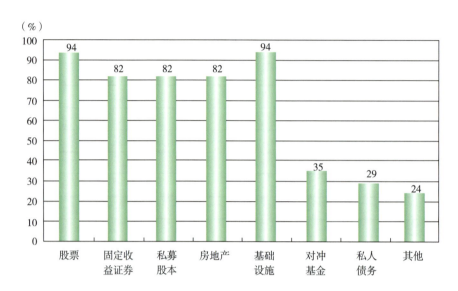

图 3-6 中东主权基金投资各资产类别的数目比例

资料来源: 2015 Preqlin Sovereign Wealth Fund Review.

为使国家石油外汇资产形成稳定收益，GPFG 根据投资风险分散原则，对其投资企业的地域和行业分布不做过多限制，投资范围广泛。GPFG 遵循高度投资分散化的投资策略，是典型的组合型投资者。一般的，GPFG 采取渐进式的投资策略，在投资初期主要进行固定收益类的投资，随着在该地区、行业的投资经验积累，GPFG 视情况而定，增加或减少股票和其他风险较高的资产投资比例。在 2011 年，GPFG 增加了非上市房地产的投资门类。

由于采取组合型的投资策略，GPFG 建立了一个分散化的投资基准组合，由一个全球股票指数组合和一个全球债券指数组合构成。其中，股票指数由富时指数公司编制，据 GPFG2010 年报显示，截至 2010 年底，该指数包含了

4~5 个发达国家和发展中国家的 8496 只大中小公司股票[1]。在实际投资中，NBIM 可根据实际情况（如新发现的风险或机遇），在指数之外的某个国家进行投资。GPFG 在欧洲分布的资产为 50%，在美洲、非洲和中东为 35%，在亚洲和大洋洲为 15%。

截至 2017 年底，36% 的 GPFG 资金投资于欧洲市场，与 2016 年持平；41% 的资金投资于北美市场，相较于 2016 年的 42.3% 略有下降；对亚洲与大洋洲的投资从 17.9% 上升至 19.6%。对新兴市场的投资占基金总投资的 10.1%，比 2016 年增长 0.1%。

从表 3-2 来看，北美洲和欧洲为 GPFG 熟悉的发达市场，分配了较大的资产比重，北美洲包括美国和加拿大这

表 3-2 挪威主权财富基金投资区域统计   单位: 个

地区	投资公司数目	投资债券数目	债券发行人	房地产
北美洲	2170	2132	594	356
拉丁美洲	281	128	38	—
欧洲	1900	1588	484	414
亚洲	4067	562	79	5
非洲	200	15	2	—
中东地区	169	26	9	—
大洋洲	359	165	41	—

资料来源: Norges Bank Investment Management. Norges Bank Investment Management Performance Results GIPS Report, 2017.

---

[1] 肖志辉:《主权财富基金的管理与投资研究》，上海外国语大学硕士学位论文，2011 年。

样的成熟经济体,比例稍高于欧洲。而亚洲和大洋洲包括新兴的发展中国家,投资比例比较低。根据投资法规,NBIM 对单一公司总股本的最高持股限度为 3%。对单一公司内有投票权的股份持有比例也不能超过 3%。根据这项规定,GPFG 对其所投资公司的平均持有股权的比例低于 1%。组合型投资策略的核心在于财务投资而非战略投资,其优势在于不涉及目标企业的控制权的转移并减少公司内部治理的摩擦。同时,GPFG 秉持的投资原则对所投资行业的影响小,被认定为市场化行为,更受所在国的欢迎。

挪威在主权财富基金的管理上采用的是以基准组合为比较标准的投资战略。参考基准组合是先由挪威财政部制定,再由挪威议会表决后通过的。财政部主要用期望追踪误差,也就是实际投资组合与比较基准组合的收益率之差的标准差的期望值来衡量风险,而业绩的评价标准则是实际收益率要在比较基准组合的收益率上下浮动 1.5% 的范围内。参考基准组合来源于富时(VISE)股票指数 27 个国家中的成分股和雷曼(Lehman)全球总计债券指数的 21 个国家中的成分债券[①]。

挪威政府全球养老基金的投资策略基金在全球范围内投资于国际权益、固定收益证券和房地产。投资目标为分散投资策略从而分散风险,并在挪威财政部的授权下取得尽可能高的投资收益。截至 2017 年 9 月 30 日,基金的资产分配为 65.9% 的权益、31.6% 的固定收益证券和 2.5% 的未上市房地产投资。投资收益率为 3.2%,折合 1920 亿克朗。其中,权益投资回报为 4.3%,固定收益证券投资回报为 0.8%,未上市房地产投资为 2.7%。表 3-3 报告的是 1998~2017 年挪威主权基金投资回报的表现。由于挪威主权基金作为单一投资组合进行运营,因此组合回报率代表挪威主权基金的毛收益率。组合回报率 3 年期标准差为使用 36 个月收益率的三年年率后标准偏差,表示投资组合的波动率。

表 3-3　挪威主权基金历年投资回报率

年份	组合回报率(%)	组合回报率 3 年期标准差	组合资产价值(百万克朗,以当前货币计价)
1998	9.26	—	171832
1999	12.44	—	222408
2000	2.49	5.68	386450
2001	-2.47	5.89	613686
2002	-4.74	5.91	609007
2003	12.59	6.27	845306
2004	8.94	5.33	1016402
2005	11.09	4	1399050
2006	7.92	3.36	1783683
2007	4.26	3.6	2018643
2008	-23.31	9.39	2275426
2009	25.62	12.27	2640043
2010	9.62	13.30	3077420
2011	-2.54	10.52	3311572
2012	13.42	8.24	3815769
2013	15.95	7.24	5037734
2014	7.58	5.72	6430739
2015	2.74	6.68	7475153
2016	6.92	6.54	7510494
2017	13.66	6.22	8488455

资料来源:Norges Bank Investment Management. Norges Bank Investment Management Performance Results GIPS Report,2017.

① 张碧琼、刘代民:《主权财富基金管理策略及其对中国的启示》,《全球化》2012 年第 7 期.

（2）新加坡淡马锡控股公司。淡马锡控股公司是新加坡政府以包括洗洁剂厂和飞禽公园在内的各不相同、价值总额 3.54 亿新元（1.34 亿美元）的 35 家公司为基础，于 1974 年 6 月成立的，公司总部设于新加坡。为了专门负责管理新加坡的外汇储备，1981 年 5 月，新加坡政府又组建了国际投资机构——新加坡政府投资公司（CIC）。淡马锡控股公司经过 40 多年的发展，已经成为世界上最成功的主权财富基金之一，基金投资组合价值最高达到 1850 亿新元，年复合股东总回报率达到 16%。基金直接控制着 23 家大型直属企业，间接控制着 2000 余家各种类型企业。其中，在 80 家公司持有 5%~100% 的股权。淡马锡控股的上市公司包含金融、交通、通信、电力、科技、地产等主要行业，其控制的上市公司市值占新加坡证券市场总值的 47%。

近年来的投资实践表明，淡马锡控股公司的投资组合强调多元化的原则，多元化策略具体体现在投资区域和投资行业方面。在投资组合分布比例上，淡马锡控股公司在新加坡的投资占投资组合的 31%，在亚洲其他地区占 43%（其中，南亚 7%、东盟 9%、北亚 27%），在以澳大利亚为主的经合组织国家投资占 22%，在拉丁美洲、俄罗斯等新兴市场的投资占 4%[①]。从投资行业来看，淡马锡控股公司投资范围十分广泛，涵盖不同行业。比如，与中产消费者需求相关的房地产、传媒与通信行业，与社会经济直接相关的银行与金融服务业、运输交通与物流及其基础设施等产业，生物科学与医疗、教育等产业，基于转型潜力的能源与资源、工程及科技产业。在具体行业投资分配中，金融服务业占 33%，电信与传媒占 26%，交通物流、房地产、基础设施、能源与资源分别占 13%、9%、6%、5%，其他行业投资占 8%。而按流动性统计的投资组合，上市及流动资产约占 72%，其他非流动资产约占 28%。淡马锡控股公司投资组合中的公司不仅包括新加坡国内的蓝筹公司，如新加坡航空等，也包括亚洲新兴市场的知名企业，如 Bharti Airtel、中国建设银行、中国银行等[②]。

从淡马锡控股公司的投资策略可以看出，淡马锡控股公司对亚洲长期经济发展持乐观态度，因此其投资区域重心为亚洲地区。再根据地区经济发展情况进一步分析，淡马锡控股公司在增长放缓的发达经济体与增长较快、波动较大的新兴经济体上的投资比例大致保持在 1∶1，反映了淡马锡控股公司比较注重维持地区平衡的风险投资偏好。

3. 后金融危机时代的投资变化

国际金融危机持续深化使全球主权财富基金的投资遭受严重损失，全球范围内的主权财富基金账面资产大幅缩水，部分主权基金所持有的投资组合价值的账面损失超过 30%[③]。金融危机期间的主权财富基金的不利局面使其投资策略备受质疑，金融危机后部分主权财富基金在金融危机期间对投资策略进行了调整，后危机时代的主权财富基金在投资策略等方面呈现出新的特征。

（1）股权等风险资产比例上升。主权财富基金主动调整了资产配置结构，上调了投资组合中股权及另类资产等高风险、高收益资产的投资比重，使投资组合的资产类型趋于多元化。新加坡淡马锡控股公司的投资组合资产配置中，非上市资产比重由 2008 年的 21% 逐步提升至 33%，而上市大型资产的持有比重由 2008 年的 48% 降为 33%。挪威政府养老基金主要投资于股权市场，投资比重一直占总资产的一半以上，2014 年底这一比重达到 61.3%。为了拓展投资领域，挪威政府养老基金从 2011 年开始投资房地产，地产项目比重由最初的 0.3% 提升至 2014 年的 2.2%。

（2）新兴市场投资比重增加。金融危机后，不少主权基金都增加了新兴市场地区的投资比例。挪威政府养老基金认为稳健的长期回报依赖于经济、环境和社会的可持续发展，对亚洲的投资比重不断上升，在对发达地区投资方面，对欧洲地区的投资比重不断下降，但对北美地区的投资比重有所提高。新加坡淡马锡控股公司始终密切关注亚洲市场的投资机会，在亚洲地区的投资占全球地产投资的 50% 以上。

（3）注重实体部门的投资。后金融危机时代的主权基金更加注重对实体产业部分的投资。新加坡主权财富基金淡马锡控股公司部分改变了投资重心，在金融危机后，其投资领域十分广泛，投资活动活跃，对消费、生命科学与农业、地产等领域的投资较为看重。2015 年的投资比重为 18%，较 2008 年金融危机时提升了一倍。具体例子为，2015 年淡马锡控股公司完成了对全球领先的动物保健公司 Ceva Sante Animale 和中粮国际有限公司的投资，并对屈臣氏进行了总值 57 亿美元的投资。淡马锡控股公司对金融服务部门投资比重有所下降，但依然是其最核心的投资领域[④]。

①② 张碧琼、刘代民：《主权财富基金管理策略及其对中国的启示》，《全球化》2012 年第 7 期。
③ 谢平、陈超：《谁在管理国家财富？主权财富基金的兴起》，中信出版社 2010 年版。
④ 戴利研、李震：《全球主权财富基金的发展现状与投资策略转变》，《辽宁大学学报》（哲学社会科学版）2017 年第 5 期。

分报告四
主权养老基金的治理结构

在全球范围内，人口老龄化趋势日益凸显，对实行现收现付制养老保障制度国家的未来养老金支付提出了严峻挑战，主权养老基金便应运而生。毫无疑问，如何确立合适的主权养老基金治理结构是目前摆在学术界、业界和政府面前的一个重大课题。好的治理结构将有助于主权养老基金进行正确而合理的战略定位并进行有效的资源配置，进而改进和提高主权养老基金的投资绩效。因此，科学地设计主权养老基金的治理机构，对于实现主权养老基金的保值增值目标，确保主权养老基金剩余索取权人的收益最大化具有极其重要的意义。

一、主权养老基金治理的一般性

主权养老基金治理与公司治理或私人养老基金治理比起来具有共性的一面，即主权养老基金治理具有一般性，主要体现在以下几方面：

（一）剩余索取权和剩余控制权的分离

在传统的公司治理理论中，主要有股东利益至上的股东理论和共同治理的利益相关者理论。但无论哪种理论，公司治理的核心都在于如何在公司所有权和控制权相分离的情况下最大限度地保护投资者利益不受到公司管理者的侵害。从经济学的角度来分析，代理问题的存在和契约的不完全性是公司治理产生的前提和原因，即代理人拥有对公司的剩余控制权但不拥有剩余索取权，而委托人拥有对

公司的剩余索取权却不拥有公司的剩余控制权。这种剩余索取权与剩余控制权的分离将导致在公司内部委托人与代理人之间的利益发生背离，同时又由于信息成本过高而导致委托人对代理人的监控不完全。因此，公司治理所要解决的主要问题就是使剩余控制权与剩余索取权尽可能地对应起来。

在主权养老基金的管理和运营过程中，也存在类似于公司治理过程中的代理问题和契约不完全的问题。因此，剩余控制权与剩余索取权的不对应同样也是产生主权养老基金治理问题的主要原因所在。建立主权养老金的国家一般实行 DB 型现收现付养老金制度，养老金受益人的待遇是既定的，主权养老基金的运营绩效并不与他们直接相关，相比较而言，作为制度融资方的纳税人或者缴费者将主要承担主权养老基金运营风险和受益人待遇支付的最终责任，因此纳税人或缴费者是主权养老基金的剩余索取权人[①]。同样，即使在实现 DC 型养老金制度的国家中建立主权养老基金，如果在养老金待遇中引入最低收入保障制度（有保障的养老金制度）安排，那么纳税人或者缴费者仍然要承担退休者养老金支付的或有责任，或者说他们仍将是主权养老基金的剩余索取权人。但是过于分散的纳税人或缴费者不可能直接控制主权养老基金的实际运作，也就是说，主权养老基金必须在某些政府机构或独立实体掌控下进行运营，这些政府机构或独立实体就成为主权养老

---

① 在缴费型主权养老基金中，融资来源主要是制度参加者的缴费剩余，因此缴费者是缴费型主权养老基金剩余索取权人。在非缴费型主权养老基金中，融资来源主要是政府转移支付，无论这部分转移支付是来自纳税人的纳税剩余还是来自能源出口收入，都将直接或间接决定纳税人负担，因此纳税人是非缴费型主权养老基金剩余索取权人。下同。

基金的剩余控制权人。需要进一步说明的是，在主权养老基金的实际运作中，掌控这部分资源的政府机构或独立实体往往又存在内部的委托—代理关系，即董事会与职业经理的分离，因此主权养老基金实际剩余控制权人也可能是职业经理。

（二）剩余索取权人高度分散

在古典类型的企业中，因为没有股东和企业实际控制者的分离，企业面临的根本问题是管理问题，不存在公司治理问题。但现代公司规模巨大，往往是由很多人共同投资建立的，战后股票市场的快速发展使股权分散化成为可能并逐渐演变成一种趋势，尤其在英美国家，一方面公司在变大，另一方面股东却在变小，所有者剩余索取权实际上越来越是名义上的，企业实际是把持在职业经理的手中。在"搭便车"和机会主义的心理驱使下，所有者的高度分散必然导致单个股东对职业经理直接监控动机和能力的弱化，这样不受监督的职业经理以损害股东权益的方式追求他们自己利益的可能性增大，同时也可能出现职业经理消极怠工、不尽职尽责地为股东创造价值的情形。这是公司治理理论必须应对的难题。

主权养老基金同样面对这个问题，无论是纳税人还是缴费者毫无疑问都是高度分散的，而且由于纳税人或缴费者人数众多，尽管可能主权养老基金规模巨大，但分配给每个人的剩余索取权极为有限。他们具有纳税或缴费的义务，对于剩余索取权的行使必须借助于政府或工会组织而别无选择，政府或者工会组织本身就是他们的代理人。如果没有好的治理结构安排，政府或工会必然会有牺牲纳税人或缴费者权益来满足自身需要的动机。这些问题同现代公众公司治理所遇到的问题如出一辙，当然在主权养老基金中更为严重。

（三）不断向下授权与多重代理的存在

现代公司最高层的投资者（包括股东和债权人）并不直接经营企业，他们通过不同的契约形式把控制企业的权力托管给公司的董事会，但董事会成员往往已经不是公司股东（或主要股东），投资者和董事会之间形成了明显的信托关系，相当于占公司大部分权益的股东将公司的经营授权给董事会成员，这便是现代公司多重代理的第一层。但是，公司董事会作为一个团体除了制定公司战略和监督执行外并不直接经营企业，他们通过在经理人市场挑选职业经理人，把直接经营企业的权力授权给公司的最高管理层，这便是多重代理的第二层。当然，面对规模庞大的公司，最高管理者也不是把所有的执行权都保留在自己手中，而是继续向下授权，一部分权力分派给中层管理者，形成多重代理的第三层。如果可能，这种权力还会继续分解并向下传递，直到分派给公司最低管理者和普通员工，继续形成多重代理的第四层和第五层等。代理的层级越多，存在契约的不完全性的可能性越大，也越有可能发生代理人不按照投资人的价值目标努力，这就要求公司治理过程中提供必要的机制和手段来解决这一问题。

在几乎完全持有政府债券的主权养老基金中，因为投资组合产品比较单一，且投向明确，代理人或代理机构的权力有限，因此，这类主权养老基金授权结构简单，代理层级较少。一般来说，对于这类主权养老基金的治理相对比较简单，对代理人或代理机构主要采取行为控制，主要着眼于成本控制和防止资金挪用等腐败行为的发生。但是，在实行多元化投资的主权养老基金集中，因为基金规模庞大并承担较大的市场风险，不仅涉及公司治理中董事会对于高级管理层的授权、高级管理层对中层管理者的授权等，而且由于政府或工会的介入相当于在纳税人或缴费者（相当于公司治理中的投资人或股东，也是剩余索取权人）向董事会的授权关系之间插入一个新的中间代理人（政府或工会）。另外，事实证明，迫于提高收益率的压力和要求，主权养老基金多元化投资是个大趋势[①]。总之，比起一般的公司治理，主权养老基金治理中的授权关系和代理层级更为复杂（见图 4-1）。

可以说，一般公司治理过程中所遇到的问题，主权养老基金治理过程中也同样不可避免，这就构成了主权养老基金治理的一般性。

---

① 郑秉文：《挑战"主权财富基金"："主权养老基金"的前世今生》，《中国证券报》2008 年 1 月 14 日第 A08 版。因此，本部分对主权养老基金治理结构的论述主要以多元化投资的主权养老基金为主。

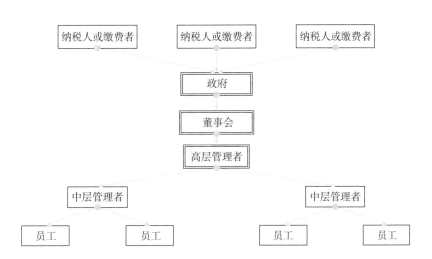

图 4-1　主权养老基金的授权与代理

资料来源: 笔者绘制。

二、主权养老基金治理的特殊性与难点

主权养老基金治理与公司治理或私人养老基金治理比起来具有差异性的一面,即主权养老基金治理具有特殊性,主要体现在以下几方面:

(一)政治干预如影随形

主权养老基金是由政府发起并建立的,因此从它诞生之日起就始终伴随着政府的干预。客观地说,作为公共养老制度的最终担保人,政府承担着未来养老金的支付压力,希望主权养老金运行良好,且规模和收益可观,因此,政府干预有好的一面。例如,政府代替纳税人或缴费者向董事会成员或职业经理人行使监督权力,保障纳税人或缴费者的最大化权益。从这一点上说,政府与纳税人或缴费者的利益是完全一致的。另外,政府也会关心养老基金的投资行为,避免养老基金不当投资行为对资本市场秩序的破坏,这是政府不同于纳税人或缴费者的一个重要合法利益所在。

但是,政府在管理社会事务的目标毕竟是多元化的,各个目标的重要性不同,在各个时期的轻重缓急也有差别,一旦某些社会管理目标与主权养老基金剩余索取权人利益最大化目标相冲突并且前者的优先级在后者之上(只要政府这样认为)时,政府就必然会产生以牺牲主权养老基金收益为代价来实现其他社会目标的动机。另外,在民主政治中,执政党或当权者出于巩固其在政治上的地位,谋求其政治资本的动机,以及在养老基金的投资目标中加强社会责任投资,这些都会导致牺牲主权养老基金收益动机的产生。此时,如果在主权养老基金与政府之间缺少必要的

隔离机制或约束机制,那么政府就会利用自己的特殊地位,上述动机就会顺理成章地成为现实。例如,为了发展地方经济或促进就业,政府可能会鼓励或直接使用主权养老基金投资与发展地方经济高度相关的行业,或者并非出于资产配置要求而购买政府低利率债券从而解决政府借款能力不足的问题。这些投资又往往可能不是主权养老基金的最优投资选择,最后无法取得最大投资收益,甚至这些投资会导致主权养老基金的投资损失。因为养老金支付的未来压力是由以后的政府承担,所以如果不加约束,这种政府短视行为将会非常普遍。

因此,在公共养老基金管理中,应该通过立法和治理结构建设来引导和约束政府干预的方向和范围,将防止政治因素对主权养老基金投资管理运作的不当干预和影响作为予以考虑的一个重点。

(二)剩余索取权人"用脚投票"几乎变得不可能

在一般的公众公司中,董事会未必由主要股东组成,他们往往只是受托机构而不是公司的所有者,他们未必尽职尽责。但是,股东会对公司董事会的尽职情况做出一定判断,在股东大会上更换那些业绩较差的董事会。如果这一招效果不好,股东就会变"用手投票"为"用脚投票",在证券市场上出售股票走人,这一点对于数量众多且高度分散的小股民而言尤其适用。"用脚投票"不仅保护了股东的合法权益,而且当股东大量出售股票时,公司股价就会下跌,这可能引起资本市场上战略投资者的注意,后者借助外部控制权市场对公司进行并购,进而对董事会和经理阶层形成"接管威胁"。因此,在公司治理中,股

东"用脚投票"是督促董事会或高级职业经理尽职工作的一个有效机制。

但在主权养老基金中，纳税人或缴费者的供款是一种法定义务，即使对主权养老基金经营不满意，他们既无直接的投票表决权也无权选择退出，即"用脚投票"几乎不再适用。因此，对于董事会或高级职业经理的不尽职行为只能借助其他机制进行纠正。

（三）缺乏考察代理人业绩的一致标准

主权养老基金规模巨大，地位特殊，国内难以找到与之相匹敌的机构，因此其绩效（包括投资绩效和运行效率）考核缺少必要的参照系。一般情况下对其绩效考核只能通过检查初始目标的完成情况并比对国外主权养老基金的绩效表现做出。需要提到的是，瑞典五只国民养老金所形成的竞争格局为考察代理人业绩提供了一种新的思路。

瑞典在 1960 年引入收入关联型养老金制度，其缴费率高于为养老金支出所需要的费率，每年都形成数目可观的缴费剩余，这些缴费剩余分别注入新成立的五只缓冲基金。2000 年，瑞典对缓冲基金的组织结构和投资规则进行了改革。原来的五个缓冲基金转变为四个具有相同规模和使命的国民养老基金，即第一、第二、第三和第四国民养老基金。此外，瑞典还成立了第六国民养老基金。根据2000 年《国民养老基金法案》，各个国民养老基金的投资决策是独立进行的，以收益率最大化为其首要目标，不需要服从于政府经济政策。这种规模基本均衡且具有独立性的主权养老基金布局使考察各个基金董事会和高级治理的尽职情况有了相互比较的依据，这在整个主权养老基金行业缺乏考察代理人业绩标准的情况下尤其值得借鉴。

从以上分析可以看出，主权养老基金治理结构中既要体现公司治理的基本理念，又要反映主权养老基金治理的差异性和特殊性。从某种角度上说，后者才是构成主权养老基金治理结构质的说明。

三、主权养老基金内部治理结构

主权养老基金治理结构最核心的部分就是治理主体的选择与构成以及各个专业委员会的设立与职责，这也可以看作主权养老金的内部治理结构。

（一）主权养老基金治理主体的选择与"独立性"

治理主体一般是指按照法律或规章要求在组织内设立的最高级别权力机构。对于主权养老基金而言，治理主体是以董事会（或理事会）的形式存在的。它的主要功能是

对基金的战略决策——特别是战略资产配置进行审批，同时监督基金的执行和运作人员，但需要对基金表现和规章履行情况负责。它的目标就是要在长期内保证纳税人或缴费者的价值最大化。多元化经营的主权养老基金一般采取董事会负责制[①]。实际上，选择治理主体的核心问题就是选择谁向剩余索取权人即纳税人或缴费者负责的问题及如何负责的问题。

需要明确的是，董事会作为主权养老基金的权力机构，它不是毫无根据地产生和发展的，而是有着深刻的内在逻辑。纳税人或缴费者在空间和时间上是高度分散的，他们的权利诉求只能借助于政府，但是在市场经济中，政府并不能直接参与市场经营活动，因此由他们代表纳税人或缴费者的利益建立一个"独立性"的董事会就成为必然。在这里，"独立性"具有特殊的含义，它不是指一般公司治理中的公平和均衡地代表每个股东利益，而是指尽可能独立于政府决策和政府一般事务外。这是主权养老基金治理的核心和难点，也是考察主权养老基金治理结构合理与否的一个重要指标。

在这一方面，加拿大主权养老金治理是一个颇为成功的案例。为了应对未来的老龄化危机，1997 年加拿大改变了原有养老金计划储备基金的管理方式，联邦政府和九个省政府联合成立了一个独立组织，即"加拿大养老金计划投资委员会"（CPPIB，相当于在主权养老基金治理中的董事会，只是名称不同），负责管理"加拿大养老金计划"（CPP）的盈余资产，这是一个独立于政府的皇家机构，该机构与养老金计划完全分离。实践表明，其在十余年的运行过程中，不仅规避了政府的不当干预，而且取得了较好的投资收益。

（二）主权养老基金治理主体的人员构成

首先，董事会光有独立性还不够，还必须在人员的构成上兼顾各方利益，实现权力制衡，不偏不倚地保证所有纳税人或缴费者的利益。因此，在许多国家，主权养老基金的董事会是由利益相关者各方代表组成的，且代表人数（权限）的分配将考虑各方利益的大小，尽可能体现权利和义务对等的原则。以法国为例，其"养老储备基金监管委员会"（FRRSB，相当于董事会）成员由 20 人组成，包括参议员、工会代表、雇主协会代表、相关资深人士以及国会、国家预算部和社会保障部等部门的代表，具体情况如下：议员代表 4 位：众议院和参议院各 2 位；社会保障受益人代表 5 位：由工会从全国范围内选择；雇主和自雇者代表 5 位：由雇主联盟和自雇者联盟指定；政府职能

[①] 因为直接购买政府债券的主要养老基金缺乏独立性，基金投资品种单一，并严格受到法律限制。从本质上看，这类主权养老基金只是政府的一个附属机构（一般隶属于政府的某个机构），发挥的还是政府职能，因此本部分不予重点考虑。

部门代表4位：国家经济部、预算部各1位，社会保障部2位；捐款人代表2位：持有与"养老储备基金"（FRR）目标任务领域有关认购凭证的个人代表。监管委员会阵容庞大，几乎代表了所有各方利益。

其次，在治理主体成员的选择上除了确保委员保持独立性、免予政治干预外，还必须具备一定的专业知识和职业技能，以便发挥他们的专业技术特长。理论上，选出来的成员应该具备如下条件：一是委员必须了解金融市场、风险管理和精算原理以及养老保障制度的运作原理；二是委员必须清楚地了解利益冲突并有能力解决；三是委员应该能够遵守一定的行为规范且始终牢记并坚守信托责任；四是建立基本的选择委员标准，把那些有关不良诚信记录、犯罪事实的人员或不良声誉的人员排除在选择范围之外。以爱尔兰为例，其国家养老储备基金委员会（NPRFC，相当于董事会）成员由财政部长任命，包括一名主席和六名成员。所有成员必须在以下领域拥有丰富的经验，并且在相关领域获得较高的职位：投资和国际商务管理、金融学或者经济学、法律、精算实践、会计或者审计、公共服务、工会代表、养老金行业和消费者保护行业。

（三）主权养老基金治理主体的职责

主权养老基金董事会的主要责任不仅包括一般性的常规事务，如组织召开会议、协调政府和管理部门之间的关系等，还包括挑选、聘任和监督经理人员，制定基金的经营目标、重大方针和管理原则等。但是，这一切必须在特定的法律框架内进行，且须坚守受托人的注意义务和忠诚义务。

例如，在澳大利亚，未来基金监护人委员会（FFBG，相当于董事会）依据《未来基金法案》（Future Fund Act）的规定来行使自己的职责，其活动准则与那些超级年金基金托管人类似。该委员会是一个独立于政府的法人实体，具有独立的投资决策权，在基金投资决策上采取集体负责制，但在基金资产保值增值上向政府负责。随着高等教育捐赠基金的建立，该委员会的职责也相应地扩展到高等教育捐赠基金的资本运作上。因此，该委员会的首要职责是为这两个基金的全部投资活动提供战略指导，也包括协调两者之间的投资安排。当然，委员会的全部活动必须限定在《未来基金法案》和《投资准则》规定的范围内。

（四）专门委员会的设立与职责

一个完整的主权养老基金治理结构还必须在董事会内设立几个专门委员会，以便充分发挥各个专门委员会的专业技术特长，并构建在不同职能部门之间相互制衡的决策机制。这些专门委员会包括提名委员会、投资委员会、审计委员会和薪酬委员会等。其中，投资委员会和审计委员会是不可或缺的。

投资委员会的职责主要包括：与董事会其他成员或主管政府部门官员会晤，讨论投资策略的有效性及委员会目标的实现情况；批准聘任全权管理运作资产的投资管理人，要求他们执行并坚持适当的程序以便各项投资政策、标准和程序得到落实（向下授权）；在日常工作中，投资委员会主要负责监督基金的投资运行，其中，资产管理可以外包，但基金董事会要对基金承担信托责任。如果投资委员会不具备承担部分职责的知识储备，那么他们可以在遵守相关法律或章程的条件下寻求外部支持，但不能免责。

审计委员会主要职责包括：要求基金管理层执行并保持适当的内部控制程序；审查、评估并批准内部控制程序并始终保持独立性；审查并批准基金的年度财务报表并在这些报表获得董事会批准之前将其提交给董事会；与审计员会晤，讨论委员会年度财务报表和审计员报告；就可能对基金投资回报有不利影响的所有投资与交易进行审查；会晤委员会首席内部审计官或其他具有相似职能的人员和委员会的管理层，就内部控制程序的有效性进行讨论。在缴费型主权养老基金中，因为养老基金与社会保障制度融合在一起，还需要每年指派保险精算师对制度进行精算评估并分析比较不同投资策略可能导致的制度融资效果。

四、主权养老基金外部治理结构

董事会与各个专门委员会构成了主权养老基金的核心治理机制，但这些治理机制要想很好地发挥作用，实际上还需要一个良好公正的环境和强有力的制度保证，即主权养老基金治理的外部措施作为保证。这些外部措施包括：提供各种金融或会计服务的中介机构，维护公正的司法体系和证券监管部门，以及作为社会舆论监督重要部分的媒体与学者。需要强调的是，相对于一般公司的治理来说，主权养老基金不存在股权交易市场的约束，且剩余索取权人是高度分散的，董事会与各个专门委员会所构成的治理结构主体具有天然的缺陷，因此，主权养老基金治理的外部措施在整个治理体系中比起一般公司治理中的外部措施更为重要。

（一）完善的信息披露制度

由于纳税人或缴费者、政府、董事会或职业经理之间存在多重且复杂的信息不对称问题，再加上主权养老基金往往难以受到独立金融监管机构的监督和制约，对主权养老基金治理还需要借助于一定的信息披露制度。信息披露一般的形式是年度报告（除了年度报告外，有的国家还要求提供季度报告，但都应该包括独立审计证实的财务状况）和向政府和议会提供的所有报告和证词等。及时、相关和可靠是主权养老基金信息披露的基本要求。作为信息披露主要形式的年度报告一般通过如下四个关键环节来满足这几项要求：

一是以权责发生制作为年度报告的基础。之所以要采用权责发生制是因为要恰当地进行收入确认，向外部准确地报告投资收益。相比之下，不能用现金制，因为用现金制进行会计核算只能报告一个期间所产生的现金流入和现金流出，而忽略了当期经济活动在以后期间所造成的结果和影响。当然，虽然通过权责发生制人们可以很好地估计主权养老基金的未来价值，但在权责发生制中，确认收入又成为一个重要问题，很可能对人们造成新的误导。

二是高管人员负责编制财务报告，对报告的真实准确性承担责任。在主权养老基金的日常运营过程中，基金的资产、负债、员工和服务提供商等详细情况完全是在高管人员掌控和驾驭之下的，因此，高管人员应该使用自己的这些信息优势，根据客观的原则对基金当期业务活动的结果做出判断和估计。但是，财务报告是对高管人员业绩的衡量，因此他们有动机虚报业绩，并对未来的现金流持乐观态度。另外，如果高管人员的薪酬待遇与基金的经营业绩挂钩，那么他们在维持自己职位和获得较高报酬的动机趋势下，必然会在年报中做出有利于自己的判断和行动。所以，必须要求高管人员对报告的真实性和质量承担责任。

三是用会计惯例或会计准则约束经理人员的乐观倾向。在这里用到的会计管理或会计准则一般为可计量原则和稳健原则。所谓的"可计量原则"是指只有那些结果能够非常合理地被加以计量的交易才能反映在财务报表中。不符合这一原则的交易，即使它对基金业绩具有重大的潜在影响，也不能记录在财务报表中。而"稳健原则"是对那些可能产生或有收益（损失）的业务应该采取稳健保守的策略进行会计处理。换句话说，按照这一原则，对于或有损失就要及时披露；对于或有收益，应该在发生以后才予以披露。

四是增加报告信息的透明度和可得性。主权养老基金经营的好坏与纳税人或缴费者的利益具有高度相关性，提高基金报告信息的透明度和可得性可以让社会公众及时了解基金运营的信息，从而对基金形成有效监督。

挪威政府养老基金是这方面的典型代表。为了提高基金的透明度，挪威政府以法律形式规定，基金管理有关的信息（基金的管理、与政府预算往来、资产组合组成、估价、回报率、市场走势、风险状况及管理成本等方面的信息）必须向社会及时公布。另外，为了保证基金信息的可得性，基金操作的各项账务和数据都可实时地在互联网上查阅，挪威中央银行还经常就基金发展现状发布新闻通报。

（二）独立的中介机构

即使有了完善的信息披露制度可谁来保证信息披露的真实性和准确性呢？作为主权养老基金的剩余索取权人的单个纳税人或缴费者既不可能有足够的经济利益动机去亲自审查基金的运营状况，也没有足够的会计和金融知识去做审计。因此，主权养老基金治理客观上就需要中介机构参与进来。中介机构的作用主要体现在两个方面：一是它们可以为投资机会的质量提供独立的证明（例如，投资咨询公司等金融服务提供商），有助于证明经理人员投资产品数量和价格选择上的合理性；二是对基金的财务信息进行处理和分析（例如，审计师事务所等审计服务提供商），可以相对有效地监督和规范经理人员的行动，或者为利益相关者提供监督信息。

但无论是哪一类中介机构，一旦丧失独立性，它们不仅不能帮助减轻主权养老基金的经理阶层与纳税人或缴费者之间的信息不对称问题，反而会变得更为严重。一般来说，要保证中介机构的独立性，必须做到如下两点：一是使中介机构的独立性成为其生存的必要条件；二是加强对中介机构的监管和惩罚。但要做到以上两个条件，离不开严刑峻法，一方面要对违规机构加大惩罚力度，另一方面对违规机构的负责人或违规人员绝对不能手软。我们知道，中介机构与主权养老基金经理人员串谋的收益巨大，如果惩罚力度不够，对中介机构长期秉持独立态度毫无帮助，只能导致机会主义盛行，最终即使再好的主权养老基金治理结构也难以发挥作用。

大多数建立主权养老基金的国家已经认识到这个问题的重要性，各国政府纷纷要求由独立审计师负责审计基金每年的财政报告，并出具审计报告。例如，法国在 2003 年末举行了独立审计机构的招标活动，并于 2004 年 3 月由监管委员会任命两家会计公司在未来 6 年内作为基金的独立审计人。

（三）其他外部措施

在主权养老基金的治理体系中，健全的法律体系也同样是不可或缺的组成部分。从某种意义上说，主权养老基金治理就是对纳税人或缴费者进行权利保护的一套法则，一旦纳税人或缴费者的利益受到损害，解决的最终力量要靠健全的立法和有效的司法体系。从另一层面上来看，法律体系的存在为主权养老基金管理人员提供了一种行为规范，而健全的法律体系将极大地防范腐败和欺诈行为的发生。

例如，在挪威，成立于 2006 年 1 月 1 日的主权养老基金，即"政府养老基金"（GPF）不仅在组织结构和日常运作上受制于《养老基金法案》（Pension Fund Act），而且在投资和风险管理上还必须遵循 2005 年 12 月 21 日颁布的 123 号法令、2005 年 12 月 22 日颁布的 1725 号法规、补充规定的投资准则以及财政部和挪威银行之间的管理协议等。对于建立主权养老基金的新兴市场经济国家，尽快建立健全法律体系就显得尤为重要。

有效的舆论监督是构成主权养老基金治理体系的另一个重要方面。主权养老基金治理的有效性是和信息披露联系在一起的。信息披露以后，则主要借助社会舆论来进行监督。一般来说，舆论监督的主体是新闻媒体和学者。对于新闻媒体而言，通过揭发主权养老基金运营中存在的腐败和欺诈行为，相关新闻媒体和从业人员可以获得很多无形的收益，如媒体或记者的知名度等，因此他们有利益驱动下去做这种事情。对于学者而言，利用他们所掌握的专业知识去监督和约束主权养老基金高管们的行为是其应该坚守的社会良知。另外，通过对主权养老基金治理中存在问题的研究和批评也有助于推动科研成果的不断诞生，这也是学者的职责。当然，舆论监督作用的发挥需要营造宽松的社会氛围，即通过法律保障人们的知情权和言论自由，任何人对主权养老基金运营情况提出质疑都不得压制。

例如，在加拿大，为了多渠道地发挥舆论监督作用，"加拿大养老金计划投资委员会"不仅向联邦财政部提交年度报告进而通过财政部向议会负责，而且还将年报送给每一位联邦议员、省政府议员，以及相关的股东团体，诸如工会、养老金领取者协会和其他商业协会等，同时还向经济、社会政策研究机构、大学和公共图书馆赠送年报。另外，还在网站上公布年报，确保每一个想得到年报的人都能够非常容易地获得。

五、结论

随着人口老龄化的来临，主权养老基金作为很多国家政府的一项前瞻性制度安排必将成为学术界、产业界和政府关注的一个热点或焦点。在主权养老基金规模既定的情况下，良好的治理效果有助于改善整个养老金体系的财务状况，从而能有效地提升公共养老金未来的支付能力。

对于主权养老基金治理问题的研究，大多根源于公司治理理论。众所周知，在西方已经有几十年发展历史的公司治理理论虽然已取得了丰硕的研究成果且理论体系已日趋成熟，但是人们对主权养老基金治理领域的重要规律还缺乏深入了解，对很多问题还知之甚少。即使那些目前看起来运行良好的主权养老基金也可能存在未认识到的问题。

就目前来看，在主权养老基金治理中，一个核心问题是如何确保基金的独立性，尽可能规避不适当的政治干预。为了解决这一核心问题，在整个治理结构中，治理主体的选择和构成无疑是最为关键的，因为治理主体将对主权养老基金承担最终责任。对于治理主体中的每个成员，必须具有信托责任、遵守详细具体且可执行的行为规范和具备履职的相关专业知识和能力。另外，主权养老基金治理效果的好坏还有赖于是否具备完善的信息披露制度、独立的中介机构、健全的法律体系和有效的舆论监督等外部环境。

分报告五
主权养老基金的投资理念和资产配置

缴费型主权养老基金与储备型主权养老基金的投资运营在功能定位、投资理念和资产配置上会有差异，这是因为，其资金来源不同，所承担的历史使命也各异。在资金来源上，前者是养老保险缴费扣除待遇支出后的结余，后者是政府注入资金的积累；在基金属性上，前者是部分积累制，后者是完全积累制；在管理要求上，前者既有对风险收益的追求，也要求适当流动以确保养老金支出，后者则在启动支付年份之前没有流动性的要求。

在人口老龄化的长期趋势下，主权养老基金的投资运营必将是"长期作战"，这就决定主权养老基金不同于一般的公募基金，应将投资管理和绩效评价放在更长时期内；任何短期行为只会使主权养老基金的投资偏离收益—风险的最优组合，这不仅会影响基金本身的整体收益，更会因主权养老基金规模巨大造成对资本市场的冲击。因此，各国都将长期投资作为重要原则。在如何落实"长期性"原则上，各个主权养老基金的做法不尽相同，这也体现了其背后形态各异的投资理念和投资战略。

大体上，按照不同的监管规制和目标定位，有三个典型的主权养老基金，分别代表着三类不同的管理模式。这三个典型代表分别是：挪威政府养老基金（Norway's Government Pension Fund – Global, GPFG）、澳大利亚未来基金（Australia Future Fund, AFF）和加拿大养老金计划基金（Canada Pension Plan, CPP）。

一、主权养老基金的投资理念
（一）挪威政府养老基金（GPFG）：内部管理、被动投资

挪威政府养老基金形成于 1967 年，属于储备型主权养老基金，资金来源于本国的石油资源收入。在 GPFG 官方网站的首页清晰地写着"为子孙后代守护和创造财富"（Our mission is to safeguard and build financial wealth for the future generations of Norway），这是基于一种——代际公平的分配理念——石油是世世代代的资产，开采石油是将后代的资产提前用到当代，因此用石油收入建立养老基金并通过投资实现财富积累，让世世代代都能分享石油带来的利益。因此，GPFG 的任务是通过投资将石油收入积攒起来，用于抵减人口老龄化给后代带来的养老保险缴费负担。

挪威政府养老基金的管理模式可以概括为：内部管理、被动投资、国外市场、上市交易、流动资产、获取贝塔，且与政府的关系密切，尤其是在政府指导下实施内部管理和被动投资。

1. 内部管理

根据挪威《议会法》及其补充条款的规定，GPFG 存于挪威银行（Norges Bank）并由该行管理和运营，向财政部长负责，具体由其下属的挪威银行投资管理委员会（Norges Bank Investment Management, NBIM）执行。财政部制定 GPFG 的投资战略，包括可以进入哪些市场、配置哪些资产类型等。

挪威政府认为养老基金规模太大，投资国内会影响宏观经济的稳定性，因此规定 GPFG 只能投资于国外市场。为了获得更多政府支持，NBIM 会严格遵循政府制定的投资指引，不进行大规模主动投资，旨在获取全球金融市场的"贝塔"。

2. 被动投资

NBIM 认为资本市场有效，长期投资可以通过指数化获取市场平均价值。挪威财政部依据富时集团和彭博巴克莱指数（FTSE Group and Bloomberg Barclays Indices）为 GPFG 设置了一个战略基准指数，该指数中股权类资产占比 62.5%（挪威财政部已决定将战略基准指数中的权益类资产比例逐步提高至 70%），固定收益类资产占 37.5%。挪威银行会在此基础上再设置一个实际基准指数，作为资产配置的依据，但规定实际基准指数与战略基准指数的跟踪误差（Tracking Error）不应超过 1.25 个百分点[1]，如果超出一定程度（如股权资产超出基准 4 个百分点），就需要调整投资组合，进行再平衡。近年来，由于全球石油和天然气价格波动幅度增大，为了控制风险基准，避免石油和天然气价格波动干扰 GPFG 的资产配置，2017 年 GPFG 的股票基准指数中移除了价值 350 亿美元的油气资产[2]。

按照挪威政府规定，GPFG 几乎全部投资在全球公开市场交易的流动性资产上。截至 2018 年第二季度末，GPFG 持有的股票占总资产 66.2%、固定收益资产占 31.2%，另有 2.7% 是非上市公司的不动产[3]。

（二）澳大利亚未来基金（AFF）：外部管理、主动投资

澳大利亚联邦政府在 2006 年设立未来基金，资金来源于预算盈余和出售、转让政府持有 Telstra 公司[4]股票的收入。未来基金的定位是"为了后代利益进行长期投资"（Investing for the Benefit of Future Generations of Australians），并以此指导投资战略——设置绝对收益基准以"督促"基金投资追求长期高收益。与挪威政府养老基金不同的是，澳大利亚未来基金采取独立运行、外部管理、主动投资、大比例持有非流动性资产。

1. 外部管理

澳大利亚未来基金由未来基金管理局（Future Fund Management Agency）管理，委托未来基金监护人理事会（Future Fund Board of Guardians）负责投资运营。未来基金管理局仅向监护人理事会提出投资战略建议，并不直接干涉基金的日常管理。监护人理事会之所以称为"监护人"，是要为后代监管财富，确保未来基金的管理保持独立、不受任何一届政府的意志干扰。监护人理事会由一名理事长和五名成员组成，现任理事长 Hon Peter Costello 曾在 1996~2007 年任加拿大财政部长。按照规定，未来基金绝大部分委托外部投资管理，可以在包括澳大利亚本国的全球金融市场选择投资工具，但要求投资管理人将造成国内金融市场波动性的可能降至最低，且不能影响澳大利亚政府在全球金融市场的声誉。

2. 主动投资

澳大利亚财政部长每三年会签发一个未来基金投资指引，提出未来三年的投资收益基准。投资收益基准由消费物价指数（CPI）和一个绝对收益区间构成，通常为"CPI 加上 4.5%~5.5%"。在 2016 年底发布的最新指引中，考虑到控制风险，澳大利亚联邦政府决定从 2017 年 7月 1 日起将投资收益基准下调 0.5 个百分点，为"CPI 加上 4%~5%"。未来基金监护人理事会根据收益基准和下一年投资损失的可能性，确定一个可接受的风险水平，外部投资管理人据此选择投资。

2006 年未来基金成立以来，澳大利亚政府共注入资金共计 605 亿澳元，经过 10 多年的投资运营，累计投资收益超过 800 亿澳元。截至 2018 年一季度末，澳大利亚未来基金总资产达到 1408 亿澳元，10 年期平均收益率为 8.5%，超过同期 6.7% 的投资基准[5]。

（三）加拿大养老金计划（CPP）：内部管理、主动投资

加拿大养老金计划（CPP）储备基金来自 CPP 缴费用于支出后的结余，属于典型的缴费型主权养老基金，其目标任务是"为 2000 万加拿大人提供退休收入保障"（Our Critical Purpose is to Help Provide a Foundation Upon Which 20 Million Canadians Build their Financial Security in Retirement）。与挪威政府养老基金和澳大利亚未来基金不同，加拿大养老金计划储备基金来自于缴费，有明确的偿付债务。根据测算，在 2020 年之前加拿大养老金计划仍源源不断地向该基金划转缴费结余，加上历年投资收益的积累，基金在较长时期内流动性压力不大。这为投资管理团队提供充足的时间可以进行长期、耐心的投资，并在其他国家主权养老基金因流动性压力退出时，可在波动的市场中寻找有利的投资机会。

---

[1] https://www.nbim.no/en/investments/investment-strategy/.

[2] https://www.investopedia.com/terms/g/government-pension-fund-norway.asp.

[3] https://www.nbim.no/en/investments/.

[4] 澳电信公司 (Telstra) 是澳大利亚最大的电信公司，全称澳大利亚电信公司，是澳大利亚联邦拥有的唯一的国有企业。

[5] Future Fund, Portfolio Update at 31 March 2018, https://www.futurefund.gov.au/investment/investment-performance/portfolio-updates.

CPP 基金的投资管理被多国视为全球最佳实践,并作为重要参考,其主要特征是高度独立的内部管理、全球卓越的投资团队和充分自主的主动投资。

1. 内部管理

CPP 基金由加拿大养老金计划投资理事会(Canada Pension Plan Investment Board,CPPIB)负责投资运营。CPPIB 是高度授权的管理机构,与政府保持高度独立性。这种高度独立的治理体系取得了卓越的绩效,被公认为是政府养老基金的全球最佳实践。

CPPIB 组建了高效的投资管理团队。这支团队在与 CPPIB 就投资目标、风险参数和规则限制等方面达成协议后,可以充分自由地进行风险配置和组合管理。相比而言,同属缴费型主权养老基金的,如丹麦的社会保障基金(Social Security Fund)、日本的政府养老投资基金(Government Pension Investment Fund)和美国的社会保障信托基金(Social Security Trust Fund),这些主权养老基金或由社保机构管理,或由政府部门管理,都缺乏像 CPPIB 那样的独立性。按照加拿大的法律授权,CPPIB 掌管的是社会保险结余基金,资金来自参保人的缴费,没有政府注资,有权不受政府干预,也无须向政府承诺收益。

这种高度独立的内部管理模式,使基金管理在实现规模经济和成本节约的同时,在全球投资时也免予受各国的政治因素影响,因此,投资管理团队能够完全专注于长期投资。

2. 主动投资

《加拿大养老金计划委员会法案》是 CPP 基金投资的基本法,要求"为了 CPP 的缴费者和受益者进行投资,旨在获得最大化报酬率,同时不出现过度风险损失"。实践中,加拿大政府不对 CPP 基金的投资进行战略指导,不对投资区域、投资过程和社会目标等提出具体要求,也没有收益预期目标,给 CPPIB 最大空间实施主动投资。

实际上,自 1999 年 3 月 CPPIB 获得第一笔 1210 万加元的 CPP 资金到 2006 年,CPPIB 一直以国内市场为主,实施被动投资策略。后经 2005 年取消投资组合中国外资产不超过 30% 和不得投资在上市政府债券以外其他固定收益证券的限制之后,CPPIB 从 2006 年开始实施主动管理,资产配置类型和投资区域迅速扩大。

实施主动管理后,CPP 基金的投资绩效十分明显:

2006 年 6 月基金资产首次超过 1000 亿加元,2014 年 2 月突破 2000 亿加元,2016 年 11 月超过 3000 亿加元。到 2018 年第一季度末,基金总资产达到 3561 亿加元。2007~2018 年财年,CPP 基金实现了 2145 亿加元的投资收益,扣除 98 亿加元的投资管理费用、27 亿加元的交易成本和 62 亿加元的运营费用,净收益达 1958 亿加元[1]。

二、主权养老基金的资产配置

(一)挪威政府养老基金

1. 投资战略

(1)基金配置战略。利用基金储备周期长、资金规模大和流动性要求低等优势,追求适度风险下的最大回报。使用出售同一币种股票、债券及其组合获取的资金投资不动产,以规避汇率波动的影响。

(2)投资选择战略。既考虑超额回报的需求,同时也作为重要股东参与持股公司的决策,行使所有者权益,尤其关注所投公司的发展潜力、发展环境和社会风险。

(3)资产管理战略。尽量减少和控制投资战略实施中的交易成本,避免机械地按照投资基准调整资产配置,将风险控制在地区、部门和发行人层面,并密切关注尾部风险。

在进行资产配置时,挪威银行按照财政部公布的投资战略基准指数确定投资范围和系统性风险敞口,并围绕该基准调整组合以实现再平衡。投资战略基准指数中没有不动产资产,但可以根据基准指数确定不动产的投资规模和出售同种货币股票和债券用以投资不动产的筹资规模。

2. 资产配置

截至 2017 年底,挪威政府养老基金持有全球 72 个国家 9146 个公司的股票,这些公司占全球上市公司总数的 1.4%。自投资运营以来,挪威政府养老基金的资产配置发生了很大变化。1998~2017 年,固定收益资产投资比例由 59.5% 降至 31.2%,股票投资比例由 40.5% 升至 66.2%,非上市不动产投资比例从无到有并升至 2.7%[2],2017 年挪威银行(Norges Bank)已决定未来将逐步提高至 7%[3]。图 5-1 为挪威政府养老基金历年资产总额和资产分布。

---

① http://www.cppib.com/en/who-we-are/our-history/.

② https://www.nbim.no/en/the-fund/market-value/.

③ https://www.nbim.no/en/investments/investment-strategy/.

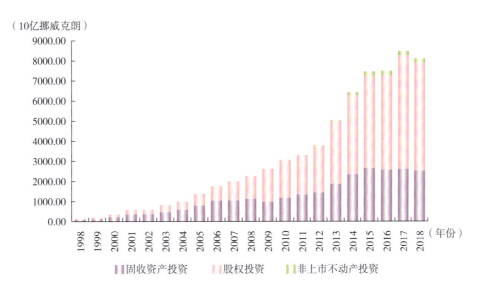

图 5-1　挪威政府养老基金历年资产总额和资产分布

资料来源：挪威银行投资管理委员会官网，https://www.nbim.no/en/the-fund/market-value/。

3. 投资绩效

自 1996 年 5 月挪威政府注入第一笔钱资金以来，GPFG 取得了不错的投资绩效。到 2018 年第一季度末，该基金总资产为 81240 亿挪威克朗，其中政府累计注入资金 33280 亿挪威克朗，挪威银行累计投资收益 39800 亿挪威克朗。1998 年 1 月 1 日至 2018 年第一季度末年平均投资收益率为 5.9%（见图 5-2），扣除管理费和通胀，年平均净收益率为 4.0%[①]。

被动管理帮助挪威政府养老基金控制了风险，但也未能获得长期的、显著高于基准的收益率。自 1998 年投资运营以来，GPFG 投资收益的标准差平均是 7.28%，与风险基准差距平均为 0.38 个百分点，基金的平均投资收益率是 5.95%，与收益基准的差距平均为 0.27 个百分点，追踪误差平均为 0.68 个百分点；从资产类别来看，股票的年平均收益率是 6.01%、标准差是 14.14%，固定收益资产

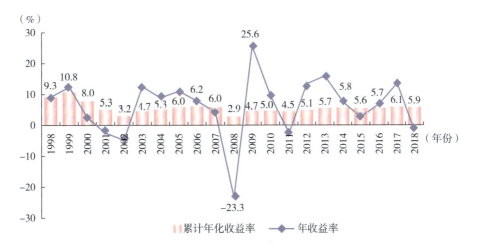

图 5-2　挪威政府养老基金的年平均收益率（1998~2018 年）

注：2018 年的收益率未经年化。

资料来源：挪威银行投资管理委员会官网，https://www.nbim.no/en/the-fund/return-on-the-fund/。

① https://www.nbim.no/en/the-fund/return-on-the-fund/.

的年平均收益率是 4.62%、标准差是 3.30%，追踪误差分别是 0.77 个和 1.02 个百分点。总体上看，自运营以来，挪威政府养老基金的夏普比率是 0.57%，其中股票和固定收益资产的夏普比率分别是 0.36% 和 0.82%[①]（见表 5-1）。

表 5-1 挪威政府养老基金的投资绩效（截至 2018 年 6 月 30 日） 单位：%

		1998 年 1 月 1 日以来	近 10 年	近 5 年	近 3 年	近 1 年
	收益率	5.95	7.00	8.16	6.26	7.04
	相对收益[(1)]	0.27	0.21	0.15	0.21	0.24
	物价上涨率	1.80	1.55	1.40	1.55	2.30
	管理成本	0.08	0.08	0.06	0.06	0.06
	净收益率	3.99	5.29	6.60	4.57	4.57
	标准差	7.28	8.76	5.83	6.14	4.38
	相对标准差[(2)]	0.38	0.55	0.08	0.06	-0.06
	夏普比率	0.57	0.79	1.32	0.92	1.29
	追踪误差	0.68	0.85	0.35	0.33	0.30
股票	收益率	6.01	7.63	11.07	8.08	9.93
	相对收益	0.48	0.18	0.23	0.24	0.08
	标准差	14.14	14.32	9.21	9.86	6.89
	相对标准差	0.33	0.37	0.16	0.14	-0.02
	夏普比率	0.36	0.57	1.15	0.78	1.23
	跟踪误差	0.77	0.66	0.44	0.41	0.34
固定收益资产	收益率	4.62	4.45	2.95	2.72	0.98
	相对收益	0.15	0.32	-0.14	0.01	-0.01
	标准差	3.30	3.52	2.53	2.53	1.98
	相对标准差	0.13	0.26	-0.18	-0.17	-0.04
	夏普比率	0.82	1.18	1.02	0.84	-0.14
	跟踪误差	1.02	1.38	0.42	0.36	0.20

注（1）（2）：相对收益和相对标准差是收益率和标准差分别于基准的差值。

资料来源：挪威银行投资管理委员会官网，https://www.nbim.no/en/the-fund/return-on-the-fund/。

（二）澳大利亚未来基金

1. 投资战略

（1）坚持长期投资。严格恪守未来基金的长期投资使命，在投资回报不具有吸引力时耐心等待，用长期投资平衡短期波动的损失，弥补流动性的机会成本，既不会用短期业绩作为长期投资的目标指标，也反对拿业绩不佳的同行进行比较。

（2）坚持"适度风险"。澳大利亚政府授权未来基金监护人理事会进行投资运营，但理事会无权干涉基本养老保险（澳大利亚超级年金）的隐性债务，对基本养老保险基金的收支也没有影响力，因此无法围绕超级年金的隐性负债制定资产配置战略。理事会将投资的收益基准设定为"CPI+4.5%~5.5%"，要求投资管理人将风险控制在可接受范围内，避免整体风险过高。

2. 资产配置

未来基金既没有固定的战略资产配置，也不设置参考

---

① 挪威银行投资管理委员会官网，https://www.nbim.no/en/the-fund/return-on-the-fund/。

投资组合，而是将基金实际投资组合的业绩与反映上市股票和现金平均风险水平的组合业绩进行比较。近年来，澳大利亚未来基金更加重视风险控制，要求将基金的投资风险控制在市场平均风险之下，同时提高投资组合的灵活性，注重对冲基金、私人股权、另类资产等的投资，一方面在另类投资领域寻找"贝塔"，另一方面在国内和新兴市场的股票投资上寻求"阿尔法"。

截至 2018 年第一季度末，发达国家股票投资占未来

基金总资产的 19.5%，新兴市场股票占 7.5%，澳大利亚国内股票占 6.3%，较 2008 财年的 13% 明显降低；现金比例变化不大，基本维持在 15%~20%，2018 年第一季度末为 14.8%；房地产和基础设施资产占比分别是 5.8% 和 7.8%；债券投资比例明显减少，由最高时期的 25% 降至 2018 财年的 10%；私募股权占总资产的 12.8%，另类资产投资比例为 15.5%，均较 2008 年的 1.8% 和不到 4% 有明显提高（见图 5-3）。

图 5-3　澳大利亚未来年金 2008~2017 年各年年末及 2018 年第一季度末的资产配置
资料来源：Quarterly Updates，https://www.futurefund.gov.au/investment/investment-performance/portfolio-updates.

3. 投资绩效

《2006 年养老基金法》（*Future Fund Act 2006*）规定，在 2020 年 7 月 1 日之前，只有积累额大于目标资产水平时，未来基金方可用于支取，而在此之后，无论基金积累是否大于目标资产水平都应开始支取。实际上，未来基金从设立并开始投资直至 2014 年，经历八年，累计投资收益才追上投资目标（见图 5-4）。

不过，通过全球资产配置，2006~2017 年，在本国

GDP 年平均增长 2.7%[1] 的情况下，未来基金实现 7.7% 的年均收益率。2007 年 7 月至 2017 年 6 月的 10 个财年中，未来基金的实际投资回报率平均为 5.6%，夏普比率是 0.6%[2]。2006 年至 2018 年第一季度末，澳大利亚政府共向未来基金拨入 605.4 亿澳元，经过全球投资，未来基金的 10 年投资回报率年均 8.5%，超过 6.7% 的基准目标（见表 5-2）[3]，累计投资收益达到 802.5 亿澳元[4]。未来基金

---

① 根据 OECD.Stat 数据，由笔者计算，https://stats.oecd.org/#。

② Future Fund Annual Report 2016-17, p.40.

③ Quarterly Updates for 2017/18, https://www.futurefund.gov.au/investment/investment-performance/portfolio-updates.

④ https://www.finance.gov.au/investment-funds/future-fund/investment-performance-and-financials/.

图 5-4　未来基金累计投资收益率与目标收益率

资料来源：未来基金官网，https://www.futurefund.gov.au/investment/investment-performance。

实行外部管理，管理费和交易成本明显高于内部管理的国家，例如，2015~2017 年的三个财年中，管理成本合计占总资产的比例分别是 0.334%、0.295% 和 0.301%[①]。

表 5-2　未来基金投资收益与目标收益
（截至 2018 年第一季度末）

单位：%

	投资收益率	目标收益率
2006 年 5 月至 2018 年 3 月	7.7	6.8
最近 10 年	8.5	6.7
最近 7 年	9.5	6.4
最近 5 年	10.6	6.3
最近 3 年	6.4	6.1
最近 1 年	8.6	5.8

资料来源：澳大利亚未来基金官网，https://www.futurefund.gov.au/investment/investment-performance/portfolio-updates。

（三）加拿大养老金计划基金

1. 投资理念

（1）控制风险。CPPIB 设定了一个"参考组合"（Reference Portfolio），组合中全球股票份额逐步由不到 60% 提高到超过 80%，从 2019 财年开始，按 85% 的全球上市股票和 15% 的加拿大政府债券构建参考组合。该组合的风险作为被动投资的风险基准，每三年审查一次。在参考组合的基础上再设置投资组合（Investment Portfolio），投资组合以参考组合的风险为基准，但并不按照参考组合的比例配置资产[②]。

（2）长期投资。投资策略不是追求年年击败市场，也不是要抓住某个异常年份获得超高回报，而是着眼于长期增值，获得稳定的、长期的绝对回报。利用基金规模大、投资水平高、管理独立性强等优势，通过对全球市场的分析和积极投资获得"阿尔法"。

① Future Fund Annual Report 2016-17, p.57.

② 参考组合（Reference Portfolio）与投资组合（Investment Portfolio）的区别：前者是被动投资，是风险基准，由全球股票和加拿大政府债券按照 85∶15 进行资产配置，且全部是公共市场证券；后者要求资产配置更加宽泛，且主动投资，其中有 50% 是私人市场资产。截至 2018 年一季度末，参考组合的股票（以"标准普尔全球大中小企业指数"为基准）收益率为 11.6%，加拿大政府债券（以"FTSE TMX 加拿大政府名义债券指数"为基准）收益率为 1.2%，平均为 9.8%。

2. 资产配置

在高度放权和高度独立的治理环境下，CPPIB 有很大空间自主决策权，也给内部管理团队很高的自主权。截至 2018 年第一季度末，CPPIB 管理的 CPP 资产总计 3561 亿加元，其中信用投资占 6.3%，基础设施占 8.0%，政府债券、现金和绝对收益资产占 11.1%，不动产占 12.9%，其他实物资产占 2.6%，公开上市股票占 38.8%，私募股权占 20.3%。CPP 基金的投资分布在全球 53 个国家，其中英国占 5.6%，欧洲（不含英国）占 13.2%，加拿大占 15.1%，拉丁美洲占 3.5%，澳大利亚占 3.1%，美国占 37.9%，亚洲占 20.4%，其他地区占 1.2%。[①]公开市场交易的股票是

CPPIB 持有的最重要资产，发达经济体是 CPPIB 最主要的投资区域。

2006 年刚刚启动大规模主动投资以来，CPP 基金的资产构成发生了很大变化：2006 年，980 亿加元的 CPP 基金中不动产占 4.7%、固定收益资产占 32.3%，股权资产占 63%，其中国内资产占 64%，国外资产占 36%。之后不断扩大不动产投资和全球投资，到 2018 年第一季度末，CPP 基金总资产已经超过 3560 亿加元，其中不动产占 23.5%、固定收益资产占 17.4%、股权资产占 59.1%，国内资产占比已经降至 15.1%，而国外资产则大幅度上升至 84.9%。[②]

图 5-5　加拿大养老金计划基金资产分布（截至 2018 年第一季度末）

资料来源：笔者根据 CPPIB 2018 Annual Report 绘制。

3. 投资绩效

截至 2018 年第一季度末，CPP 基金净资产达到 3561 亿加元，10 年间年均投资回报率为 8.0%、10 年累计净收益 1833 亿加元[③]（见表 5-3）。自 2007 年实施主动投资到 2018 年第一季度末，CPP 基金实现投资收益 2145 亿加元，扣除 98 亿加元管理费、27 亿加元交易成本和 62 亿加元运营费用之后，基金净收益 1958 亿加元。

长期以来，CPP 基金的投资组合收益率始终高于参考组合，显示出主动管理在控制风险和取得较高回报方面的优势，增强了基金的财务能力。在 2009 年首席精算师

报告中，预计 CPP 的缴费收入在 2021 年之前可以保持高于待遇支出，到 2013 年，首席精算师报告中将这个时间节点向后延迟 1 年至 2022 年。根据 2015 年底公布的最新一期精算报告，预计到 2025 年 CPP 总资产将达到 4760 亿加元，基金备付比率（基金资产／下一年基金支出）在 2016~2030 年长达 15 年时间里保持 6.5，此后还将不断升高，到 2090 年有望达到 7.4[④]。这说明，CPP 基金的投资收益将在长期"跑赢"人口老龄化对基金增支的影响，基本养老保险制度的财务更加可持续。

---

① CPPIB 2018 Annual Report, p. 45.

②③ CPPIB 2018 Annual Report.

④ CPPIB, Actuarial Report 27th, p. 22.

表 5-3 CPP 基金的组合净收益率

	参考组合	投资组合			
	2018 财年	2018 财年		2017 财年	
	收益率（%）	收益率（%）	收益（亿加元）	收益率（%）	收益（亿加元）
1 年期	9.8	11.6	367	11.8	334
5 年期	11.2	12.1	1500	11.8	1295
10 年期	7.7	8.0	1832	6.7	1460

资料来源：CPPIB 2018 Annual Report, pp46-48。

三、对主权养老基金投资管理的思考

（一）投资理念直接影响资产配置

投资理念的内容很宽泛，尽管如此，仍须精细且清晰。首先要明确应当遵循怎样的信念，包括在金融市场上，应当多大程度分散风险、获得多高风险溢价、投资周期（尤其是绩效评价周期）应该有多长；在投资过程中，政府应当多大程度介入基金投资管理、如何管理风险和控制成本、应当采取主动投资还是被动投资；在投资管理机构上，应当多大程度建立内部管理团队抑或多大程度依赖外部管理；在全球治理环境中，如何确定企业责任、是否以及多大程度参与投资项目的长期管理；等等。这些问题的精准回答就是主权养老基金管理的基本理念，是投资方法运用和投资策略实施的基本前提。

挪威政府养老基金采取"内部管理＋被动投资"、澳大利亚未来基金采取"外部管理＋主动投资"以及加拿大养老金计划基金采取"内部管理＋主动投资"，这些模式的不同恰恰反映了各个主权国养老基金投资理念的差异，不同理念下的投资管理也交出了不同的答卷。例如，挪威政府要求 GPFG 几乎全部投资于国外公开交易的流动性资产，对不动产的投资很少，而澳大利亚未来基金一半的资产来自私人市场，私募股权和另类资产已经接近总资产的 30%。这两类主权养老基金均是由政府注资，但挪威政府认为资本市场是有效的，基金只能跟从市场价值，应当实施被动管理，而澳大利亚政府则认为资本市场是无效的，可以通过优秀的外部管理和主动投资，鼓励在私人市场、新兴经济体以及不动产上获得超额收益（见表 5-4）。

表 5-4 主权养老基金的三种投资模式

挪威政府养老基金	澳大利亚未来基金	加拿大养老金计划基金
基金管理是政府治理的内容，没有独立的投资管理委员会	基金管理独立于政府治理，设有独立且专业的投资委员会	基金管理独立于政府治理，设有独立且专业的投资委员会
主要投资在公开市场和流动性资产	主要投资在私人市场和非流动性资产	较高比例投资私人市场和非流动性资产
认为资本市场有效	认为资本市场无效	认为资本市场无效
长期中只能获得"贝塔"，极少量的投资在公开市场和流动性资产以获得"阿尔法"	长期收益与市场价值关系不大，收益来源既有"贝塔"更主要是"阿尔法"	长期收益与市场价值关系不大，收益来源既有"贝塔"更主要是"阿尔法"
主要依靠内部管理，外部管理的规模非常小	内部管理团队很小，主要依靠外部管理	很强的内部管理，极少数委托外部管理

资料来源：Andrew Rozanov, "Public Pension Fund Management: Best Practice and International Experience", Asian Economic Policy Review, 2015(10): 285.

（二）组织的高度独立助成强大的内部管理和高效的主动投资

加拿大养老金计划基金与挪威政府养老基金同属于内部管理模式，但在投资风格上截然不同。首先，挪威 GPFG 的非独立性注定其高度依赖被动投资，而加拿大 CPP 基金则因其高度独立性可以在较大空间实施主动投资。不仅如此，高度独立性还有助于在内部形成高度专业化的投资团队，可以在尽可能长的时期内管理基金，使投资战略的长期性、一致性和连续性不会受短期绩效评估的牵制，这对于管理像主权养老基金这样的巨额资产来说至关重要。加拿大 CPPIB 的投资团队在全球布局，利用娴熟技术调整资产配置，近年来不断加大新兴市场和不动产的投资力度，并不断提高国外市场的资产配置比例，从中获得不菲的回报。截至 2018 年第一季度末，CPP 基金持有发达国家股票的比例超过 46%，新兴市场股票也超过 10%，而加拿大本国股票的投资则不到总资产的 3%[①]。

加拿大 CPP 基金管理的高度独立性，使其内部管理模式也有了外部管理的效率。在明确风险参数和约束条件后，管理层赋予投资团队很大的选择自由度，而这一点在挪威是见不到的，因为挪威银行在管理 GPFG 时要严格遵守财政部制定的投资规则手册。与澳大利亚未来基金相似的是，CPPIB 的投资管理团队同样以较高比例持有私人市场非流动性资产，但二者的不同在于，澳大利亚未来基金委托外部投资并设有绝对收益基准（CPI+4.5%~5.5%），而加拿大 CPP 由内部管理，只设有参考组合作为风险基准，只要整体组合的风险满足该基准，投资管理团队就有相当大自由、在相当长时期内选择增长潜力大的资产，例如，对私人市场交易的流动性较低的另类资产（如房地产、风险投资、杠杆收购、对冲基金、基础设施、石油和天然气、林地等）进行大量投资，从而追求更高的超额风险收益。

独立自主也使投资管理团队有更大空间实施主动投资战略。自 2006 年由被动投资转为主动投资以来，加拿大 CPP 资产加速扩大，2006 年超过 1000 亿加元，在 2013 年和 2016 年分别超过 2000 亿加元和 3000 亿加元。联邦政府作为委托人，不对基金的风险和收益目标提出具体要求，投资管理团队自由选择、自主投资、主动管理，取得很好的绩效。截至 2018 年第一季度末，挪威的 GPFG 和加拿大的 CPP 在最近 1 年、5 年和 10 年的投资收益率分别是 7.04% 和 11.60%、8.16% 和 12.10%、7.00% 和 8.00%，加拿大 CPP 基金的投资绩效均超过挪威 GPFG。

（三）对中国主权养老金投资的借鉴与思考

中国主权养老基金包括基本养老保险基金和全国社会保障基金，前者资金来源于养老保险缴费扣除支出后的部分结余，按照市场协议委托投资，后者主要来自政府注资，由独立的公共部门负责运营，既有内部管理也有外部管理。

在组织结构上，尽管两类资金来源不同，但投资运营的主体是一致的——均由全国社会保障基金理事会管理，投资采取严格监管模式，分别由国务院发布的《基本养老保险基金投资管理办法》和《全国社会保障基金投资管理暂行办法》加以规范。从投资管理模式上，既有挪威政府养老基金内部管理特征，也有加拿大养老金计划基金的主动投资特征，还有澳大利亚未来基金绝对收益的任务特征，但投资管理活动仍或多或少地存在以下问题：

（1）无法回避政治干预。缴费型主权养老基金由社会保险经办机构管理并委托投资运营，储备型主权养老基金由中央政府指定机构管理并运营，在我国，这二者的运营主体（受托人）均是全国社会保障基金理事会。从属性上看，前者是社会性基金，来源是企业和个人缴费；后者是政府性基金，来源是国有资本划转和中央财政注资，虽然属性不同，但均是为了应对老龄化对养老保障制度正常运行的威胁，规避的是老龄化带来的国家风险。从这一点上，上述两类养老储备基金的所有权和受益权均归国家（全民所有），"代理人"是中央政府（或其委托的中央级机构）。因此，与市场机构管理的私人养老基金不同，主权养老基金必定受到较多的政治干预[②]。

（2）难以摆脱舆论影响。缴费型主权养老基金是企业和个人缴费的结余积累，储备型主权养老基金是国家财富和财政收入的划拨积累，在我国，这二者的资金来源具有民众性、资金用途应有普惠性。从舆论环境来看，互联网及其衍生的各类自媒体使社会参与政策的广度、深度和影响度达到前所未有的程度，政策决策主体已由单一的精英群体转为精英群体与民众群体的混合。对于关乎"养命钱"的养老基金投资运营，民众的关注度和参与度比其他公共政策更高，主权养老基金的"一举一动"越来越受到民众关注，社会舆论对其投资运营的影响也就越来越大。

（3）部分受到地方政府掣肘。这里主要是缴费型主权养老基金。在全国统收统支之前，基本养老保险基金仍由地方政府掌控，地方政府既是基本养老保障基金投资的"代理人"，也是缴费型主权养老基金投资运营的"委托人"，自身"夹层于"老百姓对养命钱投资收益的超额回报要求和全国社保基金理事会（缴费型主权养老基金投资运营的受托人）的长期投资诉求之间，且更倾向于前者。因此，地方政府在委托投资运营时往往要求受托人提供绝对收益和短期高回报，使受托人的长期资产配置受到影响。

---

① 资料来源：CPPIB 2018 Annual Report, p.137.

② Yermo J. "Governance and Investment of Public Pension Reserve Funds in Selected OECD Countries", OECD Working Papers on Insurance and Private Pensions, 2008，No. 15, OECD Publishing. doi:10.1787/244270553278.

（4）"成本节约"干扰了投资策略。根据杰姆基准公司（CEM Benchmarking）对 2016 年全球养老基金运营情况的调查，绝大多数私人养老基金采取外部管理的方式，全球、美国、加拿大养老基金的外部管理占基金资产的 80%，欧洲和亚洲的这一比例约在 70%，而国际社会保障协会（ISSA）会员（国家或地区）的储备型养老基金恰恰相反，约 80% 的资产由内部管理①。在投资策略上，ISSA 成员的养老基金采取主动和被动投资策略的比重相当，各占一半，而其他养老基金则是更倾向于主动投资策略，尤其是美国和加拿大的养老基金，采取主动投资策略的资产均在基金总资产的 85% 以上②。这种资产配置方案很大程度受成本制约，因为外部管理的成本费用远高于内部管理。CEM 调查显示，参与调查的国际社会保障协会会员储备基金的总投资成本中值为 21.6 个基点（Bps），而全球调查的中值为 49.1 个基点③，这是因为全球养老基金的主动投资和境外投资比重高，相比 ISSA 会员机构更倾向于被动投资和境内投资。主权养老基金的"成本节约"限制了向国外资本市场和创新投资工具的延展，也不利于在全球寻找更多、更好的投资机会。

综上所述，主权养老基金投资运营的独立性至关重要。主权养老基金通过预筹资金和基金运营积累财富，为的是在人口老龄化高峰到来时不给后代造成不公平的赡养负担。由于后代无法对当前的政策决策做出表决，因此主权养老基金的建立与运营实质是当前一代向后代做出的社会契约承诺。从这一点上讲，主权养老基金不应受到当前政府的政治干预。试想，如果当前经济社会发展出现问题，在政治干预下，这种社会契约必定会被重写，积累的基金不能公平地留给后代，他们的权益将会受到"侵蚀"。

客观地讲，主权养老基金的资金来源于政府，注定不能脱离政治干预。这些干预可能包括：一是要求主权养老基金持有较高比例的政府债券和国有上市公司的股票，也就制约了主权养老基金对实业资产或私人股票的投资；二是要求主权养老基金持有较高比例的国内资本市场工具，限制在国外市场上配置资产；三是将政府意志通过向理事会委任官员的途径加以渗透。与西方国家党派政治干预不同，我国主权养老基金的"政治干预"更间接，采取"严格限制"的监管原则干预管理机构的资产配置，将政府对养老基金安全性的担忧和对短期回报的期盼渗透在监管规制中，限制了投资管理团队对风险资产和新兴市场的配资；主动管理不充分，治理机构不独立、薪资报酬缺乏市场化，也很难吸引到全球优秀的专业人才加入投资管理团队。

但是，主权养老基金要通过市场运行以获得最大报酬，又必须脱离政治干预。这就需要政府授权并尊重主权养老基金管理者的专业性，并依据其专业性支付同类职业的市场价格，以吸引足够的高水平专业人员参与基金的主动投资。保持主权养老基金管理机构的独立性：一是政府作为出资人，将主权养老基金的功能定位与目标纳入管理任务中，明确对绩效的长期（甚至跨越执政周期）考核机制，而不是直接指导或限制其运营，或者用短期绩效考核"捆住"专业投资团队的手脚；二是坚持董事会成员由专家组成，在专业人士而非政府官员领导下对基金管理绩效实行问责制；三是主权养老基金管理者应及时、有效地应对社会成员对因投资收益低或负收益的质疑，管理好这个风险对基金独立性至关重要。

主权养老基金的设立原则和目标应由"用于人口老龄化高峰时期的养老保险等社会保障支出的补充、调剂"改为"确保人口老龄化进程中未来一代都能得到充足的社会保障"，前者体现的基金职责仅限于补缺口，而后者则体现代际公平，意义更重大。这种理念的转变，将使主权养老基金的功能定位更加清晰，投资运营的使命感更强，投资周期和绩效考核周期更长，这些都将有助于改善主权养老基金的资产配置和长期投资绩效。

---

① 2016 年全国社保基金直接投资资产 9393.56 亿元，占社保基金资产总额的 45.99%，委托投资资产 11029.72 亿元，占社保基金资产总额的 54.01%，外部管理比例高于 ISSA 会员平均水平。

②③ Social Security Reserve Fund Monitor 2016，International Social Security Association, Geneva, 2018.

第三部分
国内实践篇

分报告六
全国社会保障基金发展的问题与展望

为了应对人口老龄化高峰期养老保险基金的支出需求，在养老保险缴费体系之外，提前建立养老保险储备基金成为许多国家的政策选择，如爱尔兰国家养老储备基金、挪威政府全球养老基金、法国退休储备基金、新西兰超级年金基金等，都是属于此种类型。2000 年 8 月，中国建立了全国社会保障基金，主要用于弥补今后人口老龄化高峰时期的社会保障需要。从建立初至今，尽管全国社会保障基金规模稳步增长、投资收益水平逐步提高、管理体制和治理结构不断完善，但也还存在规模较低、投资限定过严、资金来源缺乏稳定性等问题，而且未来发展方向也不尽明确。上述问题的解决对于全国社会保障基金的进一步发展具有重要的作用和意义。

一、全国社会保障基金发展概况与存在的问题

全国社会保障基金由全国社会保障基金理事会受托管理，主要资金来源渠道为国有股减持划入资金及股权资产、中央财政拨入资金、经国务院批准以其他方式筹集的资金及其投资收益。财政性净拨入和投资收益是目前全国社会保障基金资产规模增长的两个主要资金来源。建立至今，

全国社会保障基金规模稳步增长，资本总额从初期 200 亿元增加至 2016 年底 20423.28 亿元。目前全国社保基金投资运营的主要法规依据是财政部与劳动和社会保障部颁布的《全国社会保障基金投资管理暂行办法》。按照该暂行办法的要求，全国社会保障基金采取由社保基金会直接运作与社保基金会委托投资管理人运作相结合的投资模式。理事会直接运作的社保基金的投资范围限于银行存款和一级市场国债，其他投资需委托社保基金投资管理人管理和运作并委托社保基金托管人托管。截至 2014 年末，全国社保基金直接投资资产 7718.2 亿元，占 50.26%；委托投资资产 7638.27 亿元，占 49.74%[①]。全国社会保障基金收益率总体呈现上升水平；2001~2009 年全国社会保障基金年均投资收益率 8.36%，有力地促进了全国社会保障基金的规模增长。但是，全国社会保障基金发展也存在一些问题，主要体现在以下几个方面：

（一）全国社会保障基金规模较低

尽管全国社会保障基金的规模自建立以来不断增长，但与未来人口老龄化等原因造成的养老金缺口规模相比较，目前基金规模尚不能完全满足弥补未来养老金缺口的历史任务。

---

① 《2008 年全国社会保障基金年度报告》，全国社会保障基金理事会网站，http://www.ssf.gov.cn/tzsj/200905/t20090507_2248.html。

表 6-1　国外养老储备基金规模与全国社会保障基金规模比较

	爱尔兰国家 养老储备基金	新西兰超级年金基金	挪威政府全球养老基金	法国退休 储备基金	全国社会保障基金
成立时间	2000 年	2001 年	1990 年	2001 年	2000 年
总规模	2004 年，101 亿欧元	2006 年， 670 亿美元	2003 年， 1100 亿美元	2003 年， 165.4 亿欧元；	2016 年， 16042.58 亿元人民币 （权益规模）
人均规模	2528 欧元	16241 美元	24096 美元	273 欧元	1160.22 元人民币

资料来源：国外养老储备基金数据根据"项怀诚：《养老储备基金管理》，中国财政经济出版社 2005 年版"中相关数据整理；各年人均规模根据 OECD 网站中相应年份人口数据近似计算。

目前全国社会保障基金人均水平只有大约 1160 元人民币，明显低于国际同类基金的人均水平（见表 6-1）。由于我国人口总数较多、人口老龄化程度不断加深，并且由于养老保险制度转轨等原因，未来养老金支付需求将大幅度上升，造成养老保险资金较大的支付压力，因此要求全国社会保障基金必须要达到相当规模之后才可能完成保障养老保险制度持续健康运行。目前全国社会保障基金的规模不足，在中国养老保险支付高峰期到来之前全力壮大基金规模将是全国社会保障基金发展的最核心问题。

（二）全国社会保障基金目标规模不明确、资金来源缺乏稳定性

全国社会保障基金尚未有明确的基金目标规模，不利于全国社会保障基金功能的有效发挥。其他国家养老储备基金一般具有目标规模，如爱尔兰国家养老储备基金确定目标规模为养老金支付高峰期的 1/3，新西兰超级年金基金目标规模确定为 2030 年 1000 亿美元，法国退休储备基金目标规模确定为 2020 年之前达到 1 万亿法郎。缺乏明确的规模目标，使全国社会保障基金的各项资金来源不稳定。目前全国社会保障基金除了投资收益之外，主要依靠财政拨付（包括国有股减持和划转）实现基金的规模增长。而财政拨付目前没有建立定期规划，从各年数据来看，2001~2014 年财政净拨入规模变动较大，最低仅为 49.1 亿元，最高达到 825.9 亿元，而财政净拨付中主要项目——国有资产充实全国社会保障基金的规模也同样具有不确定性。尽管 2009 年 6 月《境内证券市场转持部分国有股充实全国社会保障基金实施办法》的实施在一定程度上增加了国有股充实全国社会保障基金的力度，但划转的规模实际上要取决于国有企业 IPO 的规模，如果 IPO 规模过小或步伐过慢而不能满足全国社会保障基金的资金需要，那

么划转方式依然不能完全解决全国社会保障的规模增长要求。

（三）全国社会保障基金尚未确定封闭期和支付期规划

封闭期和支付期可以在确定基金目标规模的基础上设定。封闭期是指不得用于任何支付的时期，以保证在预定时间内使基金达到目标规模；支付期是指基金功能实现的时期，即在基金达到预期规模之后，按规划逐期弥补养老金缺口。明确封闭期和支付期以及相应的基金积累和支出规划，是保障基金规模合理增长、促进执行基金长期投资理念和功能有效发挥的重要手段，很多国家的养老储备基金都有封闭期或支付期的规定。例如，爱尔兰国家养老储备基金的封闭期为 2025 年之前，支付期为 2025~2055 年，并确定封闭期期间每年 GDP1% 充实基金、支付期期间结合 65 岁以上人口预计增长提取资金的规划；新西兰超级年金基金的封闭期为 2020 年 7 月 1 日之前，并确定每年划入资金规模计算方式为某年之后 40 年每年划入相同比例 GDP 刚好确保基金支出要求；荷兰养老储备基金的封闭期为 2020 年之前，并且每年拨入资金不少于 113445054 欧元。目前全国社会保障基金尚没有这方面的规定，使基金发展缺乏规划，基金规模增长得不到制度保障，资产流动性与支付需求之间可能不相协调。

（四）对全国社会保障基金的投资限定过严

根据《全国社会保障基金投资管理暂行办法》，全国社会保障基金目前资产组合中银行存款和国债的比例不能低于 50%，而证券投资基金和股票的比例不能超过 50%，投资产业基金和市场化股权投资基金不能超过 10%。这种严格的规定尽管可以使全国社会保障基金规避风险，但不利于全国社会保障基金投资收益率的提高。从其他国家的

养老储备基金投资监管来看，审慎监管模式是大多数国家采取的模式，以使基金能够根据实际条件的变化适时调整投资策略和资产组合，最大化规避风险和提高收益。例如，爱尔兰、新西兰、法国、挪威等国基于长期投资理念，均对养老储备基金投资运营采取审慎监管模式，没有对资产比例做严格限制，并取得了良好的效果。爱尔兰国家养老储备基金资产组合中股票接近80%；新西兰超级年金基金80%资产配置于股票和实业投资，无风险资产仅占20%；法国退休储备基金除对投资区域和单一发行人的金融工具比例有规定之外，其他投资限制较少。随着投资渠道的逐步拓宽，全国社会保障基金投资收益率总体提高也证明了灵活的投资策略有利于全国社会保障基金的保值增值。因此，在风险控制的基础上逐步放宽全国社会保障基金的种种投资限制，投资监管向审慎模式转变，增强全国社会保障基金理事会的投资管理自主权和投资地域、产品、业务等选择空间，将有利于全国社会保障基金提高投资收益率以保证基金的保值增值。

二、全国社会保障基金未来发展思路

（一）完善全国社会保障基金发展的法规环境

关于全国社会保障基金发展的统一法规文件尚未出台。目前主要相关规定有关于投资运营的《全国社会保障基金投资管理暂行办法》和《全国社会保障基金境外投资管理暂行规定》，以及关于全国社会保障基金来源的《国务院关于印发减持国有股筹集社会保障资金管理暂行办法的通知》《国务院关于进一步规范彩票管理的通知》和《境内证券市场转持部分国有股充实全国社会保障基金实施办法》。这些规定由于立法层次较低、内容不尽完善等原因，已不能完全适应全国社会保障基金的发展需求。目前，除《国务院关于印发减持国有股筹集社会保障资金管理暂行办法的通知》之外，其他规定均由相关部门制定实施，而关于投资运营的两个规定均是以暂行办法的形式推行，随着时间的推移，原规定中对于投资渠道和投资比例的限制等内容已不能够完全适应发展环境的变化，全国社会保障基金发展法规环境亟待完善。

为了确保全国社会保障基金的健康持续发展，应该尽快以国务院立法形式出台一部统一的《全国社会保障基金条例》，以整合完善目前各个单独的相关规定，同时明确全国社会保障的基金形式、目标规模、资金来源、支付方式等基础性问题，为全国社会保障基金建立构建坚实的法制保障。

（二）合理确定并确保实现全国社会保障基金目标规模

全国社会保障基金目标规模的确定应该以未来养老金缺口的发生时间和规模为基础。目前对养老金缺口的测算研究较多，不同研究机构的测算结果基本在3万亿~9万亿元，这可以作为全国社会保障基金目标规模的参考。2008年末，全国社会保障基金资产规模为5623亿元，即使将目前政策确定的划转国有股市值包括进来，也只有6000多亿元，远远低于养老金缺口的测算规模。2004年，全国社会保障基金理事会表示在2010年左右实现基金规模达到一万亿人民币，2008年这个目标规模又被提及，综合考虑全国社会保障基金的现期规模和增值能力，可以将一万亿元作为短期目标规模，将2020年基金规模再翻一番达到两万亿元作为中远期目标，并将目标规模以法规形式确定，在此基础之上制订充实全国社会保障基金计划，以保障基金规模能够具备相应的弥补养老金缺口的能力。

目前全国社会保障基金的实际规模距离目标规模尚有一定差距，为了保证全国社会保障基金目标规模的实现，需要在充分利用现有各个资金来源渠道的基础上，开辟新的资金来源渠道。在现有资金来源渠道中，中央财政资金补助、国有资产以及投资收益具有较大潜力。同时，开辟其他资金来源渠道是确保全国社会保障基金规模合意增长的重要保证。从其他国家养老储备基金的发展来看，许多国家都设定了较多并且相对稳定的资金来源渠道，例如，爱尔兰国家养老储备基金年度划入规模与GDP挂钩，挪威政府全球养老基金的来源除预算拨付之外还包括石油业务税收收入和二氧化碳排放税收收入等，法国国家养老储备基金来源包括不动产和投资收益的资本利得税的2%、储蓄银行和存款保险金的缴费和移动电话牌照拍卖收入等。结合中国的现实国情和国际经验，资源税、矿山开采金、土地出让金等资源性国有资产收入的一定比例，以及利息税等部分税种的一定比例收入，可以考虑作为充实全国社会保障基金的新的资金渠道。

（三）科学设定基金封闭期和支付期以及资金划入与支付规划

中国人口老龄化高峰期目前尚未到来，短期内对全国社会保障基金并没有支付要求。为了确保全国社会保障基金规模的稳定增长以及弥补养老金缺口预期目标的实现，应该根据人口结构变化及养老金实际缺口确定全国社会保障基金的封闭期和支付期，以提高基金运营管理的科学性。关于中国养老金未来资金供求的研究较多，尽管各个研究对基金缺口的测算结果存在差异，但是对中国养老金缺口出现的时间估计基本集中在 2020 年左右。结合中国养老基金收支缺口的测算结果，可以将全国社会保障基金封闭期设定在 2020 年之前，并确定在此阶段每年拨入全国社会保障基金的最低资金规模，以全力保证基金规模的增长。如果 2010 年全国社会保障基金规模能够达到 1 万亿元的短期目标规模，在 5% 的投资收益率假设条件下，在 2020 年达到两万亿元每年大约只需要拨入资金 200 多亿元，这需要利用法规形式加以明确。2021 年开始，可以根据实际需求逐步利用全国社会保障基金弥补养老金缺口。从投资策略来看，封闭期初始阶段坚持长期投资理念，资产组合可以涉及基础设施等长期资产，但随着支付期的临近，要不断提高资产的流动性，以保证基金充足的支付能力。

（四）拓展投资渠道提高基金收益水平

建立至今，全国社会保障基金的投资渠道不断拓宽。2003 年，全国社会保障基金开展了债券回购业务，并以战略投资者身份申购新股；2004 年，经国务院批准，全国社会保障基金开始了股权投资；2005 年，全国社会保障基金开展了上证 50ETF 直接投资渠道；2006 年，全国社会保障基金开展了境外投资业务。目前，实业投资和信托投资业务也已开始。从实际效果来看，投资渠道的拓展和投资方式的创新，使全国社会保障基金投资收益显著增加，为全国社会保障基金的保值增值发挥了积极作用。从目前的情况来看，由于资产比例限制规定等原因，全国社会保障基金配置在境内传统投资工具上的资产比重较高，而境外投资以及风险相对较低、投资收益率稳定的实业投资、信托投资和产业基金等比例较小，这在一定程度上限制了全国社会保障基金投资收益的提高。随着全国社会保障基金的进一步发展，投资渠道的拓宽、投资比例的调整将是提高基金收益率、确保基金规模增长的必要手段。结合目前全国社会保障基金的资产配置情况，提高境外投资比重，加大参入实业投资、基础设施建设以及国有企业股份制改革的力度，有利于全国社会保障基金进一步分散风险、提高收益水平。

三、全国社会保障基金发展未来展望

（一）利用国有资产进一步壮大全国社会保障基金

从全国社会保障基金建立之初，国有股减持收入就被确定为全国社会保障基金的资金来源之一。但是，目前国有资产充实全国社会保障基金的规模依然较低，范围也较为狭窄。如果能将划转至全国社会保障基金的国有股范围

从目前"股权分置改革之后首次上市发行公司"扩大至"全部含有国有股的上市公司"，再进一步扩大至含有国有股份的全部国有企业，全国社会保障基金规模将会得到大幅增长。

但是，由于扩大划转国有股的范围存在一定的困难，同时全国社会保障基金理事会管理大规模国有资产的能力也不确定，因此，除了目前的划转方式即利用国有资产存量之外，可以考虑逐步利用目前不适于划转股份的国有企业的国有股红利充实全国社会保障基金，《关于试行国有资本经营预算的意见》《中央企业国有资本收益收取管理暂行办法》等政策的颁布也使该种方式的现实可操作性提高。利用国有资产增量充实全国社会保障基金需要各级财政部门和国有资产监督管理部门的共同参与，通过国有资本经营预算以及国有企业国有资本经营收益收取管理制度集中部分国有资本收益，并将其中一定比例划拨至全国社会保障基金。这要求推进国有资本经营预算制度和国有企业收益收取制度尽快在全国范围内统一实行，同时进一步提升国有企业经营管理水平，促进国有资产保值增值能力提高，以有效发挥国有资产收益对全国社会保障基金的补充作用。

（二）利用外汇储备建立外汇型养老储备基金

由于长期坚持出口导向战略和国际产业转移等原因，中国国际收支账户中经常项目与资本金融项目的双顺差格局持续扩大。一国的外汇储备规模具有适度标准，贾玉杰、韩丽辉（2009）研究表明，中国适度外汇规模约为 3543.35 亿元，而中国外汇储备规模远远大于适度规模。中国较大规模的外汇储备以及相应的国际投资行为，特别是中投公司逐步扩大的国际投资规模，引发了西方国家的关注，甚至出现了"中国威胁论"的观点。在这种背景之下，如果能够利用部分外汇储备充实养老保险基金，进而建立独立的主权型外汇养老基金，在国际资本市场上进行投资运营，既可以实现对外汇储备的二次分流、提高外汇储备的投资效率，又可以防止国际上"中国威胁论"的论调，还可以同时提高养老保险制度的支付能力。

但是，利用外汇储备充实养老保险基金也面临着一些问题。一是在目前的结售汇制度下，外汇储备的增加意味着已经发行了相应数额的基础货币，因此外汇储备在国内已经不再具有购买力；二是《全国社会保障基金境外投资管理暂行规定》规定，全国社保基金投资境外的资金按成本计算比例不得超过总资产的 20%，如果利用外汇储备充实全国社会保障基金，势必要超过这个比例限制；三是由

于外汇储备是基础货币的发行渠道之一，因此不能直接利用外汇储备充实养老保险基金，如果利用外汇储备建立外汇型养老基金，也需要确定相应的购汇程序。

与俄罗斯政府可以直接从石油、天然气出口收入中直接获得美元税收不同，由于中国的外汇储备绝大部分来自于贸易顺差和外商投资，政府直接获得的外汇收入较少，因此，为实现利用外汇储备建立主权型养老保险基金的目标，需要在确定外汇储备适度规模以及完善现有法律法规、会计制度等基础之上，以发行特种国债等方式筹集资金或者直接利用全国社会保障基金用于购汇，以建立起主权型外汇养老基金用于在国际资本市场上的投资运营。

（三）投资区域由境内向海外转变

全国社会保障基金主要由财政拨付形成，从国际惯例上讲，如果社保基金的资金来源主要是财政拨款或其他收益，而不是来自社保缴费，即与缴纳保险费的未来受益人没有任何内在联系的话，那么这种专门用于投资收益目的的社保基金就应该离开本国的资本市场到海外市场进行投资。这主要是为了避免给国内市场制度带来负面冲击的影响，避免"与民争利"和陷入市场监管者与投资者之间利益冲突时的尴尬与矛盾，避免对上市公司的正常经营产生政治干预。例如，爱尔兰国家养老储备基金投资战略是完全面向国际资本市场的，挪威政府全球养老基金几乎全部用于投资国际资本市场。2006年，全国社会保障基金开始了境外投资业务，但投资比例较低，这既不符合国际养老金投资的基本规律，也不利于全国社会保障基金提高收益率水平。将全国社会保障基金投资重点向境外转移，是全国社会保障基金顺应国际趋势的发展方向。

从法律体系来看，目前实行的《全国社会保障基金境外投资管理暂行规定》已不能够完善适应全国社保基金海外投资的需求，因此，加快暂行办法的修订工作，对社保基金海外投资的范围、品种、比例及投资风险控制进行制度层面的建设，对全国社会保障基金海外投资未来的发展具有基础性作用。从投资规模来看，全国社会保障基金海外投资应该循序渐进，具体可以分为三个阶段：第一阶段为目前利用国有股海外减持划入资金进行委托投资阶段，此阶段全国社会保障投资区域依然以境内为主；第二阶段为逐步利用全国社会保障基金购汇阶段，此阶段全国社会保障基金投资区域向海外逐步扩展；第三阶段为利用外汇储备充实养老基金阶段，在此阶段全国社会保障基金投资区域以海外投资为主。从投资方式来看，全国社会保障基金海外投资可以结合海外投资规模的逐步提高，采取从委托投资向自设机构直接投资转变的方式。从投资区域来看，全国社会保障基金海外投资应该以成熟市场为主，之后逐步谨慎考虑新兴市场。从投资品种来看，全国社会保障基金海外投资应该以债券等固定收益产品为主，逐步向股票和金融衍生品过渡。还可以考虑一些金融衍生工具，特别是一些对冲工具，以进一步控制全国社保基金的投资风险。

（四）整合基金资源向主权养老保险基金过渡

目前中国养老保险基金主要分为三类：第一类是个人账户基金，主要分为个人缴费形成的基金以及中央政府为做实个人账户的补助金；第二类是企业缴费形成的社会统筹基金；第三类是作为养老储备基金的全国社会保障基金。这三类养老保险基金的所属层次以及运营主体不同，其中，全国社会保障基金和中央政府个人账户补助金属于中央一级的养老基金，由全国社会保障基金理事会负责运营，而个人缴费形成的个人账户基金以及企业缴费形成的社会统筹基金，由于目前统筹层次的限制，属于地方一级的养老基金，由全国各个不同级别的地方政府负责管理运营，投资渠道较为狭窄、投资收益率较低。

地方政府运营养老保险基金具有种种弊端，有可能由于监管不力等原因酿成社会风险和经济损失，也不利于资源整合及社会统筹，长期持续下去还可能导致制度的扭曲和变形，影响到全国统筹目标的实现。尽快提高养老保险基金的管理层次，是充分有效利用养老保险基金资源提高养老保险支付能力的必然要求，更是中国养老保险制度改革完善的基础制度建设。随着养老保险制度统筹层次的逐步提高，可以将上述三类养老基金逐步统一交由全国社会保障基金理事会负责管理运营。这既可以为提高养老保险制度统筹层次提供必要的基金管理运营保障，也可以降低基金管理成本，还可以通过整合养老保险基金资源来壮大基金规模，从而更加有利于养老基金的保值增值。随着全国社会保障基金理事会治理结构的完善、资产管理能力的提高以及投资经验的积累，全国社会保障基金理事会也有能力逐步成为负责中国全部养老保险基金的托管人和投资管理人，负责全国养老保险基金的管理运营，从而成为真正意义上的"全国社会保障基金"。在由全国社会保障基金理事会统一管理、分账运营各类养老基金的条件下，中央政府通过全国社会保障基金可以较为容易地实现各个分类基金之间的资金调剂使用，对养老基金的监管能力和风险的控制能力将显著提高，实现以较低成本解决提高养老保险基金统筹层次的问题。

在养老保险基金全部交由全国社会保障基金管理运营

的基础上，随着国有资产充实全国社会保障基金步伐的加快，以及外汇型养老储备基金的建立，全国社会保障基金将逐步成为同时包括外汇养老储备基金、本币养老储备基金以及养老保险缴费形成基金的综合性主权养老基金，全国社会保障基金的功能也将从运营养老储备基金以保障人口老龄化高峰期养老保险基金支出的单一职能，向全面负责养老保险基金保值增值、负责部分外汇储备运营以降低国家外汇储备持有成本、形成与主权财富基金并行的主权养老基金等综合性职能转变。全国社会保障基金发展设想如图 6-1 所示。

图 6-1　综合性全国社会保障基金发展设想

分报告七
基本养老保险基金面临的主要问题与前途

一、基本养老保险基金及其历史使命

在传统的现收现付型公共养老金制度中，退休者的养老金发放主要依靠在职者的缴费来支撑，养老金制度除了留有少量资金用于周转之外，一般不会建立起规模庞大的基金。但是，随着人口老龄化问题的出现，公共养老金制度的赡养率（退休者人数与在职者人数之比）呈现出上升趋势，使越来越多的制度成员担心未来在职者的缴费不足以为退休者发放足额的养老金。鉴于此，人们认为，应该趁着人口老龄化高峰尚未到来、公共养老金制度赡养率还比较低的时期，从在职者的缴费中留出一部分资金用以形成基金储备，以支撑未来的养老金发放。这样，许多国家的基本养老保险基金得以建立，而且其中一些国家还探索通过财政支持等手段不断充实基本养老保险基金，并改革和完善基本养老保险基金管理的有关制度和措施，为应对人口老龄化的挑战进行了更为充分的准备。

作为世界上最大的发展中国家，目前中国的人口老龄化问题虽然还没有大部分发达国家那么严重，但具有老年人口绝对数量大、老龄化速度快、经济发展水平仍然偏低、应对人口老龄化的机遇期比较短等特征，这将对基本养老保险制度产生很大的冲击。而基本养老保险制度（包括城镇职工基本养老保险制度和城乡居民基本养老保险制度）可以说是我国养老保障体系的基石，其主要任务就是保障绝大部分人口的基本生活。首先，它已经覆盖了我国大部分人口，并将为绝大部分人口提供养老金。截至 2017 年末，全国参加基本养老保险人数为 91548 万人，占全国总人口的比例已经高达 65.86% ；而政策规定不参加基本养老保险的群体（未满 16 周岁的人口和年满 16 周岁的在校生）未来也几乎都会加入基本养老保险制度，因此，该制度必将覆盖绝大部分人口。其次，它所提供的养老金在水平上应该有助于解决参保退休人员的基本生活问题。而从目前的情况来看，城镇职工基本养老保险制度下的养老金替代率水平已经从新制度建立之前的大约 70% 下降至不足 50%，必须遏制这种下滑的趋势，才能保障退休者的基本生活；城乡居民基本养老保险制度的养老金水平还十分低，对于解决退休者的基本生活问题还只能起到辅助性作用，未来提高养老金水平的呼声或压力将很大。

为了保证在人口急剧老龄化的背景下完成上述基本养老保险制度的主要任务，建立规模庞大的基本养老保险基金就成为中国基本养老保险制度改革的必然选择，基本养老保险基金的基本历史使命也由此而定。除此之外，基本养老保险基金还被一些学者寄予促进经济增长、帮助老年人享受经济增长成果等其他期望，但是，这些期望如果能够实现，也只能是基本养老保险基金运行的"副产品"。当然，这些"副产品"反过来会有助于基本养老保险基金完成其历史使命。

至于中国基本养老保险基金的发展状况，2011 年以来的历年养老金报告已经做了比较详细的论述。这里需要强调的是，虽然统账结合的基本养老保险财务制度正饱受争议，但毕竟该制度下的基金已经形成了一定的规模基金，而且有关该基金的管理制度建设也取得了一定的进展，需

要更深入地考虑这些基金的未来。更重要的是,中国建立了全国社会保障基金及其管理机构——全国社会保障基金理事会。全国社会保障基金的总资产增长迅猛,截至 2017 年末已经达到 22231.24 亿元。它自成立以来也取得了不错的业绩,年均投资收益率达到了 8.44%,累计投资收益额为 10073.99 亿元。① 这使全国社会保障基金未来将被寄予厚望。无论如何,鉴于中国基本养老保险基金的历史使命太过重大,我们不得不以最大的怀疑态度去看待基本养老保险基金的准备情况及其前途。

二、基本养老保险基金面临的主要问题

(一)开支的快速上升不久将至,留给基本养老保险基金充分发展的时间很有限

几乎就是在几年以前,我们还在说中国的人口年龄结构仍然比较年轻,还可以在接下来的一些年里继续坚持执行"一胎"计划生育政策。然而,当我们最近猛地回过神

来,开始推行"二孩"政策时,才发现其实愿意生"二孩"的家庭并没有想象中的那么多,才发现原来有不少家庭甚至连一个孩子也不想生。仅仅从这一点就可以推测,中国人口年龄结构将发生难以逆转的快速变化。从实际统计数据看,2007~2016 年,65 岁及以上人口占总人口的比重不断上升,从 8.1% 上升至 10.8%;而 0~14 岁人口所占比重从 19.4% 下降至 16.7%,即使是在 2015 年实施全面"二孩"政策之后,2016 年的所占比重也只是轻微反弹(见图 7-1)。照这样下去,原本预计 21 世纪中叶才会到来的人口老龄化顶峰可能会提前到来。而且人口老龄化呈现出明显的地区差异,2017 年,重庆、四川、江苏和辽宁四个省份 65 岁及以上人口所占比重已经超过了 13%,预计这些省份的人口老龄化高峰会比其他省份更早到来。扑面而来的人口老龄化,加之保障老年人享受经济增长的需要,必然带来基本养老保险基金开支的快速上升。

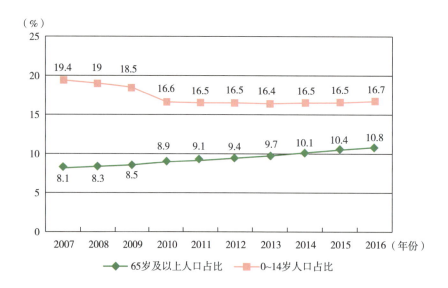

图 7-1 2007~2016 年中国 0~14 岁和 65 岁及以上人口占比

资料来源:《中国统计年鉴》(2017)。

然而,从近 10 年职工基本养老保险基金的基本统计数据看,所谓的机遇期正在悄悄地溜掉。在 2008~2017 年 10 年间,只有 3 个年份的职工基本养老保险基金收入增长率高于基金支出增长率(见图 7-2),而且其波动性要大于后者。这说明,支出增长率从总体上看已经超过支出增长率,这正是未来将收不抵支的征兆。在同一时期内,基金当期结余的增长率极不稳定,有 2 个年份增长速度很高,

而又有 4 个年份属于负增长。但累计结余增长率的变化趋势十分明显,那就是不断下降(见图 7-3)。这里需要注意的是,这种状况是在中国人口年龄结构仍然比较年轻的情况下发生的。按照这样的趋势,随着人口老龄化程度的加深,累计结余将会陷入负增长,并最终被耗尽。因此,应该尽快采取措施,增加收入,适当控制支出,以扭转基本养老保险基金的这种发展态势。

---

① 资料来源:《全国社会保障基金理事会社保基金年度报告》(2017 年)。

图 7-2　2008~2017 年职工基本养老保险基金收入和基金支出的增长率

资料来源:《中国统计年鉴》(2017)。

图 7-3　2008~2017 年职工基本养老保险基金累计结余和当期结余的增长率

资料来源: 历年人力资源和社会保障事业发展统计公报。

(二)基金收入增长面临风险

首先,无论是城镇职工基本养老保险基金的征缴收入还是城乡居民基本养老保险的缴费收入,增长速度都会下滑。城镇职工基本养老保险基金的征缴收入主要由缴费人数、职工工资水平、缴费费率和遵缴率等因素决定。随着快速扩面期的结束,城镇职工基本养老保险参保人数将进入低速增长时期,而经济增长降速又会使缴费人数占参保职工人数的比例不断下降,这就意味着缴费人数不仅难以重回快速

增长轨道,还有可能在将来出现负增长。经济增长降速还会带来其他一系列相关影响。它会带来职工工资增长速度下降,如图 7-4 所示,中国城镇单位就业人员平均工资增长率在 2007~2016 年的 10 年间跌了接近 10 个百分点。它会使许多企业(特别是大量中小企业)缴费能力下降进而促使政府降低费率。它还会使用人单位和职工的遵缴率下滑,使不缴费、少缴费的问题趋于恶化。城乡居民基本养老保险基金的缴费收入增长由缴费人数的增长和缴费水平的提高决定。随

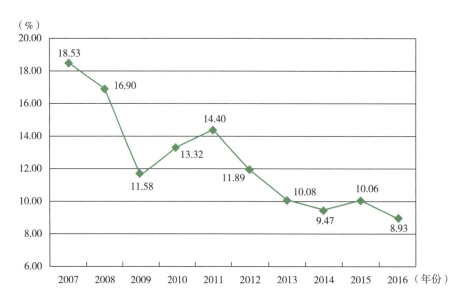

（%）

图 7-4　2007~2016 年中国城镇单位就业人员平均工资增长率

资料来源：《中国统计年鉴》（2017）。

着高速扩面期的结束，城乡居民基本养老保险的参保人数已经进入低速增长期，而且随着城镇化的不断推进、农业就业人口的不断减少，城乡居民基本养老保险的参保人数还有可能萎缩，城乡居民基本养老保险的缴费人数也将难以快速增长。至于缴费水平，目前来看，除了北京、上海和天津等三个直辖市和江苏等少数经济发达省份，大部分省份都很低。如果经济增长降速，城乡居民可支配收入的增长速度也会下降，缴费水平的上升速度也会下降。

其次，财政补贴的增长速度将会下降。近些年来，对基本养老保险的财政补贴力度在不断加大，这对于基本养老保险基金维持目前的较好状况至关重要。对于城镇职工基本养老保险基金来说，如果没有财政补贴，基金累计结余总额早已经低于个人账户记账总额，而一些省份也已经收不抵支，还有少数省份甚至已经发不出养老金。对于城乡居民基本养老保险基金来说，目前个人缴费占基金收入的比重已经只剩下不足 1/4，而个人缴费与基金支出之比也只有大约 1/3，可以说，财政补贴是城乡居民基本养老保险制度得以平稳运转的主要保证。然而，随着经济增长减速，财政自身正面临着收入增长速度下降的风险。如图 7-5 所示，在 2007~2016 年，无论是全国财政收入还是中央财政收入，其增长速度都从超过 30% 大幅度下降至不到 5%（见图 7-5）。而同期财政（主要是中央财政）对基本养老保险基金的补贴力度却仍然在加大，并保持了较高的增长速度（参见前文 2017 年基本养老保险基金运行状况评估）。可以预见，随着政府进一步采取

减税措施以减轻企业和家庭负担，财政收入的增长速度还有可能进一步下降。过不了多久，基本养老保险基金所获得的财政补贴的增长速度也必然会下降。

再次，依靠全国社会保障基金理事会的管理，职工基本养老保险基金难以复制全国社会保障基金优异的历史业绩。全国社会保障基金自成立以来发展迅猛，不仅取得了优异的投资收益，而且在相关制度和规则的制定上也有亮丽的表现，可谓是业内的"标杆"。如图 7-6 所示，全国社会保障基金在受到众多条件限制的情况下，每年已实现收益率实际上是不错的，特别是 2010 年之后中国经济增长减速压力不断加大，全国社会保障基金仍然实现了不错的收益率。也许正因为如此，全国社会保障基金理事会也被寄予厚望。在进行做实个人账户的试点中，政府就推动了做实的个人账户资金委托全国社会保障基金理事会进行管理。2015 年，国务院印发《基本养老保险基金投资管理办法》，正式指出了城镇职工基本养老保险基金的出路——由各地委托全国社会保障基金理事会进行市场化投资。此后，全国社会保障基金理事会也确实不负众望，取得了不错的业绩。例如，广东省委托资金 1000 亿元，累计获得投资收益 331.57 亿元，扣除按合同约定返还首个委托期 2 年期应得收益 117.78 亿元后，首个委托期满至 2016 年末的投资收益累计达到了 213.79 亿元。[①] 然而，随着经济增长减速，全国社会保障基金理事会所管理的资金规模越来越大，未来的业绩可能难以达到其历史水平。经济增长减速，意味着整

① 资料来源：《全国社会保障基金理事会社保基金年度报告》（2016）。

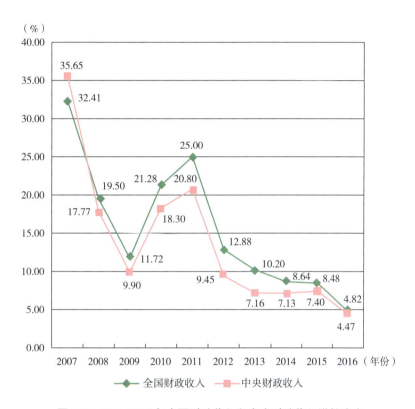

图 7-5　2007~2016 年全国财政收入和中央财政收入增长速度

资料来源：《中国统计年鉴》（2017）。

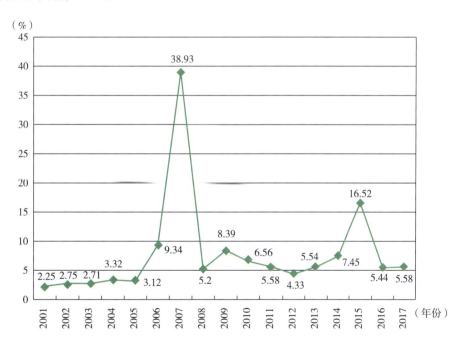

图 7-6　2001~2017 年全国社会保障基金每年已实现收益率

资料来源：历年全国社会保障基金理事会社保基金年度报告。

个社会的资本平均投资收益率将下降，任何超大规模资金想要获得曾经的收益率都是很困难的。更何况，随着全国社会保障基金理事会所管理的资金规模的扩大，可能会突破规模经济的上限，从而带来投资效率的下降，以及成本的上升和投资收益率的下滑。特别是，它将越来越难以找到更多的与原来一样好的投资机会、投资领域或投资工具，不得不进行一些较差的投资，因而会拉低总的投资收益率。

最后，划转国有资本充实社保基金的力度和速度均不够。由于在确定划转国有资本的具体对象上存在困难、统一的划转比例与各地实际状况差异存在冲突、划转流程还存在不够清晰的地方、划转过程中涉及的多方利益主体之间的协调还存在困难以及对划转后的资产管理还存有疑虑等因素，划转国有资本充实社保基金的工作进展一直不够快，力度也有待提高。由图 7-7 可见，到 2010 年，

国有资本转持或境外国有股减持累计的金额曾经达到了387.34 亿元，但 2011 年就快速下降至 161.01 亿元，2012 年只有 74.35 亿元。此后 2015 年和 2016 年虽然有所回升，但远没有达到 2010 年的水平，且 2017 年又跌至 79.59 亿元。之所以难以达到 2010 年的水平，一个基本原因在于，最初实际上是划转的股权价值，后来基本上都是计算的股权收益价值。尽管如此，从另一个角度来看，截至 2017 年末，国有股减转持资金和股份累计达到 2827.75 亿元，而国有企业资产总额为 1517115.4 亿元，前者占后者的比例不到 0.2%。2017 年当年国有企业利润总额为 28985.9 亿元，而当年国有股减持或转持的资金和股份仅为 79.59 亿元，仅占前者的 0.27%。以这样的力度和速度，难以达到理想的效果。相对于未来金额巨大的基本养老保险收支缺口而言，这种划转可以说是收效甚微，杯水车薪。

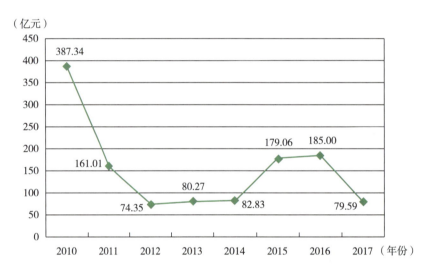

（亿元）

图 7-7　2010~2017 年国有资本转持、减持充实社会保障基金金额

资料来源：《全国社会保障基金理事会社保基金年度报告》（2010~2017 年）。

（三）基金投资运营与监管还存在问题

在投资运营方面，目前最主要的问题是投资运营主体单一。目前，全国社保基金和一部分职工基本养老保险基金均委托全国社会保障基金理事会进行运营。尽管全国社会保障基金理事会还可以通过委托基金公司等专业机构进行专业化投资，但这仍然摆脱不了"把所有鸡蛋放在一个篮子里"的嫌疑。将来，城镇职工基本养老保险基金和全国社会保障基金的规模都会越来越大，全国社会保障基金理事会所承担的责任也会越来越大，终将面临难以承受的压力。另一个问题是，作为职工基本养老保险基金的委托

人，省级政府还有许多事情要做，例如，补上专业人才不足的缺口，对全国社会保障基金理事会进行监督并提出合理化建议等。除此之外，统筹层次低而导致的职工基本养老保险基金分散于各地，不利于资金归拢，还会在一定的时期内影响职工基本养老保险基金可用于投资运营的资金规模。而投资渠道、投资限制等方面也还存在一些问题。

在基金监管方面，目前最主要的问题是多头监管的局面还没有得到根本改变。缺乏独立的监管机构，各监管主体之间易形成交叉重叠，难以划分清楚监管职责，并且监管呈现碎片化，可能会影响监管效率和效果。同时，还缺

乏社会监督机制，没有建立起社会监督的平台。监管立法还有些滞后，没有形成系统性的法律体系。2015年，国务院发布《基本养老保险基金投资管理办法》，包含了基金监管的规定，但相应的配套法律却不足，影响了这些规定的有效实施。监管运行机制也还存在一些问题，比如信息披露制度不健全、信息披露的范围小，而且信息披露的内容也不够充分等。

三、基本养老保险基金的前途

为了应对人口急剧老龄化所带来的挑战，必须保证基本养老保险基金得到长足发展。这需要从各个方面着手，将基本养老保险基金做大、做强。

（一）基本养老保险制度在本身的设计上需要及时做出调整

从财务制度来看，应该尽快从法律上确定基本养老保险个人账户为名义账户。在上一年的报告中，我们再次提出名义账户制是一个恰当选择，而且具体的政策实践也正朝这个方向发展。但是，只有从法律上确认了要实行名义账户制，很多相关政策才会显得名正言顺。对个人账户基金而言，如果实行名义账户，在为账面资金设计合理的收益率之后，就可以光明正大地把钱集中起来进行管理，依靠规模效益获得更理想的投资收益率，而不用再纠缠于如何做实个人账户、如何考虑个人投资选择权等问题。对于城乡居民基本养老保险的个人账户基金，由于人均缴费水平很低，更需要集中起来进行投资运营，实行名义账户制也是一个比较理想的选择。

另外，一些关键的参数需要尽快调整，比如法定标准退休年龄。既然已经确定了小步慢走、渐进到位的原则，各方面也已经设计出了各种具体方案，相关政策就应该尽早出台，相关工作也就可以尽快启动。如果再辅之以恰当的弹性退休政策设计，可能会产生更好的效果。对基本养老保险基金而言，尽早调整退休年龄有助于缓解未来的财务压力。城镇职工基本养老保险的最低缴费年限只有15年，也是影响城镇职工基本养老保险基金征缴收入的一个重要因素，也需要尽早调整。考虑到中下层劳动者的就业压力，提高的幅度可以稍微小一些，而且需要与适当地降低费率配套实行。

（二）努力增加基本养老保险基金的收入

在职工基本养老保险基金征缴收入方面，目前最大的难题是夯实费基。国家已经将社会保险费的征缴交给税务部门负责，鉴于税务部门在用人单位及其工作人员的收入确定上比人力资源和社会保障部门拥有更多的技术手段和信息，也更有经验，相信费基严重缩水的问题可以在一定的程度上得到解决。不过夯实费基应该与降低费率同步进行，既要保证公平，又要考虑企业（特别是中小企业）的负担。在城乡居民基本养老保险的个人缴费方面，可以继续探索鼓励个人提高缴费水平的手段或措施。

在财政补贴方面，需要以未来相当长一段时间内财政状况和基本养老保险基金的收支状况的科学预测为基础，设计出一个对基本养老保险基金的财政补贴规划。在这个规划中，既要明确中央财政的主要责任，也要鼓励地方财政适当地承担责任。

在划转国有资本充实社会保障基金方面，首先，应该立足长远设计方案，瞄准未来养老金缺口；其次，在确定划转对象时，应该系统规划中央与地方划转的国有资本，与深化国有企业改革目标紧密结合；再次，划转的比例可以更灵活一些，并根据需要进行动态调整；最后，承载主体需要管好用好划转的股权，确保其获得比较理想的资本收益。

（三）继续改进投资管理与监管体系

在投资运营主体上，除了继续发挥全国社会保障基金理事会的作用外，需要建立新的基本养老保险基金中央投资运营机构。对于基本养老金投资管理模式，存在两种基本方案：一是由各省分别建立投资运营机构进行管理，二是由中央新建独立投资机构进行管理。对于前一种方案，山东省曾尝试成立山东社会保障基金理事会对本省社会保障基金进行投资运营，但是其方案最终并没有获得国务院的认可。这可能是因为国务院太重视基金的安全性，也害怕这种方案会与既定的全国统筹政策相冲突。那么，在全国社会保障基金理事会之外，由中央另外建立独立的投资运营机构应该是一个比较恰当的选择。新的机构与全国社会保障基金理事会形成既分工协作又相互竞争的局面，共同促进基本养老保险基金的保值增值。当然，即使不直接参与投资运营，作为委托人的省级政府也需要成立专业化的机构，切实承担起委托人的责任。

在监管方面，热切呼唤成立中央层面的统一监管机构。在中央政府医疗保障职工部门经过整合建立医疗保障局之后，可以更有理由相信，一个养老保障局的建立会产生积极的效果。即使无法建立养老保障局，如果能够建立一个养老保障基金监管局，也会大有益处。如果辅之以比较有效的社会监督平台和机制，并配上比较完善的监管法规，相信监管的效率可以得到大幅度提升。

分报告八
全国社保基金理事会"两项改革"的意义与前景

2018 年 3 月国务院通过的《国务院机构改革方案》正式出台。这是中华人民共和国成立以来改革力度最大的一次机构调整。《国务院机构改革方案》对全国社会保障基金理事会（以下简称社保基金理事会）领导体制做出两项重要改革：一是为加强社会保障基金管理和监督，理顺职责关系，保证基金安全和实现保值增值目标，将全国社保基金理事会由国务院管理调整为由财政部管理；二是全国社保基金理事会作为基金投资运营机构，承担基金安全和保值增值的主体责任，不再明确行政级别。

长期看，此次国家机构改革方案中对全国社会保障基金理事会管理体制进行的"两项改革"意味深长，意义深远。

一、社保基金理事会管理体制"两项改革"的积极作用

这次国家机构改革方案中对社保基金理事会的这两项改革具有深远意义。

自社保基金理事会 2000 年成立以来，社保理事会完全是按照事业单位来管理的，其主要特征是人事编制和财政预算拨款等完全实施事业单位的管理体制，其管理体制的性质为"国务院直属的事业单位"，"经费实行财政全额预算拨款"①。但是，社保理事会运营投资的标的物是一只主权养老基金，与"主权财富基金"（SWF）十分相似。在国内，社保理事会可对标的只有中国投资有限责任公司（以下简称中投公司）；在国外，可对标的最好的应是"加拿大养老基金投资公司"（CPPIB）。长期看，对社保基金

理事会管理体制的"两项改革"将有利于运作效率的提高，有利于全国社保基金成长为世界一流的主权养老基金。

虽然事业单位的性质没有改变，但在"调整为由财政部管理"和"不再明确行政级别"之后，社保基金理事会的灵活度将会有所提高，在人事管理、财务管理、行政管理等几个方面的"自主权"将可能有所改善或提高。这主要可以体现在如下诸多领域。

（一）可利用"列入成本"的方式提高事业单位人员编制的灵活度

实施两项改革之后，财政部和中编办对增加一些事业编制人员规模方面应有所松动，因为人员费用列入成本的可能性增大了。资本市场投资工具和产品创新日新月异，层出不穷，交易方式日益复杂化、多样化，市场开放度和竞争程度不断提高，机构投资者的内设机构和人员雇佣数量本来是内部管理事务，应根据实际需要由其随时自主决定；从内部需求来讲，有的部门根据市场的变化可能需要扩大，有的需要缩小，有的岗位急需招募市场上优秀的专业人才，以适应瞬息变化的市场要求。但是，社保理事会的内设机构和人员编制均定岗定编，受到财政供养人员编制的严格控制，这不能适应和满足市场化基金运营的现实需求，不能建立起市场化的灵活用人机制，不可能建立起与绩效挂钩的动态化人力资源管理体制。

（二）可利用"列入成本"的方式提升投资管理专业人才的薪酬水平

在财政部管辖下，采取一些适应市场化需求的薪酬制

---

① 《2015 年全国社会保障基金理事会基金年度报告》，见全国社会保障基金理事会官网。

度以招募优秀投资管理人才的可能性提高了。目前薪酬管理体制下社保基金理事会很难招募到国内外最优秀的专业人士，更不能吸引学成归国的国际优秀人才。投资领域的专业化程度高，人员流动性强，基金、证券、银行、信托、保险、期货、私募股权投资机构等已成为资本市场的主体，合格境外投资者（QFII）、人民币合格境外投资者（RQFII）也在不断发展。近年来，业务骨干流失现象呈明显加剧的苗头。

（三）财政部管辖下决策机制的灵敏度将有所提高

金融市场复杂多变，事业单位管理体制框架下的管理机制和决策程序使社保理事会难以适应市场化运作的需求。例如，近年来，我国资本市场发展迅速，金融工具创新不断涌现，但社保理事会在投资时须报请监管部门对投资品种逐一报批；财政部管辖下，社保基金理事会的决策灵敏度将更加贴近市场，有利于建立起敏捷快速的投资决策体制、反应体制与执行体制，有利于满足大型机构投资者所应具备的投资决策机制，有利于适应瞬息万变的市场需要。

（四）财政部管辖下可引入"成本概念"并设立境内外分支机构

两项改革实施后，在"列入成本"和引入"成本概念"之后，社保理事会的事业单位管理体制异地设立分支机构的可能性有可能得到解决，这将有利于异地开拓业务和建立伙伴关系；社保理事会的境外管理人越来越多，在一些重要国家和国际金融中心地区应建立境外法人分支机构，这将有利于境外投资业务的管理和拓展，有利于将来全球资产配置的需要。相比之下，加拿大养老基金投资公司（CPPIB）随着其管理基金规模的不断扩大和全球资产配置的实际需要，设立的境外办事处逐年增加，10年前仅为1个，而现在是6个，境外雇员总计超过200人，其中，伦敦办事处雇员多达102人，中国香港办事处65人[1]。

（五）不再明确行政级别有利于建立资产管理机构绩效评价体系

在社保理事会业务流程的前台、中台和后台三大板块中，中台和后台实施以定性为主的考评机制尚可，而前台对投资管理相关岗位人员的考核机制应将定性与定量结合起来，既包括日常行为表现，又包括投资业绩指标的完成情况，实施投资基准为导向的评价机制，这是一般资产管理公司实施的考核评价机制。由财政部管理和不再明确行

政级别之后，有利于提高机构的专业性，有利于对大类资产设定投资基准之后开展真正意义上的投资绩效评估，有利于投资团队和投资岗位开展科学、准确和严格的绩效评估，进而有利于提高社保基金理事会的整体投资业绩。

（六）不再明确行政级别有利于克服行政化倾向和提高专业性

"不再明确行政级别"将有利于克服浓厚的机关作风和行政化色彩，有利于克服传统的官僚层级和职务晋升的官本位氛围，有利于改善专业人员职业路线发展的科层结构，有利于强化资产管理机构的专业精神，有利于建立现代法人治理结构，进而有利于保持国内一流和跻身世界一流机构投资者的步伐。

二、社保基金理事会管理模式的国际比较

从国际比较的角度看，各国主权养老基金的管理体制不一而同，差距较大，即使同一类型，也存在较大差异，具有浓厚的本土色彩，且不同管理体制评估的基准也难以确定，例如，同一管理体制下的投资业绩也存在较大差异。所以，因地制宜将是选择管理体制模式的主要根据之一。

（一）国外主权养老基金管理体制的分类与现状

从"委托人"的隶属关系来看，有6个国家的主权养老基金"委托人"即管理人是财政部，只有美国、法国、日本和韩国4个国家分别是理事会、监督委员会、厚生省和年金公团，而没有哪个国家的内阁直接负责管理主权养老基金。因此，中国的主权养老基金由国务院管理调整为由财政部管理，是符合国际惯例的。

从资金来源看，在世界范围内，主权养老基金大致可分成两种类型，即"非缴费型"主权养老基金和"缴费型"主权养老基金[2]。"非缴费型"主权养老基金是指经济体通过预算安排或某种自然资源收入和国际收支盈余等方式积累形成的战略养老储备，以补充和加强未来养老保障的支付能力，一般情况下十几年或几十年不支付，基本没有流动性要求。最典型的是挪威1990年成立的"政府全球养老基金"（GPFG）。"缴费型"主权养老基金是指其资金来源于基本养老保险参保人缴费，投资主体或全部或部分地将参保人缴费形成的独立资产池作为投资对象，实施市场化、多元化与国际化的投资策略，以期获得风险收益。最典型的是加拿大1997年创设"DB型积累制"之后，通过加速提高缴费水平而形成"加拿大养老计划"资金池，由此建立"加拿大养老基金投资公司"（CPPIB）。

---

① CPPIB, 2016 Annual Report, CPP Investment Board, p.12.
② 在以往的研究中，笔者较多将"非缴费型"主权养老基金称为"储备型"主权养老基金，较少将之称为"非缴费型"主权养老基金。本文统一使用"非缴费型"的概念。

其次，动用"基金"实施自愿养老积累的政府资助计划。根据 2008 年 4 月政府颁布的《劳动养老金积累部分的补充保险缴费及国家资助法》，在 2008 年 10 月 1 日至 2013 年 10 月 1 日期间，个人如果向其账户自愿缴纳养老积累，政府则会追加相同数额的缴费，资助期限为自开始缴费之日一年后起的 10 年。截至 2009 年 2 月，已经加入资助计划的人数接近 10 万人，包括"俄罗斯养老基金"管理委员会主席本人也参加了这一计划，第一笔支付资金达到了 5000 亿卢布。[①]

此外，从 2010 年起，俄罗斯利用"国家福利基金"的资金实施养老金的"提价"（пенсионная валоризация）。养老金提价是政府对老年人的养老权利进行重新计算，具体办法是把那些在 1991~2001 年期间，即养老金结构改革之前有工龄的人的保险部分劳动养老金每年追加 10%，而对 1991 年之前的工龄则每年追加 1%。"提价"后的养老金将平均每月增加近 2000 卢布。[②] 此外，2009 年，俄罗斯加快了养老金的指数化调整，根据《2009 年俄罗斯联邦反危机措施的计划》[③]，平均劳动养老金上涨了 23.9%，超出价格指数 8.7%。同时，2009 年俄罗斯还提高了平均社会养老金（达到 4294 卢布，约为 130 美元），同时基础劳动养老金也提高了 42.8%，比价格上涨指数高出了 25.3%。[④]

实现上述政策所需资金全部来自"国家福利基金"。对此"俄罗斯养老基金"管理委员会前负责人指出，"国家福利基金"的资金足以完成这些养老金计划，即使是最悲观的计算，养老基金预算赤字增加到 2000 亿卢布，由于有"国家福利基金"，俄罗斯不会出现养老金支付问题。[⑤]

然而，2014 年乌克兰危机爆发以来，俄罗斯面临的国际国内发展形势出现很大变数。持续的西方经济制裁与俄罗斯反制裁给其原本已经低迷的经济造成了严重打击，2015 年俄罗斯 GDP 下降了 2.8%，贸易额的降幅高达 33.8%（其中，出口下降 31.8%，进口下降 37%），财政赤字 2.6%。期间，石油等大宗商品大幅下降，2015 年乌拉

尔牌原油价格的跌幅达 47.5%，跌幅近 50%。2016 年以来尽管出现恢复了正增长，但增幅小且不稳定。为了确保宏观经济及社会稳定，危机期间，俄罗斯大量动用"储备基金"来弥补财政短缺并用于反危机政策的实施，2017 年年底，"储备基金"的资金全部用完。在此情况下，俄罗斯政府决定自 2018 年 1 月 1 日起，"储备基金"并入"国家福利基金"，自 2 月 1 日起，"储备基金"被取消。[⑥]

扩充后的"国家福利基金"的职能基本没有改变，只是确保财政平衡的稳定作用，在当前俄罗斯经济形势下显得格外重要。笔者认为，俄罗斯之所以取消了作为稳健功能的"储备基金"，而保留了以补充养老财政功能为主的"国家福利基金"，这意味着利用石油天然气收入确保长期内俄罗斯养老财政的平衡，依然是"国家福利基金"的核心职能。但是，弥补财政不足、确保宏观经济及社会稳定，也是被置于其使用的优先地位。

俄罗斯利用石油天然气收入建立主权财富基金的实践值得我们研究，从中找到经验、借鉴与教训并为我所用，是本书的初衷。尽管俄罗斯努力将有利外部形势下超额的石油天然气收入积蓄起来，并尽可能地实现其保值与增值，以因对未来养老财政和国家财政可能出现的不足，但俄罗斯的事实表明，从长期看，此举缺乏稳定性、可靠性和应有的保障，因而其长期作用有限。俄罗斯经济严重依赖能源原材料的出口收入，单一型增长模式使其受到外需及外部价格行情的严重制约，其主权财富基金的资金来源极不稳定，重要的是缺乏独立性和自主性。而且，2008 年以来俄罗斯遭遇的两次经济危机显示，在整体经济形势恶化的条件下，"国家福利基金"也好，已经消失的"储备基金"也好，都只能算是一种"亡羊补牢"的应急手段，而没有成为拉动经济增长的内生动力。从长期看，调整俄罗斯经济结构，转变过度依赖能源原料出口，从外需转向内需，建立多元化经济增长模式，才是确保其经济社会稳定及持续发展的根本途径。

①② Денег на пенсии хватит.Российская газета от 13 февраля 2009 г.www.rg.ru/2009/02/13/drozdov.html.

③④⑤ Программа антикризисных мер правительства Российской Федерации на 2009 г. Российская газета от 20 марта 2009 г. www.rg.ru.

⑥ Федеральный закон от 29.07.2017 №262-ФЗ "О внесении изменений в Бюджетный кодекс в части использования нефтегазовых доходов федерального бюджета.

第五部分

域外借鉴篇（下）："缴费型"主权养老基金

分报告二十
加拿大"加拿大养老基金投资公司"

一、1997 年创设"DB 型积累制"的目的是为了代际公平

第二次世界大战后，随着人口老龄化的加剧，加拿大逐渐建立起多支柱养老保障体系，包括"零支柱"的"老年保障计划"（OAS），第一支柱"加拿大养老金计划"（CPP），第二支柱雇主举办的补充养老保险即"注册养老金计划"（RPP）），第三支柱个人养老储蓄账户。其中，第一支柱是 1966 年建立的强制性"加拿大养老金计划"（CPP）[1]，这是工薪收入关联型养老保险计划。截至 2015 年底[2]，缴费人数 1380 万人，领取养老金人数 510 万人，雇员和雇主缴费率分别是 4.95%；CPP 养老基金为 2850 亿加元，由加拿大养老基金投资公司（CPPIB）同意负责投资运营，过去 10 年的年化名义收益率是 6.8%。

（一）人口老龄化致使后代人不堪重负

"加拿大养老金计划"（CPP）为 DB 型现收现付制，

1966 年加拿大通过立法建立 CPP 时，其缴费率仅为 3.60%（雇主雇员双方各一半，下同）。缴费率之所以这么低，主要是由两个客观条件决定的。一是在建立制度之初加拿大人口老龄化并不是很严峻，1965 年老年抚养比（65 岁及以上人口占 14~64 岁人口的比重）仅为 13.1%[3]。二是制度刚刚建立起来，只负责支付参保并缴费的"中人"和"新人"的退休金，不负责支付已退休的"老人"的退休金，没有历史"遗产"，新制度无须支付"转型成本"。

加拿大 CPP 每三年发布一份精算报告。1993 年发布的第 15 期精算报告显示[4]，在缴费率不断提高的情况下，由于其始终低于"现收现付率"[5]，缴费收入还是始终低于养老金支出，基金累计余额逐年减少，投资收益规模也逐年减少，到 2015 年基金积累将完全枯竭，缴费率须提高到与现收现付率一致的水平，即 2030 年缴费率须提高到现收现付率 14.22% 以上，要高达 15.43%。

---

[1] 世界银行认为，来自财政转移支付的非缴费型普惠式养老金是"零支柱"，工薪收入关联型的强制性基本养老保险为第一支柱，企业举办的雇主计划为第二支柱。加拿大官方和民间则将分别称为第一、第二和第三支柱。这里按加拿大的习惯使用三个支柱的称呼。

[2] Office of the Chief Actuary, *27th Actuarial Report on the Canada Pension Plan as at 31 December 2015*, Office of the Superintendent of Financial Institutions Canada, published by 22 September 2016, p.10.

[3] 以下的人口数据转引自 United Nations, Department of Economic and Social Affairs, Population Division (2017). World Population Prospects: The 2017 Revision。

[4] Office of the Chief Actuary, *15th Canada Pension Plan Actuarial Report as at 31 December 1993*, Office of the Superintendent of Financial Institutions Canada, published by 13 February 1995, p.6, Main Table 1A.

[5] "现收现付率"（pay-as-you-go rate）是 CPP 精算报告使用的一个独有的重要概念，是测量 CPP 成本的一个重要工具，意指 CPP 的全部养老金支出占缴费工资（基数）的比率；如果基金收支余额为零的话，现收现付率大致相当于缴费率。

表 20-1　1994~2100 年 CPP 不可持续与费率不断提高的预测　　　　单位: 亿加元, %

年份	现收现付率	缴费率	缴费工资	缴费收入	养老金支出	现金流	投资收益	年底基金余额	资产/支出比
1994	7.68	5.20	2003	104	154	-49.7	44	412	2.50
1998	8.11	6.10	2446	149	198	-49.0	41	382	1.81
2003	8.63	7.35	3211	236	277	-41.2	31	342	1.15
2008	9.46	8.50	4168	354	394	-40.0	21	271	0.64
2015	11.03	9.90	5880	582	649	-66.4	4	-13	-0.02
2020	12.29	12.62	7422	937	912	24.7	-9	-17	-0.18
2030	14.22	15.43	11730	1810	1668	142.4	52	1028	0.58
2040	14.31	15.18	19028	2889	2724	164.7	220	3988	1.40
2050	14.11	14.37	30834	4431	4350	80.5	505	8956	1.96
2070	14.32	13.94	79580	11093	11392	-299	1449	25410	2.13
2100	14.76	14.44	329699	47609	48568	-1059	5925	104267	2.04

资料来源: Office of the Chief Actuary, *15th Canada Pension Plan Actuarial Report as at 31 December 1993*, Office of the Superintendent of Financial Institutions Canada, published by 13 February 1995, p.6, Main Table 1A.

1993 年发布的第 14 期和第 15 期精算报告震动了联邦政府有关部门，2030 年缴费率提高到 14.22% 的预测结果成为全社会关注的一个焦点，也成为政府开启改革大幕的"扳机"。

在加拿大人看来，14.22% 的缴费率是一个后代人难以承受的经济负担，意味着它将面临两个严峻挑战：一方面，CPP 财务可持续性将走到尽头，这是人口老龄化的必然结果，除非实施制度改革；另一方面，14.22% 的缴费率对他们来说是不公平的：为什么我们这一代人缴纳的费用如此之低，而我们的后代缴纳的水平却如此之高，甚至高出我们当代人的好几倍？重要的是，这种代际不公平性还会带来严重的经济后果，即后代人的企业费率过高会影响到加拿大未来的经济竞争力。

因此，加拿大"1997 改革"的真实动因不是因为当期的基金不可持续，也不是当期的缴费率负担沉重，而是为了减轻后代人的经济负担和提高未来加拿大的竞争力。

（二）为降低后代人缴费率而进行制度创新

面对养老金可持续性、代际公平和未来竞争力的三重挑战，加拿大联邦政府决定实施改革，并将这三个问题放在一起考虑。他们认为，这三个问题的本质是一个，那就是 CPP 的机制问题，即只要解决了 CPP 的机制问题，才能同时彻底解决这三重挑战。基于这样的改革目标，加拿大的决策者在 1994~1996 年的三年里发动了一场改革运动：调查社会民意，征求各方意见，征询改革方案，协调各省利益。

加拿大有关部门对多个方案进行对比分析，其中包括完全积累制的智利模式，但经过深思熟虑和反复测算，最终于 1997 年 2 月确定了一个可以实现"三赢"的解决方案：从 1997 年开始"快速"提高缴费率，从本来的 5.85% 提高到 6.00%，提高了 0.15 个百分点，此后每年逐渐加大提高力度，经过 8 年的上调，一直提高到 2003 年的 9.90% 便将之"定格"为"稳态费率"；其间，1998 年提高了 0.30 个百分点，1999 年提高了为 0.65 个百分点，2000 年提高了 1.20 个百分点，2001 年提高了 1.75 个百分点，2002 年提高了 2.3 个百分点，2003 年提高的幅度最大，为 2.55 个百分点，即 2003 年达到目标缴费率 9.90%，使之成为"永恒费率"：从 2003 年开始一直到 21 世纪末维持这个费率水平不变。

表 20-2　加拿大"1997 改革"前后的费率对比

年份	改革后	改革前	年份	改革后	改革前
1966		3.60	2010	9.90	8.90
			2011	9.90	9.10
			2012	9.90	9.30
1986		3.60	2013	9.90	9.50
1987		3.80	2014	9.90	9.70
1988		4.00	2015	9.90	9.90
1989		4.20	2016	9.90	10.10
1990		4.40	2017	9.90	10.73
1991		4.60	2018	9.90	11.36
1992		4.80	2019	9.90	11.99
1993		5.00	2020	9.90	12.62
1994		5.20	2021	9.90	13.25
1995		5.40	2022	9.90	13.59
1996		5.60	2023	9.90	13.93
1997	6.00	5.85	2024	9.90	14.27
1998	6.40	6.10	2025	9.90	14.61
1999	7.00	6.35	2030	9.90	15.43
2000	7.80	6.60	2035	9.90	15.51
2001	8.60	6.85	2040	9.90	15.18
2002	9.40	7.10	2045	9.90	14.74
2003	9.90	7.35	2050	9.90	14.37
2004	9.90	7.60	2055	9.90	14.14
2005	9.90	7.85	2060	9.90	13.98
2006	9.90	8.10	2065	9.90	13.91
2007	9.90	8.30	2070	9.90	13.94
2008	9.90	8.50	2075	9.90	14.03
2009	9.90	8.70	2100	9.90	14.44

资料来源：改革后的缴费率转引自：Office of the Chief Actuary, *17th Canada Pension Plan Actuarial Report as at 31 December 1997*, Office of the Superintendent of Financial Institutions Canada, published by 15 December 1998, pp.158-159, Table VII.C.1 and Table VII.C.2。改革前的缴费率转引自 Office of the Chief Actuary, *14th Canada Pension Plan Statutory Actuarial Report as at 31December,1991*, Office of the Superintendent of Financial Institutions Canada, published by 31 December 1991, p.6, Main Table 1。

从"1997 改革"前后的费率对比可看出，如果不改革的话，到 2015 年费率才能达到 9.90%。改革之后，将本来 18 年才能逐渐达到的缴费率浓缩在 8 年内予以实现。当代加拿大人为提前 10 年实施的 9.90% 缴费率所作出的"牺牲"，换来的是从 2003 年到 2100 年将近百年的永恒费率，获得的是子孙后代拥有与"我们"当代人同等水平的缴费负担，体现的是未来百年的代际公平。

为确保"1997 改革"解决方案的可靠性，1997 年 9 月和 12 月连续发布了第 16 期和第 17 期精算报告。这两期精算报告分析了改革理由，描绘了改革蓝图，奠定了理论基础，吹响了改革号角，坚定了改革信心，绘制了百年可持续性前景。其中，第 17 期报告主要是对 CPP 的基金现状进行常规的精算预测，预测期为 103 年即到公元 2100 年；第 16 期是一份特殊报告，用于呈交给下议院的 C-2 提案的说明，其主要内容是 CPP 改革的精算导论，包括精算方法和最新的假定条件等。基于这些重要的精算，1997 年加拿大开始对 CPP 实施改革，在解决公共养老金可持续性的同时，一并解决代际公平问题，为子孙后代预先降低了养老保险费。

（三）快速提高费率创建一只主权养老基金

根据 1997 年发布的第 16 期和第 17 期两份精算报告，加拿大"1997 改革"设计的 9.90% 永恒费率可以支撑到 2100 年。概而言之，一直到 2100 年，这个永恒费率始终可以维持制度收入与支出的平衡。为什么 9.90% 的永恒费率会出现这样的奇迹？除其他改革措施之外，当代人 1997~2015 年提前多缴纳的缴费收入形成一个小三角形资金池，对其实行市场化投资策略，不断获取市场投资超额风险回报，到 2100 年获得的总收益变成一个大四边形，这个大四边形的面积大约是小三角形的 3~4 倍。这个图告诉人们，百年投资回报使加拿大子孙后代获得这个大四边形"平抑"了加拿大子孙后代 85 年（2015~2100 年）的缴费水平，使之"定格"在 9.90%；当代人牺牲了 18 年，换取了子孙后代的 85 年，对于这样的公式可以给出一个总结：18 年缴费＋市场投资收益 =85 年；精算中拟定的超额风险回报基准是 CPI+3.85% 收益率 [1]，它弥补了 4.32% 的精算缺口（14.22%–9.90%）。

---

[1] 3.85% 的投资收益率假定，请见 Office of the Chief Actuary, *17th Canada Pension Plan Actuarial Report as at 31 December 1997*, Office of the Superintendent of Financial Institutions Canada, published by 15 December 1998, p.40。

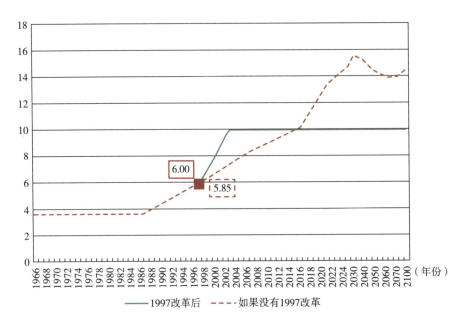

图 20-1　加拿大缴费率："1997 改革后"与"如果没有 1997 改革"的比较

资料来源：笔者绘制。改革后的缴费率转引自 Office of the Chief Actuary, *17th Canada Pension Plan Actuarial Report as at 31 December 1997*, Office of the Superintendent of Financial Institutions Canada, published by 15 December 1998, pp.158-159。改革前的缴费率转引自 Office of the Chief Actuary, *14th Canada Pension Plan Statutory Actuarial Report as at 31December,1991*, Office of the Superintendent of Financial Institutions Canada, published by 31 December 1991, p.6。

上述改革思路可概括为，通过"加速"提高缴费率迅速将"多余"的缴费形成一个资金池，建立一个高效的"加拿大养老基金投资公司"（CPPIB），进行市场化、国际化和多元化的风险投资，以获得超额的市场风险收益；以此作为条件，将 2003 年确定的费率水平"定格"为一个持续百年的"稳态费率"，旨在降低子孙后代的缴费负担。

二、"DB 型积累制"新范式的主权养老基金绩效测试

（一）9.9%"永恒费率"可"永远"支付 5 年的奇迹

"1997 改革"使用的是"稳态筹资"方法论，即设定一个 9.90% 的百年"永恒费率"，旨在建立一个资产储备并在相当时期内保持资产 / 支出比的相对稳定。"稳态筹资"即是"部分筹资"，它是现收现付制与完全积累制的混合体，提供了一个介于现收现付与完全积累制之间的平衡，其预筹资金的水平取决于最优估计量。稳态筹资的方

法论可以获得一个长期的稳定费率，从而改善代际公平。而纯粹的现收现付在待遇水平保持不变的条件下将导致缴费率不得不持续提高。

加拿大"1997 改革"建立的 9.90%"永恒费率"是举国赞誉的一大德政。其实，"1997 改革"追求的还有一个隐藏背后的主要目标，那就是"资产 / 支出比"，这是在设定"永恒费率"背后需要盯住的一个隐性指标。

作为一个法治国家，加拿大人在执行养老保险缴费率和缴费基数上恪守纪律，严丝合缝，在精算中，任何参数的微小变动都会导致结果发生巨大变化，包括缴费率等所有参数的设定和取值上都精确到小数点后两位数字。例如，2025 年之后，如果缴费率降低 0.1%，最终都会导致"资产 / 支出比"发生巨大变化:9.80% 将导致"资产 / 支出比"从来不会超过 5，到 2100 年甚至低于 4（是 3.54）；反之，如果将这个稳态费率设定为 9.90%，"资产 / 支出比"将永远不会低于 5。因此，永远不低于 5 的"资产 / 支出比"或许是"1997 改革"决策者盯住的一个"锚"。

表 20-3　"1997 改革"对未来百年 CPP 财务可持续性的预测　　　单位: 亿加元, %

年份	现收现付率	缴费率	缴费工资	缴费收入	养老金支出	现金流	投资收益	年底基金余额	资产 / 支出
1998	8.21	6.40	2224	142.33	182.52	-40.19	38.50	362.91	1.91
1999	8.19	7.00	2317	162.17	189.67	-27.50	37.95	373.36	1.89
2000	8.16	7.80	2422	188.91	197.70	-8.79	37.63	402.20	1.94
2001	8.13	8.60	2545	218.83	206.84	11.99	38.22	452.41	2.08
2002	8.09	9.40	2686	252.45	217.38	35.07	39.97	527.45	2.30
2003	8.06	9.90	2847	281.86	229.56	52.30	43.13	622.88	2.56
2005	8.05	9.90	3217	318.45	259.04	59.41	54.40	841.42	3.05
2010	8.27	9.90	4313	426.97	356.82	70.15	97.24	1567.73	4.12
2015	8.94	9.90	5519	546.38	493.26	53.12	159.06	2539.38	4.83
2020	9.75	9.90	6950	688.08	677.51	10.57	237.21	3713.10	5.15
2025	10.59	9.90	8668	858.10	918.25	-60.15	326.86	5015.28	5.16
2030	11.09	9.90	10851	1074.29	1203.41	-129.12	421.37	6416.59	5.07
2040	11.12	9.90	17233	1706.03	1917.04	-211.01	661.05	10061.99	5.02
2050	11.00	9.90	27134	2686.31	2985.25	-298.94	1059.97	16165.34	5.18
2070	10.94	9.90	66574	6590.87	7282.45	-691.58	2833.99	43267.12	5.68
2100	11.23	9.90	252060	24953.96	28313.35	-3359.39	12857.55	195660.96	6.61

资料来源 : Office of the Chief Actuary, *17th Canada Pension Plan Actuarial Report as at 31 December 1997*, Office of the Superintendent of Financial Institutions Canada, published by 15 December 1998, p.13, Table Ⅱ.2.

从表 20-3 可看出一个奇特现象：在 2020 年之后的 80 年里，虽然"资产 / 支出比"从未低于 5，但是，现金流却从 2025 年开始就呈负值状态。也就是说，在此后的 75 年时间里，所有年份都将当期收不抵支，但累计基金结余的规模却依然不断攀升，从 2025 年的 5015.28 亿加元攀升到 2100 年的 195660.96 亿加元，增加了 38 倍。这说明，即使 2100 年以后缴费收入为零，基金累计结余也足以支付加拿大人 6 年半的养老金！重要的是，基金累计结余几乎全部来自投资收益，例如，截至 2030 年，基金累计结余是 6416.59 亿加元，而累计投资收益将高达 5785.96 亿加元 [1]。这足以显示，21 世纪下半叶各年养老基金累计余额几乎完全来自市场投资收益，这就是将"资产 / 支出比"盯住 5 的结果，或说将 9.90% 设定为"永恒费率"的目的！

(二) 1997-2017 年主权养老基金绩效超出预期

20 年后的今天，当我们回溯历史和鸟瞰制度运行时，可能会使用各种方法予以评估，利用不同维度予以对比，但当我们挑出四组主要制度运行指标的预测值与实际值进行对比时发现，改革后的制度运行绩效要好于"1997 改革"的精算预测结果。或者说，20 年的制度运行结果证明，当时的精算结果是准确的，制度运行结果不但没有偏离当年的精算预测，甚至还略好于当初的精算预测值。

① 根据以下资料计算得出 : Office of the Chief Actuary, *17th Canada Pension Plan Actuarial Report as at 31 December 1997*, Office of the Superintendent of Financial Institutions Canada, published by 15 December 1998, p.13, Table Ⅱ.2。

表 20-4　1997 年四项主要指标预测值与 2015 年实际值的比较

年份		1998	1999	2000	2001	2002	2003	2004	2005	2006	2007	2008	2009	2010	2011	2012	2013	2014	2015
A	a	1.91	1.89	1.94	2.08	2.30	2.56	2.81	3.05	3.29	3.51	3.72	3.92	4.12	4.29	4.45	4.59	4.72	4.83
	b	1.94	2.17	2.32	2.43	2.47	2.84	3.15	3.62	4.10	4.20	3.60	3.96	4.23	4.27	4.66	5.26	5.91	6.64
B	a	10.5	10.4	10.0	9.3	8.4	7.7	7.4	7.1	7.0	6.9	6.8	6.7	6.7	6.7	6.7	6.7	6.7	6.7
	b	10.9	1.7	9.9	6.2	0.3	11.1	8.9	13.2	14.4	2.7	-14.2	7.6	8.9	5.4	9.7	13.2	15.2	15.6
C	a	38.5	38.0	37.6	38.2	40.0	43.1	48.7	54.4	61.3	69.1	77.7	87.0	97.2	107.8	119.3	131.7	154.1	159.1
	b	39.4	7.6	44.5	31.5	1.9	67.7	64.8	110.8	143.0	32.7	-183.5	90.2	118.0	80.6	156.6	238.9	321.4	386.7
D	a	363	373	402	452	527	623	728	841	965	1099	1244	1400	1568	1744	1929	2124	2327	2539
	b	365	428	475	526	561	677	787	943	1136	1228	1112	1268	1425	1551	1751	2040	2415	2854

注 1. "A" 为 "资产 / 支出比"；"B" 为 "投资收益率"（%）；"C" 为 "投资收益"（亿加元）；"D" 为 "年终基金规模"（亿加元）。

　　2. "a" 为 "1997 年预测值"；"b" 为 "实际发生值"。

资料来源："1997 年预测值"转引自：Office of the Chief Actuary, *17ᵗʰ Canada Pension Plan Actuarial Report as at 31 December 1997*, Office of the Superintendent of Financial Institutions Canada, published by 15 December 1998, p.13, Table II.2. "实际发生值"转引自 Office of the Chief Actuary, *27ᵗʰ Actuarial Report on the Canada Pension Plan as at 31 December 2015*, Office of the Superintendent of Financial Institutions Canada, published by 22 September 2016, p.30, Table 10。

　　首先，我们看"资产 / 支出比"。"资产 / 支出比"是一个重要概念，意指在当前费率不变条件下，任何一年末 CPP 可预测资产规模在次年 CPP 可预测支出中所占的比例，即基金累计结余占次年制度支出规模的比例。对这个指标而言，"1997 改革"的预测值在过去 20 年里不仅几乎全部予以实现，且其实际值都高于预测值，截至 2015 年，实际值 6.64 意味着是次年支出的 664%，这就大大地高于预测值 4.83。

　　其次，投资收益率的实际值有 11 个年份高于预测值，7 个年份低于预测值，其中，只在国际金融危机期间有 1 年为负值。总体来看，1998~2015 年的收益率预测值为 138.4%，而实际值是 140.7%，略高于预测值。

　　再次，投资收益的情况与投资收益率基本是呈正相关的，即只有 6 个年份的实际值低于预测值，其他 12 个年份均高于预测值。累计收益的预测值是 1402.8 亿加元，而实际值是 1752.8 亿加元，明显高于前者。

　　最后，由于国际金融危机的影响，在 2008~2013 年的 6 年里，年终基金规模的实际值低于预测值，其余 12 年均高于预测值。最终的结果是，截至 2015 年，实际值 2854 亿加元与预测值 2539 亿加元相比多了 315 亿加元。

三、2017 年再创设一只超级"缴费型"主权养老基金

（一）"附加 CPP"制度设计及其引入的目的

　　CPP 的替代率仅为 25%，在发达国家中属于偏低的。例如，2015 年的社平工资为 54900 加元 / 年，最高的养老金每月仅为 1092 加元，每年仅为 13100 加元。进入 21 世纪以来，业界人士呼吁为 CPP 扩容（CPP expansion）。2015 年加拿大政府开始研商 CPP 扩容事宜；2016 年联邦政府正式提交 CPP 扩容改革方案，随后，正式通过 Bill C-26 法案。

　　根据 2016 年立法，扩容后的 CPP 称为"附加 CPP"，扩容后的主要改革措施是提高缴费率，旨在提高未来退休后的养老金替代率。"附加 CPP"的缴费公式比较复杂，它由两层缴费率构成，即"第 1 附加缴费率"和"第 2 附加缴费率"。改革进程分为两个阶段，两个"附加缴费率"在两个阶段里先后实施。

　　第 1 阶段实施第 1 附加缴费率。第 1 附加缴费率是指所有加拿大雇员都增加 2% 的缴费率（雇主与雇员各一半，下同），但不是一步到位，而是逐年增加的，从 2019 年的 0.3% 开始起步，2020 年提高到 0.6%，2021 年为 1.0%，2022 年为 1.5%，2023 年为 2.0%，此后恒定为 2.0% 不变。

　　第 2 阶段是从 2024 年开始实施第 2 附加缴费率。第

2 附加缴费率是 8%，起步就从 8% 开始交纳，此后恒定不变。第 2 附加缴费率是为那些薪资收入高于社平工资的领薪阶层而设计的制度，其费基是在社平工资以上再设定一个最高缴费上限，并分两步实施，2023 年比社平工资高出 7%，2024 年高出 14%，此后恒定不变。也就是说，第 2 附加缴费率的费基上限是社平工资的 114%。

在加拿大官方文件中，由于 2016 年引入了"附加CPP"的制度设计，现行的 CPP 就称为"基本 CPP"。根据"2016 年的制度设计，"附加 CPP"的目标替代率是8.33%，"基本 CPP"的替代率是 25%，二者相加，在缴费满 40 年之后，CPP 的替代率将提高到 33.33%，即改革后替代率提高了 1/3。

（二）"附加 CPP"与"基本 CPP"投资策略不同并独立运行

作为加拿大收入关联性的养老金制度，"基本 CPP"与"附加 CPP"是一个完整的制度；对参保人来讲，无论在雇主那里还是在雇员那里，其缴费率的计算、支付与征缴均一单完成；对受益人而言，虽然他们的养老金来源结构是两个部分替代率的合计，但他们享受到的是 CPP 完整的 33.33% 替代率。也就是说，在服务流程的提供和雇主雇员接受服务的感受上是一个 CPP 制度。但是，在后台操作上，基本 CPP 和附加 CPP 相互隔离，单独核算，独立运营，保持各自的财务平衡和可持续性。

首先，根据 2016 年 Bill C-26 修正案，"附加 CPP"的缴费收入实行独立管理，全部资产归入新建立的"附件CPP 账户"（ACPPA），实行封闭式投资运营，是独立的资产池，与"基本 CPP"资产完全隔绝。

其次，"附加 CPP"实行的投资策略不同。"附加CPP"未来养老金支出将全部由缴费收入予以支撑，投资收益不宜波动太大，且由于费率水平很低，对投资收益波动的敏感度要高。因此，"附加 CPP"的投资策略比"基本 CPP"更为保守一些。

再次，"附加 CPP"的投资组合不同。这就要求其投资组合适应较低回报率的制度设计，并为此做出其他条件假定。"附加 CPP"的资产配置主要有三大类：权益类资产包括境内外股票；固定收益类包括联邦、省级债券、公司债券和短期投资；实际资产包括不动产和基础设施等。其中，股票是 50%，固收类和实际资产为 50%，而"基本 CPP"的境内外股票是 67.5%，固收类是 32.5%。

最后，"附加 CPP"的投资回报率基准不同。假定 2025 年以后扣除行政运营成本之后的实际收益率是3.63%，而"基本 CPP"的基准是 4.03%；未来 75 年（2019~2093 年）的年均实际收益率是 3.55%，而"基本CPP"是 3.98%。

表 20-5　"附加 CPP"和"基本 CPP"的投资收益率（%，扣除行政成本）

年份	附加 CPP		基本 CPP	
	名义收益率	实际收益率	名义收益率	实际收益率
2019	4.12	2.12	5.07	3.07
2020	4.45	2.45	5.38	3.38
2025+	5.36	3.63	6.03	4.03
2019~2023	4.51	2.51	5.40	3.40
2019~2028	5.03	3.03	5.69	3.69
2019~2093	5.55	3.55	5.98	3.98

资料来源：Office of the Chief Actuary, *28th Actuarial Report supplementing the Actuarial Report on the Canada Pension Plan as at 31 December 2015*, Office of the Superintendent of Financial Institutions Canada, published by 26 October 2016, p.16, Table 3.

（三）超级"DB 型完全积累制"创造超级"主权养老基金"

2016 年 10 月加拿大金融监管局精算办公室发布的第 28 期精算报告展示了"附加 CPP"未来 75 年的财务状况预测，它显示，"附加 CPP"资产规模快速增长，从2019 年的 15 亿加元增加到 2025 年的 702 亿加元，2030年为 1965 亿加元，2050 年高达 13296 亿加元；从 2019年到 2058 年，年度缴费收入始终高于年度制度支出，从2059 年起净现金流出现负值，但一直到 2090 年始终小于每年的投资收益；从 2055 年起"附加 CPP"资产规模将超过"基本 CPP"（17999 亿加元），此后始终高于"基本 CPP"，例如，2070 年后者是 31973 亿加元，2080 年是46784 亿加元，2090 年是 67397 亿加元 [1]；更为重要的是，"资产 / 支出比"异常地高，最高点 2025 年超过 116，即使最低点也没低于 28，超出"基本 CPP"将近 20 倍。

---

[1] Office of the Chief Actuary, *27th Actuarial Report on the Canada Pension Plan as at 31 December 2015*, Office of the Superintendent of Financial Institutions Canada, published by 22 September 2016, p.31, Table 11.

表 20-6 "附加 CPP"财务状况长期预测

单位：亿加元

年份	第 1 缴费率	第 2 缴费率	缴费收入	养老金支出	净现金流	投资收入	累计资产	收益率（%）	资产/支出比
2016	—	—	—	—	—	—	—	—	—
2019	0.3	—	15.75	1.05	14.70	0.34	15.04	4.12	25.1
2020	0.6	—	32.73	0.60	32.13	1.46	48.63	4.45	58.6
2021	1.5	—	56.75	0.83	55.92	3.61	108.16	4.53	88.7
2022	2.0	—	88.50	1.22	87.28	7.38	202.83	4.71	99.4
2023	2.0	—	122.84	2.04	120.80	12.83	336.45	4.75	106.1
2024	2.0	8.0	146.82	3.17	143.65	21.76	501.87	5.23	112.8
2025	2.0	8.0	171.22	4.45	166.77	33.48	702.12	5.63	116.4
2030	2.0	8.0	206.62	16.85	189.77	100.30	1964.54	5.63	94.6
2035	2.0	8.0	251.50	43.25	208.25	194.92	3744.86	5.63	73.7
2040	2.0	8.0	304.78	89.86	214.92	323.57	6156.29	5.63	60.2
2045	2.0	8.0	367.88	165.19	202.69	492.51	9312.21	5.63	50.4
2050	2.0	8.0	440.82	281.76	159.06	706.59	13296.52	5.63	42.7
2055	2.0	8.0	524.91	451.61	73.30	968.35	18151.09	5.63	36.8
2060	2.0	8.0	624.20	677.43	-53.23	1279.24	23903.48	5.63	32.8
2065	2.0	8.0	747.36	942.73	-195.37	1645.44	30682.38	5.63	30.7
2070	2.0	8.0	899.17	1246.75	-347.58	2081.36	38760.63	5.63	29.5
2075	2.0	8.0	1081.79	1603.74	-521.95	2603.80	48446.55	5.63	28.8
2080	2.0	8.0	1297.76	2022.38	-724.62	3232.13	60099.83	5.63	28.4
2085	2.0	8.0	1552.14	2514.45	-962.31	3989.65	74153.45	5.63	28.3
2090	2.0	8.0	1853.03	3086.70	-1233.67	4906.22	91167.32	5.63	28.4

资料来源：Office of the Chief Actuary, *28th Actuarial Report supplementing the Actuarial Report on the Canada Pension Plan as at 31 December 2015,* Office of the Superintendent of Financial Institutions Canada, published by 26 October 2016, p.26, Table 11.

如前文所述，CPP 如果实施"完全积累制"，其"资产/支出比"就须至少达到 25.7。"资产/支出比"是衡量"DB 型积累制"的"充分筹资"程度的一个重要指标，筹资越充分，预筹资金规模越大，可持续性越好。"附加 CPP"的"资产/支出比"在未来 75 年的任何一个时点上都远远高于 25.7，2050 年之前基本都高于 50，这说明，"附加 CPP"不存在"未筹资债务"的问题，全部债务均为"已筹资债务"且十分充足，是名副其实的完全积累制，

即使没有任何缴费收入，也足以支付一两代人；"附加 CPP"是一个"DB 型完全积累制"，其巨大优势不是"基本 CPP"的"DB 型部分积累制"可同日而语的；甚至在很多年份，其"资产/支出比"超过 100。

引入"附加 CPP"还有一个优势，那就是可减少"补充保障收入"（GIS，低保）支出规模，降低财政转移支付的压力。这是因为，建立"附加 CPP"后可提高第一支柱养老金的收入水平，从而减少领取"补充保障收入"

（GIS）够资格的人数，并且，随着时间的推移，"附加CPP"的替代率逐年提高，领取"补充保障收入"（GIS）的人数和财政转移支付的规模逐年下降。例如[①]，2030年、2040年和2050年这三个时点领取"补充保障收入"（GIS）的人数将分别减少0.3万人、2.9万人和10.5万人，下降幅度分别是0.1%、0.9%和3.0%，相对应地，财政支出规模分别减少0亿加元、4亿加元和13亿加元，下降幅度分别为0.2%、1.2%和3.3%；40多年后，当"附加CPP"最终接近或达到其目标替代率8.33%时，减少的幅度更加明显，例如，2060年的受益率从27.2%降到25.3%[②]，减少的受益人数达24.3万，下降幅度高达6.8%，财政支出可减少30亿加元，从490亿加元降到460亿加元，相当于GDP的0.53%，减少幅度为6.2%。

（四）超级"DB型完全积累制"的理论价值

"2016改革"建立"DB型完全积累制"的目的是提高CPP的可持续性和替代率，将加拿大模式的"DB型部分积累制"推向一个新境界。就"DB型完全积累制"的"附加CPP"而言，它不仅在可持续性上远胜"基本CPP"的"DB型部分积累制"，而且在缴费率仅为2%的条件下，其替代率可达8.33%，这是一个十分理想的结果。"附加CPP"增强了参保人的激励性，它主要体现在"第2附加缴费"的引入与设立上。

"附加CPP"展示的"DB型完全积累制"颠覆了"完全积累制"只能与DC相结合的传统，它开历史之先河，首次完整地给出了"DB+完全积累制"的蓝图设计，并提供了未来75年的精算预测，预示着一个崭新的公共养老金模式"DB型完全积累制"在2019年即将诞生。作为一个重要的制度创新，加拿大"附加CPP"的"DB型完全积累制"与1981年智利首创的"DC型完全积累制"具有同样的重要历史地位，它不仅为养老金经济学提供了一个新范畴，也为各国养老金改革多提供了一个选择。

由于"附加CPP"规模较小，"基本CPP"占主导地位，整体看，加拿大的CPP还是一个"DB型部分积累制"。一方面，加拿大1998年成功实施的"DB型部分积累制"（包括2018年实施的"DB型完全积累制"）具有重要的学术意义，在规范研究上，它的诞生丰富了养老金研究的工具箱，拓展了养老金研究的疆界，填补了养老金分

析框架"空白"，从此，养老金研究领域多了一个参照和范畴。

四、加拿大主权养老基金"长期主义"的投资策略

（一）建立高效的投资体制是建立DB型部分积累制的充分条件

任何制度模式都有其各自的优势劣和势。

前述分析显示，加拿大1997年以来为CPP创设的"DB型部分积累制"也将面临严峻挑战，那就是，"基本CPP"和"附加CPP"的基金规模与日俱增，规模庞大，旨在博取超额市场风险收益。这样，就对投资体制和投资公司的效率提出高标准和严要求。

如果这个"配套"体制不能建立起来，或建立起来非常低效，那么，DB型积累制也只是停留在纸面上。但是，养老基金投资具有不确定性，它至少将面临两个风险：

1. 来自国内和国际的市场风险

长期内，国内和国际的政治经济形势的任何风吹草动都将对资本市场产生影响，导致市场瞬息万变，实行全球资产配置的CPP养老基金面临着诸多不可控因素和不确定性，而全球投资市场的任何波动都会在瞬间产生巨大影响，尤其当遭遇全球范围内的金融危机或经济危机时，养老基金规模越大，损失就越大。

2. 需要一个高效的投资主体与投资体制

"1997改革"的顶层设计之一是建立"加拿大养老基金投资公司"（CPPIB），该公司的任何投资政策和策略的微小失误都有可能带来难以估量的经济损失，任何投资决策的误判都有可能导致其不能实现其预设的投资目标。比如，如果"1997改革"预设的3.85%超额风险回报基准不能实现，9.90%的"永恒费率"就将面临"夭折"的危险。"加拿大养老基金投资公司"建立20年来发挥了不可替代的重要作用，投资收益率非常好：2018年投资收益率为11.6%[③]；2017年为12%，2016年为4%，2015年高达为18%，2014年为15%，2013年为9%，2012年为6%，2011年为11%，2010年为14%，2009年国际金融危机为-9%，等等。

潜在的投资风险无疑将自始至终伴随着加拿大养老金

---

① 以下数据引自 Office of the Chief Actuary, *14th Actuarial Report on the Old Age Security Program as at 31 December 2015*, Office of the Superintendent of Financial Institutions Canada, published by 8 June 2017, p.22, 24, 40, 98, Table 42.

② 受益率是指已经和正在领取"补充保障收入"（GIS）人数占65岁以上符合领取资格人口的比例。

③ 这里关于加拿大养老基金投资公司的数据资料转引自2018 Annual Report on Canada Pension Plan Investment Board: Investing for Contributors & Beneficiaries, CPP Investment Board. 除特殊情况，不在另做注释。

制度。换言之，"DB 型部分积累制"成功与否的关键在于投资业绩，它在相当程度上决定着 CPP 的前途，决定着 CPP 每一成员是否支持新制度的态度。

加拿大养老基金公司 20 年的优秀业绩引起全球业界的广泛关注，被誉为世界上最优秀的养老金大型机构投资者之一，甚至被称为"枫叶模式"。

（二）加拿大养老基金投资公司的治理结构与管理体制

加拿大养老金投资公司成立于 1997 年，其治理结构采取标准的大型养老基金投资者的治理结构，其基本宗旨为"与政府保持距离"，旨在实行投资的自我管理，不受政治的干预。

加拿大养老基金投资公司的治理结构、与政府的关系、投资策略和投资政策等都是成功的，为 CPP "1997 改革"初战告捷立下了汗马功劳，成为"缴费型"主权养老基金的一个典范。

在 1997 年改革之初，经过一年多的辩论之后，对加拿大养老金投资公司的治理结构逐渐达成了共识：将 CPPIB 建设成一个长期授权明确、规模足够大、管理完善且独立于政府的投资公司，其基本特征是设计了一个独立的法律结构和董事会成员选举过程，旨在保证加拿大养老基金投资公司的董事会既可与政府保持一定距离，以保持独立决策，免受任何形式的政治影响。当时，这种治理模式已经成为加拿大养老基金投资公司的重要优势，不仅在国内建立起公众信心，而且在国际上形成了政治信任。

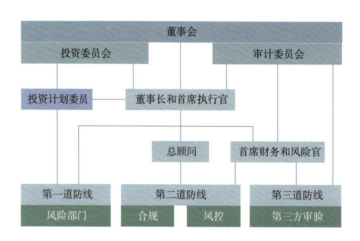

图 20-2　加拿大养老金投资公司的治理结构

注：首席财务和风险官也是投资计划委员会的成员。

资料来源：2018 Annual Report on Canada Pension Plan Investment Board: Investing for Contributors & Beneficiaries, CPP Investment Board.

（三）加拿大养老基金投资公司关于"长期主义"的争论与转型

其实，在采取主动投资还是被动投资管理这个问题上，加拿大著名的养老金专家安集思教授与时任 CPP 总精算师马尔科姆·汉密尔顿（Malcolm Hamilton）发生了严重冲突：汉密尔顿主张被动管理，其理由是以低成本获得市场收益，但安集思教授则支持主动管理，认为采取结构合理的整体性主动管理策略能产生令人满意的净回报，且主动管理也可采取很多种形式，例如，既可在公开市场上实行短期交易策略，也可在私人市场上实行关注长期价值创造的策略。与此相反，被动管理意味着建立全面的、公开交易的指数证券组合以实现长期投资目标，随着时间推移

只持有这类证券组合。

这两种管理方式明显的区别在于其实施成本。主动管理比被动管理需要更多的成本。这样，只有在预计基金投资净收益会超过增加的管理成本时，主动管理才具有合理性。最终，联邦政府作出的决定是先采取被动方式的管理，在条件允许的情况下才可选择转向主动管理方式。

公司建立并运转起来之后，随着资产的不断增加、管理自信心的上涨和管理能力的提升，CPPIB 董事会和管理层越来越清楚地认识到，投资要使人们有能力主动将退休储蓄转变成创造财富的资本。于是，2006 年，加拿大认为转向主动管理的条件具备了，比如，资产达到了一定规模即 600 亿加元；再如，取消了 30% 投资于外国资产的限

制性规定；CPPIB 董事会授权公司新任 CEO 戴维·邓尼森（David Denison）开启该公司的"下一个发展阶段"。

2006 年加拿大养老金投资公司向主动主义转型之后在国际上引起了极大的关注，2012 年 10 月哈佛商学院为此开展了一项"加拿大养老基金投资公司案例研究"[1]，它详细描述了加拿大养老金投资公司当时的状况，例如，全球前 10 大养老基金资产池之一；多伦多办公室雇员数 792 个；伦敦办公室 44 个；中国香港办公室 30 个；独一无二的"总投资组合方法"，系统优化整个资产组合的风险—收益比；"参考投资组合"作为衡量主动的"总投资组合方法"成功与否的基准；所有投资项目（尤其是私人市场投资项目）进行有效的外包；企业文化和薪酬体系使其有能力与私人部门争夺高级投资人才。

加拿大养老金投资公司投资策略从被动主义向积极主义过渡，经历了一些难以忘怀的转变。本来，1999 年，根据股票市场指数的构成，加拿大养老金投资公司首次在公开交易的加拿大和外国股票中进行投资；2001 年，加拿大养老金投资公司推出私募股权和房地产投资计划，最初是利用外部资金，以后的几年逐渐使用直接投资；2003 年，加拿大养老金投资公司对基于指数的股票投资组合进行内部管理；2004 年，加拿大养老金投资公司启动了一定程度的积极股权管理并获得了第一批基础设施资产，包括收费公路、供水设施以及发电和输电系统；2005 年，取消了所有对非加拿大资产投资的法律限制，扩大了对全球发达经济体和新兴经济体的投资，逐步减少了基金对加拿大经济和资本市场的依赖；2006 年是一个重要转折点，加拿大养老金投资公司做出了逐步从基于指数的投资转向更积极的投资选择的战略决策，以利用其比较优势。关于责任，建立了低成本、易于投资的参考组合，作为基金收益的被动投资基准。

从 2007 年开始，加拿大养老金投资公司开始向积极主义过渡，开始增加加拿大和七国集团（G7）工业化国家政府债券的持股（超过 1999 年接手的 CPP 遗留债券），这有助于维持股权、实物资产和债务投资余额在整个投资组合中的平衡，而不会过度依赖或影响加拿大市场；2009~2014 年，加拿大养老金投资公司扩大投资领域，包括私人债务和商业房地产抵押贷款（2009 年），知识产权收入渠道，比如药品专利使用费（2010 年），农业土地和其他自然资源持股（2013 年），主题投资（2014 年）；2014~2017 年，加拿大养老金投资公司扩大了与外部合作伙伴管理的公共市场战略的范围和规模，还对拥有丰富管理经验的自营公司进行了大量直接投资，这是在特定行业或地区扩大规模的有效方式；2017~2018 年，议会 C-26 法案通过后，加拿大养老金投资公司开始了结构调整计划，以适应未来对额外 CPP 资产进行公平高效的投资。

（四）加拿大养老基金公司长期主义管理下的投资组合

在确立了长期主义投资策略之后，加拿大养老基金公司的总组合目标为基金敞口提供了整体框架；总组合平衡为基金敞口提供了日常管理，并为此确定了流程。

① 敞口策略选择	② 投资部门指导	③ 积极组合投资选择	④ 日常流程	⑤ 平衡组合投资选择
·择优选择敞口	·组合投资项目以交付敞口	·在积极型项目中选择符合敞口目标的个体投资	·根据积极型项目的变化来调整平衡项目的敞口目标	·选择符合调整后目标的平衡项目的个体投资

图 20-3　总投资组合架构

资料来源：2018 Annual Report on Canada Pension Plan Investment Board: Investing for Contributors & Beneficiaries, CPP Investment Board.

在向积极主义转型的过程中，私人市场的投资项目不断增长，无论是私募股权，还是房地产；无论是基础设施，还是私人债务，其比重都逐年提高。在"实体投资"里，其中包括 13% 房地产，7% 基础建设，2% 自然资源和农业。

---

[1] Lerner, Rhodes-Kropf, Burbank (2013), "The Canada Pension Plan Investment Board, October 2012", Harvard Business School. 这项案例研究将《经济学人》杂志一篇名为"Maple Revolutionaries"的文章作为全球对养老基金管理的"加拿大模式"表示认可的例子。这种模式首次出现在 1987 年罗恩特别工作小组。该模式是 1990 年建立安大略省教师养老金计划以及之后建立其他加拿大养老基金公司（包括 CPPIB）的基础。

表 20-7　私人市场投资项目增长率

资产类别 （10 亿加元）	2005 年	2010 年	2015 年	2017 年	2018 年
私募股权	2.9	16.1	50.4	57.8	69.3
房地产	0.4	7.0	30.3	40.1	46.1
基础建设	0.2	5.8	15.2	24.3	28.6
其他实体投资	—	—	—	8.7	9.1
私人债务	—	0.9	8.0	16.8	20.4
私人房地产债务	—	0.3	3.8	4.8	4.7
总计	3.5	30.1	107.7	152.5	178.2
净投资占比（%）	4.3	23.6	40.7	48.1	50.0

资料来源：2018 Annual Report on Canada Pension Plan Investment Board: Investing for Contributors & Beneficiaries, CPP Investment Board.

表 20-8　2018 年战略投资组合资产类别和
地理分类及其百分比　　　单位：%

资产类别	权重
公募股权	33
私募股权	22
公共固定收益（优质政府债券）	25
信贷投资（私人债务和除去优质政府债券的公共固定收益）	14
实体资产（公共和私人的，包括房地产、自然资源和农业用地）	26
现金和绝对回报策略	-20
	100
地理区域	权重
加拿大	13
加拿大以外的发达市场	65
新兴市场	22
	100

资料来源：2018 Annual Report on Canada Pension Plan Investment Board: Investing for Contributors & Beneficiaries, CPP Investment Board.

表 20-9　2018 年平均资产类别权重

　　　　　　　　　　　　　单位：%

公募股权	40
私募股权	19
政府债券	22
信贷投资	6
实体投资	22
现金和绝对回报策略	-9
总计	100

资料来源：2018 Annual Report on Canada Pension Plan Investment Board: Investing for Contributors & Beneficiaries, CPP Investment Board.

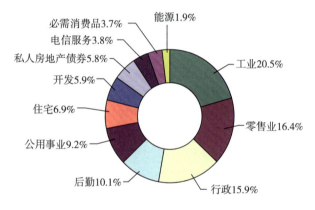

图 20-4　实体资产的部门构成
（截至 2018 年 3 月 31 日）

资料来源：2018 Annual Report on Canada Pension Plan Investment Board: Investing for Contributors & Beneficiaries, CPP Investment Board.

（五）加拿大养老基金公司长期主义管理下的全球配置

实施积极主义之后，加拿大养老基金公司实行全球资产配置，除非洲外，加拿大养老基金公司的投资遍布世界各地，但主要还是以欧美为主，欧洲占 29.1%，美国占 20.6%，亚洲占 32.9%，其中包括中国。

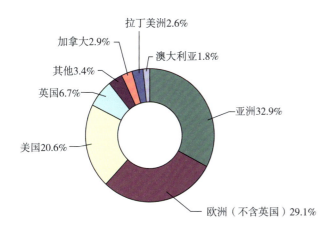

图 20-5 投资合伙的地域构成
（截至 2018 年 3 月 31 日）

资料来源：2018 Annual Report on Canada Pension Plan Investment Board: Investing for Contributors & Beneficiaries, CPP Investment Board.

图 20-6 实体资产的地域构成
（截至 2018 年 3 月 31 日）

资料来源：2018 Annual Report on Canada Pension Plan Investment Board: Investing for Contributors & Beneficiaries, CPP Investment Board.

（六）加拿大养老基金公司实施长期主义管理前后的变化

实施积极主动注意的管理之后，加拿大养老基金投资公司发生了很大变化，海外办公室从 2006 年实施主动管理之前的 1 个增加到 2018 年的 8 个，员工数量从 164 人增加到 1498 人，投资项目从 6 个增加到 25 个，外部合作伙伴数量从 62 个增加到 254 个，外国投资从 35.7% 增加到 84.9%，净资产从 980 亿加元增加到 3561 亿加元。

表 20-10 实施积极主义管理前后的比较

	2018 年（实施积极管理之前）	2006 年（实施积极管理之前）
净资产（亿加元）	3561	980
外国投资（%）	84.9	35.7
员工总数（全职）（人）	1498	164
办公室数量（个）	8	1
投资项目数量（个）	25	6
外部合作伙伴数量（个）	254	62

资料来源：2018 Annual Report on Canada Pension Plan Investment Board: Investing for Contributors & Beneficiaries, CPP Investment Board.

总之，实施主动主义的管理模式之后，加拿大养老基金投资公司为其 DB 型部分积累制的成功运行做出了重大贡献，甚至成为保证加拿大向 DB 型部分积累制成功转型、加拿大养老基金投资公司成为杰出的 "缴费型" 主权养老金的重要基础。

分报告二十一
美国"联邦老、遗、残保险信托基金"

一、"联邦老、遗、残保险信托基金"的地位与发展

（一）基本情况：历史与现状

美国"联邦老、遗、残保险信托基金"的全称是"联邦养老、遗属保险与联邦残障保险信托基金"（the Federal Old-Age and Survivors Insurance and Disability Insurance Trust Funds，OASDI），成立于 1940 年，是美国联邦政府举办的基本养老保险。截至 2017 年底[①]，"联邦老、遗、残保险信托基金"覆盖的受益人数量为 6200 万，其中 4500 万是退休者及其家属，600 万为已故工人的家属，1000 万为残障者及其家属；覆盖的缴费人口大约为 1.74 亿；全部支出 9520 亿美元，全部收入 9970 亿美元，其中非利息收入 9110 亿美元，利息收入 850 亿美元；"联邦老、遗、残保险信托基金"资产总额为 2.89 亿美元。

"联邦老、遗、残保险信托基金"由两部分组成，一是"养老、遗属保险基金（OASI）"，二是"残障保险基金（DI）"，两只基金独立核算，自我平衡；其制度收入来源主要是工薪税。现行法律规定的工薪税率为 12.40%，雇员和雇主各缴 6.20%，"自雇者"个人要全额缴付 12.40%（"养老、遗属保险"10.60%，"残障保险"1.80%）。但法律对工薪税的上限做了规定，即当缴纳的工薪税绝对数超过这个上限时则予以封顶。该基金的收入主要由三部分构成：除了绝大部分来自雇员和雇主缴纳的法定工薪税以外（高达 90% 左右），大约还有不到 10% 来自基金的投资收益，2% 来自对津贴给付的征税。

表 21-1　2017 年净缴款工薪税率　　　　　单位：%

	老、遗基金	残障基金	老、遗、残基金
雇员净缴款工资税率	5.015	1.185	6.20
雇主净缴款工资税率	5.015	1.185	6.20
自我雇佣者净缴款工资税率	10.030	2.370	12.40

注：2015 年两党预算法案 114-74 号公法第 833 节要求 OASI 和 DI 信托基金之间临时重新分配工资税率。对于 2016 年至 2018 年历年的收益，将直接拨给 DI 信托基金的税率从 1.80% 提高到 2.37%。这些年拨给 OASI 信托基金的税率部分也相应地减少。

资料来源：转引自 *The 2018 Annual Report of the Board of Trustees of the Federal Old-Age and Survivors Insurance and Disability Insurance Trust Funds Communication*. Washington, D.C., June 5, 2018. p.8, Table II.B2.

[①] 以下资料均转引自：*The 2018 Annual Report of the Board of Trustees of the Federal Old-Age and Survivors Insurance and Disability Insurance Trust Funds Communication*. Washington, D.C., June 5, 2018.

美国社会保障制度是1929年大萧条的产物。1935年罗斯福总统签署《社会保障法》[1]，正式建立起社会保障制度。1940年美国"联邦老、遗、残保险信托基金"开始正式运行并发布第一个年度报告，支付第一笔养老金。

表 21-2　2013~2017年行政费用占非利息收入和总支出比例　　单位：%

年份	老、遗信托基金		残障信托基金		老、遗、残信托基金合计	
	非利息收入	总支出	非利息收入	总支出	非利息收入	总支出
2013	0.5	0.5	2.6	1.9	0.8	0.7
2014	0.5	0.4	2.6	2.0	0.8	0.7
2015	0.5	0.4	2.4	1.9	0.7	0.7
2016	0.5	0.4	1.7	1.9	0.7	0.7
2017	0.5	0.5	1.7	1.9	0.7	0.7

资料来源：转引自 *The 2018 Annual Report of the Board of Trustees of the Federal Old-Age and Survivors Insurance and Disability Insurance Trust Funds Communication*. Washington, D.C., June 5, 2018.Table Ⅵ.A3. p.36, Table Ⅲ, A6。

美国养老保险制度的运行所产生的行政费用在总收入中扣除。与很多国家相比，美国"联邦老、遗、残保险信托基金"行政成本较低，几十年来，基本维持在缴费收入和总收入的1%以下。

（二）制度发展：三支柱与五层次

美国的养老保障制度是世界上最典型、最发达、最成熟的多层次、多元化、市场化的保障体系，其基本养老保险制度"联邦老、遗、残保险信托基金"是养老保障体系的第一支柱，社会平均替代率大约38%，是世界上规模最大、最典型、最成功、最传统的DB型现收现付制。第二支柱企业补充养老金也是世界上规模最大、数量最多的市场化运行的企业补充养老基金。第三支柱同样也是世界上规模最大、市场化和多元化程度最高的个人养老金制度。除了由税优政策支撑的三支柱养老基金外，美国还有庞大的住房反向抵押市场和租房市场，由此又形成一个养老保障资金来源。最后，美国的其他金融工具和资产性收入非常发达，也形成一个重要的、多元化结构的退休保障收入来源。因此，美国人"戏称"他们的养老金制度为"三条腿板凳"和五层次"金字塔"形退休保障体系。

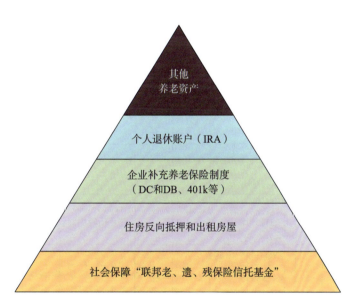

图 21-1　美国五层次"金字塔"形退休保障体系

资料来源：CIC, 2018 Investment Company Fact Book: A Review of Trends and Activities in the Investment Company Industry, 58th edition, Investment Company Institute, p.164.

①《美国社会保障法》第一卷至第三卷，载中国社会科学院世界社保研究中心：《世界社会保障法律译丛》（六卷本），与中国社会保险学会和中国证券投资基金业协会联合，中国社会科学出版社2017年版。

美国五层次"金字塔"形退休保障体系十分发达，其中，第一层次的基本养老金制度"联邦老、遗、残保险信托基金"自1935年立法以来发挥了重要作用，成为养老金的重要支柱，基金规模稳步增长，从当时只有几十亿美元，到1957年突破200亿美元、1969年突破300亿美元、1971年突破400亿美元、1987年突破600亿美元、1988年突破1000亿美元、1990年2000亿美元、1992年3000亿美元、1996年5000亿美元、2000年1万亿美元、2006年突破2万亿美元、2017年高达2.89万亿美元[①]。

（三）制度特征：传统的DB型现收现付制面临严峻挑战

DB型现收现付制能否维持精算平衡，涉及人口、经济、制度多重参数的影响。在75年的预测期中，其主要假设值都很不乐观。

表 21-3　未来 75 年预测期主要假设的长期值

	长期假设	中值	低成本	高成本
人口	2027 年及以后的总生育率（每位女性生育子女数）	2.0	2.2	1.8
	从 2017 年到 2092 年按年龄和性别调整的总死亡率每年平均下降百分比	0.77	0.41	1.15
	2018 年至 2092 年平均每年净移民人数（以千计）	1272	1607	952
经济	2028 年及以后生产率（美国经济总量）的年均变化百分比	1.68	1.98	1.38
	2021 年及以后就业者的平均工资	3.8	5.02	2.58
	2028 年至 2092 年消费者价格指数（CPI-W）	2.60	3.20	2.00
制度	2092 年残疾发生率（每千名风险暴露者，年龄及性别调整后）	5.4	4.3	6.4
	2092 年残疾复元率（每千名受益者，年龄及性别调整后）	10.3	12.5	8.2

资料来源：转引自 *The 2018 Annual Report of the Board of Trustees of the Federal Old-Age and Survivors Insurance and Disability Insurance Trust Funds Communication*. Washington, D.C., June 5, 2018. p.9, Table Ⅱ. C1。

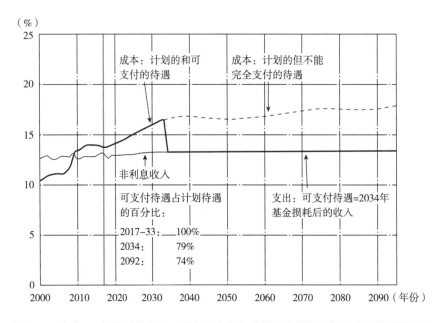

图 21-2　未来 75 年的制度收入、成本和支出占应税工资总额比例（在中间假设下）

资料来源：转引自 *The 2018 Annual Report of the Board of Trustees of the Federal Old-Age and Survivors Insurance and Disability Insurance Trust Funds Communication*. Washington, D.C., June 5, 2018. p.13, FigureⅡ. D2。

① 转引自 *The 2018 Annual Report of the Board of Trustees of the Federal Old-Age and Survivors Insurance and Disability Insurance Trust Funds Communication*. Washington, D.C., June 5, 2018.Table Ⅵ. A3. pp.160-161。

基于这些基本假设条件，长期内，支出成本将逐渐大于缴费收入，根据2018年《年度报告》的预测，到2034年基金将枯竭，届时，养老金待遇支出与缴费收入之间将出现一个缺口，并且随着时间的推移，这个缺口逐年扩大。

基金不可持续和枯竭的重要原因之一是缴费人数与受益人数的"支持比"逐渐发生逆转：在2010年之前，制度内是3个缴费者养活1个退休者，此后便逐年下降，大约到2025年降到2.5个缴费者养活1个退休者，到2075年就降至2个缴费者养活1个退休者。

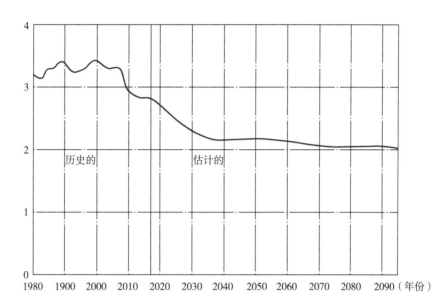

图21-3　未来75年缴费人数与收益人数的"支持比"变化（在中间假设下）

资料来源：转引自 *The 2018 Annual Report of the Board of Trustees of the Federal Old-Age and Survivors Insurance and Disability Insurance Trust Funds Communication*. Washington, D.C., June 5, 2018. p.14, Figure Ⅱ. D3。

（四）精算报告：一个行将"破产"的社会保障制度

美国"联邦老、遗、残保险信托基金"建立的第二年即1941年发表了它的第一个《联邦老、遗、残保险信托基金理事会年度报告》（以下简称1941年《年度报告》）①。虽然这个《年度报告》不到10页，但对未来50年的预测却占了一半的篇幅。这是美国历史上第一个《年度报告》，它预测在1941~1960年收入始终大于支出，但从1961年开始出现赤字，一直到1990年赤字逐年扩大。1941年《年度报告》仅做了未来50年期的预测，其中有30年收不抵支。在随后历年的《年度报告》里，其预测结果多次显示其财政支付能力在短期内略有盈余，在中期内基本可以达到收支平衡，但长期内则不可避免地出现赤字，并呈不断扩大的趋势。

美国的养老保险精算制度的安排是将预测分为"短期"（10年）和"长期"（75年）两个测算期，自发布2003年《年度报告》后，又常常在《年度报告》里增加

了一个"永久预测期"。本文这里以每隔10年发表的《年度报告》为例：

1951年《年度报告》显示，在1951~2000年的50年预测期中，1984年之前均为每年盈余，在此之后开始出现赤字，到2000年赤字为可纳税工薪额的1.8%；1961年《年度报告》分别做了5年、15年和"长期"的三种预测，但没有指出出现赤字的可能性；1971年《年度报告》的预测仅指出在未来75年时间里，工薪税水平需上调至8.64%~9.72%，而当时的工薪税为9.2%，收支还算可以持平；1981年《年度报告》的预测则令人很悲观，中期（1981~2005年）的年均成本将从可纳税工薪额的9.99%提高到12.55%，而同期的相应数据为11.94%，即从盈余1.95%下降到赤字0.61%。长期（1981~2055年）的预测前景更是不妙，从可纳税工薪额的10.99%上调至18.50%；而同期假定的数据为12.25%，这样，就从盈余1.26%下降到赤字6.25%；1991年《年度报告》首次

---

① 由于篇幅关系，下面的数据转引自每年的《年度报告》，见美国社会保障总署官网：https://www.ssa.gov/。

出现"将要导致枯竭"的字样，认为在 75 年的长期预测中，前 26 年均为盈余，而后将开始出现"绝对赤字"，在第 50 年即 2040 年时"导致枯竭"，缺口为可纳税工薪额的 1.08%；2001 年《年度报告》预测 2016 年将收不抵支，2038 年将出现基金枯竭；2011 年《年度报告》预测 2023 年将收不抵支，2036 年将出现基金枯竭，最新出版的 2018 年《年度报告》预测 2034 年基金枯竭。

二、"联邦老、遗、残保险信托基金"的行政架构与管理体制

美国"联邦老、遗、残保险信托基金"的投资运作在法律上基本是独立于社会保障制度日常程序之外的。从框架结构来说，美国社会保障制度由"三驾马车"组成："社会保障信托基金理事会（BTFOASDI）""社会保障总署（SSA）"和"社会保障顾问委员会（SSAB）"。在"三驾马车"的这个制度结构中，它们分工明确，责任清晰，各司其职，相得益彰，其权利与义务均由相关法律制度予以界定。

"三驾马车"的制度结构主要是由现收现付制的融资制度决定的：现收现付制的融资特性在客观上为基金的投资管理独立于其他制度体系提供了可能性，因为该制度的性质要求其基金的支付能力是由政府出面来做最终担保人的；这样，将基金独立出来封闭运行和单独决策不但是可行的和现实的，而且也是必要的和高效的；这就是为什么自 1935 年以来"联邦老、遗、残保险信托基金"始终独立于社会保障总署、直接由财政部部长领衔的"社保信托基金理事会"独立决策并直接对国会和总统负责的根本原因之一。在"三驾马车"中，美国"社保信托基金理事会"专门负责掌管该基金的短期和长期投资的操作与调查研究事宜。

（一）第一驾马车：美国"联邦老、遗、残保险信托基金理事会"

美国《社会保障法》201（c）款规定[1]，必须建立一个专门的"联邦老、遗、残保险基金理事会"负责对"养老、遗属保险基金"和"残障保险基金"这两只信托基金的管理；理事会每届四年，由财长、社保总署署长、劳工部长、健康与人力资源服务部长等组成。财长为理事会的"执行理事"，社保总署的副署长为理事会秘书长。理事会每年至少召开一次会议，其职责是：①负责对这两只基金实施全面的管理；②在每年 4 月 1 日之前向国会呈交一份年度报告，对上一年度基金营运的情况进行评估和下一年度进行预测；③如果认为这两只基金之中的任何一只规模很小，可以随时向国会呈交报告；④对这两只基

金和联邦政府失业保险计划的行政管理程序予以改进和完善；⑤对这两只基金总体营运与行政管理的规则进行评估并提出建议，包括对相关法律条文提出必要的修改建议。此外，《社会保障法》规定，在呈交给国会的《年度报告》中必须要对前一年的基金资产状况进行陈述，同时还要对两只基金单独和总体的前景做出精算预测，包括社保总署总精算师的精算分析。另外，理事会中还有两名公众理事（可为同一政党成员），由总统任命，报参议院通过。

之所以财政部部长任该理事会的执行理事，是因为美国社保制度尤其是"联邦老、遗、残保险信托基金"的营运事宜主要被认为是一项"财政"工作，且美国这两只信托基金是在美国财政部分别设立两个独立的财政专户，便于协调信托基金与财政部之间的关系。根据美国《社会保障法》第 201（a）款的规定，如果财政部认为这两只基金的支付能力出现问题，财政部的"总储备金"（general fund）就可以对其进行转移支付，但这部分资金也要纳入"联邦老、遗、残保险信托基金"的总体投资营运之中，并且要求其投资方式与"联邦老、遗、残保险信托基金"的投资方式完全相同，"联邦老、遗、残保险信托基金"要向"总储备金"支付利息并以"日利息"作为结算单位，利息标准为"联邦老、遗、残保险信托基金"当日投资的利息标准。

（二）第二驾马车：美国"社会保障总署"

为美国社会保障计划负行政责任的机构是美国"社会保障总署"（SSA）。根据《社会保障法》，当时该机构的名称是"社会保障委员会"（SSB）；这是一个崭新的直接隶属于联邦政府的独立机构，由于时间紧急，没有人员和预算，第一年的启动资金是从"联邦紧急救助署"临时借支的；该委员会直接对总统负责，其领导机构由总统任命的三名执行委员组成，虽然其中的一位被任命为主席，但所有三名委员在决策程序中具有同等的地位，每人一票，主席实际上是召集人；1939 年该委员会成为隶属于内阁机构"联邦安全署"（FSA）的一个部门；1946 年社会保障委员会改称为"社会保障总署"（SSA）；1953 年"联邦安全署"取消，社会保障总署又隶属于刚刚成立的内阁机构"健康、教育与福利部"（HEW）的一个内设机构，但职能未变；1980 年新成立的"健康与人力资源部"（HHS）代替了原来的"健康、教育与福利部"，社保总署便理所当然地成为其一个内设机构；1994 年国会通过立法，社保总署最终又成为一个独立的机构。

---

① 本文引用的《社会保障法》全部资料均出自最新的修正案，截止到 2003 年 3 月，请见 http://www.ssa.gov/OP-Home/ssact/title02/020201.htm 以下不再注明。

美国"社保总署"的法律地位尽管在长达近 80 年的历史中多有变化,几进几退,但是,法律赋予它的职能却始终没有任何变动,即专司社会保障的日常行政事务,不折不扣地依法行政,为世界上这个规模最大的公共支出项目提供高效优质的服务网络;其服务效能的投入/产出分析在其专门的官方评估机构即另一驾"马车""社保顾问委员会"专项报告中多次给予赞许。对于这个涉及美国人千家万户切身利益的执行者"社保总署"署长的任命仪式,几乎每届总统都亲自参加出席并发表演讲。

(三)第三驾马车:美国"社会保障顾问委员会"

"社会保障顾问委员会"(SSAB)由国会成立,总统任命,对国会负责,其功能是就社会保障和"附加安全收入"(SSI)计划事宜向国会、总统和社保总署署长提供咨询工作的一个独立的跨党派的委员会。

"社保顾问委员会"最开始是一个定期召开会议的"非常设"机构,当时的名称是"社会保障咨询委员会(ACSS)",其成员主要由能够代表社会各界并为社会保障政策进行咨询的有关社会贤达组成。自 1934 年召开第一次会议以来,该委员会为改革社会保障制度的立法起到了非常大的积极作用。1939 年和 1950 年在《社会保障法》的修改过程中,该委员会发挥了重要的作用。该委员会定期召开会议的传统和"非常设机构"的法律地位一直到 1994 年国会通过《社会保障法》时才发生了根本性的变化,该《法案》不仅使社保总署成为一个独立机构,而且还规定该委员会成为一个永久性机构,并将其名称改为现在的"社会保障顾问委员会",从而结束了长达 60 年的"一个传统"。这样"1994~1996 年社保咨询委员会"就成为这个"传统"的最后一届委员会。最后这一届委员会即"1994~1996 年社保咨询委员会"为美国社会保障制度改革做出了卓越的贡献:它成立了两个工作小组,对社会保障私有化改革的诸多方案进行了认真的比较和激烈的辩论,提交了一份具有重大社会影响的研究报告,针对美国现收现付制的可持续性问题进行了广泛的讨论,抛出了著名的三项改革模式,极大地推动了学界和政界对改革的认同和对社会保障私有化改革的理论探讨和政策研究,为 20 世纪 90 年代后期奠定了雄厚的理论基础。

自 1996 年春季新成立的委员会召开首次会议以来,该委员会就一些广泛的问题提供了许多建议。例如,在 2002 年《年度报告》中就提出了许多重要的问题,包括社会保障总署的责任、向社会提供优质服务、改进残障保险的管理、"联邦老、遗、残保险信托基金"的长期财政

能力、附加安全收入计划的行政管理、社保总署的行政经费、社会安全号的使用与误用、其他社保计划所面临的挑战等。该委员会每年发表一个年度报告;为了做好咨询工作,每年该委员会会见大量政府官员、专家学者和社会各界人士,还举行听证会,广泛听取社会不同的声音。

该委员会由 7 位委员组成,6 年一届,其中 3 名由总统提名(其中来自同一政党的不得超过两名),众议院议长和参议院议长各任命两名任(其中来自同一政党的不得超过一名);总统的任命须经参议院通过;总统在 7 名成员中任命一位为委员会主席,任期 4 年,与总统任期重叠。

法律赋予社保顾问委员会的义务与权利有如下 9 条:一是分析退休与残障保障制度,对"养老、遗属与残障保险"和"附加安全收入"计划提出建议,广泛寻询社会各界和私人部门的支持,以有效地确保经济安全;二是对医疗安全保健与"养老、遗属与残障保险"和"附加安全收入"之间的协调进行研究并提出建议;三是向总统和国会就确保"养老、遗属与残障保险"短期和长期支付能力提出建议;四是就社保总署向公众提供服务的质量问题提出建议;五是就"养老、遗属与残障保险"和"附加安全收入"计划的政策和监管提出建议;六是增加公众对社会保障的理解;七是向社会保障总署就社保制度的评价提出建议;八是就认为非常重要的任何关于社会保障问题做出评估和动议;九是就任何其他类似事宜提出建议。

尽管该委员会成为常设性的机构只是近 20 年的事情,但在过去的 83 年里,无论是历次《社会保障法》的修改还是社保总署机构的改革方案设计,它都发挥了不可替代的咨询和建议的作用;20 世纪 90 年代以来在关于社会保障制度改革的讨论过程中,它不但是一个发起者,而且也是一个积极的参与者,其长篇报告至今也不失为一份具有极其重要学术价值的文献;在这场长达近十年来的大讨论中,它还扮演了一个重要的组织者的角色,在它周围聚集着几乎美国所有一流的经济学家和社会保障领域的专家学者,成为这个学术界的一面旗帜;尤其是对美国"联邦老、遗、残保险信托基金"是否入市和如何入市问题的讨论与争辩、对资本市场风险的评估与预测等相关涉及基金安全和支付能力等一系列专业研究中,都取得了不朽的成绩甚至成为同行和业内人士的理论工具和评价标准。在其他许多 OECD 国家的社会保障制度架构中,也有一些国家设有类似咨询性质的机构,但可以认为,没有一个国家的类似机构像美国"社保顾问委员会"这样对其政府决策者和制度改革具有如此之大的影响力和对学界具有如此之大的

号召力。"社保顾问委员会"无疑是美国社保制度改革和"联邦老、遗、残保险信托基金"投资问题的重要智囊机构，它已经并将继续发挥重要的影响作用。

三、"联邦老、遗、残保险信托基金"的改革原则与忧患意识

虽然美国"联邦老、遗、残保险信托基金"与其他所有发达国家的养老金制度一样，都面临着 DB 型现收现付制所难以避免的基金不可持续性问题，但它仍坚持精算平衡原则，遵守社会共济精神，是一只最传统、最成功、最标准、最大的基本养老金制度。

（一）拒绝财政介入，调整参数维持精算平衡

自 1940 年基金运行以来，随着参保人数的逐年增加和退休人数的增加，根据人口老龄化和老年制度赡养率的变化，不断调整制度参数，始终保持两组参数的大致平衡，在没有一个美元的财政介入情况下，还结余 2.89 亿美元，是世界上最标准的、传统的 DB 型社会养老保险制度。在缴费率、制度赡养率和替代率这三个参数中，主要以调整缴费率和制度赡养率（提高退休年龄）为主，替代率水平十分稳定，三个参数的匹配度最好；在基金率、收入率、成本率这三个参数中，基金率的参照始终得以维系，后两个参数十分精确，成为制度健康运行的基石。

由此，美国"联邦老、遗、残保险信托基金"可被视为坚持精算平衡的典范，是全世界缴费率最低、企业负担和职工负担最低的养老金制度之一。当然，美国"联邦老、遗、残保险信托基金"每年的《年度报告》预测的收不抵支和基金枯竭两个时点之所以"年年落空"，除了调整制

度参数，还有许多其他因素发挥作用。

1. 美国人口政策、家庭政策、移民政策相互配合

政策的相互配合对缓解人口老龄化趋势发挥了重要作用，美国成为发达国家中人口结构衰老速度最慢的国家之一。根据联合国的数据，第二次世界大战后，在 G8 国家里，美国是"年均净移民率"最高的国家之一，仅次于加拿大的 5.7%，美国位居第二，为 2.9%，1950~2015 年净移入人口 4735 万[①]。

2. 覆盖范围逐渐扩大，保险信托基金的缴费收入不断增加

在建立社保制度 15 年之后的 1950 年修正案中，由于社会经济发展的需要，"自雇者"首次被规定纳入社保覆盖范围之内并开始缴费，延长了其支付周期，延迟了赤字和枯竭之日的到来；当时规定的缴费率是 2.25%，经过几十次的缴费调整之后，目前他们的缴费率也是 12.4%（养老与遗属为 11.2%，残障为 1.2%）。

3. 增加了新的社保项目相当于开拓了费基

在将"自雇者"纳入覆盖范围 7 年之后，1957 年的《社会保障法》修正案又规定增加了一个新的社保项目"残障保险"[②]。虽然这个增加的"残障保险"基金与"养老与遗属保险"基金在财政部是分账管理，单独预算，但在支付时常常是互通有无，等于变相地扩大了基金的费基。

（二）公平与效率相结合，二者配合适宜

美国"联邦老、遗、残保险信托基金"的公平性主要体现在低收入者的替代率要高于高收入者。例如，年薪 9.2 万美元的收入者的替代率为 37%，但是，年薪只有 2.1 万美元的收入者的替代率则高达 67%，而年薪收入 23.4 万

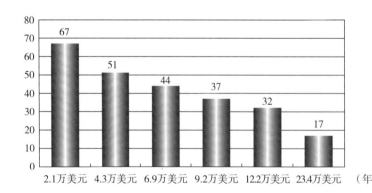

图 21-4　不同收入群体养老金替代率的情况

资料来源：Peter Brady：《美国如何支持养老》，中国金融出版社 2018 年版，第 70 页。

---

① 转引自联合国人口司官网：http://www.un.org/esa/population/。
② 这些数据引自 2000《年度报告》，p.34, Table Ⅱ.B1。

美元收入者的替代率仅为17%[1]。而多缴多得的激励性也是很有效率的，比如，63岁提前退休就不能获取全额养老金，65岁达到法定退休年龄可以获得全额养老金，如果67岁或再多工作几年再退休，养老金就会更多一些。

（三）报忧不报喜，充满忧患意识

美国"联邦老、遗、残保险信托基金"《年度报告》自1941年出版第一份至今已有78年，78个《年度报告》都据实做出短、长期预测，但危机都未真正出现，究其原因，盖因参数调整和其他社会政策调整的结果。尽管这样，美国社保总署还是年年做出预测。这充分说明：

1. 进取精神源自居安思危，改革精神来自忧患意识

没有以往78年的测算，就没有进取精神和忧患意识。美国式的进取精神和忧患意识打造了世界上最为健康的社保制度和规模最大的社保基金。养老金制度的长期预测涉及人口变化、经济增长和其他影响收入与支出的条件假定，而社会保障制度的财政可持续性取决于领取津贴的人口规模和特征、津贴发放的规模与水平、劳动力规模和工人收入的水平等诸多因素；这些因素反过来又会影响未来的出生率、死亡率、移民规模、结婚和离婚率、退休年龄的结构、残障发生的概率、工资增长情况、通货膨胀指数和法律条文的变动等其他因素变量。对养老金制度态度自然就是对所有这些因素的态度，这显然说明他们并没有被世界第一强国的"娇贵"地位所"孤高"。

2. 忧患意识铸造社会共识，进取精神凝聚社会团结

美国民众从不抱怨养老保障制度，第二次世界大战后从未出现过由于对养老保险制度不满而导致的任何游行示威，而美国人养老金的替代率只是欧洲福利国家的1/2~1/3；养老保险制度在美国是个安全网，化解了很多社会矛盾，而在欧洲很多国家则是一个火药桶，每年定时会引发社会骚乱。现收现付的一个致命缺陷就是不敌人口结构的逆转趋势，只有认清制度特性积极应对，才是重要出路。这就是欧美之间的区别，也是对世人的绝好启示。

3. 坚持不懈恪守基本原则，孜孜不倦探索制度创新

近20年来，一些发达国家逐渐摒弃传统的DB型现收现付制养老基金不能实行市场化投资的观念，但是美国"联邦老、遗、残保险信托基金"不为所动，依然我行我素，其基金储备全部用于持有国库券，成为一个"另类"。在恪守传统原则的基础上，为应对人口老龄化和克服DB型现收现付制的痼疾，美国试图探索一个"温和"的改良主义发展道路，这就是1990年实施的将"DB型部分积

累制"因素"引入"联邦老、遗、残保险信托基金的改革举措，由此成为创设"DB型部分积累制"的第一个"吃螃蟹者"，尽管与后来1997年加拿大实施的"DB型部分积累制"存在一定差异性，但却成为探索和创建"DB型部分积累制"的一个拓荒者。

四、从"联邦老、遗、残保险信托基金"到主权养老金基金

众所周知，传统的DB型现收现付制追求的不是基金余额，基金余额规模越大，意味着负债规模越大，且雇员和雇主的缴费负担也就越大。因此，在DB型现收现付制的发祥地欧洲大陆，虽然几乎所有国家实行的都是DB型现收现付制，但他们几乎没有基金储备，所以，基本不存在基金投资的需求，也不存在基金投资体制。

所谓DB型积累制，是指计发养老金公式依然遵循DB方式的条件下，将积累一定规模的基金储备作为制度的瞄准目标；建立资金池的目的是获得投资收益，扩大基金收入来源，增强基金的可持续性；资金池的规模越大，收益就越大，就越能减少参保人的缴费负担。

为了建立一个资金池，美国决策者决定将1987年的缴费率11.40%快速提高到1990年的12.40%（其中1988~1989年提高到12.12%过渡了1年），3年里提高了1个百分点，在接下来的几年时间里，一只"缴费型"主权养老基金很快就形成。

在1990年至今的28年里，"联邦老、遗、残保险信托基金"逐渐成为一只规模举世无二的主权养老基金，为提高美国养老金制度的支付能力与可持续性、弥补收支缺口、减轻参保人缴费负担做出了贡献，为拓展养老金制度模式和引领国际养老金制度创新做出了贡献。

（一）主权养老基金的创立使制度可持续性明显提高

如前所述，自1940年建立"联邦老、遗、残保险信托基金"以来，随着制度赡养率的不断提高，基金率呈急速下降趋势[2]：1957年时高达298%即意味着在没有任何收入的情况下，基金储备可支付3年，但到1960年就跌破200%，只够支付2年；1966年跌破100%，仅够支付1年。但基金率持续下滑还在继续，基金规模一年比一年低，最低的是1983年跌到历史最低点14%，意味着仅够支付1个月的，这大大地超出了美国联邦老、遗、残保险信托基金设定的制度目标基金率的水平[3]。

1990年快速提高缴费率之后，联邦老、遗、残保险

---

[1] Peter Brady：《美国如何支持养老》，中国金融出版社2018年版，第70页。

[2] "基金率"（fund ratio）是代表着1年即将支出的成本占上年底基金储备的比例。

[3] 美国"联邦老、遗、残保险信托基金"设定的制度目标基金率是短期（10年）不低于100%，长期（75年）不低于0%。

信托基金储备规模迅速回升：3 年后的 1993 年基金率就超过 100%，2000 年超过 200%，2004 年超过 300%，此后的 10 多年里，一直维持在 300% 以上（只有 2017 年下滑到 299%）。从曲线图可看出，在 1957 年至 2017 年的 60 年里，基金率曲线呈 "V" 字形，底角最低点为 1983 年，仅为 14%；改革之前，基金规模曲线始终低迷没有起色，

与横轴平行。1990 年实行 DB 型部分积累制，快速提高缴费率以后，基金率曲线开始陡然快速上升，基金规模曲线也跟着平行增长，美国联邦老、遗、残保险信托基金储备形成了一只规模将近 3 万亿美元的 "缴费型" 主权养老基金。规模如此庞大，无论在世界各国的 "缴费型" 或 "非缴费型" 主权养老基金里，均排名第一。

图 21-5 1990 年美国联邦老、遗、残保险信托基金改革前后的基金规模和基金率的比较

资料来源：笔者自制。数据转引自 *The 2018 Annual Report of the Board of Trustees of the Federal Old-Age and Survivors Insurance and Disability Insurance Trust Funds Communication*. Washington, D.C., June 5, 2018, Table VI.A3, pp.160-161.

（二）主权养老基金的收益对弥补收支缺口发挥重要作用

在 1957~2017 年的 60 年里，美国联邦老、遗、残保险信托基金的工薪税收入总计 179538 亿美元，全部支出 179877 万亿美元[①]，在不算利息收入的情况下，赤字 -34 亿美元，已经是收不抵支，缺口是由利息予以弥补。

其实，就缴费收入与总支出来讲，早在 2009 年收不抵支的 "拐点" 就已经出现了。从曲线图看到，2009 年工薪税收入 6673 亿美元，总支出 6858 亿美元，此后，工薪税收入曲线就始终低于总支出：2010 年收入 6373 亿美元，支出 7125 亿美元；2011 年收入 5642 亿美元，支出 7361 亿美元；2012 年收入 5895 亿美元，支出 7858 亿美元；2013 年收入 7262 亿美元，支出 8229 亿美元；2014 年收入 7560 亿美元，支出 8592 亿美元；2015 年收入 7949 亿美元，支出 8971 亿美元；2016 年收入 8362 亿美元，支出

9223 亿美元；2016 年收入 8362 亿美元，支出 9223 亿美元；2017 年工薪税收入 8736 亿美元，总支出 9525 亿美元。

将近 10 年来，每年都是当期收不抵支，基金储备规模不但没有下降，反而还从 2009 年的 2.54 亿美元增长到 2017 年的 2.89 亿美元，这是为什么？答案很清楚，是庞大的基金规模带来的巨大利息收入填补了收支缺口。1999 年以来利息收入始终在 500 亿美元以上，其中，2006~2013 年利息收入每年超千亿美元；1957~2017 年的 60 年里，利息收入共计 2.14 万亿美元，其中，1990~2017 年就高达 2.09 亿美元；也就是说，几乎所有的利息收入都是来自 1990 年实行 DB 型部分积累制以后。

如果 1990 年没有实施传统的 DB 型现收现付制向 DB 型部分积累制转型，没有建立一只庞大的 "缴费型" 主权养老基金，没有由此带来的 2.09 万亿美元的利息收入，目前的基金余额就仅有几千亿美元。

---

① *The 2018 Annual Report of the Board of Trustees of the Federal Old-Age and Survivors Insurance and Disability Insurance Trust Funds Communication*. Washington, D.C., June 5, 2018, Table VI. A3, pp.160-161.

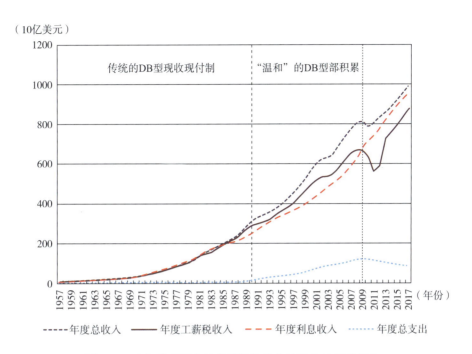

图 21-6　主权养老基金的收益弥补收支缺口（10 亿美元）

资料来源：笔者自制。数据转引自 *The 2018 Annual Report of the Board of Trustees of the Federal Old-Age and Survivors Insurance and Disability Insurance Trust Funds Communication*. Washington, D.C., June 5, 2018, Table VI.A3, pp.160-161.

（三）主权养老基金执行 29 年的低费率对稳定社会意义重大

美国联邦老、遗、残保险信托基金制度在建立之初没有负责"老人"即已经退休的"历史遗产"，覆盖的只是正在工作的就业人口（中人）和未来将要加入制度的"新人"。所以，制度初始阶段缴费率非常低，只有 2%（雇员个人缴纳 1%，单位雇主缴纳 1%）。随着人口不断老龄化和"新人"成为"老人"，退休者开始出现，退休群体数量越来越大，缴费率逐年提高：1957 年提高到 4.50%，1967 年为 7.80%，1987 年为 11.40%，等等，缴费率的曲线呈一条平滑的指向右上方的斜线。可预见到的趋势是，人口结构逆转将成为大势所趋，现收现付的缴费率必将一直不断地提高下去。

1990 年实施 DB 型部分积累制改革之后，缴费率不再继续提高下去，实现了一条与横轴平行的直线，至今，12.4% 的缴费率已连续执行 29 年（其中，2011 年和 2012 年降低至 10.40%）。在这样一个稳定的低费率条件下，一方面，如前所述，部分积累制改革导致出现一只"缴费型"主权养老基金，这只世界上最大的主权养老基金规模不断扩大，不仅成为稳定美国社会保障制度的一个基石，也成

为美国社会保障制度的一个"名片"；另一方面，参保人、参保企业、代际公平等几个方面均为受益方。

1. 稳定参保人的社会预期

从参保人的角度看，缴费率提高到 12.4% 之后就稳定下来，减轻了美国参保人的经济负担，并成为发达国家基本养老保险缴费率最低的制度之一，既稳定了社会消费预期，也使社会保障制度成为稳定因素之一，美国社会从未因为社会保障缴费率而产生不稳定因素，与欧洲某些国家相比，这是美国社会保障制度的一个重要特征。

2. 保持较高的企业竞争力

从参保企业角度来看，6.4% 的雇主缴费率在发达国家中是缴费率最低的基本养老保险缴费率，对保持企业国际竞争力，对制造业和工业化回流具有深远的意义；进而，持续几十年的低费率对提高国家竞争力和吸引高科技企业和人才、保持国际科技产业领先具有重要意义。

3. 实现代际公平的保证

对美国和加拿大等那些建立制度之初没有覆盖"老人"的基本养老保险来说，几代参保人已经习惯了只有 3%、5% 或 7% 的低费率。在他们眼里，后代人的缴费率要明显高于当代人，这是一个代际不公平的社会保障制

度。在人口老龄化趋势下，能够实现一个稳定三四十年不变的缴费率是一件很不容易的事情。美国通过快速提高费率和筹资程度构建一只主权养老基金，在某种程度上是为

减轻后代人负担做出了牺牲。通过制度创新和自我牺牲，12.4% 缴费率执行了长达 39 年之久，这是美国 1990 年社保改革的一个成果，也是实现代际公平的一个保证。

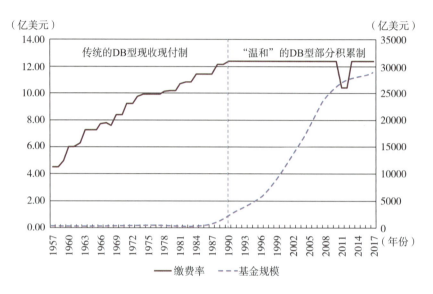

图 21-7　主权养老基金的收益减少工人负担

资料来源：笔者自制。基金规模的数据转引自 *The 2018 Annual Report of the Board of Trustees of the Federal Old-Age and Survivors Insurance and Disability Insurance Trust Funds Communication. Washington*, D.C., June 5, 2018.Table VI.A3. p.160-161; 缴费率的数据转引自以下两个年报 Board of Trustees of the Federal Old-Age and Survivors Insurance and Disability Insurance Trust Funds (June 22, 2016), *The 2016 Annual Report of the Board of Trustees of the Federal Old-Age and Survivors Insurance and Disability Insurance Trust Funds Communication.* Washington, D.C. p.206, table VI.G1. Board of Trustees of the Federal Old-Age and Survivors Insurance and Disability Insurance Trust Funds (June 22, 2015), *The 2015 Annual Report of the Board of Trustees of the Federal Old-Age and Survivors Insurance and Disability Insurance Trust Funds Communication.* Washington, D.C. pp.144-145, Table V.G6。

五、美国创设"缴费型"主权养老基金的深远意义和现实挑战

（一）美国创设"缴费型"主权养老基金的理论意义

我们知道，养老金计发方式有 DB 和 DC 两种，融资方式也有两种即现收现付与积累制。在社会保障制度建立一百几十年的历程中，传统的"DB+ 现收现付"相结合占绝对主导地位长达上百年。为应对人口老龄化，一些国家积极探索，进行制度创新，一些新型制度应运而生：1981 年智利改革创立"DC+ 积累制"的新模式；接着，1995 年瑞典模式的出现诞生了一个交叉结合的混合型制度即"DC+ 现收现付"，这个新模式流行几十年，受到很多国家的追捧，目前有将近 10 个国家采取了这个混合型新模式；虽然早在 1990 年美国就实现了制度创新，就是本文研究的"DB+ 积累制"，但却没有引起学术界的注意，

因为美国的这次改革力度非常"温和"，动作不大，而此后加拿大 1997 年实施的"DB+ 积累制"力度很大，不仅建立了投资公司，还实现了资产被动投资到主动投资的转

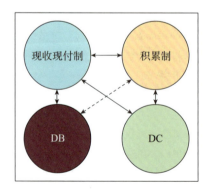

图 21-8　养老金制度分析框架的四个基本要素
资料来源：笔者自制。

型,引起了学术界的广泛关注,因此,加拿大常常被视为是创设"DB+ 积累制"的先锋国家。

养老金首创的 DB 型部分积累制具有如下意义:

1. 在实践中填补了养老金制度分析框架中的空白

DB 型现收现付制和 DC 型积累制实现的是纵向相加,交叉相加只是存在于理论之中。美国开历史先河,率先将 DB 交叉与积累制相加,把分析框架中存在的一个概念付诸实现,填补了空白,拓展了研究范畴。

2. 通过工薪税"充分筹资"的改革仍属精算平衡原则

通过快速提高缴费率的方式达到某种积累程度并建立一个资产池,这仍是制度的内生性改革措施,仍在精算平衡范畴和原则之内,这与引入一只"非缴费型"主权养老基金作为一只储备基金完全是两回事,那不属于制度参数调整范围之内,而是外生式的改革举措。因此,坚持精算平衡是美国 DB 型现收现付制转向 DB 型部分积累制时仍然遵守的一个原则,也正是基于这个原因,美国的 DB 型积累制应纳入养老金制度分析框架之内。

3. 主权养老基金的研究范畴得以扩展

1990 年美国实施部分积累制改革并建立"缴费型"主权养老基金时,正逢"非缴费型"主权养老基金纷纷诞生,例如,挪威的全球政府养老基金(GPFG)也是 1990 年建立的(当时为"政府石油基金")。"非缴费型"主权养老基金(例如,"外汇型"主权养老基金)与"缴费型"主权财富基金虽然在很多方面非常相像,但在形成机理、与养老金支出的精算联系等方面却截然不同,即使在投资策略、资产配置等方面也存在一定差异性,它们虽是孪生兄弟,但却是养老保险制度的一个"外生资源"。美国"缴费型"主权养老基金的诞生丰富了主权基金大家庭,增加了主权养老基金的研究参照。

（二）美国版"缴费型"主权养老基金的现实意义

美国实施 DB 型部分积累制改革发生在 1990 年,比加拿大早 7 年。作为 DB 型积累制的发祥地,美国公共养老金的这项制度创新不仅惠及了美国国民,而且对其他国家公共养老金制度改革也产生了深远影响,DB 型积累制先后诞生,主权养老基金纷纷登场,它们各具特色,不拘一格。自 1990 年以来,进行 DB 型积累制改革和建立"缴

费型"主权养老基金的国家可大致分为三组。

1. 第一组国家为加拿大,是改革最为彻底的国家

1997 年加拿大对其基本养老保险制度"加拿大养老金计划"(CPP)实施 DB 型部分积累制改革并建立加拿大养老基金公司(CPPIB);2017 年加拿大新建一个"附加"的养老金制度,它虽是 DB 型的,但却是完全积累制的,其筹资程度很高,是一只"超级"的"缴费型"主权养老基金,其"加拿大养老基金投资公司"是目前世界上影响和规模最大的市场化、国际化、专业化的养老基金投资公司,实行资产全球配置;20 年来,公司业绩斐然,令世人瞩目[1]。相较于美国的"温和"改革来讲,加拿大的制度设计和投资体制都是非常"激进"的,也是非常成功的。

2. 第二组国家为日本和韩国,他们的改革各有特色

2000 年韩国、2001 年日本先后加入主权养老基金的资本化与市场化投资体制之中,并实行全球资产配置[2]。日本的"年金积立金"(GPIF)曾经历过"财投计划"的教训,2000 年实施改革,尤其治理结构、资产配置、管理体制等原因,虽然日本"年金积立金"已达 1.5 万亿美元,仅次于美国,但其投资业绩欠佳。比较起来,韩国的国民养老基金(NPF)的治理结构、专业化程度、投资业绩、基金规模增长速度等更规范一些,投资理念和投资策略等更"西化"一些。

3. 第三组国家是中国,"缴费型"主权养老基金正处初级阶段

中国基本养老保险基金两年前刚委托全国社保基金理事会进入投资系统,此前主要存银行[3]。由于基金统筹层次,行政分割严重,在 4.4 万亿元城镇企业职工养老基金中,只有 1/10 入投资体系,2017 年的投资收益率为 5.23%[4]。由于制度设计及其运行质量等原因,这只规模巨大的"缴费型"主权养老基金的投资目前处于初级阶段。此外,中国还有一只"非缴费型"主权养老基金"全国社保基金"。

（三）美国"联邦老、遗、残保险信托基金"面临的挑战

尽管美国公共养老金"联邦老、遗、残保险信托基金"自 1935 年立法建立以来其公平和效率方面广受称赞,

---

[1] 关于加拿大 DB 型部分积累制改革和主权养老基金的论述,参见本书"分报告二十 加拿大'养老基金投资公司'"和其他相关分报告。

[2] 关于日本和韩国主权养老基金的投资体制和业绩,参见本书"主报告 主权养老基金的比较分析:建立'外汇型'主权养老基金的急迫性"和其他相关分报告。

[3] 关于中国缴费型主权养老基金"全国社保基金"的情况,参加"分报告八 全国社会保障基金理事会管理体制'两项改革'的意义与前景"和其他相关分报告。

[4]《全国社会保障基金理事会基本养老保险基金受托运营年度报告(2017 年度)》,参见全国社保基金理事会官网。

美国社会保障制度从未像欧洲一些国家成为社会运动的诱因，尤其是财务可持续性方面，1990 年开始向 DB 型部分积累制过渡平稳，成就显著，效果较好，但是仍存在一些问题，有些问题短期内可以解决，有些问题长期内仍需继续努力解决，有些问题甚至比较严峻。

1. 1990 年美国向 DB 型部分积累制过渡十分平稳，但改革力度也很"温和"

1990 年"联邦老、遗、残保险信托基金"向 DB 型部分积累制过渡是一次"温和"的制度改良，就可持续性而言，这次改良解决的只是短期的可持续性问题，长期可持续性没有解决。之所以说是一次"温和"制度改良，主要是因为如下 4 个指标：第一，只是"引入"了一些"部分积累制"的因素，而较少属于"部分积累制"改革，比如，与加拿大 1997 年实施 DB 型部分积累制相比，筹资程度的提高、基金率的指标设定等若干方面大大低于加拿大。第二，1990 年只在提高"筹资程度"上做了改良，而没有调整任何其他制度参数，不是像加拿大那样端出了一个较为完整的顶层设计，包括替代率、缴费基数、残障津贴的支付资格的调整等一系列制度结构参数的调整方案，有一系列"配套措施"。第三，只是对"筹资端"做了"温和"调整，但对投资端没有像加拿大那样进行了"激烈"的改革。也就是说，收益率没有提高，而加拿大

的投资收益率是提高制度可持续性的主要支撑。第四，只是在"现行"制度参数上进行调整，而没有像加拿大那样在 20 年后又增加了一个"新"制度"附加 CPP"，而这个"新"制度则是一个 DB 型的"完全"积累制，这是一只"超级"主权养老基金，与"现行"的"基本 CPP"相结合，加拿大养老基金的财务可持续性能够支撑到 2100 年。

正因为美国 1990 年的过渡措施十分"温和"，国际影响力远不如加拿大 1997 年的改革，所以，在过往几十年的学术文献中只有林德贝克等少数经济学家将美国 1990 年的改革性质视为 DB 型部分积累制[1]，这也是学界几乎"忘记"美国 1990 年改良及其向 DB 型部分积累制过渡的原因，当然，也是美国养老金制度长期内面临收支缺口不断扩大的主要原因。

2. 长期预测期内收支缺口逐年扩大，基金不可持续性日显

从 2009~2017 年的收支缺口占 GDP 比例变化趋势中可看得更清晰一些。从图 21-9 中看到，2009 年之前，美国"联邦老、遗、残保险信托基金"的收入大于支出，此后便开始收不抵支，需主权养老基金予以"支持"，但 2020 年开始，收支缺口越来越大，如不采取措施，到 2035 年其缺口超过 GDP 的 2 个百分点，从此呈稳定扩大趋势，到

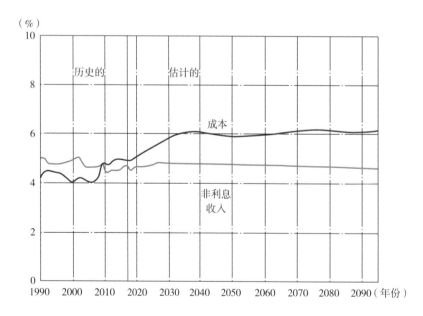

图 21-9　未来 75 年支出成本和缴费收入占 GDP 比例变化（在中间假设下）

资料来源：转引自 *The 2018 Annual Report of the Board of Trustees of the Federal Old-Age and Survivors Insurance and Disability Insurance Trust Funds Communication.* Washington, D.C., June 5, 2018. p.15, Figure Ⅱ. D4.

---

[1] Lindbeck, A., and M. Persson, The Gains from Pension Reform. *Journal of Economic Literature*, Vol. XLI (March 2003), pp.74–112.

21 世纪末，缺口相当于 GDP 的 1.8 个百分点。

这说明，美国 1990 年引入 DB 型部分积累制的因素之后，其释放的红利使收支平衡维持了 19 年之久，一直到 2009 年才开始出现收不抵支；改良红利释放的第二个阶段是 2009~2034 年，庞大的主权养老基金将再持续 25 年，直至 2034 年基金枯竭。也就是说，1990 年向 DB 型部分积累制过渡和建立主权养老基金之后，改良红利持续发挥作用长达 44 年。

在未来的 16 年里，美国决策者需采取措施，比如，将 DB 型部分积累制改革到底，以积极应对基金的不可持续性。

3. 提高收益率压力加大，面临市场化投资体制的抉择

从以往美国"联邦老、遗、残保险信托基金"的改革历史来看，2001~2005 年试图采取引入个人账户的"DC 型部分积累制"无疾而终，引入 FDC（实账积累）的因素及其相关改革的阻力依然存在；从目前世界各国公共养老金改革趋势来看，在改革工具箱里只剩下两个政策工具：转向实施 NDC 的可能性很小，几乎不可能，而只有沿着目前 DB 型部分积累制的方向走下去。但在这个改革"路线图"上，继续提高筹资程度、大范围调整诸多制度参数、构建"附加"的 DB 型完全积累制（像加拿大那样建立"附加 CPP"）这三组政策面对的难度很大，只有改革投资体制、提高投资收益率相对比较容易实施。

于是，未来十几年里，美国主权养老基金面临最大的改革压力是改革投资体制，即彻底抛弃 DB 型现收现付养老基金远离市场化投资的教条，像它的邻国加拿大那样，彻底改革这只"缴费型"主权养老基金的投资体制、投资策略和投资目标。

六、主权养老基金恪守远离市场化投资的教条

自 1940 年美国"联邦老、遗、残保险信托基金"运转以来，其资产全部持有持有国库券，从未进行过市场化和多元化的投资。历史进入 20 世纪 90 年代之后，关于"联邦老、遗、残保险信托基金"是否进入资本市场的问题在学界和政界开始出现讨论，学术界开始出现一些主张多元化投资的"不同声音"，但从整体上看，社会舆论和学术研究的主流观点仍然认为，"联邦老、遗、残保险信托基金"

投资于政府国债的"正统地位"不能动摇，DB 型现收现付制公共养老基金不能直接进入资本市场。这些理念是美国近 70 年来管理"联邦老、遗、残保险信托基金"的一个基本信条，被认为是自由市场经济制度的一个基本准则。

主流观点认为，"联邦老、遗、残保险信托基金"对资本市场不越雷池一步，这是美国现收现付制公共养老基金的一个基本信条：1935 年 8 月 14 日罗斯福总统当时签署的《社会保障法》只有 11 个条款；在 83 年的历史变迁中，该《法案》经过了无数次大小的修正案，总的篇幅增加了十几倍，其中有的条款内容和语言表达已经变得面目全非；但是对美国"联邦老、遗、残保险信托基金"的法律地位、对其必须投资于政府债券而绝不能投资私人债券和股票的规定却始终没有动过一个字。也就是说，美国"联邦老、遗、残保险信托基金"不得进入资本市场，只能购买政府债券；不但基本框架不变甚至连语言表述没有很大的变化 [1]。

（一）"联邦老、遗、残保险信托基金"入市是对自由市场制度的背离

学术界的一些研究始终认为，允许"联邦老、遗、残保险信托基金"进入资本市场将存在导致美国经济予以"社会化"的可能性和"社会投资"（social investment）的潜在可能性，而任何"社会投资"都将对资源的配置、公司决策、公司治理带来诸多副作用，引起社会各种利益之间的冲突，最终很可能导致私人部门的一些所有权流到美国政府手里。有的研究指出，"社会投资"的结果必将导致"社会化"，即增加指令性经济的因素，甚至引发"生产资料的政府所有"和"中央计划经济"的产生，所以，"允许政府将社会保障信托基金投资到股票市场是一个可怕的错误，他将对美国带来严重的后果" [2]。例如，1995 年纽约交易所全部 2723 只股票的总值为 6 万亿美元，公共养老金进入之后，美国政府有可能控制或指挥任何一个美国公司的股权，进而对私人市场施加直接的政治影响，公司的所有权受到政治代理人的影响。

"联邦老、遗、残保险信托基金"入市由此导致的"社会化"被认为是对自由市场制度的震撼，是对自由市场制度信仰的背离，是对备受推崇的不成文法的盎格鲁—撒逊自由市场原则的亵渎。时任联邦储备董事会主席阿兰·格林斯潘在 1998 年 7 月给国会的证词中说，联邦政府的养

---

[1] 《美国社会保障法》第一卷至第三卷，载中国社会科学院世界社保研究中心：《世界社会保障法律译丛》（六卷本），与中国社会保险学会和中国证券投资基金业协会联合，中国社会科学出版社 2017 年版。

[2] 这里的引言和下面数据引自 Krzysztof M. Ostaszewski（January 14, 1997），Privatizing the Social Security Trust Fund? Don't Let the Government Invest, in The Cato Project on Social Security Privatization, Published by the Cato Institute, SSP No. 6。

老金越来越多地卷入私人市场"将会对美国的自由经济和美国的自由社会带来深远的潜在威胁"[1]。还有学者认为,"联邦老、遗、残保险信托基金"入市就意味着允许政治家直接卷入私人经济之中,进而就意味着政府对资本市场的控制,那么最终就意味着对主要行业的部分国有化[2]。

(二)"联邦老、遗、残保险信托基金"入市将导致干预上市公司内部决策

"联邦老、遗、残保险信托基金"进入私人市场之后,既然可以大规模购买公众公司的股票,那么,一旦成为占绝对优势的大股东,政府就很可能利用其权利进入董事会;即使没有进入董事会不具有直接的控制力,也可以使用投票权来施加其影响力;当政治家控制了公司的决策权之后,对公司的政治动机就会比经济动机显得更为重要,最终导致公司不景气[3]。在这些经济学家看来,欧洲提供了很好的反面教训,例如西欧许多国家一直经历着经济停滞和高失业率;高税率和高福利当然要为此负一定的责任,起码起到了"火上浇油"的作用,就是说政治权力对公司直接和间接的控制始终是一些西欧国家经济出现问题的一个重要的原因。

政府投资的恶果之所以必然表现为对公众公司的渗透、干预甚至是操纵,是由其投资动机所致。要想获取投资收益,"操纵"股市或"坐庄"是一个很拙劣的手段,其结果将很明显地表现为股市丑闻;我们知道,发达国家经常使用的是指数化投资战略,而指数化投资是政府干预和操纵公司的重要原因之一。或者说,指数化投资战略的结果常常表现为对公众公司"内部管理"及其治理结构的干预。这是因为,指数化投资的一个重要特点是,在投资的"股票篮子"里不能随意和随时进行转移,换手率很低。

在本来其资产流动性就较差的股市上,指数化投资战略的结果就更加促使公共权力不得不积极参与业绩较差公司的事务,包括迫使经理改变战略甚至迫使董事会改变管理层。例如,从传统上讲,美国大公司的许多副总裁以上的管理层在同一家公司工作 20 年后才成为公司的领导,之后会在这一职位上停留近 10 年,职务稳定性较高,被解职的可能性较小。

(三)"联邦老、遗、残保险信托基金"入市将导致资源误置与裙带资本主义

既然政府在投资的时候必然进行指数化投资,那么对指数的选择将具有重大的"经济意义":指数化投资也会改变经济的所有权和财富的再分配。例如,选择非常流行的"标准普尔 500",大量美元就会"涌向"这些状况良好的大公司里,这样,一方面,很可能带动一些中小投资者盲目跟进,误导甚至对某些目标企业造成暂时的"过度繁荣";另一方面,将会导致对中小公众企业的投资和投资者的"挤压",对中小企业造成了"过度压力"。

政府投资之所以导致资源误置,还由于它将激发裙带资本主义工业政策的泛滥,这是因为,在政府投资过程中,"政治市场"和"资本市场"之间设立的任何制度屏障都很难控制政治家对资本市场的渗透,在资本市场中胜者与败者的背后都往往会看到政治家的影子。养老基金管理人毫无疑问是私人资本市场的一个重要组成部分,从法律上讲它有义务使工人的利益最大化。换言之,他们必须尽最大努力获取最大的回报。但是这个投资标准往往很难完全适用于中央政府控制的投资。因此,政府投资的结果经常是,对于那些政治家认为"不公正"的结果,它往往要某些行业和公司通过税收和控制等办法予以帮助或惩罚,甚至利用制定规则的机会独家垄断地进入资本市场。亚洲有些国家就是这样,几十年的裙带资本主义导致银行金融资本呆滞,工业无效率,公司没有竞争力。与欧洲国家不一样的是,这些亚洲国家最大限度地避免了政府的直接投资,但却在公司决策中大面积地渗透了政治家的黑箱操作,政府有选择的投资产生了同样的结果。

(四)"联邦老、遗、残保险信托基金"入市将为腐败打开大门

美国各州地方政府的公共养老基金投资的事实说明,政治家及其代理人可以利用这笔资金投资于他们的个别利益、政治联盟甚至竞选活动;允许政治家将基金投向关系较好的利益集团或选民集团,就等于政府投资为腐败打开了大门:他们将权力作为杠杆用于一些狭窄的政治目的,将资源指向或流向了支持他们的选民、代理人或联盟。在"新加坡模式"中一部分政府控制的投资为资金用于特殊

[1] Alan Greenspan (July 21,1998)., *Testimony to the Senate Banking Committee*, 105th Congress, 2nd Session.

[2] Theodore J. Angelis(1998), *Investing Public Money in Private Markets: What Are the Right Questions?* in *Framing the Social Security Debate: Values, Politics, and Economics*, National Academy of Social Insurance. Washinton DC. pp.287-315.

[3] Carolyn L. Weaver (July 27, 1998), *How Not to Reform Social Security*, American Enterprise Institute, On the Issues, Washington DC.

利益而创造了机会,在欠发达国家中这样的例证不胜枚举。赋予"联邦老、遗、残保险信托基金"进入资本市场的权利之所以是极其危险的一件事情,还因为它可以导致资金藏匿的行为,对当前退休工人的退休安全带来极大的隐患。但是,客观上讲,用于工业政策目的的特殊利益的投资与用于换取选民和政治支持的特殊利益的投资,这二者之间的疆界在实际操作中很难划分。

(五)"联邦老、遗、残保险信托基金"入市将导致"政治正确"的决策

政府投资的结果会常常使之处于利益冲突之中:作为投资者和资本所有者之间、作为社会保障资产受托人和社会福利制度监管人之间的利益冲突。例如,政府投资将导致"政治正确"(politically correct)的决策。由于政治家过多地考虑政治因素,所以往往会放弃对不得人心的行业(如烟草业)进行的某些健康的投资,从而将资金导向"感觉很好"但却容易失败的行业。基金管理人在运作私人预筹基金制度的时候,所考虑的是选择平衡性很好的投资组合,目标是长期回报率的最大化。在法律上讲,这是一种理性的要求,它能满足基金持有人的根本利益,能保证退休者的经济利益。基金管理人对他们所投资的那些公司生产的物品与服务有可能做出判断,也有可能做不出判断,但是他们谨慎负责的态度是一目了然的,他们必须为工人的利益服务。遗憾的是,在对待政府控制型的投资管理中,这些基金管理人不一定具有同样的激励机制。政治家对某些行业和公司的跟踪与关注是例行公事,抽回投资仅仅是他们表现"不悦"的一种方式而已。相反,他们非常热衷于那些政治上很得人心的行业,即使这些行业预期不好,但只要对他们政治上有好处,他们也会毫不犹豫地予以投资。

(六)"联邦老、遗、残保险信托基金"入市将对劳动力市场产生负面影响

"全球麦肯锡研究所"(The McKinsey Global Institute)的一份报告显示[1],美国的国民储蓄率和投资率都远远低于德国和日本,但是,1974~1993年美国人均创造的新财富是26500美元,而德国和日本分别是21900美元和20900美元。那么,如何解释美国用较低的储蓄和投资却创造了较多财富这个事实? 这份报告认为这是美国较高的资本生产率创造的结果:1974~1993年美国产业的平均资本回报率为9%。而德国和日本的为7%;也就是说,尽管美国人的储蓄较少,但他们获得的财富增长率却高于日本和德国。美国学界认为,这不能说美国资本的利用是以牺

牲劳动为代价的结果,因为美国的劳动生产率也是高于德国和日本的。为什么呢? 这与美国经理人员管理公司的方式有很大关系:他们在管理、销售和金融方面富有相当的创造性,这部分是因为他们面对的是较强的市场竞争和较低的市场进入,美国投资者面对这样较强的市场压力和较高的市场效率就必然迫使管理人员不得对资本资源的使用更加精心,更加有效率,更加创新。如果资本所有权具有较浓的政治色彩,具有丰富想象力的经理人员就会失去市场,取而代之的是那些没有想象力但有深厚政治背景的政府经理人员;公司的管理与控制实际上是一个市场,高管人员的劳动力市场对美国工业来说是创新的一个原动力;而政府对大公司股权的控制就是对这种原动力的一种削弱。美国资本市场的高回报率来自资本市场的高效率,但政府投资将会对其产生副作用,即导致资本低生产率,市场低效率——这就是政府投资资本市场事与愿违的重要原因之一。

(七)"联邦老、遗、残保险信托基金"入市将面临着财政风险

就美国"联邦老、遗、残保险信托基金"入市后可能面临的潜在财政风险及其可能性来说,学界和政界的看法主要集中在以下几个方面:

1. 为退休者带来不确定性和潜在风险

针对"股票价格波动反复无常,集中投资将会消除或极大地减少这些风险"的观点,有经济学家批评说,政府投资是不能"烫平"股票市场波动的,解决持续赤字的办法只能靠上调工薪税或下调养老金给付标准等办法;将投资集合起来进入资本市场依然面临着较大的股市风险;如果股市投资实际收益小于预期,政府是增加税收还是削减给付呢? 反过来,如果实际收益好于预期,那么政府是削减缴费还是增加给付标准? 这些收益率的不确定性意味着为工人和退休者增加了额外的不确定性和潜在风险。

2. 资产流动性问题带来的支付风险

入市后"联邦老、遗、残保险信托基金"的资产流动性问题是经济学家们考虑的首要问题。在需要支付津贴需要变现的时候,股市价格却很可能走低,具有很大的不确定性。近十几年来,美国大多数经济学家无论是对过去100年即1900~1995年还是对过去200年股票年收益率的统计,其结果都是7%。1994~1996年美国"社保顾问委员会"(SSAB)正式同意确定将7%作为预测与评估股票市场收益率的基本依据,后来,美国"社会保障署精算总司"(OCACT)也一直将7%作为美国股市收

---

[1] McKinsey Global Institute (June. 1996), Capital Productivity, Washington DC.

益率的基本测算依据。2001 年"社保顾问委员会"出版的报告《远期股票回报率的预测》使用的预测率依然是 7%[1]。

而相比之下，目前的法律规定，美国特别债券的利率在发行时要等于市场上表现最好的政府债券的平均收益率。从"联邦老、遗、残保险信托基金"的角度来说，这个稳定的利率就等于长期利率，而长期利率从历史上讲是高于短期利率的。从政府的角度来看，稳定的利率大约等于公共借贷的长期成本。对于特殊国债来说，虽然不能在市场上交易，但"联邦老、遗、残保险信托基金"却没有任何资产流动性的风险，因为根据法律，政府可以在到期日之前回购这些债券，不存在任何利率损失的风险，至少可以获取面值与利率。必须具有较好的流动性，这种资产特点的要求对中央养老基金来说特别重要，因为随时变现以覆盖支出缺口是中央养老基金制度的内在属性要求，尤其在经济萧条时期。

3. 面临着通胀的风险

"联邦老、遗、残保险信托基金"入市后其投资收益也面临着通胀风险的侵蚀。为抵御通胀，在购买政府债券的制度安排下其收益率是指数化的，长期名义利率假设是 6.2%，而年通胀率假设是 3.5%，这样，通胀后最终获得政府债券的实际利率为 2.7%。入市以后其投资回报非常容易受到通胀的侵蚀，如果收益率低于 6.7%，就意味着实际收益率低于目前购买政府债券的实际收益率。

4. 陷入"两难境地"

有经济学家认为，"联邦老、遗、残保险信托基金"入市之后显然陷入两难境地：要想获得较高的收益，就要承担较大的风险。即使是"好"的决策人也面临着诸多不确定性。"坏"的投资决策将导致不可想象的后果。投资收益用于退休基金的比例很可能很小，其结果很可能还不如目前体制下社会保障制度的待遇水平。也就是说，其结果将很可能是收益小、风险大[2]。

5. 只是"权宜之计"，而不是"百年大计"

入市以后不能从根本上解决"联邦老、遗、残保险信托基金"行将破产的命运，只能起到延长其寿命而已。美国"会计总署"（GAO）的精算结果是，假设入市后的回报率为 7%，并假设将"联邦老、遗、残保险信托基金"未来年度盈余和国债利息全部投入股市之中，估计"联邦老、遗、残保险信托基金"的寿命将会延长 11 年，即从 2029 年推迟至 2040 年。也就是说，可以延长其"寿命预期"，但还是不能从根本上摆脱不了行将破产的命运。如果股市收益率降低一个百分点，"联邦老、遗、残保险信托基金"延长的寿命就不到 11 年，而是 6 年，即到 2035 年枯竭[3]。

6. 十几个国家入市的不良记录对美国起到了反面作用

许多美国大学和民间智库的学者和政府机构不但非常关心国内一些州和地方政府公务员养老基金在资本市场的表现，而且也非常关心国外中央政府养老基金在资本市场中的表现和绩效。他们的研究发现，其他一些国家政府控制型社会保障基金在资本市场的表现效果不好，甚至负面效应很大，这些国家的反面教训对美国国内反对"联邦老、遗、残保险信托基金"进入资本市场也起到了很大的反面作用。

七、主权养老基金国库券的投资管理规定

《社会保障法》第 201（d）款规定，"联邦老、遗、残保险信托基金"只能投资于美国政府对其本息均予以担保的"孳息型有价证券"；其投资的条件必须是原始发行的发行价格；其投资对象必须是已出售的债券。201（d）款认为，"孳息型有价证券"的定义内涵专指《美国法典》第 3111 款所界定的内容[4]："本条款允许发行有价证券以购买、回购或偿还那些到期或没到期的美国政府债券、票据、负债凭证、短期国库券。经财政部长批准，出售有价证券所获得的资金和来自财政部总储备金的其他资金可以用来对上述债券进行购买、回购或偿还。"

---

① Social Security Advisory Board (Aug. 2002), *Estimating the Real Rate of Return on Stocks Over the long Term.* Washington DC. pp.36-37

②③ GAO (April 1998), *Social Security Financing--Implications of Government Stock Investing for the Trust Fund, the Federal Budget, and the Economy,* Report to the Special Committee on Aging, U.S. Senate, GAO/AIMD/HEHS-98-74.

④ 这里引用的《美国法典》的原文均出自 Government Printing office (1989), United States Code, Volume Thirteen. United States, Washington. p.448, § 3111.

表 21-4　2002 年美国"联邦老、遗、残保险信托基金"资产与财务状况　　单位：10 亿美元

	OASI	DI	OASDI
2016 年底资产准备	$2801.3	$46.3	$2847.7
2017 年总收入	825.6	171.0	996.6
净工资税缴款	706.5	167.1	873.6
从国库普通基金发还款项	a	a	a
税收利益	35.9	2.0	37.9
利息	83.2	1.9	85.1
2017 年总支出	806.7	145.8	952.5
待遇给付	798.7	142.8	941.5
铁路退休财务交换	4.3	0.2	4.5
行政费用	3.7	2.8	6.5
2017 年资产准备净增加值	19	25.1	44.1
2017 年底资产准备	2820.3	71.5	2891.8

"a"代表少于 5000 万美元。

注：总数不一定等于整数部分的总和。

资料来源：转引自 *The 2018 Annual Report of the Board of Trustees of the Federal Old-Age and Survivors Insurance and Disability Insurance Trust Funds Communication*. Washington, D.C., June 5, 2018. p.7, table II.B1。

《社会保障法》第 201（d）款认为，根据《美国法典》上述第 3111 款的规定，美国政府发行"公债有价证券"（public-debt obligations）的目的是授权让"联邦老、遗、残保险信托基金"购买这种与票面价值相等的证券。为"联邦老、遗、残保险信托基金"专门发行的这类有价证券的到期日必须要符合其特殊的需要，其利率要与美国所有可交易的"孳息型"有价证券的平均市场收益相等（由"执行理事"根据市场行情计算）并成为公债（public debt）的一部分。"除非这种平均市场收益不是一个百分点的八分之一的乘数，否则这种有价证券的利率就应该是最接近这种市场收益的一个百分点的八分之一的乘数。"还规定：为"联邦老、遗、残保险信托基金"专门发行的每一种有价证券须由财政部发行的契约工具予以证明，例如债券、票据或者负债凭证，并要注明本金数额、到期日和利率，还要在票面上特别注明该有价证券专门向"联邦老、遗、残保险信托基金"发行并具有不可争议性，注明该有价证券由美国政府的完全信用予以担保，即美国政府保证支付该有价证券的本金和利息。"执行理事"还可以

以发行价格或市场价格购买美国政府其他"孳息型"的有价证券或由美国政府对本息均予以担保的有价证券。

表 21-5　2017 年美国"联邦老、遗、残保险信托基金"投资交易

	老、遗信托基金	残障信托基金	老、遗、残信托基金合计
投资资产准备，2016 年 12 月 31 日 a	$2801406	$46481	$2847887
获得：			
特别发行证券：			
债务证书	788330	171296	959626
债券 b	212059	28071	240130
总获得	1000389	199366	1199756
赎回：			
特别发行证券：			
债务证书	790352	164902	955254
债券	191075	9321	200396
总赎回	981427	174223	44105
投资资产准备净增加	18963	25143	44105
投资资产准备，2017 年 12 月 31 日 a	2820368	71624	$2891992

a 投资资产准备金与总资产准备金之差是指未支付余额；

b 2017 年 6 月 30 日购买，这些购买的利率是 2.250%。

注：投资按面值显示。总数不一定等于整数部分的总和。

资料来源：引自 *The 2018 Annual Report of the Board of Trustees of the Federal Old-Age and Survivors Insurance and Disability Insurance Trust Funds Communication*. Washington, D.C., June 5, 2018. p.36, Table II.A7.

《社会保障法》第 201（e）款规定，"联邦老、遗、残保险信托基金"持有的向其独家发行的"公债有价证券"都是可以回购的，"执行理事"须以当时市场价格出售，其价格是票面价值加利息。美国《社会保障法》第 201（f）款规定，"联邦老、遗、残保险信托基金"持有的任何有价证券的利息、销售或回购所获得的收益均须分别记入其账内并成为其中的一部分。《社会保障法》第 201（d）款规定，专门为"联邦老、遗、残保险信托基金"发行的上

述有价证券的到期日要满足"社保基金"的特殊需要。

根据上述《社会保障法》的诸多规定,"联邦老、遗、残保险信托基金"目前持有的证券均为"特别发行"(special issues),即仅向"社保基金"独家出售的证券。这些证券主要分为两大类:一类是短期的"负债凭证",另一类是长期债券;前者以日为计息单位,后者以年为单位。至于到期日的设定,在实际操作中这些"特别发行"

的转让一般都在每年的 6 月 30 日,所以,未来 15 年里每一年购买的债券到期日和购买日大约也都是一致的。

近 78 年来,"联邦老、遗、残保险信托基金"根据《社会保障法》的规定,每年的全部余额均如数投资于联邦债券,从未越过雷池一步,每年将所有盈余全部购买政府债券;从到期日的分布来看,"特别发行债券"的全部投资组合的到期日均分布在 2003~2017 年的 15 年之中。

表 21-6　2017 年"联邦老、遗、残保险信托基金"的运营　　　　　　　　单位:百万美元

总资产准备		$2847687
收入:		
净工资税缴款:		
工资税缴款 [a]	$876976	
从国库普通基金发还的对工资税缴款的款项 [a]	-3384	
净工资税缴款 [a]		873592
普通基金退还:		
因第 111-312 条、第 112-78 条和第 112-96a 条而减少的工资税缴款 [a]	13	
直接因第 110-246 条的退还	7	
因第 98-21 条的工资税抵免 [a]	[b]	
净普通基金退还 [a]		20
基于待遇给付税收的所得:		
外国非居民待遇给付扣缴	211	
其他一切,不扣缴	37639	
总的基于待遇给付税收的所得		37850
投资收益和利息调整:		
投资收益	85116	
利息调整 [c]	3	
总的投资收益和利息调整		85119
礼物		[b]
总收入		996581
偿还:		
待遇给付:		
每月的福利和一次性的死亡赔偿金 [d]	941461	
从普通基金中报销的未议付支票	-55	
残疾受益人职业康复服务费用的支付	93	
净待遇给付 [d]		941499

续表

与铁路职工退休社会保障等值福利账户进行财务互换：	4522
行政费用：	
由以下引起的成本	
社会保障行政	5711
财政部	751
抵消杂项收入	-11
示范项目	12
普通基金的杂项偿还 ^e	-7
净行政费用	6457
总偿还	952478
资产储备净增加	44103
总投资资产	2891992
未用余额 ^f	-203
总资产准备，2017 年 12 月 31 日	2891789

注：总数不一定等于整数部分的总和。

资料来源：转引自 The 2018 Annual Report of the Board of Trustees of the Federal Old-Age and Survivors Insurance and Disability Insurance Trust Funds Communication. Washington, D.C., June 5, 2018. p.33, Table II. A3。

分报告二十二
英国国家保险基金

英国是世界上最早发展私人养老金计划（开始于 18世纪）的国家，也是世界上最早开始系统地减少公共养老金支出的国家（开始于 1980 年）。2014 年，英国总人口达 6365 万人，人均 GDP 为 40717.413 美元，实际 GDP增长率为 3.05%，老年人口占总人口的 17.5%，老年抚养率 27%，其中城市为 24.6%，农村为 32%，而预期寿命已达到 81.3 岁。[①]自 20 世纪 70 年代开始，面对日益严峻的老龄化趋势和持续加重的政府财政负担，英国政府对养老金制度实施了一系列改革，形成了包括国家养老金、职业养老金计划和个人养老金计划在内的三支柱养老金体系（见表 22-1）。因此，英国的养老金负担相对较轻，2011年，英国公共养老金支出占 GDP 的比重为 5.61%，私人养老金支出占 GDP 的 3.02%，合计 8.63%，这个支出水平相对于其他欧洲大陆国家而言比较低。英国养老金制度第一支柱国家养老金计划的待遇给付来自国家保险基金（National Insurance Fund，NIF）。

表 22-1 英国养老金制度概况

支柱	层次或类型	特征
第一支柱	第一层 国家基本养老金计划	定额式、现收现付制、根据物价指数化、男性 65 岁、女性 60 岁，资金来源于缴费，强制性参加
	第二层 国家第二养老金计划（2002 年）	替代国家收入关联养老金计划，待遇跟缴费相关、现收现付制、国家管理、强制性参加
第二支柱	职业养老金计划	待遇跟缴费或投资积累相关，部分根据物价指数化、雇主自愿提供，DB 型占多数，DC 型在逐年增加，雇主管理、国家监管，私人部门计划覆盖43%的劳动人口
第三支柱	个人养老金计划	待遇跟缴费相关，自愿参加，资金来源于缴费

资料来源：笔者根据相关资料整理。

① http://stats.oecd.org/.

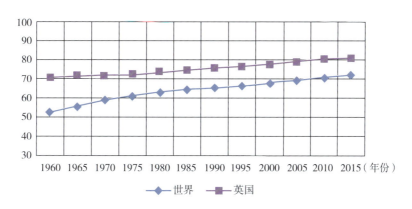

图 22-1　出生时的预期寿命变化

资料来源：世界银行网站数据，https://data.worldbank.org.cn/indicator/SP.DYN.LE00.IN?locations=GB&view=chart。

一、英国国家保险基金（NIF）

（一）基金概况

1946 年的《国家保险法》和 1948 年的《国家援助法》确立了英国今天仍在继续的现代福利国家模式。1948 年 7 月 5 日，英国政府开始"国家保险计划"（National Insurance Scheme），该计划负责提供国家养老金、失业津贴和其他福利项目，其条件是个人缴纳国家保险费税（National Insurance Contributions，NICs），并且符合一定的资格条件。国家养老金计划是国家保险计划的主要内容。"国家保险计划"历年盈余资产积累形成了国家保险基金（NIF）。国家保险基金于 1911 年成立，于 1948 年进行改革，并于 1975 年全面推行目前的形式。1973 年和 1975 年《社会保障法案》替代了先前存在的《国家保险法案》和《工伤法案》，新法案要求组建一个新的社会保障缴费和支付计划。根据 1973 年的法案，从 1975 年 4 月 1 日起，先前分别存在的国家保险（储备）基金和工伤基金合并为国家保险基金（NIF）。根据《1992 年社会保障管理法案》的规定，国家保险计划的待遇从国家保险基金（NIF）中支付。

国家保险基金（NIF）的收入主要来源于雇员、雇主和其他人员缴纳的国家保险费，与国家税收筹集的所有其他收入分开。NICs 还为国家卫生服务（NHS）提供资金，根据《1992 年社会保障管理法案》要求，在政府精算师的协助下，每年在 NIF 和 NHS 之间分配 NICs。2016~2017 年向 NHS 分配资金 234 亿英镑，这笔资金构成 NHS 全部资金的一部分。NICs 缴费率对基金资金数额极为重要，在设定缴费率时，需要考虑相关收入和支出，满足该年度预期待遇支出时所需的水平，并考虑总体收入水平、基金余额、未来预计将从中支付款项的变化，经济发展水平和人口结构变化。政府精算师就达到预期待遇支付所需的缴费水平提供咨询，给出针对待遇给付和缴费评级升级对于 NIF 影响的季度精算报告等一系列精算报告。

从 1948 年起，国家保险缴费收入来自个人缴费者缴纳的国家保险费，雇主的国家保险缴费，以及国家财政补助。随着时间的推移，财政补助的水平逐渐降低，1988~1989 年后被废除，此后基金的待遇支付完全由员工和雇主的缴费以及少量投资收入来满足。然而，这种安排没有足够的灵活性来应对意想不到的需求。从 1993~1994 年起，NIF 的财政补贴就以财政部拨款形式建立起来。[①] 1993 年《社会保障法》规定，由议会提供资金并由财政部从统一基金（Consolidated Fund）中通过国库拨款（Treasure Grant）形式转移给 NIF，以便将基金的水平保持在周转余额以上，即目标至少为预计年度待遇支出的 1/6（16.7%）。因为 NIF 本身没有借款权利，需要保持一个周转余额。在 2016 年 1 月政府精算师发布的《社会保障福利提高指令报告》中，2016~2017 年的最低周转余额估计为 163 亿英镑，占预计待遇支出的 16.7%。2017 年 3 月 31 日，基金的余额为 219 亿英镑，全年高于估计的最低要求。因此，2016~2017 年度没有国库拨款。政府精算师在 2017 年 1 月发布的升级指令报告预计 2017~2018 年基金余额将减少，但也预计 2017~2018 年可能不需要财政拨款以维持该基金的目标最低余额。然而，作为一种应急措施，一项最多为 5% 预算待遇支付（相当于 50 亿英镑）

---

① Antony Seely.National Insurance contributions (NICs):An introduction,2017.www.parliament.uk/commons-library | intranet.parliament.uk/commons-library.

的临时国库拨款已经制定，如果需要的话就可拨款。[①]

从 20 世纪 90 年代后期起，基金的缴费收入一直超过待遇给付额，基金余额稳步增长，在盈余增长强劲的时期，很多评论人士提出了用它来增加政府支出的建议，如提高基本国家养老金水平等。2008 年时，工党政府认为，盈余并非可靠的政府资金来源，增加基本养老金水平是不可持续的，应保留盈余以适应不可预见的情况，而且盈余投资于政府债务，这为缴费待遇提供了保障，并减少了政府向别处借款的需要。从 2014 年起，英国国家基本养老金增长参照平均工资增长率、CPI 和 2.5% 的固定增幅进行动态调整。从 2016 年 4 月开始，英国国家基本养老金上涨至每周 119.30 英镑（约合人民币 1157.55 元），同时政府承诺在未来五年内，每年 4 月提升国家养老金来适应最高通货膨胀，或者退休老人每年领取最少 2.5% 的额外养老金。[②]

（二）管理机构

《1992 年社会保障管理法案》等法律法规对 NIF 管理机构及职能做了规定。国家保险基金（NIF）的管理涉及七个政府部门，包括皇家税收与关税局，就业及养老金事务部，商业、能源和工业战略司，政府精算部，国家审计总署，财政部，国债削减委员会。

根据《1992 年社会保障管理法案》规定，国家保险基金（NIF）的管理权从缴费机构（当时的社会保障部监督）转到内税局（the Inland Revenue，IR），2005 年 4 月 18 日，内税局和海关局合并组建了皇家税收与关税局（HM Revenue & Customs，HMRC），因此皇家税收与关税局全面负责国家保险基金（NIF）的日常管理和控制工作，负责征收 NICs，将其登记在个人缴费记录中，并向 NIF 负有责任的其他部门分配资金。

就业及养老金事业部（DWP）全面负责支付需 NIF 支付的大部分待遇，包括与退休，疾病和基于缴费的求职者津贴有关的待遇。同时，DWP 根据政府精算师的估计向 HMRC 支付一笔金额，用于补偿因法定产假工资减少的 NICs。

商业、能源和工业战略司（BEIS）的破产服务机构，负责管理基金涵盖的冗余计划支付（Redundancy Scheme Payments）。冗余养老金是指由于雇主破产而不能履行养老金支付义务，因此国家保险基金（NIF）向这些雇员支付养老金。同时，BEIS 根据府精算师的估计向 HMRC 支付一笔金额，用于补偿因法定收养工资、法定陪产假工资、附加法定陪产假工资和法定共享父母工资收入而减少的雇主缴纳的 NICs。

政府精算部（GAD）进行国家保险费缴费率的估算。英国国家保险计划实行现收现付制，当前的缴费除了用于当前的支出和管理成本外，由于没有借款权力，国家保险基金（NIF）还需保留一个最低程度的盈余。为了尽可能科学地制定缴费率，立法机构要求国家精算部（GAD）每五年对国家保险基金（NIF）收支状况、面临的法律环境和社会人口环境进行一次评估。最近的《政府精算部对国家保险基金（NIF）的五年评估》于 2014 年 7 月 17 日提交议会。

国家审计署（NAO）负责国家保险基金（NIF）的年度审计工作，每年发表一份《国家保险基金（NIF）账簿报告》。国家审计署对国家保险基金（NIF）的收入、支出、盈余、盈余投资状况进行详细的审计，并且将审计结果提交给议会，同时也在网站上公布。

国债削减委员会（CRND）在财政部（HM Treasure）的指导下，进行国家保险基金（NIF）盈余资产的投资管理。CRND 负责主要政府基金的投资和管理，对于不同的基金有不同的投资权限。根据《1992 年社会保障管理法案》第 161（3）条，减免国债委员会负责国家保险基金投资账户（NIFIA）的投资，投资须符合 HMRC 和 CRND 之间制定的一项谅解备忘录，而 CRND 管理 NIFIA 的行政费用由 HMRC 回补。

（三）账户收入与支出

国家保险基金的收入主要包括 7 项，分别为国家保险缴费、法定回收补偿、投资账户收益、国家保险计划保费、冗余收入、国库拨款和其他收入；支出主要包括 5 项，分别为待遇支付、行政成本、向北爱尔兰 NIF 的转移支付、冗余支付和其他支付（见表 22-2）。其中，国家保险缴费和待遇支付都占到 90% 以上，2017 年的比例是 97.51% 和 98.3%。而法定回收补偿实际上是此前应缴保费的补偿，也属于保险缴费的一部分。收入与支出之差可得到期末余额，除了银行存款以及与其他政府部门之间的往来之外，全部存入 NIFIA。

① HM Revenue & Customs.National Insurance Fund Account for the year ended 31 March 2017,2017.
② 人民网．英国基本国家养老金将上涨至 25 年来最高水平．[2015-11-23]http://world.people.com.cn/n/2015/1123/c1002-27842743.html.

表 22-2　国家保险基金收入与支出的主要科目

收入与支出	科目	解释
收入	国家保险缴费	主要包括四类： ● 第 1 类缴费包括雇员的主要缴费和雇主的次要缴费，雇主为雇员提供的大部分福利都通过 1A 类缴费，而 1B 类缴费也由雇主支付。2017 年，第 1 类缴费占到缴费收入的 96.13% ● 第 2 类缴费是自我雇佣者按每周统一费率缴费，从 2018 年 4 月 6 日起，第 2 类缴费被废除 ● 第 3 类自愿统一缴费率缴费是为了维护缴费人的国家保险记录，用于某些福利或养老金目的，3A 类允许在 2016 年 4 月 6 日前到达领取养老金年龄的人自愿增加缴费以提高养老金水平 ● 第 4 类自我雇佣者进行与收入有关的缴费
	法定回收补偿	指由于雇主回收法定病假、产假、领养、陪产假、共享育儿假等缴费，政府补偿国家投资基金的收入损失。该补偿从统一基金（Consolidated Fund）提取，然后由其他政府部门支付给 NIF。DWP 支付法定病假和法定产假工资回收；法定收养、法定陪产、额外法定陪产和法定共同父母假薪酬回收由 BEIS 支付
	投资账户收益	指国家保险基金投资账户投资所得收益
	国家保险计划保费	在外包养老金计划中的就业人员在某些特定情况下不再被保险，通过将国家保险计划保费支付给基金，购回他们在国家额外养老金计划中额外的养老金应享权利
	冗余收入	根据 1996 年《就业权利法令》第 182 条，对被裁员但前雇主无法给予合适的冗余支付（通常是因为无力偿债）的雇员给予冗余支付，支付由 BEIS 的执行机构破产服务处进行。收入为对雇主支付的追回
	其他收入	● 个人养老金的工作人员从国家投资框架中为其养老计划"提供最少缴费" ● 缴费求职者补助金的追溯回收
	国库拨款	经议会批准从统一基金中抽取进入 NIF 的国库拨款
支出	待遇支付	● 养老金支付，英国养老金领取年龄正在增加，到 2018 年底，男性和女性的领取年龄增加到 65 岁，到 2020 年 10 月达到 66 岁，2026~2028 年增加至 67 岁；2017 年占全部待遇支付的 93.76% ● 就业支持津贴，由 DWP 从 2008 年 10 月 27 日起推出，改善那些因为健康状况或残疾限制其工作能力的人的就业机会。从 2011 年 4 月起，DWP 开始在全国范围内重新评估那些声称无能力的人，持续至今 ● 丧假福利，包括 52 周的定期支付的丧葬津贴和一次性丧葬费支付，抚养子女的人可能收到儿童福利金。这些支付基于已故配偶的 NICs ● 产假津贴，支付给无法获得法定产假工资的人员，按标准最多支付 39 周的津贴，从预产周的最多 11 周前支付 ● 缴费求职者津贴，支付给有能力工作、可以工作并积极寻找工作，已经缴纳或被视为缴纳了一定数量的 NICs 的人。可以支付 182 天的津贴，但不为其家属支付额外的津贴 ● 圣诞节奖金，在相关星期内（通常是 12 月的第一个完整星期）向符合资格的人员支付 10 英镑的免税费用 ● 丧失工作能力福利，根据年龄和丧失工作能力以三种不同的费率支付给已支付 NICs 并且其法定病假工资已经结束或不适用的人 ● 监护人津贴，支付给抚养父母的一方或双方已经死亡的孩子的人
	行政成本	与直接提供给 NIF 的服务相关，并由相应的服务提供商从 NIF 报销。费用在年初达成一致，并定期进行监测。2017 年行政成本全面下降
	向北爱尔兰 NIF 的转移支付	根据 1998 年《北爱尔兰法案》，与政府精算师协商后作出安排，在大不列颠及北爱尔兰国家保险基金之间进行转账，以保持平衡。平价支付制度是防止大不列颠与北爱尔兰国家保险基金之间严重失衡的保障。根据人口普查数据，北爱尔兰基金维持在两个基金联合结余的 2.87%。两个基金的余额根据 2011 年两国人口普查报告确定的工作年龄人口的比例进行调整。付款是临时性的，并在两个基金年末余额可用时进行调整。这些余额本身基于收支水平之间的差异，因此结果每年都会有相当大的差异

续表

收入与支出	科目	解释
	冗余支付	对被裁员但前雇主无法给予合适的冗余支付（通常是因为无力偿债）的雇员给予冗余支付
	其他支付	● 国家养老金递延一次性总额被评估为应税收入，每次向客户支付款项时，都会从国家退休金中扣除税款，并每月向 HMRC 支付 ● 向马恩岛（马恩岛保险基金）支付的款项 ● 向雇主没有根据法律缴纳所需款项的人付款

资料来源：HM Revenue & Customs. *National Insurance Fund Account for the year ended 31 March 2017.*

尽管存在缴费损失、冗余损失和福利损失，但在可控制范围内。NIF 由于欺诈和错误而多支付的金额从 2015~2016 年的 2.8 亿英镑增加到 2016~2017 年的 3.4 亿英镑。该比例一直保持在 NIF 待遇支付总额的 0.3%。估计欠款的水平从 2015~2016 年的 3.8 亿英镑下降到 2016~2017 年的 2.2 亿英镑，从占 NIF 待遇支付总额的 0.4% 降至 0.2%。总体变化不具有统计学意义，可能是由于抽样变化而非随时间的实际变化。

2000 年，国家保险基金盈余为 144.4 亿英镑，随后不断扩大，2009 年达到峰值（506.3 亿英镑）。之后，由于老龄化的冲击导致待遇支付额不断上涨，以及金融危机的冲击导致利率持续下降，国家保险基金的盈余不断下降，到 2015 年 3 月 31 日仅为 209.4 亿元，是近十几年来的最低水平，随后小幅度上升。截至 2017 年 3 月 31 日，国家保险基金（NIF）收入为 983 亿英镑，支出为 995.39 亿英镑，账户累计盈余为 219.35 亿英镑，相当于当年支出的 22.04%。

在财政拨款方面，从 1991~1992 年度到 1996~1997 年度，

国家保险基金（NIF）的收入小于其支出，因此财政部给予了 203 亿英镑的拨款。但从 1997~1998 年度开始，国家保险基金（NIF）每年都存在盈余，直到 2015 年和 2016 年，英国财政才分别给予 46 亿英镑和 96 亿英镑的拨款。

国家保险基金盈余的走势与 CAD 此前的精算结果不符。政府精算部（GAD）预测 2005 年后 5 年内国家保险基金（NIF）余额每年平均增加 58 亿英镑，到 2010 年将达到 603 亿英镑，这相当于当年待遇支出的 80%。[1] 到 2012 年，这一盈余将增长到 1147 亿英镑。这些过于乐观的精算结果显然是没有预计到"黑天鹅事件"的侵袭，金融危机的爆发使全球大国央行纷纷实行货币宽松政策，利率持续下降，欧洲甚至出现了"负利率"。2015 年，GAD 修正了预期基金盈余规模及其趋势，预计 2020~2021 年基金盈余为 292 亿英镑，到 2040~2041 年时基金盈余为 0，需要的财政拨款逐年增加，2030~2031 年为 116 亿英镑，占当年待遇给付的 6.1%，而到 2040~2041 年，这一数字将达到 559 亿英镑，占待遇给付的 16.7%。[2]

图 22-2　国家保险基金（NIF）历年收支及其盈余状况

资料来源：National Insurance Fund Account 2001-2017.

---

① NAO.National Insurance Fund Account 2004-2005,2006.
② GAD.Government Actuary's Quinquennial Review of the National Insurance Fund as at April 2015.

二、国家保险基金（NIF）的投资运营

当国家保险基金的收入超过支出时，基金净值主要流入国家保险基金投资账户（NIFIA）；当支出超过收入时，该账户的资金会被抽出足够的数量进入国家保险基金，以满足支出需求。NIFIA 相当于国民保险计划的"活期存款账户"。

（一）国家保险基金（NIF）的投资机构：国债削减委员会

国债削减委员会（Commissioners for the Reduction of National Debt，CRND）主要负责国家保险基金投资账户的投资运营。国债削减委员会的起源可以追溯到 1786 年通过的《国债削减法案》。尽管在此之前议会多次试图建立缩减基金（Sinking Fund）来减少国债，但是由于基金被用于当前支出，使削减国债的目的很难实现。直到 18 世纪 80 年代，强大的压力使政府采取积极措施减少国债并且最终消除。议会于 1786 年通过了《国债削减法案》，并且建立了被称为威廉·皮特的缩减基金（William Pitt's

Sinking Fund）。政府任命了 6 名专员负责减少国债，并且授权国债削减专员雇用一批办事人员，进而建立了最初的国债办公室，现在演变为国债削减委员会。自 2001 年 7 月起，国债削减委员会和英国债务管理办公室（DMO）合并办公。

作为英国债务管理局（DMO）下负责公共部门委托人基金管理服务的独立法定实体，国债削减委员会现共管理和控制 8 个公共基金投资账户，共有 318.76 亿英镑的资产，其中国家保险基金账户是资产最多的一个，占资产的 86.98%。国债削减委员会还负责管理法院基金投资账户和国家彩票分配基金投资账户等基金（见表 22-3）。CRND 有 8 名委员，秘书和主计长、助理审计员由委员任命并代表委员做出日常决策尽管法律没有规定具体职责，实际上秘书和主计长相当于 CRND 的会计官员，负责确保建立完善的内部控制体系，以支持实现 CRND 管理客户投资组合的目标和政策，并保护公共资金。

表 22-3 国债削减委员会所管理的基金及其市场价值

截止日：2018 年 5 月 21 日　　　　　　　　单位：百万英镑

管理基金账户	市值
国家保险基金（NIF）投资账户（National Insurance Fund Investment Account）	27727
法院基金投资账户（Court Funds Investment Account）	2202
国家彩票发行基金投资账户（National Lottery Distribution Fund Investment Account）	1276
破产服务投资账户（Insolvency Services Investment Account）	651
北爱尔兰国家保险基金（NIF）投资账户（Northern Ireland National Insurance Fund Investment Account）	1141
北爱尔兰法院服务投资账户（Northern Ireland Court Service Investment Account）	98
没有认领的股票、股息和赎回款项账户（Unclaimed Stock, Dividends and Redemption Moneys Account）	57
总计	31876

资料来源：Funds Managed by the Crnd, https://www.dmo.gov.uk/responsibilities/public-sector-funds-crnd/investment-accounts/.

（二）投资运营

一般而言，英国国家保险基金投资账户的投资运营的主要目标是保持足够的流动性，同时最大化投资收入并且保持基金的资本价值不减少。国家保险基金（NIF）为了应对随时可能发生的支出，需要持有足够的资金以防止缴费和待遇的大幅波动，以及类似失业率突然提高和大规模流行病暴发时等一些意外支出。在英国财政部（HM Treasury）的指导下，国债削减委员会对国家保险基金投

资工具的选择比较保守，仅包括短期证券和银行存款。同时，按照《1961 年受托人投资法案》，可投资证券的种类受到明确限制，仅包括由英国财政部发行的证券和其他公共或国有部门发行的固定利率证券，即金边证券，且其期限不能超过 20 年。[①] 在投资策略上，以 2007 年为界限，分为前后两个阶段。

1.2007 年以前：银行存款和国债

在 2007 年以前，NIF 投资工具的选择主要为银行存款

---

① 李亦楠、赵见伟：《英国国家保险基金的投资运营》，《学习时报》2015 年 5 月 25 日 002 版.

和国债，特别是由财政部专门为满足国债削减委员会投资需求发行的非市场化特种国债"NILO"。由于国债削减委员会需要大量买进市场上的国债，这使英国债务管理办公室（DMO）很难实施政府的债务管理政策。在过去，很大一部分债券在发行的时候被国债削减委员会购买，这就避免了在市场上开展大量的购买行为，但是这种方式也存在局限性。当国债削减委员会需要进行大量投资时，市场上的交易条件可能并不十分有利，或者新发行的债券在利率和期限上不能满足国债削减委员会的需求。因此，1981 年财政部为了满足国债削减委员会的需要，创立了尼罗（NILO）债券。财政部的这种债券和原来的国债本质上是一样的，和国债唯一的区别是不在伦敦证券市场上报价，而所有尼罗债券的交易价格都参考国债的当前价格。当国债削减委员会不再需要持有尼罗债券时，可以由财政部收回。

2002 年，国债削减委员会和英国债务管理办公室合并时，政府意识到国家保险基金（NIF）的投资政策和治理结构已经有 30 多年没有改变，因此需要重新评估。在 2005 年秋季，政府发起了对国家保险基金（NIF）投资政策的评估，包括相对于基金大小所采取的投资类型、制定投资决策的成本等。该次评估的一个重要结果是降低了对国家保险基金的管理收费。在关于国家保险基金（NIF）盈余的投资问题上，国债削减委员会和税收总局达成协议，国债削减委员会采取"被动"的投资方式，当前持有的政府债券保持不变，所有投资组合通过购买不可再投资（Non-reinvestment）政府债券缩短持有期限。国债削减委员会可以随时购买短期国债以满足税收总局的要求，即以流动性债券持有的资产不低于年度待遇支出的 25%。

从图 22-3 可以看出，截至 2007 年 3 月 31 日，国家

保险基金（NIF）以持有短期国债为主，在 382 亿英镑盈余中，用于购买国债的资产是 354 亿英镑，其中 197 亿英镑（约占总投资资产的 56%）购买了短期国债（期限为 1 年以内），124 亿英镑（约占总投资资产的 35%）购买了中期国债（期限为 1~5 年），28 亿英镑（约占总投资资产的 8%）购买了长期国债（期限为 5~10 年），4 亿英镑（约占总投资资产的 1%）购买了超长期国债（期限为 10 年以上）。由此可见，国家保险基金以购买中短期国债为主，其中购买 1 年期以内的短期国债占到了总投资规模的一半左右。从历年来看，国家保险基金（NIF）仍然以持有短期国债为主（见图 22-4）。因此，2007 年以前，国家保险基金（NIF）的投资政策十分明确，绝大部分资产用于购买国债，并且以短期国债为主。2001~2007 年，NIF 投资收益包括利息收入、变现利润等，呈稳定上升态势，分别为 11.13 亿英镑、14.22 亿英镑、12.57 亿英镑、12.55 亿英镑、13.64 亿英镑、18.46 亿英镑。英国国家保险基金（NIF）的投资回报率是比较令人满意的，七年平均回报率为 5.45%，跑赢通货膨胀率。

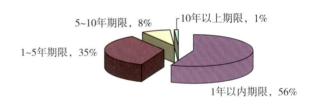

图 22-3　2007 年国家保险基金（NIF）持有的国债种类

资料来源：National Insurance Fund Account 2006-2007.

图 22-4　国家保险基金（NIF）历年持有的国债期限分布

资料来源：NAO. National Insurance Fund Account 2001-2007.

2. 2007 年以后：债务管理账户（DMA）利息收入

2006 年 12 月，英国通过了国民保险基金投资战略调整方案。该方案提出，从 2007 年 1 月开始，为了进一步提高资金的流动性、降低管理费用，卖出 NIF 持有的所有国债，将其主要资金存入债务管理账户（DMA）的一个隔夜账户工具——"电话通知存款账户"，而不是其任何持有的债券，并将少量资金（1000 英镑左右）存入国家贷款基金（National Loans Fund），并按照接近于央行基准利率的利率水平从中获得利息收入。官方人士认为，新安排提供了最高的基金流动性，且政府无法利用这一工具从基金中提取资金作为额外的收入来源。此外，新安排将交易成本降到最低，同时仍保持零信用风险，并保证基金将始终获得公平和可观察的市场利率。[①]

DMO 是财政部的执行机构，其主要目标是：实行政府债务管理政策，最大限度地降低长期融资成本，并考虑相应风险；执行政府的现金管理政策，尽量减少抵消政府净现金流量的成本，同时在财政部长批准的风险偏好范围内运作；向地方当局提供资金用途贷款；管理选定的公共部门机构的资金；为英国财政部的金融稳定措施和旨在帮助英国小企业的举措提供建议和支持。DMA 是中央国库财务账户（Central Exchequer Accounts）之一（其他包括国家贷款基金、财政部管理的联合基金和由英格兰银行为财政部管理的交易所均衡账户）。DMA 记录 DMO 债务管理（DMO 发行的国债贷款基金债务除外），现金管理和其他支持政府举措的活动产生的资产、负债和其他交易。

因此，从 2007 年开始，国家保险基金投资账户的收益极易受投资账户规模和存款利率的影响。2007~2008 年，由于投资账户规模在高位，投资收益仍能维持在原先水平上。从 2009~2010 年度开始，随着投资账户规模的不断下降，和英国央行市场基准利率的不断降低（2008 年，英国央行市场基准利率从近 6% 高台跳水至 0.5%，并持续维持在这一水平，而在 2016 年 8 月 4 日，英国央行将银行利率调低至 0.25%，导致债务管理账户支付利息的利率相应下调），NIFIA 的投资收益骤减并逐年递减（见图 22-5、图 22-6）。2016~2017 年度，NIFIA 的投资收益为 7913.4 万英镑，只占 NIF 账户支出的 0.08%，相比 2015~2016 年的 8800 万英镑减少了 1200 万英镑。截至 2017 年 3 月 31 日，NIFIA 持有的投资总值已减少至 239.56 亿英镑，相对于 2016 年 3 月 31 日的 245.90 亿英镑，下降是由于 NIF 在年内净提取资金所致。[②] 其中，除了 2015 年外，投资收益率都低于同期的通货膨胀率，基金不断贬值（见图 22-7）。

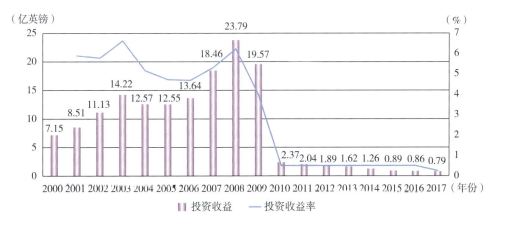

图 22-5　国家保险基金（NIF）历年投资收益及投资收益率

资料来源：National Insurance Fund Account 2001-2017.

---

① NAO.National Insurance Fund Account 2006-2007, 2008.

② HM Revenue & Customs.National Insurance Fund Account for the year ended 31 March 2017,2017.

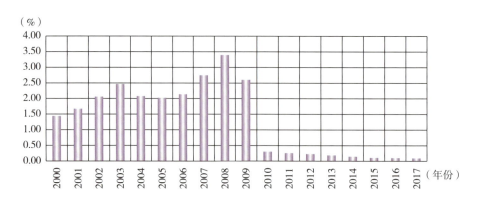

图 22-6 历年 NIFIA 投资收益占 NIF 支出比率

资料来源: National Insurance Fund Account 2001-2017.

图 22-7 2009 年以来投资收益率与通货膨胀率

资料来源: Consumer price inflation, UK: April 2018.

三、英国国家保险基金（NIF）的管理特征

英国国家保险基金（NIF）管理及投资具有以下显著特征。

（一）对于流动性和安全性的最高追求

国债削减委员会提到，对于国家保险基金（NIF）而言，"任何一天都可能存入或者提取 10 亿英镑"。由于英国实行现收现付制的国家基本养老金计划，国家保险基金既要用于当期待遇的支付，还要做好高失业率、流行病暴发等突发情况的应对，因此基金资产既需要高度的流动性，也需要高度的安全性。将这两个特性置于基金的保值增值需求之上，国家保险基金的投资工具相对简单。不管是 2007 年以前以银行存款和 20 年期限以下国债为主的投

资渠道，还是 2007 年以后的活期存款，都具有高度的流动性和安全性，随时可存取变现，尽量避免了投资决策失误和系统性风险对基金的破坏性影响。尽管近年来央行市场基准利率不断走低导致基金资产不断贬值，但英国仍坚持这一追求和投资策略。

（二）采取专业化分权管理模式

专业化分权管理是英国国家保险基金（NIF）的重要特征，其有两层含义：一是各个管理部门凭借自己的资源优势和专业技能实施管理，二是各个部门相互制约。对于国家保险基金（NIF）而言，七个政府部门分别执行不同的管理监督职能。皇家税收与关税局负责国家保险基金（NIF）的日常管理和国家保险费的征收工作，并将余额

交由国债削减委员会进行统一管理，后者按照法律规定，在财政部的指导下对基金进行集中投资。政府精算部负责预测国家保险计划的待遇支出和缴费、估算缴费率，并每五年发布一个长期估算报告，为国家保险基金的运营调整和可持续发展提供决策支持。其他部门也就相关职责各负其责。这些职责在每次修改的社会保障相关法案中都有明确的规定。该管理模式减少了管理成本，提高了科学管理水平，并增加了管理的透明度，充分保障基金安全。

（三）严格的风险控制和多方监督审计

通过严格的风险控制和多方参与的监督审计，国家保险基金信息披露及时，运作透明度高。在内部风险管控上，CRND 认为国家保险基金投资面临着 IT 系统和基础设施、交易处理、员工技能和流动性、数据安全等风险。为保证投资安全，CRND 委员会设计制定了正式的风险管理框架，包括"三道防线"：第一道防线是业务领域内管理人员开展的日常风险管理。第二道防线是通过信贷和市场风险委员会（CMRC）、操作风险委员会（ORC）、DMO 风险管理部门（RMU）等开展的定期系统审查、会议等，对信用风险、市场风险和操作风险进行控制。第三道防线是 DMO 的内部审计，评估控制设计和绩效的有效性，该职能独立于 DMO 的交易活动和运营，直接向 DMO 会计主管报告。此外，DMO 审计委员会就风险、内部控制和治理等事宜对 CRND 秘书和主计长提供支持。[1] 在外部监督审计上，除皇家税收与关税局会在每个金融年度提交国家保险基金账户的报告供议会和公众监督外，根据英国"中央政府部门企业管治守则"，NIF 接受外部审计。国家审计署（NAO）每年发表一份国家保险基金账簿报告，提交议会并在网上公布。

（四）支持财政融资

作为传递政府融资需求和政府通向批发金融市场的主要门户，在财政部的指导下通过购买国债为政府筹集财政资金是 DMO 的一个重要职能。2016~2017 年度，DMO 募集了 1476 亿欧元的金边债券融资，与 2015~2016 年相比增加了 199 亿英镑，连续第九年全年超过 1000 亿英镑。[2] NIF 的资金投资几乎全部进入 DMO 管理的 DMA，满足了财政融资的需求。对此，在对英国税收制度的调查中，财政研究所评论道："在缴费大大超过支出（自 20 世纪 90 年代中期以来每年）以来，NIF 积累了一笔盈余，主要投资于金边债券：政府只是在借自己的钱。这些将资金从一个政府部门转移到另一个政府部门的做法保持了一个概念上独立的基金，但仅仅是为了说明国民保险缴款和国民保险支出在基本上独立的路径上进行。政府同样可以宣布 NIC 的 1/5 的收入用于资助国防开支，没有人会注意到这种差异。"[3]

英国国家保险基金（NIF）较为成熟的管理制度值得很多发展中国家借鉴学习。在专业化分权管理模式下，多个部门协同管理，部门之间彼此制衡，提高了信息透明度和治理水平。同时，法律先行、精算支撑、多元监督的做法，尤其是发挥审计部门的作用，为基金安全和科学运营提供了充分的保障。

作为建立在现收现付制基础上的典型主权养老基金，英国国家保险基金面临随时发生的支付需求，因此追求高流动性和安全性。但因为金融危机的冲击，不能实现前者与高收益性的"两全"。纵观英国几十年的发展历史，可以发现要实现高流动性、高安全性与高收益性的"两全"，是有具体经济条件和历史背景的。当经济繁荣、市场利率高启时，两者的"两全"就比较容易实现，而在停滞或衰退时，"两全"则变成了两难。对于英国来说，由于其传统的风险厌恶，金融危机中第二层次养老保障投资的教训以及较少的基金盈余，导致高流动性和安全性始终是最高追求。即使因人口老龄化、通货膨胀、金融危机等因素基金不断贬值，且面临精算报告预言的基金盈余将快速耗尽、财政补贴将大量增加的未来，英国政府也不为所动。

面对"黑天鹅事件"的不确定性，是坚持高收益性并另外寻找途径对不确定性进行控制管理，还是坚持高流动性和安全性并通过其他方式寻求资金的补充，在这两种方案之间，英国选择了后者。对我国而言，目前全国基本养老保险基金结余也只能在两难中择其一，再通过其他渠道和方式手段迂回弥补。尤其是利率市场化、放松资本管制等金融改革逐渐推进后，面对国际上随时可能出现的"黑天鹅事件"和内部金融系统风险，对基本养老保险基金结余的投资工具选择需持谨慎态度。

① DMO.National Insurance Fund Investment Account Report and Accounts for the year ended 31 March 2017,2017.
② DMO.Annual Report and Accounts 2016-2017 of the United Kingdom Debt Management Office and the Debt Management Account,2017.
③ Institute for Fiscal Studies, A survey of the UK tax system, November 2016, pp.14-50.

分报告二十三
德国养老保险制度安排、问题与改革

一、德国社会养老保险制度发展沿革一览

德国是全球首个引进社会保险制度的国家，其社会保险制度的诞生可追溯到 19 世纪末威廉一世（Kaiser Wilhelm der Erster）统治时期。当时德国社会正处于工业革命和德国民族国家统一和巩固时期，随着工业化的不断深入，恶劣的工作条件和相关社会保障制度的缺乏导致了社会矛盾的激化和社会的不稳定。于是，普鲁士地方政府率先在 1854 年推出了面向冶金工人的相关劳工保险法律，养老保险是其中主要的内容之一。在此基础上，1883~1889 年，德国宰相俾斯麦（Otto von Bismarck）推动德国政府逐步颁布了一系列面向全国的、涉及各社会保险分支的相关法律：包括《工人疾病保险法》《事故保险法》《养老及伤残保险法》，当时养老保险为 70 岁以上的工人和丧失劳动能力的伤残者提供养老金，筹资方式为基金积累。

1911 年专门出台了有关雇员的社会保险法规，把养老保险的覆盖面扩展到雇员和遗属[1]。起初，养老保险体制运行良好，但第一次世界大战（1914~1918）和其后的恶性通货膨胀（1921~1923）使社保基金被消耗殆尽。第二次世界大战期间（1939~1945），引入了手工业者养老保险。第二次世界大战后，德国养老保险制度同样被迫重建。

1949 年引入了最低养老金。而 1957 年的养老保险改革则具有划时代意义，改变了此前不同形式的基金积累筹资方式，确立了以现收现付筹资模式为基础的当代德国养老保险制度。还废除了基本养老金，代之以与物价上涨同步动态调整的机制。20 世纪 80 年代，随着经济增长低速化、德国养老保险制度开始面临收支缺口压力，而 90 年代后期，面对老龄化，经济全球化的压力，德国被迫进行了持续和相对彻底的养老保险制度改革，从强制养老保险单一支柱向三支柱模式逐步转化，尤其是在现收现付制基础上引入了基金积累因素。

目前的德国现代养老保险制度由三大支柱构成：法定强制养老保险（Gesetzliche Rentenversicherung）、企业养老保险（Betriebliche Alterssicherung）以及私人商业养老保险或个人储蓄等。为了应对老龄化对现收现付制的冲击，国家大力支持非强制性的个人养老保险（Private Vorsorge）项目，如里斯特保险金（Die Rieste-Rente）和吕库普保险金（Die Rürup-Rente）尤其引人注目，是近来德国养老保险改革的产物。

其中，法定养老保险无疑是德国养老保险制度的中流砥柱，提供最基本的养老保险，覆盖面最广。目前，参加法定养老保险的投保人为 54445352[2] 人，领取养老金者

---

[1] 与工人养老保险的主要差别是其参保人员 65 岁即可享受养老金。

[2] 截至 2016 年 12 月 31 日，来源：Ergebnisse auf einen Blick 2018. https://www.deutsche-rentenversicherung.de/Allgemein/de/Inhalt/6_Wir_ueber_uns/03_fakten_und_zahlen/03_statistiken/02_statistikpublikationen/05_ergebnisse_auf_einen_blick.pdf?__blob=publicationFile&v=29，访问日期：2018-04-14。

达到 20991201[①] 人。德国养老金的支出中有 4/5 用于法定养老保险金。

二、制度安排：法定养老保险（Gesetzliche Rentenversicherung）

法定养老保险位居德国社会保障制度中五大法定社会保险分支（养老、医疗、失业、意外以及护理保险）之首，也是德国三大养老保障支柱的核心。法定养老保险除了在投保人员退休后提供养老金外，还有一项重要功能，就是对被保险人病后康复或再就业提供支持。具体包括为患病被保险人提供康复医疗支持，为重新融入工作提供的职业培训或改行就业学习等。其目的是降低受保者因疾病、躯体或精神上的障碍而导致的劳动力完全或部分丧失的风险，因而尽可能防止提早退休的发生。

截至 2017 年 7 月 1 日，共有 54445352 名德国民众参与法定养老保险[②]，占德国总人口的 65.98%，其中当年社保活跃人员 37599266 人，当年社保非活跃人员 16846086 人。领取养老金的退休人员 20991201[③] 人（不含遗属及丧 w 失劳动能力者）。2017 年，预计德国养老金的总收入为 2931.58 亿欧元，支出 2931.84 欧元，其中 2549.2 亿欧元用于法定养老金开支，占总开支的 86.77%[④]。法定养老保险为三类人提供退休金：退休的老年人、部分或全部丧失就业能力者以及遗属。

（一）参保人群

参加法定养老保险的人群可分为强制参保者（Pflichtversicherte）和自由参保者（Freiwillig Versicherte）。强制参保者包括所有领取劳动报酬的就业者（包括接受职业培训者），自由职业者（如手工业者、艺术家）以及其他人群（如幼师、服役人员、护理人员等），其余人员（如家庭妇女）属于自由参保者。并且已经获得养老金的退休人员，也可以继续投保。

对于非德国国籍，但在德国境内有独立工作的人，也可申请德国法定养老保险。但从事资金运作、房屋或土地等租赁或非独立性工作的，不可申请。

两类人群可以按规定免缴法定养老金保费：①月收入小于 450 欧元的低收入者（2013 年新标准：从 400 欧元提高至 450 欧元），虽然该人员有参与养老保险的义务，但该人群可自愿申请不缴纳保费［雇主以 15% 的费率缴费为雇员缴纳养老保险，若未申请免缴，雇员需自负 3.6% 的费用。最低的缴费基准为 175 欧元，即需缴纳 32.55 欧元的养老保险，而雇主的缴费基准为 150 欧元，承担 22.5 欧元（150×15%），雇员承担 10.05 欧元（32.55-22.50）=10.05 欧元，针对在私人家庭工作的低收入者，雇主以 5% 的费率为其缴费］[⑤]。②从事短期工作者。短期工作是指一年内工作时间在三个月或者 70 个工作日以内的[⑥]（2015 年 1 月 1 日至 2018 年 12 月 31 日适用）。该类人群并不强制缴纳法定养老保险。

（二）法定养老保险的筹资

德国法定养老金的筹资方式为现收现付制，主要来源为法定养老保险的保费和联邦政府补贴。

保险缴费：由雇主与雇员共同对半承担。金额计算方法为：计费工资乘以费率。计费工资上限为保费计算限额（Beitragsbemessungsgrenze），现行德国缴费计算限额为：原西德地区每月 6500 欧元，原东德地区每月 5800 欧元。现行保险金费率为 18.6%，即每月最高保险缴费为 1209 欧元（原西德地区）、1078.8 欧元（原东德地区）。对于月最低保费，全德实行统一标准：对于强制参保者的月最低保费为 32.25 欧元，自由参保者为 83.7[⑦] 欧元[⑧]。

政府补贴：德国法定养老保险保费和支出相抵后的缺口由联邦政府以财政补贴填平。其金额不断提高。为填补缺口，1997 年科尔政府甚至将增值税提高了 1 个百分点

---

① 截至 2017 年 7 月 1 日，来源：Aktuelle Daten 2018. https://www.deutsche-rentenversicherung.de/Allgemein/de/Inhalt/6_Wir_ueber_uns/03_fakten_und_zahlen/03_statistiken/02_statistikpublikationen/07_aktuelle_daten.pdf?__blob=publicationFile&v=18，访问日期：2018-04-14。

②④ Aktuelle Daten 2018. https://www.deutsche-rentenversicherung.de/Allgemein/de/Inhalt/6_Wir_ueber_uns/03_fakten_und_zahlen/03_statistiken/02_statistikpublikationen/07_aktuelle_daten.pdf?__blob=publicationFile&v=18，访问日期：2018-04-14。

③ Ergebnisse auf einen Blick 2018. https://www.deutsche-rentenversicherung.de/Allgemein/de/Inhalt/6_Wir_ueber_uns/03_fakten_und_zahlen/03_statistiken/02_statistikpublikationen/05_ergebnisse_auf_einen_blick.pdf?__blob=publicationFile&v=29，访问日期：2018-04-14。

⑤ 德国 minijob 中心 https://www.minijob-zentrale.de/DE/01_minijobs/02_gewerblich/01_grundlagen/01_450_euro_gewerbe/05_rentenversicherungspflicht/04_mindestbeitrag/node.html，访问日期：2018-04-17。

⑥《德国社会法典》第四卷第 115 条。

⑦ 450×18.6%=83.7（欧元）。

⑧ Bundesministerium für Arbeit und Soziales, Übersicht über das Sozialrecht. BW Verlag, 2009. Seite 450.

（从 15% 提高到 16%）以此来填补漏洞①，之后的施罗德政府又引入生态税用于弥补养老金的收入与支出间的漏洞。但由于差距逐年拉大，政府补贴额度也在不断加大。2009 年后，由于提高了个人缴费比率，政府的补贴开支得以缩减至 24% 左右。并且近年来，随着欧洲经济的复苏与德国经济向好，就业率创历史新高，德国政府对于养老金的补助进一步缩减至 23% 附近。但是，政府补贴占政府支出的比例只于 2008~2013 年低于 20%，其余时期均高于 20%。可见，养老金补贴一直以来都是财政的巨大开支项目，这一基本特征并未发生根本性改变。

（三）养老金等待时间（Wartezeit）计算

从开始缴费起直至退休领取养老金的这段时间内，其中可纳入养老金计算的时间称为等待时间（Wartezeit）。只有缴纳养老保险者达到一定的等待时间，才能在退休时请求养老金。在满足一般性的退休条件②后，最低等待时间满足 5 年方可领取养老金。当然，若符合相关规定，并且满足更长等待时间，也可领取相应的养老金（除最基本的 5 年外，还有 20 年、25 年、35 年、45 年，共 5 个类别③）。计算养老金等待时间时，除了实际缴费保费的时期④（Beitragszeiten）外，另有四种特例可在无实际缴费的情况下仍计算等待年限：

1. 替代缴费时间（Ersatzzeiten）

最早从 14 周岁开始计算。投保人在此期间因非自身原因无法缴费，包括第二次世界大战关押及服役时间、遭纳粹政治迫害时间，以及自 1945 年 5 月 8 日至 1990 年 6 月 30 日在原东德地区被政治关押的时间可算入缴费时间。替代缴费时间的计算期限截至 1991 年 12 月 31 日。

2. 视同缴费时间（Anrechnungszeit）

包括在 17 周岁后的上学时间（最多可计入 3 年），17~25 周岁因病而中断工作而无缴费记录的时间，怀孕期间（生产前 6 周，生产后 8 周，多胞胎生产后 12 周）。

3. 划入缴费时间（Zuzurechnungszeit）

主要为了保障工作能力受损和遗属这两类弱势群体的利益，计算时间从其工作能力受损或遗属性质被认可起，直至其年满 60 周岁，从 2014 年起逐步延长至 62 岁。

4. 照顾时间（Berücksichtigungszeiten）

主要包括抚养子女时间段。抚养子女时间从子女出生月起计算，直至最年幼的子女年满 10 周岁。此期间个人可以无实际缴费行为，而由联邦政府代缴。

（四）退休金额计算

目前实行的退休金计算方法是根据 1992 年 1 月 1 日的《养老改革法》制定的：

月退休金 = 总个人补偿积分 × 退休年龄起始因子 × 退休金种类因子 × 月退休金现值

1. 个人补偿积分（Entgeltpunkte）

个人补偿积分是一个累积值，主要体现投保者缴费的多少和年数。个人补偿积分公式：个人补偿积分 = 个人缴费的收入/社会平均收入。以当年平均收入（见表 23-1）乘以费率（现为 18.6%）缴费的参保人每年可得 1 个补偿积分；若当年收入只有平均收入的一半，则得 0.5 个补偿积分；若以保费计算限额（见表 23-2）乘以费率缴费的（即最高缴费情况），可得 2.060 个补偿积分。对于抚养幼儿的参保人，若子女是 1992 年 1 月 1 日前出生的，可以连续 12 个月获得 0.0833 个积分，即 12 × 0.0833 = 0.9996 个补偿积分；若之后出生的子女，连续获得积分时间则可增加至 36 个月，将获得 36 × 0.0833 = 2.9988 个积分。每年积分相加则为总的个人补偿积分。

---

① 丁纯：《德国养老保障体制的改革》，《欧洲》2000 年第 2 期。
② 年满 65 周岁，从 2012 年开始，实行逐步延迟退休的制度，使法定退休年龄由 65 周岁延长至 67 周岁，2029 年后全面实行 67 周岁法定退休年龄标准。
③ 当等待时间满足更高级别的年限，且同时满足相关前提条件则可提前领取养老金：
    a. 等待时间满 20 年，且参保时间不间断，由于工作原因而完全丧失劳动力者，方可申请养老金。
    b. 等待时间满 25 年，且长期从事井下开采的矿业工人，年满 50 周岁，即可申请养老金。
    c. 等待时间满 35 年的长期参保者，且无工作能力或限制劳动力者，可于 60 周岁申请养老金，但随着法定退休年龄的延长，也将逐步延长至 62 周岁。
    d. 等待时间满 45 年，该类人员称为超长期参保者，可于 63 周岁申请养老金，但随着法定退休年龄的延长，也将逐步延长至 65 周岁。
④ 以月份为最小计时单位。

表 23-1　用于法定退休金计算的平均收入

单位：欧元

年份	原西德地区	原东德地区	东西部差异（西部/东部）
1960	6101	—	—
1970	13343	—	—
1980	29485	—	—
1990	41946	—	—
2000	54256	—	1.2030
2001[①]	55216	—	1.2003
2002	28626	23911	1.1972
2003	28938	24355	1.1943
2004	29060	24355	1.1932
2005	29202	24691	1.1827
2006	29494	24938	1.1827
2007	29951	25294	1.1841
2008	30625	25829	1.1857
2009	30506	26046	1.1712
2010	31144	26560	1.1726
2011	32100	27342	1.1740
2012	33002	28003	1.1785
2013	33659	28617	1.1762
2014	34514	29588	1.1665
2015	35363	30745	1.1502
2016	36183	31698	1.1415
2017	37103	33148	1.1193
2018[②]	37873	33671	1.1248

注：① 2001 年（含）前单位为德国马克。

　　② 2018 年的数据为测算值。

资料来源：Rentenversicherung in Zeitreihen 2017，S. 160, https://www.deutsche-rentenversicherung.de/Allgemein/de/Inhalt/6_Wir_ueber_uns/03_fakten_und_zahlen/03_statistiken/02_statistikpublikationen/03_rv_in_zeitreihen.pdf?__blob=publicationFile&v=21，访问日期：2018-04-17。

表 23-2　德国法定养老金缴费最高计算限额

单位：欧元

年份	原西德地区	原东德地区
1960	10200	—
1970	21600	—
1980	50400	—
1990	75600	32400
2000	103200	85200
2001[①]	104400	87600
2002	54000	45000
2003	61200	51000
2004	61800	52200
2005	62400	52800
2006	63000	52800
2007	63000	54600
2008	63600	54000
2009	64800	54600
2010	66000	55800
2011	66000	57600
2012	67200	57600
2013	69600	58800
2014	71400	60000
2015	72600	62400
2016	74400	64800
2017	76200	68200
2018	78000	69600

注：2001 年（含）前单位为德国马克。

资料来源：a b § § 3 und 4 Abs. 2 der Sozialversicherungs-Rechengrößenverordnung 2018 Rentenversicherung in Zeitreihen 2017，S. 242.https://www.deutsche-rentenversicherung.de/Allgemein/de/Inhalt/6_Wir_ueber_uns/03_fakten_und_zahlen/03_statistiken/02_statistikpublikationen/03_rv_in_zeitreihen.pdf?__blob=publicationFile&v=21，访问日期：2018-04-17。

2. 退休年龄起始因子（Zugangsfaktor）

退休年龄起始因子体现参保人进入退休时的年龄对养老金高低的影响，是一个 0~1.0 的数值。以常规法定退休年龄退休的，退休年龄因子即为 1.0。每早退一个月的，扣减 0.003（即每提前一年扣除 3.6%）；每晚退 1 个月，提高 0.005（即每延后一年增加 6%），但扣减上限不应超过 10.8%。

3. 退休金种类因子（Rentenartfaktor）

根据退休种类主要分为年老、工作能力受损及遗属三大类。它也是一个 0~1.0 的数值，具体计算值为[1]：

（1）因年老退休（Rente wegen Alters）：其退休种类因子值为 1.0。

（2）因工作能力受损而退休：需共同满足的条件为至少已有 5 年等待时间，且在工作能力受损前的 5 年中至少已缴纳了 3 年保费。其中，又可细分为：

1）因丧失部分工作能力而退休（Rente wegen teilweiser Erwerbsminderung）：其退休种类因子值为 0.5。需满足的条件为：在当下劳工市场的一般工作条件下，因疾病或残疾，每天只能工作 3~6 小时。

2）因丧失全部工作能力而退休（Rente wegen voller Erwerbsminderung）：其退休种类因子值为 1.0。需满足的条件为：在当下劳工市场的一般工作条件下，因疾病或残疾每天只能工作 3 小时以下。

3）因无能力工作而退休（Rente wegen Berufsunfähigkeit）：其退休种类因子值为 0.6667。该条目是为了保障长期投保者（有 40 年及以上等待时间者）的权益而设置的，以拥有同等技能水平、专业知识的人为参比，每

天只能承担该工作 6 个小时以下。

（3）因婚姻一方或双方死亡而领取的退休金分为三类：

1）抚育子女退休金（Erziehungsrente）：其退休种类因子值为 1.0。其前提条件为：第一，婚姻双方在 1977 年 6 月 30 日后离婚或已签订退休金共享协议，婚姻一方死亡，而另一方未再婚且抚养子女。第二，死亡方至少已有 5 年退休金等待时间。

2）遗属退休金（Witwen- bzw. Witwerrente）：申请遗属退休金的条件为夫妻双方至少结婚 1 年（意外死亡的情况例外），死亡方至少已有 5 年等待时间，且另一方之后不再婚。若遗属方属于以下情况：年龄大于等于 47 周岁[2]，或无工作能力或需抚养未成年的残疾子女，则可申请大龄遗属退休金：在配偶死亡之后的前三个月退休种类因子记为 1.0，之后记为 0.55。若不符合大龄遗属退休金条件的，则申领小龄遗属退休金：在配偶死亡后的前三个月退休金种类因子记为 1.0，之后为 0.25，可领取两年[3]。

3）孤儿退休金（Waisenrente）：若双亲一方死亡，则其子女可申请半孤儿退休金，其退休金种类因子值为 0.1；若父母双亡可申请全孤儿退休金，其值为 0.2。前提为死亡的父\母至少已有 5 年养老金等待时间。孤儿退休金原则上一直支付到该子女成年，在学徒或大学学习的情况下最多可延长至其 27 周岁[4]。

4. 退休金现值（Aktueller Rentenwert）

由联邦政府与联邦参议院在每年 7 月 1 日根据当下工资发展水平进行退休金调整（Rentenanpassung）后共同决定的金额（见表 23-3）。

表 23-3　德国历年月退休金现值

生效年份（自各年 7 月 1 日起）	原西德地区	较上一年调整变化（%）	原东德地区	较上一年调整变化（%）
1960	6.34	—	—	—
1970	12.90	—	—	—
1980	27.39	—	—	—
1990	39.58	—	15.95	—
2000	48.58	—	42.26	—

[1] Rentenartfaktor. https://www.deutsche-rentenversicherung.de/Allgemein/de/Inhalt/5_Services/01_kontakt_und_beratung/02_beratung/07_lexikon/R/rentenartfaktor.html?cms_submit=Los&cms_resultsPerPage=5&cms_templateQueryString=Rentenartfaktor，访问日期：2018-04-19。

[2] 自 2012 年起 45 周岁的年龄界限将逐步提高到 47 周岁，自 2029 年起，全面实行 47 周岁的年龄界限。

[3] Witwen- und Witwerrente. http://www.deutsche-rentenversicherung-bund.de/nn_11954/SharedDocs/de/Navigation/Rente/Leistungen/Tod/tod__Witwen__node.html__nnn=true，访问日期：2010-06-04。

[4] Vollwaisenrente und Halbwaisenrente. http://www.deutsche-rentenversicherung-bund.de/nn_11954/SharedDocs/de/Navigation/Rente/Leistungen/Tod/tod__Waisen__node.html__nnn=true，访问日期：2010-06-04。

续表

生效年份（自各年7月1日起）	原西德地区	较上一年调整变化（%）	原东德地区	较上一年调整变化（%）
2001	49.41	1.91	43.15	2.11
2002年1月1日①	25.31	—	22.06	—
2002	22.70	2.9	25.86	2.2
2003		1.0		1.2
2004	26.13		22.97	
2005		0%		0
2006				
2007	26.27	0.5	23.09	0.5
2008	26.56	1.1	23.34	1.1
2009	27.20	3.38	24.13	2.41
2010	27.20	0.0	24.13	3.38
2011	27.47	0.99	24.37	0.99
2012	28.07	2.18	24.92	2.26
2013	28.14	0.25	25.74	3.29
2014	28.61	1.67	26.39	2.53
2015	29.21	2.1	27.05	2.50
2016	30.45	4.25	28.66	5.95
2017	31.03	1.9	29.69	3.59
2018	32.03	3.22	30.69	3.37

注：2002年前数据单位为马克。2002年7月1日的月退休金值变化与2002年1月1日数据相比。

资料来源：Aktueller Rentenwert /Rentenanpassungssatz. Aktueller Rentenwert / Rentenanpassungssatz. http://www.flegel-g.de/rentenwert.html，访问日期：2018-04-20。

德国当年的退休金值（Rentenwert）是由上年金值结合每年7月1日进行的退休金调整（Rentenanpassung）所决定的。退休金调整主要取决于以下四个因素：

——上一年参保人群的毛工资变化。

——私人养老保险覆盖率与法定养老金费率变化。

——缴纳保费人群与领取养老金人群比例。

——保护条款：若当年根据以上三点产生的退休金调整百分比为绝对负值，则自动清为零。未来年份中退休金调整的正增长百分比仅以半数计算，直至完全弥补之前被清零的负百分比。

伴随着德国经济发展，尤其是工资收入水平的上升，德国退休金值逐年提高，西部地区现值已达32.03欧元，东部地现值也突破30欧元大关。这便意味着养老金支出的进一步扩大，政府不得不进一步加大补贴力度。对于融资方面的困境，德国政府一方面选择以延长退休年龄的方式扩大缴费人群；另一方面则抑制法定养老保险费率的进一步增长。而由此带来的法定养老系统的支付能力下降，则由企业与私人养老保险来填补。

（五）额外收入（Hinzuverdienst）

为公平起见，领取退休金者允许有一定额外收入，但不允许超过一定限额。超过额外收入限额（Hinzuverdienstgrenze）则将相应扣减退休金。

1. 因年老退休者的额外收入

2018 年，当额外年收入不超过 6300 欧元时，养老金正常发放，不进行扣减。若年额外收入超过 6300 欧元，则超出部分按月份换算后以其 40% 的份额抵扣。例如，某人的退休金为每月 950 欧元，此外还有额外收入 1510 欧元，即一年的额外收入为 18120 欧元，超过了 6300 欧元的界限，超出部分为 11820 欧元（18120-6300），换算至每月则超出 985 欧元（11820÷12），以 40% 折算为 394 欧元（985×0.4），到手退休金经扣减后为 556 欧元（950-394）[①]。

当然，退休者的额外收入还存在上限：不能超过退休前的 15 年以来的最高收入。当然极端情况下，若额外收入过多，则退休金将会被 100% 扣减。

实际额外收入将在次年 7 月 1 日进行审查，并对已支付的退休金进行审核，根据实际情况进行一定的补充支付或是补扣。

2. 因工作能力受损退休者的额外收入

因工作能力受损而退休的人员，每年的额外收入免扣减界限也会不同，但最高仍不能超过退休前 15 年以来的最高收入。2018 年的免扣减收入界限为 14798.79 欧元/年，超出部分仍按 40% 抵扣退休金，具体计算细则与常规退休者相同。

（六）机构组织

德国法定养老保险原来由德国养老保险联合会（VDR: Verband Deutscher Rentenversicherung）负责提供。它由五类养老保险机构组成：

——为公务员提供保险的公务员联邦保险机构（BfA: Bundesversicherungsanstalt für Angestellte）

——为工人和手工业者提供保险的州保险机构（LVA: Landesversicherungsanstalten）

——为矿工提供保险的联邦矿业保险机构（Bundesknappschaft）

——为海员提供保险的海事保险机构（Seekasse）

——为铁路工人提供保险的铁路保险机构（Bahnversicherungsanstalt）

后来依据 2004 年 12 月 9 日出台的"法定养老保险改组法案"，德国于 2005 年 10 月对法定养老保险的组织结构进行了改革。改革措施包括：

——将德国养老保险联合会（VDR）和公务员联邦保险机构（BfA）合并为德国联邦养老保险协会（DRB: Deutsche Rentenversicherung Bund）。现在承担法定养老保

险约 40% 的业务。

——将联邦矿业保险机构（Bundesknappschaft）、海事保险机构（Seekasse）和铁路保险机构（Bahnversicherungsanstalt）合并为德国矿业—铁路—海事养老保险公司（DR KBS: Deutsche Rentenversicherung Knappschaft-Bahn-See）。现在承担法定养老保险约 5% 的业务。

——减少州保险机构数量。现在承担德国境内约 55% 的养老保险业务。

——取消工人与公务员养老保险分开办理的规定，将原先工人与公务员的养老保险机构统称为普通养老保险（Allgemeine Rentenversicherung）。

改革后，德国境内提供法定养老保险的共有 16 个独立法定机构。

在联邦层面上有：

• 德国养老保险协会（DRB）

德国养老保险协会是欧洲最大的养老保险协会，共有 5700 万参保人。其主要权力机构有代表大会（共有 96 人组成）、董事会（22 人组成）、理事会和特别理事会。

• 德国矿业—铁路—海事养老保险公司（DR KBS）

德国矿业—铁路—海事养老保险公司总部在波鸿，在慕尼黑、法兰克福和汉诺威等多个城市设有分支机构。前身为 1969 年创办的联邦矿业保险公司。它受隶属于联邦劳工部下的联邦保险局的监管。其主要权力机构有代表大会、董事会和管理层。

属于州层面的共有 14 家养老保险公司，分别为：

——德国巴登—符腾堡养老保险公司（Deutsche Rentenversicherung Baden-Württemberg）

——德国柏林—勃兰登堡养老保险公司（Deutsche Rentenversicherung Berlin-Brandenburg）

——德国布伦瑞克—汉诺威养老保险公司（Deutsche Rentenversicherung Braunschweig-Hannover）

——德国黑森养老保险公司（Deutsche Rentenversicherung Hessen）

——德国中部养老保险公司（Deutsche Rentenversicherung Mitteldeutschland）

——德国南拜仁养老保险公司（Deutsche Rentenversicherung Bayern Süd）

——德国北部养老保险公司（Deutsche Rentenversicherung Nord）

——德国北拜仁养老保险公司（Deutsche Rentenversicherung Nordbayern）

---

① https://www.deutsche-rentenversicherung.de/Allgemein/de/Navigation/2_Rente_Reha/01_Rente/04_in_der_rente/02_hinzuverdienstgrenzen/00_hinzuverdienstgrenzen_node.html，访问日期：2018-05-11。

——德国莱茵区养老保险公司（Deutsche Rentenversicherung Rheinland）

——德国莱茵—普法尔茨养老保险公司（Deutsche Rentenversicherung Rheinland-Pfalz）

——德国萨尔养老保险公司（Deutsche Rentenversicherung Saarland）

——德国施瓦本养老保险公司（Deutsche Rentenversicherung Schwaben）

——德国奥尔登堡—不莱梅养老保险公司（Deutsche Rentenversicherung Oldenburg-Bremen）

——德国威斯特法伦养老保险公司（Deutsche Rentenversicherung Westfalen）

自 2005 年 1 月起，新退休人员的养老保险金由德国养老保险数据中心统一分配。此日期前的将维持不变。矿工、铁路工人或海员的保险合同一律由德国矿业—铁路—海事养老保险公司（DR KBS）办理。

专栏 23-1　德国养老保险第二和第三支柱——企业养老保险与私人养老保险

作为法定养老保险的补充，企业养老保险（Betriebliche Altersversorge）以及私人养老保险（Private Rentenversicherung）作为养老保险的第二和第三支柱分别一直起着辅助作用。近年来，德国联邦政府面对经济增长低速化、人口老龄化和经济全球化的压力等所带来的社保缴费不断提高，政府福利支出连年攀升，难以承受，不得不做出控制法定养老保险缴费和补贴增长的一系列改革，这使退休人员从养老系统的第一支柱——法定养老保险处得到的退休金在不断下降。另外，为了使德国养老体制的核心理念"确保退休者的体面生活"不受影响，政府开始以补贴和税收优惠的方式大力推广第二和第三养老保险支柱，来平衡因法定养老下降而造成的退休所得降低，维持约 70% 的工资替代率。德国养老体制结构也由此真正呈现"三足鼎立"的局面。

1. 企业养老保险（Betriebliche Altersversorge）

企业养老保险金是雇员和雇主之间通过契约形式所形成的养老金，不是强制性的，必须通过雇员与雇主双方的同意才能实施。在换工作时，原企业养老保险可经雇主同意后转移到新雇主的企业中。与法定养老保险一样，也提供三种类型的退休金保障，即年老、伤残及遗属。

传统意义上的企业保险仅由雇主出资缴费，但自 2002 年 1 月 1 日起，雇员有权以"补偿转换"（Entgeltumwandlung）的方式，将自己毛工资的部分投入到企业养老保险中去。其中，雇主至少支付"补偿转换"金额的 15%（自 2019 年起实施），而这笔金额可免税及免缴社会保险缴费，这一金额最高可达法定养老金保费计算限额的 4%（2018 年，原西德地区为 3120 欧元 / 年，原东德地区为 2784 欧元 / 年）。

运作途径（Durchführungsweg）：

企业养老保险可通过以下五种运作途径实现：养老基金（Pensionsfonds）、养老保险公司（Pensionskassen）、直接保险（Direktversicherungen）、直接允诺（Direktzusage）、补助保险（Unterstützungskasse）。

外部运作途径[①]：

养老保险公司（Pensionskasse）、养老基金（Pensionsfond）是自负盈亏的保险机构，它们都必须受联邦政府的相关金融监察机构的监管。

保费以退休金的形式返回。筹资形式可以由雇主、雇员（"补偿转换"）或双方混合出资。雇员方面，除可以将高达养老金保费计算限额 4% 投入其中外，雇员也有权申请里斯特补助。养老基金则因可自由将保险资金投入到资本市场，而有更高的风险与收益。

直接保险（Direktversicherung）是雇主为雇员购买的人寿保险，雇主支付保险金，收益人为雇员。通过直接保险公司投保的，雇员每年还可额外最高投入 6240 欧元（西部）或 5568 欧元（西部）（法定养老金缴费上限的 8%），这部分保费可免税。

---

① 外部运作途径指雇主方与后述三类保险公司签订合同，由他们来操作保费收缴和退休金发放事宜。而内部运作则指雇主所在的公司内部直接操作相关事宜，不交付外界公司。

内部运作途径：

直接允诺（Direktzusage）、补助保险（Unterstützungskasse）：在雇员退休、失去劳动能力或意外死亡之际，直接从公司财产中支付给雇员养老金。对于雇主来说，这笔金额是无须上税的，对其是有利的。而雇员也可以"补偿转换"的形式参与融资，但不能申请里斯特补助。

里斯特补助（Riester-Förderung）

在外部运作的途径下，雇员若参与保费融资，则可申请里斯特补助。补助的前提是：雇员方投入的保费需来自其净工资，即已缴所得税与各项社会保险缴费后的工资。

里斯特补助包括两部分：直接津贴以及税收优惠。

直接津贴：由基础津贴与子女津贴两部分组成。自 2018 年起，基础津贴为 175 欧元，子女津贴为 185 欧元（2007 年 12 月 31 日前出生的孩子）或 300 欧元（2008 年 1 月 1 日起出生的孩子）。25 周岁以下的雇员，在第一年参加企业养老保险时还可额外获得一比最高 200 欧元的入职奖金（Berufseinsteiger-Bonus）。

税收优惠：雇员在每年的纳税申报中可为自己投入企业养老保险的保费申请免税。自 2008 年起，这一金额的上限为 2100 欧元。

企业养老保险不仅对雇员在减轻税负方面有很大吸引力，雇主也可中收益，并以此来吸引更好的员工。在实行里斯特补助后，投保企业养老保险的人数从 2010 年的 1320 万上升到了 2016 年的 1550 万。

2. 私人养老保险（private Rentenversicherung）

私人养老保险是自愿的，采取的筹资方式是"资金积累制"。

（1）里斯特养老金（Riester-Rente）

其中，最有代表性的是从 2002 年初开始推行的"里斯特养老金"（Riester-Rente），以时任德国劳工部长的瓦尔特·里斯特的名字命名：

运作途径：可提供里斯特养老保险的有三类获得认证的机构：私人养老保险公司、银行和养老基金。

私人养老保险公司：提供的保险金将以终生退休金的方式支付，由签订好的退休金与额外 2.25% 的利息组成。其特点为风险小、有中度投资回报。

银行：提供的养老保险是以长期、定期或活期存款为基础的。投保人每月将保险金缴入银行账户内。若成功申请得到政府补助，补助金也将被存入该账户内。其额外利润即为存款利息收入。各个银行提供的利率高低不同，大多数银行以当下普通存款利率作为其利率。该类养老保险的特点为风险极小，但相对地，由利息方式产生的收益也较小。

养老基金：提供的保险将用保险金进行股市或基金投资。虽然收益可能大大增加，但风险度也相应增加。且其只保证保险金和一定附加酬金的返回，并没有绝对的利润。

此外，根据德国《私人住房退休金法》，在养老金协议中，累计养老金资产以及国内不动产（自有住房或共管公寓）价值的 75% 或 100% 可用于提供补充养老保险，即所谓的住房里斯特（Wohn-Riester）。

（2）吕库普养老金（Rürup-Rente）

依据 2005 年 1 月 1 日起生效的《老年收入法》，而开始推行的吕库普养老金（Rürup-Rente），也被称为"基础养老金"（Basisrente），是一种可以享受政府大数额、高比例退税方式的个人自愿投保的商业养老保险计划，所以，吕库普养老金对于高收入雇员和自雇人士极具吸引力。在制度设计上也与法定养老保险相似，但是也采用资本积累式财务模式，而不是现收现付制。

由于吕库普养老金与法定养老金有相似的制度设计。所以，德国政府对吕库普养老保险计划也实行免税政策。最高免税额每年 20000 欧元（单身）或 40000 欧元（已婚），2005~2025 年为过渡期，2005 年的免税比例为 60%，至 2025 年免税比例可达 100%。

吕库普养老保险产品由保险公司提供，领取养老金要在年满 62 周岁以后。

（3）私人养老保险补助

与企业养老保险类似，参加里斯特私人养老保险的投保人也可申请补助。补助包括直接津贴与税收优惠。获得津贴的前提：至少缴纳了金额为去年收入 4% 的保费。若年收入的 4% 低于 60 欧元的，需支付 60 欧元。若未缴纳足最低保险金的，则补助也将相应削减。

直接津贴和税收优惠政策与企业养老保险的政策相同。

三、养老保险体制面临的困境

目前，德国养老保险体制主要面临人口结构老龄化和经济全球化所带来的两大压力。

1. 老龄化压力

德国是世界老龄化最为严重的国家之一，根据欧洲统计局的数据，德国在全球老龄化最高的欧洲仅次于意大利，名列第二，65 岁以上人口占总人口的比例达到了 19.9%。人口结构老龄化压力主要来自德国的低出生率和高寿命。自 1975 年以来德国每个妇女所养育的子女数就一直维持在 1.4 个左右。现在德国每年仅约有 70 万个新生儿诞生，而这个数字在 1967 年是 100 万，峰值时期为 130 万。人均寿命方面：2016 年，德国人均寿命为 80.7 岁，其中德国女性的平均寿命在 83.1 岁左右，而男性在 78.4 岁左右。同 2005 年的统计数据相比，男性平均寿命增加了 1.9 岁，女性平均寿命增加了 1.1 岁据估计，至 2030 年，男性寿命将继续增至 78.7 岁，而女性寿命将增加至 84.7 岁[①]。人口结构的双向恶化直接导致养老金缴费和领取的结构恶化。由于低出生率，缴费人群萎缩，20~64 周岁的缴费人口预计将从 2004 年的 5060 万下降到 2030 年的 4550 万。据预测，德国 15 周岁以下的人口比例在 2025 年将维持在

13%，而到 2050 年将再下降 1 个百分点。与此同时，领取人群扩大，而 65 周岁以上领取的人口将从 2004 年的 1510 万上升到 2030 年的 2180 万，80 周岁以上的人口比例将在 2025 年逼近 8%，在 2050 年时将占到 13% 以上。[②] 缴费与领取的人口比例将从 3.4∶1 下降到 2.1∶1。[③]

2. 全球化压力

1990 年开始的、以金融业为背景的新一轮全球化，对德国的福利制度，尤其是养老保险制度产生了巨大的压力。因为更大的养老金支出，需要更高的养老金缴费率和来自税收的政府补贴。从而带来高税率，这意味着更高的劳动力成本，进而将减弱一个国家的产品竞争力与投资吸引力，这对于世界出口冠军的德国来讲尤其性命攸关。尽管近年来随着德国在社保领域大举改革和开源节流，相关数据已经有所好转，但管中窥豹，可见一斑。根据欧盟统计局 2016 年的统计，德国 2016 年的小时工资为 33.4 欧元，位于欧盟第 7 位，比欧盟的平均水准 25.7 欧元高出了 7.7 欧元。而在德国极具国际竞争力的制造业，德国小时工资高达 38.70 欧元，高居欧盟第 4 位，比欧盟的平均水准 26.7 欧元高出整整 12 欧元[④]。

表 23-4　政府法定养老金补贴与法定养老金支出情况

年份	政府每年补贴（10亿欧元）	法定养老金支出（10亿欧元）	政府年财政支出（10亿欧元）	政府补贴占法定养老金支出百分比（%）	政府补贴占政府年财政支出百分比（%）
1960	4.1	14.3	30.3	28.7	13.5
1970	7.2	38.4	88.0	18.8	8.2
1980	21.3	109.4	215.7	19.5	9.9
1990	29.7	175.9	380.2	16.9	7.8
2000	82.9	347.6	478.0	23.9	17.3
2001	89.9	359.0	475.9	25.0	18.9

① Rente in Deutschland, Session Ⅱ. Seite 18.

② Bundesministerium des Innern, *Daten und Fakten zum Demographischen Wandel — Europa im Vergleich*, Seite 13, 2007.

③ Rente in Deutschland, Session Ⅱ. Seite 5.

④ https://www.destatis.de/DE/PresseService/Presse/Pressemitteilungen/2017/04/PD17_125_624.html，访问日期：2018-04-21。

续表

年份	政府每年补贴（10亿欧元）	法定养老金支出（10亿欧元）	政府年财政支出（10亿欧元）	政府补贴占法定养老金支出百分比（%）	政府补贴占政府年财政支出百分比（%）
2002①	49.3	189.8	252.5	26.0	19.5
2003	53.9	195.4	247.9	27.6	21.7
2004	54.3	197.6	251.2	27.5	21.6
2005	54.8	198.8	254.3	27.5	21.5
2006	54.9	199.4	261.0	27.5	21.0
2007	55.9	200.7	270.5	27.4	20.7
2008	56.4	203.1	283.2	27.8	19.9
2009	57.3	239.1	303.7	24.0	18.9
2010	59.0	242.6	319.5	24.3	18.5
2011	58.9	244.7	305.8	24.1	19.3
2012	60.0	249.2	307.1	24.1	19.5
2013	59.9	258.2	308.2	23.2	19.4
2014	61.3	260.4	295.9	23.5	20.7
2015	62.4	272.0	311.7	23.0	20.0
2016	64.5	282.7	317.4	22.8	20.3
2017②	67.8	293.2	329.1	23.1	20.6

注：① 2002 年前数据单位为马克，后为欧元。

②预估数据来源：Aktuelle Daten 2018。

其他数据来源：Rentenversicherung in Zeitreihen 2017。

财政数据来源：https://www.bundeshaushalt-info.de/，访问日期：2018-4-18。

从表 23-4 可以进一步看出，德国法定养老系统仅靠保费筹资远远不够，政府每年需进行补贴。自 20 世纪 90 年代德国统一后，由于要将原东德各州整个纳入原西德体系，致使德国政府财政负担大幅加重，外加上老龄化问题也接踵而来，法定养老金的支出与补贴也大幅上升。迈入 21 世纪后，依靠政府补贴的趋势仍在继续。2000~2002 年政府补贴率每年以将近 1 百分点的速度在增长。自 2002 年起，该状况因当年的改革——加强养老系统第二与第三支柱的参与率而有所缓解。但政府每年以 1/5 的财政收入来进行补贴仍是一个巨大的负担，所以改革仍不可避免。

四、养老保险制度改革

随着养老保险制度面临挑战的不断加剧，德国社会各界从 20 世纪 90 年代开始就此进行了热烈讨论，达成了非改不可的共识，并进行了一系列的改革。改革经历了从临时性缺口填补举措到结构性规则的调整过程。

（一）1992 年改革

1992 年德国养老保险制度改革的聚焦点为"节流开源"，其中最核心的焦点在于将未来的退休金额度与净工资额挂钩，而非过去的税前工资。其次，还引进了现行的补偿积分制来计算退休金。并规定标准养老金水平（Rentenniveau）[1] 至少达到其最后一年工资的 70%。另外，还将常规退休年龄推迟到 65 周岁，将机动退休年龄从 60 周岁提高到了 63 周岁。在 65 周岁前退休的参保人将每月少获得 0.3% 的退休金，直至其年满 65 周岁。

1992 年的改革还有一个深刻的背景是两德统一：20 世纪 90 年代初东西德统一后，原西德的社保体系被搬到了原东德地区。但统一初期原东德失业率的剧增，缴纳保

[1] 标准养老金水平即指工作了 45 年并以平均收入乘以费率缴纳保险费的标准退休者得到的退休金占其工资收入的百分比。

险金的职工人数下降，造成整个养老体系的负担大大加重。因此，原西德的联邦州必须支出更多以弥补原东德地区缴费的不足。但 1992 年的社保改革由于力度不足，效果并不显著。原西德体制受到的冲击并未得到根本改善，更无法应对德国养老体制面临的长期挑战。

（二）1999 年改革

1997 年，德国联邦议院通过了《养老改革法案 1999》。该法案的核心目标是将养老金水平从 1992 年改革规定的 70% 进一步降低到 64%。但考虑到缺乏诸如建立健全的私人养老保险体制（2001 年改革）等相应的平衡措施，最后这一设想并没有被实施。而寻找平稳地降低法定养老金的出路，就成了 2001 年改革的出发点。

（三）2001 年改革

2001 年，改革所要达到的主要目标为：降低法定养老金的支出。而这个目标则将通过对法定养老费率的长期逐步控制，以及对企业和私人养老保险的鼓励来完成。

对于养老金费率，2001 年改革规定，直至 2020 年该费率将不会超过工资的 20%，直至 2030 年不会超过 22%。据相关部门统计，这一数据将在没有改革的情况下在 2030 年达到 24%[①]。而在鼓励养老体系第二和第三支柱方面，政府开始以津贴和税收优惠的形式进行正式补贴。

除此之外，政府还将把一定的生态税收入投入到养老金补贴中去。

但从此也不难看出，2001 年的改革只能起到小修小补的作用，仍没有从根本上解决政府补贴不断上升的窘境。因为虽然费率的上升略有抑制，但对企业和私人养老保险的支持无疑意味着更大的补贴投入，进一步"开源"势在必行。

（四）2004 年改革

2004 年改革主要颁布了《养老金可持续法》，将重点放在"开源"这一议题上：

第一，退休金发放方面。自 2004 年 4 月 1 日起，对于新退休的人员，退休金支付的日期将被推迟到月底。第二，退休金调整方面。在每年 7 月 1 日实行的退休金调整中引入"可持续因子"，即根据缴费与领取养老金人数比而变化的因子。第三，退休年龄方面。将因失业而退休的最早可能年龄自 2006 年逐步从 60 周岁提高到 63 周岁。第四，退休金相关税收方面。逐步对员工工资中作为养老金上缴的部分不再征税，而养老金作为收入将被征税。自 2005 年起，作为养老金上缴部分的 60% 将不再被征税，免税额度上限为每年 12000 欧元。今后将会以每年 2% 的速度提高免税百分比，直至 2025 年，对全部用于养老金

的款项不再收税。2005 年 1 月 1 日起，作为收入的养老金将被征收 50% 的税。此后，直至 2020 年将每年以 2% 的比例增长，自 2021 年将以 1% 的比例增长，直至 2040 年对养老金收入完全征税。

2004 年的改革措施在一定程度上稳定了德国政府对法定养老体系补贴的升级情况：政府补贴占法定养老支出为 27.5%，占总财政支出的 21.6%，较上一年度基本维持不变。但为了进一步抑制福利，更好地解决低产品竞争力的问题，德国政府决定再进一步从"开源"的角度，做更大幅度的改革。

（五）2007 年改革

2007 年 3 月 9 日，默克尔的大联合政府通过了《为适应人口发展调整常规退休年龄及加强法定养老金融资法案》。该法案的核心内容即为"67 岁退休"：将标准退休年龄从 65 周岁提升到了 67 周岁。而此项决议从 2012 年开始实施。自 2012 年起，男女标准退休年龄将逐年提升 1 个月；自 2024 年起，将逐年提升 2 个月，直至 2029 年完全到达 67 周岁。但为使提高退休年龄的政策能更好地实施，政府推出了一项过渡政策：凡是有 45 年缴费记录的仍可在 65 周岁时享受常规退休待遇。

而这项法案的最终目的为：第一，确保法定养老金费率在 2020 年前不超过 20%；在 2030 年前不超过 22%。第二，至 2020 年，退休金标准不超过 46%；至 2030 年，退休金标准不超过 43%。

2007 年的改革可谓大刀阔斧，从中也显示出了德国政府控制养老金增长的决心，以及对低产品竞争力和低投资吸引力的危机意识。而德国政府对法定养老金的大力裁减，是首先基于 2001 年对整个养老体系结构的调整——政府出面加强企业与私人养老保险的力度。从一足鼎立到三足鼎立，体制结构上势必更加稳定；从长远来看，退休年龄的逐步增加与费率的控制，使政府负担又大大减轻，全球化的压力也得到了一定缓解。但德国人口结构老龄化的问题却始终没有得到改善；相反，低出生率和高寿命还将延续，即德国养老体制的长期挑战仍然存在。另外，法定养老保险力度的大大减弱也引起人们对福利下降的不满。由企业和私人养老保险来填充前者的福利下降是否能真正发挥效果，税收优惠政策是否会只沦为富有者逃避高税率的手段还有待时间的检验。

总之，目前德国养老保险问题和改革动力是收支缺口和养老保险缴费率和政府补贴的不断上升所面临的全球化压力，而改革总体思路是在不降低退休金领取者总体养老

[①] Bundesministerium für Arbeit und Soziales, *Statistisches Taschenbuch 2008*. Bundesministerium für Arbeit und Soziales Referat Information, Publikation, Redaktion, 2008. Seite 4.

金水平、从而招致其反对的前提下，控制法定养老保险缴费率，将刚性的直接推高养老保险缴费率和税率的法定养老保险负担和全球化竞争压力瓶颈移向具有灵活性和可适应全球化挑战的企业和私人养老保险。同时，后两者以基金积累为主的筹资方式对减轻老龄化的冲击无疑也是意义重大的。在 2008 年至今的金融危机中我们已经从某种程度上看到德国改革带来的成果，经济衰退和复苏的情况较其他欧洲国家要好。

（六）2008 年改革

在提出 2012 年开始实施渐进式延后退休制度后，对于相关改革进行了进一步深化与细化：其中，对于长期参保者，可于 63 周岁后，申请提前退休，养老金最大平减幅度不超过 14.4%，62 周岁的原标准废除；对于长期从事井下作业的矿工，法定退休年龄从 60 周岁，逐步延长至 62 周岁；大龄遗属的申请年龄从当时的 45 周岁提升至 47 周岁；由于限制劳动力或不幸成为遗属者，若年龄不满 62 周岁（先前标准为 60 周岁），对应的养老金则依据相关规定平减，平减幅度最大不超过 10.8%，常规年龄标准从 63 岁提高至 65 岁。

此外，对于促进养老金第二支柱与第三支柱领域，也实施了相关改革：2008 年 1 月 1 日出生的儿童，其里斯特养老金中的育儿津贴将提至 300 欧元；对于里斯特养老金进行减免，减免幅度为当年法定养老金缴费收入上限的 4%。

（七）2014 年改革

超长期缴纳养老保险相关人员（等待时间不小于 45 年）的法定退休年龄予以延长：但是退休前两年的相关替代或抵扣时长不计入等待时间（防止提前退休）；领取失业金Ⅱ的时期不计入缴费时长（该规定对于自由参保者也同样适用，此外自由参保者的参保时长必须包含不低于 18 年的强制参保时期）。

超长期参保者延长退休年龄的涉及 1953 年以后出生的人群，具体实现过程如表 23-5 所示。1964 年及 1964 年以后出生的人群，超长期参保者的法定退休年龄统一至 65 周岁。

（八）2015 年改革

2015 年主要对短期工作的相关规定进行了短期的试探性调整：2015 年至 2018 年底，短期工作的期限规定由先前的不超过 50 个工作日或不长于两个月，改为不超过 70 个工作日或不长于 3 个月。2019 年后，恢复原先标准。此外，还明确规定，短期工作必须是随机的，不能是专业从事短期工作的；若一周工作日超过 5 天，则以工作日计算时长，否则按月份计算时长。以上相关改革，意在提高 Minijob 的吸引力与稳定性，进一步扩大就业。

表 23-5 渐进式延长的超长期参保者的法定退休年龄

出生年份	延期时长（月）	退休年龄	
		周岁	月
1953	2	63	2
1954	4	63	4
1955	6	63	6
1956	8	63	8
1957	10	63	10
1958	12	64	0
1959	14	64	2
1960	16	64	4
1961	18	64	6
1962	20	64	8
1963	22	64	10

此外，对于获得孤儿养老金的已经成年孤儿（年满 18 周岁），自 2015 年 6 月 1 日起，不再减免相应的收入抵扣缴费金额。

（九）2017 年改革

2017 年的改革主要针对于大龄工作者，使他们在退休前夕以及退休期间有了更多的选择可能性，以提高退休后的收入水平，同时还在提高大龄人群的就业参与率方面，提出了建设性意见。

在达到标准的法定退休年龄之前，非全职的工作可用以补充部分养老金。2017 年，具体相关法规也进行了调整：部分养老金和额外收入将以灵活化和个性化的方式进行组合。从 2017 年 7 月开始，退休人员可以参与非全职工作以获得额外收入，对于不超过 6300 欧元／年的部分予以税费减免。超过部分的 40% 将会抵扣对应金额的养老金。对于满足法定退休年龄且可全额养老金的退休人员，若仍从事工作，可在未来提高养老金申请额。即使在达到标准退休年龄之后，为了激励就业，也可暂时放弃现有的退休待遇，即继续缴纳保险费用（可增加个人补偿积分），该方式可增加现阶段的收入并增加以后的养老金请求额度。

从 2017 年 7 月起，被保险人可以从 50 周岁起（而不是从先前的 55 周岁开始），可以自主、灵活地选择缴纳额外的法定养老保险费用，以平衡未来可能提前退休而造成的养老金的削减。该项规定也适用于自由参保者。

分报告二十四
瑞典国民养老基金

瑞典位于斯堪的纳维亚半岛，国土面积 45 万平方千米，人口 996 万，其中 65 岁以上人口占 20.26%。人口增长率为 0.81%，出生率为 12.1‰。2017 年瑞典劳动力人口为 536 万，失业率为 6.6%。瑞典产业结构以服务业为主，劳动力人口中 86% 从事服务业，12% 从事工业，从事农业的人口比例只有 2%。2017 年瑞典 GDP 为 5217 亿美元（按 2017 年购买力平价计算），增长率为 3.1%，人均 GDP 为 51300 美元，公共债务占 GDP 的 39%[①]。瑞典的国民养老基金同时担任着养老储备基金角色。2017 年底，瑞典国民养老基金资产为 16136 亿瑞典克朗，约 1952 亿美元，约占 GDP 的 37%[②]。随着人口老龄化，预计 2040 年该资产将降至 4000 亿瑞典克朗。[③]

一、瑞典养老金制度简介

（一）三支柱结构

1. 三支柱概况

瑞典养老金体系由三个支柱组成（见表 24-1），第一支柱是覆盖全民的国家强制性基本养老金制度，它包含三个层次：最低养老金担保（GP）、名义账户制养老金和实账积累制养老金。第一支柱是本书研究的重点，后面专门讨论。第二支柱是准强制性的职业养老金计划，第三支柱是个人自愿养老储蓄。

表 24-1 瑞典养老金体系构成

		保障的风险	加入条件	待遇结构	融资结构
基本养老金	最低养老金	老年、遗属、残疾	强制性	定额、家计调查型	税收 / 现收现付
	名义账户制		强制性	DC	缴费 / 现收现付
	实账积累制		强制性	DC	缴费 / 完全积累
第二支柱（职业养老金）		老年	准强制性	DB、DC	缴费 / 完全积累
第三支柱（个人养老储蓄）		老年	自愿性	DC	缴费 / 完全积累

资料来源：David Natali (2004), "Sweden: the Reformed Pension System", Research Project Supported by the Service Public Fédéral Sécurité Sociale, annex 1.

[①] https://www.cia.gov/library/publications/resources/the-world-factbook/geos/sw.html, 2018-06-22.

[②] 根据瑞典五个国民养老基金（The First, Second, Third, Fourth and Sixth AP Fund）的 2017 年报相关数据计算而成。

[③] Severinson, C. and F. Stewart, "Review of the Swedish National Pension Funds", OECD Working Papers on Finance, Insurance and Private Pensions, No. 17, OECD Publishing, 2012. http://dx.doi.org/10.1787/5k990qtkk6f8-en.

2. 第二支柱

瑞典第二支柱职业养老金计划主要是通过劳动力市场主体之间的集体谈判协议建立起来的，对协议各方都有约束力，所以说它是"准强制性"计划。集体谈判协议主要有四类，分别针对私人产业的"蓝领"工人和"白领"工人、中央政府雇员和地方政府雇员，这四类协议覆盖了瑞典80%的劳动力。瑞典第二支柱职业养老金计划覆盖了大约90%的劳动力，替代率将近14%。2015年底，瑞典职业养老金资产23690亿瑞典克朗，占养老金总资产的48%，该年职业养老金收入1700亿瑞典克朗，占养老金总收入的37%；支出980亿瑞典克朗，占养老金总支出的25%[①]。

3. 第三支柱

除了国家强制性基本养老金和职业养老金计划之外，瑞典还通过税收优惠鼓励第三支柱私人养老金储蓄，提高居民退休收入水平。私人养老金储蓄可以采取保险单形式，也可以采取养老金储蓄账户的形式。对于自雇者和灵活就业人员而言，私人养老金储蓄是其主要的退休收入形式。

2015年底，瑞典第三支柱私人养老金资产4780亿瑞典克朗，占养老金总资产的10%，该年私人养老金收入90亿瑞典克朗，占养老金总收入的2%，支出210亿瑞典克朗，占养老金总支出的5%[②]。

（二）瑞典基本养老金制度

瑞典基本养老金制度分为三个层次：第一层次是名义账户制养老金，其融资结构仍然是现收现付制，但其待遇结构是DC型的，成员养老金待遇取决于退休时个人账户中积累的名义资产。第二层次是实账积累制养老金。这两个层次均由雇主和雇员共同分担缴费，缴费率为雇员全部收入的17.21%，其中，雇员承担7%，雇主承担10.21%。因缴费时以雇员总收入作为费基，进入个人账户时则以扣除个人缴费后的收入作为费基，相应，注入个人账户的缴费比例从17.21%变为18.5%［17.21%÷(1-7%)］，其中16%进入名义账户，2.5%进入实账积累制账户。在这两个层次之下，还有一个基本层次，即家计调查式的最低养老金担保，它由中央政府预算筹资。

专栏 24-1　瑞典基本养老保险的改革历史

瑞典改革前的公共养老金制度包括一个定额待遇养老金（FP）和一个补充性的现收现付制的收入关联型养老金（ATP）。定额待遇制度成立于1913年，旨在提供基本的老年收入保护。补充养老金制度成立于1960年，是在社会民主党和工会的支持下建立的，旨在提供收入关联的待遇。收入关联型养老金待遇基于工人工资最高的15年的平均工资确定，该平均工资以社会平均工资的1.5倍为上限。收入关联型养老金要求缴费满30年，在65岁才可以获得全额待遇，即60%的替代率，如果工人没有或仅有很低水平的收入关联型养老金，他可以在定额待遇之外获得养老金补助，从而获得相当于平均工资的30%的最低待遇水平。

定额待遇养老金和收入关联养老金都是由雇主缴纳的工薪税筹资，工薪税没有最高限额，1997年两个制度的缴费率分别为5.86%和13%。定额待遇养老金融资来源还包括一般税收。

由于原来现收现付制的收入关联型养老金待遇过于慷慨，加上瑞典经济增长率开始放缓，旧制度预计会出现大幅赤字，不具有财政持续性。此外，旧制度下缴费和待遇没有密切联系，对劳动力市场参与率造成了负面激励。

从1991年开始，瑞典国会任命了一个委员会对旧的养老金制度进行评估，以提出一个在财政上和政治上都具有可持续性的改革建议。改革的关键是如何达成政治共识，事实上，1990年瑞典政府就成立了第一个养老金委员会，但没有达成改革共识，只是提议在旧制度框架下做一些参量式改革。但紧接着瑞典经济步入萧条，养老金改革成为当务之急。于是政府任命了一个新的国会团体，否决了第一个养老金委员会提出的渐进式改革建议，提出了彻底的改革方案。

新改革方案有几个关键原则：根据终身缴费来确定待遇；根据费基增长率确定指数化率；退休待遇应考虑到退休余命；新方案应具有财政可持续性，不需要通过提高缴费率来解决养老金财务失衡。最终，新改革方案是不同政党之间妥协折中的结果，它包括现收现付制融资方式和缴费确定型的待遇结构。新制度还包括一个规模较小的实账积累制养老金。起初社会民主党反对建立实账积累制，保守党主张降低公共养老金的作用，但如果社会民主党同意建立一个实账积累制，他们就同意保持公共养老金18.5%的缴费率不变。1998年6月，国会通过了养老金改革立法，新改革方案

---

① Swedish Pensions Agency (2017), "Orange Report 2016 Annual Report of the Swedish Pension System", https://www.pensionsmyndigheten.se/other-languages/en/en/publications0.

② Ibid.

包括16%缴费率的名义账户制和2.5%缴费率的实账积累制。

瑞典新制度是逐步引入的，1938年以前出生的人完全留在旧制度中，1953年以后出生的人完全加入新制度，而1938~1953年出生的人同时从旧制度和新制度中领取养老金。所以，要等到1953年以前出生的人都退休以后，瑞典基本养老金才能完全进入新制度，这需要16年的时间。

1. 名义账户制

名义账户制下，个人账户中的名义资产按照一个"名义利息率"来确定收益，使账户资产保值增值。瑞典名义账户制是按照社会平均工资增长率来给付名义利息率，这是为了使养老金资产价值与生活水平保持同步增长。

成员退休时，名义账户制中积累的名义资产要转换成年金，年金与成员退休余命和利息率挂钩。首年退休金是用名义账户资产除以年金化除数（Annuity Divisor）而得，年金化除数是群组平均退休余命和利息率的函数。在瑞典，年金化除数中的利息率是按未来平均工资增长率标准（1.6%）确定的。成员退休后，还要根据实际平均工资增长率与1.6%的标准增长率之差，对年金进行指数化调整。

名义账户制的DC型待遇结构决定它在长期内具有财政可持续性，但由于它仍然是现收现付制，缴费收入容易受到经济和人口波动的影响，缴费与养老金给付不一定刚好匹配。为防止名义账户出现短期财务赤字，瑞典建立了"自动平衡机制"（ABM），用平衡率来衡量和调节制度财务状况。当养老金制度资产小于负债时，即平衡率小于1，名义账户的收益率就不再是社会平均工资增长率，而是按社会平均工资增长率与平衡率之积来计算，以降低养老金债务，保持制度财务平衡。

2. 实账积累制

瑞典实账积累制养老金由一个专门成立的政府机构"积累制养老金管理局"（PPM，以下简称"养老金管理局"）管理，投资则交给市场上竞争的基金管理公司进行，由成员自己选择投资基金。实账积累制下，账户资产只能用于退休给付。成员退休时可以将其账户资产留在基金之内，由基金根据投资情况每年计算其养老金给付，也可以用账户资产向养老金管理局购买传统的年金保险，以获得长寿保障，其长寿风险则转嫁给了养老金管理局。

3. 最低养老金担保

对那些因各种原因不能从国家养老金制度中获得最低限额养老金的人，瑞典中央政府通过预算为他们提供最低养老金担保或者基本生活扶持。有资格获得担保的最低年龄是65岁。养老金担保额随着物价指数而调整。

总体而言，瑞典基本养老金制度的三个层次（见图24-1）。目前第一支柱替代率为56%[①]，到2030年，替代率预计将下降为42.7%。

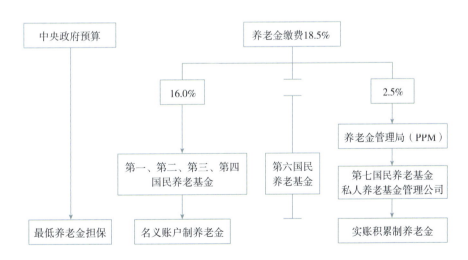

图 24-1 瑞典基本养老金制度

资料来源：The Second Swedish National Pension Fund Annual Report and Sustainability Report 2017, p.10.

[①] OECD Data. https://data.oecd.org/pension/net-pension-replacement-rates.htm#indicator-chart.

二、瑞典基本养老金制度下的国民养老基金的投资管理

瑞典基本养老金制度拥有规模可观的盈余，称为"国民养老基金"（AP），因其在运作过程中类似一个财务缓冲池，所以又被称为"缓冲基金"，它是现收现付的收入关联型养老金制度历年养老金收支盈余的积累。2016 年，基本养老金收入 2840 亿瑞典克朗，占养老金总收入的 61%；基本养老金支出 2700 亿瑞典克朗，占养老金总支出的 69%；2016 年底的基本养老金总资产 21270 亿瑞典克朗，占养老金总资产的 43%[①]。本报告主要讨论国民养老基金的投资管理。

（一）国民养老基金简介

1. 国民养老基金的由来

自从 1960 年瑞典现收现付制的收入关联型养老金制度成立以来，其缴费率高于为养老金支出融资所需要的费率，每年养老金收支盈余积累起来，投资于五个所谓的"国民养老基金"。瑞典当局之所以把缴费率确定得高于必要的缴费率，一方面考虑到收入关联制度的建立可能导致私人储蓄下降，所以通过较高的公共养老金缴费率来建立公共储蓄，弥补私人储蓄的下降；另一方面是为了建立养老金储备，以便为缴费收入的周期性波动提供缓冲。

2. 2000 年改革前国民养老基金的投资局限

2000 年之前，国民养老基金投资限于低风险资产，如瑞典政府债券和住房抵押贷款。改革前五个国民养老基金各有不同的投资范围和使命，其中前三个基金禁止投资于股票，五个基金投资于外国证券的比例都不能超过 10%。因此，改革前国民养老基金 60% 以上的资产都投资于固定收益工具（包括政府债券、抵押贷款和其他债券），投资于国内股票和国外股票的比例分别为总资产的 23% 和 9%，其余少数几个百分点投资于房地产、直接贷款和现金。因改革前国民养老基金以固定收益投资为主，其收益率比较低，1961~1995 年的年均收益率仅为 2.1%。

3. 2000 年国民养老基金改革

瑞典在对基本养老金制度进行结构性改革的同时，为了提高国民养老基金的投资收益，于 2000 年出台了《国民养老基金法案》（Swedish National Pension Funds Act），对国民养老基金的组织结构和投资规则进行了改革。《国民养老基金法案》规定了国民养老基金的新使命，即在可接受的风险水平下，尽可能提高国民养老基金的投资收益率，以保持名义账户养老金制度的财务平衡，降低自动平衡机制被启动的风险。

根据 2000 年《国民养老基金法案》，原来的 5 个国民养老基金转变为 4 个具有相同规模和使命的国民养老基金，即第一、第二、第三和第四国民养老基金（下文分别简称为 AP1、AP2、AP3、AP4）。16% 的名义账户制养老金缴费一分为四，分别交给第一、第二、第三和第四国民养老基金管理。相应地，每个国民养老基金每年承担 1/4 的养老金支出。名义账户制养老金的收支结余仍然纳入国民养老基金，进行投资增值。因此，每个国民养老基金需要对其资产负债进行模拟，根据模拟结果制定资产配置战略。

第一、第二、第三和第四国民养老基金都投资于国内外股票和债券的平衡资产组合。新的国民养老基金架构于 2001 年 1 月 1 日开始运作。此外，早在 1996 年瑞典政府就成立了第六国民养老基金（以下简称 AP6，后文将对 AP6 详细介绍），与其他四个国民养老基金相比，其资产规模仅为其他基金的 1/10 左右，该基金具有特殊的使命和投资政策，主要投资于国内的中小企业，以促进瑞典产业的发展。

（二）国民养老基金的治理

各个国民养老基金的投资决策是独立进行的，以收益率最大化为首要目标，不需要服从于政府经济政策，但它必须考虑到环保和伦理道德问题。

每个国民养老基金都由政府任命的 9 人董事会治理，其中两名是雇主组织提名的雇主代表，两名是雇员组织提名的雇员代表。关于董事会成员的任命标准，法规表述为"任命董事会成员应以其改善基金管理能力为依据"，这个标准比较模糊，弹性较大。

国民养老基金属于政府机构，但与其他政府机构的不同之处在于，国民养老基金独立性比较强。每个国民养老基金的董事会全权负责其基金运作，制定投资政策、公司治理政策和风险管理计划。国民养老基金的活动只受法律约束，不受政府政策干预，政府不能对基金的日常运作或资产管理活动下达指令。每个国民养老基金都有自己的治理规则和投资政策。

国民养老基金受政府监督，比如，政府要为其任命外部审计，对其投资活动进行评估和监督。财政部长代表政府出面，依据一系列的指标，包括投资收益、风险管理、投资活动和成本效率，对国民养老基金的投资绩效进行年度评估，并将评估结果提交国会审议。

---

① Swedish Pensions Agency(2017), "Orange Report 2016 Annual Report of the Swedish Pension System", https://www.pensionsmyndigheten.se/other-languages/en/en/publications0.

瑞典之所以把国民养老基金分为几个使命相同的独立基金，是为了引入竞争因素和定价机制，提高投资管理绩效。

（三）国民养老基金的投资规则

根据国民养老基金的新使命规定，2000年《国民养老基金法案》放宽了国民养老基金的投资限制，第一、第二、第三和第四国民养老基金的具体投资规则如下：

第一，每个国民养老基金至少30%的资产必须投资于低风险的固定收益证券；

第二，最高40%的资产可以暴露于外汇风险；

第三，每个国民养老基金投资于任何一家上市公司的股票不能超过其发行量的10%；

第四，每个国民养老基金的股票投资不能超过瑞典股票市场的20%；

第五，投资于私人股权的比例不能超过国民养老基金资产的5%，对私人股权的投资必须通过私人股权投资公司或创业基金间接进行；

第六，至少10%的资产必须外包给外部投资管理人；

第七，不能投资于期货；

第八，可投资于衍生金融产品，以提高运作效率，控制风险。

根据新投资规则，改革在很大程度上降低了国民养老

基金投资于债券等固定收益工具的比例，提高了股票和国外投资的比例。在新投资规则下，国民养老基金的投资是非常灵活的，但有一个核心要求是，国民养老基金的投资必须具有流动性，要能够容易地买进和卖出。

为了防止国民养老基金成为瑞典股票市场上举足轻重的参与者和所有者，避免经济的正常运行受到干扰，法规限制每个国民养老基金投资于国内股票市场比例最高不超过20%。此外，法规还限制国民养老基金在公司治理中的投票权，国民养老基金对上市公司的投票权被限制在10%以内，对非上市风险投资公司的投票权不能超过30%。

（四）国民养老基金收支状况

2000年国民养老基金改革时，把少部分储备移交给了中央政府，其余5360亿瑞典克朗（相当于GDP的23%）转入了新成立不久的名义账户制，平均分给了四个国民养老基金，由其进行投资管理。随着国民养老基金不断投资增值，加上名义账户制下每年养老金缴费和支出结余的积累，到2016年底，国民养老基金资产已增加至13210亿瑞典克朗（见图24-2）。国民养老基金从绝对资产规模上来说比较可观，但与未来养老金债务相比，其规模是比较小的，占未来养老金债务的15%左右，大致相当于4.9年的基本养老金支出[①]。

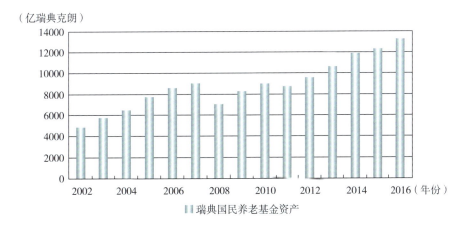

（亿瑞典克朗）

瑞典国民养老基金资产

图24-2　2002~2016年瑞典国民养老基金资产增长情况

注：国民养老基金包括第一、第二、第三和第四、第六国民养老基金资产总额。

资料来源：笔者根据 Swedish Pensions Agency, "Annual Report of the Swedish Pension System"，2010~2016 年数据绘制，https://www.pensionsmyndigheten.se/other-languages/en/en/publications0。

近两年国民养老基金（包括第一、第二、第三和第四国民养老基金以及第六国民养老基金）的收支状况如表

24-2所示。2016年养老金缴费2567亿瑞典克朗，养老金给付2823亿瑞典克朗，该年收支赤字256亿瑞典克朗。

---

① Swedish Pensions Agency(2017), "Orange Report 2016 Annual Report of the Swedish Pension System", p1.8.

加上投资收益 1186 亿瑞典克朗，再扣除管理成本 17.5 亿瑞典克朗，2016 年国民养老基金资产增加 912.5 亿瑞典克朗[①]。2012 年起，由于 20 世纪 40 年代出生的婴儿潮一代开始退休，养老金支出开始超过缴费收入，需要动用国民养老基金资产来弥补养老金收支缺口。

表 24-2　瑞典国民养老基金 2015 年和 2016 年收支状况

单位：亿瑞典克朗

国民养老基金收支	2015 年	2016 年
总资产	12300	13210
缴费收入	2455	2567
养老金给付	-2646	-2823
投资收益	665	1186
管理费用	-16	-17.5
资产变化总额	458	912.5

注：国民养老基金包括第一、第二、第三和第四、第六国民养老基金资产总额。

资料来源：Swedish Pensions Agency (2017), "Orange Report 2016 Annual Report of the Swedish Pension System", p.10.

2016 年底国民养老基金的总资产为 13592 亿瑞典克朗，其中 AP1~AP4 的资产规模分别为 3128 亿瑞典克朗、3282 亿瑞典克朗、3507 亿瑞典克朗和 3384 亿瑞典克朗，占总资产的比例分别为 23%、24%、26% 和 25%，资产分布比例与 2015 年基本持平。而第六国民养老基金资产总额为 291 亿瑞典克朗，占总资产的规模大约为 2%，其资产规模较小，因为该基金主要从事私募股权基金投资。[②]

（五）国民养老基金资产配置

虽然每个国民养老基金都是独立的机构，各自独立制定自己的治理规则和投资战略，但由于它们有着共同的使命，受共同的投资规则约束，从总体来看，国民养老基金投资具有以下四个特点：第一，国民养老基金股票投资比重超过 60%，债券投资比重不到 40%；第二，在股票投资中，国外投资的比例大约是国内投资比例的 2 倍。例如，2016 年国外股票投资比例为 42%，国内投资的比例为 21%，与 2015 年的情况基本相同；第三，在固定收益资产投资方面，国内外的投资大致相等；第四，分散化投资的趋势十分明显，投资于衍生品和其他资产的比例为 3%~5%。

图 24-4 是 2001~2016 年瑞典国民养老基金的资产配置表，从中可以发现：第一，股票投资比重相对较高，维持在 60% 左右；第二，债券投资比重接近 35%；第三，衍生品和其他投资比重在 5% 左右。可见，瑞典国民养老基金侧重于长期投资，投资策略相对稳定。

具体到每个基金，五只国民养老基金的投资策略比较相似，即投资于股票的比例在 60% 左右，30% 左右的资产投资于债券，投资于衍生品和其他资产的比例不超过 5%。

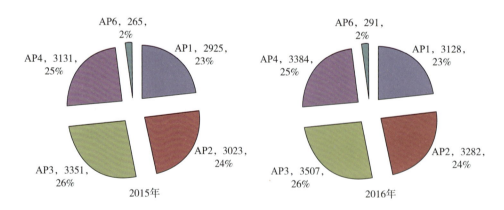

图 24-3　2015 年和 2016 年各国民养老金基金资产规模及其占总资产的份额（亿瑞典克朗，%）

资料来源：Swedish Pensions Agency (2017), "Orange Report 2016 Annual Report of the Swedish Pension System", p.76.

[①] Swedish Pensions Agency (2017), "Orange Report 2016 Annual Report of the Swedish Pension System", p.10.

[②] Swedish Pensions Agency (2017), "Orange Report 2016 Annual Report of the Swedish Pension System", p.84.

表 24-3　国民养老基金 2015 年和 2016 年的资产配置　　　　　单位：亿瑞典克朗

国民养老基金	2015 年		2016 年	
	资产额	比例（%）	资产额	比例（%）
股票及股份	7798	61	8491	62
瑞典股票	2510	20	2825	21
外国股票	5288	42	5666	42
债券及其他生息证券	4396	35	4638	34
瑞典发行	1514	12	1653	12
外国发行	2882	23	2985	22
衍生品	141	1	131	1
其他	360	3	332	2
国民养老基金总资产	12696	100	13592	100

资料来源：Swedish Pensions Agency (2017),"Orange Report 2016 Annual Report of the Swedish Pension System", p.84.

图 24-4　2001~2016 年瑞典国民养老基金资产配置

资料来源：笔者根据 Swedish Pensions Agency, "Annual Report of the Swedish Pension System"，2001~2016 年数据绘制。

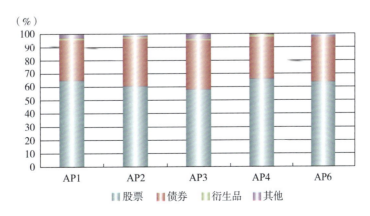

图 24-5　2016 年国民养老金基金 AP1~AP4 和 AP6 的资产配置

资料来源：Swedish Pensions Agency (2017),"Orange Report 2016 Annual Report of the Swedish Pension System", p.84.

进一步细分各基金投资的资产配置情况，可以看出 AP1~AP4 四个基金投资于国外的比例非常高（见图 24-6）。把国外的股票和债券相加后发现，四个基金投资于国外资产的比例基本高于 60%，AP2 投资于国外资产的比例高达 71%。而第六国民养老基金（AP6）投资策略非常特别，债券只投资于国内债券。这是因为第六国民养老基金负有促进国内非上市中小企业发展，增强瑞典的工业实力的使命。这也可以解释第六国民养老基金的规模特别小（不到其他基金的 1/10），投资收益率波动比较大的原因。

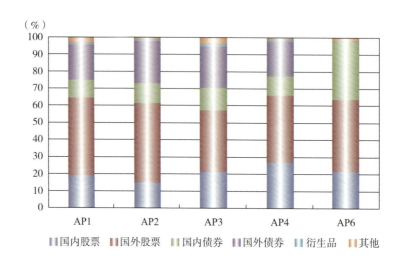

（%）

■ 国内股票　■ 国外股票　■ 国内债券　■ 国外债券　■ 衍生品　■ 其他

图 24-6　2016 年国民养老金基金 AP1~AP4 和 AP6 的资产配置

资料来源：Swedish Pensions Agency (2017),"Orange Report 2016 Annual Report of the Swedish Pension System", p.84.

（六）国民养老基金投资收益

表 24-4 显示了 2001 年以来国民养老基金 AP1~AP4 和 AP6 历年的投资收益率。比较而言，国民养老基金 AP2 和 AP4 表现较好，平均投资收益率为 6.8% 和 6.9%，略高于 AP1 和 AP3 的 6.4% 和 6.5%。表中第六国民养老基金（AP6）的平均回报率是从 1997 年建立该基金算起的，该基金建立以来的平均投资收益率为 7.1%，略高于其他基金。这主要归功于 1999 年高达 55.8% 的收益率，若仅考虑 2001 年以来的年均投资收益率（7.1%），则比其他四个国民养老基金的年均投资收益率要低，这是因为第六国民养老基金的投资策略和其他四个基金不同。AP6 主要投资于非上市的中小型企业，建立以来的投资收益率波动幅度大于其他四个基金。

表 24-4　2001~2017 年国民养老金基金 AP1~AP4 和 AP6 历年投资收益率　　　　　单位：%

年份	AP1	AP2	AP3	AP4	AP6
2001	-5.6	-3.7	-4.1	-5	-8
2002	-13.8	-15.3	-12.4	-16.8	-30.9
2003	16.5	17.8	16.4	17	10.7
2004	11.4	11.6	11.4	10.6	11.5
2005	17.5	18.7	17.9	16.9	11
2006	9.8	13	8.9	10.5	16.1
2007	4.8	4.2	5.1	2.5	15.2
2008	-21.7	-24	-19.7	-20.8	-16.6

续表

年份	AP1	AP2	AP3	AP4	AP6
2009	20.4	20.6	17	21.6	11.3
2010	10.3	11.2	8	11	9.4
2011	-1.7	-1.9	-2.5	-0.7	-6.9
2012	11.4	13.5	11	11.3	9.2
2013	11.3	12.8	14.2	16.5	9.2
2014	14.8	13.3	13.8	15.8	6.5
2015	4.1	4.1	6.9	6.9	12.2
2016	9.5	10.5	9.5	10.1	6.5
2017	9.7	9.1	8.9	9.2	12.3
平均收益	6.4	6.8	6.5	6.9	7.1

注：第六国民养老基金的平均回报率是 1997~2017 年的平均值，2001 年之前的具体值参见图 24-8。

资料来源：各个基金历年的年报。

由于股票投资收益率高于债券收益率，股票投资对国民养老基金收益的贡献超过其投资比例，而债券投资对国民养老基金收益的贡献则低于其投资比例。例如，2015 年国民养老基金股票投资比例为 61%，其对国民养老基金收益的贡献率为 84.1%（用 2015 年股票投资收益 560 亿瑞典克朗除以净收益 666 亿瑞典克朗，以下贡献率计算方法相同）；2016 年股票投资比例为 62%，对国民养老基金收益的贡献率为 70.2%。2015 年和 2016 年的固定收益工具投资比例均为 34%，但两年该类工具的贡献率分别为 5.7% 和 15.6%，2016 年比 2015 年提高了 9.9 个百分点（见表 24-5）。

表 24-5　2015~2016 年国民养老基金的资产配置收益

单位：亿瑞典克朗，%

	2015 年收益及比例		2016 年收益及比例	
股票投资	560	84.1	833	70.2
债券投资	38	5.7	185	15.6
其他投资	77	11.6	177	14.9
费用	-9	-1.4	-8	-0.7
净收益	666	100.0	1187	100.0

资料来源：Swedish Pensions Agency (2017), "Orange Report 2016 Annual Report of the Swedish Pension System", p.76.

（七）第六国民养老基金（AP6）：私募股权投资

1. 第六国民养老基金的目标、性质及成立背景

从上文的初步介绍可知，瑞典第六国民养老基金（AP6）是一个比较特殊的基金，成立于 1996 年，设计为封闭基金，最初的资产规模大约为 104 亿克朗（见图 24-7），自此以后就没有缴费收入，同样也没有支付压力，其资产规模的增加全靠投资收入，因此又被称为常青基金（Evergreen Fund）。因此，AP6 是一个典型的储备型基金，而其他四个国民养老基金都是缴费型基金。AP6 成立之初就被赋予了特殊的使命，具体而言有三点：

第一，在长期内最大化投资收益以支付养老金待遇，这个目标与其他四个基金没有区别，只是 AP6 暂时不需要支付养老金待遇而已。

第二，通过向产业界提供资本来促进瑞典产业的成长和就业的增加。

第三，入股瑞典未上市的中小型企业，以增加对中小企业和新成立企业的投资。

瑞典 AP6 借助私募股权市场，通过耐心、果断和负责任的投资行为，极大地促进了瑞典国内产业的发展，较好地实现了最初设定的目标。从 2007 年 11 月 1 日起，AP6 也可以参与国外资产市场的投资，开始主要是北欧地区。

通过上面对瑞典第六国民养老基金投资目标的简单介绍可以判断，该基金在本质上是一个私募股权基金

（Private Equity Fund，PE），后面通过分析其投资策略和盈利模式也可以得出同样的结论。私募股权基金是指那些专门投资于未上市公开发行的私人企业权益的基金。具体而言，私募股权基金是指通过收购、控制公司的经营管理权，改善公司的治理和运营，实现公司的价值创造和提升，并最终全身而退获取巨大财务增值的基金[1]。私募股权基金和风险投资基金、对冲基金具有很多相似的地方，从本质上讲股权私募基金是扩大了风险的投资基金。一般而言，私募股权基金的投资模式包括风险投资（Venture Capital，又称为创业投资）、收购投资（Buyout）和夹层投资（Mezzanine Investment）。

自 20 世纪 80 年代以来，由于一系列有利的宏观经济环境，如长期以来的低利率、不断放松的金融监管、经济全球化的深入发展、资本市场的日益活跃，私募股权基金发展迅猛，已经成为资本市场的一支重要力量。对于投资者而言，私募股权基金作为企业积极的股东，通过改善公司治理结构和改变运营模式来获取高额利润。对于一个国家而言，私募股权基金为企业的成长和发展提供了充足资金的同时，也改善了企业的微观效率，有利于优化资源配置，促进本国产业发展。对于主权养老基金而言，为了分散风险、提高收益率，除了进行传统的金融投资外，越来越多的养老基金进行另类投资（Alternative Investment）。一般而言，另类投资产品主要包括以下几种：对冲基金、商品基金（包括商品交易顾问和管理期货等）、保本类的结构型产品、房地产类投资（包括房地产信托基金）、外汇、私人股权投资或风险投资。其中，私人股权投资成为另类投资的一项重要内容。另外，日本和韩国的主权养老基金在 2001 年之前大量进行产业投资和基础设施投资，产生大量呆坏账，不仅影响了养老基金的收益率，也在很大程度上拖累了这些国家的经济增长。因此，21 世纪初期，日本和韩国大力改革原先的投资政策，积极进军资本市场进行金融投资，而产业投资已经成为养老基金投资的一个禁区。因此，在金融投资和产业投资之间，私募股权投资就成为养老基金可供选择的一个中庸之道。与金融投资相比，私募股权投资能获取更高的回报率。此外，私募股权投资还能在一定程度上促进国内产业的发展，特别是高风险的新技术行业，实现产业投资的积极效果。与产业投资相比，私募股权除了能够促进国内产业发展外，其投资更加注重实现公司的价值创造和提升，并最终全身而退获取巨大财务增值，因此不会像产业投资那样产生大量的呆坏账。

正是因为看到了私募股权投资的发展趋势和巨大优

势，瑞典政府早在 1996 年就成立了第六国民养老基金，专门从事私募股权投资，现在该基金已经成为瑞典国内私募股权市场的重要参与者。

2. 第六国民养老基金的组织结构

瑞典第六国民养老基金（AP6）的最高权力机构是董事会，由五名成员组成，成员由政府任命，负责制定 AP6 的投资政策，执行董事负责具体执行董事会制定的政策。董事会主要职责包括设立业绩目标、投资决策、任命和评估常务董事、确保 AP6 内部控制和监管程序有效。

此外，四个委员会协同执行董事制定相关政策。其中，投资委员会参与制定投资政策、准备董事会要求的与投资有关的支撑文件；评估委员会负责发布年度和动态财务报表和核实未上市股份的价值；提名和薪酬委员会负责监督高管和投资管理人雇佣和薪酬问题；伦理委员会负责处理组织中出现的伦理问题。

执行董事下设具体投资部门和辅助职能部门。投资部门主要分为两大类：①通过直接购买未上市企业股份，获得企业部分所有权的企业投资；②向私募股权基金投资，通过持有私募股权股份而间接持有未上市企业股份的间接基金投资。辅助职能部门包括承担组织行政、信息、会计和财务、后勤、流动性管理等常规辅助职能的职能部门及承担法律事务、可持续性管理及沟通等特殊职能的特殊职能部门（见图 24-7）。

2011 年开始，第六国民养老基金董事会调整了投资策略，将原来按投资企业发展阶段设投资部门改为按投资对象设投资部门，从原来的面向企业三个发展阶段（早期阶段、创业阶段、成熟阶段）设定的六个投资部门（网络投资部、合伙投资部、生命科学投资部、可转换债券投资部、直接投资部和基金投资部）改为按投资对象设定的企业投资部和基金投资部。企业投资部主要负责通过直接购买未上市企业股份，获得企业部分所有权，参与企业经营管理；基金投资部负责私募股权基金投资，通过持有私募股权股份而间接持有未上市企业股份。

3. 第六国民养老基金的投资绩效

第六国民养老基金成立于 1996 年，初始注资 104 亿瑞典克朗，实行封闭运行。2017 年，资产增至 316 亿瑞典克朗，增加了 212 亿瑞典克朗，资产净增 194%，年均投资收益率为 5.4%。2003 年后，AP6 大类资产主要投资于未上市企业，并提取 10% 资产作为流动性储备。注资以来 21 年（1997~2017 年）和近 10 年（1998~2017 年）的私募股权投资收益率分别为 15% 和 9.2%。由于投资战

---

① 盛希泰：《投 1 赚 10 的神话——海外私募股权基金八大家族》，广东经济出版社 2007 年版。

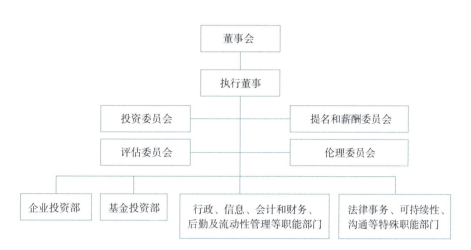

图 24-7　第六国民养老基金组织结构

资料来源：http://www.apfond6.se/en/English/The-Sixth-AP-Fund/Organization/.

略重组增加了风险投资和流动性资产比重,近 10 年和 5 年的平均投资收益率有所下降。2017 年,AP6 资产 316 亿瑞典克朗,净收益 34.7 亿瑞典克朗,投资收益率为 12.3%[①]。

2003 年前,AP6 在获取高回报率的同时,也面临着较高的风险,特别是该基金的投资收益率波动性非常高。例如,1999 年 AP6 的投资收益率大约为 55.8%,而在 2002 年则为 -30.9%。2003 年之后,调整大类资产配置,并提取 10% 资产作为流动性储备之后,在降低风险的同时也相对降低了投资收益率,2003 年之后的投资收益率波动相对平缓。长期而言,其投资收益率还是比较令人满意的。1997~2017 年资产分布和投资收益情况如图 24-8 所示。

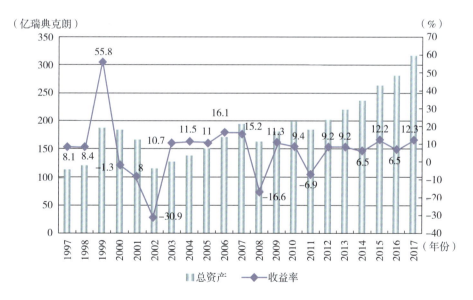

图 24-8　第六国民养老基金历年的资产规模和投资收益率

资料来源：1997~2007 年数据来自 The Sixth AP Fund Annual Report 2007, p.38；2008~2017 年数据来自 The Sixth AP Fund Annual Report 2017, p.41。

[①] Sixth Swedish National Pension Fund, "The Sixth AP Fund Annual Report 2017", p.35.

4. 第六国民养老基金投资运营资产分布

目前，第六国民养老基金的投资运营包括投资行为和流动性管理，其中投资行为包括企业直接投资和私募股权基金投资。面向成熟企业的收购投资（Buyout）是投资行为的重点，该类投资带来了长期理想收益。直接投资通常与其他金融投资机构合作进行，通过长期合作，有助于降低管理成本，提高投资收益率。

直接投资包括收购投资和风险投资。注资以来21年（1997~2017年）和近10年（1998~2017年）收购投资年均收益率分别为15.3%和8.5%；风险投资年均收益率分别为-10%和-10.1%，总体而言，风险投资拉低了总投资收益率。近两年因电子药房兴起，为风险投资提供了较高回报。2017年直接投资资产115亿瑞典克朗，投资收益率为21.1%。其中，收购投资为101亿瑞典克朗，投资收益率为20.1%；风险投资资产为13亿瑞典克朗，投资收益率为27.8%。

基金投资通常由经验丰富的基金管理团队负责，包括收购投资和风险投资，主要投资于初级市场，也有部分购买次级市场股权。投资组合包括由350多家公司组成的60多只基金。注资以来21年（1997~2017年）和近10年（1998~2017年）的收购投资年均收益率分别为14.6%和10.4%，风险投资年均收益率分别为-0.1%和2.3%。2017年底，基金投资资产107亿瑞典克朗，投资收益率为19.6%。其中收购投资85亿瑞典克朗，投资收益率为17.5%；风险投资资产为22亿瑞典克朗，投资收益率为28.1%。

流动性管理的目标是应对资产管理风险和金融风险，确保必要时刻可以借贷资金，主要投资于具有高流动性的生息证券。还有部分投资于由外部管理团队管理的进行中小型上市公司投资的中小企业基金（Lannebo Microcap）。2017年底，流动性储备资产为96亿瑞典克朗，其中投资于中小企业基金的资产为3亿瑞典克朗。流动性管理产生利润为1.33亿瑞典克朗，收益率为1.4%。

图24-9a显示了近5年（2013~2017年）AP6投资运营资产分布和投资收益率变化情况。近5年流动性资产收益率不断下降，同时该类资产比重较大，导致近年来AP6投资绩效不太理想。2017年流动性管理资产比重有所下降，投资收益率呈增长趋势的直接投资比重增加，相应AP6资产的整体收益率有所提高。

（亿瑞典克朗）

图 24-9a 三类运营行为资产分布

（%）

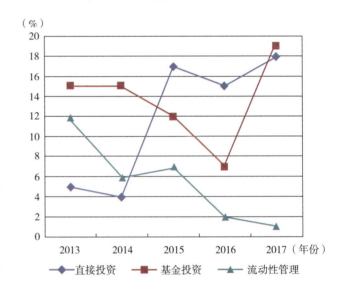

图 24-9b 三类运营行为收益率变化

资料来源：根据 The Sixth AP Fund Annual Report 2017，p.41数据计算而成。

三、评价及结论

从上文的介绍可以发现，瑞典国民养老基金的收入主要来自名义账户制收支后的结余及其投资收益，因此该基金是典型的"缴费型"主权养老基金。在2000年，瑞典国民养老基金的投资政策经历了重大的改革，由先前的只投资于政府债券和住房抵押贷款等低收益、高流动性的资产，转向积极投资（广泛投资于国内外股票）和多元化投资（广泛投资于股票、债券和其他资产）。改革后的一个显著变化是投资收益率大幅上升。例如，在改革之前1961~1995年年均收益率仅为2.1%，改革后第一到第四国民养老基金的投资收益率年平均在6%以上。

另外，瑞典国民养老基金在投资管理方面还具有两个特点：

第一，瑞典政府把国民养老基金分为四个使命相同、规模相等的独立基金，通过引入竞争因素和定价机制，提高投资管理绩效。由于这四个基金在成立之初规模相等，它们具备了公平竞争的基础。这能够极大地增强各个基金经理的危机意识和紧迫感，从各个方面提供投资管理绩效。就目前而言，第三和第四国民养老基金的表现更优，第三基金收益波动相对稳定，第四基金投资收益率高于其他基金，因此相应第三和第四基金的规模逐渐变大，这也给后者带来了更大的投资管理压力。

第二，瑞典政府特意成立了第六国民养老基金。从本质上讲，第六国民养老基金类似私募股权基金（Private Equity Fund，PE）或者风险投资基金（Venture Capital，VC），该基金是瑞典国内私募股权市场的积极参与者。具体而言，第六国民养老基金在资金来源和基金性质上和私募股权基金、风险投资基金不同，但是在投资方式、投资目标和盈利模式上具有极大的相似点。瑞典政府这种独特

的安排具有两方面的好处：①和普通的金融资产组合投资相比，第六国民养老基金能够获得超额的回报率，这是私募股权投资和风险投资最诱人之处，例如，2007年AP6的投资收益率高达15.2%，是其他基金的3~5倍，2015年投资收益率也是其他基金的2倍左右；同时需要面对极高的风险，如2002年该基金的投资收益率是-30.9%，亏损是其他资金的2倍，2011年亏损也是其他基金的2倍以上（见表24-4）。②和东亚国家20世纪90年代以前的产业投资相比，第六国民养老基金在促进国内产业发展同时，能够寻找更加便利的退出渠道，增强其流动性，避免像产业投资那样被套牢。因此，瑞典第六国民养老基金在普通资产组合投资和产业投资之间找到了一个折中之道，在促进国内中小企业和新兴行业发展的同时，避免产业投资收益率低、周期长等弊端，获得私募股权投资高收益的同时通过分散化投资来降低风险。总之，瑞典政府成立第六国民养老基金是一个大胆的尝试和探索，为了谨慎起见，瑞典政府把该基金的规模设定得较小，其资产规模不到其他基金的1/10，到2017年底资产为316亿瑞典克朗（大约为38.2亿美元，1美元约等于8.26瑞典克朗，见图24-8），约占国民养老基金总资产规模的2%。目前看来，瑞典第六国民养老基金历年的投资收益率还不错，1997~2017年的平均收益率为7.1%，这个结果比较令人满意。

分报告二十五
丹麦 ATP 养老基金

丹麦地处欧洲北部，其国土面积为 4.3 万平方千米，2018 年 1 月的全国人口总数为 578 万。在福利模式划分上，丹麦归属于"从摇篮到坟墓"的北欧福利模式，2016 年，其福利支出总额为 6530 亿克朗，占当年 GDP 的 33.4%，其中老年和遗属福利支出为 4660 亿克朗，占总福利支出的比重为 71.4%，医疗保障支出为 1290 亿克朗，占总福利支出的比重为 19.8%[①]。具体到丹麦的养老金制度，虽然具备北欧福利模式的整体特征，如制度的广覆盖，缴费型制度和非缴费制度的配合等，但丹麦又展现出不同于其他北欧国家的独特之处，特别是 ATP 养老金制度，其发展模式受到世人的瞩目。

一、"四支柱"养老保障模式

丹麦是世界上第二个建立法定养老金制度的国家，1891 年，丹麦建立收入调查式的非缴费养老金制度，被视为世界养老金的两大源头之一（另一源头是德国 1889 年建立的社会养老保险制度）。丹麦养老金发展模式影响了整个北欧地区养老保障体系的发展，各国都陆续建立起某种类型的非缴费型制度，但在之后的发展中，丹麦又形成相对独特的制度模式，尤其体现在缴费型制度的建立上，如北欧四国的瑞典、挪威和芬兰，这三个国家在第二次世界大战后都建立起了大规模的、公共的收入关联养老金，而丹麦却迟迟未建立该制度，作为第二支柱的劳动力市场补充养老金仅仅与工作时间相关，且规模相对较小，但这并不阻碍丹麦建立起发达的养老金体系。从 1891 年建立养老金制度至今，丹麦已经形成相对成熟的"四支柱"养老保障体系。其中，第一支柱是国家养老金（Folkepension）；第二支柱是劳动力市场补充养老金（Labor-market supplementary pension，ATP 养老金）；第三支柱是职业养老金（Labor-market pension/company pension）；第四支柱是个人储蓄养老金，如表 25-1 所示。

表 25-1　丹麦养老保障四支柱

	第一支柱	第二支柱	第三支柱	第四支柱
	国家养老金	ATP 养老金	职业养老金	个人储蓄养老金
制度基础	立法	立法	集体协议	私人协议
融资	一般税收	统一缴费	收入关联缴费	灵活缴费
权益积累	居住年限	缴费	缴费	缴费
养老金待遇	基础养老金+补充养老金	与工作时间相关	与收入和就业相关	与储蓄相关

资料来源：笔者根据相关材料绘制。

---

① Statistics Denmark, Denmark in figures 2018, p.4, 9, 23, https://www.dst.dk/Site/Dst/Udgivelser/GetPubFile.aspx?id= 28923&sid=denmark2018.

（一）国家养老金

国家养老金建立于 1891 年，属于非缴费型制度，其资金来源是财政。在覆盖范围方面，凡是 15~65 岁至少在丹麦居住 3 年的丹麦公民，或至少在丹麦居住 10 年（包括退休之前的 5 年）的非丹麦居民，达到退休年龄时，都可领取国家养老金，领取全额国家养老金需要 15 岁以后在丹麦居住 40 年，养老金水平随居住年限的减少而降低；在养老金领取年龄方面，正常领取年龄是 65 岁（到 2030 年将提高到 68 岁），不可提前领取国家养老金，但可以推迟领取，相应地，国家养老金待遇也会有所提高；在待遇方面，国家养老金分为两个部分：基础部分和补充部分，2016 年，全额基础国家养老金为每月 6160 克朗（或每年 73920 克朗），大约相当于社会平均工资的 19%，当然，养老金领取者还要接受收入检验，如果领取者一年的收入超过 316200 克朗（大约为社会平均工资的 75%），对于超出的部分将扣除 30% 的待遇。补充部分主要是面向贫困老年人，在发放补充国家养老金前需要对其 ATP 养老金和职业养老金待遇进行检验，如果这部分收入超过 69800 克朗，那么补充养老金部分将会相应地减少 30.9%。2016 年全额补充国家养老金为每月 6551 克朗（或每年 78612 克朗）[①]。

（二）ATP 养老金

丹麦的 ATP 养老金建立于 1964 年，属于缴费确定型制度，资金来源主要是雇主和雇员缴费，前者缴纳 2/3，后者缴纳 1/3，缴费形成个人账户，多缴多得，值得注意的是，丹麦 ATP 养老金不是按收入的一定比例缴费，而是根据工作时间的长短进行定额缴费，工作时间越长，缴费金额越高，因此，丹麦 ATP 并不属于收入关联养老金。在计算待遇时，ATP 又具有待遇确定型制度的一定特征，如 ATP 管理机构承诺一定的收益率，但同时还追加一个"分红利率"，"分红利率"主要是根据基金投资情况确定，投资收益率高，分红利率将越高；反之亦然，体现了缴费确定型制度的特征。从整个待遇水平看，ATP 养老金在建立之初被定为国家养老金的补充，因此其待遇水平是相对较低的，甚至低于国家养老金的替代率。从制度的缴费特征以及管理特征看，ATP 养老金采取了不同于国家养老金的运营模式，因此，本书将其列为第二支柱[②]。

（三）职业养老金

如前所述，丹麦国家养老金和 ATP 养老金替代率水平相对有限。这就意味着，公共养老金的不足给职业养老金和私人养老金留下了极大的发展空间，从 20 世纪六七十年代起，公共部门开始通过集体协商建立职业养老金计划，之后私人部门雇员也加入进来，虽然这些计划并非国家立法建立，但通常是强制性的，人们一旦加入就无法选择退出，由此导致职业养老金计划覆盖率较高。从当前情况看，所有公共部门雇员以及 75% 的私人部门雇员都已加入某个职业养老金计划（自雇人员不参加该计划）。这些计划通常是缴费确定型计划，养老金待遇与缴费额密切相关，缴费通常由雇主和雇员共同承担，前者承担 2/3，后者承担 1/3。根据不同收入群体，职业养老金缴费率在 12%~18% 变动，高收入群体通常选择较高的缴费率，低收入群体选择较低的缴费率[③]。经过几十年的发展，职业养老金逐渐成为丹麦主要的养老金支柱，据 OECD 数据显示，在 2015 年，丹麦职业养老金总资产达到 5323.9 亿美元，占 GDP 的比重达到 183.1%[④]。

（四）个人储蓄养老金

丹麦职业养老金计划的扩展并未影响个人储蓄养老金计划的发展，从当前看，丹麦个人储蓄养老金主要包括三种形式：第一，"资本养老金"（Capital Pension），该养老金是在 60~70 岁将所有的养老储蓄一次性支付的养老金，将被课以 40% 的税率；第二，"利率养老金"（Rate Pension），该养老金可享受税收减免优惠，但如果每年缴纳的数额超过 44500 克朗（2008 年），那么这一税收减免只能享受最多 10 年；第三，"租金养老金"（Rent Pesion），与利率养老金比较接近。但是与资本养老金和利率养老金仅适用于 60 岁以下的人群相比，租金养老金是人人都可以取得的。租金养老金每年给投保人支付一定金额（通常是从退休算起终身提供，或者是从一个达成协议的年纪开始），同时也包含了对丧偶的夫妻以及孤儿的援助内容。

---

①③ OECD：Pensions at a Glance 2017: Country Profiles- Denmark, https://www.oecd.org/els/public-pensions/PAG2017-country-profile-Denmark.pdf.

② 也有学者将丹麦 ATP 视为第一支柱养老金制度的组成部分，即公共养老金支柱，如 Andersen C., Skjodt P., Pension Institutions and Annuities in Denmark, World Bank, Policy Research Working Paper, Dec.2007；Greve B., Denmark: Universal or Not So Universal Welfare State, Social Policy & Administration, Vol.38, No.2, Apr.2004。

④ OECD, Pension Outlook 2016, OECD Publishing, Paris, 2016, p.22. 占 GDP 的比重根据第 19 页数据计算得出。

二、ATP 养老金的由来和发展情况

如前所述，丹麦 ATP 养老金属于低水平的缴费型养老金制度，其建立初衷是形成对非缴费型国家养老金的补充，待遇不以缴费为依据，而是以工作时间为依据，统一缴费，统一待遇，这也成为丹麦 ATP 区别于其他北欧国家 ATP 制度的重要特征。在制度建立之前，丹麦的社会民主党试图建立一个瑞典式的收入关联 ATP[1]，但遭到严重反对，一方面，农业自由党（Agrarian Liberals）和保守党反对建立由政府控制的、大规模的缴费型养老金；另一方面，工会惧怕收入关联养老金制度会将工作时的收入不平等延续到退休，同时雇主组织也反对建立养老金自动调整机制，主张实行固定水平的养老金制度。在经历了几年的协商和妥协后，丹麦只建立了较小规模的 ATP 制度。1964 年建立 ATP 制度是丹麦养老金体系发展的里程碑式标志，从此之后，丹麦几乎没有经历过大的改革。

（一）ATP 养老金的制度模式

经过几十年的发展，丹麦 ATP 养老金形成了相对稳定的制度发展模式，主要包括以下几个方面：第一，覆盖范围，ATP 强制覆盖所有每周工作时间超过 9 小时的领薪雇员和社会福利待遇领取者，自雇者可自愿加入该制度。第二，缴费方式，不同于其他国家 ATP 的按收入的一定比例缴费，丹麦 ATP 执行定额缴费制，缴费额只与每月工作时间相关，工作时间越长，缴费水平越高，在 2017 年，全职领薪雇员每月 ATP 缴费 284 克朗，如表 25-2 所示。费用由雇主和雇员共同缴纳，其中，雇主缴纳 2/3，雇员缴纳 1/3，而对于一些弱势的群体，如财政转移支付的补助对象，在收入经过调查之后，政府将为符合条件的人，支付缴费的 2/3。第三，缴费权益累积，个人 ATP 账户收益主要包括两部分：法定收益和分红收益，其中，法定收益是指 ATP 制度担保账户资金的最低年收益率；而账户分红的收益则完全来自 ATP 的投资收益。需要说明的是，不管是法定收益还是分红收益，都由 ATP 管理机构自己确定，分红收益每年都会修改，主要根据当年的投资收益状况等因素决定，而法定收益则相对稳定。第四，待遇发放，根据工作时间和缴费额度实行统一待遇制，2018年，参保人在 65 岁时领取的全额 ATP 养老金大约为每年 23600 克朗，大约是国家养老金的 32%[2]。

表 25-2　2009-2017 年丹麦 ATP 缴费

单位：克朗

工作时间（小时）/ 月	<39	39~77	78~116	>116
缴费金额 / 月	0	94.65	189.34	284

资料来源：OECD：Pensions at a Glance 2017: Country Profiles-Denmark, https://www.oecd.org/els/public-pensions/PAG2017-country-profile-Denmark.pdf.

（二）ATP 制度基本形成对老年人的全覆盖

经过多年发展，丹麦 ATP 养老金覆盖面不断扩大，形成对国民的有效保障。如 25-1 所示，2005~2017 年间，ATP 参保人数从 439.3 万增长到 511.8 万，占全国总人口的比重从 81.2% 提高到 89.0%[3]，同期，待遇领取人数从 60 万增至 103.3 万，占 65 岁及以上老年人口的比重从 82.4% 提高到 99.1%，基本上形成了对老年人口的全覆盖。在制度赡养率方面，2015 年为 15.8%，到 2017 年则提升到 25.3%。如前所述，ATP 养老金是国家通过立法对国家养老金的补充，其功能是防止贫困并形成对老年人口的基本保护，从 ATP 的参保情况来看，其制度目标已经基本实现。

（三）制度收入持续扩大，投资收益成为主要收入来源

如前所述，丹麦 ATP 是与工作时间相关联的养老金制度，待遇和缴费之间的关联较弱，在人口老龄化不断加深的情况下，养老金支出通常会超出缴费收入，如图 25-2 所示，在 2007 年以前，制度的缴费收入是大于养老金支出的，但从 2007 年开始，缴费收入开始不抵支出，且缺口呈现扩大趋势（2013 年除外），到 2017 年，缴费收入和支出之间的缺口高达 63.72 亿克朗。

---

① 瑞典的 ATP 养老金建立于 1960 年，是政府管理的大规模的收入关联养老金制度。

② ATP: ATP in brief, https://www.atp.dk/en/about-atp/atp-in-brief.

③ 全国总人口的比重参见丹麦统计局网站：https://www.dst.dk/en/Statistik/emner/befolkning-og-valg/befolkning-og-befolkningsfremskrivning/folketal。

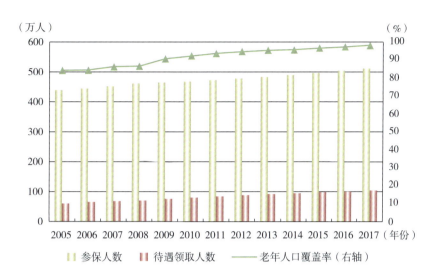

图 25-1　2005~2017 年丹麦 ATP 养老金的制度覆盖情况

资料来源：The ATP Group : Annual Report 2009, p.71; Annual Report 2014, p.110; Annual Report 2017, p.118.

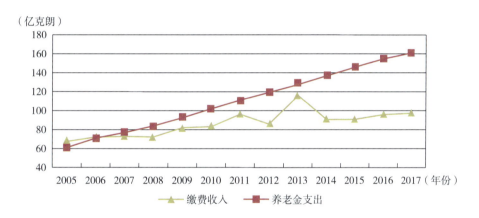

图 25-2　2005~2017 年丹麦 ATP 养老金制度的缴费收入和养老金支出

资料来源：The ATP Group: Annual Report 2009, p.71; Annual Report 2014, p.110; Annual Report 2017, p.118.

面对制度的收不抵支，丹麦并未采取传统福利国家增加财政补贴的通常做法，而是通过良好的投资运营管理来弥补缺口，投资收益成为制度的主要收入来源，如表 25-3 所示。除了 2006 年、2007 年、2013 年和 2015 年外，其他年份的投资收益均高于缴费收入，在 2011 年和 2014 年，ATP 养老金的投资收益超过千亿克朗。良好的投资使得 ATP 总资产规模不断扩大，2005 年总资产为 3650.84 亿克朗，到 2017 年总资产高达 8934.83 亿克朗，不断扩大的资产规模为 ATP 制度运行提供了良好的保障基础。

表 25-3   2005~2017 年丹麦 ATP 养老金制度收入与总资产   单位: 亿克朗

年份	2005	2006	2007	2008	2009	2010	2011
缴费收入	67.44	72.05	72.63	72.1	81.85	82.93	96.02
投资收益	628.95	41.37	-94.82	665.31	83.87	713.7	1057.92
总资产	3650.84	3716.81	3892.91	5637.69	6093.22	7578.96	7755.34
年份	2012	2013	2014	2015	2016	2017	
缴费收入	85.54	115.87	90.49	90.55	95.72	97.03	
投资收益	485.52	-301.09	1167.52	65.84	601.49	158.79	
总资产	7910.76	6774.97	8124.33	7812.28	8697.46	8934.83	

资料来源: The ATP Group: Annual Report 2009, p.71; Annual Report 2014, p.110; Annual Report 2017, p.118.

三、ATP 养老金的投资管理模式

如前所述, 投资收益是丹麦 ATP 养老金制度的主要收入来源, 其高效的投资效率主要源于其管理机构——ATP 集团的有效运作。

(一) ATP 集团的组织结构和运行

"ATP 集团"(ATP Group) 是 ATP 养老金的管理机构, 是在丹麦议会的委托下, 由政府发起的对劳动力市场补充养老金进行管理, 并独立于政府和任何政治团体之外的基金管理主体, 其组织结构包括董事会 (Board of Representatives)、监管委员会 (Supervisory Board)、执行委员会 (Executive Committee) 和一个 CEO。其中, 董事会和监管委员会的成员均由同等人数的雇员和雇主代表构成。

在具体运营中, ATP 采取集团化经营的方式, 由母公司和旗下 13 家子公司组成, 集团内下设人力资源部, IT 技术支持部, 资产管理部, 财务部, 法律秘书处, 精算部, 研究部, 外联部, 对冲部等功能部门。从总体上来说, ATP 将其经营活动总结为四个方面: 养老金管理、投资管理、对冲管理和咨询活动。第一, 在养老金管理方面, ATP 提供的是"一站式"服务, 肩负着对 16 万个雇主、758 万个雇员和 212 万个福利津贴领取者缴费的征缴, 同时还要向 106.7 万退休人员与 2.8 万遗属支付养老金的任务[1]。由于此项业务是 ATP 的常规的业务, 所以 ATP 把其他一些相关的经营管理活动也归属于此项, 比如保险精算, 人力资源和 IT 技术支持等。第二, 在投资管理方面, 投资管理是 ATP 最重要的经营活动之一, 也是与他的 13 个子公司联系最紧密的管理活动, 主要的对象就是 ATP 庞大的养老金资产负债, 包括资产组合管理、风险管理等一些基本的资产管理内容。第三, 在对冲管理方面, 2006 年, ATP 集团专门成立了一个"对冲部门", 负责对 ATP 的资产进行投资的对冲, 包括利率掉期、国债回购、汇率掉期等对冲管理活动。第四, 在咨询管理方面, 作为成立于 1964 年的养老金管理机构, ATP 集团积累了宝贵的养老金管理经验, 其很重要的一项业务就是为其他的养老金计划提供咨询服务, 通常情况下, ATP 还要接受委托直接管理一些计划, 如雇员实习补助基金、劳动力市场工伤意外基金等。除此之外, ATP 还会提供一些其他短期的金融服务。当然, 由于 ATP 计划是个人账户制的, 针对一般参保人的咨询服务, 也是 ATP 的一项重要日常工作。

(二) 投资管理和对冲管理

ATP 作为丹麦的第二支柱法定养老保障制度, 考虑到预期寿命的提高, ATP 有一种强制的义务, 必须保证能够通过合理的资产管理和投资, 获得最大的资产收益, 使其在长期内, 能够偿付到期参保人的养老权益; 然而, 名义的偿付能力只是问题的一个方面, 保证养老金的实际价值, 也即长期内的实际购买力, 让人们摆脱通货膨胀的困扰, 则是 ATP 资产管理的另外一个基本目标。因此, 针对以上的两项战略目标, ATP 在 2005 年将其资产管理活动归结为两个方面: 对冲管理和投资管理 (ATP 在 2006 年专门成立了对冲部门)[2]。对冲管理主要用来保护 ATP 养老资产可能面对的利率风险, 保证 ATP 可以获得名义利率收益; 而投资管理则主要是为了在长期内规避通货膨胀的风险, 并且 ATP 的投资收益必须要至少达到这样一

---

[1] The ATP Group: Annual Report 2017, p.21.
[2] The ATP Group: Annual Report 2005, P.47.

个水平：在剔除了通货膨胀的影响之后，还能消化掉由于人口预期寿命和死亡率的不利变化而带来的养老金支付压力。将资产的管理专业化为对冲管理和投资管理两个方面，是 ATP 集团在历年的资产管理经验中总结出来的，ATP 认为这是获得长期的、令人满意的投资回报的前提条件[①]。

（三）分散化和多样化投资策略

20 世纪 90 年代以前，ATP 集团的投资组合主要集中于国内的证券市场，包括股票与债券，并主要投资于债券，包括政府债券和抵押债券等。90 年代以后，ATP 尝试提高其投资资产组合中股票资产的比例，从 1990 年的 22% 提高到 1999 年的 43%，其中投资于国内外股票市场的比例是 60∶40；在债券投资方面，政府债券还是占主导地位，其次是抵押债券，通货膨胀债券和很少一部分的国外债券。值得注意的是，从这时候开始，房地产投资开始崭露头角，占到整体投资的 3%。在 1999 年，ATP 采用了一种全新的资产投资组合战略指导思想，这种指导思想主要是强调在投资策略中要采取科学的分析方法和投资工具，要利用历史资料，综合考虑养老金资产的长期特性，资产的绝对和相对规模，不同市场的证券供求关系，尤为重要的一点是，随着 ATP 养老金资产在 90 年代末的急剧增长，丹麦国内资本市场的消化能力已经显得捉襟见肘。在将投资组合进一步国际化这个问题上，ATP 从上到下取得了惊人的一致。此后，ATP 提高了它在国外债券上的投资比例，并重点投资于主要的欧洲国家，一方面是因为欧洲一体化进程中丹麦货币挂钩欧元的必然要求，另一方面是因为在 ATP 当时的股票投资组合里面，所持有的主要的 10 只股票占到了组合资产的 50% 以上，这相当于 ATP 投资资产的 20%；同时，持有的三种最主要的抵押债券的资产，占到了全部投资资产的 30%，风险集中度非常高。此时，房地产投资的规模进一步上升到 5%[②]。进入 21 世纪以后，ATP 集团的投资策略更加凸显分散化和多样化的特征，以 2016 年和 2017 年的投资收益组合为例，2017 年投资收益更高，在各领域的投资都有较佳的表现，如表 25-4 所示，私募股权是 ATP 集团的主要投资领域，其投资回报最稳定，而股票投资的收益波动较大。

表 25-4　2016 年和 2017 年 ATP 集团投资回报组合

单位：亿克朗

年份	2016	2017
私募股权	65.9	53.0
国际股票	-1.6	48.6
国内股票	13.7	42.5
应对通胀的投资产品	0.9	41.7
信用票据	38.1	36.0
政府和抵押债券	13.8	26.9
房地产	21.1	24.5
基础设施	6.9	23.0
应对通胀的长期对冲工具	-12.0	-3.5
其他	6.7	4.7
总计	153.4	297.4

资料来源：The ATP Group：Annual Report 2016, p.27; Annual Report 2017, p.32.

此外，ATP 集团在 13 家子公司的业务分布亦体现了 ATP 的分散化投资策略。在 13 家子公司中，有 2 家专门投资于不动产的子公司，有 6 家投资于私募股权的子公司（其中 1 家专门投资于北欧地区的高科技 IT 行业未上市公司股权），有 2 家投资于森林矿产，有 1 家专门服务于 SP 计划的投资咨询公司，1 家负责 4 种共同基金的投资公司，还有 1 家主要向丹麦职业养老金的各类计划提供管理咨询服务[③]。

（四）高收益与低费用并存

一直以来，在良好的投资管理模式下，丹麦 ATP 养老金取得了举世瞩目的成就，其中主要的表现就是高水平的投资收益和低水平的管理费用。在投资收益方面，自 1964 年建立养老金制度到 2005 年，期间的平均实际收益率达到 5.69%，20 世纪 80 年代无疑是 ATP 集团最辉煌的时代，平均实际收益率高达 12.05%，进入 90 年代，丹麦经济进入所谓的"低通胀，高增长"的黄金时代，平均实际收益率亦是令人印象深刻的 7.43%[④]。即使在 2008 年，

[①] The ATP Group: Annual Report 2006, p.46.
[②][④] Dimitri Vittas, A short note about ATP fund of the Denmark, Financial Sector Development, World Bank, Feb. 2008.
[③] ATP 官方网站：https://www.atp.dk/en/atp-as-an-administrator。

由于 ATP 集团从 2006 年开始及时做出了投资战略调整，当年投资收益率亦达到了 1.2%[1]，2009 年开始，ATP 养老金的投资收益率超过了 20%，2009~2017 年平均投资收益率为 11.7%。在管理费用方面，ATP 集团一直以"低费用"和"最高效的投资方式"作为管理目标，近年来，管理费用占集团总资产的比重均不超过 0.5%。

表 25-5　2009~2017 年 ATP 的投资收益率以及 ATP 集团管理费用占总资产的比重　　　　单位：%

年份	2009	2010	2011	2012	2013	2014	2015	2016	2017
投资收益率	20.6	17.2	26.2	9.9	-5.7	23.3	1.1	10.1	2.5
管理费用比重	0.29	0.34	0.30	0.25	0.25	0.23	0.42	0.31	0.33

资料来源：The ATP Group: Annual Report. ATP 集团 2009~2017 年年度报告。

四、小结

丹麦 ATP 养老金制度的独特性是在与其他北欧三国的对比中体现的，前者属于最低养老金计划，后者属于收入关联养老金计划。在丹麦本国对 ATP 制度的定位上，ATP 养老金和国家养老金同属国家强制性养老金制度，主要由政府负责，因此，有些学者将其定位为第一支柱。由此可见，丹麦 ATP 养老金并非是对退休前收入的替代，其主要目标是防止贫困，在覆盖范围上，ATP 基本实现对老年人口的全覆盖，在待遇方面，ATP 以国家养老金为标杆，待遇低于国家养老金，从而形成对国家养老金的补充。也就是说，ATP 的资金来源虽然是缴费，但在很大程度上具备非缴费型养老金的特征。这种制度模式具备两方面的优势：第一，缓解非缴费型养老金制度的压力并减少老年贫困，无论是在覆盖范围上，还是在待遇水平上，ATP 都体现了这一优势；第二，有助于形成多支柱的养老保障体系，从当前看，第三支柱的职业养老金承担了丹麦养老保障的收入替代功能，这也与第二次世界大战后丹麦确立的养老保障发展战略相呼应。因此，无论是从国际比较的视角，还是从制度本身发展模式的视角，丹麦 ATP 养老金制度都是比较独特的。

通常来讲，最低养老金制度由于其待遇和缴费不相关，精算程度低，从而导致制度收入不抵支出，丹麦 ATP 养老金亦证明了这一点：随着制度覆盖面不断扩大，待遇支出持续上升，制度缴费收入不足以弥补支出，收支缺口越来越大。不少国家通常采取扩大财政补贴的方式弥补缺口，但丹麦采取了不一样的做法：通过提高投资收入来弥补缺口。并且从近年来的经验看，投资收入越来越成为 ATP 养老金收入的主要来源。高投资收益离不开良好的投资管理模式，主要体现为以下几点：首先，通过基金对冲管理保证参保人的法定收益，特别是在利率波动时，对冲管理能够保证对冲投资组合的资产价值（税后）与养老金负债保持一致。其次，执行风险分散策略以提高投资收益，并根据资本市场状况随时调整投资模式，当发生经济危机时，ATP 集团通常会压低股权风险的资产占比并在低位蓄势，成为经济周期的受益者。最后，较低的管理运营费用是 ATP 养老金待遇不断提高的有力保证。

---

[1] The ATP Group : Annual Report 2009, p.71.

分报告二十六
爱尔兰社会保险基金

近年来，爱尔兰经济增长较为迅速，2015 年爱尔兰经济增长率为 7.8%，20~64 岁劳动年龄人口参与率从 2012 年的 64% 回升到 2015 年的 68.8%[①]。因较高出生率和人口净迁入的增加，爱尔兰人口年龄结构相对较轻，人口老龄化对爱尔兰的影响要迟于其他欧盟国家，但中长期内爱尔兰公共养老金计划筹资也将面临巨大挑战。为此，爱尔兰政府通过采取增强退休储蓄或是引入预筹积累的改革方式对多支柱养老金体系进行改革。与其他很多 OECD 国家不同的是，爱尔兰并未建立强制性第二支柱养老金计划。研究发现，爱尔兰劳动者退休收入的 60% 来源于公共养老金计划，20% 来源于职业养老金计划，10% 来源于个人养老金，剩余 10% 来源于退休后工作所得[②]。可见，政府负责管理的公共养老金计划在爱尔兰劳动者退休收入保障中发挥着重要作用。

一、爱尔兰多支柱养老金体系概况

爱尔兰养老金制度由两部分组成：第一部分是政府负责的公共养老金计划，也称为社会福利养老金计划（Social Welfare Pension）；第二部分是自愿补充养老金计划，主要包括职业养老金计划或个人养老金计划，其中个人养老金计划包括个人退休储蓄账户（Personal Retirement Savings Accounts, PRSAs）和退休年金契约（Retirement Annuity Contracts, RACs），具体内容如表 26-1 所示。整体而言，

表 26-1　爱尔兰养老金制度概况

类别	类型	特征	
第一部分 公共养老金计划	非缴费型养老金计划	基于家计调查、由一般税收融资	平均替代率为 31%
	缴费型养老金计划	融资来源于缴费，年满 66 岁	
	过渡型养老金计划	融资来源于缴费、年满 65 岁	
	其他计划	伤残、遗属和孤儿补助	
第二部分 职业养老金计划或个人养老金计划	职业养老金计划	自愿提供、完全积累、替代率 23%、覆盖率 52.4%	
	个人退休储蓄账户	2003 年开始引入、DC 型、享受税收优惠	
	退休年金契约	DC 型、享受税收优惠	

资料来源：Roman Raab and Eamon O'Shea, In Need of Reform: Irish Pension Provision Revisited, https://www.researchgate.net/publication/272169850，笔者根据文中相关内容整理。

[①] 爱尔兰财政部网站：https://revenue.ie/en/Home.aspx。
[②] Roman Raab and Eamon O'Shea, In need of Reform: Irish Pension Provision Revisited, Available at the website: https://www.researchgate.net/publication/272169850.

爱尔兰养老金制度体系基于政府、雇主和雇员之间的伙伴关系，既包括政府强制实施的公共养老金计划，也包括基于自愿的私人养老金计划，政府提供大量税收优惠。

（一）公共养老金计划

爱尔兰公共养老金计划的建立源于 1908 年颁布的《养老金法案》（Old Age Pension Act），时任财政部长 David Lloyd-George 为 70 岁以上老年人提供基于家计调查的养老金计划，资金来源于财政转移支付，后因受到英国贝弗里奇报告的影响，爱尔兰于 1949 年通过社会保障白皮书，决定引入基于缴费的养老金计划，1952 年和 1960 年两次通过的《社会福利法案》（Social Welfare Act）决定为除了自雇者、公务员以及收入超过与工资相关社会保险（Pay-Related Social Insurance, PRSI）缴费上限额的所有劳动者建立缴费型养老金计划，劳动者遵循缴费原则，并在年满 70 周岁时获得统一的养老金待遇。20 世纪 70 年代，爱尔兰取消了社会保险缴费额上限，并将待遇领取年龄下调到 66 周岁。1985 年成立了爱尔兰国家养老金委员会 (National Pensions Board)，1989 年将自雇者纳入公共养老金计划。爱尔兰公共养老金体系覆盖人群不断扩大，制度渐趋完善。

当前，爱尔兰公共养老金制度主要由四部分构成：第一部分是非缴费型国民年金计划（Non-Contributory State Pension），该计划于 2006 年 9 月引入，取代之前非缴费型养老金计划（Non-Contributory old age Pension），覆盖年满 66 岁及以上不符合缴费型养老金计划受益资格条件的劳动者，该计划基于家计调查，资金来源于一般税收，属于救助范畴；第二部分是缴费型养老保险计划（Contributory State Pension），由政府主导，年满 16 周岁、66 岁以下的雇员根据自身收入和职业对应的等级缴纳社会保险费，缴费等级主要划分为 A、B、C、D、E、H、J、S、K、M、P 11 个等级，属于收入关联型养老金计划。劳动者必须年满 66 岁且在 56 岁之前缴纳了一定数额社会保险费或满足最低缴费年限（对于 2012 年 4 月 6 日以后退休的，需要缴费满 10 年）才可领取待遇；第三部分是过渡型养老金计划（State Pension Transition），适用于在 65 岁之前满足计划规定的缴费要求，可在 65 岁时开始领取养老金待遇，通常过渡型养老金领取 1 年后将自动过渡到领取缴费型养老金计划；第四部分是鳏寡及遗属缴费型养老

金计划，主要为鳏夫、寡妇以及遗属提供养老金待遇。爱尔兰公共养老金制度是允许提前退休的，但是必须接受养老金待遇的减少。目前现收现付制提供的养老金对退休人员的收入越来越重要，而家计调查型养老金待遇领取者则在逐步下降。所有这些养老金待遇根据指数化规则（由政府制定，一般高于通胀率）定期自动调整。

在人口老龄化浪潮影响下，爱尔兰政府着手对公共养老金计划进行改革，2010 年 3 月，爱尔兰政府宣布延迟退休年龄，公共养老金计划的退休年龄将从目前的 66 岁逐步上升到 2021 年的 67 岁和 2028 年的 68 岁，该项改革措施的目标之一是保证未来养老金支出总水平的相对稳定[1]。

（二）自愿补充养老金计划

爱尔兰养老金体系另一重要组成部分为自愿补充养老金计划，由雇主发起设立，政府负责监管，为鼓励劳动者的积极参与，政府提供了大量税收优惠激励。自愿补充养老金计划在爱尔兰的养老金制度中发挥着重要作用，该计划所提供的养老金占退休收入的 25%[2]。爱尔兰自愿补充养老金制度由两部分构成：一是职业养老金计划，由雇主自愿为其单位的雇员提供；二是个人养老金计划，为那些未被职业养老金计划覆盖的雇员或自雇者设立，其包括为自雇者提供的退休年金契约和为其他人设立的个人退休储蓄账户。

爱尔兰的职业养老金计划由雇主自愿提供，绝大部分的职业养老金计划都是以信托形式成立，采取完全积累制。爱尔兰职业养老金计划分为 DB 型计划和 DC 型计划。过去职业养老金计划以 DB 型计划为主，如果雇员终身在本单位就职，其退休后获得的职业养老金待遇可替代退休前 2/3 的工资，较高的待遇水平给企业带来较高的成本。近十年来，很多 DB 型计划对新加入者关闭，并逐渐被 DC 型计划所取代。DC 型计划下雇员的养老金待遇水平取决于缴费水平、计划管理水平和投资表现。虽然 DB 型计划数量较少，但该类型计划在职成员近 50 万人，约占职业养老金计划总在职成员（73 万人）的 68%[3]。目前职业养老金计划覆盖人口约占劳动力总人口的 52.4%，爱尔兰政府的目标是达到 60%[4]。爱尔兰职业养老金计划由社会合作伙伴或者私人公司管理，接受养老金委员会（National Pensions Board）的监管。

① Alan Barrett and Irene Mosca, Increasing the State Pension Age, the Recession and Expected Retirement Ages, The Economic and Social Review, 2013(4): p.447.

② Ireland's National Strategy Report to European Commission on Adequate and Sustainable Pension, July 2005, p.5.

③ The Pensions Board: Annual Report and Accounts 2005, p.25.

④ http://ec.europa.eu/employment_social/social_protection/pensions_en.htm#adequacy.

二、爱尔兰公共养老金计划运行现状

爱尔兰公共养老金计划为劳动者提供基本保障，2006年爱尔兰公共养老金支出占 GDP 的比重为 3.1%，与其他欧洲大陆国家相比，其公共养老金的财政负担较轻，这主要有两方面原因：一是爱尔兰职业年金制度较发达，能够为退休劳动者提供一定水平的补充保障；二是爱尔兰当前老年赡养率比较低。据预测，爱尔兰工作人口与退休人口（65 岁以上）的比例在 2020~2050 年将会急剧下降，2050 年公共养老金支出占 GDP 的比例将上升到9%[①]。为此，爱尔兰在 21 世纪初期对公共养老金进行了预筹积累制改革，于 2001 年专门成立国家养老储备基金（National Pension Reserve Fund, NPRF），以应对人口形势的变化。

（一）爱尔兰社会福利支出情况

爱尔兰社会福利制度主要包括公共养老金计划、就业者收入支持计划、就业保障计划、疾病、伤残和护理津贴制度、儿童福利计划和补充保障计划。相应地，爱尔兰社会福利支出的项目大体包括公共养老金支出、工作支持津贴支出、就业支持津贴支出、疾病，伤残和护理支出、补充福利及其他相关服务支出。总体而言，2017 年爱尔兰社会福利总支出为 199.4 亿欧元，比 2016 年增长了 0.4%。2017 年福利总支出占当期政府财政总支出的比重为26.4%，相当于 GNP 的 8.3%。截止到 2017 年底，爱尔兰社会福利计划总受益人数约为 207.4 万[②]。2017 年社会福利支出资金来源中，大约 54.6% 来自政府财政，45.4% 来自社会保险基金（Social Insurance Fund, SIF）。

表 26-2　1999~2017 年爱尔兰社会福利支出总额及其所占比重　　　单位：%

年份	支出总额（亿欧元）	CPI 指数	社会福利支出占财政支出比重	社会福利支出占 GNP 比重	社会福利支出占 GDP 比重
1999	62.8	100	26.1	8.2	6.9
2000	67.1	105.5	25.9	7.5	6.4
2001	78.4	110.7	26.2	8	6.7
2002	95.2	115.8	28.8	8.9	7.3
2003	104.9	119.8	28.9	8.9	7.5
2004	112.9	122.4	28.9	9.0	7.6
2005	121.7	125.5	28.2	8.9	7.5
2006	135.9	130.4	28.6	8.9	7.7
2007	155.2	136.8	26.0	9.2	7.9
2008	178.2	142.4	27.3	11.1	9.5
2009	205.4	102.2	30.4	14.6	12.1
2010	208.5	101.2	31.4	15.0	12.5
2011	209.7	103.8	31.4	15.2	12.2
2012	207.8	105.6	30.6	14.6	11.8
2013	202.9	106.1	29.9	13.3	11.3
2014	198.3	106.3	29.3	12.0	10.2
2015	199.7	106.0	29.5	9.7	7.6
2016	198.7	106.0	29.2	8.8	7.2
2017	199.4	—	26.4	8.3	6.7

资料来源：Department of Employment Affairs and Social Protection, Statistical Information on Social Welfare Services Annual Report 2016, 2017, p.11.

[①] David Natali, The Pension System in Ireland，2004.
[②] Statistical Information on Social Welfare Service, 2008, p.2.

表 26-2 反映了爱尔兰 1999~2017 年社会福利支出总额及其占 GDP、财政收入的比重。爱尔兰社会福利支出从 1999 年的 62.8 亿欧元上升到 2017 年的 199.4 亿欧元，增加了 3.2 倍。社会福利支出占财政支出的比重基本维持在 26%~31%。社会福利支出占 GDP 的比重从 1999 年的 6.9% 上升到 2010 年的 12.5%，之后逐步下降到 2017 年的 6.7%。社会福利支出占 GNP 的比重从 1999 年的 8.2% 上升到 2011 年的 15.2%，之后逐步下降到 2017 年的 8.3%。总体而言，1999~2017 年爱尔兰社会福利支出增长相对平稳，占财政支出、GNP 和 GDP 的比重均保持在合理范围，较之其他欧洲国家，爱尔兰社会福利负担相对较轻。

分项目来看，不同社会福利项目支出情况不同，2007~2017 年公共养老金计划、管理费用、就业支持津贴、疾病、伤残和护理等项目支出呈逐年递增发展态势，工作支持津贴和补充福利及其他相关服务等项目支出呈先增后减发展态势。2017 年，管理费用支出为 6.18 亿欧元，占比为 3.10%；公共养老金总支出为 73.90 亿欧元，占比为 37.06%；工作支持津贴支出为 35.98 亿欧元，占比为 18.04%；就业支持津贴为 9.21 亿欧元，占比为 4.62%；疾病、伤残和护理支出为 39.62 亿欧元，占比为 19.87%；补充福利及其他相关服务支出为 8.36 亿欧元，占比为 4.19%（见表 26-3）。

表 26-3　2007~2016 年爱尔兰社会福利各项支出总计　　　　单位：亿欧元

项目	2007 年	2008 年	2009 年	2010 年	2011 年	2012 年	2013 年	2014 年	2015 年	2016 年	2017 年
管理费用	5.63	5.80	5.93	5.80	6.30	6.23	6.14	6.18	6.45	6.47	6.18
公共养老金支出	49.83	55.08	58.54	58.99	60.92	62.83	64.51	65.96	68.74	70.90	73.9
工作支持津贴	34.92	43.93	62.92	66.69	61.82	59.94	55.04	49.30	44.68	39.48	35.98
就业支持津贴	1.45	1.61	1.94	3.00	8.62	9.54	9.92	10.35	10.78	10.09	9.21
疾病、伤残和护理支出	28.48	32.93	35.27	35.57	34.43	33.46	34.05	34.36	35.46	37.00	39.62
补充福利及其他相关服务支出	10.28	11.45	12.89	13.11	13.30	11.82	10.52	9.33	8.88	8.79	8.36
总计	155.18	178.14	205.36	208.51	209.70	207.76	202.87	198.29	199.67	198.67	199.42

资料来源：Department of Employment Affairs and Social Protection, Statistical Information on Social Welfare Services Annual Report 2016, 2017, p.10.

（二）爱尔兰公共养老金支出情况

爱尔兰公共养老金支出在社会福利总支出中占比较大，2016 年养老金支出总额为 70.9 亿欧元，较 2015 年增长了 3.1%。养老金总支出从 2007 年的 49.83 亿欧元上升到 2016 年的 70.90 亿欧元，增长了 1.42 倍，其占社会福利总支出的比重呈先降后升的发展态势，从 2007 年的 32.11% 下降到 2009 年的 28.51%，随后逐步上升到 2016 年的 35.69%（见图 26-1）。近些年，公共养老金支出占财政支出的比重也不断增加，2007 年占比为 8.35%，到了 2016 年该比例上升到 10.42%。2007~2016 年公共养老金支出占财政支出比重平均增长率为 9.25%。

（三）爱尔兰公共养老金计划的受益人数

2016 年，爱尔兰公共养老金计划受益总人数为 67.85 万人。公共养老金计划受益总人数从 2007 年的 53.4 万人上升到 2016 年的 67.9 万人，年均增速 2.71%。如表 26-4 所示，分计划类型看，非缴费型养老金计划的受益人数有一定程度的下降，从 2007 年的 101469 人下降到 2016 年的 99069 人；缴费型养老金计划受益人数持续增加，但增长速度有所放缓，受益人数由 2007 年的 299663 人增加到 2016 年的 446774 人，年均增长率为 4.54%；过渡型养老金计划受益人数下降较为明显，从 2007 年的 7752 人下降到 2016 年的 178 人；鳏寡及遗属缴费型养老金计划受益人数较为稳定，从 2007 年的 125086 人小幅上升到 2016 年的 132522 人，年均增速为 0.64%。由此可见，近些年来受益人数增加主要源于缴费型养老金计划受益人数的增加。

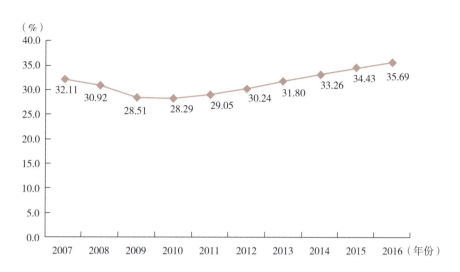

图 26-1　2007~2016 年爱尔兰养老金支出占社会福利总支出比重

资料来源：笔者根据爱尔兰就业事务与社会保护部网站公布的数据计算得出。

表 26-4　2007~2016 年爱尔兰公共养老金计划受益人数　　　　单位：人

类型	2007 年	2008 年	2009 年	2010 年	2011 年	2012 年	2013 年	2014 年	2015 年	2016 年
非缴费型养老金计划	101469	101577	101349	100676	100299	99725	99448	99313	99966	99069
缴费型养老金计划	299663	314295	331273	348144	366340	382949	400630	417653	432495	446774
过渡型养老金计划	7752	9511	10704	12850	15013	17388	14924	1735	93	178
鳏寡及遗属缴费型养老金计划	125086	125445	125867	126784	127820	128456	129237	130265	131552	132522
总人数	533970	550828	569193	599454	609472	628518	644239	648966	663106	678543

资料来源：Minister of Employment Affairs and Social Protection，http://www.welfare.ie/en/pdf/DEASP_Annual_Statistics_Report_2016. pdf，2017，p.26，2018 年 7 月 2 日访问。

三、爱尔兰社会保险基金的运营现状

爱尔兰社会保险基金（Social Insurance Fund，SIF）是公共养老金计划结余资产积累形成的。爱尔兰社会保险基金根据 1952 年颁布的《社会福利法案》（Social Welfare Act）建立，2005 年《社会福利法案》重新修订，其中第 9 条款规定了社会保险基金由经常账户（Current Account）和投资账户（Investment Account）组成，经常账户资金来源于雇主、雇员和自雇者的缴费收入，由就业事务与社会保护部（Minister for Employment Affairs and Social Protection）负责管理，投资账户则由财政部管理，审计署负责确保投资账户有序运行，并定期出具审计报告。此外，社会保险基金支付完各项待遇后结余资金将转移至投资账户，而且当经常账户无法满足待遇支付时，第一时间由投资账户基金补足，最终由财政兜底。同时，法案规定自 2005 年开始每 5 年对未来 55 年内社会保险基金收支状况进行精算评估。

爱尔兰社会保险基金收入来源于雇主、雇员和自雇者缴纳的"与收入关联的社会保险费"（Pay-Related Social Insurance，PRSI）和投资收入等，社会保险基金主要针对疾病、退休、残疾、失业、生育及丧葬等事件支付待遇。

（一）社会保险基金筹资

如前所述，爱尔兰就业劳动者缴纳的社会保险费根据职业和收入差别划分为不同等级，现有社会保险缴费级别分为 A、B、C、D、E、H、J、S、K、M、P 类（见专栏 26-1）。绝大多数雇员根据 A 等级进行缴费，一般其他等级的社会保险缴费率水平低于 A 等级规定的缴费率。

专栏 26-1 爱尔兰社会保险缴费等级适用范围

爱尔兰劳动者根据身份和职业的不同适用的社会保险缴费等级：

● A 类适用于在工业、商业和服务行业签订正式劳动合同，且每周收入不低于 38 欧元的劳动者。同时，该类别也包括 1995 年 4 月 6 日起正式聘任的公务员。

● B 类适用于 1995 年 4 月 6 日以前招录的公务员、爱尔兰警察、注册的医生和牙医等。

● C 类适用于 1995 年 4 月 6 日以前征聘的军官和陆军护理人员。

● D 类适用于 1995 年 4 月 6 日前除了 B、C 两类覆盖范围以外长期受雇于公共部门的雇员。

● E 类适用于爱尔兰教会代表机构雇用的宗教牧师等，为其提供除了求职者待遇和职业伤害待遇外的所有社会保险待遇支付。

● H 类适用于爱尔兰 NCO 和国防部队工作人员，为其提供除了职业伤害待遇外其他社会保险待遇支出。

● J 类适用于每周收入低于 38 欧元的爱尔兰公民，但 66 岁以上的公民无论其收入水平如何，适用于 J 类，J 类社会保险仅提供工伤保险。

● S 类适用于自雇者，包括某公司董事长、自营公司企业主以及拥有投资和租金收入的人。

● K 类适用于年收入超过 5200 欧元的特定公职人员（比如司法人员等），K 类社会保险缴费率为 4%。

● M 类适用于不符合社会保险缴费条件的人员，比如 16 岁以下雇员、66 岁以下领取职业退休金人员以及每周收入低于 100 欧元的公务员等。

● P 类适用于被归类为个体经营者的渔民或渔农妇女。

资料来源：KPMG, Actuarial Review of the Social Insurance Fund 31 December 2015, 28 September 2017:pp.149-150.

以 PRSI 制度为例，多数劳动者根据 A 等级进行缴费，2012 年，对于每周收入低于 356 欧元的劳动者而言，雇主缴费率为 4.25%，雇员缴费率为 4%；对于周收入高于 356 欧元的劳动者而言，雇主缴费率为 10.75%，雇员缴费率为 4%。对于适合 S 类缴费等级的劳动者而言，通常由雇员自己按照周收入的 4% 进行缴费（见表 26-5）。

表 26-5 2012 年 PRSI 缴费率情况

单位：%

等级	雇主	雇员
Class A		
1. 每周收入少于 356 欧元	4.25	4
2. 每周收入高于 356 欧元	10.75	4
Class S——未被 A 类覆盖人群	—	4
Class S——自雇者 / 拥有投资收入者	—	4

资料来源：KPMG, Actuarial Review of the Social Insurance Fund 31 December 2010, 2012, p.19.

爱尔兰 PRSI 缴费构成社会保险基金的主要来源，此外，投资收入和其他补缴收入也是社会保险基金的重要来源。2016 年社会保险基金总收入为 92.16 亿欧元，其中收入相关社会保险缴费收入为 91.71 亿欧元，医疗保险缴费额为 424.2 万欧元，投资收入为 9 万欧元，其他收入总额为 8.71 亿欧元。从资金来源构成看，PRSI 缴费总额是最主要资金来源，从 2006 年的 69.21 亿欧元逐步上升到 2016 年的 91.71 亿欧元，其占社会保险基金总收入的比重基本维持在 98%~99.98%。具体而言，2016 年雇主缴费占总收入比重为 71.7%，雇员缴费额占 21.2%，自雇者缴费额占 6.6%[①]。另外，其他收入来源也是重要筹资渠道（如补缴等），尤其是 2013 年以来，其他收入逐渐增加，从 2013 年的 1.04 亿欧元上升到 2016 年的 8.7 亿欧元，其占总收入的比重相应地从 1.42% 上升到 9.45%。投资收入整体呈先增后减的发展态势，从 2006 年的 5308.4 万欧元上升到 2008 年的 1.60 亿欧元，在金融危机的影响下，之后快速下降到 2013 年的 5.1 万欧元，随后缓慢上升到 2016 年的 9 万欧元，近些年投资收入占总收入的比重基本不到 1%（见表 26-6）。

---

① Department of Employment Affairs and Social Protection，http://www.welfare.ie/en/pdf/DEASP_Annual_Statistics_Report_2016.pdf.

表 26-6　2006~2016 年社会保险基金筹资来源　　　　　　　单位：万欧元

年份	雇主缴费	雇员缴费	自雇者缴费	医疗保险缴费	投资收入	其他收入总额	PRSI 缴费总额	总收入
2006	516727.4	138023.4	37371.4	0	5308.4	5329.4	692122.2	697441.1
2007	576201.1	153914.7	42085.2	0	11204.9	11222.5	772201	783414.7
2008	594489.2	163370.8	40558.2	0	16020.9	16024.7	798418.2	814441
2009	529040.3	155941.6	31478.7	0	13297.6	13301.4	716460.6	729760.1
2010	500027.5	137714.0	33060.3	0	161.2	171.2	670801.8	670968
2011	546078.6	161735.2	34834.2	11525.7	99.9	11855	742648	754388.3
2012	499597.1	147998.3	31038.6	-1367.6	36.9	59	678634	677971.6
2013	533115.2	157954.5	39707.9	-506.1	5.1	10412	730777.6	731047.7
2014	574942.8	170395.6	40626.6	732.4	5.6	35546	785965	788111.3
2015	616521.2	182640.7	46026.6	653.7	23.1	84326	845188.5	849743.2
2016	660609.2	195708.5	60744.1	424.2	9	87124	917061.8	921634.6

注：PRSI 缴费是与收入相关社会保险总缴费额，包括雇主缴费、雇员缴费和自雇者缴费。

资料来源：Minister for Employment Affairs and Social Protection，http://www.welfare.ie/en/pdf/DEASP_Annual_Statistics_Report_2016.pdf，2018 年 7 月 2 日访问。

（二）PRSI 缴费人数

2015 年，爱尔兰与收入相关的社会保险缴费总人数为 302.05 万人，A、B、C、D、E、H、J、K、M、P、S 等级的缴费人数分别为 228.27 万、2.05 万、0.039 万、4.69 万、0.016 万、0.76 万、3.26 万、0.68 万、29.32 万、0.001 万、32.62 万。其中，A 类缴费人数最多，总缴费人数中大约

75% 为 A 类缴费者；S 类缴费者次之，缴费人数占比基本维持在 10%~12%，2015 年略有下降，占比为 10.8%。M 类缴费者人数从 2007 年的 16.82 万人逐步上升到 2015 年的 29.32 万人，占比相应地从 5.37% 上升到 9.71%。B、C、D、K、P 类缴费者人数呈下降趋势（见表 26-7）。

表 26-7　2015 年不同类别下爱尔兰 PRSI 缴费者人数情况　　　　单位：万人

PRSI 类别	2007 年	2008 年	2009 年	2010 年	2011 年	2012 年	2013 年	2014 年	2015 年
A	241.47	239.91	226.03	220.68	219.96	218.88	216.69	221.49	228.27
B	2.87	2.79	2.71	2.48	2.36	2.33	2.15	2.13	2.05
C	0.089	0.083	0.075	0.066	0.062	0.054	0.048	0.044	0.039
D	8.06	7.74	7.40	6.84	6.36	5.69	5.21	5.04	4.69
E	0.016	0.017	0.017	0.017	0.017	0.016	0.016	0.016	0.016
H	0.84	0.85	0.85	0.80	0.78	0.78	0.77	0.77	0.76
J	3.01	3.33	3.21	4.01	4.62	4.64	4.52	4.31	3.26
K	3.91	3.98	3.64	3.29	0.25	0.20	0.43	0.73	0.68
M	16.82	17.48	18.91	20.71	25.02	26.51	27.91	28.43	29.32
P	0.0014	0.0013	0.0021	0.0021	0.0017	0.0016	0.0009	0.001	0.001
S	36.18	36.93	37.23	37.37	34.07	33.36	33.67	35.54	32.62
自愿缴费者	0.20	0.28	0.36	0.37	0.44	0.50	0.41	0.42	0.34
合计	313.46	313.39	300.43	296.63	293.93	292.96	291.81	298.93	302.05

资料来源：Department of Employment Affairs and Social Protection, Statistical Information on Social Welfare Services Annual Report 2016. http://www.welfare.ie/en/pdf/DEASP_Annual_Statistics_Report_2016.pdf.

（三）社会保险基金待遇支出

爱尔兰为参加 PRSI 缴费的公民提供一系列社会保险待遇，劳动者社会保险待遇水平的高低与以下几个因素有关：一是按照某一类别进行社会保险缴费；二是开始缴纳社会保险的年龄；三是缴费年限的长短。大体而言，社会保险基金待遇支出主要包括四个部分：一是长期待遇支付（Long-Term Benefits），主要包括缴费型养老金支出、过渡型养老金支出、缴费型鳏寡养老金支出、伤残养老金支出、离婚妇女待遇支出和家庭津贴等；二是职业伤害待遇支出，主要包括治疗费用（Treatment Benefit）、职业伤害 / 死亡待遇支出；三是短期待遇支出，主要包括疾病待遇支出、产妇分娩津贴、失业保险支出、抚养津贴、健康保障待遇支出、监护人待遇、护理待遇、丧葬抚恤金、缴费型鳏寡及遗属待遇支出以及部分伤残待遇支出；四是其他支出，包括管理费用和国家培训基金支出，就业事务与社会保护部对 SIF 管理产生的费用由基金支付。

2016 年，爱尔兰社会保险基金总支出为 87.64 亿欧元，其中长期待遇支出为 70.45 亿欧元，职业伤害待遇支出为 1.33 亿欧元，短期待遇支出 13.13 亿欧元，其他支出 2.73 亿欧元。分支出项目看，爱尔兰社会保险基金支出中长期待遇支出绝对规模持续增加，从 2006 年的 44.37 亿欧元上升到 2016 年的 70.45 亿欧元，其占社会保险基金总支出的比重呈先降后增发展态势，从 2006 年的 70.14% 下降到 2009 年的 60.17%，之后上升到 2016 年的 80.38%，这主要是由于缴费型养老金计划支出的增长，从 2011 年的 36.23 亿欧元上升到 2016 年的 46.62 亿欧元。职业伤害待遇支出呈先增后减的发展态势，从 2006 年的 1.91 亿欧元上升到 2009 年的 2.13 亿欧元，此后缓慢下降到 2016 年的 1.33 亿欧元，占比基本维持在 1.34%~1.55%，这主要是受 2008 年金融危机的影响，失业人口增多导致职业伤害待遇支出在 2009~2010 年迅速增加，之后受经济逐步复苏的影响，失业率逐步下降，相应的职业伤害待遇支出减少。短期待遇支出呈下降趋势，从 2011 年的 25.01 亿欧元下降到 2016 年的 13.13 亿欧元，其占总支出的比重相应地从 27.78% 下降到 14.99%（见表 26-8）。

表 26-8 2011~2016 年爱尔兰社会保险基金总支出 单位：万欧元

年份	长期待遇支出	职业伤害待遇	短期待遇支出	其他支出	总支出
2006	443703.2	19100.8	147583	22168.4	632555.4
2007	500741.5	19595.1	180491.3	24271.1	725099.0
2008	555389.8	20913.5	237294.4	25778.0	839375.7
2009	588691.1	21251.4	340337.2	28142.8	978422.5
2010	591751.4	15631.7	310627.7	28077.7	946083.5
2011	609690.7	12530.1	250104.6	28098.7	900424.5
2012	627186.6	11917.5	220187.4	27665.2	886956.7
2013	650842.5	13225.8	171843.2	27252	863163.5
2014	657266.6	13021.1	145976.4	27050.1	843314.2
2015	684387.5	13190	137016.6	27084.2	861678.3
2016	704467.2	13316.2	131338.7	27263.2	876383.3

资料来源：2006~2010 年的数据来源于 KPMG, Actuarial Review of the Social Insurance Fund 2010，2012: p.111.2011~2016 年数据来源于 KPMG, Actuarial Review of the Social Insurance Fund 31 December 2015, 28 September 2017, p.156. http://www.welfare.ie/en/downloads/actrev311215.pdf。

（四）受益人数

如图 26-2 所示，2016 年爱尔兰社会保险基金的受益人口大约为 69.31 万人，爱尔兰社会保险基金受益人数从 2007 年的 58.66 万人稳步上升到 2009 年的 72.74 万人，之后逐步下降到 2016 年的 69.31 万人，2008~2016 年爱尔兰社会保险基金受益人数平均增长率为 2.01%。在受益人口中，最大类别是缴费型养老金计划，2016 年受益人数为 49.86 万人，占总受益人数的 71.94%，缴费型养老金计划受益人数呈快速增长趋势，2008~2016 年平均增长率为 3.83%。鳏寡养老金、失业保险待遇、疾病待遇支出紧随其后。

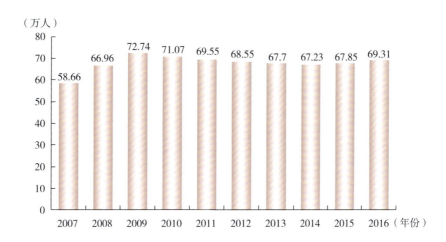

图 26-2　2007~2016 年社会保险基金受益人数

资料来源：Department of Employment Affairs and Social Protection, Statistical Information on Social Welfare Services Annual Report 2016, 2017, p.19.

（五）社会保险基金收支状况

社会保险基金（SIF）建立于 20 世纪 50 年代初，实行现收现付制，当前缴费用于当期支出，并不试图建立规模庞大的基金。社会保险基金由经常账户和投资账户组成，经常账户负责社会保险基金日常支出，投资账户由财政部授权国债管理局负责投资运营。财政部于 1997 年《税收法案》第 206 条规定 SIF 投资账户收入免征所得税，从 2015 年 1 月 1 日起，爱尔兰社会保护部规定 SIF 经常账户获得的利息收入同样免征收入所得税[①]。

2016 年社会保险基金当期结余为 4.66 亿欧元，1997~2007 年 SIF 缴费收入持续增长，社会保险基金均有盈余，积累了一定规模的资产。2008 年因金融危机的影响，社会保险基金总支出增长快于基金收入，首次出现当期亏损，亏损额达到 2.49 亿欧元，2009 年和 2010 年基金亏损额持续增加到 24.87 亿欧元和 27.51 亿欧元。之后，伴随着经济逐步复苏和大量劳动年龄人口就业带来缴费收入的上涨，基金收入持续增长，并在 2016 年出现盈余（见表 26-9）。

表 26-9　2006~2016 年社会保险基金总收支情况

单位：亿欧元

年份	基金总收入	基金总支出	当期收支盈余
2006	69.74	63.26	6.49
2007	78.34	72.51	5.83
2008	81.44	83.94	-2.49
2009	72.98	97.84	-24.87
2010	67.10	94.61	-27.51
2011	75.44	90.04	-14.60
2012	67.80	88.64	-20.84
2013	73.10	86.25	-13.14
2014	78.81	84.23	-5.42
2015	84.97	86.05	-1.08
2016	92.16	87.51	4.66

资料来源：Department of Employment Affairs and Social Protection, Statistical Information on Social Welfare Services Annual Report 2016, 2017, p.23.

---

① Revenue, https://www.revenue.ie/en/tax-professionals/tdm/income-tax-capital-gains-tax-corporation-tax/part-07/07-01-34.pdf.

如图 26-3 所示是爱尔兰社会保险基金收支盈亏情况，2000~2007 年社会保险基金收入大于支出，年度盈余一般在 2 亿~6 亿欧元，2008 年开始出现支出大于收入，国债管理局从社会保险基金支取了 5 亿欧元交还给社会和家庭事务部，这使 2008 年底社会保险基金的规模大约为 29 亿欧元[①]，2008~2015 年基金积累盈余资产规模不断缩小。根据爱尔兰法律，财政是社会保险基金重要来源之一，40 多年来财政对社会保险基金的补贴已经成为常态，1967 年财政补贴占社会保险基金总支出比重达到 38%。1997~2007 年，因社会保险基金收入连续大于社会保险基金支出，基金出现结余，该时期不需要任何国库拨付金，但 2010~2015 年由于经济危机的影响，为满足待遇正常支付，离不开国库拨付弥补基金缺口。

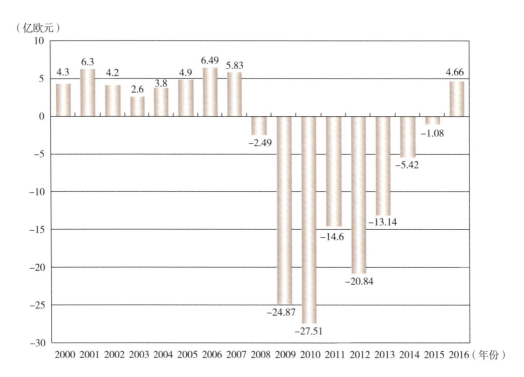

图 26-3　2000~2016 年社会保险基金当期盈亏情况

资料来源：Statistical Information on Social Welfare Service, 2000-2016.

当前社会保险基金运行良好的一个重要原因在于经济复苏带来的就业人口的增加，在 2008 年金融危机的影响下，爱尔兰失业率高达 15.1%，这意味着缴费人口的减少和待遇领取人数的增加，在爱尔兰政府积极就业政策的影响下，失业率逐步下降到 2015 年的 8.8%[②]，因此在 2016 年社会保险基金出现当期盈余。

四、爱尔兰社会保险基金投资管理分析
（一）社会保险基金投资管理机构：国债管理局

国债管理局（National Treasury Management Agency，NTMA）根据《1990 年国债管理局法案》于 1990 年 12 月 1 日成立。国债管理局是爱尔兰政府资产和负债的管理机构，其功能是为政府借债并且管理国债。最初，国债管理局主要工作目标是确保财政部获得充足的流动性，同时最小化财政部的利息负担。2001 年开始，国债管理局功能进一步扩展，负责管理国家养老储备基金（为国家养老储备基金委员会任命的基金经理，负责储备基金的投资管理）、社会保险基金盈余资产、沉淀账户基金（Dormant Accounts Fund）等政府基金。2002 年，国债管理局还有另一个重要功能是管理国家发展金融机构。此外，国

---

① National Treasury Management Agency Report and Accounts for the year ended 2008, p.25.
② Department of Social Protection, Actuarial Review of the Social Insurance Fund to be undertaken,2016.Website:www.welfare.ie.

债管理局还为政府公共投资项目提供财务咨询和融资担保。国债管理局内部设立了咨询委员会，以便提供决策支持。目前，国债管理局下设五个相互独立的部门：资金和债务管理（Funding and Debt Management）、爱尔兰战略投资基金（Ireland Strategic Investment Fund, ISIF）、国家金融发展机构、新经济与复苏管理局（New Economy and Recovery Authority, New ERA）和政府索赔事务机构（即负责因政府机构导致的人身伤害索赔的事件）。国债管理局局长由财政部长（the Minister for Finance）任命，并对其负责。同时，国债管理局局长也是国会下议院公共账簿委员会的总会计师。

专栏 26-2　国债管理局获得授权的法律依据

国债管理局自 1990 年成立以来，其功能和责任不断扩大，这主要是由以下法案授予的：

- 《1995 年证券化法案》Securitisation (Proceeds of Certain Mortgages) Act 1995
- 《2000 年国家养老储备基金法案》National Pensions Reserve Fund Act 2000
- 《2000 年国债管理局法案（修正案）》National Treasury Management Agency (Amendment) Act 2000
- 《2001 年资产支持证券法案》Asset Covered Securities Act 2001
- 《2001 年沉淀账户基金法案》Dormant Accounts Act 2001
- 《2002 年国家发展财政机构法案》National Development Finance Agency Act 2002
- 《2002 年住房法案》Housing (Miscellaneous Provisions) Act 2002
- 《2002 年规划和发展法案（修正案）》Planning and Development (Amendment) Act 2002
- 《2003 年无人认领的寿险保单法案》Unclaimed Life Assurance Policies Act 2003
- 《2005 年沉淀账户法案（修正案）》Dormant Accounts (Amendment) Act 2005
- 《2007 年碳基金法案》Carbon Fund Act 2007
- 《2007 年资产支持证券法案（修正案）》Asset Covered Securities (Amendment) Act 2007
- 《2007 年健康法案》Health Act 2007
- 《2007 年国家发展财政机构法案（修正案）》National Development Finance Agency (Amendment) Act 2007
- 《2009 年国家养老储备基金投资以及其他事项法案》Investment of the National Pensions Reserve Fund and Miscellaneous Provisions Act 2009.

资料来源：National Treasury Management Agency Report and Accounts for the year ended 2008, p.2.

（二）社会保险基金投资方式及收益

2001 年开始社会保险基金由国债管理局负责管理，社会保险基金（SIF）盈余资产除按要求将部分资金存在中央银行之外，剩余资金由财政部授权国债管理局对投资账户资金进行投资，资金主要投资于财政部短期票据、银行存款和欧元区政府债券（最长期限不超过 5 年）。这种投资策略力争在获取较高投资收益率的同时，确保盈余资产的流动性和安全性。21 世纪初期，伴随着基金结余的继续增长，当时国债管理局考虑增加对中长期国债的投资。

2001 年 SIF 投资收益率为 5.8%，略高于基准收益率 5.68%，而同期平均通货膨胀率为 3.4%[1]。2002~2007 年 SIF 投资收益率水平基本维持在 2%~3%，2008 年社会保险基金的收益率为 5.39%[2]，总体而言，2001~2008 年社会保险基金的平均收益率为 3.5%，绝大多数年份投资收益率略高于基准收益率（见图 26-4）。鉴于社会保险基金的性质和投资策略，回报率还是令人满意的[3]。

---

[1] Central Statistic Office: Consumer Price Index Nov. 2006, p.5.

[2] National Treasury Management Agency Report and Accounts for the year ended 2008, p.25.

[3] 2009 年以后，因连续多年社会保险基金收入小于支出，社会保险基金累计结余消耗殆尽。

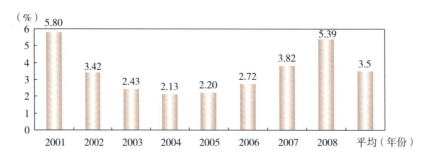

图 26-4 社会保险基金（SIF）的投资回报率

资料来源：National Treasury Management Agency Report and Accounts for the year ended 2000-2008.

（三）社会保险基金账户盈余

爱尔兰《2005 年社会福利（整合）法案》第 9 条规定，社会保险基金支出主要由经常账户支付，当期基金盈余转入投资账户，由国债管理局按照财政部的投资政策要求进行投资运营。当 SIF 经常账户基金出现收不抵支时，缺口所需的资金第一时间从投资账户拨付，仍有不足的将最终由国库拨付补足。

2000 年，SIF 盈余资产为 10 亿欧元，到 2007 年底盈余资产规模达 36.32 亿欧元，八年间增加三倍多。之后社会保险基金累计盈余迅速下降，从 2008 年的 33.77 亿欧元迅速下降到 2009 年的 8.9 亿欧元，2010 年社会保险基金累计结存消耗殆尽，2010~2015 年账户余额中仅剩余 147.7 万欧元固定资产收益，该部分资金是每年爱尔兰 C.I.E. 租用就业事务和社会保护部总部大楼缴纳的固定租金费。2016 年，爱尔兰经济复苏带来失业人数的下降，社会保险基金出现当期盈余，达到 4.54 亿欧元（见图 26-5）。

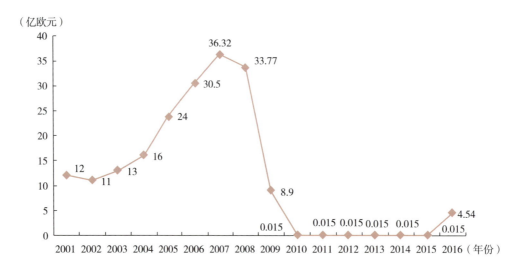

图 26-5 2001~2016 年社会保险基金（SIF）的积累盈余资产

资料来源：Department of Employment Affairs and Social Protection, Social Insurance Fund: Financial Statements & Report of the Comptroller and Auditor General 2000-2016. http://www.welfare.ie/en/Pages/Social-Insurance-Fund.aspx.

如前所述，社会保险基金盈余资产转到投资账户进行投资。如表 26-10 所示是 2005~2016 年社会保险基金投资账户期末余额和投资收益情况。2008 年以前，因社会保险基金收入大于支出，投资账户基金余额不断增加，从 2005 年的 23.87 亿欧元上升到 2007 年的 36.42 亿欧元，按规定除部分资金存入中央银行外，剩余资金用于投资。SIF 投资收入从 2006 年的 5308.4 万欧元上升到 2008 年的 1.6 亿欧元。受 2008 年经济危机的影响，爱尔兰缴费人口的下降带来当期 PRSI 缴费额的下降，需要从投资账户转入资金补足缺口。由于连续出现基金收不抵支，自 2010 年 5 月，SIF 投资账户累计结存消耗殆尽，需要国库补助金补贴。由于每天均有可能发生社会保险基金支出，但 PRSI 缴费额通常要在月末才转到投资账户，当前投资账户资金不足以满足待遇支出时，允许 SIF 从国库的一般供给账户（Paymaster General Supply Account）或是中央基金（Central Fund）预支满足短期资金不足[1]，并要求投资账户在月末偿还完毕。2016 年，SIF 从中央基金提前预支 13.7 亿元满足支付，并在年底归还完毕[2]。2008~2015 年爱尔兰国库补助总金额为 109.95 万欧元。

表 26-10　2005~2016 年 SIF 投资账户基金期末余额、投资收益及国库补助金

单位：万欧元

年份	投资账户期末余额	投资收益	国库补助金
2005	238716.4	—	0
2006	307652.9	5308.4	0
2007	364219.5	11204.9	0
2008	332002.8	16020.9	2.49
2009	87091.3	13297.7	24.87
2010	4533.4	161.2	27.51
2011	10982.7	99.95	14.60
2012	6827.9	36.9	20.84
2013	5724.2	5.2	13.14
2014	3988.7	5.6	5.42
2015	0	0	1.08
2016	—	—	0

资料来源：Department of Employment Affairs and Social Protection, Social Insurance Fund: Financial Statements & Report of the Comptroller and Auditor General 2000-2016. http://www.welfare.ie/en/Pages/Social-Insurance-Fund.aspx.

受人口年龄结构逐步老化的影响，未来爱尔兰养老成本不断上升。2015 年基金精算评估报告显示，中长期内社会保险基金赤字将逐渐增加，未来社会保险基金财务状况仍面临巨大挑战。

五、21 世纪以来爱尔兰公共养老金制度的改革措施

（一）爱尔兰人口变化趋势

尽管当前爱尔兰的人口形势还比较乐观，人口老龄化对爱尔兰的影响相较于大部分欧洲国家来得晚，但人口老龄化可能带来的影响却不容忽视。如图 26-6 所示，爱尔兰妇女总和生育率已经从 20 世纪 60 年代的 4 下降到 90 年代中期的 1.89，90 年代中后期总和生育率虽略有上升，但中长期看总体保持稳定水平，这将减少未来的劳动年龄人口。第二次世界大战以来，爱尔兰出生人口平均预期寿命男性平均每 10 年增长 2 岁，女性平均每 10 年增长 3 岁。官方预测，2031 年爱尔兰男女平均预期寿命将分别达到 77.8 岁和 83.8 岁[3]。出生率下降和预期寿命延长的共同作用导致制度赡养率不断上升。据预测，爱尔兰工作人口与退休人口（65 岁以上）的比例在 2020~2050 年会急剧下降。国家养老金审查委员会（The National Pensions Review）2006 年 1 月发布的报告指出，2006 年工作人口与退休人口的比例是 4.3:1，该比例将在 2026 年上升到 2.7:1，在 2056 年该比例将上升到 1.4:1。因此，中长期内爱尔兰现收现付公共养老金制度面临着人口老龄化的巨大压力。

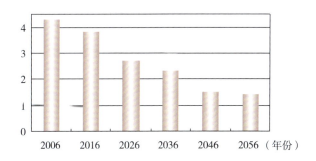

图 26-6　爱尔兰工作人员与退休人员比例

---

[1] 爱尔兰颁布的《社会福利与养老金法案 2012》第 18 条规定，为保证社会保险基金经常账户正常支付待遇，要求财政部从中央基金预支资金借给 SIF，年底由投资账户归还。

[2] Department of Employment Affairs and Social Protection, Social Insurance Fund: Financial Statements & Report of the Comptroller and Auditor General 2016, p.18.

[3] O'Donoghue, Cathal, Assessing the Impact of Pensions Policy Reform in Ireland: the Case of Increasing the Pension Age, Department of Economics Working Paper No.0074, National University of Ireland, Galway, 2004, pp.3-4.

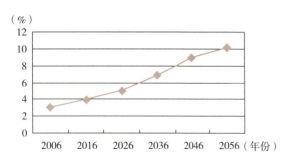

（%）

图 26-7　公共养老金支出占 GNP 比重
资料来源：The National Pensions Review（2006）.

与此同时，如图 26-7 所示，公共养老金支出占 GDP 的比重将从 2006 年的 3.1% 上升到 2056 年的 10.1%[①]。这期间公共养老金支出的净增长速度加快，相当于公共教育支出的 2 倍，或者需要收入税增加 42% 才能满足其支出。

（二）爱尔兰公共养老金计划改革

在这种背景下，爱尔兰政府积极对公共养老金制度进行参量式改革以面对未来的筹资挑战。2015 年爱尔兰社会保险精算评估报告表明，2017 年 SIF 将继续出现盈余，自 2018 年开始盈余会不断下降，直到 2020 年开始出现收不抵支。如果公共养老金制度不进行改革，中长期内 SIF 亏损额将不断增加，基金缺口将从 2020 年的 2 亿欧元上升到 2030 年的 33 亿欧元和 2071 年的 222 亿欧元，基金缺口占 GDP 比重将从 2020 年的 0.1% 上升到 2030 年的 0.9%、2055 年的 3.2% 和 2071 年的 2.9%。中长期内，为满足待遇水平的正常支付，需要相当规模政府国库补助金。国库拨付金将从 2025 年的 17 亿欧元上升到 2035 年的 56 亿欧元和 2045 年的 114 亿欧元[②]。为此，爱尔兰就业事务与社会保护部根据每 5 年一次的精算报告结果提出了未来公共养老金改革措施，采取诸如多渠道增加 PRSI 缴费额、逐步提高退休年龄、严格享受资格条件等"组合拳"式措施进行改革，具体如表 26-11 所示。

表 26-11　爱尔兰公共养老金改革措施一览

年份	措施
2012	2012 年预算报告中提出增加缴费型养老金计划的缴费率等级
2013	符合申领鳏寡及遗属缴费型养老金计划所需的缴费周期数从 156 个增加到 260 个
2014	逐步取消过渡型养老金计划。2011 年社会福利和养老金法案提出，所有劳动者公共养老金待遇领取年龄统一到 66 岁
2020	计划将缴费型养老金计划待遇计算从年度平均值转为全部年限，这项措施还未立法确立，处于改革假设阶段
2021	《2011 年社会福利和养老金法案》规定公共养老金计划领取年龄将延长至 67 岁
2028	《2011 年社会福利和养老金法案》规定公共养老金计划领取年龄将延长至 68 岁
考虑中的改革措施	对于那些想要延迟领取养老金待遇的劳动者，考虑为其提供精算调整的养老金待遇水平，对于延迟领取待遇者增加延迟养老金水平，并不会对财政带来额外负担

资料来源：KPMG, Actuarial Review of the Social Insurance Fund 31 December 2015, 28 September 2017, p.121, http://www.welfare.ie/en/downloads/actrev311215.pdf.

为更好地应对人口老龄化的影响，早在 21 世纪初期，爱尔兰不同政府部门的多个报告就纷纷建议成立储备基金以建立预筹积累的公共养老金制度，以应对老龄化危机。2000 年 12 月，爱尔兰议会通过了《国家养老储备基金法案》，正式批准建立国家养老储备基金（National Pensions Reserve Fund，NPRF），同时成立国家养老储备基金委员会，负责储备基金的管理和投资。2001 年 4 月 2 日，国家养老储备基金正式成立。

① National Pensions Reserve Fund Commission: Annual Report and Financial Statements 2006, p, 6.
② Department of Employment Affairs and Social Protection, Actuarial Review of the Social Insurance Fund 2015, September 2017, pp.5-6.

专栏 26-3　爱尔兰国家养老金储备基金的成立过程及其法律框架

1999 年 7 月 23 日，财政部长 Charlie McCreevy 宣布政府将建立预筹积累的战略储备基金以应对老龄化人口。储备基金的来源有两部分：一是在 2055 年之前每年转移支付相当于 GNP 的 1% 的财政收入，二是一次性从爱尔兰电信私有化收益中转移 62 亿欧元。

1999 年 12 月，议会通过了一个议案建立临时基金 (Temporary Holding Fund)，负责管理 1999 年转移的资金。

2000 年 6 月，财政部公布了关于建立国家养老金储备基金的法律，主要报告储备基金的建立、筹资和管理等事项。

2000 年 12 月，议会通过了《国家养老储备基金法案》，同时成立了国家养老储备基金委员会，该机构负责管理储备基金，并且负责临时基金的交接工作。

2001 年 4 月 2 日，国家养老储备基金正式成立，同时任命了国家养老储备基金理事会 7 名成员。2001 年底，储备基金规模大约为 75 亿欧元，约占 GDP 的 5.3%，其中大部分资金来源于爱尔兰电信私有化转移的收入 [1]。

建立全国养老储备基金的目的是尽可能减少 2025~2050 年社会福利和公务员养老金的支付压力。因此，该基金本质上是一种人口平衡机制。当前，爱尔兰社会的人口结构比较年轻，建立该基金可在劳动参与率比较高、经济增长率也比较高的情况下将这些资金储备起来，然后在人口老龄化更加严重的情况下再使用这部分储备基金，以避免缴费的快速大幅攀升或者待遇的急剧下降，起到烫平筹资（消费）的目的。

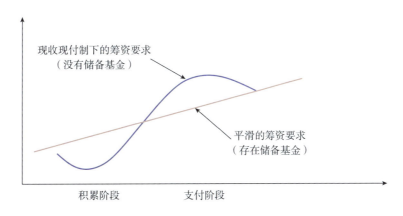

图 26-8　国家养老储备基金的生命周期平滑效果

资料来源：National Pensions Reserve Fund Commission: Annual Report and Financial Statements 2006, p.6.

据国家养老金审查委员会预测，如果使用比较保守的投资回报率假设，储备基金将在 2040 年左右达到最大值，大约是 GNP 的 50%。在 21 世纪中期，储备基金每年提供的养老金支付将是 GNP 的 3.5%，这大约是总成本的 1/4 [2]。该预测是建立在 2070 年储备基金将被完全耗尽的假设之上。

六、结论

爱尔兰社会保险基金是现收现付下公共养老金盈余资产，其主要目标是为劳动者提供充足的收入保障，其资金不仅来源于雇主、雇员和自雇者的 PRSI 缴费收入所得，而且政府财政承担最终的兜底责任。社会保险基金累计结余转到投资账户交由国债管理局负责投资运营，考虑到其

---

[1] Robert Palacios, Managing Public Pension Reserves: Lessons from Five Recent OECD Initiatives, Social Protection Discussion Paper Series No.0219, July 2002, p.18.

[2] National Pensions Reserve Fund Commission: Annual Report and Financial Statements 2006, p.6.

资金属性的特殊性，为保障流动性和安全性，SIF 以投资短期国债和银行存款为主，大部分资金主要用于购买国债，特别是短期国债。需要说明的是，因爱尔兰社会保险基金与国家养老储备基金性质的不同，采取的投资策略也不同，国家养老储备基金作为战略储备基金，积累周期长，因而实行多元化投资策略，以股票投资为主，以期在未来获得更高的投资回报，满足未来人口高峰时期的养老金待遇支付。

虽然爱尔兰当前的人口结构较为年轻，养老金负担并不沉重，但是长期来看，爱尔兰的人口形势并不乐观，养老金支出在将来的 40 年内将大幅上升。为此，爱尔兰政府未雨绸缪，通过开源节流等组合式改革措施平滑将来的养老金负担，最大限度地减少人口老龄化的影响，以确保中长期内公共养老金计划的财务可持续性。

分报告二十七
芬兰国家养老金

芬兰（Finland）位于欧洲北部，约有 1/3 的土地在北极圈内，国土面积约 33.8 万平方千米，总人口 551 万。芬兰具备高度工业化和自由化的市场经济，2017 年人均 GDP 为 45703 美元，是一个高度发达的资本主义国家。芬兰从 20 世纪 20 年代开始建立社会福利体系，从 20 世纪 30 年代开始建立养老保障体系，直到 20 世纪 80 年代才建立了完善的"社会民主型"社会福利体系。这种覆盖全体国民的社会保障制度涉及每个人生命周期的每个阶段，维护了社会公平，有效控制了贫富分化，因此芬兰是目前世界上屈指可数的高福利国家之一。

一、芬兰的养老体系

芬兰的养老金体系始建于 1937 年 12 月 16 日，其初设目的是为退休人员提供养老金。如图 27-1 所示，按照国际传统分类办法，芬兰的养老金体系分为三个支柱：第一支柱是强制性的法定养老金，包括国民养老金和收入关联型养老金；第二支柱是累积性的行业或者雇主发起的职业年金计划，如雇主发起的群体养老金或者个体养老金保险；第三支柱是自愿式的私人养老金，如个人长期储蓄账户、个人养老金账户等其他形式的养老储蓄。然而，与世界上大多数国家不同的是，第二支柱和三支柱作为补充养老金的作用在芬兰并不显著。虽然芬兰企业也为员工安排一定的职业年金，但目前只有 1/4 左右的私营企业员工有职业年金，职业年金在养老金支付中所占的比重不超过 4%。并且第三支柱的吸引力也在近几年逐渐降低。这是因为芬兰强制性的法定养老金（第一支柱）覆盖了全部的人口且缴费基数与养老金金额没有上限，使得法定养老金与补充养老金在整个养老体系中的比例为 94 : 6。所以，在芬兰补充养老金的作用较小，绝大多数国民退休后的主要收入来源是第一支柱养老金。如图 27-1 所示，2016 年芬兰养老保险总额为 292 亿欧元，其中第一支柱的国民养老金、保证养老金和收入关联型养老金总额近 285 亿欧元，而其他类型养老保险仅有 7 亿欧元。

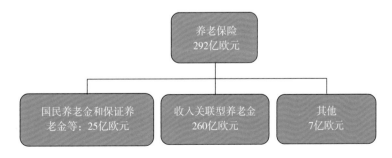

图 27-1　2016 年芬兰养老金体系各组成部分的情况

资料来源：由芬兰国家养老金管理中心官方网站整理获得。

经过 80 多年的发展，作为芬兰当前第一支柱的强制性法定养老金体系主要由三个部分构成：由芬兰社会保险机构（Kela）举办的覆盖全部人口的国民养老金（National Pension）和保证养老金（Guarantee Pension），以及覆盖全体工作者（包括自我雇佣）的收入关联型养老金（Earnings-related Pension）。截至 2015 年，居住在芬兰境内的养老金领取者已经超过 140 万人，其在总人口中所占的比重由 1995 年的 27.7% 上升到 2015 年的 31.5%。收入关联型养老金、国民养老金和保证养老金是退休后收入的主要来源。但是，在过去的 20 多年中，芬兰国民养老金和保证养老金所占比重下降了，而收入关联型养老金所占的比重上升了 10 个百分点。同时，退休后获得的养老金水平在过去的 20 年中增长了 36%，消费支出增长了 45%，且退休后的家庭净资产水平较 20 年前翻番 a。根据 OECD 2015 年的测算结果，芬兰收入关联型养老金的毛替代率为 56%，b 处在 OECD 国家的平均水平线上，与其他国家相似的是，芬兰养老金的替代率水平呈现下降的趋势。

图 27-2　芬兰退休人员养老金构成的主要部分

资料来源：由芬兰国家养老金管理中心官方网站整理获得。

国民养老金和保证养老金是由芬兰社会保险机构（Social Insurance Institution, Kela）统一管理，Kela 为退休人员支付的养老金类型包括国民养老金、保证养老金、残疾抚恤金、康复补贴等。2017 年，Kela 支付国民养老金和保证养老金超过 22 亿欧元，2018 年前 6 个月支付的总额接近 12 亿欧元。在芬兰居住三年以上、年满 16 周岁且养老金收入水平低于一定金额的芬兰国民，都可以申请国民养老金和保证养老金，其设计目的是维持芬兰国民的基本生活。国民养老金和保证养老金的资金来源主要为受保人、雇主以及税收与资产的增值部分，现在其资金构成主要为政府拨款和少量的税收与资产的增值部分。2017 年，其总收入为 1536 亿欧元，约占当年 GDP 总量的 68.5%。

收入关联型养老金在 1960 年被引入芬兰第一支柱养老体系，并在过去的几十年中不断发展和补充，历经了 2005 年、2007 年和 2017 年三次重大改革后内容越来越丰富，以期在更长寿命预期下保持养老金支付的可持续性。在 2017 年养老金改革中，退休年龄按照出生年份的不同有了不同程度的延长，最长退休年龄达到 65 岁。同时，对原有养老金项目进行了整合，推出了两种新的养老金项目：部分养老金和服务年限养老金。截至 2015 年底，收入关联型养老金覆盖的人口数达到 230 余万，几乎所有参加工作并有工资收入的居民都参与了收入关联型养老金计划。不同人群依照不同法案和差异化的缴费率在退休后获取收入关联型养老金，包括雇员养老金法案（TyEL）、海员养老金法案（MEL）、公共养老金法案（地方政府雇员）[JuEL（Keva）、KuEL]、国家雇员法案 [JuEL（State）、VaEL]、公共养老金法案（福音派路德教会雇员）[JuEL（Church）、KIEL] 和芬兰社会养老保险机构法案（KelaL），对于自雇人员，则有自雇者法案（YEL）和农民养老金法案（MYEL）。

私营企业雇员的养老金依照各个养老金法案由相应的保险合约决定，而公共部分部门雇员的养老金则是基于他们的工作部门，由公共养老金法案自动确定。收入关联型养老金的累积是基于年度收入和累积率，最新养老金的累积率为 1.5%。如图 27-3 所示，社会事务与健康部负责收入关联型养老金法案的实施工作，芬兰养老金中心（Finnsh Center for Pensions）将私营企业的收入关联型养老金授权给一些养老金管理机构（包括 5 家养老金保险公司、13 家养老基金公司和 6 家行业养老基金），农民与海员则授权给了某些专门的养老金管理机构。经财政部授权，Keva 管理公共服务部门雇员的收入关联型养老金，并在金融监管局

---

① Pensions and Pensioners' Economic Welfare 1995-2015, Summary, Finnish Center for Pensions, Studies, 2017.

② Pension at a Glance, 2015, OECD. 测算的依据是 20 岁开始工作并连续工作直到 65 岁退休。

的监督下进行养老金的规划与投资管理。虽然收入关联型养老金的具体运营与管理是由上述机构和部门承担，但是其核心的一些特定功能如授权养老金提供者、参与养老金相关法案的准备与指导等却是由法定机构芬兰养老金中心

来承担。TELA 则负责收入关联型养老金收益的管理，对于养老金提供者有关决策的上诉可以报告给养老金上诉委员会（Pension Appeal Board）和保险法院（Insurance Court）。上述各级各类养老金的关系与实施路径如图27-3 所示。

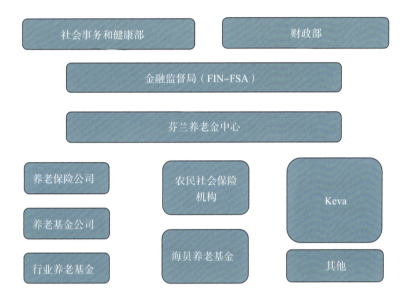

图 27-3　收入关联型养老金计划的实施路径
资料来源：由芬兰国家养老金管理中心官方网站整理获得。

依照上述各法案，不同类型雇员收入关联型养老金计划的缴费率不同（见表 27-1）。虽然收入关联型养老金的管理机构和参照法案都不同，但芬兰养老金中心通过宏观指导，协调各个收入关联型养老金计划，并负责统一的登记注册，按照参加时间、参考工资、累积率水平等因素综

合制定养老金的待遇水平，根据工资增长率和消费者价格指数动态调整养老金的给付水平（见表 27-2）。同时，芬兰养老金中心监督雇主为雇员、自雇人员为自己向养老金提供者缴纳养老金，保证了收入关联型养老金缴纳与支付的可持续性以及无障碍的流通。

表 27-1　2017 年 12 月 31 日芬兰居民每人每月获得养老金的情况　　　　　单位：欧元

	女性	男性	所有人
平均每月支付养老金金额	1476	1874	1656
● 收入关联型养老金部分	1318	1874	1511
● 国民养老金部分（包括保证养老金）	144	108	128
● 特殊保护养老金部分	22	15	18
领取养老金的总人数（万人）	666000	804000	1470000

资料来源：由芬兰国家养老金管理中心官方网站整理获得。

表 27-2　2018 年芬兰收入关联型养老金缴费率

雇员类型		雇主支付比例（%）	雇员支付比例（%）	
			53 岁以下或 63 岁以上	53~62 岁
TyEL		24.4	6.35	7.85
MEL		20.0	6.35	7.85
JuEL（Keva）		28.35	6.35	7.85
JuEL（State）		23.76	6.35	7.85
JuEL（Church）		28.89	6.35	7.85
自雇人员	YEL	23.0	24.1	25.6
	MYEL	13.8/13.6	24.1	25.6

资料来源：由芬兰国家养老金管理中心官方网站整理获得。

二、国家养老金

本节中所说的国家养老金，是指芬兰第一支柱中的国民养老金和保证养老金。对于年满 16 周岁且在芬兰居住三年以上者，且其他各种养老金收入不超过一定上限的人员，国家养老金为他们提供退休后基本的收入保障。根据芬兰 2017 年的养老金改革法案，国家养老金界定的退休年龄与收入关联型养老金的退休年龄一致，1965 年之前出生的为 65 岁，1965 年之后出生的则需要根据 2030 年的统计数据进行参数化动态调整。

（一）国民养老金

国民养老金涵盖了老年养老金（Old-age Pensions）和残疾养老金（Disability Pensions），覆盖了全体国民。退休人员获得的国民养老金金额每年都依据国民养老金指数（National Pensions Index）进行调整。如果退休人员的其他养老金收入不超过下表中的所有收入上限，Kela 将为退休人员支付国民养老金，国民的健康状况、出生年份决定了国民养老金的支付额度。同时，退休人员领取的其他养老金金额也影响其获得的国民养老金的金额。如表 27-3、表 27-4 所示，分别为不同混应状况下退休人员领取的国民养老金的金额和独居老人所能获得的各种养老金金额的构成情况。

表 27-3　国民养老金支付金额和收入门槛　　　　　　　　　　　　　　单位：欧元

家庭状态	全额国民养老金	获得全额国民养老金对应的收入关联养老金最高额	获得国民养老金的收入关联养老金门槛
独居状态	628.85	55.54	1299.88
有伴侣状态	557.79	55.54	1157.71

资料来源：由芬兰国家养老金管理中心官方网站整理获得。

表 27-4　独居退休人员每月所能获得的养老金情况　　　　　　　　　　单位：欧元

国民养老金	保证养老金	收入关联型养老金	养老金总额	缴税	养老金净额
628.85	146.42	0	775.27	0	775.27
606.60	68.67	100	775.27	0	775.27
544.60	6.68	223.99	775.27	0	775.27
473.52	0	336.13	839.65	0	839.65

续表

国民养老金	保证养老金	收入关联型养老金	养老金总额	缴税	养老金净额
456.60	0	400	856.60	0	856.60
406.60	0	500	906.60	0	906.60
281.60	0	750	1031.60	40.65	990.95
156.60	0	1000	1156.60	88.49	1068.11

资料来源：由芬兰国家养老金管理中心官方网站整理获得。

（二）保证养老金

保证养老金在 2011 年被引入养老体系，其目标是为芬兰居民提供维持最低生活水平的养老金，用以改善低收入群体的经济和社会福利。若退休者每月没有其他任何养老金收入，那么保证型养老金将全额支付其养老金，2018 年的支付总额为 775.27 欧元，并且这一标准每年随着消费价格指数动态调整，可升可降。如果提前退休或者有其他养老金收入（如国民养老金和收入关联型养老金），其获得的保证养老金额度会下降。新移民到芬兰的人只要缴纳了一年以上的保险或者 65 岁以上以及 16 岁以上的残疾人，都可以申请保证养老金。目前，保证养老金在每个月的 22 日左右由银行支付，大概有 10 万人领取保证养老金，约占所有养老金领取人数的 8%。如表 27-5 所示是 2018 年芬兰独居和有伴侣的退休人员每月获取的国民养老金、保证养老金与其他养老金的关系情况。

表 27-5 2018 年芬兰独居／有伴侣退休人员每月所能获得的保证养老金情况

国民养老金	保证养老金	收入关联型养老金	养老金总额
0	775.27	0	775.27/775.27
628.85/557.79	146.42/217.48	0	775.27/775.27
628.85/557.79	96.42/167.48	50	775.27/775.27
606.60/535.54	68.67/139.73	100	775.27/ 760.26
581.60/510.54	43.67/114.73	150	775.27/ 760.26
544.60/473.54	6.68/77.74	223.99	775.27/ 760.26
473.52/402.46	0/6.68	366.13	839.65/ 760.26
456.60/385.54	0	400	856.60/785.54

资料来源：由芬兰国家养老金管理中心官方网站整理获得。

国民养老金和保证养老金由 Kela 管理并向退休人员支付相应的养老金。Kela 由议会提名的 12 名受托人监督，受托人的任期为四年。受托人提名 Kela 的董事会和审计委员会，批准董事会的财务报表和会计愿意，并向议会提交其运作的年度报告。在芬兰议会的监督下，Kela 是一个独立的社会保障机构，拥有自己的行政和财务。Kela 董事会的任期为三年。 董事会有 10 名成员，领导并发展了 Kela 的业务。董事会提名审计委员会成员，其任期董事会相同，审计委员会协助董事会进行监督和风险管理工作。如图 27-4 所示是 Kela 的管理部门与监督机构。

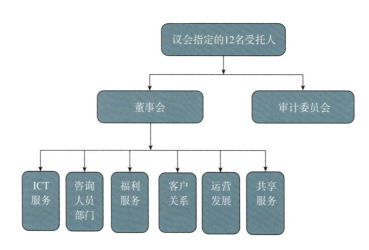

图 27-4 Kela 的管理部门与监督机构

资料来源：由芬兰国家养老金管理中心官方网站整理获得。

三、收入关联型养老金

（一）退休年龄

收入关联型养老金用以保障劳动者退休后的消费维持在一定的水平，使退休后的生活水平与退休前不会相差太多，目前其替代率不到60%。2017年开始，随着收入关联型养老金改革《国家养老金法案》发生了一些变化。根据最新的养老制度，无论男女、政府雇员还是私营企业员工，其退休年龄都将从现在的63岁逐步提升到65岁。具体来看，1955~1964年出生的工作者，其退休年龄每年增加3个月，即1955年出生的退休年龄为63岁3个月，1956年出生的退休年龄为63岁6个月，依次下去，每晚出生一年退休年龄增加3个月，而1962~1965年出生的退休年龄均为65岁。由于年老退休人数的增长和寿命的延长，1965年及之后出生的人，其退休年龄仍未完全确定，需要在未来根据2030年的预期寿命预测进行调整。公司必须为年满17周岁的员工缴纳收入关联型养老金，而自雇人员则必须从18岁开始缴纳收入关联型养老金。从2017年初开始，收入关联型养老金每年每人增长率为1.5%，其过渡期将持续到2025年，在此期间53~62岁收入关联型养老金参加者的养老金增长率为1.7%。为鼓励延迟领取养老金，新的养老金法案规定法定退休年龄之后领取养老金的，其领取到的养老金在领取日之前按照每月0.4%的比率增长。为了应对日益严重的老龄化，芬兰养老金体系鼓励退休人员在达到退休年龄后继续工作，并延迟领取养老金。如果达到法定退休年龄后推迟领取国民养老金，其最终获得的养老金将会增加，其中1962年之前出生的人其养老金每月增加的速度为0.6%，1962年及以后出生的人养老金每月增加的速度为0.4%。

（二）收入关联型养老金子计划

收入关联型养老金包含的项目有老年养老金计划、部分养老金计划、残疾养老金计划、服务年资养老金计划、兼职工作养老金计划、康复福利和幸存者养老金等。其中，部分养老金计划和服务年资养老金计划是在2017年养老金改革后新推出的养老金计划项目。

1. 部分退休金计划

参加部分退休金计划的老年人可以在61岁退休，此时退休者可以领取一部分养老金（每月养老金金额的25%或50%）①，同时还可以选择继续工作，且对于工作和收入均没有限制。如果选择提前退休，那么养老金的支付水平将从领取的第一个月开始以每个月0.4%的水平递减，直到法定退休年龄为止。例如，法定退休年龄为63岁9个月，如果选择在61岁退休，那么实际退休年龄与法定退休年龄之间相差33个月，退休者在63岁9个月之前每月领到的养老金采用如下方法计算：

---

① 在退休的时候，参加部分养老金计划允许领取25%或50%的累积部分养老金，如果选择在退休时领取25%的养老金，那么以后可以增加到50%。反之，如果在退休时选择领取50%的养老金，以后不可以减少到25%。

表 27-6　部分退休金计划中提前退休领取的养老金金额

法定退休年龄	63 岁 9 个月
实际退休年龄	61 岁
实际退休年龄与法定退休年龄之差	33 个月
养老金每个月降低的总比例	33 × 0.4%=13.2%
提前退休养老金每月支付金额（61 岁）	1500 欧元
每月提取养老金金额的 50%，提前退休每月实际支付的养老金总额	1500-1500 × 50%-750 × 13.2%=651（欧元）

如果在领取部分退休金的同时还在工作，老年人会获得此份工作对应的额外的养老金，表 27-7 给出了退休后依然工作的老年人所能获得的全部养老金的金额。

表 27-7　提前退休后还在工作的老年人可获得的全部养老金金额

	提前退休获得的部分养老金（按照每月提取 50% 计算）	651 欧元
	未领取的养老金金额	750 欧元
	退休后继续工作获得的月薪	2000 欧元
养老金增长率	63 岁至 63 岁 9 个月	1.5%
	63 岁之前	1.7%
	领取部分养老金期间工作获得的新的养老金金额	2000 欧元 / 月 × 24 个月 × 1.7%/12 个月 +2000 欧元 / 月 × 9 个月 × 1.5%/12 个月 =90.5 欧元 / 月
	63 岁 9 个月完全退休后拿到的养老金金额	651 +750 +90.5 =1491.50（欧元）

然而，如果有下面三种情况，将不能获得部分养老金，包括已在芬兰拿到其他收入相关的养老金、获得农民提前退休补助以及由于继续工作暂停伤残抚恤金。

2. 服务年资养老金

服务年资养老金适用于以下几种情况：①从事繁重体力、脑力劳动超过 38 年；[①]② 1955 年及以后出生且超过 63 岁；③工作能力下降[②]。服务年资养老金必须在工作停止之前的一年内提前申请，所以第一批服务年资养老金是在 2018 年初开始支付，而非 2017 年初。1965 年及之后出生的人，其服务年资养老金还需要参考 2030 年人口统计数据来进行厘定。由于不包含目标年金部分，服务年资养老金的数额小于残疾抚恤金。

（三）收入关联型养老金管理与监管

基于不同养老金法案针对不同群体，芬兰养老金中心授权 5 家养老金保险公司、13 家养老基金公司和 6 家行业养老基金以及某些专门的养老金管理机构（针对农民和海员等）作为养老金提供者，负责私营企业雇员（包括自雇人员）收入关联型养老金的缴费、发放和投资运营管理等；Keva 负责公共服务部门雇员的收入关联型养老金，包括市政雇员、国家雇员、福音派路德教会和 Kela 雇员，其中国库（State Treasury）和中央教会基金（Central Church Fund）负责国家雇员和教会的筹款和资金管理。不同的收入关联型养老金提供者之间存在竞争的关系，在每个季度开始的第一天，参保人可以将其收入关联型养老金从原本的养老金提供者处转移到另外一个养老金提供者处。充分的竞争也促使养老金提供者做出了漂亮的投资业绩。根据芬兰国会发布的最新数据，2017 年芬兰共计支付了超过 300 亿欧元的养老金和社会福利，其中收入关联型养老金支付的总额为 270 亿欧元（见图 27-6），占比为 88%，是整个养老金支出中最多的。

---

① 这里的 38 年工作经历包含了最长可达三年的可能的产假、陪产假和育儿假，以及由于疾病、裁员导致的较短失业。
② 服务年资养老金类似于残疾养老金，但是其参加者工作能力下降的程度未达到残疾的程度。

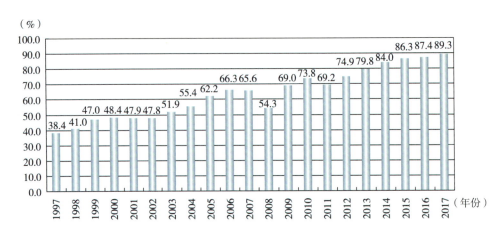

图 27-5　私营和公共服务部门收入关联型养老金在 GDP 中所占的比重（1997~2017 年）

资料来源：由芬兰国家养老金管理中心官方网站获得。

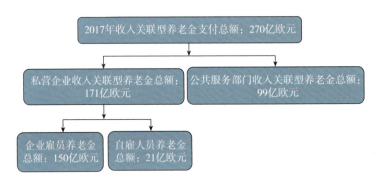

图 27-6　2017 年芬兰收入关联型养老金各部分支付的金额

资料来源：由芬兰国家养老金管理中心官方网站整理获得。

　　在芬兰，退休后收入关联型养老金的支付金额是事先确定的，即收入关联型养老金系统是 DB（Defined Benefit）型的，其融资采取部分累积制，即分为现收现付和完全基金两部分。现收现付部分每年累积的总额用以支付当年所需支付的养老金，而完全基金部分每年的累积部分用以维持整个养老金系统未来可持续的发展。这种方式被私营企业和海员养老金系统采用。理论上来说，市政和国家雇员收入关联型养老金采用的是现收现付系统，但同时他们也设立一定的缓冲基金（Buffer Funds），用以降低收入关联型养老金在未来的偿付压力。对于私营部门不同的收入关联型养老金的提供者，其整个运作都是按照各个养老金法案的规定在执行，同时接受相应的监督。对于不同类型的收入关联型养老金提供者其监督结构有共性也存在差异，一个典型的特征是雇主和雇员一定是被包含其中的，且包含 2~4 个管理层级，如表 27-8 所示。

表 27-8　收入关联型养老金提供者的治理结构

行业养老基金	养老基金	养老保险公司	Keva	农民、海员社会保险机构
基金会议（Fund Meeting）	—	General Meeting	—	—
—	—	监督委员会	理事会	理事会
董事会	董事会	董事会	董事会	董事会
CEO	管理人员	CEO	CEO	CEO

资料来源：由芬兰国家养老金管理中心官方网站整理获得。

收入关联型养老金是 DB 型的养老金。也就是说，养老金的收益是事先确定的。但是收入关联型养老金法案规定，私营企业雇员和自雇人员有权利自由选择收入关联型养老金的提供者，因此各收入关联型养老金提供者之间不可避免地存在竞争关系。然而，审慎的监管和法律规定的破产债务分担作为关键控制因素制约着收入关联型养老金提供者之间的竞争关系。同时，法律规定收入关联型养老金的提供者需要在保险条款设计、计算准则准备、统计数据汇编以及其他与收入关联养老金法律实施方面进行合作。因此，各收入关联型养老金的提供者的竞争主要集中在提高运营效率、改善服务和增加投资收益等方面，其中投资收益是非常重要的一个方面。老龄化的日益严重导致收入关联型养老金的缴费与支出之间存在巨额差距。根据初步统计数据，2017 年收入关联型养老金的缴费额为 22 亿欧元，而养老金支出为 40 亿欧元，也就是说从基金中额外提取了 18 亿欧元支付退休人员的养老金。

尽管每年收入关联型养老金的缴费与支付之间的缺口由于老龄化的日益严重在不断加大，且金融市场波动性不断增加（受到加息、减税、通胀、贸易战、货币政策收紧等因素影响），芬兰收入关联型养老金在 2013~2017 年还是取得了 6.5% 的名义增长率和 5.6% 的实际增长率，显示出了较强的投资与风险管控能力（见图 27-7、图 27-8）。截至 2018 年 3 月，芬兰收入关联型养老金总资产达到 1996 亿欧元，其中私营企业养老金资产为 1258 亿欧元，公共服务部门收入关联型养老金资产为 738 亿欧元。收入关联型养老金 53.2% 的资产投资于股票市场或者股票关联的投资工具，38.5% 投资于固定收益率资产，8.3% 投资于房地产市场。总的来看，芬兰收入关联型养老金还保持着很强的支付能力，这要归功于芬兰收入关联型养老金系统高效的投资运作管理。

图 27-7　2017 年、1998~2017 年和 2013~2017 年收入关联型养老金各类投资名义收益率
资料来源：由芬兰国家养老金管理中心官方网站整理获得。

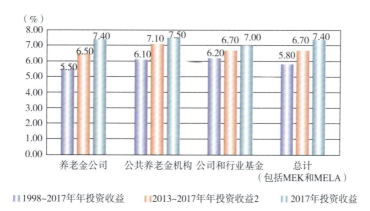

图 27-8　2017 年、1998~2017 年和 2013~2017 年收入关联型养老金提供者年名义投资收益率
资料来源：由芬兰国家养老金管理中心官方网站整理获得。

芬兰收入关联型养老金主要的投资品种类包括股票、股票基金、股权投资、对冲基金、房地产以及房地产股份、债券和可转换债券、贷款以及货币市场投资，其中债券和股票的投资比例在芬兰国内、欧元区和欧元区以外是不同的。在芬兰国内金融市场中，收入关联型养老金在债券与股票上的投资比例接近，在欧元区中债券上的投资是股票上投资金额的数倍，而欧元区之外债券的投资呈现下降的态势，与股票投资所占的比例趋于接近。

特别的，Keva 是为公共服务部门雇员提供养老金服务的最大养老金管理机构，其服务范围覆盖了 130 余万政府公共服务雇员和包括地方政府组织、州雇主和教区工会等在内的 2300 余个雇主客户。Keva 负责管理当地政府雇员养老金投资管理，并为所有的服务对象提供养老金的支付，并且未来的地方政府雇员养老金将全部由养老金负债基金提供。

Keva 的最高决策机构是理事会，由 30 名成员组成，其中 4 名由主要市政谈判组织提名，其他 26 名由芬兰地方和区域性授权协会提名。最新一届理事会的任期从 2017 年 9 月 1 日开始。理事会任命董事会，对 Keva 的活动进行日常监督与指导，并在法律授权的范围内决定养老金的投资计划。Keva 的执行机构还包括投资咨询委员会和工作生活发展工作组，分别以咨询身份处理投资活动的发展与政策、发展市政雇员的健康和工作能力防止其丧失工作能力。Keva 投资业务的使命是使投资能够在未来保持可预测和稳定的水平，保证在所有情况下都能支付服务对象的养老金。为了实现这一使命，Keva 投资业务的目的是最大化基金的长期回报，容忍中短期可能出现的投资损失。因此，Keva 的投资策略是利用养老基金的结构性竞争优势即长期视野、足够大的规模以及谨慎的风险管理，通过直接投资和吸引专业化的合作伙伴来实现投资目标。

表 27-9　Keva 的投资规模与投资回报
（截至 2017 年 12 月 31 日）

平均实际回报率（10 年期）	资产规模	平均实际回报率（5 年期）
3.8%	51.9 亿欧元	6.5%

资料来源：由芬兰国家养老金管理中心官方网站整理获得，https://www.keva.fi/en/this-is-keva/investments/。

四、芬兰养老体系与欧盟

随着芬兰和欧洲的老龄化程度加深的速度越来越快，养老金支付的增速在提高。尽管欧盟各国的养老体系各不相同，但是养老金系统融资的可持续性和养老金未来支付的充足性是几乎所有欧盟国家面临的共同问题。芬兰养老金系统的基本结构和偿付能力是稳健的，但是其依然在 2005 年、2007 年和 2017 年进行了养老金改革，以实现整个养老金系统的可持续性。基于现有的养老金福利标准，欧盟国家养老金改革的方向主要集中在延长退休年龄和修改相关法案实现风险分散与分担两个方面。并且，欧盟也建议其成员国采用包含三支柱的养老金保障体系，并在自由竞争的基础上发展第三支柱补充养老金。因此，许多欧洲国家通过将 DB 型养老金计划转变为 DC 型养老金计划，将风险和责任转嫁给个人。芬兰认为，尽管第三支柱补充养老金在丰富养老金供给方面有着重要作用，但是从提高养老金待遇水平的角度难以实现养老金参保人自动自愿地缴纳费用。当每个人需要为自己的养老储蓄负责的时候，最后的结果可能是储蓄不足。并且，不同类型的补充养老金会加大男性和女性养老金的差距。所以，在芬兰养老金体系中，补充养老金的份额依然很小，强制性的法定养老金占据了绝对的主流，这使得收入关联型养老金成为芬兰养老金体系中区别于其他欧盟国家的一个重要特征。

商品与服务的自由流通是欧盟的基本原则之一，根据欧盟人寿保险法令（偿付能力 II）需要允许保险领域的跨境竞争。但芬兰 1995 年加入欧盟时的先决条件就是此条保险法规不适用于芬兰 TyEL 保险系统。因此，收入关联型养老金从其他保险业务中分离出来，芬兰养老保险公司只被允许经营法定的收入关联型养老保险，并且规定其他欧盟国家保险公司若要经营收入关联型养老金，其总部必须在芬兰且接受芬兰相关部门的监督。通过制定专门的养老金法律，可以监督收入关联型养老金公司对于养老金的投资管理与偿付。收入关联型养老金被看作是第一支柱中的社会保障部分，因此欧盟有关社会保障系统的法律适用于收入关联型养老金，其目的在于保证欧盟成员国之间居民的流动，有助于劳动力的自由流动。

总的来看，芬兰养老金系统有如下几个特点：

（1）收入关联型养老金被看作社会保障系统的一个部分。

（2）芬兰收入关联型养老金的核心价值在于团结，在于融资、雇主与雇员以及代际广泛的风险分担。

（3）欧盟成员国社会保障系统之间合作的相关立法为成员国（芬兰）的国民带来了便利。

（4）欧盟允许跨境竞争的人寿保险立法或者基于职业退休规定的法令不适用于芬兰收入相关型养老金。

（5）收入关联型养老金提供者只能经营收入关联型养老金保险。

（6）收入关联型养老金资产和投资收益只能用于收入关联型养老金。

（7）欧盟其他国家的保险公司在芬兰必须经营与本土保险公司同样的业务。

（8）国家偿付能力立法保证了芬兰养老金保险公司的投资风险承担能力。

五、结语

2017年底，墨尔本美世全球养老金指数（Melbourne Mercer Global Pension Index）发布了对30个主要国家养老保障系统的评价结果，芬兰退休收入系统排名第五，较上年后退一个位次，原因在于2017年世界经济的低迷。而芬兰退休收入系统在完整性和透明度两个方面连续四年排名世界第一。自2017年养老金改革后，芬兰整个国家退休收入系统的可持续性得到了较大的提高。同时，对于个人来讲，较长的工作年限预示着更好的养老金收入。芬兰的养老金总支出占当年GDP总额由2013年的12.9%上升到2016年的13.4%，这一上升的趋势还将持续到2070年[①]，并且芬兰养老金的替代率较2015年已经开始上升。2017年开始的养老金改革通过逐步延长退休年龄、不设置养老金缴纳基数和领取金额上限以及发展新的养老金项目等，使芬兰养老金系统在复杂多变的世界经济环境中保持了稳健。芬兰退休收入养老金系统的未来值得期待。

---

① The 2018 Aging Report——Economic & Budgetary Projections for the 28 EU Member States (2016-2070), European Commission, 2018.

分报告二十八
波兰人口储备基金

一、波兰养老金制度的发展历程

（一）旧养老金制度的不可持续性

波兰养老金制度的起源可追溯至"一战"末到"二战"初。在 20 世纪 50 年代，波兰已建立起成熟的普享型现收现付型制度，之后制度的运行方式一直没有重大变化。至 20 世纪 80 年代，养老金制度开始覆盖农村人口。[①] 波兰养老金制度覆盖的人群不同，相应的管理部门也不同。雇员养老金制度由劳动和社会政策部管理，具体行政管理事务由社会保险局（ZUS）负责；农民养老金制度由农业部管理，农民社会保险基金（KRUS）覆盖了农民群体；士兵和警察等特殊群体的养老金制度则由国防和内务部管理。[②]

20 世纪 80 年代末 90 年代初，波兰进入经济转型期。在多重因素的作用下，波兰养老金制度所实行的 DB 型现收现付制表现出明显的不可持续性。[③] 第一类因素是现代社会十分典型的、与经济体制无关的人口因素，即出生率下降、预期寿命延长导致的人口老龄化威胁。波兰在"二战"后出现了人口出生高潮，随着时间的发展形成了人口因素压力。世界银行的统计数据显示，波兰 20~59 岁人口和 59 岁以上人口数之比从 1995 年的 3.4∶1 将大幅降至 2040 年的 1.8∶1。

第二类因素源于社会主义政治经济体制。在这种特定的体制下，利益集团往往会对养老金制度施加压力。波兰的矿业、重工业等职业分支团体的影响力巨大，而现收现付制容易受到政治压力的影响。养老保险领域内引入的每一项新措施（特别是 21 世纪 60~80 年代），都包括准予不同的职业团体额外的特权。

第三类是波兰特有的因素。它包括在经济转型衰退期内对养老金购买力的保护、通过提前退休来应对失业的对策、不严格的立法和关于无劳动能力的认定规定。由于劳动力市场状况恶化，1993 年波兰官方失业率高达 16.4%，失业者以前的雇主无法再进行缴费。为了应对过高的失业率，波兰政治家准予失业的老年人提前退休养老金，放松领取残疾养老金的限制。出于赢得选举的目的，波兰政治家还为老年人群体做出了成本高昂的承诺。

20 世纪 90 年代以来，波兰多次立法变革严重削弱了对于现存养老金制度的公众信心，同时预计不断上升的人口赡养率加重了养老金制度的未来负担。社会保障缴费率无法继续提高，制度的财务危机催生新的稳定措施出台。[④]

（二）养老金制度向名义账户制转型

事实上，早在 20 世纪 90 年代初，波兰国内就展开了关于养老金制度改革基本规则和可能性的讨论。但首届民主政府（包括左翼和右翼力量）未能在养老金保险领域成功引入必要的改革。直到 1997 年党派联盟掌权后，进行

---

①③ Jerzy Hausner (2000), Poland: Security through Diversity, www.nber.org/confer/2000/pension00/hausner.pdf, p.1.

② David Natali (2004),Poland The Reformed Pension System, www.ose.be/files/mocpension/PolandOMC.pdf, p.3.

④ Elaine Fultz(2002) ,Pension Reform in Central and Eastern Europe Volume 1, Restructuring with Privatization: Case Studies of Hungary and Poland, Budapest, International Labour Office, p.108.

养老金改革才成为新政府的主要任务之一。[①] 当时波兰大体上有三种选择可供考虑：一是仅做轻微的改变，剥夺一定社会团体的特有养老金权利，并不从根本上重组制度；二是采取名义缴费确定型计划，即名义账户制（NDC）；三是以私有化养老金制度（根据智利模式）为基础，引入全新的制度。最终，波兰选定了更符合本国国情的第二种模式，引入了名义账户制。如表 28-1 所示，"老人"仍由旧的养老金制度覆盖；"中人"可在新旧制度之间自由选择；"新人"只能选择加入新的养老金制度。

表 28-1　波兰新养老金制度的引入（年龄组）

新制度（适用于 1948 年 12 月 31 日之后出生的人们）		旧制度（适用于 1949 年 1 月 1 日后出生的人们）
1968 年 12 月 31 日后出生	1969 年 1 月 1 日前出生	
自动参保新制度；老年养老金缴费自动在两种账户间进行划分［NDC ＋实账积累制（FDC）］	自动参保新制度；老年养老金缴费或在两种账户间划分，或直接进入一种账户（NDC ＋ FDC 或是 NDC）	留在旧制度中（没有参与新制度的可能性）；没有账户

资料来源：Robert Holzmann, Edward Palmer (2005), Pension Reform: Issues and Prospects for Non-financial Defined Contribution (NDC) Schemes, The World Bank, Washington, D.C., p.428.

1999 年 1 月 1 日，波兰开始实施新的养老金制度。养老制度全面革新的主要目的在于提供财政可持续性并创造经济外部性。就财政可持续性而言，新制度的引入使得公共部门的债务到 2050 年所减少的规模将相当于 GDP 的 268%（养老金债务占 GDP 比例的估计值在改革前达 462%，在改革后仅为 194%）。经济正外部性表现在，新制度有利于资本市场的良好运转和就业形势，养老金缴费和待遇之间的精算联系增强。遵照国际劳工组织的建议，基于"多样性保障安全"理念，新养老金制度由三大支柱组成，如表 28-2 所示。

表 28-2　波兰养老金制度三支柱的分类

分类标准	第一支柱	第二支柱	第三支柱
管理方式与主体	公共管理 ·社会保险局管理	私营管理 ·开放养老基金管理 ·养老金协会管理	私营管理 ·根据产品形式，由不同的金融机构管理
参与的性质	强制型	强制型 / 自愿型 *	自愿型
财务制度	现收现付制	积累制	积累制
待遇计算	NDC	DC	DC
待遇目标	基本待遇水平	基本待遇水平	更高的待遇水平

注：* 2014 年 3 月之前是强制参与，之后转变为自愿参与。

资料来源：Sibille Allgayer, Michael Klages, Alex Rodriguez Toscano(2016), Pension Savings: The Real Return(2016 Edition), http://uczelnia. sgh.waw.pl/pl/uczelnia/badania/grupy_badawcze/ppg/Documents/Publikacje/Rutecka/ Pension_report_2016_For_Web.pdf, p.246.

第一支柱计划由公共机构社会保险局管理。其最重要的特点在于引入缴费与待遇领取的关联机制，两者的精算联系可以更好地激励参保者延长工作时间，获取更多的老年养老金。波兰传统的法定退休年龄是男性 65 岁，女性 60 岁。自 2013 年起，退休年龄被渐进提高，即每三个月延迟退休一个月。男性和女性延迟退休年龄的过程将分别持续至 2020 年和 2040 年，未来男女退休年龄将统一提高至 67 岁。第一支柱养老金的缴费率约是个人工资的

[①] Maciej Duszczyk, Jakub Wiśniewski (2006), The Polish Pension System in Comparative Perspective, European Papers on the New Welfare, Paper No.4, p.1.

19.52%，缴费最终进入账户的情况分为两类：一是对于继续向积累型账户缴费的雇员，缴费的 12.22% 计入一类名义账户（NDC1），4.38% 计入二类名义账户（NDC2），2.92% 计入 FDC 账户；二是对于其他雇员，缴费的12.22% 计入 NDC1，7.3% 计入 NDC2。[①] 第一支柱计划完全以两类个人账户为基础，即每位雇员都拥有 NDC 账户和 FDC 账户，两类账户发挥相同的社会功能，在生命周期内进行收入分配。缴费进入两类账户都会产生账户价值，但是账户管理的方式不同，因此将产生不同的正外部性和负外部性。2008 年，波兰出现公共财务危机，政府决定降低 FDC 账户缴费的比例，兑现部分以政府债券形式存在的 FDC 资产，将部分资产转移支付至人口储备基金。尽管未来的债务状况没有发生实质改变，但表面看公共债务规模有所缩小。缴费比例的调整是政治力量推动的结果，这对于公众信任是不利的。但是，正是因为 NDC 的制度设计，待遇流的现值与缴费流的现值相等，NDC 和 FDC 的贴现率长期内与名义 GDP 增长率趋于一致，缴费比例的变化并没有改变制度的主要原则和本质。[②]

第二支柱计划由开放养老金基金（OFE）和社会保险局的子账户两部分构成，其中 OFE 由私营机构综合养老金协会（General Pension Societies, PTE）管理。截至 2016 年，协会总数共计 12 家，会员总数 1640 万人，资产净值达 1534 亿兹罗提。

第三支柱计划由自愿性质的职业养老金计划组成，旨在确保额外的缴费能获得高出一般标准的待遇。当前自愿型私营养老金有三种不同的选择，即 1999 年引入的雇员养老金计划（Employee Pension Plans, PPE）、2004年引入的个人养老金账户（Individual Pension Accounts, IKE）以及 2011 年引入的个人退休保护账户（Individual Retirement Protection Accounts, IKZE）。目前，第三支柱养老金在波兰并不普及，不足 5% 的雇员拥有上述账户。原因主要在于国民没有进行个人储蓄的观念传统，长期投资的选择有限，以及对金融机构缺乏信任。根据欧洲保险和职业养老金协会的统计，截至 2016 年 10 月，波兰 PPEs

计划资产总计 1470 亿兹罗提，[③] 仅占 GDP 约 0.1%，而欧盟地区的平均水平为 24%。截至 2016 年底，波兰总人口约 3800 万人，但 PPEs 养老金计划覆盖面仅 39.5 万人。

2016 年 7 月，波兰政府推出了资本积累计划，其中包括两项重大的养老金改革措施：一是自 2018 年初，取消并清算第二支柱 OFE 资产；二是引入新的自愿型职业养老金计划，也称雇员资本计划、新型雇员养老金计划（Employee Pension Plan, PPKs）。2018 年 2 月，PPKs 计划方案的立法咨询草案出台，政府希望通过自动加入机制，使新型职业养老金计划覆盖波兰 75% 的雇员。[④]

（三）新养老金制度仍然面临挑战

波兰新型养老金制度将 NDC 与 FDC 相结合，完全取代了以前精算方面不可持续的传统制度。新的制度设计平衡了在职和退休者的利益，可以自动对人口变化进行调节，在诸如缴费责任的承担、财务制度、养老金的管理和待遇计发等方面都有革新。三支柱型养老金制度已经运行近 20 年，许多经济学家达成的共识是，新制度更具效率、更有持续性，养老制度改革颇有成效。尽管如此，新制度还存在不足之处，未来仍然面临一系列的挑战，这主要表现在以下几个方面：[⑤]

一是波兰人口加速老龄化。大量"二战"后出生的人们接近退休年龄，但新出生和接近成年的人口数量较少。如图 28-1 所示，2000~2015 年，波兰老年赡养率从 17.8% 持续攀升至 22.2%。未来就业水平下降将直接影响养老制度的缴费收入。

二是退休年龄性别差异，缺乏弹性退休制。男性和女性的退休年龄不同且有 5 岁差距，这将影响未来养老金的水平和人们对养老金制度的理解。差别规定将导致女性领取最低养老金的风险增加 40% 以上，女性较早退休会导致更大的性别养老金差距。另外，由于退休制度规定过于严格，达到最低退休年龄的人们缺少灵活退休的选择。实际上，灵活选择退休会鼓励较早退休者继续兼职工作，用部分养老金补充被减少的劳动力收入。NDC 制度原则上包含灵活选择退休的设计，但政府未来的相关政策需要加以落实。

① NDC1 和 NDC2 存在收益率和早期账户余额继承性两大区别。

② Sonia Buchholtz, Agnieszka Chłoń - Domińczak, Marek Góra(2017), Implementing non - financial defined contribution pensions in Poland, http://kolegia.sgh.waw.pl/en/KAE/structure/KE1/department/management/Pages/mgora_publications.aspx, pp.4-6.

③ https://www.ipe.com/pensions/country-reports/cee/poland-dismantling-the-second-pillar/10016965.article.

④ https://www.ipe.com/pensions/country-reports/cee/polands-40bn-transition/www.ipe.com/pensions/country -reports/cee/polands-40bn-transition/10022465.fullarticle.

⑤ Sonia Buchholtz, Agnieszka Chłoń - Domińczak, Marek Góra(2017), Implementing non - financial defined contribution pensions in Poland, http://kolegia.sgh.waw.pl/en/KAE/structure/KE1/department/management/Pages/mgora_publications.aspx, pp.26-27.

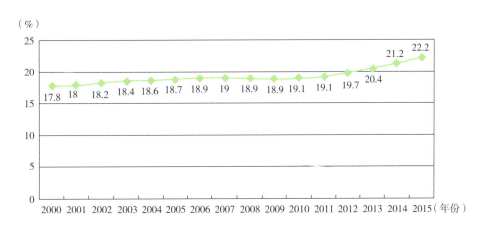

图 28-1　波兰历年老年赡养率（2000~2015 年）

资料来源：Plamen Enev(2017), Reforms in the Pension systems of Bulgaria and Poland—Comparative analysis, Trakia Journal of Sciences, Vol.15, Suppl.1, p.309.

三是当前 NDC 账户的构成较复杂，这导致 FDC 部分出现了政治操纵。简化 NDC 的结构能够提升养老金制度的透明度，这是过去十多年制度修订被忽视之处。另外，NDC 制度不是普享型制度，没有实现全覆盖。一些特殊职业群体，如矿工、农民、警察等加入了其他不同的制度。欧盟研究报告强调，养老金制度不统一的现状将阻碍劳动力市场流动和制度覆盖面的扩大。因此，向特殊职业群体扩大 NDC 制度覆盖面，将是未来养老政策推进的一项重要内容。

四是养老金领取者的老年贫困。传统养老金制度向新型 NDC 制度转型是一个长期的过程，当前出现老年贫困现象主要是由于大部分养老金领取者在按传统的 DB 型公式领取待遇，而旧有制度待遇水平又过高。如表 28-3 所示，

表 28-3　波兰与欧盟不同人口群体的贫困率

		总计		
		2005 年	2010 年	2015 年
总计	欧盟 27 国	16.5	16.5	17.3
	波兰	20.5	17.6	17.6
65~74 岁	欧盟 27 国	—	14.2	12.8
	波兰	8.2	15.7	13.1
74 岁及以上	欧盟 27 国	21.7	18.1	15.4
	波兰	6.0	12.4	10.9

资料来源：Sonia Buchholtz, Agnieszka Chłoń - Domińczak, Marek Góra(2017), Implementing non - financial defined contribution pensions in Poland, http://kolegia.sgh.waw.pl/en/KAE/structure/KE1/department/management/Pages/mgora_publications.aspx, p.25.

与 2005 年相比，2010 年波兰老年人口（特别是 65~74 岁群体）的贫困率有所增加。2015 年，虽然老年人口贫困率有小幅下降，但与欧盟其他国家相比，波兰养老金领取者的贫困率仍然较高。

五是对养老金制度的认知较少。向新制度的逐步过渡使许多雇员不清楚养老金待遇的计算、缴费和退休年龄对于未来养老金终值的影响。尽管政府出台了财政优惠政策，但人们的认知不够仍造成自愿性养老金账户的储蓄率较低。因此，加强养老金教育和养老金信息的宣传应提上未来养老金政策日程。

二、波兰人口储备基金的建立与积累

（一）人口储备基金的建立

由于波兰第一支柱养老基金并没有真正积累起来，所实行的缴费确定型制度只是名义上的，实质仍然是现收现付型制度，养老金领取者的待遇仍须依靠在职者提供，制度容易受到经济和人口问题的冲击。预计 2025 年以后，许多中东欧国家 65 岁人口预期寿命将极大延长，其中波兰 65 岁人口预期寿命更是高出其他国家人口预期寿命的水平（见表 28-4）。另外，到 2050 年，波兰等中东欧国家的老年赡养率将大幅提高且突破 50%，如图 28-2 所示。一般而言，虽然经济冲击难以预计，但政府通过采取某些措施，可使养老保险制度能够更好地应对人口变化。[①]

---

① Agnieszka Chłoń, Marek Góra and Michal Rutkowski (1999), Shaping Pension Reform in Poland: Security through Diversity, Social Protection Discussion Paper Series, No. 9923, p.23.

表 28-4　中东欧国家 65 岁人口预期寿命

单位：岁

年份 国家	2025	2035	2045
爱沙尼亚	19.00	20.25	21.40
拉脱维亚	17.75	19.15	20.45
立陶宛	18.30	19.65	20.90
波兰	19.05	20.25	21.45
罗马尼亚	17.75	19.05	20.35
斯洛伐克	18.15	19.45	20.70

资 料 来 源：Kamila Bielawska , Agnieszka Chłoń-Domińczak, Dariusz Stańko(2015), Retreat from Mandatory Pension Funds in Countries of the Eastern and Central Europe in Result of Financial and Fiscal Crisis: Causes, Effects and Recommendations for Fiscal Rules, http://uczelnia.sgh.waw.pl/en/university/research/groups/ppg/Pages/publications_ppg.aspx, p.59.

1998 年 10 月 13 日，波兰在第一养老支柱中引入了储备金政策，建立缓冲基金或称技术储备基金、人口储备基金（Demographic Reserve Fund，FRD）的实质是对养老金制度进行部分积累。人口储备基金是一只国家应急基金，它独立于社会保险基金，拥有自己的法律地位。其成立的特别目的在于应对波兰人口的波动，确保养老金制度能完全自行筹资，不需要从一般预算中补贴，拥有老年养老金待遇的偿付能力，并且缴费率在未来能稳定下降。据统计，波兰人口储备基金的资产积累呈逐年上升趋势。如图 28-3 所示，截至 2016 年，基金积累规模已突破 200 亿兹罗提。

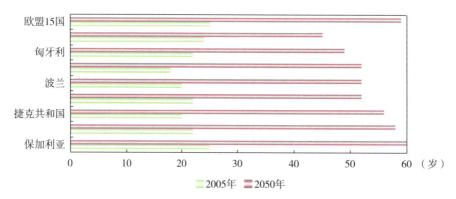

图 28-2　中东欧地区老年赡养率预测

资料来源：Alexander Börsch (2007), Pension Market Trends and Regulation in Central Eastern Europe and Asia, Allianz Global Investors 8th International Sustainability Leadership Symposium, Zurich.

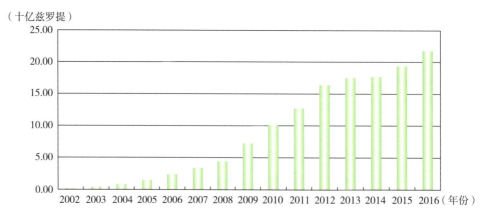

图 28-3　2002~2016 年底波兰人口储备基金管理的资产总额

资料来源：ZUS(2017), Social Security in Poland, http://lang.zus.pl/en/publications/publications, p.41.

（二）人口储备基金的收支

1. 人口储备基金的收入来源

根据 1998 年 10 月波兰社会保险制度法案的规定，人口储备基金可在每年 12 月 31 日从养老基金账户资金和次年第一个月相关的待遇支付所必需的账户净值中筹资。社会保险局也会将养老保险缴费的一部分转入人口储备基金。起初，养老金改革立法的设计是每年向人口储备基金转入占职工工资总额 1% 的缴费额。但 2001 年，在人口储备基金开始运行之前，政府决定减少转入的资金流。2002~2003 年转入的缴费基数降至 0.1%，自 2004 年后，

缴费基数每年增加 0.05%，直至 2008 年达到 0.35%，之后不再转入。[①] 如图 28-4 所示，截至 2007 年，供款者的缴费是波兰人口储备基金最主要的收入来源，所占比重高达 82.6%。

依照规定，在 2001 年 12 月 31 日之前，人口储备基金可投资于短期国库券和财政部公债以及财政部发行的其他证券。这部分投资收入以及社会保险局持有的存款账户的利息（并不属于社会保险基金或社会保险局的收入）也构成了人口储备基金的资金来源。如图 28-4 所示，投资净收入占基金收入来源的 17.4%。

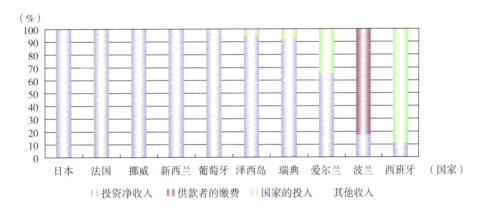

（%）

日本　　法国　　挪威　　新西兰　葡萄牙　泽西岛　瑞典　　爱尔兰　波兰　　西班牙　（国家）

‖ 投资净收入　　‖ 供款者的缴费　　‖ 国家的投入　　其他收入

图 28-4　各国储备基金的收入来源（法律上独立于相关的社保计划）

注：储备基金的收入一般有四种来源：第一种是投资净收入，它是指扣除投资支出后的投资收入、投资再调整的收入、实现的和未实现的资本盈亏的收入，还包括可获取的租金、利息收入、股息以及实现的和未实现的资本利得；第二种是供款者的缴费，即雇主、雇员、自雇者等向储备基金的支付，以及计划缴费和罚金；第三种是国家的投入，主要是国家对储备基金的投入和私有化的收入；第四种是以上类别都未包括的其他收入。

资料来源：ISSA (2007), Public Scheme Reserve Funds: Helping Sustain PAYG Pensions-Survey Report, International Social Security Association, p.18.

此外，据 1998 年法案，波兰人口储备基金的资金还可源于财政部财产私营化收入等国家投入和其他收入。但事实上，截至 2007 年，波兰人口储备基金并未被注入任何私营化收入，国家的投入和其他收入占人口储备基金收入来源的比重均为零。自 2009 年 1 月 1 日，按照波兰劳动和社会政治部推出的社会保险制度法修正提案，在每年财政部持有的财产私营化过程中，有 40% 的资产将转入

人口储备基金账户，[②] 总计 10.8 亿兹罗提私营化收入款项的注入，成为了波兰养老金制度的一项重要稳定器。如图 28-5 所示，2009~2016 年，私营化收入的款项一直持续注资人口储备基金。2010 年注资规模最高，达到 83.5 亿兹罗提。之后资金转入的规模逐年减少，2015 年和 2016 年仅维持在 2000 万兹罗提的水平。

① Nada Choueiri, Zuzana Murgasova, István Székely(2005), Republic of Poland: Selected Issues, IMF Country Report No. 05/264, p.57.
② http://www.gu.com.pl/index.php?option=com_content&task=view&id=29822&Itemid=225.

图 28-5　2009~2016 年波兰人口储备基金源自私营化的收入与向养老基金的转移支付

资料来源：ZUS(2017), Social Security in Poland, http://lang.zus.pl/en/publications/publications, p.40.

近年来，波兰人口储备基金的资金构成主要包括以下几个部分：一是老年养老金的缴费，二是从国库资产和财产私营化过程中获得的款项，三是投资获得的利润，四是社会保险局运营的存款账户中的利息（此利息不属于社会保险基金和社会保险局的收入），五是其他来源。其中，前三项是主要资金来源渠道。截至 2016 年底，如图 28-6 所示，人口储备基金最为主要的资金来源私有化款项占比 49%，其次是老年养老金缴费占比 39%，最后是投资利润占比 12%。另外，根据波兰资本积累计划的改革时间表，第二支柱 OFE 资产清算预计在 2018~2019 年内完成，未来清算资产的 75% 将转入新型个人养老金账户，25% 将转入人口储备基金。

图 28-6　波兰人口储备基金的资金结构

资料来源：ZUS(2017), Social Security in Poland, http://lang.zus.pl/ en/publications/publications, p.40.

2. 人口储备基金的支出状况

波兰人口储备基金属于养老金第一支柱制度安排的组成部分，用途限于两个方面：一是当"婴儿潮"一代开始退休时，为未来养老金待遇筹资，补贴人口原因导致的养老基金赤字；[①] 二是为了实现当期支付，提供无息贷款补足社会保险基金中老年养老金基金，确保社会保险基金的流动性，但是贷款须在 6 个月之内偿还。

1998 年法案规定，部长理事会应社会保险局的请求，可根据法令决定动用储备基金，进行养老金待遇的发放。但 2009 年以前，储备基金不能被动用。波兰养老金改革启动后，养老金制度的实际赤字远远高出计划的赤字规模。因此，政府决定动用人口储备基金中积累的资金。2009 年 9 月，社会保险局考虑到人口储备基金向社会保险基金转入部分资金的可能，改变了管理人口储备基金的策略。另外，社会保险局决定不提高拥有股票的水平，只是按波兰指数的结构权衡人口储备基金的股票资产组合。上述措施共同开启了波兰人口储备基金的支付模式。[②]

自 2014 年 2 月 1 日，任何动用人口储备基金的决定可以完全由部长理事会或是社会保险局管理委员会做出，金额上限是社会保险基金财务计划规定的金额。如图 28-5 所示，2010~2014 年，人口储备基金向老年养老金基金转移支付金额总计 193.87 亿兹罗提，以弥补人口原因造成的赤字。2015 年和 2016 年，资金的转移支付停止。虽然波兰政府为了实现短期预算目标，降低官方预算赤字，动

① Beata Putelbergier (2000), Changes in the Financing of the Pension System in the Face of Ageing: The New Pension System in Poland and its Adaptation to Other Countries' Systems, the Year 2000 International Research Conference on Social Security, Helsinki, p.11.

② Piotr Obidziński(2017), The Demographic Reserve Fund in Poland. Analysis and Diagnosis First Years of Functioning and Scenarios of its Future Potential, Annales Universitatis Mariae Curie-Skłodowska Sectio H Oeconomia, Vol 51,No1, p.78.

用了人口储备基金，但进行了对外支付后，由于国库财产私有化所得资金的转入，基金资产价值并未减少。如图 28-7 所示，虽然自 2010 年基金开始对外支出，但截至 2015 年，基金的资产规模仍呈逐年增长态势。

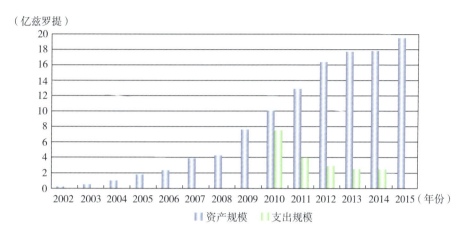

（亿兹罗提）

■ 资产规模　　■ 支出规模

图 28-7　波兰人口储备基金的资产与支付规模

资料来源：Piotr Obidzi ń ski(2017), The Demographic Reserve Fund in Poland. Analysis and Diagnosis First Years of Functioning and Scenarios of its Future Potential, Annales Universitatis Mariae Curie-Skłodowska Sectio H Oeconomia, Vol. 51, No. 1, p.80.

三、人口储备基金的投资与监管

（一）人口储备基金的投资

1. 投资工具的类别

根据国际社会保障协会的研究报告，公关计划储备基金的投资类别大致有以下几种：第一种是债券，包括地方政府和国债办公室发行的（长期和短期）债券、公司（金融和非金融企业）发行的有价证券和债券、银行和其他金融机构发行的债券。第二种是股票，即各种形式的在官方股票交易所报价的股票以及各种形式的未报价股票和其他股票。第三种是现金，它是指财务制度中的经常账户和其他短期储蓄及有价证券。第四种是存款，包括交与金融机构保管的资金，但存单和其他短期有价证券不属于此范畴。另外，储备基金还可投资不动产、零售基金和机构基金、储蓄工具或是保险合同（潜在资产属于储备基金而不是保险公司）及以上类别未包括的其他金融资产。

2004 年 12 月至 2006 年 9 月，波兰人口储备基金投资限制逐渐放开，从最初仅限于股票和债券到股票、债券、国库券及现金和银行存款各有涉及，其资产分布呈现出多样化趋势。根据国际社会保障协会的统计，2007 年以前，波兰人口储备基金的绝大部分约 97.3% 的资产投资于债

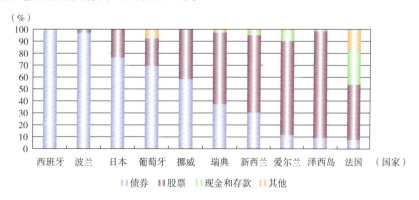

（%）

■ 债券　■ 股票　■ 现金和存款　■ 其他

图 28-8　储备基金各类投资占总资产的比例（法律上独立于相关的社保计划）

资料来源：ISSA(2007), Public Scheme Reserve Funds: Helping Sustain PAYG Pensions - Survey Report, International Social Security Association, p.12.

券。如图 28-8 所示,这一投资比例远远高出许多国家基金债券投资的比例。另外,人口储备基金还投资股票,但所占比重较小,仅为 2.13%。现金和存款以及其他类别的投资更少,不足 1%。

截至 2016 年 12 月底,为了实现基金安全性和收益率的最大化,人口储备基金主要选择了更多的金融工具进行投资,其中最主要的类别分别是国库券(78.87%)、股票(13.48%)、银行存款(7.42%)、公营公司发行的债券(0.23%),如图 28-9 所示。值得注意的是,和欧洲其他国家相比,波兰人口储备基金的投资限制最为严格,一直没有投资国外证券的自由,只允许投资国内资产。

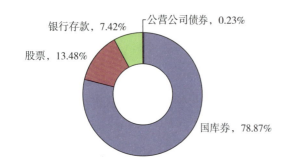

图 28-9　波兰人口储备基金的金融投资结构

资料来源：ZUS(2017), Social Security in Poland, http://lang.zus.pl/en/publications/publications, p.39.

2. 投资策略与绩效

波兰人口储备基金的投资策略主要体现在三个方面：一是股票投资组合实行被动投资。二是模仿华沙证券交易所的模式,每月进行购买。这在降低管理成本的同时,也减少了系统风险。三是每月变动股票名单。不仅华沙证券交易所指数中公司的权重可变,华沙证券交易所的结构也服从周期性调整。

如表 28-5 所示,根据 2018 年 OECD 的调查报告,2011~2015 年,波兰人口储备基金 5 年年化名义收益率达到 3.7%,实际收益率为 2.5%。根据 2016 年采取的投资政策,大部分人口储备基金投资政府债券(见图 28-9)。2016 年,人口储备基金管理的所有资金的回报率达到 2.65%。①

表 28-5　2011~2015 年波兰人口储备基金名义和实际投资回报率　单位：%

回报率＼年份	2011	2012	2013	2014	2015	5 年年化
名义回报率	1.8	10.2	3.0	4.0	-0.1	3.7
实际回报率	-2.7	7.7	2.3	5.0	0.5	2.5

资料来源：OECD (2018), Survey of Large Pension Funds and Public Pension Reserve Funds(Year 2016), www.oecd.org/finance/survey-large-pension-funds.htm, p.36.

(二)人口储备基金的监管

1. 管理机构的协议变更

随着 1999 年 1 月 1 日波兰新养老金制度实施,社会保险局获得了法律实体地位,不再是公共管理系统的组成部分。② 社会保险局的主体包括主席、董事会和监管委员会。社会保险局主席掌控管理社会保险局的整体运作,是社会保险局的代表。主席的任免由负责社会保障事务的部长与监管委员会协商后,总理根据部长的提议进行。董事会负责社会保险局资金的管理、日常的财务活动以及计划的制定,董事会成员可以监管社会保险局总部和分支机构每个部门的运作。董事会有 2~4 名成员,成员的任免由监管委员会根据主席提议来决定。监管委员会是咨询和政策制定部门,成员由总理任命,任期 5 年。监管委员会现有 12 名成员,他们来自波兰全国范围内的贸易联合会、雇主组织、政府组织以及养老金领取者组织。

过去的 20 年里,社会保险局的下设机构特别是监管委员会经历了一系列的整合。1998 年以前,社会保险局总部员工约为 4 万名,另外下设立 51 个分支机构和 200 多个视察团。截至 2016 年底,社会保险局总部员工为 45.5 万人,其中总部员工 1432 人,其余员工在分支机构工作。社会保险局的机构设置进一步精简为 43 个分支机构、209 个视察团和 71 家地方办事处。③

依据 1998 年法案,人口储备基金在 2002 年以前由社会保险局管理和代表。准备与管理人口储备基金相关的草拟文件是社会保险局董事会主要从事的工作之一,草拟文件最后由社会保险局主席负责批准。2002 年 1 月 1 日之后,

① ZUS(2017), Social Security in Poland, http://lang.zus.pl/en/publications/publications, p.40.
② Agnieszka Chłoń ,Marek Góra and Michal Rutkowski (1999), Shaping Pension Reform in Poland: Security through Diversity, Social Protection Discussion Paper Series, No. 9923, p.25.
③ ZUS(2017), ZUS Informator, http://lang.zus.pl/en/publications/publications, pp.18-20.

社会保险局可根据法案决定的原则和管理合约，委托经外部授权的实体来管理人口储备基金，即按照平稳的程序，将基金管理协议转给私营资产经理人。管理实体的选择可通过两阶段的投标或是保留一定主张的协商来进行，但委托单独一家实体或相关实体群管理的基金规模不能超过人口储备基金的15%。

2.财务监管与投资监管

1998年法案规定，人口储备基金的财务计划草案先由社会保险局董事会拟定，在按规定获得两位独立精算师（不受聘于社会保险局和社会保险局监管委员会）的意见后，提交负责社会保险事务的部长。最后，监管委员会对人口储备基金的年度财务计划进行评估，并对其执行报告发表看法。储备基金的财务应基于对养老基金收支的多年份（50年）滚动预测进行管理。预测的依据是和波兰人口、经济状况相关的系列假定，特别是关于生育率、死亡率、经济增长、收益率、人口迁移、通货膨胀、失业率、就业结构以及社会保险缴费和待遇指数化比率的分析假定。预测只能由社会保险局董事会选定许可的保险精算师做出，预测结果必须在每年的3月31日呈交部长理事会。预测结果每年都要公布，负责社会保险事务的部长依据法令决定公布范围。

人口储备基金资产管理除了基于社会保险局理事会对养老基金长期收支的预测，投资活动同时还接受原劳动与社会政策部（2015年更名为家庭、劳动与社会政策部）的监督。根据原劳动与社会政策部2009年5月底出台的人口储备基金的资产投资监管条例，设置了诸多基金投

资限制，体现了保守投资的风格，主要体现在以下方面：第一，由市政府或市政府联合会发行的有价证券比例为20%。第二，由中央财政担保的债务证券比例为80%。第三，电子化股票比例为30%。第四，电子化债券比例为20%。第五，公营公司发行的债券比例为5%。第六，银行存款和银行证券比例为40%。另外，由财政部通过私营化方式获得的资金必须投资财政部发行的证券，同时证券销售、回购与利息所得的资金也必须投资财政部发行的金融工具。[①]

四、相关评述

（一）储备基金建立的前瞻性和经济正外部性

由于波兰在"二战"中损失了大量人口，战后一度出现人口出生高潮。随着时间的推移，"婴儿潮"一代逐渐步入退休年龄，人口浪潮将对第一支柱养老金产生不小的冲击。相对于其他欧洲国家，波兰当前的人口状况还比较乐观。但随着出生率的下降和预期寿命的延长，波兰人口日趋老龄化，根据预测，波兰的人口发展趋势将与欧盟的平均状况一致。到2025年，老年人的赡养率将上升至33%，到2050年达到51%。[②]未来几十年内，波兰养老金制度无疑将会面临越来越大的压力，养老金待遇的充足性将受到挑战。因此，适时建立起养老储备基金是必要而明智的选择。

另外，波兰人口储备基金有助于国民储蓄率的提高，对经济增长具有一定的促进作用。如图28-10所示是不同因素对总储蓄率的综合影响，其中包括养老基金中积累

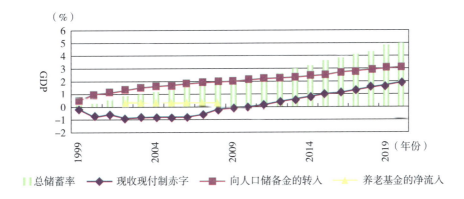

图28-10　波兰多支柱型养老金制度的储蓄率

资料来源：Agnieszka Chłoń, Marek Góra and Michal Rutkowski (1999), Shaping Pension Reform in Poland: Security through Diversity, Social Protection Discussion Paper Series, No. 9923, p.51.

① Piotr Obidziński(2017), The Demographic Reserve Fund in Poland. Analysis and Diagnosis First Years of Functioning and Scenarios of its Future Potential, Annales Universitatis Mariae Curie-Skłodowska Sectio H Oeconomia, Vol. 51, No. 1, p.75.

② http://ec.europa.eu/employment_social/social_protection/docs/2006/poland_en.pdf, p.3.

的私营储蓄、现收现付型养老金制度的公共储蓄以及对人口储备基金的额外转入资金。额外的资金转入增加了2002~2008年第一支柱的赤字，因而未在经济活动中生成任何储蓄，储蓄率并无增加。但考虑到国家预算赤字的约束，储备基金投资于资本市场可能会对公共储蓄产生一定影响，预计自2008年后能发挥增加储蓄的作用。据有关部门社会预算模型的预测，波兰多支柱型养老金制度产生的储蓄占GDP的比例将从1999年的几乎为零增至2020年的5%。

（二）基金规模增长与保守投资策略的矛盾凸显

Oxera咨询公司的研究报告指出，对于主权养老基金的投资限制可能并不符合养老金领取者的最佳利益。允许更大程度的多样化并不一定能提高收益，但一定能够改善给定的收益水平下基金的风险状况。[1]近年来，波兰人口储备基金的资产积累呈逐年上升趋势。预计在未来几十年里，基金规模占GDP的比重还会大幅提高，到2050年基金累积的规模将达到GDP的40%。[2]但如前文所述，一直以来，波兰人口储备基金投资风格较为保守。财政部通过私有化方式获得的资金以及证券销售、回购与利息所得的资金都有专门的投资规定，投资渠道完全限于财政部发行的证券和其他金融工具。社会保险局依据经济状况的变化，仅仅改变人口储备基金资产类别的结构，按照波兰指数的构成调整股票资产组合。社会保险局在人口储备基金投资方面运用消极金融政策，设置一系列投资限制，造成了显著的投资弊端。

特别是人口储备基金不能投资外国证券，这样虽然确保了投资的安全性，将基金管理成本降到最低，但投资回报相应也较低，社会保险局的投资绩效仅在2008年好于波兰其他金融机构。Oxera的模拟研究结果显示，更大程度的多样化能够改善投资的风险收益表现。任何阻碍有效多样化跨境投资的限定都会产生相应的成本，阻碍在相同风险水平下获取更高收益，或在相同收益水平下承担更低风险的投资。国内资本市场在市场规模、流动性和资产类别的丰富程度等方面一般难以应对养老金资产规模不断增长所带来的需求。而投资组合的资产分配从完全限于国内市场转变为国际多样化模式，既能减少投资组合的风险，

还能保证收益。大量的学术研究表明，跨境投资的数量限制规定对于资产组合的运行绩效有负面影响，将导致养老基金投资的风险收益表现显著降低。限制基金持有国际多样化的投资组合，也就阻止了基金利用机遇去分散与国内经济相关的非系统风险。[3]

为缓解波兰人口储备基金资产规模不断扩大和国内投资渠道狭窄之间的矛盾，可在保证安全性的前提下，放松跨境投资的数量限制，适当允许国际多样化的投资组合。在有效规避投资风险的同时，尽可能提高投资收益率，更符合广大养老金领取者的切身利益。

（三）基金分离型治理模式优势的充分展现

根据OECD的相关分析，与社会保障储备基金的综合型治理模式相比，主权养老储备基金一般采用分离型治理模式，这种模式具备一些独特的优势。首先，在管理储备基金的过程中政治干涉较少。例如，投资方面的战略资产配置等重大决定是由自治实体做出，政府和社会保障机构无权干预。其次，委托授权和最终目标的清晰度更高，除了投资储备基金资产外没有其他的政策目标。管理机构并不负责缴费和待遇发放。最后，在分离型治理结构下，管理机构拥有更好的透明度和可问责性。专注于投资管理提升了管理机构行事的清晰度，能对其运作绩效进行有效的测评。[4]

波兰人口储备基金虽然现仍由社会保险局管理和代表，但基金自身就是独立的法律实体。按照OECD的界定，其监管属于典型的分离型治理模式，基金的日常监管活动完全印证了上述优势特征。第一，目前储备基金的具体投资决策由社会保险局的财务部负责，同时接受社会保险局内财务资产委员会、管理委员会和监管委员会的监督，政府和其他社会保障机构不能随意干涉储备基金的运作。第二，人口储备基金积累资产、投资增值的最终目的是为"婴儿潮"一代未来的养老金待遇筹资，补贴养老基金赤字。第三，人口储备基金一方面依照立法每年至少公布一次独立的审计报告，且私营审计公司的审计和内部审计要相结合；另一方面，年度报告或基金的详细内容将呈交议会委员会和（或）议会，进行讨论和查问。[5]有关基金监管活动的信息披露提高了监管透明度，这是针对可问责性标准的最佳实践。

① Sophia Grene(2007), Little Gain from Sovereign Fund Limits, http://www.ft.com reports >pensions.

② ILO(2005),Social Security Governance: A Practical Guide for Board Members of Social Security Institutions in Central and Eastern Europe Budapest, International Labour Office, p.123.

③ Oxera (2007), The Effect of Cross-border Investment Restrictions on Certain Pension Schemes in the EU, Oxera report prepared for European Commission DG Internal Market and Services, p.78.

④ Juan Yermo(2008), Governance and Investment of Public Pension Reserve Funds in Selected OECD Countries, www.oecd.org/dataoecd/27/48/40196093.pdf, p.18.

⑤ ISSA(2007), Public Scheme Reserve Funds: Helping Sustain PAYG Pensions - Survey Report, International Social Security Association, p.10.

分报告二十九
日本年金积立金

一、日本社会保障制度概况

（一）日本社会保障体系

日本的社会保障制度是以 1950 年 10 月国会的社会保障制度审议会的通知为起点，后通过逐步深化，在 1961 年终于实现了"全民皆年金、皆保险"制度。日本社会保障的历史大致经历了四个时期：第一个时期是"二战"后至 1960 年，为"基础制度的完善期"；第二个时期是

1960~1975 年，为"制度的扩充期"（经济起飞的时代）；第三个时期是 1976~1989 年，为"制度改革的探讨期"（泡沫经济期）；第四个时期是 1990 年以后，为"新制度的构建期"（泡沫经济崩溃期）。经过 50 余年的改革与发展，日本的社会保障制度已经形成了一个复杂而完备的系统（见表 29-1）。

表 29-1　日本社会保障制度的体系

广义的社会保障	狭义的社会保障	社会保险	a）医疗保险：包括职业型医疗保险与地域型医疗保险 b）养老保险：包括国民年金、厚生年金、各种共济年金等 c）失业保险：一般的失业保险与船员失业保险 d）灾害补偿：一般的灾害保险、船员灾害补偿、国家公务员灾害补偿等 e）护理保险
		社会救济	对贫困家庭和个人的经济扶助
		社会福利	与残疾人、老人、儿童、母子单位家庭相关的福利
		公共卫生、医疗	结核病、精神病、毒品、传染病，下水道，垃圾处理
		老人保健	老人医疗等
	军人优抚		
	战争受害者救援		战时牺牲者家属年金
相关制度	住房政策		公营住宅的建设
	雇用政策		失业对策项目等

资料来源：日本厚生劳动，https://www.mhlw.go.jp/stf/seisakunitsuite/bunya/nenkin/nenkin/index.html。

（二）社会保障的支出和财源

日本的社会保障费收入来源是丰富多样的，主要来自四个渠道。其中，大约两成来自中央国库，约一成来自地方政府，约六成出自保险费，剩下的一成来自资产的投资收益（见表29-2）。可以看出，社会保障的主要收入还是来自社会保险费。但是随着日本人口老龄化的不断加深，人口的抚养比不断提高，养老压力会越来越大，社会保险费的收入已经不能满足未来老年人口的养老支出，养老储备金的市场化投资收益就变得至关重要。

表 29-2   社会保障收入的主要来源构成　　　　单位：%

年份	合计	社会保险费	公费负担	资产收入	其他
2005	100	46.6	25.3	16.1	12.0
2006	100	53.8	29.1	8.4	8.7
2007	100	56.6	30.9	2.0	10.4
2008	100	56.6	32.2	0.7	10.5
2009	100	45.5	32.2	12.0	10.4

资料来源：http://www.ipss.go.jp/ssj-db/ssj-db-top.asp.

日本的社会保障支出（包括老龄年金、遗族年金、残疾人年金、劳动灾害补偿、保健医疗、家族给付、失业津贴、住宅扶助、社会救济及其他共计9大项）占日本国民所得的比例近年呈上升趋势。如表29-3所示是日本2000~2014年社会保障的支出占国民总收入的比例。可以清楚地看到，社会保障支出占国民总收入的比例逐年增加。其中，2009年日本的社会保障支出增长率最快，达到了5.8%；2014年社会保障的支出接近日本国民生产总值的1/3。

表 29-3   日本 2000~2014 年社会保障支出　　　　单位：十亿日元

年份	国民生产总值	增长率（%）	社会保障支出	增长率（%）	占国民生产总值比例（%）	社会保障转移支付	占国民生产总值比例（%）
2000	3859685	2.4	783421	4.1	20.3	793662	5.5
2001	3743078	3.0	816130	4.2	21.8	821668	3.5
2002	3726487	0.4	837828	2.7	22.5	838551	2.1
2003	3779521	1.4	844712	0.8	22.3	851880	1.6
2004	3826819	1.3	860205	1.8	22.5	871044	2.2
2005	3873557	1.2	887970	3.2	22.9	891823	2.4
2006	3923513	1.3	906173	2.0	23.1	905912	1.6
2007	3922979	0.0	930183	2.6	23.7	936137	3.3
2008	3639913	7.2	960421	3.3	26.4	956260	2.1
2009	3534222	2.9	1015717	5.8	28.7	1009309	5.5
2010	3619241	2.4	1052276	3.6	29.1	1044495	3.5
2011	3584029	1.0	1081233	2.8	30.2	1065403	2.0
2012	3598267	0.4	1090010	0.8	30.3	1082885	1.6
2013	3740063	3.9	1106566	1.5	29.6	1096155	1.2
2014	3783183	1.2	1121020	1.3	29.6	1108697	1.1

资料来源：国立社会保障人口问题研究所编，2011年10月。

二、日本"年金积立金"的历史沿革

日本"年金积立金"（Government Pension Investment Fund，GPIF）是一只"缴费型"主权养老基金，其资产规模仅次于美国联邦社保信托基金，是世界第二大主权养老基金。

（一）日本基本养老保险制度概况

1. "三支柱"的养老保险制度

日本养老保障制度又叫年金制度，主要由公共年金、企业年金和商业个人年金三个支柱构成。其中现收现付制的公共年金用来保障基本的、标准的年金给付，在年金制度中居于主导地位，它又分两个层次：第一层是国民年金，又称基础年金（National Pension Insurance, NPI），日本政府规定凡处于规定年龄段的国民必须加入国民年金；第二层是与收入关联的厚生年金（Employment Pension Insurance, EPI）和共济年金，在参加国民年金的基础上，私营企业雇员和公务员等依据身份的不同而分别加入厚生年金和共济年金。这两个层次的年金均由政府来管理，并带有强制性，因此被称为公共年金。如表 29-4 所示是各类人员按身份不同加入公共年金体系的情况。

表 29-4　日本公共年金体系及其参保人员分类

参保人员职业		加入制度类型	保险费
20~60 岁的农民、个体工商户、学生等		国民年金 （1 号参保者）	16900 日元 / 每月
雇佣者	私营企业职员等	国民年金＋厚生年金 （2 号参保者）	月收入与奖金的 18.30%，（雇主与雇员各承担一半）
	公务员、农林渔业团体职员、私立学校职员等	国民年金＋共济年金 （2 号参保者）	根据具体制度不同，缴费为月收入与资金的 10.814%~14.638%（雇主与雇员各承担一半）
家庭主妇等（雇员的配偶，主要靠雇员的收入来维持生活）		国民年金 （3 号参保者）	不需要缴纳保险费，由配偶所加入的年金制度负担

资料来源：日本厚生劳动省，https://www.mhlw.go.jp/topics/nenkin/zaisei/01/01-02.html。

另外，除了公共养老保险，还有非公共养老保险。例如厚生年金基金、新企业年金等企业年金，这些保险制度的可选择性比较强，企业和个人可以自由选择是否加入，将其归于非公共养老保险。最上层还有民间的生命保险公司提供的各种各样的商业保险可供选择。日本的年金制度从上至下通过公共年金、企业年金和商业个人年金这三大支柱支撑着国民退休后的生活。图 29-1 为日本养老保险制度体系框架图，说明了截止到 2015 年 3 月末，不同的年金参保人数情况。

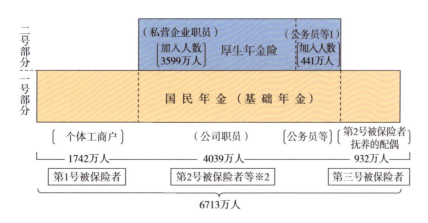

图 29-1　日本养老保险制度体系框架

资料来源：日本厚生劳动省，https://www.mhlw.go.jp/stf/seisakunitsuite/bunya/nenkin/nenkin/zaisei01/index.html。

2. 几种主要的年金制度

（1）国民年金（基础养老）保险制度。国民年金本来是为了向那些被排除在工薪阶层养老保险制度以外的农民、自营业者（个体工商户）等提供的公共年金。《国民年金法》于1959年制定，1961年正式实施。1985年，《国民年金法》得到修改，规定从1986年4月开始，工薪族及其配偶也必须加入国民年金，这使其成为全民共通的基础养老保险。

（2）厚生年金保险制度。厚生年金保险制度始于1942年创立的劳动者年金保险，1944年改名为厚生年金保险。现在它和国民年金一起被称为日本公共年金制度的两大支柱。原则上，正式员工在5人以上的企事业单位都必须加入厚生年金保险。年金的费用来源主要是保险费和保险基金的运营收益。厚生年金制度的参保人同时自动地成为国民年金制度的参保人，其养老金由基础年金（国民年金）和老龄厚生年金两大部分组成。

（3）国民年金基金与企业年金。国民年金基金制度于1991年4月施行。该制度主要是以个体工商户为对象，向不满足于第一层保险的人提供更高层次的养老保险，并且享受税制优惠。截止到2000年底，日本全国47个都道府县都建立了地域型国民年金基金，另外还有72个全国范围的职能型国民年金基金制度。

厚生年金基金是以大企业员工为对象于1966年开始实施的企业年金制度。而适格年金主要是以中小企业员工为对象于1962年导入的企业年金制度。

3. 近几年的改革情况

（1）2004年改革。进入21世纪以来，在人口老龄化形势的冲击下，日本公共养老金财政上的负担越来越重。2004年，日本公共年金制度进行了一次较大幅度的改革，主要内容如下：[1]

第一，在2017年之前，将国民年金和厚生年金的缴费标准固定下来；

第二，引入待遇调整机制，将年金待遇调整与整个公共养老金计划的缴费人数和预期寿命的变化联系在一起，以防止经济社会形势变化而引起的待遇过度下降；

第三，提高国家财政对公共养老金的资助，公共财政占国民年金支出的比重将由目前的1/3上升到2009年的1/2；

第四，使用储备基金。在长期内（100年内），引入实现养老金计划财政平衡的调整机制，其中一个重要措施是保持一定规模的社保储备基金，储备基金至少满足一年内公共养老金计划支出的需要。

（2）2012年改革：社会保障和税收改革。随着日本新生儿出生率的不断下降和人口老龄化的不断加深，社会保障成本迅速增加。为了在财政和政策系统上稳定社会保障制度，日本社会保障全国委员会就社会保障改革的整体情况和税收制度进行了讨论。在2012年制定的《社会保障制度改革促进法》中，明确规定了养老、医疗、护理和降低出生率四个领域的基本改革政策。养老金改革主要内容如下：

第一，将养老金资格期限从目前的25年缩短至10年。统一互助养老金以及福利养老金的保险费率（上限18.3%），解决制度的差异。

第二，基本年金国民财政负担的一半份额为永久性的年度被确定为平成2001财政年度。

第三，扩大员工养老金和健康保险在短期工人中的应用。

第四，关于福利养老金、健康保险等，在产假期间免除保险费。

第五，为军人家庭提供幸存者的基本养老金。

（二）公共年金余额储备金制度

从20世纪50年代起，日本开始实施公共年金余额储备金制度，即政府每年都将国民年金和厚生年金的收支节余部分积累起来，称作"年金积立金"，目的在于满足3~5年的公共年金支出，以应对未来老龄化社会的养老负担。"年金积立金"的收入来源除缴费结余外，还来自国家财政转移、历年滚存积累资产的运营收益等方面。

从20世纪50年代中期至80年代，日本经济快速增长，而这段时期人口年龄结构又很年轻，"年金积立金"得以快速增长。到90年代后期，公共年金收入和支出开始大致相近，基金积累速度减慢，但每年都有所增加。进入21世纪后，日本公共年金财政开始出现收不抵支现象，从2001年开始公共年金余额储备制度停止。至2000年末，国民年金储备资产达11万亿日元，厚生年金储备达131万亿日元，二者合计为142万亿日元，相当于12700亿美元（按2000年末汇率），已超过当年美国"联邦社保信托基金"的规模（2000年末为10490亿美元）。[2]

如表29-5所示是2009~2015年"年金积立金"的资产规模，至2016年末，[3] 年金积立金累计余额已经达到227.1万亿日元，相当于20893亿美元（按2016年6月汇率）。

---

① Government Pension Investment Fund, "Review of Operations in Fiscal 2006", http://www.gpif.go.jp/eng/pdf/jokyo_h18_p01.pdf.
② The U.S. Social Security Administration: 2001 OASDI Trustees Report, http://www.ssa.gov/.
③ 日本财政报告时间为年度的3月，因此报告年度时间跨度为当年3月至次年3月，下同。

表 29-5 年金积立金历年积累情况

单位：万亿日元

年份	2009	2010	2011	2012	2013	2014	2015
厚生年金余额储备	144.4	142.6	141.6	140.9	140.8	145.9	169.6
国民年金余额储备	10.0	10.2	10.3	10.4	10.5	10.8	10.7
年金积立金累计余额	154.4	152.8	151.9	151.3	151.3	156.7	180.3

资料来源：日本厚生劳动省：《厚生年金保险、国民年金保险年度报告》。

（三）"年金积立金"管理体制的历史演变

"年金积立金"作为日本的中央社保基金，其管理体制经历了深刻的历史变革。

1. 2001 年之前寄存在原大藏省，通过"财政投融资计画"投资

从"二战"后到 2001 年以前，根据日本法律规定，"年金积立金"必须 100% 寄存在原大藏省（现财务省）的"资金运用部"（Trust Fund Bureau），通过国家的政策金融体系"财政投融资计画"（Fiscal Investment and Loan Plan，以下简称"财政计画"）为经济社会公共发展领域提供融资。"财政计画"是一个庞大的政策金融体系，被誉为日本的"第二财政"。该体系的资金运作程序如下：政府将不同渠道筹措的公共资金（包括邮政储蓄资金、"年金积立金"等）汇集到原大藏省"资金运用部"，再由该部门以贷款的方式，将资金分配给各个"财投计画"的对象机构，包括国家一般财政账户、地方政府、政策性金融机构以及特殊公团、事业团（国有企、事业法人机构）等公共机构。[①] 这些"财投机构"所从事的建设项目大多是社会公共项目，分布在产业、基础设施以及科教文卫等公共领域。此外，"年金积立金"运营中还有较为特殊的一部分，称为"还原融资计划"，即每年度"资金运用部"都要从"财投计画"的原始资金中拨出一部分来，返回到与国民养老福利有关的建设项目上来。从 1986 年开始，"还原融资计划"中开始抽出一部分资金进行市场化运作，投资证券市场，其管理机构是厚生劳动省下属的"年金福祉事业团"。

从投资效果上看，2001 年之前，"年金积立金"投资产业和基础设施的效果非常差，产生了大量呆坏账。据估算至 2000 年末，"年金积立金"大约 75% 的资金为不良贷款，其财务损失支出为 19.2 万亿日元，资产损失已超过本金的 20%。[②] 此外，"还原融资计划"的经营业绩也很差，由于开展的业务大部分是针对大规模保养基地、住宅、医院、度假村等福利设施的低营利性投融资活动，其项目运营效率非常低。"还原融资计划"中投资资本市场的部分资金运作也不理想，1986~2001 年，这部分资金累计大约有 26 万亿日元，资产年均投资回报率为 4.12%，低于同期从"资金运用部"借款的平均利率为 4.87%，投资收益扣除借款利息后出现亏损，到 2001 年 3 月为止，累计亏损达 2.3 万亿日元。[③] 2001 年以后，"年金积立金"进行了市场化的投资，投资收益率逐渐成为正值，并且在 2014 年达到了两位数的增长，收益率为 12.27%。2001~2017 年，平均的投资收益率达到了 3.12%。

"年金积立金"投资失败对日本经济和社会发展产生严重危害。进入 20 世纪 90 年代以来，日本经济长期萎靡不振，金融系统的大量坏账是影响经济复苏的巨大障碍。在金融系统坏账中，"年金积立金"的财政损失约占到当年 GDP 的 3.7%。[④] 2001 年进行市场化投资以后，"年金积立金"的投资才逐步走向正轨。

2. 2001 年成立"年金资金运用基金"（GPIF）

进入 21 世纪，伴随人口老龄化，日本的公共年金财政每况愈下。意识到传统体制产生的问题，日本 2001 年 4 月开始改革"年金积立金"的管理体制。"财投计画"

[①] 注：这里对特别会计、地方公共团体、特殊法人这三个概念的定义予以说明：第一，关于特别会计。日本的中央财政实际上由两部分构成，一部分是一般会计，另一部分是特别会计。一般会计的资金来源是税收，用于那些不需要使用者支付使用费的事业，如道路等，这些资金是不需要偿还的。而特别会计的资金来源是邮政储蓄、年金余额储备等，是通过资金运用部借来的，这些资金是需要偿还的。中央政府把这部分资金也投入到了许多公共事业的建设，但是这些公共事业不同于一般会计的公共事业，是有偿使用的，政府将用项目的手续费、使用费、受益者负担等收入来源来偿还借款的本息。第二，关于地方公共团体。地方公共团体是除了中央政府之外的各级地方政府，由于日本是议会制国家，所以各级地方政府的权力属于各级地方议会，这样地方政府就被叫作"地方公共团体"，简称"地方公团"。第三，关于特殊法人。特殊法人是国家根据特殊的法律成立的法人，具体有实施有收益的，并且公共性很强的国家项目的公团、事业团等机构，由它们代替国家来实施这些项目。这些特殊法人在建设项目时所需的资金主要依赖财政投融资，其本息的偿还来源于项目的运营收益。

[②④] 郑秉文、房连泉、王新梅：《日本社保基金"东亚化"投资的惨痛教训》，《国际经济评论》2005 年第 3 期。

[③] Masaharu Usuki(2002)，"The New Investment Management Scheme for Japan's Public Pension Fund"，NLI Research.163.

开始引入市场化的运作机制，原大藏省的资金运用部被撤销，由财务省（2002年原大藏省改为财务省）新成立的财政贷款基金（FLF）接替。改革后，"年金积立金"与原来的"财投计画"体系脱钩，财务省要将原年金余额储备资产在8年期限内，逐步偿还给厚生劳动省。[①]厚生劳动省新成立一个称作"年金资金运用基金"（Government Pension Investment Fund）的机构，来专门负责年金资产的投资运营，并出台了《年金资金运用基金法》和一系列相应的投资监管政策。在新的管理框架下，"年金资金运用基金"的职责定位是"按照厚生劳动省制定的投资管理基本政策，将年金信托资产进行安全、有效的市场化投资运营，并将投资收益存入国库"。[②]

3. 2006年成立新"年金积立金管理运用独立行政法人"

2006年3月末，原"年金资金运用基金"被解散，它的职责由新成立的"年金积立金管理运用独立行政法人（英文仍为Government Pension Investment Fund，称为新GPIF）"代替，该机构与原"年金资金运用基金"的最大区别之处在于，它是一个具有行政法人地位的独立性管理机构。原"年金资金运用基金"是厚生劳动省下设的一个管理机构，其董事长任命、基金投资策略制定等重大事项都由厚生劳动省制定。这次改革的初衷在于减少来自政府的行政干预，使GPIF成为一个真正独立运作的信托机构，肩负起养老储备基金管理和投资运营的职责，保障公共养老金计划财政未来支付的需要。新年金积立金管理运用独立行政法人（GPIF）收到厚生劳动省的基金，管理和经营养老金储备基金。并且，通过向国库支付利润，它旨在促进福利养老保险业务和国家养老业务的稳定运行。此外，机构还致力于安全高效的运营养老金储备基金，例如确定长期维持的资产构成比（投资组合）并妥善管理。

专栏 29-1 日本"年金积立金"管理体制演变历史

1942年 劳动者年金保险法制订（1944年改为厚生年金保险法）
1954年 厚生年金重建
1959年 "年金积立金"开始寄存原大藏省资金运用部
1961年 年金福祉事业团成立
1986年 年金资金运用事业开始（部分资金投资资本市场）
2001年 厚生劳动省成立"年金资金运用基金"，"年金积立金"开始市场化投资
2006年 新成立"年金积立金管理运用独立行政法人"，接替原"年金资金运用基金"
资料来源：笔者汇总。

三、GPIF 的治理结构

（一）基金来源

在2001年改革之初，原"年金资金运用基金"的原始资金主要来自两个渠道：一是厚生劳动省每年的"年金积立金"信托资产。改革前，"年金积立金"全部寄存在原大藏省资金运用部，至2001年末，形成资产大约有147万亿日元；改革后，这部分资产要由财务省的"财政贷款基金特别账户"在8年时间内，逐步偿还给厚生劳动省，然后由厚生劳动省将其每年度获得的年金资产委托给"年金资金运用基金"来投资管理。二是接管原年金福祉事业团的资产。由于经营业绩差，在2001年的改革中，

原年金福祉事业团被解散，其大约26万亿日元的资产由"年金资金运用基金"来接管。这部分资产的资本金来源于从原大藏省资金运用部的借款，因此每年"年金资金运用基金"都要定期偿还给财务省的财政贷款基金特别账户一部分借款本金和利息，当时计划到2010年用10年的时间偿还完这部分借款。

2006年4月，原"年金资金运用基金"被"年金积立金管理运用独立行政法人"接管，如图29-2所示是其成立时的资金来源和资金运用情况。其资金来源渠道与原"年金运用基金"相同。在资金运用方面，"年金积立金管理运用独立行政法人"的投资运营资金主要分为两

[①] 2002年，厚生劳动省由原厚生省和劳动省合并而成。
[②] Japan Government Pension Investment Fund: *Review of Fund Investment Operations in Fiscal 2001*, July 2002, http://www.gpif.go.jp/english/unyou/unyou13/honpen.pdf.

部分：一是将大部分资产委托给民间的金融机构进行市场化投资运作，其中还有一少部分资金进行"自主运用"；① 二是作为支持"财投计画"改革的一项过渡措施，有一部分资金用于购买财投国债，继续为"财投计画"的对象机构提供融资，这部分资金投资来自政府行政指令，为非市场化投资行为。GPIF 投资运营获得的收益回报要按一定比例上解返还给厚生劳动省国民年金账户和厚生年金账户，以加强公共年金计划的财政支付能力。

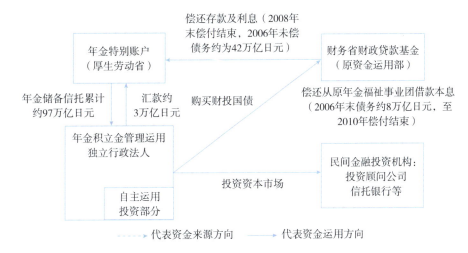

图 29-2　2006 年"年金积立金管理运用独立行政法人"资金来源和运用②

资料来源：Japan Government Pension Investment Fund, "Review of Operations in Fiscal 2006", http://www.gpif.go.jp/eng/pdf/jokyo_h18_p01.pdf.

（二）组织管理部门

如图 29-3 所示是 GPIF 的部门管理框架。厚生劳动省负责进行公共年金制度的设计和财政形势评估，同时也是 GPIF 基金的上级监管部门。为加强监管，厚生劳动省内部成立了一个专门的"评估委员会"，成员主要由外部专家组成。根据《年金基金运用基金》法，它是一个独立的监管机构，负责制定基金的中期投资目标，并对基金每年的运营情况进行评估，考核基金中期投资计划的执行情况，并通过任命程序提出基金的董事长人选。

"年金积立金管理运用独立行政法人"负责基金的管理和投资运营，该机构实行董事会制。最高领导为董事长，各部门执行经理负责部门的具体管理工作。如图 29-4 所示是 GPIF 内部的组织结构，该机构内设管理部、企划部和运用部三个部门，还成立有一个"运用委员会"（Investment Advisory Committee），负责向基金管理部门提出投资的意见和建议，并监督基金的投资情况。委员会由 11 名成员组成（厚生劳动省有权另任命几名成员），这些成员代表基本为经济或金融工作资历丰富的专家。

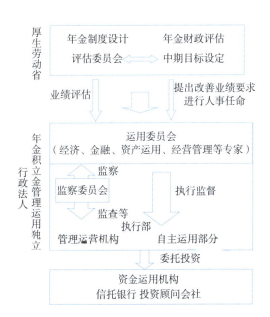

图 29-3　GPIF 部门组织管理框架

资料来源：Japan Government Pension Investment Fund, "Review of Operations in Fiscal 2006", http://www.gpif.go.jp/eng/pdf/jokyo_h18_p01.pdf.

① 注：自主运用是指 GPIF 将部分资金不是委托给市场机构而是由自己进行直接投资，其目的在于保持 GPIF 一定的投资机动权，满足流动性和现金支付方面的需要，自主投资的主要投资渠道有三部分：一是投资国内债券，实施消极策略；二是购买 FILP 的债券；三是保持一定比例的现金流动资产。

② 注：日语中将"资金投资"称作"资金运用"。

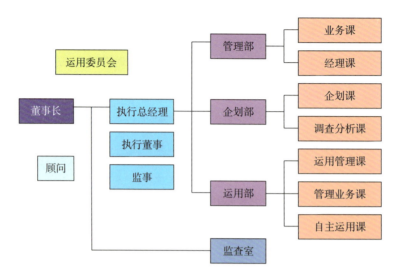

图 29-4 GPIF 内部组织结构

资料来源 : Japan Government Pension Investment Fund, "Review of Operations in Fiscal 2006", http://www.gpif.go.jp/eng/pdf/jokyo_h18_p01.pdf.

(三) 投资原则

GPIF 的企业管理委员会根据厚生劳动省的投资目标制定了以下投资原则，并向公民承诺这些原则，按照高度的职业道德行事。他们还将加强公司的管理和运营结构，履行问责制，希望得到公众的进一步信任。

（1）为了促进养老金业务运作的稳定性，GPIF 的投资目标是确保养老金融资所需的收益率，从长远来看，为了被保险人的利益也要努力做到风险最小。

（2）基本的投资策略会投向不同的资产和区域，以平滑投资时间所带来的收益差异等，但在短期内是受市场价格波动的影响。在确保养老金福利所需的流动性之后，要采取投资周期长的资产策略，优点在于能够确保投资收入的稳定性和高效性。

（3）制定了基本的投资组合，整个资产以及每种资产类别在投资的每个阶段都要进行风险管理。例如每个投资机构都要进行被动管理和主动管理，核查收益的基准利率（市场对每种资产类别的组合平均回报率，同时试图寻找能够产生更多收入的投资机会）。

（4）GPIF 管理的目标是通过各种履行职责的活动〔包括考虑 ESG（环境、社会、治理）的努力〕，为被保险人在中长期内扩大投资收益，来保证被保险人的利益。

(四) 投资目标

1. 第一个中期目标（2006~2010 年）

根据厚生年金法和国民年金法，并且为了确保养老金业务运作的稳定性，从长远来看，GPIF 投资的基本目标是保障基金的安全性和效率性。厚生劳动省的职责是制定基金中期内的经营管理目标，保障基金中长期内的实际投资回报率要高于工资增长率，只有这样年金财政才能可持续发展。以 2004 年为例，当年的价格指数为 1%，实际工资增长率为 1.1%（扣除物价指数），基金设定的回报率目标为 2.2%（名义回报率为 3.2%），高于工资增长率 1.1 个百分点。因此，2004 年基金投资组合的目标是维持 1.1% 的净回报率。

在投资方案的制定上，厚生劳动省要制定一个 3~5 年的中期投资目标，其依据是《独立行政管理机构法》第 29 条第 1 款，即 GPIF 应达到作为一个独立法人应实现的管理目标，2006 年基金中期目标计划的主要内容有以下方面：①

第一，中期计划时间为 2006~2010 年；

第二，关于基金管理效率、治理结构、操作能力、行政成本等方面的要求；

第三，关于基金受托责任和信息披露的目标要求；

第四，基金中期预算计划方面的要求；

第五，基金投资组合、资产配置策略等方面要求。

在厚生劳动省制定中期投资目标后，GPIF 再根据厚生劳动省的目标，制定基金自己的中期投资计划书，其主要内容有：

第一，基金的管理效率；

---

① Japan Government Pension Investment Fund, "Review of Operations in Fiscal 2006", http://www.gpif.go.jp/eng/pdf/jokyo_h18_p01.pdf.

第二，基金的操作质量；

第三，基金的财政状况；

第四，基金的预算、收入和支出；

第五，基金的短期贷款限制；

第六，基金投资组合、资产配置等。

2. 第二个中期目标（2010 年至今）

在 2012 年 10 月审计委员会的调查报告中指出，要考虑定期核实临时投资组合在中期目标期间是否安全、有效和可靠。为此，卫生、劳动和福利部要求定期核实投资基本组合并在必要时进行审查。养老金储备基金管理独立行政法人（GPIF）在由厚生劳动大臣任命的财政和经济专家组成的运营委员会审议和核实，认为有必要改变基本投资组合。主要内容如下：

第一，调整养老基金基本投资组合，减少对国内债券、股票的投入，加大对外国债券、股票的投入。具体调整比例如表 29-6 所示：①

表 29-6 养老基金基本投资组合

单位：%

（变更前）

投资类型	国内债券	国内股票	国外债券	国外股票	短期流动资产
资产配置	67	11	8	9	5
浮动范围	± 8	± 6	± 5	± 5	—

（变更后）

投资类型	国内债券	国内股票	国外债券	国外股票	短期流动资产
资产配置	60	12	11	12	5
浮动范围	± 8	± 6	± 5	± 5	—

第二，定期核实基本投资组合并在必要时对养老金制度进行审查。

第三，建立一个"安全，高效，可靠"的养老金投资基本组合，并在此基础上进行有效管理。

第四，养老金投资活动不要对资本市场产生剧烈影响。

（五）资产配置策略

1. 基本的投资组合

众所周知，在长期运作中，确定一个固定的基本资产

构成比率，能够使基金投资运行更好、更有效率。而如果通过短期市场趋势改变资产构成比率，投资的风险会大大增加，则收益是无法保证的。因此，在公共养老金储备基金管理中，年金积立金管理运用独立行政法人（GPIF）在仔细考虑了每项资产的预期收益率和风险后，设定了一个基本投资组合比例（见表 29-7）。

表 29-7 基本投资组合比例

单位：%

国内债券	国内股票	外国债券	外国股票
35	25	15	25

资料来源：年金积立金管理运用独立行政法人，https://www.gpif.go.jp/gpif/portfolio.html。

2. 2008 年前后的资产组合方案

在 2008 年之前，"年金积立金"资产未转移完毕，因此每年厚生劳动省制定的投资组合方案均包括两部分：一是到 2008 年全部年金资产投资要实现的"基本组合方案（Basic Portfolio）"目标，如表 29-8 所示，到 2008 年基金的发展目标是实行多元化的投资战略，资产投资以债券为主，同时股票投资和海外市场投资也占据了一定份额，目的在于分散投资风险，实现长期内的稳定收益目标。二是 2008 年前过渡期内每年"过渡投资组合方案"的目标在于在过渡期内每年将年金资产按事先确定的资产配置目标进行投资额度分配，平稳过渡到 2008 年，实现全部"年金积立金"资产的基本组合目标。而过渡期内的投资方案又分为两部分：一是 GPIF 全部资产（包括购买财投国债的资金在内）的投资组合方案，称为"整体组合"；

表 29-8 2008 年资产基本组合目标

单位：%

投资类型	国内债券	国内股票	国外债券	国外股票	短期流动资产
资产配置	67	11	8	9	5
浮动范围	± 8	± 6	± 5	± 5	—
长期投资目标收益率 3.37%，风险容许偏差 5.55%					

资料来源：Japan Government Pension Investment Fund, "Review of Operations in Fiscal 2006", http://www.gpif.go.jp/eng/pdf/jokyo_h18_p01.pdf.

---

① http://www.gpif.go.jp/operation/foundation/pdf/midterm_plan_change.pdf.

二是 GPIF 市场化投资部分（扣除购买财投国债的部分资金）的资产投资组合方案，称为"市场化投资组合"。表 29-9 和表 29-10 说明了 2006 年、2007 年 GPIF 基金资产投资组合的情况。从中可以看出，GPIF "市场化投资组合"中股票投资和境外资产的权重都要高于整体资产投资组合中的比重。

表 29-9　2006 年和 2007 年 GPIF 全部资产投资组合基准方案　　　单位：%

		国内债券	国内股票	国外债券	国外股票	短期资产
2006 年	资产权重	69.7	11.1	5.7	7.4	6.1
	容忍偏差	±4	-3	-3	-3	—
2007 年	资产权重	67.6	11.7	6.9	8.6	5.2
	容忍偏差	±6	-5	-4	-4	—

资料来源：Japan Government Pension Investment Fund, "Review of Operations in Fiscal 2006", http://www.gpif.go.jp/eng/pdf/jokyo_h18_p01.pdf.

表 29-10　2006 年和 2007 年 GPIF "市场化投资组合"基准方案　　　单位：%

		国内债券	国内股票	国外债券	国外股票	短期资产
2006 年	资产权重	53.8	21.2	10.9	14.1	0.0
	容忍偏差	±6	-5	-5	-5	—
2007 年	资产权重	58.5	17.9	10.5	13.1	0.0
	容忍偏差	±7	-6	-5	-5	—

资料来源：Japan Government Pension Investment Fund, "Review of Operations in Fiscal 2006", http://www.gpif.go.jp/eng/pdf/jokyo_h18_p01.pdf.

（六）投资监管措施

为了提高基金投资的安全性和运营效率，厚生劳动省针对 GPIF 实施以下监管策略：

第一，消极投资战略。在每年的基金投资组合中，债券投资中的 60% 以上和股票投资中的 70% 以上实施消极的投资战略，即采取模仿市场平均指数的投资行为。其出发点在于以下几点：一是市场在长期内是有效的，消极投资可以在长期内熨平收益率的波动，获得市场投资的平均回报；二是"年金积立金"是政府集中管理的一项中央社保基金，如果将大部分资金实施积极的投资战略，巨大的投资规模会对国内资本市场产生冲击；三是消极投资有助于节省投资成本。

第二，对基金投资管理人和托管人的评估和认定。挑选过程采取公开、透明的方式，由"年金积立金管理运用独立行政法人"按照一定的标准，在资产规模、投资业绩、管理费用等诸多方面，对基金投资管理机构和托管银行进行评估和认定，并将挑选过程和结果公之于众。

第三，信息披露。新的《年金资金运用基金法》要求，GPIF 每季度要按时公布基金的投资收益、资产时价、资产分布以及委托投资机构等方面的基本情况，以接受投保人和公众的监督。

第四，受益人作为股东投票权利的行使。由于"年金积立金"是一项公共养老基金，如果由政府机构代表养老金受益人行使对于基金管理公司的股东投票权利，会造成政府对于私营金融机构公司治理的干预。为此，法律规定"年金资金运用基金"对基金投资目标公司不直接行使股东投票权利，而是将决策权利委托给专门的管理机构来行使。这些机构必须掌握养老金投资管理公司足够的信息，按照养老金受益人利益最大化的原则，来行使股东投票权利。

四、GPIF 近几年的投资绩效

（一）资产配置情况

GPIF 全部资产投资分为两部分：一是将大部分基金

资产采取完全的市场化投资策略；二是有一少部分资金购买原"财投机构"发行的债券，这部分为投资带有行政指令色彩。至 2017 年 12 月，GPIF 全部资产市值为 1563.83 万亿日元，其中市场化投资部分资产市值为 1462.94 万亿日元。如表 29-11 和图 29-5 所示是 GPIF 的资产投资配置情况，在 GPIF 全部资产中，国内债券投资占 28.47%（其中 27.89% 为市场债券、0.57% 为财投债券）、国内股票占 26.03%、国外债券占 15.29%、国外股票占 24.72%。可以看出，2017 年基金资产配置与表 29-8 中列出的 2008 年"基本组合方案（Basic Portfolio）"相比，已经发生了很大的变化。资产配置还是以国内债券为主，国内股票、国外债券和国外股票的份额较 2008 年已经有了明显的上升，说明 GPIF 市场化投资的水平在不断提升，已经不仅仅局限于国内市场的投资，投资方向已经逐步转向国外市场。

表 29-11　GPIF 资产组合情况（2017 年 12 月）

资产类别	资产市值 （十亿日元）	权重（%）
国内债券	445178	28.47
其中：市场债券	436214	27.89
财投债券（FILP 债券）	8964	0.57
国内股票	406995	26.03
国外债券	233109	15.29
国外股票	386629	24.72
短期资产	85980	5.49
市值	1563832	100.00

资料来源：2017 年 GPIF 业务概况书，管理资产、资产构成比，http://www.gpif.go.jp/operation/state/index.html。

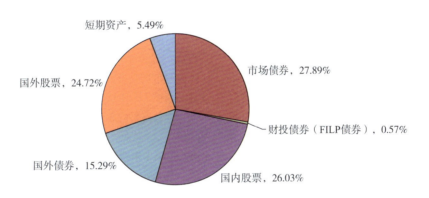

图 29-5　GPIF 资产配置情况

资料来源：2017 年 GPIF 业务概况书，管理资产、资产构成比，http://www.gpif.go.jp/operation/state/index.html。

在市场化投资部分中，风险投资比重相对要高一些。如表 29-12 所示是市场化投资资产的配置情况。可以看出，在 2006 年以前，国内股票投资份额超过了 20%，而国外债券和国内股票投资也都超过了 10%。近内年受金融市场的影响，风险投资投资的比重有所下降，至 2008 年 12 月，国外债券和国外股票份额都下调到 10% 以下[①]。

（二）近年来的投资表现

从 2001 年起，厚生劳动省开始逐年将分批地从财务省收回的年金资产注入 GPIF，除一部分继续用于购买财投国债外，大部分资金由 GPIF 按照过渡期内每年制定的

资产投资组合方案进行市场化的投资运营。总体来看，受国内经济发展形势的影响，21 世纪初这几年年金资产投资呈现一定的波动性（见表 29-13），收益率波动与股票投资回报变化呈现出很大的关联性。在 2001 年和 2002 年，由于国际资本市场不景气以及日本国内经济整体下滑，年金资产投资国内外股票出现大量亏损，这两年亏损额分别高达 6564 亿日元和 25877 亿日元。[②] 在这种情况下，日本国内开始有人反对将年金资产进行股票投资。2002 年 10 月，厚生劳动省成立了一个专家委员会专门研究年金资产的投资战略，半年后厚生劳动省发布了一个研究报告，报告坚持认为包括股票投资在内的多元化投资战略有

---

① Japan Government Pension Investment Fund, http://www.gpif.go.jp/eng/index.html.

② Japan Government Pension Investment Fund: *Review of Fund Investment Operations in Fiscal* 2001, July 2002, http://www.gpif.go.jp/english/unyou/unyou13/honpen.pdf；Government Pension Investment Fund: *Review of Fund Investment Operations in Fiscal* 2002, July 2003, http://www.gpif.go.jp/english/unyou/unyou14/gaiyou.pdf.

表 29-12 GPIF 市场化投资部分资产配置 单位：%

年份	2010	2011	2012	2013	2014	2015	2016	2017
国内债券	66.59	63.30	61.81	55.43	41.25	39.19	33.04	28.47
国内股票	11.53	12.50	14.57	16.47	23.04	22.69	24.28	26.03
国外债券	8.11	8.74	9.79	11.06	13.23	14.05	13.58	15.29
国外股票	11.26	11.46	12.35	15.59	21.88	23.06	24.10	24.72
短期资产	2.51	4.00	1.48	1.46	0.61	1.01	5.00	5.49
全部	100	100	100	100	100	100	100	100

资料来源：平成 29 年（2017 年）业务概况书，管理资产、资产构成比，http://www.gpif.go.jp/operation/state/index.html。

助于分散风险，能够在长期内实现较好的市场投资回报；养老基金作为机构投资者，相对于短期内根据市场行情变化频繁地进行投资组合转换，保持长期内的资产投资组合基本配置应当是一种合理的投资选择。与报告结果碰巧对应，2003 年日本股市大幅回升，年金资产投资国内股票收益率高达 51%，国外股票投资收益率也达到了 24.7%，而由于利息率的上升债券投资出现了接近负的收益率。[1] 2004~2005 年日本股市保持了上升的增长势头，2005 年投资回报率达到了 14.37%，这一数值在 2006 年又回落到 4.56%。[2]

受 2008 年全球金融危机的影响，年金资产投资收益率下降到了 -10.04%，达到了近十年的最低水平。但是在金融危机的第二年（2009 年），投资收益率迅速回升，成为正值，达到了 9.58%。在金融危机后的近十年里，投资收益率大部分都是正值，2014 年的投资收益率达到了这十年里的最高值（12.93%）。从 2001 年年金资产开始市场投资，一直到 2017 年为止，这 17 年的平均收益率为 3.43%。这说明市场化投资的收益率总体来说是不错的，使年金规模不断扩大，降低了由于未来人口老龄化不断加深所带来的养老金支付的风险。

表 29-13 GPIF 市场化投资历年投资回报率（未扣除费用因素） 单位：%

年份	2001	2002	2003	2004	2005	2006	2007	2008	2009
每年投资回报率	-2.65	-8.63	13.01	4.43	14.37	4.56	-6.10	-10.04	9.58
资本市场基准回报	-2.48	-8.46	12.48	4.60	14.37	4.75	-6.41	-10.03	9.55
超出市场的回报率	-0.17	-0.17	0.53	-0.17	0	-0.19	0.31	-0.01	0.03

2010	2011	2012	2013	2014	2015	2016	2017	市场投资开始后（2001~2017 年）
-0.53	2.45	11.47	9.23	12.93	-3.88	5.93	6.99	3.43
-0.57	2.47	11.33	9.27	12.88	-3.98	5.94	6.94	3.40
0.04	-0.02	0.14	-0.04	0.05	0.10	-0.01	0.05	0.03

资料来源：平成 29 年（2017 年）业务概况书，投资收益率，http://www.gpif.go.jp/operation/state/index.html。

从表 29-13 中也可看出，与日本资本市场基准回报水平相比，GPIF 历年的投资回报率相差无几。2017 年末，在 GPIF 所有投资资产中，"市场化投资部分"中实施消

极投资策略的资产占 75.84%，实施积极投资策略的资产占 23.59%，说明基金投资还是偏向较为保守的投资策略风格，但是积极投资的部分也在逐渐增加（见表 29-14）。

---

[1] Japan Government Pension Investment Fund: *Review of Fund Investment Operations in Fiscal 2003*, July 2004, http://www.gpif.go.jp/english/unyou/unyou15/honpen.pdf.

[2] Japan Government Pension Investment Fund, "Review of Operations in Fiscal 2006", http://www.gpif.go.jp/eng/pdf/jokyo_h18_p01.pdf.

表 29-14　2017 年末 GPIF 资产投资策略

资产类别		资产市值（十亿日元）	份额（%）
全部投资资产		1563832	100.00
GPIF 市场化投资部分	全部	1554868	99.43
	其中：消极投资	1185997	75.84
	积极投资	368871	23.59
FILP 债券		8964	0.57

资料来源：平成 29 年（2017 年）业务概况书。http://www.gpif.go.jp/operation/state/index.html。

如表 29-15 所示是 GPIF 投资各类金融产品的收益回报情况。尽管 GPIF 投资股票的份额要低于债券投资，但 2001~2017 年，GPIF 投资境内外股票的回报额要比投资债券的回报额高得多。2007 年以来受国际和国内金融市场下滑的影响，GPIF 投资开始出现亏损。2007 年的投资损失了 58.4 万亿日元，投资回报率为 -6.10%。受全球性金融危机的影响，2008 年 GPIF 投资进一步陷入低谷，养老金投资损失了 96.670 万亿日元，投资回报率达到了 -10.04%，是这 17 年当中损失最严重的一年。经济危机以后，养老金市场化投资收益基本上都是正值（除了 2015 年），其中 2014 年的投资收益回报额最高，达到了 151.824 万亿日元。

总体来看，投资股票的收益要比投资债券的收益大很多。2001~2017 年，投资股票的总收益达到了 397.553 万亿日元，而投资债券的总收益达到了 204.965 万亿日元，投资股票收益比投资债券收益多了 192.588 万亿日元。在日本年金资产进行市场化投资以后，总收益达到了 602.398 万亿日元。投资效果整体上还是有回报的。

表 29-15　GPIF 投资各类资产的收益回报情况　　单位：十亿日元

年份	2001	2002	2003	2004	2005	2006	2007	2008	2009	2010
国内债券	1397	6372	-3452	6415	-4832	8701	17165	8700	12279	12284
国内股票	-10174	-20452	39869	2119	63437	889	-53323	-50613	33510	-13342
国外债券	545	2882	-105	5222	4843	8002	-483	-6213	1315	-7167
国外股票	1931	-14680	10912	10087	23348	18804	-21765	-48547	41824	2516
短期资产	-44	1	1	0	0	8	6	3	10	17
合计	-6564	-25877	47225	23843	86795	36404	-58400	-96670	88938	-5692

2011	2012	2013	2014	2015	2016	2017	过去 5 年收益总额（2013~2017）	市场化投资开始后（2001~2017）
16891	21263	3653	15957	20094	-3958	3622	39367	142551
1754	33314	31855	69105	-34895	45546	55076	166687	193674
4516	18218	17777	18884	-6600	-5962	6740	30839	62414
619	37620	47387	47863	-32451	43273	35140	141212	203879
28	34	13	15	7	0	0	35	99
23808	110449	100685	151824	-53846	78899	100578	378140	602398

资料来源：平成 29 年（2017 年）业务概况书，http://www.gpif.go.jp/operation/state/index.html。

（三）ESG 投资

1. ESG 投资的概念

ESG 是环境（Environment）、社会（Social）和治理（Govern）的英文缩写的组合。现金流量和利润率等定量财务信息主要用作衡量公司投资价值的材料。此外，将 ESG 要素视为非财务信息的投资称为"ESG 投资"。与 ESG 相关的元素是多种多样的，如针对全球变暖的"E"措施，"S"是女性员工的成功，"G"是董事会的组成。

如图 29-6 所示是 ESG 要素示例。

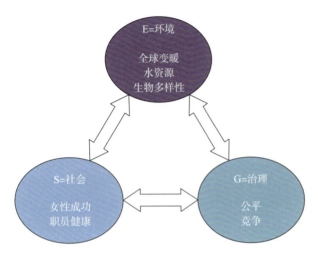

图 29-6　ESG 要素示例

2006 年，联合国秘书长科菲·安南在面向机构投资者时提倡，在 ESG 投资过程中要加入"负责任的投资原则"（PRI），后来被称为长期 ESG。2008 年全球金融危机之后，在资本市场上增加了短期利润的评估，同时导致 PRI 投资原则签字权数量的增加。例如，2018 年 4 月尚未签署 PRI 协议的 2000 多家养老基金和资产管理公司表示会签署该协议。在养老基金签署总额的 373 家中，像这样的一个资产业主，管理资产总和已经达到近 19 万亿美元（2100 亿日元）。GPIF 在 2015 年签署了 PRI 投资原则协议。

2. GPIF 的 ESG 投资方法

长期投资者会进行大规模投资，如 GPIF，并广泛分散在整个资本市场中，这些投资者被称为"全能所有者"。资本市场不能从长远的角度来降低投资环境和社会问题所带来的风险，这些问题也会使整个社会的整体利益最小化，所以追求长期的投资回报至关重要。为了使这些投资者长期获得稳定的回报，重要的是被投资方的价值可持续增加，所以要进行 ESG 投资。ESG 投资要素具有长期性，它可以被预期，能够有效地降低风险提高回报，并且能够增加大型机构投资者之间 ESG 的投资兴趣，如公共养老金。

GPIF 不直接拥有股份，而是通过外部管理公司进行投资，因此厚生劳动省要求金融机构在考虑 ESG 的情况下对 GPIF 进行投资。作为一项新举措，主要采用针对国内股票的"ESG 指数"。根据公司发布的信息，笔者采用了三种股票指数（两种综合类型、一种特定主题类型），其中包含考虑了 ESG 元素的股票。ESG 投资有多种方法，

但这次 GPIF 采用的 ESG 指数采用"正面筛选"，其中包含指数公司具有高评价的股票，符合 ESG 的观点。GPIF 已要求公司披露股票的采用指数标准，并且鼓励公司将信息披露，从而导致日本股市整体价值的改善。

此外，2017 年 10 月，GPIF 修改了投资原则。GPIF 不仅会投资股票，还会投资债券等所有类型的资产，并考虑 ESG 因素。2018 年，GPIF 和世界银行发布关于债券投资中考虑 ESG 因素的联合研究报告。世界银行行长金墉表示，将 ESG 纳入投资活动可以为发展中国家提供必要的资金，同时可以实现更高的投资回报和全球减贫。[①]

五、结论和启示

作为一只"缴费型"主权养老基金，日本"年金积立金"历史悠久、资产规模巨大，是世界上第二大国家主权养老基金。历史上，其投资管理政策经历了深刻的发展变革。2001 年之前，投资产业和基础设施产生大量呆坏账的教训是深刻的，而 2001 年以来投资证券市场的改革举措也吸引了世人的目光。

（一）历史上投资失败的教训深刻

2001 年之前，日本中央社保基金（"年金积立金"）投资于产业和社会基础设施，产生了大量呆坏账，其教训是深刻的。历史上，韩国、新加坡等东亚国家也存在着与日本相类似的社保基金投资行为，这种现象被称为"东亚化"社会基金投资倾向，它的成因与东亚国家特殊的政治经济体制和历史文化背景有关。其中的教训有以下几点：

1. 社保基金不宜投资基础设施和产业

基础设施和产业投资的最大特点是具有很强的周期波动性。在宏观经济波动过程中，不同的产业会经历兴衰变化，基础设施的收益率也会波动，这些都是社保基金投资无法避免的系统性风险。

2. 将社保基金投资作为促进国民经济发展的手段是一种误导

"二战"后，日本对中央社保基金的投资管理始终围绕着服务于国家经济建设的目标，体现了较强的国家主导意志。从其教训可以发现，特定历史发展阶段下，实现国民经济快速发展的目标需要，很容易诱使国家在社保基金投资的战略上产生误导，错误地将社保基金作为促进经济社会发展的手段，这是一种急功近利的决策思想。

3. 迈入人均 1000 美元的历史发展阶段，谨防"东亚化"社保基金投资倾向

以日本为代表的"东亚化"社保基金投资方式有以下

两个明显的历史阶段性特征：

第一，在人均 GDP 登上 1000 美元这个台阶之后，这既是经济发展的黄金时期，也可能是一个社保基金投资"多元化"的矛盾凸显时期；在这个时期，建立社保基金投资体系的迫切性和基础设施建设的迅速膨胀一拍即合，后者收益率的诱惑力导致前者大量资金储备源源流入。

第二，在人均 GDP 超过 3000~4000 美元以后，基础建设和医疗卫生等社会福利设施的收益率开始急剧下降，呆账和坏账危机四伏，资金的流动性受到严重破坏；在东亚国家，这个周期或说显现期是 15~25 年。

对于同处东亚地区的中国来说，在迈入人均 GDP 超过 1000 美元的历史发展阶段后，对于中央社保基金的投资管理应当吸取日本的教训，谨防"东亚化"投资后果，警钟长鸣。

（二）2001 年改革后面向证券市场投资

2001 年日本社保基金投资管理体制的改革是形势所迫：一方面，社保基金大量的呆坏账令日本全国震惊，传统社保基金管理体制的弊端暴露无遗；另一方面，随着人口和经济社会形势的变化，日本年金财政上的支付压力越来越大，"年金积立金"的保值增值问题显得越来越重要。总结 2001 年以来日本的改革举措，主要有以下特点：

第一，"年金积立金"的市场化投资管理体制逐步建立。2001 年的改革放弃了传统"财投计画"，成立了"年金基金运用基金"作为基金的管理实体。而 2006 年进一步改革，成立了"年金积立金管理运用独立行政法人"，基金资产管理的独立性地位得以确立。在行政管理上，厚生劳动省的责任在于制定基金的中期发展目标，通过由社会各界专家组成的"评估委员会"来监督基金的运营绩效，从而减少了政府的行政干预。

第二，GPIF 建立起比较完善的投资运营体系。首先，基金的发展目标与公共年金制度联系在一起，一方面，基金每年的收益回报要反哺给年金财政账户；另一方面，基金的目标收益率要高于社会实际工资增长率，从而保证公共年金财政可持续发展的需要。其次，基金的投资基本策略是明确的。2001~2008 年为基金的转型过渡期，在此期间，基金每年都制定了资产投资组合基准，保障基金投资的多元化和风险分散。再次，GPIF 内部建立起相应的治理结构。GPIF 内部设有"运用委员会"，提供基金运营的建议。基金内部部门在基金运营、风险管理、投资监管等方面具有明确的分工。最后，除少量资产采取自主运用投资外，基金大部分资产委托民间金融机构进行投资运营，从而提高基金的运营效率。

第三，基金投资渠道逐步趋于多元化，风险投资份额加大。从近几年 GPIF "市场化的投资组合"中可以看出，基金投资股票市场的份额达到 1/3，投资境外证券也达到 1/4。从世界范围来看，"缴费型"国家主权养老基金一般都采取比较保守的投资策略，主要投资于国内债券（比如美国联邦社保信托基金）。相对于其他国家来说，日本 GPIF 采取的投资策略是十分积极的。

第四，从投资效果上看，从 2001~2008 年的投资效果上看，GPIF 投资取得了一定收益回报，略好于资本市场平均投资表现。但 GPIF 在 7 年内的投资回报率也呈现出很大的波动性，尤其是 2007 年以来，受全球性金融危机的影响，基金投资出现大幅亏损，这反映了市场化投资战略的特点，高回报与高风险相对应，当面临金融危机时，出现亏损难以避免。

从世界范围看，国家主权养老基金投资资本市场是一种新现象，但从"缴费型"和"储备型"两种主权养老基金的性质上分析，二者有一定差异。"缴费型"国家主权养老基金投资资本市场仍是一个有争议而且值得关注的问题。对于日本来说，尽管 2001 年的改革已取得一定成效，但日本国内对新成立的 GPIF 存在着一些争论。目前，"年金积立金管理运用行政独立法人"已成为日本国内最大的机构投资者，政府作为机构投资者进入资本市场，会不会对国内公司治理结构产生不利影响的问题是值得探讨的。[①] 此外，GPIF 虽然已发展成为一个独立的法人实体，但基金投资仍面临一定的政治干预压力，基金的治理结构也有待完善。

---

① Nobusuke Tamaki(2003), "A Study of the Investment of Japan's Public Pension Reserve Fund- How Should the Government Behave as an Institutional Investor"？NIRA Working Paper Series No. 2003-2,http://www.nira.go.jp/.

分报告三十
韩国国民年金基金

一、韩国养老金体制概况

目前，韩国的养老金由三个支柱构成，相互支持、补充。零支柱是 2008 年设立的基础老年金，资金由政府财政拨付，无须个人缴费，主要用来解决未能享受国民年金待遇的人的养老问题，覆盖对象主要包括无劳动收入者、家庭主妇、临时工以及不满足国民年金领取资格的参保人。2014 年 7 月，韩国将基础老年金更改为基础年金，并正式施行《基础年金法》。根据《基础年金法》实施办法规定，韩国每年向 70% 左右的 65 周岁以上的低收入老人发放补助金。发放数额根据物价水平和家庭收入情况，在 10 万 ~20 万韩元之间波动。

第一支柱由特殊职业年金和国民年金制度（National Pension Scheme，NPS）构成。特殊职业年金主要针对的人群有国家公务员、教师、军人以及特定邮局职工，雇主和职工共同承担缴费义务。国民年金制度覆盖范围较广，1988 年计划启动时以雇员 10 人以上单位的雇主和职工为对象实施，随后逐渐拓展其适用范围，目前所有 18~60 岁者都应加入国民年金。

第二支柱主要指韩国的企业年金制度。2005 年韩国颁布了《雇员退休收入保障法案》，规定劳资双方达成一致可以将 2005 年前强制性的退休津贴转变为退休年金，鼓励企业将资金委托给专业的资产管理机构进行积累。年金运营模式由劳资双方商议决定，可以选择 DB 型（待遇确定型，Defined Benefit）或 DC 型（缴费确定型，Defined Contribution）。

第三支柱是个人商业养老保险制度（Private Pension Scheme，PPS）。该制度建立于 1994 年，在 2001 年进行了税制改革，由所有阶段税收全免的"EEE 模式"转变为在领取阶段缴税的"EET 模式"。劳动者可以选择由银行、资产管理机构以及保险公司提供的个人养老金产品自愿加入。"PPS 制度"给养老金市场注入了活力，使韩国养老金制度的覆盖面更广，养老产品更加多样化。

二、国民年金制度介绍

1986 年，为了解决韩国国民因年老或者发生无法预料的伤残、死亡而丧失劳动能力时的生计问题，韩国颁布了《国民年金法》并在随后一年里建立了国民年金工团，为正式实施国民年金制度做准备。1988 年，韩国正式实施国民年金制度，建立了国民年金基金（National Pension Fund，NPF）。

（一）参保情况

国民年金制度实施初期的适用范围主要包括雇员 10 人以上的单位，1992 年扩大为雇员五人以上的单位，目前参保义务涵盖范围包括所有 18~60 岁的国民和部分外国人，具体可以分为以下四类：

1. 单位参保者（Workplace Based Insured Persons）

单位中 18~60 岁的所有员工和雇主都有参保义务；18 岁以下参加工作的，经过雇主同意也可以加入国民年金。另外，在韩国居住的外国人以及雇用韩国员工的单位也有参保义务，但外国人本国法律中不对韩国公民适用类似年金的除外。

2. 个体参保者（Individually Insured Persons）

个体参保者包括自雇者、27 岁以上（包括 27 岁）的无收入者和已经缴纳至少一个月费用的 18~27 岁的无收入者。该类参保者的缴费义务完全由自己承担。

3. 自愿参保者（Voluntarily Insured Persons）

该类参保者是指法律未强制参保，但个人申请加入国民年金制度的人员。符合以下三个条件任意一条即可申请成为国民年金的自愿参保人员：

（1）无收入者的配偶是公共年金（包括国民年金和特殊职业年金）的参保者或者受益人的；

（2）年龄 27 岁以下的无收入者，未曾缴纳任何年金费用的；

（3）受国家基本生计保障法案保护的；

（4）享受特殊职业年金退休金的退休人士。

4. 自愿接续参保者（Voluntarily & Continuously Insured Persons）

该类参保人员主要由前 3 类转化而成，是指已达到退休年龄 60 岁，但参保时间不足最低缴纳期限或想增加养老金待遇金额的参保者或特殊职业者（如矿工、渔民）。自愿接续参保者可以申请继续向国民年金计划缴费，但须自行承担所有缴费义务。缴费金额计算时所依据的收入标准与参保者退休前计费所依据的标准相同。

（二）缴费情况①

目前，NPS 中所有参保者的缴费率都是 9%，应缴纳数额的计算方式为：

年金保险费 = 参保者的标准月收入额 × 年金保险缴费率

1. 单位参保者及其自愿接续参保者

单位参保者的国民年金缴费义务由雇主和雇员平摊，总缴费率从 1988 年的 3% 提高到 1993 年的 6%，再提高到 1998 年的 9%，雇主和雇员的缴费率分别为 4.5%（见表 30-1）。单位参保者的标准月收入额是指参保者的雇主报告的月收入数额。报告金额有明确的范围限制，即最低 290000 韩元，最高 4490000 韩元（少于 1000 韩元的金额将四舍五入）。标准月收入的范围会在每年的 7 月做出相应调整。

另外，从表中我们可以看出，在 1993~1998 年还有退休金支付储备金同雇主和雇员分摊费用。历史上，退休金支付计划属国民年金的一部分，国民年金制度启动时，社会各方就废除该被计划的决议并未达成一致，作为一种折

中方案，雇员和雇主的缴费可以从退休金支付储备金中进行抵扣。从 1999 年开始，这项政策废止。

表 30-1　单位参保者缴费率变化　　　单位：%

年份		1988~ 1992 年	1993~ 1997 年	1998 年	1999 年 后
单位 参保者	总缴费率	3	6	9	9
	雇员承担部分	1.5	2	3	4.5
	雇主承担部分	1.5	2	3	4.5
	退休金支付储备金	—	2	3	—
单位参保者转化为自愿接续 参保者的缴费率		3	6	9	9

资料来源：韩国国民年金公团网站，http://english.nps.or.kr/jsppage/english/scheme/scheme_02.jsp。

2. 个体参保者及其自愿接续参保者

1995 年 7 月 ~2000 年 6 月，个人参保者及由其转化为的自愿持续参保者的缴费率为 3%，从 2000 年 7 月开始每年增加 1%，直到 2005 年 7 月达到 9%（见表 30-2）。个体参保者缴费义务由本人承担，其月收入额等于农业收入、林业收入、渔业收入、工资收入和营业收入的总和。农业是指从播种、种植水果、园艺、蚕丝养殖、幼苗种植、特殊作物饲养、牲畜养殖、种畜或孵化以及附加服务中获得的收入；林业指从森林管理、林产品、野生鸟类和动物饲养以及附加服务中获得的收入；渔业收入定义为从渔业和附加服务中获得的收入；工资收入是指根据所得税法应纳税的收入；营业指从批发、零售、制造业和其他业务中获得的收入。

表 30-2　个体参保者缴费率变化　　　单位：%

1995~ 2000 年	2000~ 2001 年	2001~ 2002 年	2002~ 2003 年	2003~ 2004 年	2004~ 2005 年	2005 年 及以后
3	4	5	6	7	8	9

资料来源：韩国国民年金公团网站，http://english.nps.or.kr/jsppage/english/scheme/scheme_02.jsp。

3. 自愿参保者和其他自愿接续参保者

自愿参保者和其他自愿接续参保者的缴费率与 1988~1999 年 3 月的单位参保者的缴费率相同。然而，

---

① 资料来源：Korea National Pension Service, http://www.nps.or.kr。

1999 年 4 月，韩国开始实施全体国民义务加入国民年金政策，为了保证参保者之间的公平，自愿参保者及其他自愿接续参保者的年金缴费率开始与个人参保者保持一致（见表 30-3）。

自愿参保者和其他自愿接续参保者的标准月收入金额一般以单位参保者和个体参保者上一年度的标准月收入的中位值为准，参保者也可以上报更多金额。另外，受国家基本生计保障法案保护的自愿参保者的标准月收入额要根据所赚取商业收入的汇总金额来计算。

表 30-3　自愿参保者和其他资源接续参保者的缴费率变化　　　　单位：%

1988~1992 年	1993~1997 年	1998 年 1 月 ~1999 年 3 月	1999 年 4 月 ~2000 年 6 月	2000 年 7 月 ~2001 年 6 月
3	6	9	3	4
2001 年 7 月 ~2002 年 6 月	2002 年 7 月 ~2003 年 6 月	2003 年 7 月 ~2004 年 6 月	2004 年 7 月 ~2005 年 6 月	2005 年 7 月及以后
5	6	7	8	9

资料来源：韩国国民年金公团网站，http://english.nps.or.kr/jsppage/english/scheme/scheme_02.jsp。

（三）年金待遇

1．老龄年金（Old Age Pension）

老龄年金旨在保障参保者在年老丧失劳动能力或劳动活动减少时的福利待遇，其在国民年金待遇中占主要地位。老龄年金按照加入时间、年龄、生活状况等分为老龄年金、早期老龄年金，还有支付给离婚配偶的分离年金。缴费 10 年以上的参保者可以在 60 岁后的某个时间点开始领取养老金。2013 年起，韩国开始调整领取老龄年金的起始年龄至 61 岁，并计划每 5 年增加一岁，至 2033 年的 65 岁为止。

2．残疾年金（Disability Pension）

参保者在参加国民年金期间患病或者受伤，治愈后仍留下身体或者精神伤残的，可以申请领取残疾年金，补偿因此减少的收入。残疾年金按照伤残程度，分成 1~4 级支付薪金（见表 30-4）。

表 30-4　各伤残等级的伤残年金薪金水准[1]

伤残等级	薪金水准
1	基本年金额的 100% + 抚养家庭年金额
2	基本年金额的 80% + 抚养家庭年金额
3	基本年金额的 60% + 抚养家庭年金额
4	基本年金额的 225%（一次性补偿金）

资料来源：韩国国民年金公团网站，http://chinese.nps.or.kr/jsppage/china/system/benefit.jsp。

3．遗属年金（Survivor Pension）

遗属年金旨在保障参保人死亡后其配偶和符合条件的家庭成员的收入，但该年金的领取有一个前提，即在参保者死亡时，其家庭成员的生计主要依赖参保者维持。遗属年金的金额相当于抚养家庭年金额以及参保年限对应比率（40%~60%）的基本年金额的总和。

4．一次性支付年金

一次性支付年金包括一次性年金退款（Lump-sum Refund）和一次性死亡给付（Lump-sum Death Payment）。一次性年金退款是指由于年龄、移民或死亡等原因而无法再继续参保缴费，并且没有资格获得福利的，应当一次性退还已缴纳费用。一次性死亡给付是指当参保者（无论是否到年金领取年龄）死亡后，没有符合遗属年金或者一次性年金退款的领取要求的，其年金待遇可以转化为一次性死亡给付年金，按照顺位支付给其家庭成员[2]。一次性死亡支付的金额相当于一次性年金退款的金额，但不能超过已故参保者最终标准月收入额或参保期间平均月收入额的 4 倍。

三、韩国国民年金基金（NPF）管理体制

（一）NPF 的行政管理框架

1988 年韩国开始实施国民年金制度，与此同时建立了国民年金基金（National Pension Fund，NPF）。国民年金基金的行政立法和监督工作主要由韩国卫生福利部（Ministry of Health and Welfare，MoHW）负责。国民年金公团（National Pension Service，NPS）作为国民年金的

---

[1] 资料来源：Korea National Pension Service，http://www.nps.or.kr。
[2] 优先顺位为：①配偶；②子女；③父母；④孙子女；⑤祖父母；⑥兄弟姐妹；⑦生计由参保者支持的第一代表亲中的附属血亲。

征收和待遇发放机构，每年将国民年金现收现付的收支盈余积累起来，作为一项基金进行投资运作。图 30-1 说明了国民年金基金的行政管理框架，各政府部门的职责如下：

（1）国民议会为基金的立法机构和最高管理机构，负责审核基金的年度发展计划和长期规划，并对基金经营报告进行审议；

（2）国家战略与财政部负责指导卫生福利部编制基金年度计划，审核后上报国民议会；

（3）国家卫生福利部为基金的行政管理部门，负责制

定基金发展计划和目标，监督基金运行；

（4）基金管理委员会由雇主、雇员、其他参保者以及相关政府机构的代表组成，为基金的运营决策机构，做出基金投资管理和重大事项决策；

（5）基金评估委员会是基金的业绩评估机构，其下设投资政策专家评议会、投票指引专家评议会和绩效管理及薪酬专家评议会。

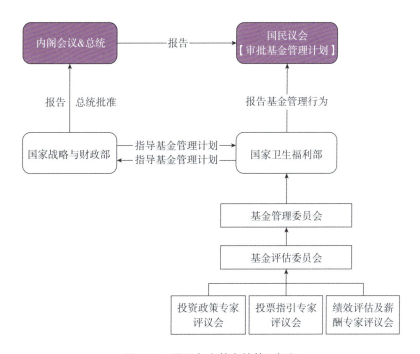

图 30-1　国民年金基金的管理框架

资料来源：韩国国民年金公团网站，http://fund.nps.or.kr/jsppage/fund/ifm_e/mpc_e_01.jsp。

（二）NPSIM

截至 2018 年 1 月 1 日，国民年金公团由一个中央总部、109 个区域办公室、43 个当地分支机构、残疾评估中心、国际事务中心和国民年金研究所构成。总部由 13 个部门、1 个中心、国民年金公团投资管理机构（NPSIM）、合规部门和 IT 总部组成。这些部门相互制约，相互合作，保证基金资金安全运行。

国民年金公团投资管理机构的前身是 1999 年设立的

基金管理中心，2014 年基金管理中心更名为基金投资办公室，2016 年又更名为国民年金公团投资管理机构。它受执行基金主任和首席投资官领导，由 1 个中心 1 个投资管理部门和 3 个海外办事处组成（见图 30-2），配备专业的基金管理人员，在金融市场分析，投资组合管理，资产购买和销售，风险管理等方面拥有丰富的经验，为韩国民年金政策的成功推进起到了保障作用。

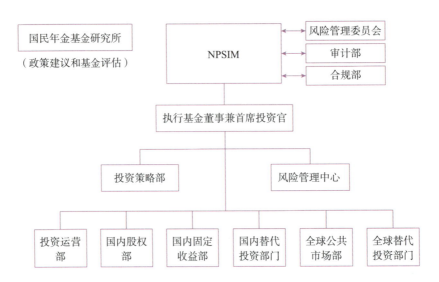

图 30-2　NPSIM 的管理结构

资料来源：韩国国民年金公团网站，http://fund.nps.or.kr/jsppage/fund/ifm_e/ifm_e_03.jsp。

各部门职能如下：[1]

投资策略部门负责制定中期和年度基金管理计划以及年度和月度投资计划，协助制定国民年金基金管理准则及按资产设定基准指数，行使境内外股票投资的投票权，分析国内外的经济和金融市场，管理投资委员会，任命替代投资委员会成员。

投资运营部的职责为 NPSIM 设置业务计划，管理预算和人力资源（仅限组合投资管理人）；会计和解决基金的资金管理问题；开展公关活动（介绍性会议）并提供信息披露。

国内股权部和国内固定收益部门负责国内股票（包括衍生品）或国内固定收益产品（包括衍生品）的投资，管理和控制外部管理人及其在国内的股权投资活动，选择证券公司以获得支持，建立和管理资产分配标准等。

国内替代投资部门主要投资并管理国内基础设施、房地产、风险投资公司、企业重组项目和私募股权，选择和管理本部门投资的外部管理人，探索替代投资的新机会。

全球公共市场部投资全球股票和固定收益，为两项投资活动选择和管理外部管理人并评估它们的表现，管理外币衍生品（包括外汇风险管理）和外币计价的现金和现金等价物。

全球替代投资部负责全球替代投资，选择和管理外部管理人的投资活动并评估它们的表现，探索海外替代资产的新机会。

风险管理中心的职责是制定风险管理政策，识别和衡量风险；分析基金管理各部门的表现；管理按资产设定的基准指数，运营风险管理委员会（RMC）和投资管理委员会（IMC）。

四、NPF 的投资策略

（一）投资原则

根据韩国卫生福利部每年制定的《基金管理指南》，为了确保国民年金基金得到适当、有效的管理，达到预先约定的目的，NPSIM 应当根据以下五个原则进行基金管理和投资：

（1）营利性原则。该原则的目的是在保障基金长期稳定的前提下使回报最大化，从而最大限度地减少对参保人，特别是下一代人的财务压力。

（2）稳定性原则。基金管理人要在风险承受范围之内管理基金，同时要将投资资产中收益和损失的波动性考虑在内。

（3）公益性原则。由于国民年金基金规模大、覆盖面广，基金投资过程中要考虑到对国家经济和金融市场可能产生的影响。

（4）流动性原则。该原则旨在确保待遇支付的一致性，处置基金资产时要尽可能将对金融市场的影响减少到最低限度。

（5）独立性原则。该原则强调基金管理过程中应当遵

---

[1] National Pension Fund 2017 Annual Report, National Pension Service, 2017.

守上述几项原则，不应当为其他目的而做出妥协。

（二）投资方向

1988 年，NPF 的启动资产为 5300 万韩元，截至 2018 年 7 月底已达到约 643 万亿韩元。目前 NPF 的投资方向分为金融部门（约占 99.8%）和福利及其他部门（约占 0.2%），如表 30-5 所示。

表 30-5　**NPF 资产比重概览**

	数额 （万亿韩元）	比重 （%）
总值	643.4	100.0
福利部门及其他部门	1.1	0.2
金融部门	642.4	99.8

注：数据截至 2018 年 7 月。

资料来源：韩国国民年金公团网站，http://fund.nps.or.kr/jsppage/fund/mcs_e/mcs_e_08_01.jsp。

1. 金融部门

金融部门主要有六个投资方向（见表 30-6）：国内股权投资、海外股权投资、国内固定收益投资、海外固定收益投资、替代投资以及短期资产投资。在金融部门中，最大份额是固定收益的 325.2 万亿韩元，约占金融部门总值的 50.5%。其中，国内固定收益资产为 300.5 万亿韩元，海外固定收益资产约为 24.7 万亿韩元。金融部门资产中第二大份额是股权投资（Equity），共 246.4 万亿韩元，约占 38.3%，其中，国内股权投资为 123.1 万亿韩元，海外

表 30-6　**金融部门投资比重概览**

	数额 （万亿韩元）	比重 （%）
国内股权	123.1	19.1
海外股权	123.3	19.2
国内固定收益	300.5	46.7
海外固定收益	24.7	3.8
替代投资	69.8	10.9
短期资产	0.9	0.1

注：数据截至 2018 年 7 月。

资料来源：韩国国民年金公团网站，http://fund.nps.or.kr/jsppage/fund/mcs_e/mcs_e_08_01.jsp。

股权投资为 123.3 万亿韩元。除了股权和固定收益等传统投资方向之外，NPF 还投资于非传统的替代资产。海外替代投资方向有房地产、基础设施、私募基金和对冲基金[①]；国内替代投资方向有房地产、基础设施、风险投资（VC）、企业重组（CRC），私募基金等。

就近五年来的投资趋势而言，NPF 的投资组合中投资于固定收益的比重越来越少，由 2013 年的 60.4% 下降到 2017 年的 50.6%；与之相反的是，股权和替代投资的比重提高，具体情况如表 30-7 所示：

表 30-7　**2013~2017 年 NPF 投资组合比重变化**

单位：%

	2013 年	2014 年	2015 年	2016 年	2017 年
固定收益	60.4	60.0	57.0	54.8	50.6
股权	30.1	29.9	32.2	33.7	38.6
替代投资	9.4	9.9	10.7	11.4	10.8

资料来源：韩国国民年金公团网站《国民年金基金 2017 年度报告》。

2. 福利部门

福利部门投资主要是指国民年金基金针对社会福利设施建设的投资。韩国政府认为，国民年金基金投资福利部门有以下几点好处：一是在国民年金制度发展初期，通过为参保成员提供"看得见"的福利的办法，可以提高雇员的参保率；二是通过年金积累资产的投资可以弥补社会福利设施的不足；三是福利部门投资被认为满足国民年金基金投资多元需要的一部分。

国民年金基金针对福利部门的投资起始于 1991 年，投资最高峰为 1998 年，其后投向福利部门的资金逐年递减。福利部门投资分布在国民住宅基金债券、"福祉城镇"建设、儿童保育设施贷款、老年人福祉贷款、生计稳定基金贷款以及生活费用贷款六个领域。历史上投资规模最大的三个领域为：一是针对儿童的保育设施贷款；二是购买国民住宅基金债券；三是建设"福祉城镇"项目。

3. 公共部门

NPF 曾经将大量资金投入公共部门。1993 年，韩国出台"公共基金"法，目的是管理不同渠道的公共基金，为社会公共目标融资。最初，政府要求包括国民年金管理公团在内的 8 家机构向"公共资本管理基金"账户寄存资金，这些寄存资金主要用于社会公共项目建设。例如，农

[①] 对冲基金于 2016 年被纳入投资组合。

村建设、为贫穷人口和中小企业提供资金、铁路和公路交通建设以及住房建设等。由于这些建设项目回报率比较低，从 2000 年开始，公共基金寄存制度被废止。2005 年，寄存在公共基金的资金已全部收回。

国民年金基金投资方向经历了由公共部门和社会福利部门逐步向金融部门演变的过程。20 世纪 80 年代国民年金基金始终没有购买股票和公司债券，从 1993 年开始基金开始投资本市场。1999 年之前，国民年金基金主要投向公共部门和福利部门，后金融部门投资所占的份额越来越高。目前的基金组合中，将近 100% 的资产投资于金融市场。

4. 部分投资外包外部资产管理公司

由于 NPF 基金的规模正在快速增长，NPS 也会将资产外包给外部资产管理公司，以便利用专业资产管理服务分散风险、产生更多回报。NPSIM 下设一个"外部管理人选择委员会"，主要由外部专家人员组成，负责确保外部管理人选择的公平性。

截至 2017 年底，外部管理人管理的基金总额为 239.2 万亿韩元。在金融部门中，外部管理人管理的资产占比 38.5%。按资产计算，外部管理资产包括国内股权 60.2 万亿韩元、海外股权投资 71.2 万亿韩元、国内固定收益 34.8 万亿韩元、海外固定收益 12.8 万亿韩元、国内替代投资 15.6 万亿韩元和海外替代投资 44.6 万亿韩元。目前，海外替代投资部分的全部资产都是由外部管理公司管理。

（三）投资表现

国民年金基金主要的收入来源为历年的保费收入和基金运营收益；主要支出为历年的国民年金给付以及国民年金管理运营的行政管理费用。至 2018 年 4 月，NPF 基金总值已超过 600 万亿韩元，累计投资回报金额为 305.5 万亿韩元，年化投资回报率为 5.45%。从表 30-8 可以看出，NPF 近五年的年回报率一直稳定在 5%，2017 年更是高达 7.26%。从表 30-9 中也可得知，2013~2017 年，NPF 的收入和支出均逐年增长，并且收入数额远大于支出。

表 30-8　NPF 近五年投资回报状况

单位：万亿韩元

	2013 年	2014 年	2015 年	2016 年	2017 年
投资回报	16.7	23.0	21.7	24.5	41.2
回报率	4.19%	5.25%	4.57%	4.75%	7.26%

资料来源：韩国国民年金公团网站，http://fund.nps.or.kr/jsppage/fund/mcs_e/mcs_e_03_01.jsp。

表 30-9　NPF 近五年收支状况

单位：亿韩元

	2017 年	2016 年	2015 年	2014 年	2013 年
收入	57936	52513	49019	47216	46130
支出	19707	17653	15755	14330	13641
增长	38229	34860	33264	32886	32489
基金储备（购买价格）	527179	488950	454090	420826	387940

资料来源：韩国国民年金公团网站，http://fund.nps.or.kr/jsppage/fund/mcs_e/mcs_e_02_01.jsp。

（四）风险管理

由于国内外经济和金融环境日益不稳定，投资风险也进一步增加，NPF 的成功运行离不开 NPS 强大的风险管控能力。NPS 对影响 NPF 稳定性和营利性的一系列风险进行严格管理和控制，包括市场风险、信用风险、流动性风险、运营风险和法律风险。NPS 还持续监控整个基金和每个资产类别的风险承受水平，确保在适当的风险承受能力范围内产生投资回报，以防止任何系统性风险。

NPSIM 有一个专门的部门，负责 NPF 的风险管理，称为风险管理中心。此外，NPS 还有一个风险管理委员会（RMC），由首席执行官担任主席，并由外部专家组成，以有效管理与基金运行相关的各类风险。

2017 年，NPSIM 改进了风险管理系统的运作方式，重新设计了管理模型风险系统以简化风险管理流程，并加强了数据和模型监控系统。随着对冲基金于 2016 年被纳入投资组合，NPSIM 选择了一家全球咨询公司来进行业务尽职调查（ODD）。除对 NPSIM 进行自我监控外，该公司还监控运营风险。

为了管理运营风险，NPSIM 不仅在法律合规方面确保了交易稳定性，还对不公平交易进行监控。NPSIM 还建立了一种程序和协议，根据风险水平监控外部管理人的替代资产投资，并加强了外部管理基金的监测程序。

五、相关评述

国民年金基金（NPF）是成立于 1988 年的一只缴费型的国家主权养老基金，旨在为退休后韩国国民提供经济保障。在韩国公众的大力支持下，建立 30 年的 NPF 已成为韩国社会的一个强大的安全网，拥有 2182 万参保人和 469 万受益人。NPF 的价值从 1988 年的 5000 亿韩元开始，截至 2017 年底，其已达 621.6 万亿韩元，在全球公共养老基金中排名第三。

在 30 年的发展过程中，NPF 经历了 2000 年和 2008 年两次金融危机的考验。在全球经济衰退的影响下，NPF 的投资回报率也曾下降。但近些年，其积极进行基金治理结构改革，扩大基金投资组合的范围，加大资产委托给外部资产管理公司的比例，分散风险，利用金融机构的专业化力量来提高基金的运营效率。与此同时，NPF 也在不断探索风险管理的新方法。

目前，韩国民年金基金面临的最大问题仍然是可持续发展。从目前国民年金基金的收支情况看，每年的缴费收入远大于支出，因此基金规模不断扩大。但随着老龄化社会的到来，基金的支出规模会越来越大，未来能否真正满足老龄社会的需要还需进一步考虑。设立国民年金基金的根本目标在于保持年金财政长期内的可持续性。为此，国民年金计划需要根据保险精算情况不断地做出调整，其中一个重要的问题就是如何确定国民年金基金未来的发展战略，通过基金的长期运作保持年金财政的平衡性。

分报告三十一
泰国社会保障基金和政府养老基金

泰国位于亚洲中南半岛中南部，东南临泰国湾（太平洋），西南濒安达曼海（印度洋），西和西北与缅甸接壤，东北与老挝交界，东南与柬埔寨为邻，疆域沿克拉地峡向南延伸至马来半岛与马来西亚相接，其狭窄部分居印度洋与太平洋之间。截至 2017 年 7 月，泰国人口大约为 6841.4 万人，其中 0~14 岁人口约为 16.93%，15~64 岁人口约为 72.49%，65 岁及其以上人口约为 10.58%。2017 年，GDP 总量大约为 1.229 万亿美元（PPP），居世界第 21 位，人均 GDP 大约为 17800 美元，居世界第 97 位[1]。

一、泰国的老年人口和社会保障制度
（一）泰国老年人口状况

随着社会经济的发展，特别是出生率的下降和预期寿命的延长，泰国人口老龄化的问题逐渐显现。1960 年，泰国 60 岁及以上人口占全国总人口的 4.6%；1970 年，该值上升到 4.9%；1980 年，上升到 5.4%；1990 年，上升到 7.4%；2015 年，更达到 12.8%。根据联合国的预测，1960~2015 年，泰国老年人口增长了 7 倍，从 120 万人增长至 860 万人[2]，2050 年更将会上升至总人口的 37.1%。

在中等生育水平假设下，2050 年，泰国 65 岁以上老年人的抚养比将会高达 52.63%[3]，具体情况见图 31-1。

（二）泰国的社会保障制度

虽然泰国被称为福利国家的"迟到者"[4]，但是进入 20 世纪 90 年代以来，其社会保障制度逐步完善。泰国早在 1902 年就制定了《养老金法案》，但这些保障措施只是针对政府官员。1954 年议会通过第一部《社会保障法案》，将各项福利项目扩展到私人部门，但是这项法案从来没有真正实施过。1981~1988 年，政府又起草了几部《社会保障法案》，最后也都无疾而终。1988 年，政府向议会提交了有关社会保险的五部法案，众议院将其合并为一部《社会保障法案》。虽然遭到参议院的激烈反对，众议院还是于 1990 年一致同意批准了该法案。至此，泰国正式建立了相对完善的社会保障制度，当时该制度包括疾病、生育、伤残和死亡津贴。同年，泰国成立了社会保障办公室（Social Security Office），负责社会保障计划的运行。最初，泰国政府规定拥有 20 人以上雇员的企业需强制为雇员参保，1993 年扩展到拥有 10 人及以上雇员的企业，2002 年扩大拥有到 1 人及以上雇员企业。正规就业人员强制参保，适用于第 33 项条款；1994 年起非正规就业人员自愿参保，

[1] https://www.cia.gov/library/publications/the-world-factbook/geos/th.html.
[2] Knodel, John; Tee Wichitchainan, Bussarawan Puk; P CHUABMOH, Vipan; and POTHISIRI, Wiraporn, "situation of Thailand's older population: An update based on the 2014 Survey of Older Persons in Thailand." (2015). Research Collection School of Social Sciences. Paper 1948.
[3] 2015 年联合国人口预测。
[4] Bernd Schramm,Explaining Social Policy:The Development of Social Security in Thailand,2003. 转引自 Ramesh, M.: Welfare capitalism in Southeast Asia: Social security, health and education policies. Basingstoke: Palgrave, 2001。

适用于第 40 项条款。1998 年，泰国社会保障计划增加了儿童津贴和养老金；2004 年，又增加了失业津贴。至此，社会保障计划和 1974 年成立的工伤保险计划共同构成了泰国相对完善的社会保障制度。

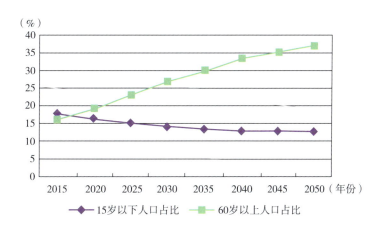

图 31-1 泰国 15 岁以下及 60 岁以上人口占总人口的比例预测

资料来源：2015 年联合国人口预测。图中数据依据联合国中等生育水平的假设，总和生育率在 2015~2020 年从 1.46% 降低到 1.42%，2045~2050 年上升至 1.58%。

表 31-1 泰国多支柱养老保险计划及参保人数 单位：万人

	正规就业				自雇者及非正规就业（2600）
	政府雇员（203）	私营雇员（1136）	国有企业雇员（24）	私立学校教员（10）	
第三支柱	退休共同基金 RMF				社会保障基金 SSF（230）
					国民储蓄基金 NSF（50）
		公积金 PVD（320）			
第二支柱	政府养老基金 GPF（100）	无		私立学校教师援助基金 PTAF（10）	无
第一支柱	社会保障基金 SSF（1136）		无		
老年福利	公务员养老金（203）	老年补贴（800）			

资料来源：Pisut Sampatanukul, Thai Pension System Expanding Pension Coverage, the13th OECD Pension Experts Meeting 2018, Seoul Korea 21-22 June 2018.

如表 31-1 所示，按照世界银行的划分方法，覆盖泰国公务员的公务员养老金计划和覆盖其他人群的老年补贴计划属于老年福利计划。泰国养老金体系的第一支柱为社会保障基金（Social Security Fund，SSF），覆盖私营雇员。第二支柱为分别覆盖政府雇员和私立学校教师的政府养老基金（Government Pension Fund，GPF）和私立学校基金

（Private Teachers Aid Fund，·PTAF）计划。第三支柱为覆盖私营雇员和国有企业雇员的公积金（Provident Fund，PVD）计划、覆盖自雇者及非正规就业者的 SSF 和国民储蓄基金计划（National Savings Fund，NSF）以及所有人可以自愿参加的退休互助基金（Retirement Mutual Fund，RMF）计划。无论从参保人数、资产规模还是待遇支付上，私人部门及自雇者和非正规就业人员参加的 SSF 和中央政府官员 GPF 是"最大"的养老金计划，也是本文研究的重点，本文下面几个部分会着重研究。

第三支柱 PVD 是根据《1987 年公积金法案》建立的，目的是为了鼓励私人部门的员工为退休而储蓄，本质上类似西方国家的企业年金或者职业年金。泰国公积金是经过雇主和雇员协商后自愿成立的，管理机构是基金理事会，其成员由雇主代表和经选举的雇员代表组成。基金理事会选择基金经理进行投资管理，公积金的投资管理最初由财政部负责监管，现在由证券交易委员会（SEC）统一监管。雇员最低缴费为工资的 2%，最高缴费为 15%，雇主的缴费不能低于雇员。雇主和雇员的缴费享受税收抵扣，待遇支付免税。2016 年，泰国对其 PVD 制度进行改革，决定自 2018 年起该制度由自愿变为强制性，并规定 100 以上雇员的公司、国有企业雇员、准政府机构等七类雇员将在 2018 年自动加入公积金计划；2021 年 10 人以下雇员的公司自动加入；2023 年，1 人以上雇员的公司雇员自动加入。

截至 2017 年底，泰国 PVD 的净资产价值为 10826 亿泰铢，比 2016 年增长 11.23%，2013 年以来，年均增长率为 9.26%。其中，54.5% 的资产投资于国债和其他债券，股票和银行存款投资所占比例分别为 18.5% 和 14.7%。近年来，投资于股票的比例逐步提高，比 2013 年的 13.4% 增长 38%。此外，用于海外投资的净资产下降至 80 亿泰铢，比 2016 年底下降 2.42%。共有 17561 名雇主建立了了公积金计划，比 2016 年增加了 6.85%，覆盖 297 万雇员，比 2016 年增长 2.25%。其中，选择"雇员选择 Employee Choice"的雇主总数为 8207 个，比 2016 年增加 15.64%；提供生命周期年金的雇主数量为 146 个，比上年增加 57 个，增长 64%；资产净值为 40.3 亿泰铢，比上年增长 74.56%。年龄达到 59 岁选择从 PVD 转为 RMF 的资产净值为 385 亿泰铢，比 2016 年增加 200.55%。2017 年

底，共有公积金 394 只，其中成员超过 1000 人的基金数为 299 只，占总数的 75.9%；资产规模超过 1 亿泰铢的基金总数为 364 只，占总数的 92.4%。2017 年，雇主和雇员缴费收入共计 1379 亿泰铢，待遇支付共计 846 亿泰铢[①]。

RMF 成立于 2001 年，目的是为那些没有参加 PVD 的雇员提供自愿的退休储蓄工具。RMF 的投资较为灵活，雇员可以选择具有不同收益——风险组合的基金，可以在基金之间自由转换，也可以转换基金经理。免税额度不超过应纳税年度所得额的 15%，并且年度不超过 50 万泰铢。此税收减免额度包括 RMF、PVD、GPF、PTAF 等。

2015 年，泰国政府为鼓励非正规人员参加社会保障制度，建立了针对自雇者和非正规就业者的第三支柱计划 NSF。缴费上下限分别为每年 13200 泰铢和 50 泰铢，政府提供匹配缴费资助：15~30 岁的参保人，政府补助缴费的 50%，每年补贴不超过 600 泰铢，缴费上限是 3000 泰铢；30~50 岁的参保人，政府补贴缴费的 80%，每年不超过 960 泰铢，缴费上限是 4800 泰铢；50 岁以上参保人，政府提供等额缴费补贴，每年不超过 1200 泰铢，缴费上限是 6000 泰铢。截至 2018 年，NSF 的参加人数约 50 万人[②]。

二、泰国社会保障事业发展状况和 SSF 的投资管理

（一）泰国 SSF 发展情况

总体上，泰国 SSF 覆盖人数不断增加，尤其在 2011 年泰国调整了第 40 项条款的相关内容后，自愿性参保人数大幅度增加。从表 31-2 可以看出，从 74.7 万人（2010 年）增加到 144.5 万人（2011 年），增长了 93.4%，几乎翻倍。但 2015 年之后，由于泰国政府为自雇者和非正规就业人员建立了 NSF，SSF 的参保人数增长率大幅下降。截至 2016 年底，泰国 SSF 覆盖总人数为 1404.2 万人，占泰国就业总人数的 37.42%，占总人口的 21.3%。其中，强制参保人数为 1051.2 万人，占 75%；自愿参保人数为 353 万人，占参保总人数的 25%。可见，即便泰国出台了各种鼓励非正规就业人员参保的政策，但他们的参保率仍然很低。

① Thai Provident Fund Report 2017.

② Pisut Sampatanukul, Thai Pension System: Exepanding Pension Coverage, the 13th OECD Pension Experts Meeting 2018, Seoul Korea 21-22 June 2018.

表 31-2　2007~2016 年社会保障计划的参保人数、增长率及其覆盖率

年份	强制参保人数（万人）	自愿参保人数（万人）	总参保人数（万人）	参保总人数增长率（%）	受雇总人数（万人）	参保人数/受雇人数（%）	总人口数（万人）	参保人数/总人口（%）
2007	878.0	40.1	918.22	—	3625	25.33	6304	14.57
2008	877.9	51.4	929.4	1.2	3702	25.11	6339	14.66
2009	868.0	68.0	936.0	0.7	3771	24.82	6353	14.73
2010	895.6	74.7	970.3	3.7	3804	25.51	6388	15.19
2011	905.5	144.5	1050	8.2	3847	27.30	6408	16.39
2012	942.5	228.7	1171.2	11.5	3894	30.08	6446	18.17
2013	978.1	265.2	1243.3	6.2	3891	31.96	6479	19.19
2014	1003.0	359.6	1362.6	9.6	3808	35.78	6513	20.92
2015	1039.2	339.7	1378.9	1.2	3802	36.27	6573	20.98
2016	1051.2	353.0	1404.2	1.7	3771	37.24	6593	21.30

资料来源：Social Security Office, Social Security Annual Report 2016, p.21.

在缴费方面，泰国的《社会保障法案》针对不同的群体制定了不同的缴费率。《社会保障法案》第 33 条规定：劳资双方建立雇佣关系的必须参保，雇员和雇主的缴费都是 5%，政府的缴费率为 2.75%。在劳资双方 5% 的缴费率中，1.5 个百分点分配给健康基金，3 百分点分配给老年儿童基金，0.5 个百分点分配给失业基金。在政府 2.75% 的缴费中，1.5 个百分点分配给健康基金，1 个百分点分配给老年儿童基金（但是政府缴费只为儿童津贴融资，并不为养老融资），0.25 个百分点分配给失业基金。自 1999 年正式建立养老基金以来，缴费率一直在不断上升，从 1999 年最初的 2%（雇主和雇员均摊，下同）上升到 2000 年的 4%，再到 2003 年的 6%。缴费基数的上下限分别是每月 1650 泰铢和每月 15000 泰铢。

《社会保障法案》第 39 条规定：如果雇员按照第 33 条参保，参保时间不少于 1 年，然后不再被雇佣，如果自愿继续参保，个人每月交纳 432 泰铢，政府补贴 240 泰铢。对于个人缴纳的部分，144 泰铢分配给健康基金，288 泰铢分配给老年儿童基金；对于政府缴纳的部分，健康基金和老年儿童基金各得 120 泰铢。

《社会保障法案》第 40 条规定：其他非雇佣人员自愿参保的，每年缴纳 2880 铢；1996 年，提高至 3110 铢；1998 年，提高至 3360 铢（相当于每月 280 铢）。但只能享受生育、伤残和死亡津贴三项待遇。2011 年，社会保障办公室调整了缴费率以及待遇给付，提供了两种选择：第一种是每月缴纳 100 泰铢，参保人缴纳 70 泰铢、政府缴纳 30 泰铢，覆盖三种类型的待遇（包含疾病、残疾和死亡）。第二种缴费为 150 泰铢，参保人缴纳 100 泰铢、政府缴纳 50 泰铢，包含疾病、残疾、死亡和一次性老年待遇给付。2013 年，社会保障办公室又引入了第三种待遇给付方式：每年缴费为 200 泰铢，参保人和政府各付 100 泰铢，本次包含了养老金待遇，但后来由于有《国民储蓄基金法案》的实施和 NSF 的建立，这一选择在 2015 年之后便不复存在。

截至 2016 年底，共有 435303 个企业在社会保障办公室注册，72.36% 为雇员在 10 人以下的小企业。SSF 覆盖 1404.17 万人，比上年增加了 1.83%。其中，1051.18 万人是在第 33 条项下的强制参保人，比上年增长 1.16%。男女比例基本持平，大多数在 25~29 岁之间。128.61 万人是在第 39 条下的自愿参保人，比上年增长了 7.47%，男女比例为 1∶1.69，大部分参保人在 40~44 岁之间；224.37 万人为第 40 条项下的自愿参保人，比上年增加了 1.96%，男女比例为 1∶1.36，大多数在 55~59 岁。2016 年，泰国养老金领取人数占缴费人数的 12.85%。由于泰国养老金制度自 1998 年开始实施，按照 15 年的最低缴费年限规定，2014 年才开始有第一批养老金待遇支出，具体见表 31-3。

表 31-3　2016 年 33 号条款下参保企业和人数

企业规模	企业		参保人（条款 33）	
	个数	%	人数	%
≤	314996	72.36	1145261	10.89
11~20	50663	11.64	740187	7.04
21~50	38495	8.84	1212851	11.54
51~100	14521	3.34	1028917	9.79
101~200	8365	1.92	1175244	11.18
201~500	5676	1.30	1736887	16.52
501~1000	1631	0.38	1125297	10.71
> 1000	956	0.22	2347177	22.33
总数	435303	100.00	10511821	100.0

资料来源：Social Security Office, Social Security Annual Report 2016, p.20.

因为不同人群的缴费能力不同，因此泰国设计了灵活的社会保障缴费办法，满足了不同人群的需要，有利于尽可能扩大覆盖率。社保法案第 33 条主要针对有雇主的人群，第 39 条主要针对参保时间超过 1 年后又失去雇主的人群，第 40 条主要针对没有雇主的人群。

表 31-4　泰国 SSF 的缴费方案

	强制性：第 33 条法令			自愿性：第 39 条法令		第 40 条法令
	雇员	雇主	政府	雇员	政府	
健康基金*	1.5%	1.5%	1.5%	144 泰铢 / 月	120 泰铢 / 月	3360 泰铢 / 年 **
老年儿童基金	3%	3%	1%	288 泰铢 / 月	120 泰铢 / 月	—
失业基金	0.5%	0.5%	0.25%	—	—	—
总计	5%	5%	2.75%	432 泰铢 / 月	240 泰铢 / 月	3360 泰铢 / 年

注：* 表示健康基金主要包括疾病、生育、伤残和死亡津贴四项待遇。** 表示根据第 40 条法令，该项缴费只能享受生育、伤残和死亡津贴三项待遇。

资料来源：Social Security Office, Social Security Annual Report 2006, p.34.

在养老金待遇给付方面，泰国政府规定，社会保障待遇免税。参保者获取全额养老年金的最低资格是年满 55 岁退休，并且累计缴费满 15 年。如果缴费不满 15 年，参保者可以从老年养老基金中一次性领取一定金额养老金。如果累计缴费恰好满 15 年，每月可领取工资额的 20%，待遇计发基数为退休前 5 年的平均工资，并且必须在 1650~15000 泰铢。累计缴费超过 15 年时，每超过 1 年增加 1.5%。如果参保者缴费时间不足 1 年，可以一次性领取个人缴费；如果缴费时间超过 1 年但不满 15 年，除了一次性领取个人缴费和雇主缴费外，还可以领取一定的利息，利率由社会保障办公室制定。从表 31-5 可以看出，如果只参加 SSF，不参加 PVD 计划，替代率只有 24%。

表 31-5　泰国养老金各支柱替代率　　　　　　　　　　　　单位：%

	政府雇员	私人雇员 / 有 PVD	私营雇员 / 无 PVD	国有企业 / 准政府雇员	私营教师	自雇者 / 有 NSF	自雇者 / 无 NSF
第三支柱		√		√		√	
第二支柱	√				√		
第一支柱		√	√				
老年福利	√	√	√	√	√	√	√
替代率	75~80	46	24	26	33	28	4

注：除政府雇员外，其他均以 15000 泰铢的最低工资为替代率计算基数。

资 料 来 源：Pisut Sampatanukul, Thai Pension System: Expanding Pension Coverage, the13th OECD Pension Experts Meeting 2018, Seoul Korea 21-22 June 2018.

2016 年，泰国社会保障办公室从雇主、雇员和政府三方取得的 SSF 缴费收入为 1864 亿泰铢，比 2015 年增加 60 亿泰铢，增长 3.35%。待遇支出共计 730 亿泰铢，比 2015 年增加 84 亿泰铢，增长 12.93%。其中，最大的支出项目是疾病待遇支出，共计 406 亿泰铢，其次是养老待遇支出 94 亿泰铢，生育支出 71 亿泰铢、儿童津贴支出 67 亿泰铢、失业支出 65 亿泰铢、死亡津贴 19.9 亿泰铢、残疾待遇支出 7.7 亿泰铢，具体见表 31-6。

表 31-6　2016 年泰国社会保障计划各项待遇的分布情况

待遇类型	受益人次	所占比重（%）	待遇支付金额（亿泰铢）	所占比重（%）
疾病津贴	34939990	94.22	406	55.64
生育津贴	294169	0.79	71	9.67
伤残津贴	12139	0.03	7.7	1.06
死亡津贴	25905	0.07	19.9	2.72
健康津贴小计	35272203	95.11	504.6	69.09
儿童津贴	1326518	3.58	66.5	9.11
老年津贴	344937	0.93	93.8	12.85
老幼津贴小计	1671455	4.51	160.3	21.96
失业津贴	141267	0.38	65.4	8.64
总计	34084925	100	730.3	100

资料来源：Social Security Office,Social Security Annual Report 2016, p.29.

截至 2016 年 12 月 31 日，泰国 SSF 累计结余为 16674 亿泰铢，占 GDP 的 11.26%。其中，其中健康基金约占 5.4%，老年儿童基金约占 86.33%，失业基金约占 7.8%，40 号条款参保人占 0.4%。养老基金累计结余 11397 亿泰铢。可见，泰国社保基金的大部分结余来自养老基金。

2016 年，泰国 SSF 总收入为 2410 亿泰铢，其中缴费收入占 77.33%，投资收益占 16.89%，其他占 5.78%。
2016 年，泰国 SSF 总支出为 801 亿泰铢，其中，待遇
支出占 91.15%，行政开支占 5.08%，其他支出占 3.77%。

2016 年，泰国 SSF 结余为 1608.8 亿泰铢，扣除老年待
遇储备基金的债务，净结余为 378.0 亿泰铢，具体见表
31-7。

表 31-7 泰国 SSF 的收支状况

年份	总收入（亿泰铢）	缴费比重（%）	投资比重（%）	其他比重（%）	总支出（亿泰铢）	待遇支付比重（%）	管理费用比重（%）	其他比重（%）	盈余（亿泰铢）
2008	1322.4	80.8	16.7	2.5	396.0	90.1	7.7	2.2	269.0
2009	1215.8	76.4	19.5	4.1	483.4	90.8	6.3	2.9	126.0
2010	1500.8	77.04	17.15	5.81	473.3	92.01	7.86	0.13	248.7
2011	1608.2	77.2	18.2	4.6	520.2	89	7.5	3.5	256.5
2012	1518.4	72.1	21.45	6.45	596.3	90.8	8.68	0.53	77.6
2013	1844.6	73.6	18.9	7.5	633.1	90.1	7.6	2.3	130.8
2014	2227.4	77.97	16.71	5.32	668	91.92	7.61	0.47	428.4
2015	2272.9	79.3	17.1	3.6	705.4	91.7	6.5	1.8	409.9
2016	2410	77.33	16.89	5.78	801.2	91.15	5.08	3.77	378

资料来源：Social Security Office, Social Security Annual Report 2009–2016.

（二）泰国 SSF 投资概况

社会保障办公室下属的投资管理办公室是专职 SSF
的投资管理部门。社会保障委员会制定了 SSF 的投资政策，
要求投资于安全资产的比例不得低于 60%，投资于风险资
产的比例不得超过 40%，投资于不产生直接收益的社会
项目比例不超过 10%（社会投资）。安全资产是指财政部
票据、政府债券、泰国银行及其金融机构的发展基金债券、
财政部担保的地方政府债券、银行存款、银行背书的票据
以及评级在 BBB 级及其以上的公司债券。社会投资项目

主要是指泰国住房局的廉租房项目、中小企业的贷款项目
以及劳务输出贷款项目。

2016 年，泰国 SSF 的投资金额为 15703 亿泰铢，占
总基金的 94.2%。其中，82.74% 投资于银行存款、政府债券、
泰国银行债券、财政部担保的国有企业债券和投资级公
司债券。17.26% 投资于未经财政部担保的国有企业债券、
股票和各种信托基金（包括房地产信托基金、基础设施信
托基金、黄金信托基金和外国平衡基金）。符合社会保障
委员会制定的投资政策，如表 31-8 所示。

表 31-8 2006~2016 年泰国 SSF 的投资收入及其分布

年份	投资总收入（亿泰铢）	存款和债券利息（亿泰铢）	股票分红（亿泰铢）	利息比重（%）	股息比重（%）
2006	173.46	149.57	23.89	86.23	13.77
2007	211.09	185.87	25.22	88.1	11.9
2008	244.75	221.11	23.64	90.3	9.7
2009	266.34	237.43	28.91	89.1	10.9
2010	337.50	257.91	79.59	76.4	23.6
2011	360.62	292.95	67.67	81.2	18.8
2012	403.04	325.48	77.56	80.8	19.2
2013	468.20	348.07	120.13	74.3	25.7

续表

年份	投资总收入(亿泰铢)	存款和债券利息(亿泰铢)	股票分红(亿泰铢)	利息比重（%）	股息比重（%）
2014	464.92	371.65	93.27	79.9	20.1
2015	448.94	396.39	52.55	88.3	11.7
2016	527.36	412.66	114.7	78.3	21.7

资料来源：Social Security Office, Social Security Annual Report 2016, p.37.

　　2016 年，泰国 SSF 的投资收入为 527.36 亿泰铢，其中各项利息收入为 412.26 亿泰铢，占总收入的 78.3%；股息收入为 114.7 亿泰铢，占总收入的 21.7%。SSF 的投资收入结构和其投资分布是相对应的。2002 年之前，SSF 全部投资投入都来自债券和银行存款的利息，而近年来股息收入所占比重略有提高。从图 31-2 可以看出，泰国 SSF 结构中，投资收益占比逐渐增多，从 2007 年的 29.58% 增加至 2016 年的 42.24%。

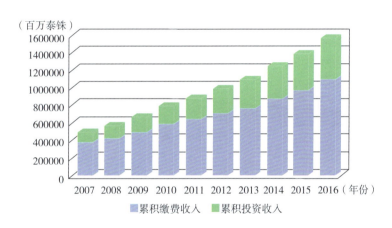

图 31-2　2007~2016 年 SSF 累计投资收益和累积缴费收益变化

资料来源：Social Security Office, Social Security Annual Report 2016, p.38.

三、泰国 GPF 的投资管理

（一）政府养老金计划及其 GPF 概况

　　中央政府公务员的养老金计划包括两部分，一是 1951 年建立的政府养老金计划（Government Pension Act，1951），二是 1997 年成立的 GPF。GPF 是强制性的，1997 年 3 月 27 日以后参加工作的新人必须参加该计划。

　　1951 年的养老金计划是现收现付制，待遇发放分为年金制和一次性给付。退休者获得年金待遇的条件是服务期限满 25 年，但是如果因年老、伤残等因素丧失工作能力可以降低服务期限为 10 年。当然，有资格领取年金的退休者也可以选择一次性领取。一次性领取养老金的资格是服务期限满 10 年，如果因年老、伤残等因素丧失工作能力可以降低服务期限为 1 年。在待遇水平方面，年金制的待遇水平是最后一月工资的 2% 乘以服务年限。一次性领取的金额是最后一月工资乘以服务年限。

　　1997 年实施的 GPF 是完全积累的，其账户分为个人账户和政府账户。个人账户又分为缴费个人账户和非缴费个人账户。1997 年 3 月 27 日以后参加工作的官员必须参加缴费账户，在此之前的官员可以在缴费账户和非缴费账户之间自由选择。对于缴费账户，个人缴纳工资的 3%，作为雇主的政府匹配 3%，另外作为改革后的补偿，政府再缴纳 2%。这样，缴费型个人账户总的缴费率为 8%。满足下列三个条件中的任意一个，可以得到全额待遇：①年满 60 岁；②离开公务员岗位；③死亡。目前，如果退出公务员岗位，GPF 资金可以向 PVD 转移。个人缴费低于 50 万泰铢的免税。年满 60 岁退休或者 50 岁之后退出公务员岗位，待遇免税。在职 5 年以上可以享受部分税收减免待遇。

对于非缴费账户，个人不缴费自然没有政府匹配，但是可以获得一个 2% 的补偿，同时将 1951 年的养老金计发办法进行改革。改革的措施是把计发基数由最后一月工资改为退休前 5 年内的平均工资，同时设定替代率的上限为 70%。这一个改革措施使养老金替代率下降了 12%，到了 15%，但是考虑到 GPF 中的个人账户，养老金的总水平反而有所增加。

政府账户也分为两类，一是政府储备账户，二是一般账户。由于 1951 年的养老金计划是现收现付制，并且其资金直接来自政府财政，为了应对将来可能出现的财务危机，政府决定在 GPF 中设置储备账户，该账户的资金来自财政转移，转移规模不低于每年财政支出的 20%。如果政府储备账户基金、一般账户基金及其收益超过每年养老金支出的 3 倍，多余的资金应该返还给财政部。一般账户是指一些成员，他们选择了缴费型个人账户，但是过一段

时间后又反悔，要求按照 1951 年养老金计划的规定一次性领取养老金。这样的成员就丧失了领取个人账户养老金的资格，其账户积累的资金自动转到一般账户。虽然 GPF 包含多个账户，但是这些资金都放在一个资产池里统一管理。

截止到 2014 年底，GPF 总缴费及其收益为 7139.45 亿泰铢，其中个人账户缴费及其收益为 4960.17 亿泰铢，约占总缴费及其收益的 69.48%，政府储备账户缴费及其收益为 2179.28 亿泰铢，约占总量的 30.5%，两者合计占 99.98%。可见，泰国 GPF 主要由个人账户和政府储备账户组成。但从图 31-3 可以看出，近年来政府储备账户的比例不断增加，个人账户所占份额持续下降。2015 年以来，政府储备账户占比超过 50%；截至 2017 年底，这一比例已增加至 54.16%。

（%）

图 31-3　2009~2017 年不同账户的缴费及收益占 GPF 净资产的比重

资料来源：泰国 GPF 年度财务报告 2009~2017。

除上述强制性计划之外，GPF 还提供自愿性质的缴费计划。一种是"额外缴费计划"，参保人可以自愿选择在 3% 之外再缴纳本人工资的 1%~12%；另一种是"扩展储蓄计划"，主要针对那些退休之后希望把 GPF 积累的基金全部或者部分继续留存在他们的账户中。截至 2014 年，共有 24126 人加入"额外储蓄计划"、2199 人选择"扩展储蓄计划"，分别占全部 GPF 参保人的 2% 和 0.2%[①]。

（二）GPF 的治理结构

GPF 的愿景是成为世界级的养老基金，使命是通过管理退休储蓄为成员提供更好的生活条件。其核心价值是以最高的效率工作提供良好的服务，以诚实、公平和团队合作精神履行职责，实现最高的管理水平以及向国内介绍治理结构方面的国家惯例。

① 泰国 GPF 可持续发展报告 2014。

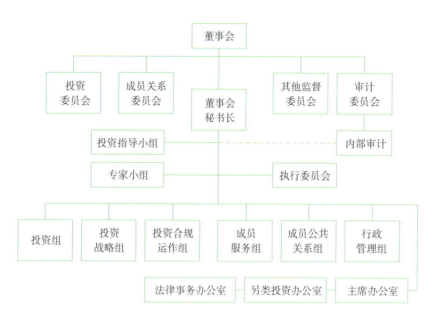

图 31-4 GPF 的组织结构

资料来源：http://www.gpf.or.th/Eng/organizstruc_1.asp。

GPF 的董事会由 25 名成员组成，12 名成员代表雇员，9 名前政府官员代表政府，3 名独立专家学者以及 1 名秘书长，秘书长兼任基金的首席执行官（CEO）和首席投资官（CIO）。董事会成员从各自所代表的群体中民主选举产生。独立学者从法律、投资和金融等领域的领袖型学者中选任，主要发挥监督与制衡作用。根据法律规定，财政部常任秘书为董事会主席。董事会的主要权力是制定 GPF 的管理规章、投资政策，确保高效、审慎、合法地管理该基金，以保证基金成员的利益。

董事会下设投资委员会，成员关系委员会，其他监督委员会，审计委员会和执行委员会，还设有投资指导小组，专家小组。投资委员会由七名成员组成，1 名主席是财政政策办公室主任，1 名泰国银行代表，董事会任命的 4 名投资专家，以及董事会秘书长。投资委员会的责任重大，主要工作内容包括：制定选择外部基金经理的标准，监督整个基金的运作，报告投资结果，向董事会提供投资建议。成员关系委员会主要工作是加强基金与成员之间的联系，向成员披露相关信息，协助成员理解退休储蓄的政策和理念，向成员介绍投资程序等。

董事会秘书长下设六个工作组和三个办公室：投资组、投资政策组、投资合规组、成员服务组、成员公共关系组和行政管理组，以及主席办公室、另类投资办公室和法律事务办公室。

（三）GPF 的投资管理

GPF 制定了严格的投资程序，基金各部门之间既有分工又有合作。《政府养老基金法案》（以下简称《法案》）是一切投资活动的最高指南，《法案》规定了基金的投资目标和政策框架；董事会全面监督投资活动，确保投资管理符合基金法案以及其他适用的法律；投资委员会审查投资建议，向董事会推荐投资政策；投资指导小组在秘书长的领导下制定投资战略，向投资委员会提供投资建议；投资团队负责确定投资机会，开展透彻深入的研究。

GPF 的投资管理要求确保基金安全，能够获得超过长期通胀率的收益率，制定恰当的投资组合，进行分散化投资，资产选择能够抵御经济全球化带来的风险，注重高效的投资控制和完善的监督程序。GPF 还要经常评估其资产配置的合理性，以反映不断变化的外部环境和经济条件，制定合理的评估基准以真实反映基金的投资绩效。在具体的投资配置上，董事会要求固定收益投资、股票投资和不动产投资的比例为 80%：15%：5%。

截止到 2014 年 12 月，泰国 GPF 的资产规模为 7139.45 亿泰铢，覆盖来自 12 个职业的 120.46 万人。其中，46.6% 投资于最为安全的资产，包括泰国主权债券和泰国短期债券，17.3% 投资于较为安全的多种资产组合（泰国公司债券占 11.7%、全球公司债券占 3.3%、新兴市场债券占 0.4%、绝对回报基金占 1.9%），7.4% 投资于通货膨

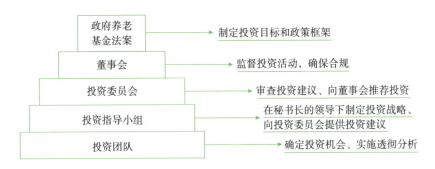

图 31-5 GPF 的投资程序

资料来源：http://www.gpf.or.th/Eng/inv_process.asp。

胀敏感性资产（泰国房地产占 3.8%、商品占 0.7%、全球房地产占 1.4%、基础设施占 0.7%、通货膨胀相关金融产品占 0.8%），增长性资产占 28.7%（泰国股票占 12.4%、发达市场股票占 11.2%、新兴市场股票占 3%、中国股票占 0.3%、泰国私募股权占 1.3%、全球私募股权占 0.5%）[①]。2014 年

泰国 GPF 用于固定收益的比例占 63.9%，而 2006 年的这一比例为 79.2%。可以看出，随着近年来泰国 GPF 投资的良好业绩，投资选择也趋向于更为大胆，但仍需满足固定收益产品不低于 60% 的要求。

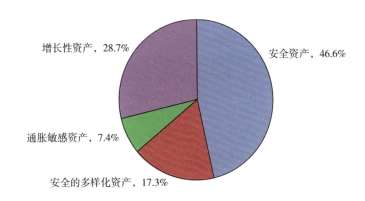

图 31-6 2014 年泰国 GPF 的投资组合

注：泰国 GPF 英文网站 2016 年数据有误，上图使用数据为 2014 年数据。

资料来源：泰国 GPF 可持续发展报告 2014。

表 31-9 为泰国 GPF 的投资绩效及其与存款、通货膨胀率等的比较。总体而言，泰国 GPF 的投资收益率非常高，从 1997~2016 年，平均净收益率为 6.61%，超过同期银行

存款 3.73 个百分点，超过同期通胀率 4.09 个百分点，获得了较好的投资回报。

表 31-9 GPF 收益率与银行存款利率、通货膨胀率的比较 单位：%

时间	1 年	3 年	5 年	10 年	建立以来
GPF 净收益率	5.1	5.08	5.51	5.1	6.61
储蓄率	1.38	1.59	1.96	1.91	2.88
通货膨胀率	1.13	0.29	1.16	1.96	2.52

资料来源：泰国 GPF financial statement 2016。

① GPF 可持续发展报告 2014。

值得一提的是，泰国 GPF 还为参保人提供了较为灵活的投资选择。2010 年，GPF 为其成员提供四种投资选择：低风险货币市场计划 (Money Market Plan)、核心计划 (Core Plan)、固定收益计划 (Fixed Income Plan) 和股权计划 (Equity Plan)。不同选择间的差别主要在于投资股权、固定收益和财产的比例。股权计划下，股票投资占 35% 左右，而核心计划下（该计划也是默认计划 Default Plan）股票投资比例则为 20%。选择混合股权计划的会员将能够获得更高的回报，但同时也必须承受更高的风险。固定收益计划投资于短期和长期固定收入证券，不存在股权或财产资产，投资目标是产生超过银行存款利率的回报。2013 年开始，GPF 又提供了另外一种新的选择——生命周期计划（Life Path Plan），它的特点是在成员年轻时承担更高的回报风险，并在会员退休时逐渐降低风险。从表 31-10 可以看出，该计划自 2013 年建立伊始，便成为成员最受欢迎的选择。

表 31-10　GPF 参保人投资选择

单位：人数

参保人投资选择	2012 年	2013 年	2014 年
股权计划	2218	2977	4063
核心计划	39	62	111
固定收入计划	77	86	128
货币市场计划	60	67	80
生命周期计划（60 岁）	—	3454	5435
生命周期计划（65 岁）	—	114	178
生命周期计划（70 岁）	—	81	125
总计	2394	6841	10120

注：核心计划数据为从其他计划变更回核心计划的人数。

资料来源：GPF 可持续发展报告 2014。

四、结论

正如前文提到的，虽然泰国被称为福利国家的"迟到者"，但是近年来泰国无论是在社会保障计划的综合管理还是基金的投资运作方面都呈现出明显的后来居上之势。这集中体现在完善的管理措施、合理的治理结构、充分的信息披露和良好的投资收益方面。

（一）完善的管理措施

在组织机构上，泰国社会保障办公室在中央、省级和地方设置了三级管理机构。在中央一级，根据社会保障计划运行的特点，设置了 20 多个处室。完善的机构设置为社会保障计划的顺利运行提供了制度保障。在内部文化建设上，社会保障办公室提出的愿景是成为高效勤政的组织，向参保成员提供优质服务，维护基金稳定；使命是向参保成员提供优质服务以促进国民团结、社会和谐以及增强基金的稳定性；核心价值是服务周到、团结和谐、努力进取、诚实正直。特色鲜明的文化为管理水平的提高提供了内在动力和精神激励。在管理手段上，社会保障办公室高度重视信息技术的应用，在政府部门中率先引进了"ERP 系统"，高效地进行财务、人事和文件管理，极大地提高了工作效率，降低了管理成本；社会保障办公室还借助其他部门开发的灵通卡（Smart Card），把参保人的有关信息（包括参保者的身份证号、姓名、性别、住址、缴费和待遇情况）集中到一张卡中，方便参保者查阅资料和处理信息。

对于国家雇员系统，泰国 GPF 也高度重视信息公开和信息化建设，从缴费到待遇支付，都可以通过先进的基金管理系统完成。它的电子支付和 GPF 成员自助系统在 2013 年和 2015 年两次赢得"泰国 ICT 优秀成就奖"。此外，GPF 成员还可以通过客户端申请更换投资计划。在宣传方面，GPF 通过呼叫中心、每周在国家报纸上刊发文字、广播和电视节目、每月的电子杂志、网站和办公室等多种途径保障了与参保人之间的有效沟通。

（二）合理的治理结构

为了提高管理机构的公信力，增强计划成员对社保制度的信心以及获得国际同行的认可，社会保障办公室和 GPF 都非常重视内部治理结构的完善。良好治理结构的核心就是在组织内部通过分解职能、分散权威、分设机构实现相互制约、相互平衡，进而高效地实现组织目标。据此，GPF 在董事会主席及其成员之间，各子委员会主席及其成员之间，秘书长及其各级职员之间，都明确了各自的职权，要求各司其职，既有分工又有合作。与此同时，还有配合严格的内部审计和充分的信息披露。

GPF 不仅努力践行良好的治理结构，而且还是该原则的热心倡导者和积极宣传者。GPF 认为，在建立良好的治理结构方面，该基金应该成为国内其他金融机构和个人投资者的榜样，其发挥的榜样作用有利于引导其他机构优化内部治理结构，有利于提高上市公司质量，有利于提高金融机构治理水平，进而促进国内金融业和资本市场发展，有利于整个国民经济的可持续发展。

（三）充分的信息披露

信息披露是良好治理结构的核心内容，有利于提高管理效率，增强政策透明度。社会保障办公室和 GPF 都要求向计划成员及其相关公众提供一致、准确、完整的信息。社会保障办公室在年报里公布社会保障办公室的组织机构、年度成果、计划运行、财务信息、行政管理以及下一年度的行动计划。在计划运行中，社会保障办公室详细地披露计划的参保情况、缴费规定、待遇发放、基金收支、基金规模、投资分布以及投资收益等信息。除了公布年报外，社会保障办公室还在网上免费公布统计年鉴。当然，社会保障办公室信息披露方面还存在一些改进的地方。由于英语不是泰国的官方语言，其年报和统计年鉴的英语版公布时间较迟。GPF 虽然及时公布了英语版的财务报表，但是没有英语版的年报，这些都是有待改进的地方。

（四）良好的投资收益

由于 SSF 和 GPF 都规定了明确的投资目标，制定了合理可行的投资政策，再加上得力的管理措施，完善的治理结构和高效透明的投资管理，这使两只基金的投资表现都很好。以 GPF 为例，自成立以来平均净收益率为 6.61%，超过同期银行存款 3.73 个百分点，超过同期通胀率 4.09 个百分点。考虑到这两只基金绝大部分的资产都是投资于债券、少部分投资于股票，在这种投资分布的情况下，取得这样好的投资收益犹显得难能可贵。

分报告三十二
菲律宾社会保障基金

菲律宾是东南亚岛国,位于亚洲东南部,北隔巴士海峡与中国台湾岛遥遥相对。菲律宾南和西南隔苏拉威西海、巴拉巴克海峡与印度尼西亚、马来西亚相望,西濒南中国海,东临太平洋。菲律宾全国共有大小岛屿7107个,其中2400个岛有名称,1000多个岛有居民。吕宋岛、棉兰老岛、萨马岛等11个主要岛屿占全国总面积的96%。2017年,菲律宾全国人口大约为1.04亿人,位居世界第13位,其中0~14岁人口约占33.4%,15~64岁人口约占62.1%,65岁以上人口约占4.5%。2017年,菲律宾GDP总量约为8745亿美元(PPP),位居世界第30位,人均GDP约为8200美元(PPP),位居世界第152位[1]。

一、菲律宾社会保障制度的改革发展和存在的问题

1957年,《社会保障法》(Social Security Law)的颁布标志着菲律宾正式建立了社会保障制度。根据该法内容,菲律宾社会保障制度的覆盖对象为私人部门的受雇劳动者,制度性质为社会保险。此后,菲律宾政府先后多次扩大制度的覆盖范围,不断形成并完善其"三支柱"的制度设计。菲律宾政府对社会保障制度的可持续发展高度重视,根据其精算评估所反映的基金未来支付压力状况,2013年,菲律宾对社会保障制度进行了改革,这也是距离现在最近的一次改革。

(一)三支柱的社会保障制度架构

菲律宾社会保障制度同时兼具统合性和碎片化的特征。综合性是指其社会保障待遇项目覆盖面较广,包括养老、伤残、死亡、生育、疾病、医疗和工伤等。碎片化则主要体现在其政府部门和私人机构分别建立了多个彼此独立的社会保障计划,这些计划在政策制定、发展策略以及运作管理等方面难以实现统一规划。

菲律宾社会保障制度由三支柱组成[2]。第一支柱包括两部分,一是针对私人部门的社会保障计划(Social Security System,SSS),该计划是强制性参与的DB型部分积累制计划,由公共机构管理;二是针对公共部门的政府公务员保险计划(Government Service Insurance System,GSIS),采取的是完全积累制。第二支柱是家庭发展共同基金(the Home Development Mutual Fund,HDMF)和退休及退役待遇计划(Retirement and Separation Benefits System,RSBS)。家庭发展共同基金主要针对社会保障计划和公务员保险计划的参保成员,雇主和雇员分别缴纳工资的2%,主要用于住房抵押贷款。1979年之前,私人部门和公共部门的家庭发展共同基金是分别管理的,1979年之后合并成一个基金,称为"Pag-IBIG"基金(Pag-IBIG Fund)。退休及退役待遇计划主要针对军事人员,个人缴费率为6%,作为雇主的政府不缴费。第二支柱的两项计划采取的是完全积累制,建立个人账户,资产来源主

---

[1] https://www.cia.gov/library/publications/the-world-factbook/geos/rp.html.

[2] Horacio T. Templo,Pension Reform:The Philippine Eeperience,Hitotsubashi Joumal of Economics 43 (2002). pp. l35- 150.

要是缴费积累和投资收入，投资范围主要包括家庭抵押贷款、成员贷款、政府和私人证券。第三支柱是个人养老保险，主要通过银行、商业保险公司以信托的形式运作。本文重点研究第一支柱中以私人部门为覆盖对象的社会保障基金。

（一）2013 年改革及其成效

近年来，菲律宾社会保障基金收支出现结构性失衡问题，待遇支出长年高于保费征缴收入，导致产生高额无资金准备的负债，2011 年高达 1.1 万亿比索，并且未来还将继续增长。根据其 2007 年的精算评估报告，社会保障基金将于 2039 年全部用完。这一支付能力已经较 1999 年改善了很多，当时的测算结果是还能支付 16 年。尽管如此，距离其最终的理想目标（可支付 70 年）还有较长的距离。

因此，为解决基金收支失衡问题以及满足国内对上调养老金待遇的强烈需求，菲律宾在 2013 年对社会保障制度进行了改革，主要措施有三项：第一，将缴费率从原来的 10.4% 提高至 11%，增长了 0.6%，由雇主和雇员各分担一半；第二，将允许缴费的工资基数上限由 1.5 万比索提高至 1.6 万比索；第三，将养老金待遇调高 5%。改革措施于 2014 年开始正式实施。

根据预测结果显示，缴费率和缴费基数上限的提高将降低菲律宾无资金准备的负债水平，估计可从 1.1 万亿比索降至 9080 亿比索，并将提高基金的长期支付能力，从 2039 年延长至 2043 年。若综合考虑养老金待遇上调这一因素，则无资金准备的负债水平将降至 9360 亿比索，基金的可支付能力将延长 3 年至 2042 年。对于按最高缴费基数进行缴费的参保人而言，其养老金待遇预计将可增长 7%。对领取养老金待遇的人来说，其月平均养老金水平将上调 5%，由平均 3035 比索 / 月增至 3186.75 比索 / 月 [1]。

从改革的实际实施效果来看，最显著也是最直观的是征缴收入的大幅上升。如图 32-1 所示，尽管 2010~2016 年的征缴收入总体呈增长趋势，但在 2014 年出现了明显的增速峰值。2014 年的征缴收入为 1189 亿比索，较上年度增幅高达 17.3%。

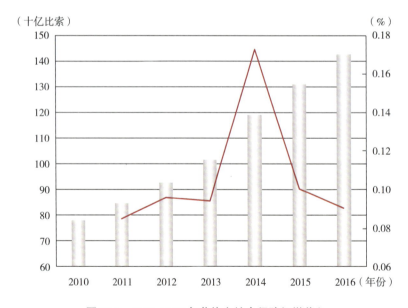

图 32-1　2010~2016 年菲律宾社会保障征缴收入

资料来源：菲律宾 2014 年社会保障计划年报；菲律宾 2016 年社会保障计划年报。

（二）菲律宾社会保障计划的发展现状

1. 制度覆盖面不断扩大

为了让更多人群受益，菲律宾政府一直在努力扩大社会保障计划的覆盖面。首先，从制度层面不断将自雇人员、非正规部门就业人员等群体纳入覆盖范围。菲律宾社会保障计划在 1957 年正式建立时的覆盖对象主要是私人部门雇员，之后其制度覆盖面不断扩大，1980 年，将部分自雇人员纳入制度覆盖范围；1992 年，将自雇农民和渔

---

[1] 菲律宾 2014 年社会保障计划年报。

民纳入制度；随后在 1993 年和 1995 年又分别将月收入高于 1000 比索的家庭主妇、海外雇工以及非正规部门雇员纳入制度覆盖范围。其次，由于菲律宾的劳动力市场中非正规就业占比较高，影响了其总体实际参保缴费率。因此，菲律宾政府近年来通过提高其参保便利性以及制定专项计划等措施，力推促进非正规部门就业人员的参保缴费率。截至 2016 年 12 月末，参加菲律宾社会保障计划的雇主有 93.5 万户，参保人员总计 3488.9 万人，分别较 5 年前增长了 55.3% 和 18.4%，2016 年当年新增参保人员为 154 万人[①]。参保人员占菲律宾总人口的比重大约为 34%，其中包括雇员、自雇人员和自愿参保人员，占比分别为 72.3%、13.2% 和 14.4%[②]。

2. 征缴收入不断提高

目前，菲律宾社会保障计划的缴费率为 11%，其中雇主和雇员的缴费率分别为 7.37% 和 3.63%。缴费基数是所核定的允许缴费工资基数，而非是雇员的实际工资收入。菲律宾根据不同的薪金收入水平确定了不同的缴费工资基数档次，共设定了 31 个档次。最低档次为月收入在 1000~1249.99 比索的雇员，其允许缴费工资基数核定为 1000 比索；最高档次为月收入在 15750 比索以上的雇员，其允许缴费工资基数核定为 14000 比索。在上限与下限之间，月收入每多 499.99 比索即设定一个允许缴费的工资基数档次，每个档次的差额为 500 比索。如月收入在 1250~1749.99 比索的雇员，其允许缴费工资基数核定为 1500 比索；而月收入在 1750~2249.99 比索的雇员，其允许缴费工资基数核定为 2000 比索（2014 年开始实施）[③]。

如前文所述，近年来，菲律宾社会保障计划的征缴收入总体呈持续上升趋势。受益于 2014 年所实施的"提高缴费基数上限和缴费率"的改革措施，菲律宾社会保障计划的征缴收入出现大幅攀升，之后增速回落至与改革前相当的水平，征缴收入仍保持增长。截至 2016 年末，菲律宾社会保障计划的保费征缴收入共计 1425 亿比索，较上年度增长 8.92%，较 5 年前增长 53.62%[④]。

3. 待遇支出持续增长

菲律宾社会保障计划的待遇主要有两项：一是社会保障待遇（Social Security Benefits），包括疾病、伤残、退休、生育和死亡殡葬；二是雇员补偿（Employees' Compensation），实际上就是工伤保险，主要用于补偿工人因工造成的伤残、死亡。近年来，菲律宾社会保障计划的养老金待遇不断提高，从 2010 年的平均 3524 比索 / 月提高至 2015 年的 3780 比索 / 月，增幅为 7.26%[⑤]。与此同时，菲律宾社会保障计划的待遇总支出也持续增长，从 2012 年的 831.5 亿比索增至 2016 年的 1318.8 亿比索，增幅达 58.6%，年均增幅为 10.2%[⑥]。

社会保障待遇是菲律宾社会保障计划的主要待遇支付项目，如表 32-1 所示，其占总待遇支出比重在 99% 以上。在社会保障待遇中，第一大项目是退休待遇，其次是死亡待遇。2016 年的退休待遇支出为 781.1 亿比索，较上年度增长 23.81%，占社会保障待遇支出的比重约为 59.74%，占总待遇支出的比重约为 58.26%。死亡待遇支出为 392.05 亿比索，较上年度增长 12.68%，占社会保障待遇支出的比重约为 29.48%，占总待遇支出的比重约为 29.24%。

表 32-1 2015~2016 年菲律宾社会保障计划待遇支付项目及其所占比重

	2016 年		2015 年	
	金额（百万比索）	所占比重（%）	金额（百万比索）	所占比重（%）
总待遇支出	134073.9	100.00	113632.5	100.00
社会保障待遇	132978.8	99.18	112560.8	99.06
其中：退休	78105.7	58.26	63084.6	55.52
死亡	39205	29.24	34793.9	30.62
伤残	4513.9	3.37	4152.6	3.65
生育	5288.9	3.94	5213.1	4.59
疾病	2267.7	1.69	2226.1	1.96
殡葬	3582.9	2.67	3073.3	2.70
医疗服务	13.1	0.01	16	0.01
康复服务	1.6	0.00	1.2	0.00
雇员补偿待遇	1095.1	0.82	1071.7	0.94

资料来源：菲律宾 2015 年和 2016 年社会保障计划年报。

---

① http://www.sss.gov.ph/sss/index2.jsp?secid=845&cat=6&pg=null.

② http://news.abs-cbn.com/focus/01/12/17/social-security-system-quick-facts.

③ Social Security System Guidebook, 2017，菲律宾社会保障制度官网。

④ 菲律宾 2016 年社会保障计划年报。

⑤ http://news.abs-cbn.com/focus/01/12/17/social-security-system-quick-facts.

⑥ 菲律宾 2014 年、2015 年、2016 年社会保障计划年报。

4. 基金总支出增速快于总收入，基金资产呈持续上涨趋势

近 5 年来，菲律宾社会保障计划的总收入呈持续上升趋势。2016 年的总收入为 1709.7 亿比索，较上年度增长 7.36%，较 5 年前增长 36.32%，年均增幅为 8.1%。缴费收入占较大比重，5 年来的平均占比为 78.46%；相比较而言，投资和其他收入的占比较小，并且在 2015 年和 2016 年出现下降。与此同时，总支出也呈持续增长趋势。2016

年的总支出为 1412.8 亿比索，较上年度增长 17.49%，较 5 年前增长 55.63%，年均增幅为 11.75%。由此，虽然目前从绝对数值来看，制度总收入大于总支出，但支出的增幅已明显快于收入，这将给制度的可持续发展带来挑战。从菲律宾社会保障计划的总资产情况来看，近 5 年也呈逐年增长趋势。2016 年的总资产为 4418.3 亿比索，较 2015 年增长 7.43%，较 5 年前增长 32.45%，年均增幅为 7.32%（如表 32-2 所示）。

表 32-2　近 5 年（2012~2016 年）菲律宾社会保障计划的收支状况（10 亿比索）

年份		2012	2013	2014	2015	2016
总收入	缴费	92.73	101.4	118.94	130.79	142.45
	投资和其他收入	32.69	33.71	33.78	28.46	28.52
	合计	125.42	135.11	152.72	159.25	170.97
总支出	待遇支出	83.15	90.42	101.5	111.49	131.88
	管理费支出	7.63	7.56	8.03	8.76	9.4
	合计	90.78	97.98	109.53	120.25	141.28
资产	总计	333.58	354.32	395.75	411.28	441.83
	投资资产	317.48	339.28	377.18	378.06	406.4
	投资资产占比	95.2%	95.8%	95.3%	91.9%	92.0%

资料来源：菲律宾 2016 年社会保障计划年报。

（四）存在的问题

随着出生率的下降和预期寿命的延长，菲律宾也面临着日益严重的人口老龄化问题。如表 32-3 所示，菲律宾

表 32-3　1995~2015 年菲律宾老年人口的数量及其比例

年份	总人口（百万）	老年人口（百万）	老年人口比例（%）
1995	68.62	3.7	5.4
2000	76.50	4.6	6.0
2005	84.21	5.68	6.7
2007	88.57	5.8	6.5
2010	90.46	7.06	7.8
2015	99.01	8.72	8.8

注：这里的老年人口是指 60 岁及其以上人口。

资料来源：NSO www.census.gov.ph，转引自 Nicamil Sanchez, The Filipino Senior Citizen: At a Glance, ISA RC11, Sociology of Aging, Winter 2008, p.3。

60 岁以上的老年人口数量持续增长，从 1995 年的 370 万人增至 2015 年的 872 万，增长了 1.36 倍，远高于总人口的增幅（44.29%），这使老年人口占总人口的比重不断上升，从 1995 年的 5.4% 升至 2015 年的 8.8%，增长了 3.4 个百分点。老年人口的不断增加，对菲律宾社会保障制度的可持续发展提出了日益严峻的挑战。

虽然菲律宾早在 1936 年和 1954 年就制定了政府公务员保险计划（GSIS）和社会保障计划（SSS），并且历届政府都在不断地改革完善目前的制度，但是菲律宾社会保障制度还面临诸多问题，主要体现在以下几个方面：

（1）与世界上许多国家一样，菲律宾的社会保障计划也面临着人口老龄化对其制度可持续发展能力的巨大挑战。根据世界银行的测算，在未来的 35 年中，菲律宾的老年人口赡养率（60 岁以上人口占劳动年龄人口的比重）将翻 1 倍，从 2015 年的 12% 增长至 2049 年的 22.5%。更为重要的是，菲律宾社会保障计划参保人的老年赡养率相对更高，因为参保人大多是相对较为富裕的城镇职工，

大都在较为稳定的正规部门工作，生育率相对较低，预期寿命相对较长，这将成为社会保障计划的财务能否可持续性的关键性决定因素。根据世界银行的预测，在未来 20 年间，菲律宾社会保障基金的各项支出均将高于收入，总的基金积累将在大约 28 年之后全部用完。对中长期内的基金收支问题，菲律宾可通过不断的参数式改革而使其不断得以改善。例如，统一规范待遇计发办法，以提高制度的激励效应和公平性；建立常态的指数化养老金待遇调整机制；改革缴费基数的计算方法等 [1]。

（2）社会保障计划的实际覆盖率有待进一步提高。虽然根据菲律宾法律规定，所有劳动者包括自雇人员、临时工、非正规部门就业人员均需参加社会保障计划，但实际情况却远非如此。2013 年，菲律宾办理了参保登记的人员有 3072 万人，占劳动力人口的 73.4%，占劳动年龄人口的 50.6%。在参保人员中，实际缴费人员仅有 934.9 万人，占总参保人数的 30.4%，占劳动力人口的 22.3%，占劳动年龄人口的 14.2% [2]。造成这种情况的主要原因是菲律宾正规就业部门的规模较小，非正规就业占比高是菲律宾劳动力市场的一大特征。据世界银行估计，大约有 75% 的劳动者是在非正规部门就业，而根据菲律宾国家统计局估计，大约有 90% 的劳动者在中小微企业就业或自雇。对于将非正规就业人员纳入国家缴费型社会保障计划的做法而言，许多国家都是一个极大的挑战，菲律宾亦是如此。因为这部分人的收入通常较低而又不稳定，并且他们往往还会面临其他的社会和健康风险。此外，在非正规部门就业为主的劳动力市场中，严格执法自然受到挑战，这也对社会保障扩大覆盖面产生了较大障碍。许多雇主要么不参保，要么选择性参保，与此同时也有一些雇员从自身短期利益出发，与雇主"合谋"不参保或者隐瞒实际工资。这些因素都会对社会保障计划的实际参保率产生显著影响。

（3）社会保障计划缴费率有待提高。菲律宾社会保障计划的缴费率目前为 11%，缴费率虽然已经在 2014 年有所提高，但与其他计划相比仍相对较低，并且领取待遇的资格条件也相对较低，长期来看难以维持社会保障制度的可持续发展。以菲律宾政府公务员保险计划（GSIS）为例，其雇员和雇主缴费率分别为 9% 和 12%，总计 21%，远高于社会保障计划的 11%。政府公务员保险计划的最低缴费年限是 15 年，也高于社会保障计划的最低缴费年限要求（10 年）。菲律宾的政治结构决定了政府倾向于向民众许诺社会保障计划提供的待遇会不断增长，同时缺乏激励采取措施相应地提高缴费率，无法有效地提高投资管理的水平。这导致社会保障计划在财务上难以持续发展。因此，菲律宾社会保障计划急需根据精算平衡的原则进行运作。否则，社会保障计划的财务赤字要么需要财政补贴，要么需要大幅降低待遇或被迫提高缴费率。前一种方法会对政府财政预算造成冲击，而后一种方法面临更大的政治压力。

（4）社会保障计划（SSS）和政府公务员保险计划（GSIS）有待整合。菲律宾碎片化的社会保障制度不仅阻碍了劳动力流动，造成待遇攀比，不利于社会和谐，而且在管理上也存在机构重叠、政策冲突、管理费用居高不下的问题。为此，世界银行和国际劳动组织等国际机构都建议菲律宾尽快整合社会保障计划和政府公务员保险计划，结束社会保障制度碎片化的局面。这项改革有利于建立全国统一的社会保障制度，促进私人部门和公共部门的劳动力流动，提高管理效率，整合两个基金的投资政策，提高投资收益率，增强社会保障计划的财务可持续性。

（5）社会保障计划的管理水平有待进一步提高。社会保障计划的管理存在效率不高、治理结构不合理、信息披露不充分、政策决策不透明等问题。菲律宾社会保障计划管理效率较低的一个直接表现就是管理费用过高，2016 年该计划的管理费用为 94 亿比索，比上年度增加了 6.4 亿比索，占总支出的比重为 6.65%，相当于总收入的 5.5%，相当于净收入的 31.66%，相当于总资产的 2.13%。较高的管理费用直接加重了社会保障计划成员的缴费负担，降低了社会保障制度的吸引力 [3]。

二、菲律宾社会保障基金的治理结构和投资管理

（一）治理结构

菲律宾社会保障局（Social Security System）只负责管理针对私人部门的社会保障计划，不负责管理公共部门的政府公务员保险计划以及第二支柱的各类养老金计划。菲律宾社会保障局的使命是帮助实现社会保障计划的可持续发展，从而促进社会公正，为参保人及其家庭提供切实保障，使其免予在伤残、疾病、生育、年老、死亡及其他意外出现时收入遭受损失或陷入经济困境。

菲律宾社会保障局内部包括社会保障委员会（Social Security Commission, SSC）和社会保障计划管理机构（Social Security System Management Directory）。社会保

---

[1][2] World Bank, "Republic of the Philippines Review of the Social Security System Consideration for Strengthening Sustainability and Coverage", 2016.

[3] 笔者根据菲律宾 2016 年社会保障计划年报计算。

障委员会是社会保障计划的理事会以及政策制定的最高机构，由 1 名主席、1 名副主席、7 名成员组成。在 7 名成员中，3 位是工人代表、3 位是企业管理层代表、1 位秘书。社会保障计划管理机构是社会保障计划的执行机构，包括 1 名总裁/首席执行官（CEO）（由社会保障委员会副主席兼任）、1 名执行副总裁（兼任首席精算师）、3 位高级副总裁（分别负责法律和征缴事务、信息技术管理和投资管理）、11 位副总裁及其下属机构组成。

与此同时，社会保障委员会内设了投资监督委员会（Investment Oversight Committee, IOC）和风险管理委员会（Risk Management Committee, RMC），以便对投资行为进行监督管理。其中，IOC 的职能主要是确保委员会的投资行为与菲律宾社会保障计划章程（SSS Charter）中有关社保储备基金投资的规定相一致，切实践行各项指导方针，以确保社会保障计划投资的透明度；RMC 的职能则主要是确保社会保障计划的运行符合有关风险管控的政策和实践要求。

（二）投资管理

1. 发展历史

1985 年，菲律宾社会保障计划正式开始投资运作。早期该计划的盈余资金主要用于成员贷款，包括住房贷款和工资贷款。之所以选择这种投资方式，原因主要在于：第一，通过贷款满足计划成员对金融服务的迫切需求，这是计划建立初期成员最急需的金融服务，从而增强制度吸引力，扩大覆盖面，引导计划成员遵守社会保障相关的法律；第二，在当时的历史条件下，菲律宾国内金融市场不发达，缺乏有效的投资工具，管理当局也没有更好的投资选择。

1969 年，政府开始发行财政债券，社会保障计划进行了大量投资，后来又大量投资于长期国债。到了 20 世纪 70 年代后期，社会保障计划通过菲律宾国家银行和菲律宾发展银行向私人企业贷款。这样社会保障计划持有了大量的国家银行汇票和发展银行本票，1987 年这些商业票据转化成了财政部票据，事后证明这一选择非常明智。1991 年，为了控制高达 25% 的利率，政府与社会保障计划、政府公务员保险计划展开谈判，要求这两个基金把财政部短期票据换成 3~5 年期的财政部债券，利率在 20%~22%。几年之后，随着市场利率的逐步下降，这两个基金又从中

获益不菲。

直到 1987 年，社会保障计划才开始投资于股票，并在 1990 年初期的大牛市中获益匪浅，从而使基金规模不断增大。尽管在 1997 年东南亚金融危机中，社会保障计划出现了短期亏损，但 1999 年之后社会保障基金就逐步开始盈利了。

在 1981~2000 年的 20 年中，社会保障计划每年的平均投资收入从 1981~1985 年的 21.5 亿比索增加到 1996~2000 年的 138.6 亿比索，20 年的投资收益率在 7.02%~26.09%；政府公务员保险计划每年的平均投资收入从 1981~1985 年的 3.61 亿比索增加到 1996~2000 年的 23.2 亿比索，20 年的投资收益率在 1.73%~10.58%[1]。这一投资收益情况要好于同期的其他发展中国家，如马来西亚公积金在 1981~2001 年的投资收益率在 6.8%~8.5%，平均为 7.9%[2]。

从总规模来看，菲律宾社会保障计划的投资资产总体呈上升趋势。1959 年，投资伊始只有 6620 万比索，1969 年增至 9.19 亿比索，1979 年增至 66.08 亿比索，1989 年增至 417.81 亿比索，而到 2000 年则达到 1345.2 亿比索，2010 年又增长近一倍至 2526.3 亿比索。从投资分布来看，政府债券、成员贷款和股票一直是其投资组合中的"重头戏"，这三项投资同时也是其投资收入的主要来源[3]。

2. 投资现状

菲律宾 1997 年颁布了"第 8282 项法案"，即 1997 年《社会保障法》（Social Security Act），该法进一步完善其社会保障制度，其中对投资方面也做出了一些新的规定，以增强投资灵活性。菲律宾目前的社会保障计划投资均依照该法律执行，该法制定的社会保障计划章程（SSS Charter）对菲律宾社保储备基金可投资的范围以及各类投资的最高上限做出了规定，包括：非上市流通债券（40%）、住房（35%）、不动产（30%）、中短期成员贷款（10%）、政府金融机构和公司（30%）、基础设施建设项目（30%）、以国外货币计价的投资（7.5%）以及社会保障委员会认为可盈利的其他行业（15%）[4]。

除了依照此规定配置投资资产之外，在实践中，菲律宾社会保障局投资所遵循的原则是安全性、高收益和流动性。近年来，菲律宾社会保障计划的投资表现总体较为稳定，一直优于主要投资基准。2011~2015 年，社会保障计

① Reynaldo Palmiery, Investment of social security funds: the Philippine experience, 2002, pp.13-14.
② 郑秉文：《中央公积金投资策略的经验教训——新加坡的神话·马来西亚的崛起·对我国的启示》，《辽宁大学学报》2004 年第 1 期，第 4 页。
③ 菲律宾 2010 年社会保障计划年度报告。
④ https://www.sss.gov.ph/sss/appmanager/viewArticle.jsp?page=NR2016_024

划的年均投资收益率达到 9.1%，远高于这 5 年的 GDP 平均增速（5.9%）和通货膨胀率（3.3%）这两项经济指标，同时也高于 10 年期国库券（10-year Treasury Bond）利率和 364 天国库券（364-day T-bill）利率，这两项是关键市场指标的平均水平，二者值分别为 4.8% 和 1.8%。

2015 年，菲律宾社会保障计划的总投资规模为 4266.6 亿比索，分别投资于政府债券（39.9%）、股票（23%）、成员贷款（15.6%）、企业票据和债券（8%）、银行存款（5.9%）、不动产（4.7%）以及住房开发贷款（2.9%）。由此可见，政府债券和股票依然是其投资策略的主要组成部分，在其投资分配中占据较大份额，二者共计 62.9%。从投资收益情况来看，此两类投资所得收益在总投资收益中所占份额也排在前两位。2015 年，菲律宾社会保障计划的总投资收益为 286.5 亿比索，平均投资收益率为 6.9%，其中政府债券和股票这两项的投资收益共计 191.8 亿比索，占总投资收益的 2/3。具体来看，政府债券的投资收益额最高，2015 年为 110.5 亿比索，较 2014 年增加了 7000 万比索，平均投资收益率为 7.1%；股票的投资收益为 81.3 亿比索，占总投资收益的 28.4%，平均投资收益率为 8.2%；成员贷款的投资收益为 48.6 亿比索，比上年增加了 7000 万比索，平均投资收益率为 7.8%；企业票据和债券的投资收益为 14.1 亿比索，较上年增加了 3.8 亿比索，平均投资收益率为 5%[①]。

到 2016 年，菲律宾社会保障计划的投资组合基本维持上年的格局，投资于政府债券和股票的资产依然排在前两位。截至 2016 年末，菲律宾社会保障计划的总投资规模为 4701.4 亿比索，较上年度增加了 434.8 亿比索，增幅为 10.19%。在其投资组合中，政府债券所占份额最大，为 1804.6 亿比索，占 39%；其次是股票，为 1112.2 亿比索，占 24%；最后是成员贷款，为 859.3 亿比索，占 18%。这三项合计占总投资规模的比例为 81%，比上年度的 78.5% 有小幅上升，其中政府债券和股票的投资占比与上年度基本相当，成员贷款占比略有上升[②]。受益于总体经济的高速增长，2016 年菲律宾社会保障计划的投资收益为 301 亿比索，扭转了上年度出现的下降态势，平均投资收益率为 6.6%。其中，政府债券和股票的投资收益与上年度大体相当，且仍占较大份额，二者合计占比仍在 60% 以上；较上年度投资收益增长较为明显的是不动产以及企业票据和债券[③]。

（三）存在的问题

根据菲律宾社会保障计划网站的信息，截止到 2009 年 3 月该基金的平均回报率为 12.7%，相对而言，这个投资收益率较高。但是，菲律宾社会保障计划的投资管理还存在以下几个方面的问题：

（1）政府干预投资管理问题严重。由于社会保障计划积累了巨额资产，为了实现国内政治目的，政府一直都在干预该计划的投资管理。政府为了迎合选民的需要，制定了很多政策，例如低收入人群的住房计划，对创办中小企业的金融扶助计划，以及促进国内金融市场发展的计划，这些政策都需要资金支持，而政府在资金不足的情况下会想到利用社会保障计划的巨额资金。这些干预行为降低了资产回报率，偏离了社会保障计划的真正目的。

（2）投资政策不稳定，容易受到政治和公众的影响。政府干预除了直接指导具体的投资行为外，还容易导致投资政策的不稳定，不利于长期投资。例如，为了分散风险的需要，政府公务员保险计划在 1994 年将大约 1000 万美元的资产投资于海外市场，尽管收益良好，但是出于政府和公众的压力，两年后不得不终止海外投资。

（3）国内投资范围狭窄，投资期限较短。由于菲律宾国内金融市场不发达，社会保障计划缺乏有效的投资工具，特别是缺乏长期投资工具，这使该基金不得不集中投资于短期的成员贷款和政府债券。政府发行的 5 年到 10 年期长期债券数量有限，总是供不应求。这使社会保障计划的短期资产和长期负债不匹配，存在较大风险。

（4）1997 年《社会保障法》中有关投资的规定有待进一步修改。目前菲律宾社会保障计划的投资范围是依照 1997 年社会保障法规定执行的，这部法律已出台 20 年。这 20 年，菲律宾国内的经济和金融市场发生了较大变化，该法律中有关投资方面的规定显然已不能适应当今的市场需求。菲律宾社会保障局近年来也一直在争取修订有关投资方面的规定，加强投资弹性，赋予投资机构更大的决策自主权，如重新评估投资范围的限定以及各项投资的最高上限等，以使社会保障计划的投资能够更快、更好地适应当前的市场环境。

（5）治理结构不合理，信息披露不充分，决策不透明。社会保障计划委员会的成员全部都是由政府任命，管理团队的总裁和首席执行官也是唯政府的马首是瞻，缺乏独立性，无法有效抵制政治干预。虽然社会保障计划委员会的

---

① https://www.sss.gov.ph/sss/appmanager/viewArticle.jsp?page=NR2016_024.
② https://www.sss.gov.ph/sss/appmanager/viewArticle.jsp?page=NR2016_081.
③ 菲律宾 2016 年社会保障计划年度报告。

成员组成分别代表了政府、雇主和雇员三方利益，但是任命成员的选择面较窄，容易形成部门利益，无法真正代表整个计划成员的利益。另外，社会保障计划的信息披露不充分、获取不方便，有关投资的信息披露不系统、不完善，特别是缺乏关于投资绩效的信息，而且没有建立完善、科学的投资绩效衡量制度。

三、结论

作为亚洲最早建立社会保障制度的国家之一，菲律宾社会保障制度在保障人民群众生活、减少贫困、分散风险等方面发挥了重要作用。随着社会经济的发展和社保制度的逐渐完善，参保人数逐步增加，待遇水平也在不断提高，近年来基金的投资表现也可圈可点。与此同时，菲律宾社保制度还有很多地方需要完善。首先，进一步完善多支柱社会保障制度。通过提高第一支柱的保障能力减少贫困率，同时通过发展第三支柱满足人们对退休待遇的不同需求。其次，逐步提高社会保障计划的缴费率。建立缴费和待遇之间的精算关系，以保障该计划的财务可持续性；再次，逐步整合社会保障计划和政府公务员保险计划。建立统一的社会保障制度，促进劳动力流动，提高管理效率。又次，在投资管理方面，应进一步完善社会保障计划的治理结构。减少政府干预，建立独立的社会保障计划委员会，提高决策透明度，提高信息披露程度。最后，在具体的投资政策方面，社会保障计划应尽快修改其1997年颁布的"第8282项法案"中社会保障章程对投资管理方面的规定，如扩大投资组合范围，调整各类投资的最高配置上限，增强社会保障委员会的投资能力等。

分报告三十三
约旦社会保障体系

约旦哈西姆王国，简称约旦，位于亚洲西部，阿拉伯半岛西北部，西邻以色列和巴勒斯坦，北接叙利亚，东北与伊拉克交界，国土面积 8.93 万平方公里，共划分为 12 个省，首都为安曼，主体居民为阿拉伯人。约旦历史悠久但立国较晚，自然资源相对匮乏。近年来，现任国王阿卜杜拉二世以经济建设为中心，致力于国民经济发展和改善民生，逐步加大了社会保障体系改革与建设步伐。本书通过对约旦社会保障公司的分析，研究约旦社会保障体系发展情况及下一步改革方向。

一、约旦社会经济发展情况

（一）宏观经济

约旦是发展中国家，工业和经济基础薄弱，资源较贫乏，可耕地少，依赖进口。21 世纪初，约旦经济发展较快，GDP 连续数年实现 6% 以上的增长。随后受到国际金融危机、"阿拉伯之春"及叙利亚危机等一系列负面因素影响，约旦经济增速大幅回落。国内三大支柱产业为服务业、工业、农业，根据 CIA 数据，2016 年服务业、工业和农业占 GDP 比重分别为 66.2%、29.6%、4.2%。约旦财政状况长期不佳，收入来源长期依靠旅游、侨汇和国际援助。主要贸易伙伴为沙特、中国、美国等，2016 年进出口贸易总额 268 亿美元，贸易逆差 117 亿美元。2017 年，约旦国内生产总值为 400.68 亿美元，实际 GDP 增速为 1.97%，人均 GDP 为 4129.75 美元。

未来，约旦将结合国情，通过加快与国际货币基金组织新一轮贷款谈判、实施经济体制改革、减少债务、增加税收、紧缩财政、限制外籍劳工从业范围、创造就业机会等措施，不断促进国民经济增长和人民生活水平的提高。

表 33-1　约旦 2012~2017 年宏观经济情况

年份	GDP（亿美元）	人均 GDP（美元）	失业率（%）	通胀率（%）
2012	309.37	3870.75	12.2	4.5
2013	335.94	3992.87	12.6	4.8
2014	358.27	4066.94	11.9	2.9
2015	375.17	4096.10	13.1	-0.9
2016	386.55	4087.94	15.3	-0.8
2017	400.68	4129.75	14.9	-

注：GDP、人均 GDP 为折算现价美元。

资料来源：世界银行，中国驻约旦大使馆参赞处。

（二）人口与劳动力

根据约旦国家统计局 2015 年实施的第六次人口和住房普查，全国总人口约为 953.2 万人，较 2013 年增加了 300 万人，其中男性约 500 万人、女性约 450 万人，分别较 2013 年增加 184 万人和 113 万人。城市人口与农村人口占比约为 8∶2。约旦人口在最近 55 年间增加了 10 倍以上，增幅最大的是过去十年。2011 年以来，受周边国家武装冲突加剧和政治动荡等因素影响，涌入的难民和自愿移民是使人口快速增长。

年龄结构方面，目前约旦人口年龄结构相对年轻。根据世界银行的最新数据，2017 年约旦总人口为 970 万人。其中，0~14 岁人口为 344 万人，占总人口的 35.5%；15~64 岁人口为 589 万人，占总人口的 60.7%；65 岁及以上人口为 37 万，占总人口的 3.8%。

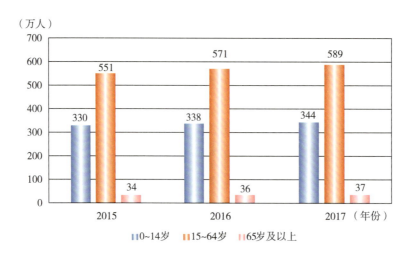

（万人）

图33-1　2015~2017年约旦人口年龄结构

注：图中人口数据统计口径为世界银行的口径，故2015年总人口数据与约旦第六次人口和住房普查数据有些许不同。

资料来源：世界银行。

就业与劳动力方面，根据约旦国家统计局2015年实施的第六次人口和住房普查数据，约旦男性和女性经济参与率差异很大，2015年经济活跃男性占比达71%，女性仅有21%；男性失业率为11%，女性失业率为22.5%。根据世界银行数据，2017年约旦劳动力人口为245万人，其中女性占比17.7%；失业率为14.9%。2017年1月，约旦将最低工资标准从268美元/月提高到310美元/月。根据Numbeo数据网站2017年4月发布的统计数据，约旦人均月工资净收入为637美元，在西亚地区排名第12位。

二、约旦社会保障公司

约旦社会保障公司（Jordan Social Security Corporation，以下简称"社保公司"）成立于1980年。社保公司为财务和行政独立的法人机构，总部设在安曼，在约旦国内外设有分支机构和办事处。

（一）主要职责

社保公司旨在建立更加完善、可持续的社会保障体系，满足被保险人和养老金领取者的需要，提高企业绩效和开发人力资源，实现代际和代内收入再分配，减少社会贫困，推动约旦社会经济发展。

社保公司的主要职责有以下四个方面：一是保险管理，即负责约旦社会保障计划政策的制定和实施，社会保险的征缴、支付、管理和运营；二是投资管理，即负责约旦社会保障基金投资政策和方案的制定，以及基金的投资管理和运行；三是财务管理，即负责约旦社会保障计划以

及社会保障基金的财务管理，并根据财务状况进行精算估值研究以实现精算平衡；四是制度建设，即负责约旦社会保障政策的统筹制定、社会保障体系改革的持续推进和社会保障发展规划的制定等。

（二）公司治理

1. 董事会

社保公司最高权力机构是董事会。董事会的主席是劳动部部长，副主席是社保公司总干事。此外，董事会的成员还涵盖了投资基金主席、中央银行投资事务副行长、武装部队和安全机构的代表（由内阁提名）、两名工会代表（由工会提名，一名是专家，另一名是雇主）、四名劳工代表（由劳工协会总联合会提名）和四名雇主代表（两名由约旦工业协会提名，两名由约旦商业协会提名）。董事会的成员中，除主席、副主席、投资基金主席、中央银行投资事务副行长以外，其他成员任期为三年，可连任一次。董事会负责监督社保公司的事务和工作，具体包括：批准社保公司整体的保险政策、投资政策、监督投资过程；批准社保公司投资基金的整体计划。批准社保公司的组织架构、人员配置。指定保险和精算专家以审查和编制公司的财务报表。批准公司的年度预算、年度报告和最终财务报表。向内阁提交季度报告；设立常设委员会和临时委员会等。

2. 专业委员会

董事会下设保险委员会和社会保障投资基金委员会。保险委员会由总干事主持，还包括健康部的秘书长、董事会的两名成员（一位是劳工代表，另一位是雇主代表）以

及三名外部专家（由内阁任命、董事会推荐）。保险委员会主要负责提出整体的保险政策并提交董事会审议；监督公司保险政策的执行，制定实施和落实所述政策所需的计划和方案；向董事会定期提交保险事务的报告；指定保险职能所需的委员会；起草保险方面的实施细则并提交董事会；以及董事会授权的其他权利等。社会保障基金投资委员会的成员包括投资基金主席（作为投资委员会的副主席）、总干事、两名董事会成员（一位是劳工代表，另一位是雇主代表，二者皆需是投资专家）和五名外部专家（由内阁任命、董事会推荐），同时内阁需从其中选择一位成员作为委员会主席。投资委员会主要负责制定整体的投资政策并提交董事会审议；监督公司整体投资政策的执行，制定实施和落实所述政策所需的计划和方案；为实施投资政策制定必要的投资决策和总体计划；向董事会定期提交投资基金相关

的报告，指定投资职能所需的委员会，制定投资基金相关的实施细则并提交董事会，以及董事会授权的其他权利等。

3. 总干事

总干事是在董事会主席的推荐下由内阁任命，主要包括以下职责：实施董事会批准的政策并执行其决议；准备公司的年度预算草案和最终财务报表，并提交董事会批准；监督公司员工并管理公司所有机构；发布执行法律的实施细则以及董事会授权的其他权利等。

4. 组织架构

总干事下面配置了内部审计局、总干事顾问、监察长办公室、总干事办公室、精算研究局、法律事务局、媒体中心局和风险管理办公室，同时下设研究部门、分支机构管理部门、信息系统部门、保险事务部门以及行政和财务管理部门等，如图 33-2 所示。

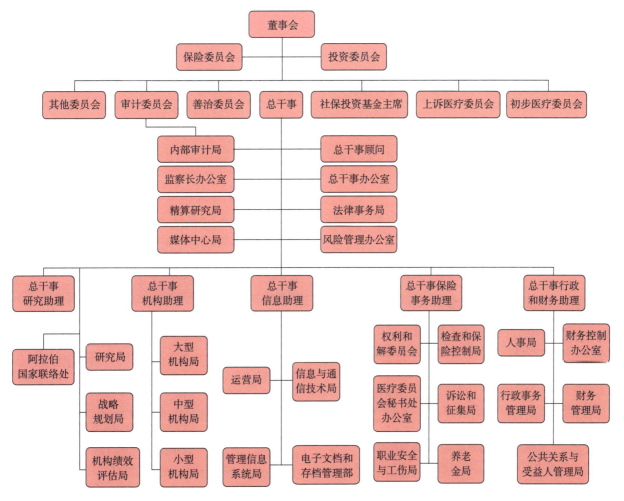

图 33-2　约旦社会保障公司组织架构

资料来源：约旦社会保障公司官网。

5. 人力资源

在过去的几十年中，社保公司的人力资源管理已经从简单的人事管理发展为战略性的人力资源管理，即实行积极的人力资源管理，从而满足公司及员工的中长期发展需求，并在构建人力资源规划、开展员工培训、提升员工素质、促进女性就业等方面取得了显著成果。截至 2015 年底，社保公司员工人数达到 1293 人。其中，男性员工占比 64.7%，女性员工占比 35.3%；学士学位及以上人数为 857 人，占比 66.3%，如表 33-2 所示。此外，社保公司设有专门的培训中心向员工提供全方位的培训计划，并制定 2016~2020 年培训战略来提高管理人员、技术人员和行政人员的能力水平；同时，社保公司还制定了性别主流化战略（2014~2015 年），在公司内设立与性别有关的部门以促进性别平等、维护女性权益。

表 33-2　社保公司 2015 年人员分布情况

学历资格	男性人数（人）	女性人数（人）	总数（人）	占比（%）
博士	15	1	16	1.2
硕士	92	38	130	10.1
高级文凭	7	4	11	0.9
学士	434	266	700	54.1
副学士	49	52	101	7.8
中学	79	68	147	11.4
高中以下	160	28	188	14.5
总数	836	457	1293	100.0

资料来源：约旦社会保障公司《2015 年报》。

然而，社保公司在人力资源管理方面也面临着一些挑战。以绩效考核为例，2012 年社保公司被纳入了公务员薪酬重组制度的覆盖范围，对员工表现及公司业绩产生了负面影响。为了解决这一问题，社保公司在 2014~2016 年的发展规划中，提出改善现有的绩效评估和激励制度，建立绩效管理制度，将员工的表现和生产力与绩效联系起来。

6. 战略规划和精算研究

社保公司重视战略规划的作用，公开资料显示，在国家战略的基础上，社保公司定期制定中长期发展战略规划，并通过战略规划电子跟踪系统以及定期报告来检测其成果。随着社保公司被纳入公务员薪酬重组制度以及新的《社会保障法》（2014 年第 1 号）的批准，为了应对新的环境变化，社保公司对前期规划进行了修订，并发布 2014~2016 年战略规划。该规划主要涉及五个战略目标：第一，确保社保制度的可持续性并提高其效率；第二，提供优质的保险服务以满足参保者的需求；第三，提升企业绩效和人力资源管理；第四，提高目标群体的保险意识和公司形象；第五，支持在国家层面整合社会保障政策。

除了战略规划，社保公司也重视精算研究在社保制度建设方面的重要作用。根据社保公司官网披露的信息，截至目前已开展了 8 次精算研究。在最新的第 8 次精算研究中，社保公司与国际劳工组织（ILO）合作，基于 2011~2013 年的人口、经济和财务等方面的数据，对养老保险、工伤保险、生育保险和失业保险进行了精算评估，并对公司的财务状况和社保制度的可持续性进行了预测，同时根据预测结果提出改革方案以实现精算平衡。

三、约旦社会保障体系发展现状
（一）发展历程

如表 33-3 所示，1959 年，约旦成立公务员计划和军事人员计划，为政府公职人员和军事人员提供社会保险，这两个计划由财政部负责管理。1978 年，约旦政府颁布《社会保障法》（1978 年第 30 号），计划在私人部门建立社会保障计划，并于 1980 年率先在超过 50 人的大型公司进行实施。1995 年开始，公务员计划不再允许刚参加工作的公务员参加该计划，这些新人必须和私人企业的员工一样参加约旦社会保障计划。2003 年开始，这一改革措施同样适用于军事人员。为了进一步扩大覆盖面，约旦政府先后于 2001 年和 2010 年颁布了新的社会保障法。2014 年，为了确保分配公平和制度的可持续性，《社会保障法》（2014 年第 1 号）颁布，并于 2014 年 1 月 3 日生效。新的《社会保障法》主要修订内容有：一是 2014~2017 年，费率逐渐增加，主要是养老保险的费率增加，雇主增加了 2%，员工增加了 1%；二是收益上限确定为每月 3000 第纳尔①，并且随着通货膨胀将在未来增加；三是将提前退休年龄提高到 50 岁，对危险职业的退休年龄设定为 45 岁，同时规定提前退休需要达到一定的缴费要求；四是针对雇主和自营职业者的社会保险成为强制性的。

---

① 第纳尔：约旦第纳尔为约旦流通货币，编号 JOD，根据 2018 年 9 月 5 日的实时数据，1 第纳尔 =1.41 美元。

表 33-3　约旦社会保障计划发展历程

时间	政策演变
1959 年	成立公务员计划和军事人员计划
1978 年	颁布《社会保障法》（1978 年第 30 号），在私人部门建立社会保障计划
1980 年	社会保障计划的第一阶段：在选定的超过 50 人的大型公司进行实施
1981 年	社会保障计划覆盖未被公务员计划涵盖的政府和公共机构人员
1987 年	社会保障计划覆盖有 5 名以上员工的公司
1995 年	公务员计划停止，社会保障计划覆盖政府部门的新员工
2001 年	颁布《社会保障法》（2001 年第 19 号）
2003 年	军事人员计划停止，社会保障计划覆盖新的军事人员
2008 年	社会保障计划覆盖少于 5 名员工的公司
2010 年	颁布《社会保障法》（2010 年第 7 号）
2014 年	颁布《社会保障法》（2014 年第 1 号）

资料来源：约旦社会保障公司《战略规划 2014~2016》。

总体而言，目前约旦社会保障体系主体为约旦社会保障计划（面向私人部门职员以及政府机构和军事部门的新职员）以及公务员计划和军事人员计划（已停止吸纳新人）。此外，还包括通过国家援助基金（NAF）资助的社会援助计划和通过联合国救济和工程处（UNRWA）提供的巴勒斯坦难民援助方案等。

（二）覆盖对象

约旦社会保障计划针对所有年满 16 岁以上的受劳动法管辖的在职人员、未被公务员计划和军事人员计划涵盖的在职人员、地区和国际特派团的约旦雇员、自雇人士、雇主和合伙人等群体提供社会保险。

截至 2015 年，约旦社会保障计划的总参保人共计 117 万人，同比增长 5.3%。其中，法定强制参保人共 110 万人，占比 94.1%；男性占比 72.8%，女性占比 27.2%。

从增长情况看，近几年参保人数的增长幅度趋于稳定，大致在 5% 上下；从年龄结构看，26~45 岁的中青年占比达到了一半以上，其次是 25 岁及以下的年龄组，45 岁以上占比最少；从覆盖率看，约旦社会保障计划参保人数占总劳动力的比重在逐年增加，2015 年达到 51.1%，占劳动年龄人口（15~64 岁）的比重一直维持在 20% 上下。如图 33-3、图 33-4 和表 33-4 所示。

图 33-3　参保人人数演变（2011~2015 年）

资料来源：约旦社会保障公司《2015 年报》。

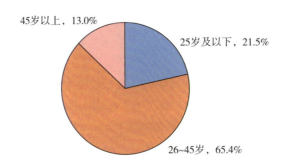

图 33-4　2015 年参保人群的年龄结构

资料来源：约旦社会保障公司《2015 年报》。

表 33-4　约旦社会保障制度参保情况

年份	参保人口（万人）	劳动力人口（万人）	15~64 岁人口（万人）	参保人口占劳动力人口的比重（%）	参保人口占劳动年龄人口（15~64 岁）的比重（%）
2010	88	189	426	46.6	20.7
2011	95	197	450	48.2	21.1
2012	99	204	476	48.5	20.8
2013	105	210	502	50.0	20.9
2014	111	220	528	50.5	21.0
2015	117	229	551	51.1	21.2

资料来源：参保人口数据来自约旦社会保障公司《2015 年报》，劳动力人口、劳动年龄人口数据来自世界银行。

（三）结构及费率

根据《社会保障法》（2014 年第 1 号）的规定，约旦社会保险包括养老保险、工伤保险、生育保险及失业保险等。具体费率如表 33-5 和表 33-6 所示。

表 33-5　《社会保障法》规定的社会保险类型及缴费费率

保险类型	缴费费率
养老保险	雇主承担 9%，自 2014 年 1 月起每年 1 月增加 0.5%，直至增至 11% 雇员承担 5.5%，自 2014 年 1 月起每年 1 月增加 0.25%，直至增至 6.5%
工伤保险	2%（由雇主完全承担）
生育保险	雇主承担 0.75%
失业保险	雇主承担 0.5% 雇员承担 1%

资料来源：约旦《社会保障法》（2014 年第 1 号）。

为了维持养老保险的可持续性，《社会保障法》（2014 年第 1 号）规定养老保险的缴费比例逐年上升。其中，企业雇主缴费比例需从法律规定的 9% 上升至 11%，增加 2 个百分点；个人缴费比例需从法律规定的 5.5% 上升至 6.5%，增加 1 个百分点，合计增加 3 个百分点。

表 33-6　2014~2017 年企业雇主与被保险人缴费比例趋势

项目		2014 年	2015 年	2016 年	2017 年
总扣除	雇主	12.75%	13.25%	13.75%	14.25%
	被保险人	6.75%	7%	7.25%	7.5%
	总	19.5%	20.25%	21%	21.75%

资料来源：约旦《社会保障法》（2014 年第 1 号）。

此外，养老保险可以自愿缴费，以获得社会保障提供的保险福利，包括提前退休金、养老金、强制性养老金、永久性自然残疾养老金和自然死亡养老金等。自愿缴费者费率为 14.5%，自 2014 年 1 月起每年 1 月增加 0.75%，直到 17.5%，具体见表 33-7。

表 33-7　2015~2017 年自愿缴纳养老保险的费率

年份	比例（％）
2015	16.00
2016	16.75
2017	17.50

资料来源：约旦《社会保障法》（2014 年第 1 号）。

（四）待遇发放情况

近年来，养老金领取人数不断增加，年增长率在 6%~9%。截至 2015 年底，养老金领取者总数达到 18 万人，同比增长 7.7%。养老金领取者的平均年龄为 52 岁，养老金领取者的每月养老金平均总收入达到 387 第纳尔，同比增长 4.6%；公共部门的平均养老金为 278 第纳尔，私营部门为 444 第纳尔，混合部门为 517 第纳尔，域外组织和机构或慈善机构为 488 第纳尔。如图 33-5 所示。

图 33-5　累计养老金领取者数量的演变（2011~2015 年）

资料来源：约旦社会保障公司《2015 年报》。

2015 年，受益于失业保险金的被保险人总数达到 10711 人，其中男性占比 80.2%，而女性则为 19.8%；生育保险福利的保险受益人数为 7556 人，大多数受益人年龄在 26~35 岁之间，占比 74.4%。此外，有将近 13176 人遭受了工伤或职业病。

（五）收支情况

社保公司的财务报表显示，2015 年总收入为 12.73 亿第纳尔，同比增长 13.8%。其中，保险收入（总收入去除保险活动收益）达到 12.55 亿第纳尔，同比增长 14.1%；总支出为 8.12 亿第纳尔，同比增长 11.8%。其中保险支出（总支出去除行政支出）7.83 亿第纳尔，同比增

长 12.9%；公司保费盈余达到 4.61 亿第纳尔，同比增长 17.3%。如表 33-8 所示。

从保险收入类别来看，养老保险共 10.48 亿第纳尔，同比增长 14.6%，占比 82.4%；工伤保险共 0.98 亿第纳尔，同比增长 8.8%，占比 7.7%；生育保险共 0.27 亿第纳尔，同比增长 11.3%，占比 2.2%；将以前服务期纳入受保人的缴费记录所产生的收入在 2015 年增加到 0.03 亿第纳尔，同比增长 4.1%，占比 0.2%；自愿捐款收入 0.76 亿第纳尔，同比增长 13.3%，占比 5.9%；保险活动收益 0.18 亿第纳尔，同比下降 1.7%，占比 1.4%。如表 33-8 所示。

表 33-8　2012~2015 年社保公司收支情况

单位：百万第纳尔

收入类型	2012 年		2013 年		2014 年		2015 年	
	数额	占比（%）	数额	占比（%）	数额	占比（%）	数额	占比（%）
养老保险	717.99	80.5	790.07	80.9	914.79	81.8	1048.70	82.4
工伤保险	76.05	8.5	83.05	8.5	90.46	8.1	98.40	7.7
生育保险	22.39	2.5	22.97	2.4	24.97	2.2	27.79	2.2
包含以前服务期的收入	1.74	0.2	1.22	0.1	2.11	0.2	2.98	0.2
自愿捐款	51.97	5.8	57.93	5.9	66.83	6.0	75.69	5.9
各种收入	1.42	0.2	1.10	0.1	1.13	0.1	1.35	0.1
保险活动收益	20.62	2.3	19.99	2.0	18.39	1.6	18.08	1.4
总收入	892.17	100.0	976.33	100.0	1118.68	100.0	1272.98	100.0
支出类型	2012 年		2013 年		2014 年		2015 年	
	数额	占比（%）	数额	占比（%）	数额	占比（%）	数额	占比（%）
养老保险支出	509.62	87.0	569.15	88.7	650.09	89.6	733.90	90.4
一次性支出	5.28	0.9	5.97	0.9	7.00	1.0	4.74	0.6
排他性事件的一次性支出	29.63	5.1	27.79	4.3	28.88	4.0	35.64	4.4
生育保险支出	2.13	0.4	5.84	0.9	7.41	1.0	8.65	1.1
行政支出	38.82	6.6	33.27	5.2	32.27	4.4	28.91	3.6
总支出	585.48	100.0	642.02	100.0	725.66	100.0	811.85	100.0
保费盈余	306.69		334.31		393.02		461.14	

资料来源：约旦社会保障公司《2015 年报》。

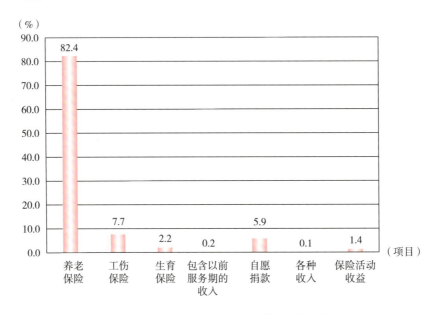

图 33-6　按收入类型划分的保险收入分布百分比

资料来源：约旦社会保障公司《2015 年报》。

从支出类别来看（如图 33-7 所示），养老保险支出共
7.34 亿第纳尔，同比增长 12.9%，其中早期养老金占比最
高（56.0%），老年和法定年龄养老金占比第二（31.6%）；
一次性支出（如与工伤相关的支出，以及因自然原因或
伤害导致的死亡葬礼）下降至 0.05 亿第纳尔，同比下降
32.3%；排他性事件的一次性支出约为 35.64 亿第纳尔，
同比增长 23.4%；生育保险支出继续增加到 0.09 亿第纳
尔，同比增长 16.7%；行政支出继续下降至 0.29 亿第纳尔，
同比下降 10.4%。

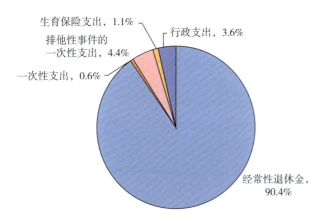

**图 33-7　按支出类型划分的保险和
行政支出百分比（2015 年）**

资料来源：约旦社会保障公司《2015 年报》。

从保费盈余来看（如图 33-8 所示），近年来社保公司
的保费盈余呈现持续增长趋势，增幅在 10%~25% 之间。
2015 年保费盈余比 2014 年增加了 0.68 亿第纳尔，同比增
长 17.3%。

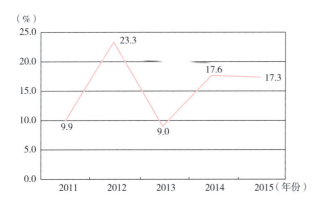

图 33-8　保费盈余增长率（2011~2015 年）

资料来源：约旦社会保障公司《2015 年报》。

四、社会保障投资基金运营情况

为适应融资模式由现收现付制向部分积累制的改变，
2001 年社保公司成立了社会保障投资部，由其专门管理
社会保障投资基金（以下简称"社保基金"）。社会保障投
资部在财务上和行政上是一个独立部门，但没有独立的法
律地位，仍然是社会保障公司的一部分。2003 年，社会
保障投资基金委员会正式开始运作。投资委员会的主要工
作是向董事会推荐投资政策、监督投资部的投资活动、批
准投资部的投资决策、向董事会报告投资绩效等。

（一）投资产情况

社保基金的主要资金来源为保险缴费盈余和累计投资
收益。社保基金坚持长期投资策略，并且避免投机以及在
可接受的风险水平内适当分配资产。社保基金通过一系列
投资运作，旨在增加和确保投资回报的连续性，并提供必
要的资金来履行公司的义务并促进国民经济增长。

如图 33-9 所示，截至 2015 年底，社保基金的总资产
约为 76.27 亿第纳尔，同比增长 11.18%。从历年资产增
长趋势看，从 2010 年开始，社保基金总资产增速趋于稳
定；2014~2015 年均保持在双位数的增长。根据《约旦时
报》的最新消息，社保基金 2017 年的总资产为 93 亿第纳
尔，同比增长 11.4%；截止到 2018 年 4 月底，基金总资
产达到 99 亿第纳尔。

2015 年，社保资金坚持大类资产配置，从资产占比
情况看，债券组合、股权投资和货币市场工具组合是社保
基金配置最多的三个部分，三者合计规模占比超过八成。
如表 33-9 所示。

图 33-9　2003~2015 年社保基金资产规模

资料来源：约旦社会保障公司《2015 年报》。

表 33-9　2015 年社会保障投资基金资产分布情况

资产	金额（亿第纳尔）	占比（%）
货币市场工具组合	9.35	12.3
债券组合	34.12	44.7
贷款组合	1.10	1.4
通过损益—所有权工具进行公允价值投资	1.15	1.5
通过综合收益投资公司股份	18.75	24.6
通过综合收益投资私营公司股份	2.02	2.6
房地产投资组合	5.38	7.1
外国投资组合	0.10	0.1
投资酒店	2.84	3.7
子公司的应收款项	0.63	0.8
其他资产	0.66	0.9
投资基金	0.16	0.2
总资产	76.27	100.0

　　注：上述数字基于基金截至 2015 年 12 月 31 日的初始非合并（独立）年度财务报表。

　　资料来源：约旦社会保障公司《2015 年报》。

（二）投资组合

　　社保基金采用多元化投资政策分散投资风险，以实现最佳回报。为此，它将其投资组合战略性地分配到七个关键投资组合：债券组合（45.0%）、股权投资（30.0%）、货币市场工具组合（12.0%）、房地产投资组合（7.0%）、酒店投资（4.0%）、贷款组合（1.0%）、子公司应收款及其他资产（1.0%），如图 33-10 所示。

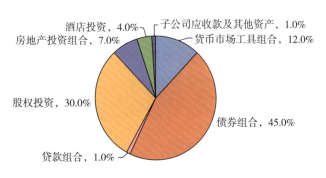

图 33-10　社会保障投资基金投资组合的分布（2015 年）

资料来源：约旦社会保障公司《2015 年报》。

（三）投资收益

　　2015 年，社保基金实现净回报 2.75 亿第纳尔，较上年同比下降了 15.1%。如表 33-10 所示。

表 33-10　2015 年社会保障投资基金的净回报

项目	金额（百万第纳尔）	占比（%）
货币市场工具的利益	29.40	10.7
债券投资组合的回报	174.30	63.5
贷款利益	7.10	2.6
股息收益率	72.60	26.4
（未实现）股票评估利润通过损益表	0	0
（已实现）物业评估利润和物业租金	-4.00	-1.5
旅游招待所和投资收入	0	0
其他净收入	-1.60	-0.6
行政和投资支出	-3.20	-1.2
净收入	274.70	99.9

注：① 上述数字基于基金截至 2015 年 12 月 31 日的初始非合并（独立）年度财务报表。

② 酒店收入不包括在基金的单独收入和支出清单中，而是列入综合清单。

资料来源：资料来源：约旦社会保障公司《2015 年报》。

五、约旦社会保障制度特点及问题

在地区政治环境动荡、经济发展滞后的背景下，约旦初步建立起了覆盖公、私部门在职人员的社会保障体制，形成了一体化的社会保险制度、多样化的保险类型、公司化的运作机制、专业化的投资模式、较完善的组织架构以及较完备的精算估值与报告制度。然而，整体来看，约旦的社会保障体系还处于初级阶段，存在基金规模较小、覆盖率较低、政策碎片化、财务可持续性、公司职能庞杂等和问题。

（一）参保覆盖率较低，基金规模较小，替代率较高

在不考虑公务员计划和军事人员计划的情况下，如上文所述，2015 年约旦社会保障计划参保人数占劳动力的比重为 51.1%，占劳动年龄人口（15~64 岁）的比重为 21.2%。此外，女性和非约旦人①的覆盖率更低。从理想角度而言，养老保障制度的发展方向是全体劳动年龄国民全覆盖，从目前的数据来看，约旦社保体系的覆盖面较窄，覆盖率较低，如果考虑该国较高的人口增长因素，未来提升覆盖率的任务会更加艰巨。

约旦社会保障计划于 1980 年正式推出，截至 2015 年，其社保基金规模刚刚超过 100 亿美元，绝对规模较小，但占国家 GDP 的比重约达 29%，相较其他国家主权养老基金而言占比较高。

替代率是通常评价养老保险计划水平的重要指标之一。根据约旦社保公司《2015 年报》数据，以 2015 年约旦全国人均月工资收入和养老金月均领取情况来概算，参保人员养老金的收入替代率达到 78%，其中男性替代率为 78%，女性替代率为 74%；公共部门人员替代率为 61%，私营部门替代率为 91%，退休金的收入替代率较高。在参保覆盖率较低的背景下，该替代率无法代表约旦整体老年人口的退休金来源及生活质量水平，还受不同人群的收入来源结构、当地的消费水平和消费结构等因素影响。

（二）政策碎片化，尚未形成多层次养老保障体系

从目前掌握的资料来分析，约旦社保体系存在较为严重的公平性问题。从社会保障法覆盖范围来看，距"全民参保"全覆盖尚有较大的发展空间，尚未将广大城乡居民纳入其中，社会保险承担再分配功能也难以充分发挥作用。2014 年新办法修订后，雇主和自营职业者参与社会保险成为强制性。截至 2015 年底，覆盖企业数达到 43439 个，2011~2015 年期间均保持较低的增长速度，并且多为雇员人数较少的私营小企业，20 人以下的企业占比达 90.4%，100 人以上的大型企业仅占 2.4%。覆盖人数方面的数据同样如此，劳动年龄人口（15~64 岁）当中参保率仅为 21.2%。虽然 2014 年修订法案制定了允许约旦公民以个人身份自愿方式加入养老保险计划，使他们能够享受社会保障提供的福利，目前的缴费率为工资的 17.50%，但从覆盖企业数、人数的增长率及总体参保率指标表现来看，效果有待显现。

从计划类别来看，因历史原因，国家社会保障计划中还遗留有公务员计划、军事人员计划。这两个计划建立时间较早，缴费水平和待遇标准都要比当前社会保障计划高。虽然约旦政府通过停止公务员计划和军事人员的计划对社会保障制度进行了整合，力图建立一个综合的社会保障体系，但是在教育、就业、健康、医疗、住房、扶贫救助等层面仍然存在着碎片化问题，缺乏协调统一的体系。

此外，从社会保障制度层次的完整性来看，约旦目前仅有政府主导的企业职工（包含政府公务员和军事人员）基本养老保险的第一支柱制度，尚无企业及职工自愿建立的补充养老保险第二支柱以及以相应税收优惠政策引导的个人补充养老保险第三支柱的相关制度框架。

---

① 约旦包括不同的民族群体，大体分为约旦人和非约旦人。根据 2015 年约旦人口普查数据，约旦人占总人口的 70%，非约旦人占 30%，非约旦人中有近一半是叙利亚人。

（三）人口老龄化趋势下，面临财务可持续性问题

可持续性是社会保障制度长期稳健运行的命脉，而养老保险往往需要用几十年的时间来评价其制度的可持续性。根据社保公司 2013 年第 8 次精算估值结果，约旦老龄人口将越来越多，缴费者与养老金领取者的比例逐渐下降，到 2053 年将下降到 1.9 的水平，平均不到 2 个缴费者负担 1 个养老金领取者。如表 33-11 所示。

表 33-11　预计缴费者和养老金领取者的人数比例

年份	缴费者	养老金领取者	比例
2014	1282（千人）	251（千人）	5.1（%）
2019	1583	313	5.1
2023	1846	381	4.8
2053	3772	2020	1.9
2063	4301	2835	1.5

资料来源：约旦社会保障公司《第 8 次精算研究》。

根据人口预测数据，未来 10~15 年之后，60 岁以上老年人口占比将大幅增加。约旦目前规定男性退休年龄为 60 周岁、女性 55 周岁，2014 年新法案不仅规定了雇主和自营职业者的社会保险成为强制性、提高了缴费费率，还将提前退休年龄提高到 50 岁，对危险职业的退休年龄设定为 45 岁，同时规定提前退休需要达到一定的缴费要求，都是为了应对人口老龄化程度快速加剧的社会现象。如图 33-11 所示。

根据精算评估，养老金储备与支出的比例逐渐下降，根据第 8 次精算估值结果，在现行社保制度模式和框架下，根据相关参数变量的一定假设条件进行预测，养老保险支出将于 2036 年超过缴费收入，并在 2051 年出现资金枯竭。

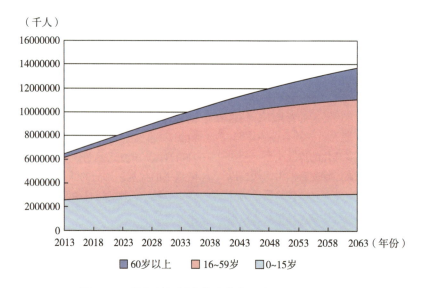

图 33-11　按年龄组划分的预计人口（2013~2063 年）

资料来源：约旦社会保障公司《第 8 次精算研究》。

表 33-12　历次修法财务可持续性精算估值预测结果

打破均衡点（年份）	第 8 次精算估值（2013 年）2014 年第 1 号法律	第 7 次精算估值（2010 年）2014 年第 1 号法（议会情景）	第 7 次精算估值（2010 年）2010 年第 7 号法律	第 6 次精算估值（2007 年）2001 年第 19 号法
支出超过缴费收入	2036	2030	2027	2016
支出超过总收入	2041	2037	2033	2026
资金枯竭	2051	2048	2043	2036

资料来源：约旦社会保障公司《第 8 次精算研究》。

（四）公司职能复杂、人力资源管理市场化水平有待提升

社保公司的职能较为复杂。首先，社保公司兼具保险管理职能和投资管理职能。虽然社保公司建立了行政上独立的投资机构，但该机构并不是独立的法人，这不仅影响了社保公司的整体工作效率，同时也对社保基金的独立性产生了一定影响。其次，针对社保基金的监管职责和管理职责并未分开。在社保基金投资管理方面，社保公司董事会负责批准投资政策和监督投资过程，投资委员会负责制定投资政策和投资计划，并监督投资政策的执行。因此，虽然社保基金的投资机构相对独立，但总体来看社保公司兼具社保基金的监管职责和管理职责。从西方主权养老金管理的经验来看，监管机构对基金投资管理的一些干预会导致基金效益低下，而且监管机构的干预也成为基金管理机构对投资业绩低下进行申辩的借口，造成养老金管理权责不清。

同时，社保公司人力资源管理缺乏市场化的运作机制。根据《约旦时报》2017 年 3 月的报道，社保基金执行主席表示，专业人才的短缺限制了社保基金探索和研究更多投资机会的能力，是社保基金面临的一个重要挑战；同时也提到社保基金的招聘受到 2012 年公务员相关制度规定的约束，目前社保基金正与公务员事务局合作，通过雇用具有短期和中期经验的人员（包括新毕业生）来填补一些空缺。根据《约旦时报》披露，社保基金的员工人数从 2006 年的 96 人下降至 2016 年的 87 人。此外，社保公司在其《战略规划 2014~2016 年》中也提到了人力资源方面的同样问题，如上文所述，在 2012 年公司被纳入公务员薪酬重组制度后，对员工及公司产生了负面影响。因此，无论是社保公司还是社保基金均缺乏市场化的人力资源管理模式和薪酬结构，这也成为公司进一步吸引优秀人才、提升公司整体业绩的重要阻碍因素之一。

六、社会保障体系建设未来改革方向

约旦是世袭君主立宪制国家，自然资源匮乏，地缘政治环境紧张。近年来 GDP 增长率保持在 2%~3% 之间，属于发展中国家，经济基础较为薄弱。世界银行《2017 年营商环境报告》显示，在全球 190 个经济体的营商环境便利度排名中，约旦综合排名第 118 位。截至 2017 年 4 月 21 日，国际评级机构标普对约旦主权信用评级为 BB-/B，展望——负面。截至 2017 年 6 月 2 日，国际评级机构穆迪对约旦主权信用评级为 B1，展望——稳定。

经济发展在任何时候都是社会发展的前提，社会保障制度只能建立在经济发展的基础上，而不可能超越经济发展阶段。同时，实现社会保障健康发展，也将成为经济发展的积极推动力。约旦国家规划指导委员会（National Agenda Steering Committee）2015 年 5 月发布《2025 年发展规划》，规划显示，约旦致力于在 2025 年将 GDP 增幅提高至 7.5%，将贫困率从 14% 降至 8%，将失业率从 12.2% 降至 8%~9.2%，并将妇女就业率从 15% 提高至 24%。这些举动旨在激活约旦经济增长动能，促进经济可持续发展，减少对国外援助的依赖，创造经济发展和资本市场长期投资机会，大力发展养老金及保险市场以完善社会保障体系，实现具有世界竞争力的知识经济目标。

在社会保障体系建设方面，约旦政府将持续深化改革发展，未来可在以下几个方面持续发力，完善社会保障制度，努力实现让更多人享有与经济发展水平相适应的社会保障目标。

（1）逐步完善保障制度，大幅提升参保率和覆盖面。约旦于 1978 年颁布《社会保障法》，1980 年社会保障公司成立，始终不间断地进行法案修正以图扩大覆盖面。例如，1981 年社保计划覆盖未被公务员计划涵盖的政府和公共机构人员，1987 年覆盖有 5 名以上员工的公司，2008 年覆盖少于 5 名员工的公司，2014 年雇主和自营职业者的社会保险成为强制性。但经过近 40 年的发展，如上文所述，截至 2015 年，若以劳动力人口数为基数，则社保覆盖率为 51.1%；若以劳动年龄人口数（15~64 岁）为基数，则社保覆盖率仅为 21.2%。这远低于我国当前的基本养老保险参保人数超过 9 亿人和覆盖率超过 90% 的状况[①]。与此同时，约旦长期以来失业率居高不下，2017 年失业率高达 14.9%，女性劳动力占比仅不到 17.7%。未来，约旦应在经济稳定健康发展的前提下，充分关注就业和扶贫，可参考我国城乡居民养老保险制度运行模式经验，设定合理的、差异化的缴费机制及待遇水平，统筹推进城乡居民参与基本养老保险体系，着力扩大社会保障覆盖面，力争逐步实现法定人员全覆盖。

（2）发展养老金第二、第三支柱，逐步建立多层次、多样化的养老保障体系。国际社会保障改革的趋势是：越来越摒弃福利与现代企业、个人责任完全脱离的制度安排。应准确界定政府责任，正确引导民生预期，可以考虑在适当的时机推出企业补充养老金制度和居民个人储蓄养老金制度，在顶层设计层面确定多层次结构框架。充分利用财政、税收、补贴等优惠政策激励促进企业和个人提高积极

[①] 转引自尹蔚民部长 2017 年 9 月在党的十九大新闻中心的发言。

性和扩大保险需求，帮助社会各方主体厘清权利与义务，提升市场化运营与管理程度，让更多的人群享受更高效、更全面的养老保险服务，提升制度公平性和覆盖面，从而实现整个社会保障体系的结构均衡，提高其延展性和稳定性。

（3）加强精算平衡，确保养老基金账户长期可持续性。从第 8 次精算估值结果来看，约旦社保公司以养老保险为重点的社保基金长期平衡压力较大，未来应继续深入开展社保精算评估工作，为有关社保制度修正完善及有关参数变量调整提供重要决策依据，确保基金资产实现长期精算平衡。一方面，要在持续扩大社保人群覆盖面的基础上，基于人口出生率、死亡率、经济增长率及工资增长率等发展趋势分析，科学厘定缴费比例，加强强制缴费执行情况监管，促进社会保险收入保持合理的增长。另一方面，要在保证退休领取年金人员生活水平和养老金实际购买力稳定的目标下，结合居民消费结构及物价上涨、通货膨胀率、合理确定退休（或提前退休）年龄、待遇领取标准以及调整机制，帮助更多老年群体分享经济发展成果，实现社会财富的代际分配功能，并尽可能提高社保基金的承受能力。应充分运用大数据、云计算等新型科技，提高社保基金运营和服务效率，降低管理成本，建立社保体系国家数据库，改进精算评估技术和手段，进一步提高评估精准度。最后，约旦社保公司集社会保险管理功能和投资功能于一身，本质上属于"缴费型"主权养老基金，除进行投资管理外，还需要随时支付各类社会保障待遇，除要关注基金资产的投资管理风险外，需要特别注意避免行政管理干预，确保主权养老基金运作的独立性。

（4）加强公司治理，提升社保公司的市场化运营和管理水平。一方面，进一步区分社保公司的保险管理职能和投资管理职能，并明确社保基金的监管职责和管理职责，确保社保基金投资的独立性；建立全面风险管理体系，有效监督投资过程；建立明晰的问责机制，增强基金管理的透明度，实现有效的外部监督。另一方面，建立市场化的人力资源管理模式，选拔专业水平高、投资经验丰富的人士管理基金，提高投资决策的专业水平；建立市场化导向的薪酬管理模式，将员工薪酬与绩效挂钩，提升薪酬水平，增强公司竞争力。

综上所述，我们对约旦社会保障体系运行情况进行观察与分析，虽然约旦主权养老基金建设起点较低，到目前为止覆盖率不高，基金规模不大，但其持续对社保制度和社保基金运营管理进行改革与完善，不断发展和进步的方向也值得很多国家学习借鉴。

分报告三十四
沙特阿拉伯社会保险基金

沙特阿拉伯位于亚洲西南部的阿拉伯半岛，东濒波斯湾，西临红海，同约旦、伊拉克、科威特、阿联酋、阿曼、也门等国接壤。公元 7 世纪，伊斯兰教创始人穆罕默德的继承者建立了阿拉伯帝国；公元 8 世纪为鼎盛时期，版图横跨欧、亚、非三洲；公元 16 世纪，阿拉伯帝国被奥斯曼帝国统治；公元 19 世纪，英国入侵，并把这片土地分为汉志和内志两部分。1924 年，内志酋长阿卜杜勒·阿齐兹·沙特兼并汉志，随后逐渐统一了阿拉伯半岛，并于 1932 年 9 月宣告建立沙特阿拉伯王国。沙特阿拉伯的经济严重依赖石油生产，政府收入的 80%、国内生产总值的 45% 和出口收入的 90% 来自石油行业。2012 年以来，国际市场的石油价格大幅下滑，沙特经济受到极大冲击。2014 年开始，沙特阿拉伯出现财政赤字，财政赤字在可预见的将来将持续存在。截至 2010 年，沙特阿拉伯总人口为 2714 万人[①]。

2016 年，沙特阿拉伯人均预期寿命为 75 岁，65 岁以上人口占比为 15.4%，均低于 OECD 国家平均水平；65 岁以上人口与劳动年龄阶段的人群比重为 4.8%，远低于 OECD 国家平均 27.9% 的水平[②]。尽管目前老年人口抚养比仍较为乐观，但沙特阿拉伯也面临生育率下降、老年人口赡养比逐渐提升，进而养老金支出不断增长的困境。联合国《世界人口展望》2017 年修订版报告显示，自 1960 年以来，沙特阿拉伯人口生育率呈现逐步下降趋势，2015 年已经降至 2.48‰，接近发达国家世代更替生育率 2.1‰ 的水平，此后将进一步走低。2030 年，将低于世代更替生育率，并且逐渐接近 OECD 国家平均水平（见图 34-1）。与此伴随的是，老年人口赡养比（65 岁以上人口 /20~64 岁人口）不断攀升。2015 年之前由于人口红利因素，老年人口赡养比不断下降，低至 2015 年的 4.8%，预计 2025 年上升至 7.5%，2050 年为 27.4%。尽管赡养老年人口的负担仍然远小于 OECD 国家的平均水平，但也带来了养老金支出的不断增长。2015 年，公共养老金支出占沙特阿拉伯 GDP 的 2.7%，预计 2025 年会增加到 GDP 的 9.4%，增幅近 250%（见图 34-2）。

---

① 吴彦：《沙特经济改革进入攻坚期》，《21 世纪经济报》道 2018 年 1 月 8 日第 4 版。
② OECD 数据，http://dx.doi.org/10.1787/888933636092。

图 34-1　1960~2060 年沙特阿拉伯与 OECD 总和生育率变化比较

资料来源：United Nations, World Population Prospects – 2017 Revision.

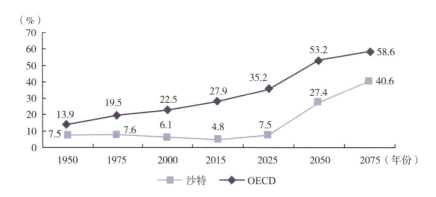

图 34-2　1950~2075 年沙特阿拉伯老年人口赡养比

注：老年人口赡养比 =65 岁及以上人口 /20~64 岁人口 ×100%。

资料来源：United Nations, World Population Prospects – 2017 Revision.

一、沙特阿拉伯的养老制度

沙特目前国民养老保障主要依靠政府建立的公共养老保险（第一支柱），没有企业雇主对雇员实施的养老金计划（第二支柱），而第三支柱则主要依靠个人自愿开展的各种形式的养老储蓄和自愿参加的商业养老保险，也没有统一的制度性安排。

沙特的公共养老保险可分为三部分，第一部分是社会养老保险，第二部分是公务员养老保险，第三部分是军人养老保险。目前公共养老金局、（Public Pension Agency）（由公务员养老保险和军人养老保险的主管部门组成）正在研究将公务员养老保险和军人养老保险合并成一种新的养老保险计划。

（一）沙特社会保险的立法沿革

沙特于 1961 年成立劳工与社会事务部（Ministry of Labor and Social Affairs），1962 年设立社会保险总局（General Organization for Social Insurance），1969 年制定了《社会保险法》，并于 1973 年正式施行。沙特在巨额石油收入的支持下建立了较为健全的社会保障制度，也对其社会保障法案进行了不断的完善，现行的《社会保障法》是在原法案的基础上于 2000 年修订的，2001 年正式施行，主要涉及养老和工伤保障。

（二）沙特养老保险的覆盖范围

沙特社会保障体系中社会保险和社会统筹并重，主要针对居住在沙特的本国公民。1969 年，沙特阿拉伯社会保险法规定，所有沙特籍工人，无论性别，只要他（她）还未满60周岁，都必须参加社会养老保险。从事自由职业的沙特居民，独立财务人，或是与其他人合伙从事商业、工业、农业活动或其他服务的人群以及手艺人等，可以自由入保。具体而言，养老保障主要以社会保险形式运作，覆盖了沙特公共部门和私营部门，其覆盖面涉及60岁以内的所有企业的雇员和自雇者，但不包括农民、海员、家

政服务人员（Domestic Servants）、家庭劳动者和每年工作时间少于3个月的临时工，60~65岁的劳动者可以自愿选择是否参加养老保险；从1987年3月开始，在国外的工作者也不再纳入养老保险覆盖范围之内。公务员和军官享有另一套特殊的养老保险制度，由公共年金局（Public Pension Agency）负责实施（见图34-3）。

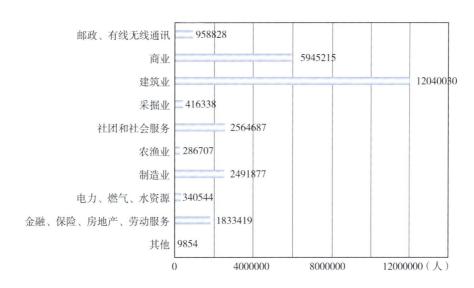

图 34-3 2017 年沙特社会保险参保人群的行业分布

（三）沙特养老金的领取条件和待遇标准

沙特养老保险按照"谁缴费，谁受益"的原则运行，雇主和雇员按照月收入的一定比例缴费，国家给予一定的补贴，退休后被保险人按照明确的支付标准领取相应数额的养老金。按照开始享受养老保险待遇的不同状况，沙特养老金的领取条件和待遇标准分为以下三种情况：

（1）退休养老金。年满60岁（男性）、55岁（女性）以及缴费满120个月的沙特公民可以领取养老金。缴费超过60个月、连同视同缴费（Credited Contributions）的年限达到120个月，并且达到法定退休年龄的劳动者也可以领取养老金[①]。从事危险工种或有害工种、缴费满120个月的劳动者可以在55岁退休；已缴费满300个月的劳动者，可以随时提前退休。退休后的养老金领取待遇等于过去两年的月平均工资的2.5%乘以缴费年限。最低养老金为1500里亚尔，最高可达过去两年月均工资的100%，但养老金最高额每月不能超过退休前五年月均工资的150%。当参保者60岁时，返还其缴费前60个月的月平均工资的

10%和剩余缴费月份平均工资的12%。为维持退休初的生活水平，退休人员可享受生活成本津贴，约为1250里亚尔每月，连续发放三年。

（2）残障养老金。在被雇佣期间造成残障的劳动者，在其60岁之前无任何工作能力、但已连续缴费12个月或非连续缴费满18个月的均可以领取养老金。从残障形成一开始就丧失工作能力、但已缴费满120个月（包括至少60个月实际缴费和不超过60个月的缴费之上的视同缴费）的残障人士也可以领取养老金。如果残障发生时劳动者还在雇佣期间，残障养老金领取待遇等于过去两年的月平均工资的2.5%乘以缴费年限。否则，依照退休后的养老金领取待遇。最低养老金取月平均工资的50%和1500里亚尔中的较高者。固定的照料补贴等于残障养老金的50%。当参保者残疾时，返还其缴费前60个月的月平均工资的10%和剩余缴费月份平均工资的12%。无工作能力的残障养老金的领取者亡故后，其养老金由被抚养人分得。在亡故者的遗孀、女儿、姐妹或孙女出嫁时还会得到

[①] 何伟：《沙特养老保障体系概况》，http://www.bosera.com/common/infoDetail-1307666-00020002000600050001.html。

一份相当于其月遗属养老金18倍的一次性结婚补贴，此后结束遗属养老金领取；但如果其随后离婚或成为遗孀，还可以恢复遗属养老金。死亡抚恤金总额相当于三个月的养老金，被已故者的被抚养人平等地分享，最高金额为10000里亚尔。

（3）遗属养老金。在被雇佣期间死亡、但已连续缴费3个月或非连续缴费满6个月的劳动者可以获得遗属养老金。在死亡之时已不存在雇佣关系、但已缴费满120个月（包括至少60个月实际缴费和不超过60个月的视同缴费）。遗属养老金等于过去两年的月平均工资的2.5%乘以缴费年限。当参保者有三个及以上的被抚养人时，最高遗属养老金是参保者养老金的100%，由被抚养人平等分享；当参保人有两个被抚养人时最高遗属养老金是参保者养老金的75%；只有一个被抚养人时为参保者养老金的50%。组合遗属养老金的最低数额取月平均工资的50%和1500里亚尔中的较高者；个体遗属养老金为300里亚尔。遗属养老金的20%支付给父母、每一个未满20岁的儿子（全日制学生可以是25岁以下）和一个未婚的女儿或姐妹；40%支付给孤儿。参保者亡故后，可返还其生前缴费期限前60个月的月平均工资的10%和剩余缴费月份平均工资的12%。

此外，缴费期限已满120个月的在押犯人的家人也可以领取养老金，由GOSI负责发放。在养老保险之外，沙特政府还向60岁以上的老人提供政府补助或免费的社会监护。

二、沙特阿拉伯的社会养老保险基金

（一）资金来源

社会养老保险按参保者工资的18%比例缴纳，其中9%由雇主承担，9%由参保者自己承担。从事自由职业的沙特居民、独立财务人或是与其他人合伙从事商业、工业、农业活动或其他服务的人群以及手艺人和在沙特境外工作，而他们的工作和总部设在沙特的雇主的工作没有任何联系的沙特人，按照本人厘定的工资18%缴纳社会养老保险费，全部由参保人自己承担。政府则承担养老基金建立阶段的管理费用、年度津贴和所有的运营赤字。缴费和领取待遇的最大值为每月45000里亚尔，最小值为每月400里亚尔。如图34-4所示。

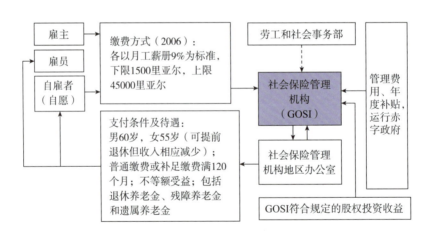

图 34-4　沙特社会养老保险资金流程

资料来源：笔者绘制。

（二）治理结构

沙特劳工和社会事务部（Ministry of Labor and Social Affairs）负责决策和统一监督养老保险基金，由三重董事会（tripartite board）管理的GOSI（General Organization for Social Insurance）通过下设的养老司（Annuities Branch）管理养老保险项目。该养老司负责征费和支付退休养老金、无工作能力的残障养老金和劳动者亡故后的遗属养老金。根据《社会保险法》的规定，养老司还负责向从事自由职业和从事商业、工业、农业和服务业活动中的自雇者、合作经营者或商人以及在国外工作但没有雇佣关系（其雇主的总部办公室须在沙特王国内）的沙特公民提供养老保险项目。

GOSI总部设在利雅得，负责社会保险项目的管理和《社会保险法》的实施，是个受国家控制和担保的法律实体，享有独立的行政和财务系统，如果有需要，经过董事会决议可以在王国各地设立管理代表处。GOSI 的董事会由主席（劳工和社会事务部的部长），副主席（GOSI 的主管），3 名分别来自于劳工和社会事务部、财政和国民经济部以及卫生部的代表，3 名工作成绩优秀的参保雇员代表和 3 名雇主代表组成，至少每三个月开一次例行会议，每七个月召开一次至少有七个董事参与的会议，占多数比例的意见通过决议，当双方意见比例一致时，主席所在一方的意见通过决议。

GOSI 还可以在董事会同意的范围内设立或参与设立公司，并在拥有所有权的情况下接受并管理私营部门的投资。此外，主要负责公共部门养老事务的公共年金局也对投资行为极感兴趣，也会参与有战略意义和丰厚回报的投资活动。

（三）投资策略

养老基金的投资目标是取得超越世界指标的适度收益。投资主要由国际上的一些著名投资机构管理，包括作长期的投资战略研究、选择经验丰富的资产管理者、策划投资纲要和评估绩效。

在投资方向上，具体而言，沙特养老基金主要投资于两个方面，一是金融领域投资，二是房地产投资。金融领域投资包括现金投资、股票、债券以及投资企业的利润分享。具体投资领域及金额如表 34-1 所示：

表 34-1　2010 年社会保险基金投资领域分布

领域	金额（亿里亚尔）	占比（%）
银行	188	40.7
工业	146	31.7
水泥	28	6.1
通信	67	14.5
保险	5	1.1
服务	27	5.9

资料来源：Tirt-one Statistical Report 1430 A.H，p.158.

三、评价

1. 伊斯兰文化对沙特社会保险制度的建立和发展产生了重要影响

沙特阿拉伯是伊斯兰教的发源地，传统上伊斯兰宗教不仅是一种信仰体系，而且是一种社会制度、文化方式和社会生活方式。中世纪历史上，伊斯兰制度文化的功能在三方面更为重要："政教合一"的国家体制提供了经典、法理、道义的依据，成为政治文明的基础；所提倡和宣扬的"天下穆斯林皆兄弟"的泛伊斯兰团结意识，有化解社会矛盾的功效，有利于多民族国家的社会整合；为穆斯林个体和群体确定了统一的法律制度和伦理价值准则，对社会平衡有序地运作发挥了重要作用。在顺应这样一种文化氛围的背景下，沙特包括养老保险在内的社会保险制度的建立和发展都异常顺利。

2. 雄厚的经济实力为"沙特"养老制度提供了强有力的保障

"沙特"政府承担养老保险制度的设计和运行的主要责任，即雇主和雇员只承担按照约定的比例缴费，其他诸如管理费用、运行风险等都有政府来承担，类似于"兜底"功能。如此强大的政府职能需要充足的财政支持，而丰富的自然资源带来的雄厚经济实力使沙特政府有能力为其公民提供优厚的福利，包括全民免费的医疗。据介绍，目前沙特阿拉伯是中东地区最大的经济体，石油储量和产量均居世界之首，石油和石化工业是其经济命脉。据沙特政府提交给石油输出国组织（OPEC）的报告估计，沙特已探明石油储量为 2660 亿桶，占世界石油储量的 26%[①]。石油收入占国家财政收入的 70% 以上，石油出口占出口总额的 90% 以上。沙特的天然气储量也极为丰富，已探明的天然气储量为 6.75 万亿立方米，居世界前列。此外，还有金、铜、铁、锡、铝、锌等矿藏是世界第四大黄金市场。近年来，"沙特"以发展稳健的、多样化的现代经济作为经济建设的目标，大力推行经济多元化政策，努力发展采矿业、轻工业和农业等非石油产业，依赖石油的单一经济结构有所改观。

3. "沙特"大规模的养老基金积累得益于年轻化的人口结构和高的投资回报率

沙特阿拉伯总人口约 2700 多万，其中外籍人口约占 30%。近年来，沙特人口增长速度很快，25 岁以下的人口约占总人口数量的 56%；截至 2015 年，其生育率仍为 2.5，远高于 OECD 国家平均 1.7 的水平[②]。年轻化的年龄结构使沙特政府摆脱了困扰许多已进入老龄化阶段的欧洲和亚洲国家的财政支出赤字问题，从而可以将更多的精力放在社会保险制度的运行和大规模积累基金的投资运营上，策

[①] 中国石油新闻中心：《沙特阿拉伯究竟真正有多少石油储量？》，http://news.cnpc.com.cn/system/2016/07/07/001599487.shtml，访问日期 2018-08-07。

[②] OECD 数据，http://dx.doi.org/10.1787/888933634230。

划更健康的制度安排和更高的投资回报。资料显示，无论在国内还是国际市场，投资收益都高于通货膨胀率，这些收益又成了主要的资金来源，有助于保持人民的购买力。[①] 但有一个问题值得一提，那就是沙特在启动养老保险计划时没有考虑实际支出，政府仅凭精算师的统计来确定缴费率，并用法律将缴费比例固定下来，这样的统计不是基于实时应承担的义务而是长期的义务。

4. 资金回报有限

沙特养老基金投资的成功之处在于投资组合的多样性，但由于资金管理透明度不高又缺少集中性投资，所以资金回报也有限。另外，由于基金在国内主要投资于非贸易性的政府债券，投资结构单一，故对当地市场的发展影响不大。

5. 严格的问责制

沙特养老保险制度运行的成功原因之一在于其规范的制度和各部门间明确的责任边界以及严格的问责制。《社会保险法》明确地规定了劳工与社会事务部、GOSI及其下属的养老司等部门的职责，各部门间分工明确、各司其职又相互合作。此外，沙特整个社会保险制度从立法到决策，到执行和监督，各环节相互独立、相互制约也为养老保险制度的良性运行提供了保障。

① Zakariya Sultan Mohammed, "Social Insurance Schemes in The Gulf Countries", International Social Security Review, Vol 66,4/2002.

分报告三十五
南非政府雇员养老基金

南非地处非洲南部，自然资源丰富是世界五大矿产国之一，属于中等收入的发展中国家。国内生产总值约占全非洲的1/4，是非洲经济最发达的国家之一。截至2017年，南非人口约为5671.7万人，其中65岁及以上的老年人口303.12万人，占总人口比重为5.34%。2008年，南非65岁及以上的老年人口比重为4.57%，10年间提高0.77%，老龄化进程较为缓慢。[①] 由于历史上一度是英国的殖民地，南非在福利制度方面深受英国的影响。南非的养老金制度发展比较早，早在1928年，殖民地政府颁布《养老金法案》（The Old Age Pensions Act of 1928），为白人和有色人种建立了以非缴费型津贴为主要形式的养老金计划，黑人和印度人被排除在制度之外，他们只能依靠家人亲戚的资助、社区互助等非正式制度来解决老年的赡养问题，制度一开始就打上了鲜明的种族歧视的烙印。在黑人和印度人种的长期艰苦卓绝的斗争之下，1944年制度的覆盖面被迫扩展到黑人和印度人种，但是在待遇方面差距相当悬殊。Bhorat（1995）就指出，以1947年为例，白人的养老金的最高待遇是有色人种和印度人种的2倍，是黑人的5倍[②]。这种不平等直到20世纪70年代以后才开始被打破，黑人工人数量的激增、工会的合法化以及力量的增强加上南非经济的发展等种种有利于消除不公平、增进社会融合的因素也导致了社会保障体系的不断完善，1972年，黑人的养老金待遇只有白人的16%，到1993年，这个比例上升到

了85%。1994年4月，南非举行首次由各种族参加的大选，曼德拉当选为南非首任黑人总统，1996年通过了种族平等的新宪法，规定"凡南非公民均享有社会保障权利"。

在新宪法的指导下，南非社会保障体系开始进行改革，养老金制度的重构是其中重要的内容，以广泛覆盖、可持续以及充裕性为三大目标的新型的多支柱养老金制度逐渐形成。这个多支柱养老金体系主要由三个部分构成：第一支柱是非缴费型的养老津贴（Old Age Grant），也是制度的主体和核心部分。养老津贴由政府财政出资，覆盖除在国家机关服务的公务员之外的所有南非居民，男性年满65岁、女性年满60岁以上，通过资格审查即可以领取养老金津贴[③]，它是一个普享式的非缴费型养老金制度。第二支柱是缴费型的企业年金计划，第三支柱是私人退休计划。作为养老金体系中的一个重要组成部分，政府雇员养老金制度在这一时期也进行了重大的改革，即诞生了政府雇员养老基金。

一、政府雇员养老基金的概况

根据南非政府1996年第21号法令颁布的《政府雇员养老基金法》（the Government Employees Pension Law），长期以来部门分割、高度碎片化的若干个政府公务员的养老计划进行合并，形成了新的政府雇员养老基金（Government Employees Pension Fund，GEPF），经过10

[①] 世界银行官网，https://data.worldbank.org.cn/country/south-africa?view=chart.。
[②] Bhorat, H. The South African Social Safety Net: Past, Present and Future. Development Southern Africa, Vol. 12.1995.
[③] Social Security Administration of America.*Social Security Programs Throughout the World*: 2007.

多年的发展，政府雇员养老基金已经发展成为非洲规模最大的养老基金，也是世界上排名第 21 位养老基金。除了履行参保人准入资格认定、缴费征集、日常维护、退保和受益给付等养老业务和监督资产投资、承担未来连带责任等核心职责之外，政府雇员养老基金还履行部分国库的职能，管理包括医疗补助、特殊养老金、军队养老金以及其他类型的受益。

（一）政府雇员养老基金的参保

南非的政府雇员养老基金法规定，凡是在南非各级公共部门及其工作人员（包括公务员、政府雇员、武装力量服役人员等）都必须参加政府雇员养老基金。迄今为止，政府和半国有单位的参保人数超过 120 万人，养老金领取者和受益者人数超过了 40 万人[①]。

（二）政府雇员养老基金的筹资模式

南非的政府雇员养老基金采取完全积累的筹资模式，《政府雇员养老基金法》规定参保人及其单位都负有缴费义务。参保的政府雇员（含军人）按照养核定工资的 7.5% 向政府雇员养老基金缴费。从 2005 年 4 月 1 日起，公务员所在的国家部门按照参保者的工资的 13% 向政府雇员养老基金缴费，武装力量部门[②]为其成员参保的缴费率为参保人工资的 16%。政府雇员养老基金法规定可以根据基金的收支结余、投资回报、公务员退休权益给付等情况适时地调整单位的缴费率。

（三）政府雇员养老基金的待遇给付

GEPF 可提供正常退休、提前退休和延迟退休，以及因健康原因的提前退休，参保人因工作单位机构重组而受到影响也可以申领退休福利。

南非的政府雇员养老基金采用待遇确定型的发放方式，给付待遇包括：

1. 正常退休待遇

根据法律规定，养老基金的参保人的正常退休年龄为 60 岁，除非参保人的雇佣合同特殊约定或法律另有规定。缴费年限不满 10 年的正常退休者将获得一份一次性现金付清的退休金（Gratuity）（等于其在基金中的精算利息），缴费年限满 10 年或以上的，除了可以获得上述一次性现金支付的退休金之外，还可以获得按月发放的养老金。

2. 提前退休待遇

在某种情况下，参保人可以早于正常退休年龄提前退休。提前退休者缴费不满 10 年的，只能获得等于其在基金中的精算利息的一次性现金支付的退休金。缴费年限在 10 年及以上的，退休金和养老金的计算方程同于正常退

休者，但是在提前退休后到和正常退休之间的时间内，每月的给付要减少 0.33%。

3. 病退、其他退休（辞退）待遇

参保人在任何年龄段可能因为下列事件而遭辞退：①疾病原因；②参保人所在单位撤销、缩编、改组、重建；③参保人所在单位精兵简政；④委以他用；⑤因公负伤（有些情况下能够获得国家补偿）以上原因引起的辞退的养老金待遇水平相应提高。缴费不满 10 年的参保人获得的一次性支付的退休金水平会有所提高，缴费 10 年及以上的参保人可获得一次性的退休金，养老金年金待遇为参保人最后的工资的 1%，并可视实际缴费时间适当增加，此外还可以获得一份年金式的补充给付。

4. 推迟退休待遇

参保人可以经所在单位批准后，晚于正常退休年龄退休。

5. 辞职补偿

如果参保人辞职、因行为不当或者自身原因导致疾病或受伤而遭到辞退，可以获得一次性支付的退休金。也可以选择将其待遇转移到其他经批准的退休基金，政府雇员养老基金可以为参保人办理将精算利息转移到该退休基金的手续。

6. 死亡抚恤金

①在职期间死亡的参保人根据法律规定及其缴费年限计算出给付待遇，支付给其配偶或者参保人生前指定的受益人（如果未指定受益人，则转移到其遗产中）。②按照法律规定，退休或者辞退后能享受的年金可以在参保人去世后仍然保留 5 年。如果参保人在这个期间死亡的，其指定的受益人可以获得一次性现金形式支付的 5 年金给付的余额，但不包括每年的补充养老金。退休金也将支付给其指定的受益人，如果没有指定受益人的话，将转移到其遗产中。其配偶有资格获得参保人死亡当年的养老金年金的 1%，并可以领取 50% 的养老金年金或者可获得参保人死亡之前领取的养老金年金的 75%，这取决于参保人退休的时间，这一规定适用于 2002 年 12 月 1 日退休的并有养老金领取资格的参保人。

7. 配偶、受抚（赠）养家属

参保人的配偶可以获得养老金资格，具体规定同死亡抚恤金的规定。参保人死亡后其配偶再婚，养老金资格不受影响。参保人满足 10 年以上的缴费年限，在职期间或者 2002 年 12 月 1 日退休的并有养老金领取资格后死亡的，政府雇员养老基金可以认定其孤儿享有参保人养老年金的

---

① GEPF. http://www.gepf.gov.za/index.php/our_benefits/article/unclaimed-benefits-from-gepf.
② 这里的武装力量部门主要指南非国防部队、惩教部门、警察部门、国家情报局和保密局等单位。

权利。

8. 殡葬抚恤金

政府雇员养老基金为参保人死亡、有养老金资格的配偶或者孤儿死亡发放殡葬抚恤金。

上述参保人指定的受益人必须在一定时间期限内向政府雇员养老基金申报权益，如果未申报时间超过了三年，该权益将会充公划归入财政。不过，如果受益人后来申报这些权益，经过批准后，可以返还给受益人。

（四）养老金待遇调整

养老金的年金待遇一般会在每年的4月1日左右进行调整。有关法律规定，在征得基金精算师的同意下，基本年金保底线每12个月必须根据相应的消费物价指数（CPI）的75%~100%的幅度内进行上浮。当个人的年金低于最低水平 [①] 时，可以获得一份额外的补偿。

（五）养老金改革 [②]

南非养老金在发展进程中，取得一定成绩，但也产生了如下问题：①南非公众储蓄意愿低，整体储蓄率偏低，只有6%的南非公民的个人储蓄额可以维持退休生活。②养老金的积累性差，当雇员换工作时，他们一般会将已经缴纳的养老保险基金提取出来。例如，老年互助会调查显示，93.5%的参保人在2013年改革制度出台之际选择了提取现金，而不是继续缴费以延续养老保障权益 [③]。

2015年3月1日开始，南非实行政府雇员养老改革，旨在鼓励参保人通过退休基金增加个人储蓄，积极应对长寿风险和养老金投资风险，避免老年贫困，降低对亲属和南非社会保障局的依赖程度。养老金改革的目标包括：①鼓励员工储蓄并提供充足的退休保障，以确保他们退休后的基本生活。②鼓励雇主向雇员提供退休储蓄计划，并写入雇佣合同。③提升退休基金的管理水平，确保公平性。④提高退休基金治理标准，注重成员利益的保护。

南非实行政府雇员养老金改革的主要内容和措施包括：

1. 改革实现平稳过渡

为减轻改革阻力，南非的政府雇员养老金改革也采用了"老人老办法、新人新办法"的过渡措施。GEPF承诺，截至2015年3月1日，55岁以下或这一日期后才开始缴费的参保人是退休改革的对象。55岁及以上的参保人、退休人员的待遇水平不会受到影响。同时，南非在养老金

改革中引入了税收优惠政策，降低公民因改革而产生的利益损失。

2. 改革支付方式

GEPF采用退休年金的形式，将至少2/3的退休储蓄转换成年金或养老金，退休时按月领取，而不是一次性地大额给付。根据截至2015年3月1日参保人的年龄和基金累计金额，给付方式可以分为几种 [③]：

（1）截至2015年3月1日，所有55岁及以上的参保人保持原支付方式不变。

（2）截至2015年3月1日，55岁以下的参保人，如果从2015年3月1日开始到退休时为止，新增的累积退休基金低于15万兰特，则依然沿用原支付方式。

（3）截至2015年3月1日，55岁以下的参保人，如果从2015年3月1日开始到退休时为止，新增的累积退休基金高于15万兰特，则原有基金和新增基金的1/3计入一次性给付；新增基金的2/3用于购买年金或养老金。

（4）参保人提前退休、因病退休或死亡，支付方式参照现行规则。

3. 改革立法先行

自2013年开始，南非政府雇员养老金改革的部分关键法案就已经陆续出台并生效。2013年的第31号法案《税法修正案》确定2015年3月1日进行改革，并将这一天命名为"T日"。2013年，南非通过第45号法案《金融服务法一般修正案》。2014年，部长预算演讲中宣布增加退休金免税总额。

4. 改革后的养老金投资方式

GEPF的养老基金全部参与投资，但对于如何投资有非常严格的限制。《养老基金法》第28条规定，养老基金应大部分通过政府和国有公司债券投资在基础设施上。

5. 养老金的保全措施

为了提高基金的可持续性，改革后GEPF设立了一项保全条款，即保单持有人在55岁之前不能退出基金。

二、政府雇员养老基金的治理结构

南非政府授权一个受托委员会（Board of Trustees）来全权管理政府雇员养老基金。受托委员会由16名受托人组成，任期4年，每年召开几次全体委员会议和特别会议。

---

① 这里的最低水平等于退休时参保人的给付加上通货膨胀率（退休时间到养老金调高时间之间的CPI）调高后的水平的75%。

② GEPF. Statement on the Impact of the Proposed Retirement Reforms[R]. 2014(6).

③ GEPF. Statement on the Impact of the Proposed Retirement Reforms[R]. 2014(7).

④ GEPF. Frequently Asked Questions on Retirement Reform[R]. 2014(6).

为了更为有效地开展工作，受托委员会选举任命出 5 个永久性的常务委员会，5 常委各有具体分工，分管受益和管理、财务和审计、治理与法律、人力资源和投资事务 5 大业务模块。此外，5 大委员会还任命了一个信息和通讯技术招标采购委员会（An ICT Bid Selection Committee）来负责政府雇员养老基金的所有 ICT 设备的提供商的招标、采购事务。如表 35-1 所示。

表 35-1　政府雇员养老基金受托委员会 5 大常务委员会的职能分工

委员会	职能分工
受益和管理委员会（Benefit and Administration Committee）	1. 对政府雇员养老基金的管理活动进行全方位的稽核 2. 对政府雇员养老基金的受益给付、事务管理、管理政策、战略和管理程序提出意见和建议
财务和审计委员会（Finance and Audit Committee）	1. 负责政府雇员养老基金的审计、财务政策和审计战略 2. 对政府雇员养老基金的财务和审计活动进行全方位的活动进行稽核 3. 对财务报告、审计师的任命、内部审计、风险政策和程序、年度财务报表提出意见和建议
治理和法律委员会（Governance and Legal Committee）	1. 负责制定政府雇员养老基金的治理、法律的政策和战略 2. 对政府雇员养老基金的治理、风险和法律事务进行全方位的稽核 3. 对政府雇员养老基金的行动守则、委员和推荐人的任命、报酬、评价、公司治理事务、风险管理、法律工作、争端处理、政府雇员养老金法的制定、修改提出意见和建议
人力资源委员会（Human Resource Committee）	1. 对政府雇员养老基金的人力资源事务进行全方位的稽核 2. 对基金的人力资源政策、战略、程序和管理结构，包括组织结构、变动管理和交流提出意见和建议
投资委员会（Investment Committee）	1. 负责制定政府雇员养老基金的投资政策和战略 2. 对政府雇员养老基金的投资活动进行全方位的稽核 3. 执行基金政策，失误稽查，履行重大投资的联合国准则（United Nation Principles） 4. 监督投资授权人 5. 对投资政策和战略提出意见和建议

资料来源：GEPF. Annual Report (2007-2008) .http://www.GEPF.gov.za/.

（一）组织愿景

受托委员会致力于发展成为最好的养老金管理机构，为政府雇员、退休人员和其他相关利益主体提供财务安全和优越的服务。

（二）组织任务

作为公务员重要财产的受托管理者，受托委员会以代表参保人、退休人员和其他待遇受益者的养老金权益和相关利益为己任，致力于提供高效率的福利管理，提供优质的相关服务，提供卓有成效的养老金基金投资管理。每年定期向财政部提交经过独立注册会计师审计过的合格的年度报告。

（三）组织价值观

受托委员会在与相关利益主体的合作互动中，坚决秉持以下价值观：

（1）诚实——有所为，有所不为，严格自律；

（2）开放——为符合要求的人尽一切可能提供适当水平的信息，接受监督；

（3）互信——任何成就离不开"服务输送带"的各个"零件"之间的有效协作；

（4）关怀——为有需要的人极尽人文关怀；

（5）客户至上——行动源自于客户的需要。

（四）优先发展战略

受托委员会在《政府公务员养老基金法》的授权下，在财政部直接指导下，根据法律法规的有关规定，结合南非经济、社会发展的水平，灵活地制定其发展战略。

受托委员会的优先发展战略为：①招聘和保留"又红又专"的员工；②提高所有雇员的能力水平；③管理好基金盈余的投资和现金流；④设计、执行和完善一套治理结构；⑤开发一套智能的信息和交流技术（ICT）系统。

（五）政府雇员养老基金的组织结构

2007年3月31日之前，政府雇员养老基金受托委员会下分设行政总裁（CEO）、风险和审计部和法律部（见图35-1）。CEO负责日常行政事务，下辖8大职能部门：投资和精算部负责投资、精算；员工福利部负责参保人的福利运作、财务、第七计划、客户关系管理、业务系统支持；公司监控和评价部负责项目管理办公室、MIS管理信息系统；质量控制部（Quality Control）；管理支持部负责安全、公司建筑、信息沟通与公共关系、秘书处；财务部负责公司财务会计、管理会计和预算、工资、设备管理、采购；信息和通信技术部负责信息和通信技术外部采购管理、信息；通信技术的外包运营支持、业务知识管理、网络和通信基础设施、硬件管理以及人力资源部。风险事务部、投资和精算部直接向受托委员会提交受托报告，同时也暗含着对行政总裁的监督和制约，在这样一个类似"三权分立，相互制衡"的组织结构中，行政总裁既要对受托委员会负责，又要接受平级部门的制约，权力受到很大的限制，不利于开展工作。

2007~2008年，政府雇员养老基金的组织结构进行了调整和优化，进一步明确了公司化的治理结构，行政总裁（CEO）全面负责日常行政事务管理，向政府雇员养老基金受托委员会负总责。行政总裁之下设立与5个永久性的常任委员会相对口的职能部门负责相关事务的管理。原来和行政总裁同级的风险和审计部、法律事务部被置于行政总裁之下，成为其下属职能部门，除员工福利部、财务部、信息和通信技术部之外，其他的职能部门进行了重组，人力资源部改名为公司服务部，治理组织结构关系更加明晰（见图35-2）。截止到2008年3月31日，受托委员会各部门共有雇员705人。其中473名为终身雇员，有232名为合同制雇员。合同制雇员经过受托委员会批准后可以转为终身雇员。不过也有当年41名终身雇员和51名合同制雇员因为辞职、合同期满或者转为终身雇员而离开政府雇员养老基金管理部门。

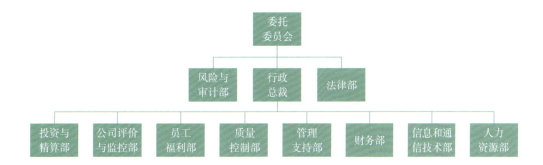

图35-1 改革前的政府雇员养老基金的组织结构

资料来源：GEPF .Annual Report（2006-2007）. http://www.GEPF.gov.za/.

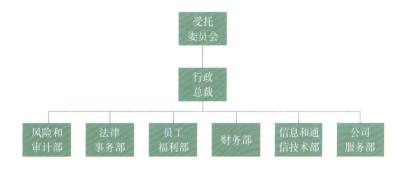

图35-2 改革后的政府雇员养老基金的组织结构

资料来源：GEPF .Annual Report (2007-2008). http://www.GEPF.gov.za/.

（六）业务部门

1. 风险和审计部

主要负责欺诈防范和诉讼鉴定、风险管理、公司内部风险管理以及内部审计事务。

（1）诉讼鉴定和欺诈防范管理科。负责调查疑似的欺诈和腐败，调查属实后予以上报，努力避免基金遭受任何实际的或者潜在的损失。检查期间的关键行动包括起草防范欺诈的战略报告，执行欺诈热线，吸收多学科的调查和诉讼方法来处理欺诈案件，维护欺诈登记、建设处理紧急突发事件的能力。加强与利益相关人密切交流与协作，扩大政府雇员养老基金与法律强制执行部门和有关法律机关[①]的合作，这些措施表明了政府雇员养老基金对欺诈行为的"零容忍"立场。仅在 2000~2005 年，政府雇员养老基金在南非警方和普华永道会计师事务所的协助下，调查了一起特大欺诈案件，挽回潜在损失 1010 万兰特，已登记和最终结案的欺诈案件达 60 起，涉案金额 300 万兰特，其中 48 件案件得到最终判决结果，犯罪分子受到制裁和追究。这些案件也揭示出有部分政府雇员养老基金的工作人员、一些国家机关和外部势力里应外合，监守自盗，联合作案的一般趋势。其他案件中，仅待遇给付业务中，就有 550 万兰特的款项从基金流入到欺诈者的银行账户，已立案调查的损失价值在 370 万兰特。有涉案嫌疑的部分政府雇员养老基金雇员正在接受纪律惩罚，其中一些已经遭到解聘。

2007~2008 年，涉嫌欺诈的账户金额达到 3900 万兰特，其中已确定损失 250 万兰特，这说明未来反欺诈的任务，特别是对于政府雇员养老基金内部雇员的制度约束和道德教育仍然相当艰巨，这将是风险和审计部未来的重点战略之一。

（2）内部审计科。内部审计科主要负责协助管理政府雇员养老基金内部控制环境的检查和评估，包括内部流程、体系和人力资源；反馈业务部门运营过程中可能出现的问题。由于业务繁杂，多年来，内部审计科一直苦于没有足够的人力资源，业务开展受阻。尽管 2004/2005 财年制定出台了审计覆盖计划（the Audit Coverage Plan），但是到目前为止，只能执行一些专项审计计划，主要包括债务注销和受益支付流程，大量的工作只能委托给外部审计师，并且内外部审计师的工作不能很好地配合和衔接。为此，受托委员会计划任命一个内部审计的"一把手"来组建一个审计团队，并将内部审计的部分业务外包出去。

（3）风险管理科。风险管理科的业务重心是评估风险，力求有效地降低已出现和已预测的风险。该部门负责为政府雇员养老基金受托委员会和管理层提供和更新对基金控制环境的弱项、业务流程、制度以及政府雇员养老基金的工作人员日常的工作和业务运营中已暴露出来的不利因素和存在的风险，主要包括风险覆盖计划的执行、风险记录的维护和基金风险评估程序的稽核，旨在降低风险和创造一个免于欺诈、腐败和偷窃的环境。

风险管理科的战略规划是：批准和执行一个正式的风险管理政策，维护风险记录；委任一个热线服务提供商。近年来，风险管理科致力于勤练"内功"，聘用了若干德才兼备的人员充实风险管理队伍，引入一批外部设备来辅助复杂的风险管理，改革和完善风险管理的管理架构，并计划设立首席风险管理官（Chief Risk Manager）来全权负责领导部门的工作。

2. 法律事务部

法律事务部的主要职责是为政府雇员养老基金提供法律咨询和相关服务，包括法律事务管理、法律解释、研究和分析、诉讼管理、合同、政策和法律文书的准备工作等事务，以减少基金的业务活动风险，支持基金的战略目标的实现。

法律事务部的工作重心包括提供有实操意义的建议、有关治理、管理、服从和待遇支付的法律意见、法规和政策的起草、争端处理以及对基金法全方位的一般建议。

2008 年，在法律事务部的努力下，政府雇员养老基金推出了四项新政策，即新参加政府雇员养老基金的雇主（单位）的准入政策、债务追缴政策、额外财务负担政策（依照 1996 年政府雇员养老基金法第 17 条第 4 款制定）以及参保人和养老金领取者死亡后的待遇分配政策。另外，法律事务部还积极开展对受托委员会全体委员和工作人员关于 1996 年政府雇员养老基金法和相关法规的培训工作。

3. 员工福利部

员工福利部是政府雇员养老基金的核心部门，为参保人及时、准确地计算和发放养老金待遇是政府雇员养老基金首要的业务目标。此外，客户关系管理也是员工福利部的重要工作职能。员工福利部还成立了特殊项目科，管理因过去受到歧视的人群的福利待遇。这些人包括 Ciskei 罢工者、边远海岛的教师和不遵法令的武装部队成员。这些

---

① 这些部门和机关包括特别行动理事会（Directorate for Special Operations，Scorpions）、南非警方（South African Police Services，SAPS）、国家检查局（the National Prosecuting Authority，NPA）、特别调查科（Special Investigations Unit，SIU）和基金审计部门。

人的服务年限可以累计，之前的待遇支付重新计算，之前存在争议的绝大多数问题已经得到妥善解决。

为了缩短待遇支付的处理时间，提高运营效率，员工福利部进行了一系列的改革：

（1）开发了一套测量待遇支付价值链的吞吐量和精确性的系统；

（2）工作的关键成绩与战略目标挂钩，细化关键成绩的测量；

（3）为政府雇员养老基金的工作人员制订详细的技能培训计划。

通过改革，提升了员工福利部的工作效率。将近 2/3（63%）的已申报的待遇可以在法定的 60 天内支付给领取者，2008 年，外部审计报告经过抽样调查，结果显示养老金领取者接收到待遇申领通知单到完成发放之间的时间间隔平均为 98 天，相比 2007 年的 122 天缩短了将近 1/4 的时间，而殡葬抚恤金的平均支付时间间隔为 72 小时。处理待遇支付的积压事件在未来仍然是员工福利部的工作重中之重。

同时，员工福利部还有针对现行的业务程序，制定了一个中期服务传送改进战略，以满足客户对服务管理的速度和便捷的要求。这个战略计划在今后 5 年内实施，希望能解决一些根本性的问题。其内容包括：

（1）检讨和重新设计政府雇员养老基金的业务流程，以期养老金管理现代化，达到世界级水平；

（2）投入资金建立一套实现流程和计算自动化的卓越的管理系统；

（3）改进客户信息（信息质量）系统。

员工福利部的另一项重大职责就是客户关系管理。政府雇员养老基金的客户关系管理的基本理念是为客户创造服务传送的便捷渠道，构建缴费者、缴费单位、养老金领取者、受益人和其他相关利益主题之间良好有效的关系，主要由服务频道运转、呼叫重心、地区无预约客户中心、雇主的教育和培训、参保人关系最优化、征求反馈信息、跟踪客户满意度以及客户细分几个部分组成。在过去几年，呼叫中心的建设取得了显著的成就，90% 的呼叫得到了妥善的解决，呼叫未接通率由 23% 下降到 13% 左右，从雇主接受档案的错误发生率也因为联络系统而降低到 28%。

4. 财务部

财务部管理政府雇员养老基金的财务资源，保证基金的可用性，在确保基金的最优化投资的同时，维持待遇给付的现金流水平的充裕性。主要业务包括征收缴费、管理待遇支付、财务会计和报告、法定审计、政府雇员养老基金员工的工资、参与采购业务以及年度预算编制。

5. 信息和通信技术部

信息和通信技术部主要负责硬件基础设施管理、应用型设施管理、采购和资产管理以及知识管理。执行基础设施和战略规划的第一步是通过外部采办、招标等方式，确定 ICT 基础设施、网络服务的提供商，提高服务器性能和升级网络，包括全国联网的 ICT 服务器和网络技术。今后，信息和通信技术部将执行检查和升级 ICT 突发事件处理程序。这一程序每年将测试两次，以确保在突发情况下，ICT 的恢复能力能将业务中断减少到最低程度。两大可操作性软件（Workflow 和 Accpac）已经通过了 ICT 部门的检查，其具有良好的实用性既能有效执行 ICT 的战略，又能加强 ICT 的内在风险评估。

为了提高 ICT 的服务效率，受托委员会将有针对性地设置一些新的管理和行政支持职位。这个招聘补充程序已经于 2008 年启动，预计所有新职位的相关员工将在 2009 年全部到岗。加之在 2007 年服务器的加强和网络升级已经完成，绝大多数现在的 ICT 服务器主机迁往政府雇员养老基金的首脑办公室，ICT 战略也确定了下来，这些行动无疑都在释放一个提升工作性能的声音信号，即基于公司建构的原则来指导 ICT 服务的整合和一体化，以满足业务和管理上的需要。另外，还将会实施关键 ICT 项目表现的审计，一个直接而又协调的 ICT 治理结构将会监控所有的 ICT 服务，从而减少对外部服务的依赖。

信息和通信技术部还要履行信息服务管理的职能，通过有效地管理信息系统来识别趋势，为基金提供优质信息、分析、报告、建议来支持决策和提高工作性能，加强 ICT 的项目管理，节省资金，提高效率。

6. 公司服务部

公司服务部是面向政府雇员养老基金全体工作人员服务的部门，主要负责政府雇员养老基金内部的人力资源管理、员工发展和后勤保障事务，即招聘能力和经验兼备的员工；技能训练、个人和职业发展；执行一套报酬激励机制；基于政府雇员养老基金法规和政策的政策、程序和工作实践；职位任命、调任或者终止；配置工作的基本条件和开拓创造最优产出的工作环境。

三、政府雇员养老基金的基本财务状况

政府雇员养老基金自建立以来，规模不断扩大，截止到 2017 年 3 月 31 日，政府雇员养老基金积累总资产逾 16730 亿兰特①（约合 1134 亿美元），是 1998 年养老基金建立之初（1530 亿兰特）的 10.92 倍（见图 35-3），近 10 年平均增长率达到 10.2%。养老基金的积累额主要来自于三个方面：①征集的缴费在支付待遇之后的结余；②近年养老基金的投资收入增长；③养老基金储备金的积累。

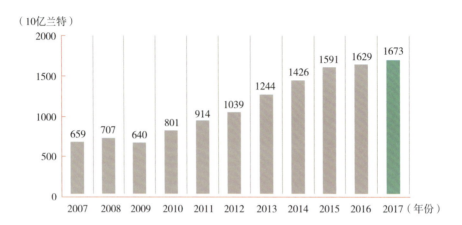

图 35-3 2007~2017 年政府雇员养老基金积累规模

资料来源：GEPF. Annual Report 2017［R］.http://www.GEPF.gov.za/.

（一）缴费收入

年度征收的缴费在支付当年的待遇之后的结余的积累是政府雇员养老基金基本的积累来源。截止到 2017 年 3 月 31 日，政府雇员养老基金累计征集缴费达到 66 亿兰特（见图 35-4）。仅 2016~2017 财年，基金的缴费收入就增加 60 亿兰特②。

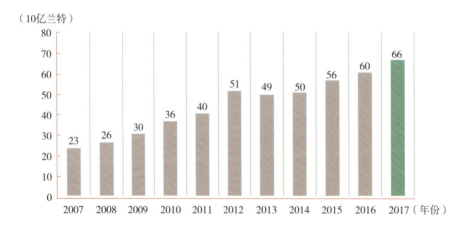

图 35-4 2007~2017 年政府雇员养老基金缴费收入情况

资料来源：GEPF .Annual Report（2007-2008）.http://www.GEPF.gov.za/.

---

① GEPF. 2017Annual Report[R].http://www.GEPF.gov.za/. 其中折算为美元采用 2016 年 6 月 21 日的汇率，1 美元 = 14.7278 兰特。
② GEPF. 2017Annual Report[R].http://www.GEPF.gov.za/.

（二）投资收入积累

养老基金投资是政府雇员养老基金的核心业务之一，也是政府雇员养老基金得以实现保值增值和健康、高效运转的重要保障。GEPF 是联合国负责投资原则（UNPRI）的创始签署者，投资规则要求养老金的增长率高于消费物价指数（CPI）的 75%。2017 年，基金的投资回报率达到 4.3%，这一投资收益率助力养老金的增长率达到 5.6%，与 2016 年 11 月 6.6% 的 CPI 基本持平[①]。如图 35-5 所示。

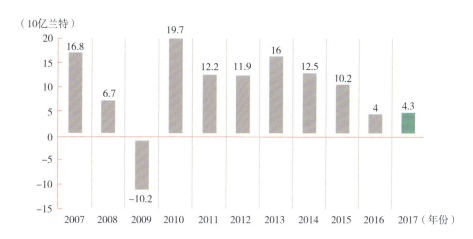

图 35-5　2007~2017 年政府雇员养老基金投资回报情况

资料来源：GEPF .Annual Report（2007-2008）.http://www.GEPF.gov.za/.

根据南非公务员养老基金法的有关规定，政府雇员养老基金的投资管理业务委托给公共投资公司（Public Investment Corporate，PIC）。政府雇员养老基金在与财政部协商之后，会对 PIC 下达一个资产投资战略组合指导线，每年政府雇员养老基金都会对 PIC 的实际投资组合配置是否符合指导线的要求进行审查。最近的指导线是从 2006 年 3 月 31 日开始执行的第 7 个指导线（见表 35-2），出自当年制定的政府雇员养老基金精算报告。这份报告以长期最佳估计值作为债务的估价方法的基础，确定建立偿付储备，以应对未来公共设施的回报和与就业密切关联的基金和投资的风险和不确定性。

PIC 的主要投资渠道分为 5 大类：普通股（上市公司的股票）、定额利息（比如长期政府债券）、货币市场工具（如利息支付手段）、房地产（商业和住宅）、其他投资工具。除了自己管理管理资产、资本、金融市场和房地产投资组合，PIC 还将一部分的投资外包给外部投资组合管理公司，包括老年共同资产管理公司（Old Mutual Asset Managers，OMAM）、桑勒姆投资管理公司（Sanlam Investment Managers，SIM）、斯坦利布资产管理公司（Stanlib Asset Management）、未来发展资产管理公司（Future Growth Asset Management）以及兰德商业银行资产管理公司（Rand Merchant Bank Asset Management，

表 35-2　2017 年南非养老金资产配置指导线和实际配置状态

资产分配	指导策略线（%）	实际配置比例（%）
国内股票	40~55	49
非洲股票（不包含南非）	0~5	1
外国股票	1~5	5
国内债券	26~36	34
国外债券	0~4	1
现金	0~8	4
国内房地产	3~7	6
总计	100	100

资料来源：GEPF. Annual Financial Statements (2006~2007) .http://www.GEPF.gov.za/.

RMBAM）。此外，PIC 还会委托若干个其他的资产管理公司经营一些特别的投资和相关的投资产品。例如，PIC 发起成立了泛非洲基础设施发展基金（Pan African Infrastructure Development Fund, PAIDF），PAIDF 的领导层由政府雇员养老基金任命的两名董事和两名投资委员组

[①] GEPF. 2017Annual Report[R].http://www.GEPF.gov.za/.

成。该基金获得了一份价值 25 亿美元的投资项目。

政府雇员养老基金建立伊始，投资策略比较保守，仅依靠银行存款和投资固定利息的债券来获得稳定的利息收入，从 2000 年开始，养老基金开始涉足普通股和投资产品，经过几年的投资实践的经验积累，逐渐摸索出一套比较成熟的投资组合比，并在 2004~2007 年获得巨大的成功，几乎为政府雇员养老基金解决了近一半的积累额。

（三）政府雇员养老基金的储备金

由于南非过去长期实行种族隔离制度，遗留下很多历史问题。比如以前独立共和国的军队和公务员以及大量遭受种族歧视养老金权益受到严重侵害或者剥夺的公职人员等，为了争取合法权益，他们与政府雇员协调谈判委员会（Public Service Co-ordinating Bargaining Council，PSCBC）进行了长期的集体谈判，最终达成协议，政府雇员养老金法也进行了修改，增加 Ciskei[①] 罢工者、边远海岛的教师和不遵法令的武装部队成员的养老金权益，并在 2001 年 3 月 31 日以当日的养老金规模的精算净值为基准，提取 1% 作为政府雇员养老基金的精算储备。储备金主要是为了支付这些公务员视同缴费的年限的资金，对达成群体间和解、维护社会稳定发挥了作用。从 2007~2008 财政年度开始，政府还通过一般税收向储备基金中注入一般性的补贴，截止到 2017 年 3 月 31 日，储备基金的滚存余额已经超过了 817 亿兰特（见表 35-3）。

表 35-3　2016~2017 年政府雇员养老基金储备金的分布状况

单位：千兰特

储备账户结余	2016 年 3 月 31 日	2017 年 3 月 31 日
Ciskei 罢工者	157214	159900
一般性补贴	106885	114990
其他以前受到歧视者	7587652	7899950
年底滚存总结余	7851751	8174840

注：从 2007~2008 财年开始，政府雇员养老基金储备金中获得了政府的一般性补贴。

资料来源：GEPF. Annual Financial Statements (2016-2017) .http://www.GEPF.gov.za/.2008.

四、金融风暴对南非"政府雇员养老基金"的影响

从 2007 年开始，一场罕见的"金融风暴"席卷了全球，各国养老金资产均受了不同程度的影响，南非也不例外。由于投资收入是南非政府雇员养老基金最主要也是最重要的来源，因此不可避免受到了影响。据统计，南非政府雇员养老基金 2007~2008 年度的总投资公允价值为 7155 亿兰特，实现净投资收入 480 亿兰特，其中净利息收入 218 亿兰特，普通股收入 117 亿兰特，从房地产中获得的租赁、保险和杂项收入共计 4 亿兰特，投资套现净收入 386 亿兰特，投资回报率仅为 7.3%。相比 2005~2006 财年投资净收入 1280 亿兰特和 2006~2007 财年的投资净收入 1160 亿兰特的显赫成绩相比，其受金融风暴的影响程度可见一斑。受投资收入萎缩的影响，政府雇员养老基金的 2007~2008 财年的规模净增 480 亿兰特，与 2005~2006 财年的净增 1300 亿兰特和 2006~2007 财年的 1130 亿相比，增长速度明显放缓。

尽管 2007~2008 年政府雇员养老基金总体成绩相比往年差强人意，但是与一些国家的养老基金损失惨重相比，能够在金融风暴中维持正增长，南非的政府雇员养老基金的投资运营策略还是值得令人称道的：

（1）政府雇员养老基金基本上没有海外投资。因此避免了国际资本市场震荡而遭受损失。

（2）按照南非财政部下达的第 7 号投资指导线，政府雇员养老基金近一半的投资集中在股票市场上，2006~2007 年政府雇员养老基金投资于国内上市公司的普通股上的比例为 52.9%，2007~2008 年度这个比重还维持在 52.7%（见表 35-4），诚然投资于普通股的比重过高是导致 2007~2008 年政府雇员养老基金投资收入"缩水"的主要原因。但是，这类投资的主要目的在于参与普通股股息的分红，是一种中长期的"战略投资"，而非"低吸高抛"的投机性活动，对国内资本市场的稳定起到了重要的作用。

（3）除股票投资外，政府雇员养老基金还有近 40% 投资于中长期债券和基础设施建设，这种多元投资策略既能获得长期的稳定的投资回报，又能在金融风暴这一特定危机环境下，为受到影响的金融行业、制造业、建筑业提供稳定的资金来源。

---

①历史上，南非长期实行种族隔离政策。1971 年开始将居多数的黑人移居到南非共和国 13% 的边陲地带的十个"国"并给予自治权，目标是使其独立；移居的这些"国"的黑人会失去南非共和国的公民身份。但是这些"国"中白人仍然居有政治经济的优越地位。而且南非共和国从 1976 年到 1981 年扶植温达（Venda）、希斯凯（Ciskei）、川斯凯（Transkei）与波布纳（Bophuthatswana）四个"国"独立，但都没有被国际所承认。1994 年度废除种族隔离政策之后，这些"共和国"就不复存在。

表 35-4　政府雇员养老基金投资配置

资产分配	2006~2007 财年实际线（%）	2007~2008 财年实际线（%）
国内上市公司股票	52.9	52.7
针对基础设施建设、社会必要投资和 BEE 融资（Isibaya 基金，泛非基建发展基金等）的私募股权	3.7	4.4
债券（固定利息和资本市场）	34.2	33.8
现金 / 货币市场工具	8.3	7.9
房地产	0.3	0.4
结构性投资产品	0.6	0.8
总计	100	100

附
国际社会保障协会社会保障基金投资指南

引言

本指南适用于理事会、管理层、投资机构、投资委员会和投资单位。有些社会保障机构进行内部投资治理，有些采用外部经理人模式，但是，它们的目标都是致力于社会保障机构遵循渐进的治理过程。

《国际社会保障协会社会保障基金投资指南》的目标

《国际社会保障协会社会保障基金投资指南》旨在让会员遵循渐进的治理过程。建立程序中涉及的各种构架，包括界定职责，确定这些职责与为实现治理目标而建立的程序之间如何相互影响。这些程序包括界定和监督投资策略、监督和报告绩效情况。

因此，本套指南在阐述投资治理程序之前，先从投资治理原则和构架入手。本指南承认有些社会保障机构采用内部投资治理，而有些使用外部经理人。

通过 3 个相互独立的章节阐述投资治理程序：

■ 共同的治理程序（适用于开展内部和 / 或外部投资治理的社会保障机构）；

■ 专门适用于内部投资单位的治理程序；

■ 专门适用于外部投资经理人的治理程序。

投资治理的定义

本指南投资治理的定义首先介绍基金资产进行投资所采用的决策与监督体系要素。然后，定义延伸到界定投资治理，它专门针对社会保障机构储备金的治理。

投资治理和投资治理程序的要素

在机构的投资方面，"治理"阐述对基金资产进行投资所运用的决策与监督体系的要素。此项工作是受托方的责任，受托方是指理事会和管理层，他们要面对高层问题（通常要对此承担责任），要有更详细的实施行动（受托方有可能将任务委托给其他人，受托方的作用变成监督他们的行动）。简言之，投资治理运用技能、资源和程序为社会保障机构创造价值。

从总量上说，一个组织为治理程序可提供的专业技术、财政资源、时间（内部和外部的）和基金运作实效是十分有限的。可用于治理程序的这些要素总量叫作治理预算，治理预算的规模将影响预期的治理业绩。一定规模的治理预算应与适合的投资方式和投资策略相匹配。由于可获得的技能、资源和程序有可能较多，也有可能较少，治理预算随着时间推移会发生变化，可能的投资绩效会受到影响。

简单而言，由于基金规模和包括时间与专业技术方面承诺的资源等的限制因素，适合的治理预算是有效投资策略的前提。进一步而言，治理预算也是根据投资机构长期投资任务与目标的宏伟计划来设计的一个战略工具。

治理的挑战比影响所有现代组织的一般问题更大。社会保障机构在全球金融市场中运行，风险管理和不确定性对于创造长期价值是关键。治理取决于风险预算和治理预算，可以创造也可以毁灭价值。这种观点的作用具有双重性：首先，精心制定目标，采用风险措施是任何良好管理金融机构的重要组成部分；其次，在多大程度上精心设计与精心管理的活动取决于机构内分配给此项职能的治理预算。治理较差的实体不正确地对待治理预算，将其看作影响财政业绩的开支，因此极少认真制订风险计划，并错误地节约治理预算。

这些有关投资的指南涵盖社会保障机构采取渐进式的治理程序的所有方面。然而，就投资程序本身，我们可确定4个重要广泛的阶段。4个阶段将在以下介绍，并在各指南中单独展开论述，它们是投资策略的决策，基于此策略构建适合的投资组合，策略实施，程序监督和报告。

投资策略

大量文献表明投资者绝大多部分的收益回报来源于其对资产的战略配置。因此，认真规划结构和明确资产配置是投资程序的一个重要部分。资产的战略配置在本质上是长期的，应体现投资机构的投资理念、投资任务和目标、风险预算、收益目标、负债和筹资政策、风险承受度，以及非财政因素对其产生的影响或制约程度。风险承受度应考虑最终担保人（政府/纳税人）的财务福利状况与可能造成社会保障机构资产减少的事件之间的关联度。除了构建资产战略配置外，对投资策略的审议可包括对资产负债的模型设计（如可将负债与通货膨胀挂钩），对主要风险领域进行压力测试以确定主要风险危害程度，以及考虑选择性地分散部分风险和套期保值。

构建投资组合

构建投资组合是投资机构实施资产战略配置的第一步。目的是将资产战略配置的目标有效地转化为投资决策。程序包括考虑投资任务、投资理念、治理预算、回报目标和相应的风险预算、可行的投资选择和资金流动性要求。应通过运用工作框架，如资产等级、地域考量、风险前置和主题投资，使投资组合充分多样化。应通过运用可行的最高效的投资前景来构建投资组合，以实现理想的回报和风险目标。应确定风险，并就如何治理（或"规避"）被认为是"无回报的"风险进行分析。在决定是否使用衍生金融投资工具作为风险管理的适当方法时，应考虑资金流动性和治理预算的作用。在设立投资组合背景下，制定投资策略时，应对理事会已确认的相关"极端"风险或"尾部"风险进行评估。在不断变化的市场条件下，通过重新思考资产配置，可使投资组合建设更具有活力。明确的和共同的投资理念，或者有关投资世界运作方式的工作设想可提高构建投资组合的决策效率。

实施

实施是指应用在挑选特定的投资组合中做出的投资决策。在选择是通过内部投资单位，或是通过指定外部基金经理人，还是通过与外部投资顾问合作来管理资产时，投资机构应考虑其专业知识和治理能力。如果选择积极的外部基金经理人，投资机构应拥有所需的资源、专业知识和治理预算来充分研究、挑选和监督"一流的"经理人，或指定有能力胜任的外部投资顾问。实施还应强调选择效率最大化的投资。它包括在构建投资组合时，评估所选择的每一项投资的价值与成本。价值反映实现投资目标的程度，成本通常代表投资经理人的费用，后者对总体业绩可能会产生显著的拖累作用。在实施投资策略时，监护计划和资产转移也是重要的考虑因素。

监督和报告

定期测量和监督主要风险对于投资机构做出及时、知情的决定至关重要，最终促进更高效的资产管理。理事会和管理层应设定其可获得的主要指标，如总资产分配与战略配置的比例，总投资组合及其经理人的业绩与风险，以及定性评估外部基金经理人、全球市场和经济形势。

从动态角度上看，投资机构管理投资策略的能力取决于其对长期战略进展与投资组合固有风险水平监督所使用的强有力的方法。因为，虽然制定投资策略通常着眼于长期，但是，有时可以做出动态或战术性的资产配置以反映当前市场机遇或风险。

投资治理和社会保障

本投资指南体现了社会保障机构储备基金管理的特别问题，反映了这类基金投资目标与补充养老金（通常称之为第二支柱准备金）投资目标通常显著不同的这一事实。不过，适合的投资结构、决策和同行审议、风险考虑、报告等很多良好的投资治理原则同时适用社会保障储备金和补充养老年金。

然而，本指南的确专门反映了对治理程序和构架产生影响的社会保障与其他养老金之间存在的区别。主要区别如下：

■ 津贴的筹资和资金来源。鉴于通常第二支柱需要将目标设定为全额筹资（资产可完全支付当前负债值），而社会保障储备金通常设立不同的投资目标。这反映了出于不同原因来设立这类基金，而不是为津贴筹资而设立基金的这一事实（如为了稳定未来现金流的需要），并且国家通常是社会保障的"最后贷款者"。因此,绝大部分社会保障体系一般采用基金部分积累制。这种状况对投资选择方案产生影响,并且由于持有低额度的资产,可能会导致对储备金现金流的较多限制因素。另外,在更一般情况下,针对储备金的筹资目标更有可能有所不同,可能重点强调能够满足现金流的要求(如要求基金持有的资产至少相当于几个月的津贴支付额),或仅仅确保"可持续的现金流"。

■ 投资规则可能有所不同。表面上看,这类规则和限制可能不像第二支柱计划那么重(如对某些资产等级的投资可能受到较少的限制),但是,社会保障储备金可能更大地受到政治层面对基金投资产生的影响。社会保障储备金还可能被要求投资于某些资产,并且可能更直接地投资于私营、国有企业或基础设施项目。在这种情况下,投资的价值(和与之有关的风险)可能不易被核实,导致评估资产价值和风险面临挑战。由于这类基金的投资限制因素少于非国家性质的补充养老金的投资限制因素,并伴随着潜在的更苛求的现金流限制因素,这种更大的投资自由(由于对现金流占持有资产比例的较高要求)应有资源充足的治理能力与之相匹配,通常在考虑机构职责的同时,应能够管理较为烦琐和复杂的投资计划。

■ 更广泛的目标和外部制约因素。尽管通常建立储备金是为确保筹资需求的平稳性和应对预期未来的人口变化,但是,外部机构仍将其看作是重要的战略投资主体。这可能导致采用某些投资选择方案或补充性的目标(如为某些行业提供融资,或购买政府债务)。在这种情况下,通过设立适当的治理程序和采取适当的应对措施来发挥投资运行的作用尤其重要,从而确保储备金履行社会保障规定的职责。

■ 报告的要求可能与非国家性质的补充养老金有所不同。虽然对补充计划的要求可能更加烦琐,但是,社会保障储备金具有公共和政治的责任承诺,这将影响报告的质量、内容和频率。

投资治理框架:与《国际社会保障协会良好治理指南》保持一致

本指南与《国际社会保障协会良好治理指南》一样,是一套综合性的指南,覆盖社会保障机构行政管理所需要的一系列内部治理程序。

制定《国际社会保障协会社会保障基金投资指南》的目的是对《国际社会保障协会良好治理指南》中与投资有关的9项指南的扩展和补充。两套指南之间存在一些共同

基础。本指南中有些采用和开发了《国际社会保障协会良好治理指南》中与投资有关的现有指南。鉴于《国际社会保障协会良好治理指南》只阐述了部分的投资程序,本指南则考虑投资程序的所有方面;因此,《国际社会保障协会社会保障基金投资指南》不仅对《国际社会保障协会良好治理指南》中强调的投资专题加以扩展,而且还提出了新的问题。

理事会、管理层、投资单位和社会保障机构其他代表的投资活动应尊重如在《国际社会保障协会良好治理指南》中所详细阐述的国际社会保障协会良好治理的5项原则:责任、透明、前瞻、参与、活力。

本出版物中描述的指南、构架和原则重点强调投资机构的运作。根据建立社会保障机构的立法和/或社保计划主管部门的决定,投资机构既可以是社会保障机构经办实体,也可以是以投资社保计划基金为目的专门成立的实体。

《国际社会保障协会社会保障基金投资指南》的构架

本指南分为四部分:

第一部分,投资治理原则。

第二部分,投资治理构架。

第三部分,共同的程序。

第四部分,针对内部和外部的投资治理程序。

在每个部分内,指南依据特定程序要素的应用方式进行分组。它们以如下方式表述:

指南:指南尽可能清晰地表述。

结构:指对投资治理所建议的结构,它可以支持指南的应用,并有利于促进重要的原则。一个良好的投资结构对社会保障机构的有效运行至关重要,应确保运行和监管责任的正确划分以及相关人员的称职度与问责制。

机制:指南实施的方式可以有很多种,针对投资治理所建议的机制,目的在于确保恰当的控制、流程、沟通和激励机制,以鼓励良好的决策、恰当和及时的执行、成功的结果以及定期的监督和评估。

鸣谢

ISSA社会保障机构指南由ISSA秘书处及ISSA技术委员会组织撰写。

《国际社会保障协会社会保障基金投资指南》由国际社会保障协会秘书处与韬睿惠悦(Towers Watson)咨询公司合作编写,并吸收了来自国际社会保障协会秘书处、协会社会保障基金投资技术委员会和其他利益相关机构的

评论与建议。

《国际社会保障协会社会保障基金投资指南》是在由阿曼社会保险署 Saleh Bin Nasser Al-Araimi 担任主席的国际社会保障协会社会保障基金投资技术委员会的主持下编写的。具体编写工作系由 Simon Brimblecombe 牵头、Florian Léger 和 Ariel Pino 参与的国际社会保障协会秘书处团队完成的。来自国际劳工组织的 John Woodall 和来自国际精算协会的 Chris Daykin 提供了专家支持与贡献。

一、投资治理原则

本部分指南考虑的原则是以储备金投资中实施的支持构架、机制和程序为基础。这些原则构成投资治理程序的最初的构建模块，确定了能够支撑任何投资程序的投资理念、任务和目标。这些原则应定期审议，以确保随后的投资程序正确地体现和顾及这些原则，因为它们是构架和机制落实的基础。

治理的总体目标是"做正确的事情和把事情做好"。

指南1．投资理念

赢得机构广泛支持的强烈的投资理念应与目标保持一致，并且通报的所有投资决策应是公认的并有案可稽。

本质上投资通常是为了应对或开拓不确定的未来，参考过去，做出当前的判断和决定。投资者通过他们对世界如何运作的基本理念来做出判断。这些基本理念的质量是投资取得成功的重要决定因素。

理念是在投资世界中的工作设想，它们是投资实践和决策的基础，开发并分享这种理念将有助于使目标设定和决策更加有效。最有助的理念精确地描述出未来的成果，可获取整个组织的支持，并且内容详尽。所有投资决策都基于理念；然而，经常出现的情况是这些理念是不明确的、无案可稽或非结构化的。投资理念应体现基金总体投资目标和治理领域以及引导投资方法和策略的最基本理念的观点。

结构

■ 一套经过深思熟虑的投资理念应清楚地阐明、记录，并在决策流程的各个层级达成一致。为协助投资委员会排列优先重点，不同的理念 —— 有些可能互相矛盾 —— 需要根据各自的重要性或说服力进行排序。

■ 投资理念应持续应用于决策流程的所有相关领域。

■ 投资哲学和流程应参照本机构的能力、资源和流程进行构建。

机制

■ 董事会、管理层和投资委员会应明确了解理论对实践的影响，形成有证据和研究支持的理念。

■ 涉及下列内容的高层投资理念应由董事会、管理层和投资委员会发出：

● 资产种类和证券定价，包括投资机会的"公平"价格，发生错误定价的原因以及错误定价在何种程度上来自生活中的一系列事实；

● 投资机构在已确定的机会中发挥其比较优势的能力；

● 投资机构如何能够发展这些理念，并将其融入投资策略中；

● 从附加值和风险角度，这些策略（阿尔法和贝塔策略）在整个组合中能单独和一起产生什么。

■ 一个平铺或"网状"投资理念体系应由董事会通过管理层和投资委员会向投资部门阐明，以指导正在进行的投资管理。

指南2．投资任务和目标

清晰界定投资任务和辅助目标，并获得利益相关方的承诺。

对于拥有投资职责的社会保障机构，法律、政策或法令可确定投资政策的总方向，并规定允许的投资工具类型。另外，为了使储备金长期收益率最大化，同时减少投资风险并考虑债务的性质，应允许用于投资的工具范围足够多样化。影响机构投资策略的因素包括投资保障、预期收益率、现金流问题和组织的债务性质等。对于使用外部经理人的机构，清晰界定任务和目标，并适当沟通也十分重要。

结构

■ 董事会应制定一份由所有利益相关方同意的界定清晰、规定详尽的投资任务，每一个组成部分都确定重点。

■ 投资任务应尊重相关立法、政策或法令。

■ 抽象目标，如受益人福利最大化，应由第二顺位任务的说明加以补充；这样董事会、管理层、投资委员会和本机构内外的利益相关方可以将目标与已接受的运行目标（如年度实际回报率）进行匹配，同时允许负债并受一致认可的风险参数的制约。

■ 应开发一组支持性目标，以支持投资任务取得成功。

■ 董事会应在投资任务中制定投资时间范围。应对长时间范围的优势进行权衡,同时,要懂得当机会出现时需要能够快速果断地行动,需要对条件和绩效的短期变化做出精确的反应。

机制

■ 投资任务应有明确的目标为补充,它确定在规定时间内金融方面的"成功"。

■ 投资机构的资源应与任务中每个组成部分的重要性保持一致,并经常参照任务中规定的优先重点。

■ 投资流程应根据与投资机构目标一致的风险预算来框定。目标包含了对阿尔法和贝塔策略的恰当和整体看法。

■ 当一个机构利用外部实体进行投资时,应起草一份明确规定本机构任务和目标的文件,且应告知外部经理人。目标发生变化时,应在更新后的文件中加以反映。

■ 应建立一个明确的理念体系,涉及为什么长期的投资方式十分重要且能创造价值,同时认可存在短期机会,能够展示自我并要求管理层或投资委员会做出快速果断的反应。

二、管理投资治理结构

通过成立负责投资程序的机构并进行互动的方法,来确保有效落实管理与目标保持一致的投资治理程序是非常重要的。

投资实体及其作用和责任需要清晰界定。投资实体如何共同合作与互动对于确保职责协调和最终实现治理目标也十分重要。

指南3. 投资实体及其责任

不同的实体或机构承担投资职能。为了使治理程序有效,每个实体的作用和责任以及它们之间如何互动都将被清晰明确并互相沟通交流。

结构

■ 董事会或理事会是一组人员,根据有关成立实体的法律或法规,被赋予治理社会保障机构的职责,并对其行使行政管理监督权。它可以是一个政府机构或部委,法定机构或私营实体。作为其职责的一部分,董事会或理事会对社会保障机构的投资活动负有最终责任。在以下指南中,"董事会"和"理事会"这些术语是可以通用的。

■ 管理层是一组人员,根据有关成立实体的法律或法规,被赋予社会保障机构和投资机构的行政管理和日常运行的职责。

■ 根据关于设立社会保障机构的法律和/或计划管理机构的决定,投资机构可以是管理社会保障机构的实体,或是为投资本计划的基金而特意建立的实体。

■ 社会保障机构和/或投资机构的理事会应指定一个投资委员会,负责制定投资政策和投资策略,向理事会提交建议,监督其实施并评估其有效性。

■ 投资机构可进一步建立投资部门,以在内部开展投资活动。

机制

■ 在代际公平的基础上,社会保障机构有责任管理不同利益相关方所承担的总量风险。

■ 董事会和管理层应各自拥有明确定义的投资职权和责任,这在各个层级都有明确的描述。

■ 董事会应确保社会保障机构的投资风险得到适当的确认、管理或规避。管理层应保证确定机构所面对的投资风险,提出管理或规避风险的政策和措施,并执行经董事会批准的措施。

■ 董事会、管理层和投资机构人员应拥有强大的技术知识、数字和分析能力,并了解风险和概率及其对投资治理流程如何产生影响。这些能力应使董事会、管理层和投资机构人员能够在长期任务中有效发挥作用。

■ 董事会、管理层和投资机构在投资决策和实施中应免受政治干预。

■ 董事会、管理层和投资机构应尊重关于管理的,以及合适时披露与投资管理相关的利益冲突的既定政策和程序。

■ 董事会、管理层和投资机构的领导应激发并鼓励员工提出并实施新想法,提高运行和投资效率,促进社会保障机构提升履职绩效。

■ 治理良好的社会保障机构应具有得到各利益相关方承诺的明确任务和目标。董事会、管理层和投资机构人员应了解其努力目标,及其策略如何适应这些目标。

■ 投资流程应根据目标任务与风险预算一致的原则制定,并结合恰当的阿尔法和贝塔策略。风险可能以多种形式出现,包括但不限于战略、运行、政治、经济、规则和地理的风险。

■ 董事会、管理层、投资机构和投资部门职位的适合度和能力标准应清晰、明确并记录在案。

■ 董事会和管理层成员的遴选和免职流程应明确、记录在案并公布于众。投资机构人员的遴选和免职流程应明确、记录在案并在董事会和管理层备案。

■ 外部主管机关应监督董事会、管理层和投资机构遵守既定政策和程序的情况,内容涉及管理以及在适合情况下披露与投资管理相关的利益冲突。

■ 实施鼓励学习型文化的政策与程序,有意识地鼓励变革,挑战本行业的陈腐观念,并支持各层级持续扩充知识。

指南4. 受托人的责任

理事会和管理层在执行和管理社会保障机构基金中具有受托人的职责。

结构

■ 法律、政策或法令应确定董事会的权力和责任。董事会与管理层的权力和责任应明确区分。不应存在模棱两可或利益冲突的空间。董事会不能通过将特定职权授予管理层或外部服务提供者而完全免除自身责任。

■ 法律、政策或法令应确定管理层的权力和责任。管理层与董事会的权力和责任应明确区分。不应存在模棱两可或利益冲突的空间。

■ 必须明确规定投资机构官员和工作人员的责任。在管理社会保障机构的基金时,投资机构应遵循审慎人原则。在经办和管理社会保障机构的基金时,审慎人原则与董事会和管理层的受托人义务是一体的。

机制

■ 监督机关或外部监管机构应进行常规和定期审查,以确保董事会合适的绩效。监督机关或外部监管机构应确保董事会和管理层之间权利和义务的划分得到遵守。

■ 董事会或外部监督机关应根据既定的标准、目标和基准,对管理层的绩效进行常规和定期审查。

■ 管理层应确定标准和基准,评估投资部门的绩效,并注意绩效评估期间应考虑所投资资产的性质。

■ 程序手册应记录投资机构如何根据审慎人原则执行投资政策。

■ 投资机构遵守程序手册的情况必须得到监督和审查。

■ 投资机构员工薪酬应实行结构化,使员工激励机制与本机构的投资目标相联系。激励挂钩的重要意义也适用于员工评估机制。

■ 投资机构的决策流程必须清晰并透明。

指南5. 社会保障机构的治理结构和组织

投资机构的投资结构和组织应符合社会保障机构的立法、法令或政府的正式法案,符合《国际社会保障协会良好治理指南》《国际社会保障协会社会保障基金投资指南》和有关投资的行业最佳实践。

投资机构既可以是社会保障机构经办实体,也可以是以投资社保计划基金为目的专门成立的实体。

结构

■ 董事会应建立强有力的投资委员会架构,高效处理全部工作。

■ 应设立职能明确的投资委员会,高效处理重大投资事项。

■ 董事会、管理层和投资委员会应展示领导能力。

■ 应使用有效的薪酬和员工评价措施,以使雇员的行为符合投资机构的目标。

■ 应当在组织的各个层级鼓励建设学习型文化,以适应不断变化的情况并挑战正统观念。

■ 投资机构的治理结构应当稳健,并明确、有效地划分作用和职责,以推动投资机构的问责制和独立运行,使投资机构得以履行其使命。

■ 应公开披露投资机构的治理框架和目标,以及其内部机构相对独立的方式。

■ 应清晰界定并详细规定投资机构的任务,任务各组成部分的重要性应与本组织的资源相符。

■ 投资流程的每个要素应根据恰当的知识、技能和能力预算配备资源。

■ 应建立投资能力强大的投资部门,职责规定清晰,并向投资委员会负责。

机制

■ 治理应被划分为管理功能(董事会确定框架、监督并控制)与执行功能(管理层和/或投资委员会在设定的框架内决策并执行或监督执行)。

■ 董事会、管理层、投资委员会及机构内外的利益相关方必须能够将高级别目标(如受益人福利最大化)与可接受的运行目标(如年度实际回报率)进行匹配,同时允许负债并受一致同意的风险参数的制约。

■ 董事会应保留其高层级职责，并将次级职责授权。授权应明确告知理念、约束、绩效测量和时间范围。投资机构应具有详尽的职责总表，涵盖董事会及董事会的委员会，如治理、审计、人力资源和管理委员会。

■ 董事会和管理层应任命一个投资委员会，负责制定投资政策和投资策略，包括确定和管理风险，向董事会和管理层提出政策和战略建议，监督其实施并评估有效性。

■ 投资委员会应定期开会，并向董事会和 / 或管理层报告其活动。

■ 董事会、管理层、投资委员会和投资部门的遴选应以所展现的数理和分析技能、逻辑思考能力、对风险和概率的思考能力为指导。

■ 董事会、管理层、投资委员会和投资部门应认识到，投资世界复杂多变，投资机构的文化应鼓励和支持持续增加知识以及在各个层级内和层级之间公开交流。既往决策应根据实际成果进行评估，以校正决策流程，同时适当允许有噪声和信号争议。投资机构的组织、政策和程序应时常受到董事会、管理层、投资委员会和投资部门的质疑，而高级管理人员应被鼓励在机构能力范围内进行创新。

■ 应制定并定期审议一套完整的包含薪酬在内的报酬结构。这一结构在整个组织内创造出一系列效益，并建立专业人才的储备。"报酬"制度应明确与机构的任务和绩效以及针对目标绩效的共同责任感挂钩。

三、共同的程序

本部分指南涉及投资机构为了满足治理要求和最终实现其投资目标必须落实的程序。无论是由内部投资部门，还是由外部经理人开展投资，本程序均适用。

应在有关投资（第一部分）和结构（第二部分）的原则确定后再考虑本程序。尽管本部分指南根据社会保障储备基金及其负债的性质、规模和其他特点适用的程度不同，但是希望社会保障机构应在储备基金的投资方面考虑所有的指南。

指南6. 在确定投资政策方面考虑社会保障负债和筹资政策

投资决策应考虑社会保障机构的负债性质，特别是投资策略应体现负债现金流的数额、时限和性质，以及可预见的未来支付责任。

作为分析的组成部分，可使用适当的模型来确定最有可能实现社会保障机构的任务和目标的投资策略。社会保障机构的资产应与其负债或其适当的主要负债一起选择模型。因此，资产负债模型的使用可构成机构的管理与管理程序的重要组成部分。

选择任何模型应确保例如适当考虑通货膨胀与现金流状况挂钩等情况，即当预测有较高的通货膨胀水平时，模型可适用于实际资产和实际现金流，以便可以正确地计算出持有名义资产的预期风险和回报。同样地，现金流的时间安排也将改变社保计划的风险预测和原本适合于投资的匹配资产。

结构

■ 社会保障机构负债的持续时间、可预测性和成熟度应在确定投资策略和执行投资政策时加以考虑。管理层应考虑所需信息，以确保适当考虑负债以及社会保障机构的精算师参与到流程中。精算投入引入流程对确保适当考虑负债性质至关重要。

■ 社会保障机构内的资源，包括评估负债的性质、了解筹资和集资政策、建立模型、对风险预算进行分析并提出建议等，应受到评估。

■ 应酌情考虑回报目标和相应风险预算的确定使其与投资任务相符。因此，任何建模均应考虑须经董事会定期审议和批准的回报率目标和风险预算。

■ 投资政策必须考虑社会保障机构的筹资政策、现金流要求和其他目标。当对待遇进行部分筹资时，应开展资产负债模型的相关性评估，同时评估资产负债模型如何才能运行，以及这一流程需要如何调整以恰当反映社会保障机构的筹资目标。

■ 当资产负债模型运行时，应对不能或未被捕捉的事件作为建模流程的一部分，分别地、明确地加以考虑。但凡需要，长期资产负债模型应反映相关国家机构颁发的法令、决定或现行法律。

机制

■ 管理层或投资委员会应向董事会提出社会保障机构回报目标和风险预算的建议草案，供审议和批准。

■ 但凡适宜，管理层或投资委员会应就长期资产负债建立模型，以展示社会保障机构的资产和负债在未来可能如何演变。从回报、支出、增长及风险的角度考量，建模应被用来决定投资任务和目标是否有可能实现。

■ 社会保障机构负债性质的精确信息应纳入建模流

程。如本机构内缺少所需资源（如没有精算资源），就可能需要外部专家的投入。如果信息不足，在与社会保障机构精算师磋商过程中，应使用社会保障机构负债的恰当代理。

■ 应分析未被建模流程所捕捉的事件对资产和负债（以及因此对社会保障机构实现其承诺的能力）可能产生的影响。这种分析在性质上可以是定性或定量的。此类事件的例子可以包括管理层或投资委员会或第三方确认的极端风险。分析之后调整投资策略可能是恰当的。

■ 开展资产负债建模的频率应以社会保障机构认为能够恰当反映其筹资水平、投资目标和开展的其他项目负债评估为准。

■ 当董事会、管理层或投资委员会缺少开展资产负债建模的足够资源、专业知识或治理预算时，董事会或经董事会授权的管理层或投资委员会，应征求专家意见或任命外部专业人士实施此类职能。

指南 7. 确定风险预算

参照符合投资的风险预算来制定投资程序。

风险预算是指投资风险总和，相当于投资机构愿意承担的负债。编制风险预算是为风险做一个模型工具（类似于资产负债模型），旨在确定风险预算，并以最高效的方式将其分配到不同的投资中。与资产负债模型相比，编制风险预算一般展望短期的前景，并且还可评估如何在不同类型的风险管理中，以及在不同的资产等级中分配风险预算。

投资机构在全球金融市场中运作，风险和不确定性管理对于创造长期价值至关重要。在精心设计的目标下承担风险是任何良好管理的金融机构的一项重要工作内容。风险承担在多大程度上作为一项精心和良好管理的活动取决于分配给该机构这种职能的管理预算。

风险预算的概念确认，要求资产所有者承担风险，目的是实现预期的回报成果。编制风险预算提供了一个量化的框架，确定需要承担多大的风险才能实现收益的目标，每个风险单元的预期回报是多少，以及不同的投资机会和措施、资产等级和经理人的相对吸引力如何。

风险预算一旦确定，就将被用于规划资产战略配置（如指南 11 "风险预算分析和应用"中所阐述的），并规划体现极端市场估值的资产动态分配（指南 12 "动态投资"中涉及此内容）。

结构

■ 董事会应决定与任务和目标相一致的总体风险预算。

■ 应明确阐明投资机构所面对的不同风险。对这类风险分析时应考虑恰当衡量风险的措施。此外，应对不同类型风险间的相互关系加以考虑。

■ 投资机构面对多种风险，包括但不限于：
  • 经济条件风险（包括通胀风险）；
  • 金融市场风险；
  • 资本结构风险；
  • 杠杆风险；
  • 运营风险；
  • 信誉风险；
  • 投资经理人风险；
  • 货币风险；
  • 流动性风险；
  • 市场风险；
  • 信用风险；
  • 地缘政治风险；
  • 监管风险；
  • 交易对手风险；
  • 资金集中风险；
  • 极端风险。

■ 应接受与确定、衡量和管理风险相关的困难。

■ 应对多种风险措施区分重点，包括了解与各种风险相关的潜在回报。

■ 应接受这样原则，即风险预算应以最高效的方式"支出"，从而产出最大的回报成果。

■ 应考虑平衡绝对风险（针对任务）和相对风险（针对基准）的需要，以及确保将绝对措施作为重点的整体需要。

■ 董事会应监督风险在项目参与人和其他利益相关方的不同代际间公平承担。

机制

■ 董事会应监督管理层或投资委员会提出的与明确的理念相一致的风险预算模型。

■ 管理层或投资委员会应开发并实施确定的风险框架，将风险措施划分重点，同时也接受对"风险"的模糊解读以及不同风险措施的弱点。

■ 管理层或投资委员会应定期向董事会提交风险研

究成果及报告，并就制定降低风险的政策和措施提出建议。

■ 管理层或投资委员会应反复多次向董事会提出风险报告，反映风险预算模型的核心要素，供董事会做出有效决策。

指南 8. 投资的限制因素

对于拥有投资职责的社会保障机构，立法、政策或法令可以确定投资政策的总方向，规定允许的投资工具类型。任何法律或监管方面的限制因素都应编撰成文，并纳入社会保障机构的投资任务和策略中，或与外部投资经理人进行适当沟通。

结构

■ 应仅在必要时才对投资的水平和类型进行限制，因为这将限制董事会、管理层、投资委员会和投资部门的自由度，无法使储备金的长期回报率最大化，也无法通过恰当的分散投资降低投资风险。

■ 在特定情形下，可以使用外部设定的投资类型或水平。设定此类限制时，社会保障机构应恰当披露限制的性质，如果存在影响则应对投资组合的整体风险与回报影响进行设定。当在特别、临时情形下以及（或）出于强烈的审慎理由，对投资设定此类限制时，也应如此做。

■ 应于适当时机在内部设定最低和最高投资水平，认可现有的治理能力。这些限制应满足谨慎规则，并与投资任务和目标保持一致。

■ 某些管理机构将筹资水平的目标设定为现金流要求的倍数，并将其反映在投资机构的投资策略中。因此，流动性管理的重要意义对于社会保障储备金而言尤具相关性。所以，投资机构应预留最低水平的现金和／或短期货币市场证券，以支付当期待遇并履行其他持续性义务。这种考虑因素将构成考虑投资策略中负债的质以及资产选择的更为广泛要求的组成部分。

机制

■ 一个独立的外部权威机构应审查投资任务和投资机构的限制，并公开披露它们是否与社会保障机构的长期目标相符。

■ 如一项投资选择受到外部设定的投资限制的影响，机构应记录这一选择对其财务情况的影响，包括风险影响的设定。

■ 对某项具体资产或证券的投资，或对特定行业或实体而不是政府本身的资产或证券的投资，应限于社会保障机构全部投资组合的一定比例。

■ 当对政府债券或其他工具的投资比例可以不做限定时，机构应评估此类投资的相关风险，包括主权风险。

■ 一家社会保障机构持有的特定行业或实体的资产或某类资产，不应高于这些资产总市值的特定比例。

指南 9. 社会责任投资和环境、社会、企业的治理

在确立社会保障机构目标方面，为了确保投资政策和策略与任务统一，理事会应考虑社会责任投资和环境、社会、企业治理的作用（在任务内容包含这两方面的情况下）。

此目标既适用于内部的投资机构，也适用于外部的投资经理人。

结构

■ 可以考虑投资的社会和经济效用，因为任何社会保障机构的可持续性都依赖于国家的经济增长。

■ 国家金融机关的态度是投资机构设定投资政策和策略时的合法性考量，但此类机关不应参与策略的实施，特别是具体投资的选择。

■ 产生社会和经济效益的社会保障机构基金投资应提供风险调整后的收益，且与对投资机构恰当的时间范围内的市场规范相一致。

机制

■ 投资机构应监督为社会和经济公益事业而进行的投资，以确保此类投资继续创造社会或经济效用。

■ 投资机构应是一个负责任的所有者，并积极参与由社会和经济公益组织的管理层提出的投票和会议。

■ 如投资由外部投资经理人操作，社会保障机构应告知这一组织关于社会责任投资和环境、社会及公司治理方面的目标，并与经理人讨论在选择投资资产及其监督中如何实际操作。

■ 董事会应考虑加入联合国支持的责任投资原则倡议的价值和可行性。

指南 10. 投资假设

在确定社会保障机构投资策略方面运用的投资假设应符合目标。这些假设包括有关回报的假设、风险假设和相关性假设以及其他适当的因素。假设用于适当的时间段

（通常是长期的），以确保任何模型的产出随着时间推移与社会保障机构的任务与目标保持一致。

结构

- 在设定假设时，应考虑广泛的信息。
- 在确定投资策略的任何建模过程中，所使用的假设都应是最新的。
- 建模时所使用的假设应在一个恰当的时间段内加以考虑。
- 但凡需要，这种假设应反映相关国家机关颁布的法令或决定，或现行法律。

机制

- 应为设定假设分配具有足够知识与专业技能的、适合的员工资源，其中可以包括精算投入。
- 管理层或投资委员会应向董事会提供投资假设建议，供审议和批准。
- 在为每种资产类型设定假设时，应考虑广泛的信息，包括但不限于当前市场信息、市场的历史数据（特别是在决定波动性和相互关系的假设时）及其他市场参与者的意见（如来自中央银行和政府的信息、学术报告、市场评论员和投资经理人）。市场历史数据应从广义的市场和经济角度进行考量，并应适当考虑过去的驱动力和回报率在未来是否可能再次出现。在确定不同资产类型的长期回报率时，其他经济和人口要素也应加以考虑。
- 对储备基金所持有全部资产回报的总体假设应考虑单项资产种类的假设，并在确定每项假设所适用的恰当权重之后，将各项假设混合为总体假设。此类加权方法取决于当前和未来资产概况，以及由单项资产类别构成的全部资产组合的比例。
- 在用于任何建模前，假设应得到充分审议，以确保反映当前及未来的全球经济和市场信息。尽管对假设进行审议的频率应与投资机构的需要、特性和流程相一致，但对假设进行年度审议可能是一种良好的实践。
- 董事会、管理层和投资委员会应了解，建模所使用的假设确定后，要考虑使用何种时间表。这一要求既是指过去确定假设时考虑数据所需的时间，也是指未来实施假设的时间。
- 当董事会、管理层或投资委员会缺少充分资源、专业知识或治理预算来确定投资假设时，董事会或经董事会授权后管理层或投资委员会，应征求专家意见或指定外部

专业人员来实施此类职能。然而，尽管可能需要投资管理流程的介入，但是设定假设应是独立于投资管理流程本身所涉及内容的一项决定。

- 如果投资职能由外部投资经理人执行，那么在设定假设时，任何有关外部经理人对投资和未来回报观点的信息都应进行收集。

指南11. 风险预算分析和应用

进行风险预算分析是为了更好地了解承担的投资风险水平、如何管理风险，以及在考虑了风险预算后确定适合的资产战略配置（指南7中涉及此内容）。

风险预算支出可使投资机构在考虑了现有风险预算、投资假设、有关投资和负债的限制因素以及筹资政策后确定适合的资产战略配置。

这里阐述的风险预算的运用应区别于动态的投资（指南12）。例如，基于当前证券价格具有优势的观点，动态投资可能导致购买证券的决策；但是由于负债支付期临近，这种决策可能与减少证券的长期观点有冲突。应在考虑风险水平再平衡策略的基础上做出这些决策（指南13中涉及此内容）。

结构

- 应开展风险预算分析，尽可能分散投资风险。
- 应考虑对无回报风险进行管理（或"对冲"）或排除。
- 应明确并尽可能对冲或排除社会保障机构的特有风险。
- 应设立适当的风险管理结构，管理对冲衍生品的使用。
- 但凡需要，风险预算分析应反映相关国家机关颁布的法令或决定，或者现行法律。

机制

- 管理层或投资委员会应开展风险预算分析和战略资产划拨，董事会应予批准。以上行为应定期进行，机构投资者的最佳实践一般是按年度进行。
- 管理层或投资委员会应提出需要考虑的风险，董事会应予批准。情景分析应作为确定此类风险的一种方法。这样，可对投资策略进行管理，从而提供必要的保护水平。
- 应开展风险预算分析，确定对投资机构回报目标和风险预算高效、恰当的战略资产配置；风险预算应高效配置。

■ 应开展风险投资分析,了解投资风险的水平及风险集中在哪里。然后可以确定投资组合中应变化的内容,通过多样化、积极的管理、对冲或其他行动帮助提高效益。

■ 管理层或投资委员会应利用资产分类、地理区域、风险溢价和主题投资等框架作为资产多样化的方式,充分实现投资组合多元化。

■ 当风险被视为"无回报"时,管理层或投资委员会应考虑如何管理(或"对冲")此类风险。在确定使用衍生品对冲风险是否适宜时,应考虑董事会的决定、流动性考量、治理预算及对冲策略的成本和有效性。

■ 应对设定风险管理结构,治理利用衍生品对冲的合规情况进行密切监督。

■ 当董事会、管理层或投资委员会缺少充分资源、专业知识或治理预算来开展风险预算分析时,董事会或经董事会授权的管理层或投资委员会,应征求专家意见或指定外部专业人员来实施此类职能。

指南 12. 动态投资

由于资产市场价值随着时间推移会发生变化,投资机构可在遵守指南 7 中确定的风险预算的情况下,采取不同的投资方法,而不要固守资产战略配置,以便利用市场估值变化,获取差价。

尽管这种动态投资程序(有些称为战术投资)具有时限性,但是,除了资产战略配置以外,可以在中期保持这种投资状态。

结构

■ 管理层或投资委员会可根据投资机构的投资理念和管理预算,寻求确定和利用市场估值中的波动。

■ 董事会将根据管理层或投资委员会的建议,授权在战略资产配置中,围绕每种资产分类的中央权重进行恰当的资源分配。

机制

■ 管理层或投资委员会可通过有意将投资组合的资产配置与战略资产配置相区别,以利用市场估值波动。

■ 根据投资机构的投资政策和程序,管理层或投资委员会在需要时应在偏离事先批准的战略配置之前,征得董事会的批准。管理层或投资委员会应仔细评估哪些投资将最高效地利用市场估值波动。

■ 当董事会、管理层或投资委员会缺少充分资源、专业知识或治理预算来做出完全有信息根据的动态投资决定时,董事会或经董事会授权的管理层应征求专家意见或指定外部专业人员来实施此类职能。

指南 13. 风险水平再平衡的策略

在投资机构投资组合价值方面利用资本市场波动和变化的优势,实施动态的降低风险或重新确定风险的策略是有可能的。理事会、管理层和投资委员会应定期考虑投资组合的再平衡,以便与投资机构资产战略配置的目标保持一致。

结构

■ 投资机构应考虑建立一个流程,消除或重新定义其投资策略的风险,以实现投资任务和目标。

■ 投资组合的实际资产配置应定期进行审议,并应对投资组合的再平衡做出积极决定,以符合资产战略配置。

机制

■ 投资机构投资组合的绩效和资产配置应根据投资机构的长期目标接受定期监督。如果由于资产市场和投资组合价值变动,或预期负债发生变化,而使资产配置不再与投资机构的长期目标相符,董事会、管理层和投资委员会应根据新情况,考虑投资组合的再平衡。

■ 应对照投资机构的战略资产配置对投资组合的实际资产配置进行定期监督。管理层或投资委员会应根据对市场条件和经济环境的评估,做出投资组合再平衡的积极决定。

■ 当董事会、管理层或投资委员会缺少充分的资源、专业知识或治理预算来监督并实施再平衡,董事会或经董事会授权的管理层或投资委员会,可征求专家意见或指定外部专业人员实施此类职能。

指南 14. 适当基准的选择

无论投资是通过内部还是外部管理,应在分析投资机构的投资业绩和风险时选择适当的基准和投资回报目标。

结构

■ 管理层或投资委员会应建议评估投资机构投资绩效和风险的基准和目标,董事会应予批准。

■ 应为管理层或投资委员会考虑的每项投资授权和每个投资种类选择恰当的基准,用于绩效和风险评估。应为整个投资组合选取恰当的基准或目标回报,要与用于单个资产类别的基准和目标相一致。

■ 基准和目标应与需评估的投资授权的类型和资产类别有相关性。

机制

■ 管理层应评估、监督并审议整个投资组合的绩效。绩效应根据投资任务和目标,对照资产和负债的预期变化进行考虑。

■ 管理层应评估、监督并审议内部和外部基金经理人,以确保基金管理服务的绩效、风险和成本在规定的标准和基准之内。

■ 可确定投资组合的最低名义或实际回报率,以确保该项目的财务活力(所谓的精算门槛回报率)和/或确保(但凡可行)成员账户的积累足以支付社会保障机构所承受的意外风险。

■ 如在评估经理人和资产类别时使用基准,基准应具有下列特性:

  • 明确:指数构成的规则和成分应周知且定义明确。

  • 完整:指数应广泛、多元覆盖资产类别中可用于投资的证券。

  • 可投资和可验证:但凡可能,指数的构成成分应可交易(如具有定价规范、相对流动的市场)或公布于众(如零售价格指数)。

  • 独立并生成常规数据:理想情况下,指数应由独立提供者定期计算,并可获得历史数据,让经理人了解指数的特性。

■ 当绩效和风险测量具有相关性时,公开市场指数或对等组指数可以与职责评估或资产类别评估有关。

■ 在没有相关绩效和风险目标,或在相关资产类别或地域没有恰当指数时,绝对回报基准可以与评估职责绩效相关。绝对回报基准可能对设立资金积累和筹资目标的社会保障机构更为适合,这些目标涉及现金流的要求,或者要求将最低回报存入公积金账户。

■ 有相关性时,经理人或投资委员会应考虑使用市场资本总额加权指数的替代方法。一个例子是基本面加权指数,它使用收入而非市值的衡量标准,来决定指数构成成分的相对权重,以及哪一个可能为所选的职责提供更好的回报与风险措施。

■ 当董事会、管理层或投资委员会缺少充分资源、专业知识或治理预算设计基准时,董事会或经董事会授权的管理层或投资委员会,应征求专家意见或指定外部专业人员实施此类职能。

指南 15. 采用内部投资职能和外部投资经理人的选择标准

制定投资理念和程序时要考虑投资机构的技能、资源和程序。

选择使用内部投资职能,还是挑选外部投资经理人是社会保障机构要做出的一个最根本和最重要的决定。是否使用外部经理人,如果使用的话,总投资的多少比例交给外部投资经理人,为了做出适当的决定,机构需要对组织内拥有的资源进行评估,以及拥有这些资源,机构能否适合地管理储备金的部分或全部资产。这种决定是综合的最高层面的决定,它体现能否最有效地进行投资,以及是采用内部还是外部管理的根本选择。

如果投资机构原则上决定内部管理资产,它仍可根据具体情况,在考虑投资机构的现有能力下,评估某一特定投资或投资等级是采用内部管理最有效,还是采用外部管理最有效。这样,此决定是实施的决策,并且应在投资组合构建过程中予以考虑。

因此,投资机构需要了解自身的竞争优势和弱势,并相应调整自己的决策。投资机构应知晓其几乎不拥有或完全不拥有专业知识或管理能力的领域,并努力调整相应的策略。这种程序可使投资机构建立治理预算。

一个组织可以投入到治理程序的资源总和是有限的。投入到治理程序的资源总和被称为治理预算。基金的治理预算指可获得的专业知识、财政资源、时间(内部和外部的),以及运作基金所需的运行效率。正是这种能力可以通过来源于组织的价值链中所运用的技能、资源和程序创造出价值。

治理预算的规模将对预期的治理业绩产生影响。一定规模的治理预算应与一定的投资模式和策略相匹配。在治理预算有限的情况下,必须将资源适当地分配给治理程序中的不同任务,并且必须要有技巧地治理投资程序。要根据可能的投资业绩和回报产生的影响,随时调整治理预算的方式。

更一般地讲,投入到治理预算的资源及其规模也是根据投资机构有关长期投资目标的宏伟计划来制定的一项战略选择。行业最佳实践表明,投资机构应对其选择的治理程序和实践深思熟虑,将治理作为实现其目标的一项投资来对待。在此，通常是在短期成本效率和长期业绩之间取得平衡（即便有时计算出有效治理创造的价值较为困难）。较低的治理预算适用于不太复杂或不太精细的投资计划。较高的治理预算特点是在包括时间、承诺和实时投资等治理和 / 或组织的资源下拥有较大规模的资产，这种预算支持实施较为复杂的投资计划。

结构

■ 在考虑外部支持的情况时，董事会和管理层必须通过了解内部能力及各领域的强势和弱势，认识外部的竞争优势所在。

■ 当缺少充分专业知识来做出有完全信息的决定并履行其职责时，董事会或管理层在董事会授权下，应征求专家意见或指定外部专业人员来行使某些职能。

机制

■ 决策应考虑投资机构自身的能力及其知识的局限。这些能力包括参与投资流程的人员的知识和经验，这些雇员履行职责可用的时间，可用的财政资源，使用外部专家、顾问和投资经理人，以及包括信息管理和同业审议流程在内的组织内的管理流程。局限可能涉及财务、时间或专业知识方面。应定期对这些能力及其局限进行全面的评估。

■ 董事会、管理层和投资委员会应决定并定期审议治理预算，并验证投资的复杂程度与其治理能力相符。

■ 董事会应就管理层或投资委员会所建议的授权程度做出决定。管理层或投资委员会可建议发挥主要的投资作用，在某些领域选择单项投资，或在单项投资由外部经理人选择时担任经理人的管理者。

■ 当缺乏可用于管理特定资产类别的内部资源时，管理层应在产生附加值的情况下考虑指定外部经理人，或限制选用此种资产类别。

董事会、管理层或投资委员会需要制定书面程序，评估并遴选适合的外部经理人。遴选程序更详细节在指南 29 "外部基金经理人的挑选程序" 中陈述。

■ 董事会应制定并遵守可行的行为准则，应包括对涉及董事会任何成员的利益冲突的披露和管理政策。还应考虑对涉及投资委员会成员或社会保障机构员工及顾问和外部投资经理人的潜在利益冲突应如何进行确定、预测和处理。

■ 管理层应制定并遵守董事会批准的、可行的官员和员工行为准则，应包括有关利益冲突的披露和管理政策。

指南 16. 投资组合构建的方法

构建一个高效、可适当分散风险的投资组合。

结构

■ 经董事会批准的战略资产配置应被作为创建投资组合的框架。

■ 董事会应明确将创建投资组合的责任指派给管理层或投资委员会，或同时指派二者共同负责。

■ 管理层或投资委员会创建投资组合时，应考虑投资任务、投资理念、治理预算、回报目标和相应的风险预算、可用的投资选择和流动性要求。管理层和 / 或投资委员会应使用框架，诸如资产类别、地理区域、风险优先，和可能作为评估多样性办法的主题投资，使投资组合充分多样化。

■ 投资组合的创建应使用可用的最有效益的投资可能性，来实现要求的回报和风险目标。

■ 董事会应批准在投资组合的构建中使用衍生品或杠杆。

■ 管理层或投资委员会应争取管理（或 "对冲"）被视为 "无回报的" 风险。投资组合多样化是管理此类风险的一种方法。在决定是否使用衍生品作为利用多样化管理风险的一种适当的替代办法时，流动性考量和治理预算应发挥一定的作用。

■ 管理层或投资委员会应考虑风险的性质，包括董事会确定的与创建投资组合相关的 "极端" 或 "尾部" 风险。

■ 根据管理层或投资委员会的建议，董事会需围绕战略资产配置中各个资产类别的中央权重，授权恰当的分配范围。

机制

■ 管理层或投资委员会应选择并坚持使用优先框架或多个框架，评估投资组合中的多样性。

■ 使用历史和预测回报、波动、相互关系及对投资组合风险的作用等进行的情景分析，应作为管理层或投资委员会对投资组合多样性和对 "极端" 风险敏感性进行定性评估的补充。

■ 管理层或投资委员会选择的投资应是获得所需回报和风险属性的最有效手段。

■ 管理层或投资委员会应考虑一些因素，如潜在资产的杠杆和流动性及这些因素对资产风险状况的影响。

■ 管理层或投资委员会应定期向董事会提供投资组合多样性的概况，并在合适情况下提出改进建议。

■ 当董事会、管理层或投资委员会缺少创建投资组合所需的充分资源、专业知识或治理预算时,董事会或经董事会授权后的管理层或投资委员会,应征求专家意见或指定外部专业人员来行使此类职能。

指南 17. 运用主动、被动和混合型的管理方法

通过考虑治理预算、投资理念和投资效率来落实主动、被动和混合型的管理职责,实现确定的投资目标。

结构

■ 管理层或投资委员会应根据董事会批准的投资任务、目标和投资理念,使用积极、消极或混合型投资管理。

■ 管理层或投资委员会应寻求将可用的、最有效率、并展示所需回报和风险属性的投资纳入投资组合。

机制

■ 管理层或投资委员会应使用最有效率且最低成本的可用投资指令,争取获得所希望的风险和回报组合。

■ 为实现市场表现,但凡适宜,应使用消极指令。例如,消极指令可能是一种实现一项广为人知的证券指数表现、最具成本效益且最精确的方式。此类指令倾向于较低的收费并提供较大的流动性。

■ 更为复杂的消极或混合指令,应被用于流动性较低领域或要素驱动的投资组合中,以实现风险和回报的特征。这种投资组合拥有极具吸引力的风险—回报特性,如基本面加权股指。此类指令倾向于比消极指令收费更高,并可能根据所获得的资产分类而使流动性较低。可能需要更多的治理预算,以监督和充分评估此类指令是否反映了所希望的回报和风险属性。

■ 积极治理应被用于除市场表现以外的投资经理人技巧。此类指令倾向于比混合指令收费更高。流动性将由使用经理人技巧而获得的重点投资类型所决定。可能需要较高的治理预算,用于监督并充分分析此类指令是否反映了所希望的回报和风险属性。

■ 当董事会、管理层或投资委员会缺少充分资源、专业知识或治理预算来决定积极、消极和混合指令的恰当使用时,董事会或经董事会授权后的管理层或投资委员会,应征求专家意见或指定外部专业人员来行使此类职能。

指南 18. 投资机构在投资方面的尽职调查

内部或外部提出的投资建议取决于适当的尽职调查。

结构

■ 投资机构应对尽职调查的总体含义拥有明确、可执行和可验证的定义,并特别为每种投资工具设定尽职调查指南。

■ 投资机构应拥有明确、透明和可验证的方法,以执行由董事会和/或管理层制定的尽职调查指南。

■ 投资机构之外一个具有能力的办公室应监督尽职调查指南的执行情况。它可以是内部或外部审计办公室。

机制

■ 应制定程序手册,规定如何就各类被许可的投资工具开展尽职调查。

■ 管理层应确保员工的报酬能够激励做正确的事而不做错误的事。

■ 董事会应制定并遵守可执行的行为准则,包括一项有关任何董事会成员利益冲突的披露和管理政策。还应考虑,对于投资委员会成员,或社会保障机构员工及顾问和外部投资经理人的潜在利益冲突应如何确定、预测和处理。

■ 管理层应制定并遵守由董事会批准并可执行的官员和员工行为准则,其中包括一项关于利益冲突披露和管理的政策。

■ 当董事会、管理层或投资委员会缺少充分资源、专业知识或治理预算以做出关于尽职调查的完全知情的决策时,董事会或董事会授权后的管理层或投资委员会,应征求专家意见或指定外部专业人员行使此类职能。

指南 19. 资产的外部保管措施和监护

无论是通过内部还是外部管理资产,理事会和/或管理层对社会保障机构投资资产寻求专业化妥善保管。

结构

■ 应由董事会任命或批准一家独立监管人,直接向董事会和/或管理层报告,以确保本机构资产的安全。

■ 投资机构应确保由外部基金经理人管理的投资资产与自行运营的资产分离,以提高问责制和透明度。

■ 监管人应是独立的,且与外部经理人没有商业利益关系。监管人可向本机构提供重要的管理和分析信息。

■ 应对监管人的遴选和任命给予充足的资源和专业知识。

■ 监护关系的成功往往基于关系经理人(RM)的品质。这些基金代表最有可能管理与监管人的日常关系,他

们应确保对监管人提议的关系经理人感到满意。

机制

■ 监管人应定期对照交易和余额的财务结算登记检查监护下的资产。

■ 在遴选和任命监管人时,董事会和/或管理层应考虑以下内容:

- 资产安全:考虑本组织的财务安全及内部制度和流程的运行有效性。
- 重点关注于技术:资产的监管是一项技术集中型的业务;应有充分的技术来确保高效的流程,并对数据获取提供适合的客户体验。
- 规模:资产监管是一项大规模产业;监管人必须具备一定规模,进行高效运营和充分竞争,从而跟上竞争节奏实施长期投资。
- 筹措资源:强有力关系的经理人和强大、全面的风险管理团队非常重要。

■ 遴选出的监管人应经董事会批准。

■ 开始时,制定一份设定双方预期的恰当服务等级协议(SLA)十分重要。此外,应就季度性或6个月的关键绩效指标(KPI)报告达成一致。关键绩效指标报告是监督监管人和基金投资经理人有效性的一种方法,因此是一个重要的治理工具。

■ 当不同监管人之间进行资产转移时,董事会和管理层应制定相关程序和流程,确保转移方式适当。鉴于高质量的全球监管人数量有限,这些组织对任何业务失败或胜利后在他们之间的资产转移经验丰富。专家团队往往组织严密、互相联系且高效。这样,除了必须完成并签署相关文件外,对客户来说流程将更为容易。然而,有些情况下,董事会和管理层需要确保转移尽可能顺利。在更换监管人、审查并通过主监管协议及一些惯常出现的行政负担(如必须就税务文件做出安排)时,可能会发生一些法律支出。

■ 当董事会、管理层或投资委员会缺少充分的资源、专业知识或治理预算,以进行完全知情的监管人遴选和指定程序时,董事会或经董事会授权后的管理层或投资委员会,应征求专家意见或指定外部专业人员行使此类职能。

指南 20. 投资组合的估值

在适当情况下,根据公认的国际或国家财务标准以及行业最佳实践对投资机构的资产进行估值。估值要独立进行,至少也要核实。

结构

■ 投资机构投资组合和经理人的价值评估应由独立的第三方进行,或至少由其验证。

■ 在对投资组合的整体、资产类型、直接投资和经理人进行评估时,应采用投资和会计方面的最佳实践。

■ 投资机构应努力确保有关投资的信息尽可能透明。

机制

■ 应任命独立的第三方,如监管人,对投资组合整体、资产分类、直接投资和经理人进行评估,或至少进行验证。

■ 评估应根据认可的国际或国内会计准则及行业最佳实践进行。但凡可能,对社会保障机构及其经理人所持有的资产进行估值,应按市值计价(或公平估值)进行会计记账。如认为按市值计价记账不适合或不可能,投资机构应就资产估值最佳实践征询外部恰当的意见。

■ 使用公认的国际或国内会计准则及行业最佳实践获得的估值,应向利益相关方披露。报告的频率和形式应与最佳实践相符。

指南 21. 绩效和风险分析的监督与报告

开展绩效和风险分析并提交报告是监督程序的组成部分。通过资产等级、直接投资和外部经理人针对总体投资组合进行分析与报告。通过独立的绩效评估人员对绩效和风险做出报告和汇总。

结构

■ 在恰当水平上的绩效和风险分析及报告应成为监督流程的一个重要部分。

■ 绩效和风险监督的阶段应考虑资产的性质。

■ 绩效和风险应向独立的绩效衡量人员报告并由其汇总。

■ 绩效和风险应在任何动态的、去风险、再风险和再平衡策略的背景下加以考虑。

■ 投资机构应努力确保投资绩效和风险的信息尽可能地透明和可理解。

■ 可以在投资机构之外设立一个办公室,评估、监督并审议投资组合的总体风险。

机制

■ 应定期对按整体和按资产类别划分的投资机构的投资组合、直接投资及经理人进行绩效和风险分析,并应包括计算名义回报率，以及风险调整后和通胀调整后的（实际）回报率。

■ 应按照一致同意的基准来衡量投资机构整体投资组合的绩效和风险评估、资产分类、直接投资和由外部经理人管理的投资。

■ 风险分析应包含适用于投资机构整体投资组合和不同资产分类、直接投资和经理人的参数。恰当的风险措施可包括跟踪错误、波动（回报标准偏差）、风险价值（VaR）、夏普比率和情景分析。定性或定量地考虑投资面临的其他风险也可能是有用的，如极端事件风险。

■ 投资是在一段特定时间内期待回报和风险达到一定水平。在分析绩效和风险时也应在相同的时间段内加以考虑。即使是最有能力的经理人也会出现绩效不达标的时期，因此，评估任何经理人应参照其长期的绩效目标及未来潜力。

■ 应根据需要任命独立的绩效测量人员，以报告作为整体及按资产类别划分的投资机构投资组合、直接投资和经理人的绝对和相对回报率及风险。将对绩效的测量授权给独立的绩效测量人员可以确保连贯的绩效计算，并使投资机构的投资透明化。

■ 绩效和风险分析应基于独立绩效测量人员所报告的数据，由管理层或投资委员会准备，供董事会审议。

■ 独立绩效测量人员所报告的涉及投资机构整体投资组合的绩效应向利益相关方披露。

■ 实施动态的、去（再）风险战略时，投资组合的绩效和风险应参照其投资目标定期进行监督，以确定哪些目标不可能实现，因此应考虑采取哪些去风险或再风险行动。

■ 投资组合应参照战略资产配置进行定期监督。管理层或投资委员会可承担决策的义务，将投资组合进行再平衡和/或去（再）风险。

■ 当董事会、管理层或投资委员会缺少充分的资源、专业知识或投资预算以开展绩效和风险评估监督和报告时，董事会或经董事会授权后的管理层或投资委员会，应征求专家意见或指定外部专业人员来行使此类职能。

指南 22. 对经理人的监督和评估

所有投资机构的内部投资经理人和外部投资经理人都要从前瞻性的角度受到监督，主要目的是确定他们是否有可能在扣除费用后创造未来骄人业绩。

监督经理人的程序类似于挑选经理人的程序，因此，挑选经理人所考虑的部分因素应纳入监督程序中，即考虑

经理人的投资组合、策略和风险，以及定性的因素，如企业因素、人员和采用的投资程序。

监督经理人的遵纪守法和投资方式是对监督绩效和风险分析的补充，应将其作为程序的一个完整部分纳入对内部和外部基金经理人的监督程序中。

结构

■ 应根据书面记录的审议触发机制对所有经理人进行定期监督，旨在确定经理人能否实现绩效目标。

■ 当发生重大变化时，如投资流程变化或关键人员离开，或因更宽泛的业务问题，投资机构应重新考量对经理人的信任。

■ 经理人违反投资指南应被监督并及时做出反应。

■ 经理人的投资风格应构成监督流程的一部分。

■ 对经理人的监督应明确记录备案。

机制

■ 有关任命专门经理人的信息应作为遴选流程的一部分记录在案，在随后可被解读为一系列审议的触发因素。这些触发因素应被作为投资机构对经理人的常规定性和定量审议的一部分，以确保任命背后的基本理由，以及因此实现绩效目标的基本理由始终有效。

■ 投资机构与外部基金经理人之间的协议应包括明确和可遵守的投资指南和基准。

■ 应清楚了解，经理人内部的哪些变化，可能造成投资机构对经理人在实现扣除费用后的绩效目标能力的信心下降。

■ 可使用内部协议为内部投资经理人规定明确和可遵守的投资指南和基准。

■ 内部或外部经理人违反投资指南应受到管理层或投资委员会的监督，或外包给合适的第三方（如监管人）进行监督。

■ 应对不同类型的违反内部或外部经理人投资指南的行为设立书面流程，如主动违规、被动违规、降级违规或监管违规。

■ 作为定期监督流程的一部分，应考虑经理人的投资风格，以确保与原本授权的职责相符（如与经理人期待的比较优势相符），并与经理人实现职责目标的能力相符。任何风格改变的证据都应与经理人进行讨论。如果投资风格的变化是重大的和/或永久的，投资机构应对经理人分配的资产进行重新评估。

对经理人的定性和定量监督应明确记录在案。这种监督可以授权给恰当的第三方去进行，但是应受到投资机构的审议。

指南 23. 信息披露政策

社会保障机构的信息披露政策（正如在《国际社会保障协会良好治理指南》中阐述的）充分地阐述了有关投资的信息披露。理事会和管理层应遵守政策，包括在向利益相关方披露信息时间上的自由裁量权。政策包括披露任何潜在的利益冲突。

结构

■ 董事会应制定信息披露政策，清晰定义董事会在向利益相关方提供信息方面可选择行使自由裁量权的理由。例如，相关情况是，信息披露可能导致对本机构或社会保障机构投资的资产产生负面影响。

■ 管理层应执行董事会批准的信息披露政策。该政策应确定在有限的情况下，管理层可以在向利益相关方提供信息方面选择行使自由裁量权。

■ 作为社会保障机构信息披露政策的一部分，公众应被告知披露投资信息的政策。

■ 当董事会在向机构的利益相关方提供信息选择行使自由裁量权时，一个外部机关应给予验证。同样地，当管理层就提供信息选择行使自由裁量权时，董事会应给予验证。

■ 在董事会、管理层和投资委员会之间应完全透明。

■ 关于投资机构投资和绩效的高级别信息应向利益相关方披露。

■ 对于可能因投资机构的投资所产生的潜在利益冲突，政策应提出详细的披露要求。

机制

■ 当董事会（或管理层）就信息披露选择行使自由裁量权时，外部机关（或董事会）可设定一个信息封锁的时限，超过时限后董事会（或管理层）可能将被迫披露信息。

关于投资机构投资的高级别信息应定期向利益相关方披露，如投资任务、投资理念、投资目标、高层投资策略（可能包括战略资产配置）及投资组合和基准绩效。某些信息可能是不适合披露的，如有关内部投资经理人和外部基金经理人的情况，或动态投资决策。

当董事会或管理层认识到可能因投资机构的投资产

生任何利益冲突时，应确保根据社会保障机构的信息披露政策，对冲突进行全面披露。利益冲突的例子包括但不限于：

● 董事会、管理层或投资委员会的任何成员，或社会保障机构的其他任何员工及其近亲属，对投资机构拥有大量股权的公司或资产进行的直接投资；

● 董事会、管理层或投资委员会的任何成员，或社会保障机构的其他任何员工及其近亲属，与由社会保障机构任命的任何第三方组织，包括外部基金经理人、监管人、绩效测量人员或顾问，进行结盟（股东、雇员或其他）。

指南 24. 谨慎人规则

在管理社会保障机构基金方面，投资机构应遵循谨慎人规则。

此规则要求投资治理人的任何一个投资行为都必须是像一个谨慎的人处理相似情况那样谨慎、勤勉和称职地履行职责。谨慎人规则是理事会和管理层在运行和管理社会保障机构基金时受托职责的组成部分。

结构

■ 对投资机构的所有员工应设定最低适用性标准。

■ 投资机构应制定道德和行为准则。

■ 应在投资机构之外设立一个办公室，监督遵守最低适用性标准及道德和行为准则的情况。

■ 为建立明确的问责制，投资机构的组织结构应反映投资决策流程，并整合检查和平衡系统。

■ 内部审计办公室或类似机构可将合格的员工派往投资机构。

■ 可在投资机构之外设立一个办公室，评估、监督并审议投资组合的整体风险。

机制

■ 管理层应确定标准和基准，评估投资部门和外部基金经理人的绩效，同时注意绩效评估期应考虑所投资资产的性质。

程序手册中应记载如何按照审慎人原则实施投资政策。

遵守程序手册的情况必须受到监督和审议。

员工报酬和评估标准应建立起正确的激励机制，鼓励做正确的事,不做错误的事,并使激励机制与投资机构的投资目标相符。

决策程序必须明确和透明。

投资机构雇员和员工的责任必须清晰界定。

四、内部和外部投资治理的专门程序

本部分指南涉及内部和外部投资治理单位分别进行投资的程序。

尽管内部和外部投资治理程序之间存在很多共同之处,但是许多管理要求只适用于内部或外部投资治理,或者说内部与外部投资治理之间有一些不同。

下列指南分为两部分:
- 内部投资治理;
- 外部投资治理。

(一)内部投资治理

本节阐述的指南涉及内部投资单位开展的部分或全部投资治理的情况。在这类情况下,投资程序是社会保障机构雇员的责任,而且,尽管可能有外部提供咨询和支持,但最终责任由机构直接雇用的人员承担。

指南 25. 投资机构对投资政策的实施

要有效地实施理事会和管理层制定的投资策略。

结构

- 为建立明确的问责制,投资机构的组织结构应反映投资决策流程,并应整合检查和平衡系统。
- 内部审计办公室或类似机构可将合格的员工派往投资机构。
- 可在投资机构之外设立一个办公室,监督并审议投资组合的整体风险。

机制

- 管理层应确定标准和基准,评估投资机构的绩效。
- 程序手册应记载如何实施投资政策。
- 遵守程序手册的情况应受到监督和审议。
- 员工报酬和评估标准应建立起正确的激励机制,鼓励做正确的事,不做错误的事。
- 投资机构关于员工的责任必须清晰界定。

指南 26. 内部投资治理的尽职调查

通过建立充分的程序确保投资机构开展适当的尽职调查。

结构

- 董事会应制定政策,为内部基金经理人确定运行尽职调查的流程。
- 管理层负责确保对投资机构的投资经理人开展恰当的运行尽职调查。
- 运行尽职调查的流程应涵盖 3 个关键领域:业务、人员和流程。

机制

- 应制定政策和程序手册,规定内部投资经理人的运行尽职调查的流程。
- 在整个运行尽职调查中,应考虑 3 个关键领域:业务、人员和流程。
  - 业务。适当的利益协调,没有实质冲突:
    —— 提供重要的结构透明性;
    —— 客户和基金投资组合合理;
    —— 没有被认为严重的、悬而未决的监管或诉讼问题;
    —— 条款合理且易于协调(如开支)。
  - 人员。运行员工的质量和数量需要与业务的复杂程度匹配:
    —— 运行员工拥有恰当的背景和经验;
    —— 适当的责任划分被记录备案并公示;
    —— 运作多为集权式;
    —— 薪酬体系促进留住员工,并将对个人激励与对社会保障机构的激励相联系;
    —— 确定关键员工,并公布接班计划。
  - 流程。运行流程可能十分复杂,因此需要一套管控措施:
    —— 重要政策和程序记录备案;
    —— 设立多点监督(如独立估值、一致同意的程序);
    —— 多渠道接触信誉良好的交易对手(如管理人、审计、主经纪人);
    —— 在董事会中任命独立董事;
    —— 机构内存在强烈的合规文化;
    —— 会计和交易中使用标准化技术。

■ 应建立一个单独的独立实体开展对内部经理人的运行尽职调查,或将此流程外包给恰当的第三方。

■ 运行尽职调查应由一个独立于投资尽职调查团队的专门团队开展。

■ 当运行尽职调查被外包给第三方时,第三方开展尽职调查的职能应界定清晰并记录在案。

■ 无论由内部实施或外包给第三方,运行尽职调查的流程都应包括以下阶段:

• 第一,案头审查,以突出重点关注和/或关切的特定领域;

• 第二,实地走访及后续尽职调查;

• 第三,从尽职调查的角度进行持续监督。

■ 管理层负责确保对投资机构的投资经理人进行适当的运行尽职调查,由董事会进行适当审议。

■ 当董事会、管理层或投资委员会缺少充分资源、专业知识或治理预算来开展完全知情的运行尽职调查时,董事会或经董事会授权后的管理层或投资委员会,应征求专家意见或指定外部专业人员行使此类职能。

指南 27. 直接投资和企业理事会的代表

凡适宜并在理事会允许情况下,投资机构可以直接拥有上市、私营或国有企业的股权,或所有权股本。

这类投资可拥有投票权,并在参与组织活动或在拥有所有权的企业中包含企业或组织理事会代表的活动中允许机构给予直接的影响。

在这种情况下,社会保障机构理事会应确保其在企业理事会中的代表们能够代表社会保障机构的利益。为了避免潜在的利益冲突,应把社会保障机构目标与企业目标之间的协调一致作为优先工作来完成。

结构

■ 当投资机构开展此类投资时,应适当考虑涉及的风险,可能比对其他投资风险更高。

■ 当投资机构有能力影响组织的运行和管理选择时,应制定一项政策,确定这种情况下的目标和目的。例如,可包括关于投资机构应如何在股东会议上投票的一般原则。

■ 针对本机构在持有大量资产的企业董事会中应发挥的作用制定明确、书面的政策。

■ 针对投资机构人员在此类企业董事会中任职的作用和责任制定政策。

■ 投资机构应根据当地法律法规,公开披露上市企业、私有企业或国有企业的直接股权或所有权股权。便法律或法规没有要求,但当有可能影响组织的运行和管理选择时,或者不披露这种持股情况可能造成利益错配的认识时,投资机构也应考虑披露这些持股情况。

机制

■ 当董事会、管理层或投资委员会缺少充分资源、专业知识或治理预算来有效发挥此类直接投资所隐含的作用时,董事会或经董事会授权后的管理层或投资委员会,应征求专家意见或指定外部专业人员来行使此类职能。

■ 应起草恰当的政策,规定企业决策机构人员的参与性质。

■ 验证社会保障机构的目标与这些企业的协调性和兼容性,应成为董事会和管理层尽职调查流程的重要部分。

■ 董事会必须建立一项制度,以验证其在企业董事会的代表始终维护本机构的利益。

■ 董事会应制定政策,公开其在企业董事会的代表如何行使投票权。

■ 应就董事会成员因其董事会成员身份而有权获得的收入和/或利润制定明确的政策。

指南 28. 货币避险

凡适宜并经理事会允许,投资机构可采用减少不必要的货币风险的投资策略。同时要注意的是,对于某些投资,潜在的货币走势可能是预期回报和/或极端风险规避的一个组成部分。因此,不必对其进行管理(或"避险")。

结构

■ 当投资机构投资海外资产时,应考虑对资产结算(当认为它在投资组合中有无回报风险时)所用的货币价值波动进行管理(或"对冲")。

■ 对于某些投资,预期的货币价值变化可能产生部分的预期回报,这样无须对冲。或者考虑到经济面临极端压力的一段时期也可能出现本币大幅贬值,因此未对冲的外国资产可为这种情况提供一定程度的保护(例如可提供极端风险的对冲)。

■ 应确定合适的套期保值比率,可能因地区和/或资产类别而不同。

■ 应由投资机构确定一个恰当的货币风险对冲水平,如需要可有外部专家参与。本机构应避免对冲过多的货币风险。

- 应考虑流动性影响和货币对冲的成本。
- 应设立恰当的风险管理结构,管理货币对冲衍生品的使用。

机制

- 投资机构可通过使用如远期合约等衍生品来管理(或"对冲")海外货币风险。
- 当预期货币价值变化形成投资的部分预期积极回报时,不应对货币暴露的风险进行对冲。例如,当一家投资机构投资的资产是用一种据信价值被低估的货币计价时,货币增值的预期就因此成为该投资预期回报的一部分,同时也增加了这项投资关联的风险。
- 使用衍生品对冲货币暴露风险可能需要管理对冲的经理人筹集现金。投资机构应考虑必须满足这种现金筹集的影响,包括在不适宜的时间或估值变卖资产的潜在需要。
- 为管控使用衍生品进行货币对冲而设立的风险管理架构,其遵守情况应受到认真监督。
- 当董事会、管理层或投资委员会缺少充分资源、专业知识或治理预算来监督并实施货币对冲时,董事会或经董事会授权后管理层或投资委员会,应征求专家意见或指定外部专业人员来行使此类职能。

(二)外部投资治理

本节阐述的指南涉及有关挑选、指定和监督外部投资经理人的治理问题。是否选择使用外部投资经理人取决于机构内可获得的资源,以及有关外部经理人可带来附加值的观点。根据组织中可获得的资源和专业知识,可能需要聘用外部咨询和专业顾问,以帮助理事会和管理层落实治理的责任。

指南 29. 外部基金经理人的挑选程序

应遵循最佳实践的原则挑选外部基金经理人。

本指南阐述挑选外部基金经理人的行政程序。指南30阐述与挑选外部基金经理人相关的投资问题。

结构

- 为加强问责制、透明度和可预测性,应在投资机构的内部章程中制定书面流程,以遴选其外部经理人,并确定给予的授权职责类型。
- 董事会应要求管理层制定并实施政策、标准和要

求,支持授权职责流程。
- 内部审计办公室可作为检查和保护的一部分,确保遵守该流程。
- 董事会可要求管理层建立一个实体,专门负责遴选及持续监督外部基金经理人。

机制

- 董事会、管理层或投资委员会应为外部基金经理人确定最低的适应性标准及道德准则。
- 董事会、管理层或投资委员会也可为判断外部基金经理人的责任和管理不当确定依据。
- 应确定目标、标准和基准,以评估外部基金经理人的绩效,同时注意绩效评估期应根据所投资资产的性质,考虑测评的合适时间范围。
- 当董事会、管理层或投资委员会缺少充分资源、专业知识或治理预算,对外部经理人遴选做出完全知情的决策时,董事会或经董事会授权后的管理层或投资委员会,应征求专家意见或指定外部专业人员来行使此类职能。
- 在各个需要援助的领域中,提供外部援助的合同一般应开放竞争。在流程开始前应制定一套详细的、意见一致的遴选程序。
- 任命外部顾问应根据其专业知识的质量,而不应仅以最低的投标额作为基础。顾问遴选的具体标准应规定在一份"遴选程序"的文件中,该文件还包括确定相互冲突的不同标准间如何进行取舍。
- 董事会、管理层或投资委员会必须确保其内部拥有或从外部聘用具有充分知识的外部基金经理人,以确定其要求,了解其所提建议的影响,并在社会保障机构的任务和目标框架内评估这些建议。协助起草并评估关于第三方援助建议的外部顾问不应在决策的结果中有实质利益。

指南 30. 挑选外部基金经理人的尽职调查

在挑选外部基金经理人时,尽职调查要更加充分。

结构

- 董事会应制定政策,对遴选外部基金经理人规定遴选尽职调查的流程。
- 遴选尽职调查的流程应涵盖3个关键领域:业务、人员和流程。

机制

■ 董事会或管理层应批准一份程序手册,描述必要的外部基金经理人遴选尽职调查的流程。

■ 程序手册应涵盖遴选尽职调查流程的以下关键阶段:

● 为特定的职能确定或决定一个外部基金经理人库。可以市场知识、合同、出版物或数据库为基础。

● 确定一份外部基金经理人的长名单,以开始初步案头研究。对经理人库的案头研究可包括但不限于投资团队的经验和稳定性、费用、经理人的流程和理念、量化分析。这一阶段或下阶段应进一步考虑的要点列在下文中。

● 开展进一步研究,并与因其能力和资格接受进一步调查的外部基金经理人进行初步会面。这一流程应确认或否定初步案头研究,并进一步缩小潜在经理人的范围,以形成一份短名单供进一步研究。

● 对外部基金经理人的短名单进行更加详细的分析,以确保他们与所述职责的风险和回报特性是适合的。

■ 在做出可能任命一名外部基金经理人的决定时,任何关于报酬(包括谈判)、对恰当投资工具的思考及运营问题等进一步的优秀尽职调查都应完成。

■ 在整个遴选尽职调查的流程中,管理层或投资委员会应考虑 3 个关键领域:业务、人员和流程。

● 业务。为未来取得成功,外部基金经理人需要拥有运行良好的业务,理想上应展示以下特点:

——有强大的商业领袖长期关注于资产管理;

——稳定的公司结构;

——在关键业务领域有重大投资;

——成功管理了业务增长和现有客户群的增长;

——商业结构和雇员利益与客户相一致(这一问题在指南 31 "外部基金经理人的激励机制与社会保障机构的目标保持一致"中有更为详细的阐述);

——非官僚,而是投资引导的文化。

● 人员。外部基金经理人需要确保他们聘用的是组织严密和有能力的投资人。理想上,他们应展示以下特点:

——有能力、经验丰富和积极进取的投资人;

——重点突出的决策和明确的问责制;

——相对应所使用的流程具有足够深度的资源;

——促进创造性思维和合作的文化;

——有效、有凝聚力的团队,并与技能和个性形成互补;

——健康的员工流动率,既不过高也不过低。

● 流程。除了拥有稳定的业务及一支出色的投资专业人士队伍外,应追求以下流程特点:

——明确的投资理念和设计出能发挥比较优势的流程;

——创造出独特投资眼光的深入研究;

——将研究转化为投资组合定位的投资组合管理;

——积极考虑潜在的流程改进;

——与投资方式相关的所有风险的评估和管理;

——对绩效的更广泛影响开展有效管理,如能力问题和交易成本。

■ 管理层或投资委员会负责确保开展充分的遴选尽职调查,由董事会进行适当审议。

■ 当董事会、管理层或投资委员会缺少充分资源、专业知识或治理预算,就外部经理人遴选做出完全知情的决定时,董事会或经董事会授权后管理层或投资委员会,应征求专家意见或指定外部专业人员来行使此类职能。

指南 31. 外部基金经理人的激励机制与社会保障机构的目标保持一致

外部基金经理人的激励机制应与社会保障机构的总体投资目标保持一致。

结构

■ 董事会应制定政策,为评估外部基金经理人设置标准、准则和基准,涉及诸如费用、回报和投资组合的构成,包括测评所需的恰当时间范围。

■ 虽然关于投资组合构成的准则可能很原则,但是董事会可能愿意更具体地确定其希望外部经理人在建立投资组合时应考虑的特定要素。

■ 管理层应确保外部基金经理人执行并遵守此类政策。

机制

■ 董事会、管理层或投资委员会应设定目标、标准和基准,以评估外部基金经理人的绩效。投资机构和外部基金经理人都应清楚地了解并明确同意上述内容。

■ 董事会、管理层或投资委员会可使用奖惩政策,衡量外部基金经理人的绩效是在事先设定的标准或基准之上或之下,同时注意绩效评估期应考虑所投资资产的性质。

■ 外部基金管理公司的员工所有制可由董事会、管理层或投资委员会加以考虑,以进一步说明外部基金经理人和利益与社会保障机构的利益更有可能相一致。

■ 外部基金经理人在职权内的共同投资及绩效奖金,可被董事会、管理层或投资委员会视为将外部基金经理人利益与社会保障机构利益相挂钩的机制。

■ 业绩奖金应谨慎确定,以避免对因市场表现而非外部基金经理人能力所创造出的回报进行奖励。业绩奖金设计失当可能造成外部基金经理人与投资机构间的不协调。有效的业绩奖金一般包括以下要点:

  ● 定制业绩奖金,以反映授权职责的参数;
  ● 确定绩效门槛率,反映外部经理人有理由期待达到的市场业绩;
  ● 在超过一年以上进行计算,以更好地反映社会保障机构的投资范围;
  ● 通过限高确保奖金在一个时间段内得到公平的支付。

■ 但凡可行,基本费用应反映外部基金管理人管理委托的实际成本,并应以资产的价值为基础。

■ 经同意选择的费用安排要点应清晰、全面地记录在外部基金经理人与投资机构间签署的协议中。

■ 当董事会、管理层或投资委员会缺少足够的资源、专业知识或治理预算,对费用协调事务做出完全知情的决定时,董事会或经董事会授权后的管理层或投资委员会,应征求专家意见或指定外部专业人员来行使此类职能。

指南 32. 外部基金经理人操作的尽职调查

通过建立充分的程序确保对外部基金经理人操作进行恰当的尽职调查。

结构

■ 董事会应制定政策,确定对外部基金经理人的运行尽职调查的流程。

■ 管理层负责确保对外部投资经理人开展恰当的运行尽职调查。

■ 运行尽职调查流程应涵盖 3 个关键领域:业务、人员和流程。

机制

■ 应制定政策和程序手册,为外部基金经理人确定运行尽职调查的流程。

■ 在整个运行尽职调查的流程中,应考虑 3 个关键领域:业务、人员和流程。

  ● 业务。利益适当协调,且无实质利益冲突:
    —— 具有重要的结构透明性的规定;
    —— 客户和基金投资组合是合理的;
    —— 没有重大的悬而未决的监管或诉讼问题;
    —— 条款合理且易于协调(如开支)。
  ● 人员。运行员工的质量和数量需要与业务的复杂程度相匹配:
    —— 运行员工拥有恰当的背景;
    —— 适当的责任划分记录在案并公示;
    —— 但凡适宜,运营集权化管理;
    —— 薪酬结构促进留住员工;
    —— 确定关键员工,公布接班计划。
  ● 流程。运行流程可能十分复杂,因此需要一套管控措施:
    —— 关键政策和程序记录在案;
    —— 设立多点监督(如独立估值、一致同意的程序);
    —— 多渠道接触信誉良好的交易对手(如管理人、审计、主经纪人);
    —— 在董事会中任命独立董事;
    —— 企业中存在强烈的合规文化;
    —— 在会计和交易中使用标准化技术。

■ 董事会和 / 或管理层保证,对外部经理人是否建立流程以确保员工满足审慎人原则这一问题给予足够关注。这可包括确保员工满足最低的适用性标准,一份记载了投资政策如何按照审慎人原则实施的程序手册,和对遵守程序手册的情况如何进行监督和审查。

■ 管理层或投资委员会在选择外部经理人时,或外部顾问在遴选流程中提供协助时,对外部投资经理人的运行尽职调查应在内部完成,或外包给适当的第三方(可能是职能的一部分,由外部顾问在遴选中提供协助)。

■ 当运行尽职调查被外包给第三方时,第三方开展尽职调查的职责应明确定义并记录在案。

■ 无论是由内部开展或外包给第三方,运行尽职调查的流程应由下列阶段组成:

  ● 第一,案头审议,强调关注和 / 或关切的特定领

域;

- 第二,实地走访和后续尽职调查;
- 第三,从尽职调查的角度进行持续监督。

■ 管理层负责确保对投资机构的投资经理人进行恰当的运行尽职调查,并由董事会进行适当审查。

■ 当董事会、管理层或投资委员会缺少充足资源、专业知识或治理预算,以开展完全知情的运行尽职调查时,董事会或经董事会授权后的管理层或投资委员会,应征求专家意见或指定外部专业人员行使此类职能。

指南 33. 外部投资经理人人员更换时资产的过渡

当决定更换外部投资经理人时,应考虑资产过渡过程中的一些治理问题。这包括有关更换的信息要求、费用考虑或接受处罚,以及与受到更换影响的人员进行沟通,这些人员包括监护者、成员和会计。在不同的计划之间进行资产过渡时,应确定和适当管理过渡行动产生的风险。与此同时,机构应尽可能寻求成本最小化。

结构

■ 应将拥有必要知识和专业知识的人员派往过渡项目,以有效和高效地管理过渡流程,并确保考虑到所有问题。

■ 应配置恰当的时间和资源,探索资产过渡的不同方式,同时对每种方式开展适当的成本收益分析。

■ 应考虑使用外部专业的过渡经理人,以支持内部资源或过渡团队。

机制

■ 管理层或投资委员会应考虑内部是否拥有充分的知识和专业知识,组成专门的过渡团队或其他形式开展各项过渡工作。

■ 管理层或投资委员会应考虑外部过渡经理人是否可以提升价值,进而考虑是否聘请外部过渡经理人。

■ 管理层、投资委员会或内部过渡团队应考虑可使用哪些不同的过渡方式,以减少风险并降低成本,恰当时妥协折中。

■ 管理层、投资委员会或内部过渡团队应确保在整个过渡流程中,必须参与的各方之间有充分的沟通和磋商。

■ 参与过渡流程的各方应就一项合适的项目计划达成一致,由此确立流程各阶段的问责制。

■ 应分配充分的资源和专业知识,以监督并监测过渡流程,包括监测被任命的外部过渡经理人。

■ 当董事会、管理层或投资委员会缺少充分资源、专业知识或治理预算来开展完全知情的过渡管理时,董事会或经董事会授权后的管理层或投资委员会,应征求专家意见或指定外部专业人员来行使此类职能。

■ 负责过渡管理的人员应考虑与过渡有关的信息要求。负责过渡的人员应将这些要求制成一份清单,并确保这些信息在流程前和流程期间都可获取并得到保障。

■ 过渡团队或负责过渡管理的人员应制定并跟踪项目计划,确保目标的实现。所有各方应对时间表达成一致,并考虑一系列因素:

- 资产是分开持有或是组合持有;
- 资产是否可以在类别间转换;
- 统筹基金操作的频率如何;
- 统筹基金何时定价;
- 统筹基金的基本货币以及是否要求外币兑换;
- 股票和现金的结算期;
- 现金在收到前是否可以进行先期投资,以减少市场风险;
- 进行过渡(有接收时限的)需要什么指导;
- 哪些成本与过渡相关;
- 如果存在分散投资组合,组合中是否持有任何非现金资产。如果有,组合中预计有多少资产在确定的天数后出售。

■ 流程受到恰当监督十分重要。这包括检查各方是否已得到指导,所有行动是否都已根据一致同意的时间表完成,以及资产决算是否按照计划进行。

■ 当过渡流程完成时,也需要对流程是否按计划进行做最终检查。这将决定是否所有资产都按预计进行过渡、资产过渡的最终成本,以及最终成本与过渡前的预测是否接近;如不接近,产生差距的原因。这一分析有助于未来的过渡。

编后记

《中国养老金发展报告2018》终于呈现在读者面前，今年的主题是主权养老基金的功能与发展，这是我们中心编撰的第八本年度发展报告。我们知道，近年来，社保基金投资，特别是基本养老保险基金的投资逐渐成为学界讨论的热门话题，并牵动社会大众的敏感神经。毫不奇怪，养老金投资不仅关系到养老金制度的财务可持续性，而且对资本市场带来了潜在影响，更是关系到人们养老金的未来权益。

其实，我们早已认识到研究这一问题的必要性和紧迫性。早在2007年，我们就动员和组建了研究团队，进行了卓有成效的研究，取得了大量成果并计划将我们的成果公开出版发行，但因为一些原因，这一成果并未公开发布，实属遗憾。随着时间的推移，我们深刻感觉主权养老基金实践已经有了新的突破，亟待相关研究跟进。

全国社保基金理事会作为中国主权养老基金的受托管理者，目前既负责投资管理来自一般税收的"全国社保基金"，也负责由城镇职工缴费形成的基本养老保险基金的投资管理，还负责中央委托的其他养老基金投资事宜，比如，国资划转的股权投资等，是一个很专业化并享有国际盛名的大型机构投资者。社保基金自成立至2017年底，年均名义投资收益率8.44%，这是一个骄人的成绩单。为此，2018年4月，我们专程集体拜会了全国社会保障基金理事会理事长楼继伟、副理事长吴焰、副理事长王文灵、前副理事长于革胜和王忠民等领导，把这一想法向理事会领导作了汇报，得到理事会领导的积极认可和高度重视，并答应提供力所能及的支持和帮助，以便能够顺利开展这

一课题。与此同时，社会保障基金理事会规划研究部牵头其他相关部门召开了小型座谈会，探讨双方合作领域和形式并得到了证券投资部、股权资产部和养老金管理部等部门的支持。在此，我们对全国社会基金理事会给予的支持和帮助，表示敬意和感谢，尤其是十分感谢楼继伟理事长在百忙之中为本书撰写了序言。在序言里，楼理事长作为财政部老领导和当事人之一，不仅回顾了当年建立全国社保基金的过程，使这本书更富有历史厚重感，为我们留下了宝贵的历史资料，还对全国社保基金理事会诞生以来之所以业绩斐然，能够进入世界大型机构投资者之列，进行了六个方面的高度总结，这六方面的概括十分精辟，既有中国特色，又体现了中国创新。

这一研究项目计划在年内完成，时间紧迫，因此中国社科院世界社保研究中心马上成立课题组，召集国内相关研究的学者参与这一课题。安邦连续五年对我们中心的研究项目进行资助，安邦养老保险公司总经理周沛还亲自参加课题讨论，并贡献智慧。

如同往年一样，今年的养老金报告发布会将于12月末举行。在此我们对联办单位中国证券投资基金业协会、承办单位华夏基金的大力支持表示衷心感谢。

因为这一课题内容涉及的国家案例众多，短时间完成这一研究是一项巨大挑战，好在我们在十年前已接触了这一问题，有了相对完备的前期支撑，这无疑为我们今年重启这项研究提供了大量辅助材料和宝贵经验。可以说，没有十年前的研究基础，我们今年的这一研究成果就不会这么快地呈现给大家。因此，必须对十年前参

与这项研究的人员表达感谢，特别是那些因为各种原因而无法再次跟进这项研究的人员，他们的贡献是巨大的。他们也是慷慨和无私的，当我们电话征求他们意见的时候，他们表达了无法继续跟进研究的遗憾，同时也表示不介意对自己研究成果的无偿使用。我们再一次对他们的贡献表示感谢。

主权养老基金是一个新生事物，其历史不过 20 年左右时间，特别是近 10 年很多国家的主权养老基金已经发生了很大变化，超出我们今年年初的预想，这也为今年我们的科研团队带来了写作难度，很多原有稿件不得不大量修改，甚至放弃。尽管如此，课题组成员没有丝毫怨言，很多人把参与写作作为一种学习机会，如此谦虚的态度也给我们继续完成这一研究任务提供了激励。更重要的是，这一课题一经立项，不仅得到了很多学者的支持，而且也引起诸多市场机构的关注和重视，并直接参与到这项研究之中。应该说，他们的经验和信息渠道成为这项研究的独特优势。在此，我们对中欧基金、鹏华基金、博时基金、华夏基金、君联资本和太平养老等公司的贡献深表感谢。另外，今年 7 月，我们中心一行 4 人出访欧洲，期间拜会了国际社会保障协会，经对方授权，我们把该协会《国际社会保障协会社会保障基金投资指南》收录到今年报告的附录中，以飨中国读者，在此也表示感谢。

最后，我们着重强调，没有经济管理出版社的杨世伟社长、张永美副总编和王格格编辑，我们今年的研究报告仍难以如期面世。他们不仅专业水平高，认真负责，而且对我们没能如期提交稿件给予极大的耐心，也因此为了赶时间，他们及其同事付出很多额外的劳动。这一点，我们自然不会忘记，并在此深表感谢。

当然，尽管如此，呈现给读者的这一研究成果可能问题很多，研究可能也不够深入，还请读者多批评指正。

《中国养老金发展报告 2018》的作者分工（包括参与写作的公司）如下：

	题目	作者及单位
序言	—	楼继伟，全国社会保障基金理事会理事长
前言	—	齐传钧，中国社会科学院世界社保研究中心副秘书长，中国社会科学院社会发展战略研究院副研究员
主报告	主权养老基金的比较分析：建立"外汇型"主权养老基金的急迫性	郑秉文，中国社会科学院世界社保研究中心主任
第一部分		年度发展篇
分报告一	2017 年基本养老保险基金运行状况评估——调整，巩固，充实，基金运行状况有所改善	孙永勇，中国社会科学院世界社保研究中心执行研究员，华中师范大学副教授
分报告二	2017 年企业年金基金市场状况评估——覆盖人数再现停滞，投资收益率略有回升	齐传钧，中国社会科学院世界社保研究中心副秘书长，中国社会科学院社会发展战略研究院副研究员
第二部分		专题理论篇
分报告三	全球主权财富基金发展历程	中欧基金管理有限公司，清华大学老龄社会研究中心：陈泽、邓佩云
分报告四	主权养老基金的治理结构	齐传钧，中国社会科学院世界社保研究中心副秘书长，中国社会科学院社会发展战略研究院副研究员
分报告五	主权养老基金面临的主要投资理念和资产配置	张盈华，中国社会科学院世界社保研究中心执行研究员，中国社会科学院社会发展战略研究院副研究员
第三部分		国内实践篇
分报告六	全国社会保障基金发展的问题与展望	金刚，辽宁大学人口研究所研究员

续表

	题目	作者及单位
分报告七	基本养老保险基金面临的主要问题与前途	孙永勇，中国社会科学院世界社保研究中心执行研究员，华中师范大学副教授
分报告八	全国社保基金理事会"两项改革"的意义与前景	郑秉文，中国社会科学院世界社保研究中心主任
分报告九	基于参保者个体的养老金缺口测算	高庆波，中国社会科学院世界社保研究中心执行研究员，中国社会科学院社会发展战略研究院副研究员
分报告十	全国社保基金的战略定位与投资政策	全国社保基金理事会规划研究部
分报告十一	鹏华基金管理社保基金案例分析	周宵、杨泊远，鹏华基金管理有限公司
分报告十二	华夏基金管理社保基金案例分析	李国庆、丁金玲，华夏基金管理有限公司
分报告十三	博时基金管理社保基金案例分析	耿红，博时基金管理有限公司首席养老金业务官；何伟，博时基金养老金业务中心高级业务总监；章倩，博时基金养老金业务中心高级业务总监；郭佳荷，博时基金养老金业务中心业务经理助理
分报告十四	社保基金布局私募股权投资基金，助力企业创新成长	君联资本管理股份有限公司
第四部分	域外借鉴篇（上）："储备型"主权养老基金	
分报告十五	智利"养老储备基金"	房连泉，中国社会科学院世界社保研究中心秘书长，中国社会科学院社会发展战略研究院研究员
分报告十六	挪威主权财富基金	中欧基金管理有限公司、清华大学老龄社会研究中心：陈泽、邓佩云
分报告十七	澳大利亚未来基金	齐传钧，中国社会科学院世界社保研究中心副秘书长，中国社会科学院社会发展战略研究院副研究员
分报告十八	法国养老储备基金	王念琛，中国社会科学院研究生院在读硕士；房连泉，中国社会科学院世界社保研究中心秘书长，中国社会科学院社会发展战略研究院研究员
分报告十九	俄罗斯国家福利基金	殷红，辽宁大学国际关系学院教授
第五部分	域外借鉴篇（下）："缴费型"主权养老基金	
分报告二十	加拿大"加拿大养老基金投资公司"	郑秉文，中国社会科学院世界社保研究中心主任
分报告二十一	美国"联邦老、遗、残保险信托基金"	郑秉文，中国社会科学院世界社保研究中心主任
分报告二十二	英国国家保险基金	徐璨，中国社会科学院研究生院在读博士
分报告二十三	德国养老保险制度安排、问题与改革	丁纯，复旦大学欧洲问题研究中心主任，世界经济研究所教授；陈湘琪，复旦大学经济学院硕士研究生；刘丹，复旦大学经济学院博士研究生
分报告二十四	瑞典国民养老基金	吴孝芹，山东工商学院讲师；黄念，中国社会科学院拉丁美洲研究所编辑部编辑
分报告二十五	丹麦 ATP 养老基金	于环，北京体育大学讲师

续表

	题目	作者及单位
分报告二十六	爱尔兰社会保险基金	刘桂莲，首都师范大学讲师；孙守纪，对外经贸大学副教授
分报告二十七	芬兰国家养老基金	张玲，广东金融学院副教授
分报告二十八	波兰人口储备基金	陈星，中国地质大学（武汉）公共管理学院博士
分报告二十九	日本年金积立金	樊贺丰，中国社会科学院研究生院在读硕士；房连泉，中国社会科学院世界社保研究中心秘书长，中国社会科学院社会发展战略研究院研究员
分报告三十	韩国国民年金基金	张源，中国社会科学院研究生院在读硕士；房连泉，中国社会科学院世界社保研究中心秘书长，中国社会科学院社会发展战略研究院研究员
分报告三十一	泰国社会保障基金和政府养老基金	郭鹏，中国社会科学院世界社保研究中心执行研究员，中国劳动关系学院副教授；黄念，中国社会科学院拉丁美洲研究所编辑部编辑
分报告三十二	菲律宾社会保障基金	杨洋，人社部中国劳动和社会保障科学研究院副研究员；孙守纪，对外经贸大学副教授
分报告三十三	约旦社会保障体系	太平养老保险股份有限公司战略发展部宋湘茵、王雪莹、周晨辰、何宇鹏，办公室吴阳明
分报告三十四	沙特阿拉伯社会保险基金	张占力，中国太平洋财产保险股份有限公司北京分公司
分报告三十五	南非政府雇员养老基金	沈澈，中央民族大学讲师
附	国际社会保障协会社会保障基金投资指南	国际社会保障协会（ISSA）

中国社会科学院世界社保研究中心主任　　郑秉文
中国社会科学院世界社保研究中心秘书长　　房连泉
中国社会科学院世界社保研究中心副秘书长　　齐传钧
2018 年 12 月 20 日

中国社会科学院世界社保研究中心／社会保障实验室年度学术活动和成果一览

中国社会科学院世界社保研究中心／社会保障实验室年度学术活动和成果一览

《快讯》（2018）

第 253 期：Insurance reform to boost public welfare，2018 年 1 月 4 日。

第 254 期：《中国养老金精算报告 2018~2022》发布式暨社保基金投资管理研讨会在京召开，2018 年 1 月 11 日。

第 255 期：坚持依法治国的基本方略，为改善民生提供法律保障，2018 年 1 月 18 日。

第 256 期：德国如何成为一个"房客大国"，2018 年 1 月 25 日。

第 257 期：构建长期护理保险体系应处理好八大关系，2018 年 2 月 1 日。

第 258 期：深耕细作 社保研究成果迭发，2018 年 2 月 8 日。

第 259 期："郑秉文教授应邀参加加州大学伯克利分校'贵州 - 伯克利大数据创新研究中心'专家座谈"，2018 年 2 月 22 日。

第 260 期：养老金全国统筹越早实现，改革阻力就越小——专访全国政协委员、中国社科院世界社保研究中心主任郑秉文，2018 年 3 月 8 日。

第 261 期："建立多层次可持续的社会保障体系——全国政协委员、中国社科院世界社保研究中心主任郑秉文访谈"，2018 年 3 月 14 日。

第 262 期：社科院专家：年轻人要为自己养老早做准备，2018 年 3 月 16 日。

第 263 期：积极应对老龄化，建立"三老"服务协调机制，2018 年 3 月 19 日。

第 264 期：建议加大税收优惠对养老目标基金支持力度，2018 年 3 月 22 日。

第 265 期：社会保险不宜费改税，2018 年 3 月 26 日。

第 266 期：不宜将社保费和税混为一谈，2018 年 3 月 29 日。

第 267 期：中央养老调剂金的 3% 猜想，2018 年 4 月 2 日。

第 268 期：全国政协委员郑秉文：中国应该建立社保精算报告制度，2018 年 4 月 10 日。

第 269 期："尽快启动修订《社会保险法》'缴费 15 年可领养老金'需改革——专访全国政协委员郑秉文"，2018 年 4 月 13 日。

第 270 期：以立法推动社会保障体系建设，2018 年 4 月 16 日。

第 271 期：全国政协委员郑秉文：加快补齐养老保险"三支柱"短板，2018 年 4 月 19 日。

第 272 期：建立养老保险精算报告制度刻不容缓，2018 年 4 月 23 日。

第 273 期：社保减贫的幅度是很明显的，2018 年 4 月 26 日。

第 274 期：企业年金：踏上新征途 面对新挑战，2018 年 5 月 3 日。

第 275 期：企业年金参与率将触底反弹吗，2018 年 5 月 10 日。

第 276 期：从立法角度看中国社保的差距与未来——专访中国社科院世界社保研究中心主任郑秉文教授，2018 年 5 月 17 日。

第 277 期：推动新时期长期护理保险制度健康发展，2018 年 5 月 24 日。

第 278 期：长期护理保险应遵循社会保险的基本法则、原则和准则，2018 年 5 月 31 日。

第 279 期：郑秉文：社保改革向何处去，养老基金如何拥抱资本市场，2018 年 6 月 7 日。

第 280 期：精算报告制度：助力养老金行稳致远，2018 年 6 月 14 日。

第 281 期：OECD 经济部负责人来访中国社科院会保障实验室，2018 年 6 月 21 日。

第 282 期：郑秉文：长期投资的问题与挑战，2018 年 6 月 28 日。

第 283 期：郑秉文：中日应对人口老龄化策略比较，2018 年 7 月 3 日。

第 284 期：郑秉文：中国个人养老金管理的新机遇、新问题与新时代，2018 年 7 月 12 日。

第 285 期："'多点开花'助力老有所依——访中国社科院世界社保研究中心执行研究员张盈华"，2018 年 7 月 19 日。

第 286 期：中国社科院世界社保研究中心赴欧进行学术交流，2018 年 7 月 26 日。

第 287 期：郑秉文在"2018 长三角养老金融论坛——新时代下的养老金融发展与探索"会议上的发言，2018 年 8 月 2 日。

第 288 期："郑秉文参加'应对人口老龄化：制度与公共政策创新'国际学术研讨会"，2018 年 8 月 9 日。

第 289 期："郑秉文在上海交大参加 NBER-SAIF Conference 并做主旨演讲"，2018 年 8 月 16 日。

第 290 期：老年人未来生活的三个变化，2018 年 8 月 23 日。

第 291 期：美国退伍军人长期护理保险体系研究及启示，2018 年 8 月 30 日。

第 292 期：中法社会保障座谈会在京召开，2018 年 9 月 6 日。

第 293 期：杜伊斯堡—艾森大学一行来访社科院世界社保研究中心，2018 年 9 月 13 日。

第 294 期：郑秉文教授参加 2018 年上海慈善论坛主持开幕式，2018 年 9 月 20 日。

第 295 期：法治化社保才能建立公平的竞争环境，2018 年 9 月 27 日。

第 296 期："措施跟上 激活'以房养老'市场——访中国社科院世界社保研究中心主任郑秉文"，2018 年 9 月 10 日。

第 297 期：郑秉文：税务部门征费的冲击及其连锁改革的政策分析，2018 年 10 月 19 日。

第 298 期：实现社保合规征缴又不增负 不妨大赦企业"欠费原罪"，2018 年 10 月 25 日。

第 299 期：香港强制性公积金计划管理局一行来访中国社科院世界社保研究中心，2018 年 11 月 1 日。

第 300 期：全国政协委员郑秉文：守护"夕阳红"，2018 年 11 月 7 日。

第 301 期："郑州长期护理保险制度研究"课题组赴郑州市调研，2018 年 11 月 15 日。

第 302 期：养老目标基金落地还应做好哪些准备，2018 年 11 月 22 日。

第 303 期：中国社科院世界社保研究中心赴河南省济源市调研，2018 年 11 月 29 日。

第 304 期：从行为经济学角度看国人应如何准备养老，2018 年 12 月 6 日。

第 305 期：养老金入市怎样做好平衡，2018 年 12 月 13 日。

第 306 期：社保 40 年争议与改革并行 近年改革明显加快，2108 年 12 月 20 日。

《工作论文》2018

WP No.047 郑秉文：《加拿大养老金"DB 型部分积累制"新范式 20 年回望与评估——降低养老保险费率的一个创举》。

WP No.048 刘桂莲：《〈2006 年养老金保护法案〉后美国 401（k）计划持续创新与发展前沿》。

WP No.049 孙永勇、徐倩文：《职工基本养老保险财务制度改革应顺势而为》。

WP No.050 郑秉文：《中国社会保障改革 40 年：经验总结与改革取向》。

WP No.051 郑秉文、李妍花：《我国网络创业就业特征及其对社会保险可及性的挑战》。

WP No.052 王静曦、周磊：《长期护理保险资金筹集与待遇支付政策探讨——基于全国 15 个试点城市的实施方案比较》。

WP No.053 郑秉文：《以房养老的前景分析与政策建议——写在住房反向抵押养老保险推向全国之际》。

WP No.054 郑秉文：《拉丁美洲"增长性贫困"检验及其应对措施与绩效》。

WP No.055 郑秉文：《养老保险降费与扩大个人账户的心然性——从征缴体制改革谈起》。

WP No.056 贺婷、郑秉文：《坚持在发展中保障和改善民生——从党的十九大报告看民生领域的现状和未来》。